国家出版基金项目
NATIONAL PUBLICATION FOUNDATION

国家重大出版工程项目
"十二五"国家重点图书

◎《天津 河北古建筑》编写组 编著

中国古建筑丛书

天津 河北古建筑

中国建筑工业出版社

审图号：GS（2015）2780 号

图书在版编目（CIP）数据

天津 河北古建筑 /《天津 河北古建筑》编写组编著 .—北京：中国建筑工业出版社，2015.12
（中国古建筑丛书）
ISBN 978-7-112-18827-7

Ⅰ.①天… Ⅱ.①天… Ⅲ.①古建筑－介绍－天津市②古建筑－介绍－河北省 Ⅳ.① K928.71

中国版本图书馆 CIP 数据核字 (2015) 第 297738 号

责任编辑：李东禧 唐 旭 吴 绫 杨 晓
书籍设计：康 羽
责任校对：张 颖 刘梦然

中国古建筑丛书

天津 河北古建筑

《天津 河北古建筑》编写组　编著

*

中国建筑工业出版社出版、发行（北京西郊百万庄）
各地新华书店、建筑书店经销
北京嘉泰利德有限公司制版
北京顺诚彩色印刷有限公司印刷

*

开本：880×1230毫米　1/16　印张：29　字数：766千字
2015年12月第一版　2015年12月第一次印刷
定价：398.00元
ISBN 978-7-112-18827-7
　　　（25803）

版权所有　翻印必究
如有印装质量问题，可寄本社退换
（邮政编码 100037）

《中国古建筑丛书》总编委会

总顾问委员会：

罗哲文　张锦秋　傅熹年　单霁翔　郑时龄

总编辑委员会：

主　任： 吴良镛　周干峙
副主任： 沈元勤　陆元鼎
总主编： 陆　琦　戴志坚
委　员（按姓氏笔画排序）：

丁　垚　王　军　王　南　王金平　王海松　左满常　朱永春
刘　甦　李　群　李东禧　李晓峰　李乾朗　杨大禹　杨新平
吴　昊　张玉坤　张兴国　张鹏举　陆　琦　陈　琦　陈　颖
陈　蔚　陈伯超　陈顺祥　范霄鹏　罗德启　柳　肃　胡永旭
姚　赯　徐　强　徐宗威　翁　萌　高宜生　唐　旭　黄　浩
谢小英　雍振华　蔡　晴　谭刚毅　燕宁娜　戴志坚

《天津 河北古建筑》

编　委：王其亨　张立方　张玉坤　杨大为　刘智敏　王　蔚　朱　阳
　　　　吴　葱　曹　鹏　丁　垚　朱　蕾　张　龙　张凤梧　杨　菁
　　　　何蓓洁
编写组：丁　垚　朱　珉　杨　煦　耿　昀　王颐真　李竞扬　丁绍恒
　　　　李　阳　曹睿原　史　展　刘殿行　满兵兵　李　超　周俊良
　　　　孟晓静　张开红烨　杨　潇　曹　鹏　朱　阳
绘　图：王颐真　李　阳　张开红烨　杨　潇
摄　影：李　鹰　丁　垚　杨　煦　耿　昀　王颐真　李竞扬　耿建军
　　　　朱　珉
审稿人：张玉坤

总　序

中国历史悠久，地大物博，人口众多，是一个多民族的国家，文化遗产极为丰富。中国古建筑是世界建筑史上的四大体系之一，五千年来，光辉灿烂，独特发展，一脉相传，自成体系。在建筑历史发展过程中，从来都没有中断过，因而，积累了大量的极为丰富的优秀建筑文化遗产。中国古代建筑的实践经验、创作理论、工艺技术和艺术精华值得总结、传承和发扬。

中国古代建筑具有强大的生命力，首先是独特的地理环境。中国位于亚洲东方，北部有长白山、乌苏里江高山河流阻挡，西有天山、喀喇昆仑山脉和沙漠横贯，西南有喜马拉雅山脉，东南则沿海，形成封闭与外界隔绝的地域，加上地处热带、温带和寒带，宽阔的地理和悬殊的气候，促进建筑与环境的巧妙和谐结合。

其次，独特的民族性格。中国是以汉族为主的多民族所组成。以中原文化为主的汉族人民团结、凝聚着居住和生活在各地的少数民族。由于各民族的历史、文化、宗教信仰、生活习俗与审美爱好的不同，以及他们所处地区的自然条件和地理环境的差异，长期的劳动实践，形成了各民族独特的性格和绚丽灿烂的建筑风貌。

其三，文化的独特体系。中国文化是以黄河流域中原文化为中心，周围有燕赵文化、晋文化、齐鲁文化、吴越文化、楚文化、秦文化和巴蜀文化所烘托，具有历史渊源长久、人类智慧集中、思想资源丰富的特点。中国传统文化思想的集中表现是以儒学、道学为代表，其后，佛教的传入与中国传统文化的结合，形成以儒学为主的儒、道、释三者合一的中国传统文化思想。归纳起来，就是天人合一的宇宙观念，以人为本、和为贵的人文思想，整体直觉的思维方式，真善美相结合的美学观念。

封闭而独特的地理环境，团结凝聚而又富于创造的民族性格，以儒学为主的文化独特体系，创造了中华民族的雄伟壮丽的建筑工程。长期的经验积累，独树一帜，虽经战争的炮火，民族之间的斗争与融合，外来文化之传入及本土化，但中华民族建筑始终一脉相传，傲然生存下来，顽强发展，独树一帜而不倒，在世界建筑史发展中是罕见的、独有的。

中国古代建筑发展经历了原始社会、奴隶社会和封建社会三个历史阶段。

旧石器时代，原始人群利用天然崖洞作为居住场所。南方湿热多雨，虫害兽多，出现巢居。1973年，在浙江余姚河姆渡村发现大约建于6000~7000多年前的、长约23米、进深约8米的木构架建筑遗址，推测是一座长方形、体量相当大的干阑式建筑，这是我国最早采用榫卯技术构筑房屋的一个实例。

原始社会晚期，黄河流域有广阔而丰厚的黄土层，土质均匀，含有石灰质。黄河中游的氏族部落，在利用黄土层作为壁体的土穴上，用木架和草泥建造简单的穴居，逐步发展到浅穴居，再到地面上的房屋，形成聚落。

奴隶社会，夯土技术逐步成熟，宫室建于高大的夯土台上，木构建筑逐步成为中国古代建筑的主要结构方式。等级制度出现。工程管理有了专职的"司空"，以后各朝代沿袭发展成为中国特有的工官制度。

封建社会初期，高台建筑盛行，修建了长城、驰道和水利工程。东汉时代，建筑中已大量使用成组的斗栱，木构楼阁增多，城市和建筑类型扩充，中国古代独特的木构建筑体系基本形成。

两晋南北朝是我国历史上充满着民族斗争和民族融合的时期，佛教的传入，宗教建筑大量兴建，高大的寺庙、壮丽的塔幢，石窟中精美的雕塑和壁画，这是我国古建筑吸收外来文化使之本土化的创造时期。

隋、唐统一全国，开凿贯通南北的大运河，促进了我国南北物资和文化的交流和发展。唐代的长安、洛阳成为世界上最大的城市。木构建筑的宫殿、楼阁和石窟、塔、桥，无论布局或造型都具有较高艺术和技术水平，唐代建筑已发展到成熟的阶段。

宋、辽、金时期，南方在经济和文化方面居于先进地位。由于手工业分工更加细致，国内商业和国际贸易活跃，城市逐渐开放，改变了汉以来历代都城采用的封闭式里坊制度，形成沿街设店的方式。建筑的设计和施工达到一定程度的规格化、制度化，公元12世纪初在总结经验的基础上编写了《营造法式》这一部重要文献。

元代大都建立，喇嘛教和伊斯兰教建筑影响到各地。明、清时期官式建筑已经达到完全程式化、定型化阶段。明代后期出现资本主义萌芽，清代在城市规划上、建筑群体布局和建筑艺术形象上有所发展，例如北京城、故宫、天坛等。民居、园林和民族建筑遍布各地，呈现一片繁荣景象。

中国古建筑有明显的特征。在城市规划上，严谨规整、对称宏伟，表现出庄重威武的中华民族性格。单体建筑中，雄伟的飞檐屋宇、大红的排列柱廊、高大的汉白玉台基，呈现出崇高壮丽又稳定的形象。黄河流域盛产的木材资源，形成了中国古建筑木构架体系的特色。室外装饰的富丽堂皇、金碧辉煌，室内陈设装修的华丽多样、细腻雕饰，体现了中国古建筑绚丽多彩的民族风格。

聚居建筑方面，包含民居、祠堂、家庙、书院等遍布全国各地，它们与人民生活息息相关。各地各族人民根据自己的生活习俗、生产需要、经济能力、民族爱好和审美观念，结合本地的自然条件和材料，因地制宜、因材致用地进行设计与营造。他们既是设计者，又是营建者、使用者，可以说设计、施工、使用三位一体，因而，这种建造方式所形成的民宅民间建筑，既实用简朴，又经久美观，并富有民族风格和地方特色。

中国古园林的特征。以自然山水即中国山水画为蓝本，并以景区、景物和建筑、山水、花木为构件，由景生情，产生意境联想，达到艺术感受。皇家园林因其规模大、范围广，其园林布局自秦、汉时期的一池三岛，到唐、宋以山水画为蓝本，明、清仍沿袭池中置岛古制，但采用人工造山置水的方法。

明、清私家园林因属民间，士大夫文人常在宅后设园休闲宴客，吟诗享乐，其特点是以最小的场所造成无限的景色为目的。因其规模小，常以叠石或池水为主，峰峦洞壑、峭壁危径或曲径通幽取胜。在情景中则采用巧于因借、精在体宜的手法。

我国是一个人口众多的多民族国家。相传秦汉以前，中华大地上主要生存着华夏、东夷、苗蛮三大文化集团，经过连年不断的战争，最终华夏集团取得了胜利，上古三大文化集团基本融为一体，历史上称为华夏族。春秋、战国时期，东南地区古老的部族称为"越"，逐渐为华夏族所兼并而融入华夏族之中。秦统一各国后，到汉代都用汉人、汉民这个称呼，直到隋、唐，汉族这个名称才固定下来。

由于各民族的历史文化、宗教信仰、生活生产、习俗性格的不同，又由于各族人民所处地区的自然条件和环境的不同，导致他们各自产生了富有特色的建筑和民宅，如宏伟壮丽的藏族布达拉宫，遍布各族聚居地的寺院庙宇、寨堡围村、楼阁宅居，反映了绮丽多彩的民族风貌。

中国传统文化渗透了中国古建筑，中国古建筑深刻地体现了中国文化。

新中国成立后，作为全国性有领导有组织地编写中国古代建筑史，第一次是1959年，由原建筑科学研究院组织"编写三史"开始。当时集中了全国高等院校、科研部门分工编写，1962年由中国工业出版社出版《中国建筑简史》第一册（古代部分）。随后，又组织有关院校、文化、历史、考古等单位对古代建筑史有研究的人员，经多次修改，由刘敦桢教授执笔主编的《中国古代建筑史》，于1966年完成。由于"文化大革命"，未能出版，1980年才由中国建筑工业出版社正式出版。作为高等院校的中国建筑史教材则由全国高校教师编写，参考了上述专著，由中国建筑工业出版社1982年出版。

作为系统的、全面的、编写中国古建筑丛书是从1984年开始，当时作为《中国美术全集》中的一个门类——建筑艺术，称为《中国美术全集·建筑艺术编》，共6辑，包含宫殿、坛庙、陵墓、宗教建筑、民居、园林，1988年完成出版。

第二次编写从1992年开始，编写的原因是《中国美术全集·建筑艺术编》6辑出版后，各界反映良好，但感到篇幅不够，它与我国极为丰富的建筑文化遗产大国不相适应。于是，再次组织编写《中国建筑艺术全集》丛书30辑，其中古建筑24辑，近现代建筑6辑。古建筑部分仍按类型编写。该丛书中的24辑于1999年5月出版。

由于这两次丛书都是全国性编写，按类型写，又着重在艺术，因此，一些地方特色和民族特色的、中型的优秀古建筑就难于入选。为了弘扬和传承优秀传统建筑文化体系，总结经验和规律，保护我国优秀传统建筑文化遗产，因此，全面地、系统地、按省（区）来编写古建筑丛书是非常必要的、合时宜的。

本丛书编写的主要特点是：其一，强调本省（区）古建筑的民族特色和地方特色；其二，编写不限于建筑艺术，而是对本省（区）古建筑的全面叙述，着重在成就、价值、特色、技术和经验、规律等各个方面，这是我国民族和地区的资料比较全面和丰富的传统建筑文化丛书。

陆元鼎

2015年1月10日

前 言

河北省和天津市所辖的范围是北中国至为重要的文化渊薮：自数十万年以前就是多种史前文明繁衍生息的沃土；近三千年来更不断孕育出众多辉煌的都城，并在辽代以后作为畿辅重地达千年之久。其地的历史文化是中华文化极其重要的组成部分；其地的建筑对于认识所谓"中国建筑"而言势必具有举足轻重的意义。

在河北省、天津市境内的众多古建筑之中，河北的大量艺术杰作向来具有无可争议的崇高地位，天津则更多以开埠以后的各式"西洋"建筑而闻名。针对这种不同的认识状况，本书力图着眼于近代开埠以前久远时代的城市与乡村，尝试追溯这片土地上自从石器时代以来伴随人类居住、生产、生活而发生的种种建设行为和建设结果。因此，本书所说的"古建筑"可能与一般的狭义概念有所不同——它涵盖了地上与地下、建筑物与遗迹等各个时期、各种形式的古代建筑实践及其成果：石器时代的聚落与房屋（如：蔚县泥河湾遗址、蓟县下埝头遗址等），商周秦汉的城池与宫殿（如：易县燕下都遗址、邯郸赵王城遗址、平山中山灵寿城遗址、宝坻秦城遗址等），魏晋北朝的邺都与石窟（如：邯郸南、北响堂山石窟等），唐辽宋元的寺院与宫观（如：正定开元寺、隆兴寺、新城开善寺、涞源阁院寺、蓟县独乐寺、宝坻广济寺等），明代的长城与边镇，清代的行宫与陵寝（如：承德热河行宫、蓟县盘山行宫、遵化清东陵、易县清西陵等），以及现存最早的斗栱（中山灵寿城陶栌斗、交互斗）、楼阁（正定开元寺钟楼）与建筑图（中山王墓兆域图）、最精美的陶楼（阜城桑庄东汉墓出土陶楼）、最具规模的皇家园林（承德避暑山庄），还有各级、各式清真寺、文庙、仓廪、作坊、桥梁、炮台等等，不难发现，河北、天津的古建筑，尤其是其中的高等级建筑，实为中国历史上各个时期建筑艺术成就的杰出代表。

然而，由于各种自然或人为原因，大部分的古建筑遗迹都仅有"片段"存世，因而相对于日常仍在使用的建筑物"整体"而言，实在样貌迥异。不仅如此，即使是那些幸存至今的"片段"也往往由于新陈代谢的内在要求，而叠加了历代破坏、修缮、改易的诸多物质图层及相应的历史信息。这就造成每一处建筑案例本身即具有相当的复杂性；更遑论河北、天津古建筑作为整体势必更陷于千头万绪的历史线索之中——凡此种种，都对本书的写作构成了挑战。

所幸的是，经过考古学家与文物工作者们不懈的调查、发掘与整理，目前已经积累了蔚为大观的研究成果。尤其是数十年来不断涌现的考古报告，以及各地区组织编纂的文物目录，使得我们有条件从那些"只鳞片羽"的遗存中、对种种建筑问题作出一些结构性的思考。此外，二十余年前《天津古代建筑》作出的有益尝试亦对我们的工作很有启发；

而天津大学建筑学院多年间从未中断的田野考察与建筑测绘，也为我们近距离接触、体验建筑案例，并借助专业工具认识、理解艺术作品提供了宝贵的机会。

本书在写作中大致采取了建筑研究者的观察视角——对多数建筑案例都从选址、群落布局、单体空间与结构设计、细部构造与装饰设计、材料与施工等方面作出简明扼要的介绍，以期在不同的比例尺上反映不同层面的建筑问题，从而凸显空间与造型艺术的"共时性"内涵。另一方面，全书的组织也秉持了历史研究者的问题意识——在相应的历史地理背景下，勾勒出建筑的沿革历程，以期在特定情境中理解建筑活动的发生机制，并凸显出古建筑沧桑的"历时性"特征。

希望此书能够把一幅涵盖更广阔时、空范围的建筑图景展现在读者面前。

由于编写时间和水平所限，书中遗漏和谬误也祈请方家指正。

《天津 河北古建筑》编写组
2015 年 11 月 26 日

目 录

总　序

前　言

第一篇　天津古建筑

第一章　绪　论

第二章　聚落、城镇
第一节　石器时代的聚落 ／ ○○七
第二节　先秦时期的聚落 ／ ○○八
第三节　汉唐时期的聚落、城市 ／ ○一一
第四节　辽宋、金元、明清时期的聚落、城市 ／ ○一五
　一、蓟县地区 ／ ○一八
　二、宝坻地区 ／ ○二○
　三、武清地区 ／ ○二一
　四、宁河地区 ／ ○二二
　五、静海地区 ／ ○二三
　六、天津市区 ／ ○二三

第三章　宫殿、衙署等（高等级）建筑
第一节　先秦大型建筑遗址 ／ ○二九
　一、秦城遗址的大型建筑 ／ ○二九
　二、巨葛庄遗址 ／ ○二九
第二节　汉代至北朝的大型建筑遗址 ／ ○二九
　一、西南圵遗址 ／ ○三○
　二、沙井子高台 ／ ○三○
　三、七里峰的台基 ／ ○三○
第三节　辽以后的大型建筑 ／ ○三○
　一、独乐寺 ／ ○三○
　二、渔阳鼓楼 ／ ○三三

第四章　墓　葬
第一节　先秦时期的墓葬 ／ ○四一
第二节　汉墓 ／ ○四二
　一、汉墓的布局 ／ ○四二
　二、土坑墓与砖室墓 ／ ○四二
　三、墓主人 ／ ○四三
　四、墓室和墓道 ／ ○四三
　五、鲜于璜墓 ／ ○四三
　六、东滩头汉墓 ／ ○四六
　七、别山汉墓 ／ ○四八
　八、几处平民墓群 ／ ○四九
　九、双口汉墓 ／ ○四九
　十、武清合葬墓 ／ ○五○
第三节　汉唐之间的墓葬 ／ ○五○

一、武清的北朝合葬墓 / ○五○
二、窦庄子隋墓 / ○五○
第四节　唐辽墓 / ○五○
一、军粮城初唐墓 / ○五○
二、上宝塔晚唐墓 / ○五一
三、白马泉唐墓 / ○五一
四、唐墓特征 / ○五一
第五节　宋辽金墓葬 / ○五一
一、抬头村早期辽墓 / ○五一
二、营房村北辽墓 / ○五二
三、五里庄辽墓群 / ○五二
四、弥勒院村辽墓 / ○五二
五、青坨僧人墓群 / ○五二
六、东滩头宋金墓 / ○五二
第六节　元明清墓葬 / ○五四
一、明清官员的墓葬 / ○五四
二、明清家族墓地 / ○五四

第五章　文庙、书院

第一节　文庙 / ○五九
一、蓟州文庙 / ○五九
二、天津文庙 / ○五九
第二节　书院 / ○六二
一、三取书院 / ○六二
二、津东书院 / ○六三
三、问津书院 / ○六三

第六章　寺院、宫观

第一节　蓟县地区的寺庙 / ○六七
一、鲁班庙 / ○六七
二、关帝庙 / ○六七
三、观音寺 / ○六八
四、天仙宫 / ○六八
五、朝阳庵 / ○六八
六、邦均关帝庙 / ○六八
七、天成寺 / ○六八
八、云罩寺 / ○六八
九、万松寺 / ○六九
十、祐唐千像寺 / ○六九
十一、盘山诸寺遗址 / ○六九
第二节　天津地区的寺庙 / ○七○
一、文昌阁 / ○七○
二、玉皇阁 / ○七○
三、天后宫 / ○七一
四、吕祖堂 / ○七三
五、大悲院 / ○七三

六、慈云寺 / 〇七四
七、准提庵 / 〇七四
八、金刚寺 / 〇七四
九、挂甲寺 / 〇七四
十、潮音寺 / 〇七四
十一、虫王庙 / 〇七四
十二、姥姆庙 / 〇七四
十三、老姆庙 / 〇七五
十四、火神庙 / 〇七五
十五、当城关帝庙 / 〇七五
十六、高家村关帝庙 / 〇七五
十七、大诸庄药王庙 / 〇七五
十八、大毕庄泰山行宫 / 〇七五
十九、福寿宫遗址 / 〇七五
二十、东天齐庙遗址 / 〇七五
第三节 其他地区的寺庙 / 〇七五
一、广济寺 / 〇七五
二、大觉寺 / 〇七七
三、龙泉庵 / 〇七八
四、吉祥庵 / 〇七八
五、无梁阁 / 〇七九
六、紫竹禅林寺 / 〇七九
七、天尊阁 / 〇七九

第七章 塔 幢

第一节 塔 / 〇八五
一、西大佛塔遗址 / 〇八五
二、独乐寺白塔 / 〇八五
三、天成寺舍利塔 / 〇八六
四、彻公长老灵塔 / 〇八六
五、定光佛舍利塔 / 〇八八
六、万松寺太平禅师塔、普照禅师塔 / 〇八八
七、少林寺多宝佛塔 / 〇八八
八、福山塔 / 〇八八
九、黑石崖塔 / 〇八八
十、大良塔基遗址 / 〇八八
十一、金家窑塔 / 〇八八
十二、普亮宝塔 / 〇九〇
第二节 幢 / 〇九〇
一、"大朝丁酉"经幢 / 〇九〇
二、宝坻石经幢 / 〇九〇
三、高村石幢 / 〇九〇

第八章 清真寺

一、清真大寺 / 〇九五
二、清真南大寺 / 〇九六
三、金家窑清真寺 / 〇九六

四、天穆村清真北寺 / 〇九六
五、杨村清真寺 / 〇九七

第九章　住宅及附属建造
第一节　住宅 / 一〇一
一、住宅遗址 / 一〇一
二、蓟县城民居 / 一〇三
三、黄崖关村民居 / 一〇三
四、小漫河民居 / 一〇三
五、石家大院 / 一〇三
六、董家大院 / 一〇五
七、张家大院 / 一〇五
第二节　水井与砖瓦窑 / 一〇五
一、大安宅村的水井遗址 / 一〇五
二、辛务屯的唐代水井遗址 / 一〇六
三、大桃园村汉代窑址 / 一〇六
四、蓟县小毛庄唐代窑址 / 一〇六

第十章　会　馆
广东会馆 / 一一一

第十一章　清代的园寝和行宫
第一节　园寝 / 一一七
一、黄花山园寝 / 一一七
二、朱华山园寝 / 一一九
三、钟灵山、果香峪园寝 / 一二〇
第二节　行宫 / 一二〇
一、盘山行宫 / 一二一
二、白涧行宫 / 一二二
三、桃花寺行宫 / 一二二
四、隆福寺行宫 / 一二二

第十二章　长城与海防工程
第一节　长城 / 一二七
第二节　海防 / 一三一
一、大沽口炮台遗址 / 一三一
二、北塘炮台遗址 / 一三二
三、三汊河口炮台遗址 / 一三三

第十三章　营造技艺

第二篇　河北古建筑

第一章　绪　论
一、石器时代不同文化的房屋 / 一四〇
二、殷商时代的房屋遗址 / 一四〇

三、最早的斗栱与建筑图 / 一四〇
四、最精美的汉代陶楼 / 一四〇
五、邺城制度 / 一四〇
六、北朝的实例 / 一四〇
七、唯一的唐代楼阁 / 一四〇
八、宋辽对峙 / 一四〇
九、大都近畿与异域风格 / 一四〇
十、明代的长城与边镇 / 一四一
十一、清代的陵寝与行宫 / 一四一

第二章　聚落与城市
第一节　石器时代的城市与聚落 / 一四五
一、旧石器时期的聚落选址与文化渊源 / 一四五
二、新石器时期的聚落选址与文化渊源 / 一四六
第二节　先秦时期的城市与聚落 / 一四八
一、东周以前的城市与聚落 / 一四八
二、东周时代的城市与聚落 / 一五〇
第三节　秦汉魏晋南北朝时期的城市与聚落 / 一五三
一、两汉的城市与聚落 / 一五三
二、魏晋南北朝时期的城市与聚落 / 一五三
第四节　唐宋辽金元时期的城市与聚落 / 一五五
一、唐代的城市与聚落 / 一五五
二、宋辽的城市与聚落 / 一五五

三、元代的城市与聚落 / 一五五
第五节　明清时期的城市 / 一五七
一、宣化城 / 一五八
二、万全卫城 / 一五八
三、鸡鸣驿城 / 一五九
四、永年城 / 一六〇
五、蔚州城 / 一六〇
六、井陉城 / 一六一

第三章　宫殿、衙署等（高等级）建筑
第一节　东周诸侯国都城及宫殿遗址 / 一六五
一、燕下都及宫殿遗址 / 一六五
二、赵王城及宫殿遗址 / 一六七
三、中山灵寿城及宫殿遗址 / 一六九
第二节　秦金山咀行宫遗址 / 一七三
第三节　汉邯郸温明殿遗址 / 一七四
第四节　北朝邺城及宫殿遗址 / 一七四
第五节　元中都及宫殿遗址 / 一七六
第六节　曲阳北岳庙 / 一七九
第七节　明、清衙署 / 一八一
一、直隶总督署 / 一八一
二、清河道署 / 一八二
三、热河都统署 / 一八二

四、察哈尔都统署 / 一八二
五、滦县县衙 / 一八三
六、广宗县衙 / 一八三

第四章 墓 葬
第一节 东周之前的墓葬 / 一八七
第二节 东周墓 / 一八九
第三节 汉墓 / 一九三
第四节 北朝墓 / 一九六
第五节 唐五代墓 / 一九九
第六节 宋辽金墓 / 二〇〇
第七节 元墓 / 二〇三
第八节 明墓 / 二〇四
第九节 清墓 / 二〇五

第五章 清代皇家园林、行宫和陵寝
第一节 承德避暑山庄及周围寺庙 / 二〇九
一、喀喇河屯行宫及围场建筑 / 二〇九
二、从热河行宫到避暑山庄 / 二一〇
三、热河寺庙群 / 二一三
第二节 行宫 / 二一八
一、谒陵行宫 / 二一八
二、南巡行宫 / 二二一

三、北巡行宫 / 二二三
四、"西狩"回銮行宫 / 二二五
第三节 清代陵寝 / 二二八
一、清东陵 / 二二八
二、清西陵 / 二三七

第六章 民 居
第一节 新石器时代的房址 / 二四七
一、磁山的直壁竖穴深窖穴 / 二四七
二、邯郸涧沟的房址和丛葬坑 / 二四七
三、赵宝沟的半地穴房址 / 二四八
四、迁西西寨的半地穴房址 / 二五〇
五、阳原姜家梁遗址的房址和墓葬 / 二五〇
第二节 商代遗址的建筑 / 二五二
一、台西遗址 / 二五二
二、东先贤遗址 / 二五三
第三节 明代张家口一带的村堡 / 二五三
第四节 清代庄园 / 二五五
一、腰山王氏庄园 / 二五五
二、定州王灏庄园 / 二五七

第七章 佛 寺
第一节 早期佛寺 / 二六一

一、正定开元寺 / 二六一
二、正定隆兴寺 / 二六三
三、新城开善寺 / 二六七
四、涞源阁院寺 / 二六九
五、定兴慈云阁 / 二七二
六、邢台天宁寺 / 二七四
七、邢台开元寺 / 二七五
第二节　明代佛寺 / 二七六
一、石家庄毗卢寺 / 二七六
二、怀安昭化寺 / 二七七
三、井陉福庆寺 / 二七八
四、霸州龙泉寺 / 二七九
五、抚宁宝峰禅寺 / 二八〇
六、涉县西戌昭福寺 / 二八〇
七、蔚县重泰寺 / 二八一
八、蔚县灵岩寺 / 二八二
九、武安禅房寺 / 二八二
十、行唐县封崇寺 / 二八三
十一、武安天青寺 / 二八三
十二、宣化时恩寺 / 二八四
十三、丰润定慧寺 / 二八四
十四、鹿泉金河寺 / 二八五
第三节　清代佛寺 / 二八五

一、玉田净觉寺 / 二八五
二、保定大慈阁 / 二八七
三、穹览寺 / 二八七

第八章　石窟和塔幢

第一节　北朝石窟 / 二九一
一、张家口市下花园北魏石窟 / 二九一
二、鼓山北响堂石窟 / 二九二
三、邯郸滏山南响堂石窟 / 二九五
四、涉县中皇山娲皇宫石窟 / 二九八
五、邯郸鼓山水浴寺石窟 / 二九九
六、涉县林旺石窟 / 三〇一
七、涉县艾叶峧石窟 / 三〇二
第二节　隋唐石窟 / 三〇二
一、封龙山石窟 / 三〇二
二、曲阳八会寺石经龛 / 三〇三
三、平山县瑜伽山石窟 / 三〇四
四、井陉七狮岩石窟 / 三〇四
五、涉县曲里千佛洞石窟 / 三〇四
第三节　塔幢 / 三〇四
一、灵寿县幽居寺塔 / 三〇四
二、赞皇治平寺塔 / 三〇五
三、博野县兴国寺石塔 / 三〇五

四、武安沿平石塔 / 三〇六
五、隆尧赵孟村塔 / 三〇六
六、武安定晋禅果寺灵塔 / 三〇七
七、定州开元寺塔 / 三〇七
八、景县开福寺塔 / 三〇九
九、正定天宁寺凌霄塔 / 三一〇
十、正定广惠寺华塔 / 三一二
十一、临城普利寺塔 / 三一二
十二、武安舍利塔 / 三一三
十三、武安南岗塔 / 三一三
十四、衡水宝云寺塔 / 三一四
十五、故城庆林寺塔 / 三一五
十六、正定开元寺须弥塔 / 三一五
十七、涿州双塔 / 三一六
十八、涞源兴文塔 / 三一七
十九、涞水庆化寺花塔 / 三一七
二十、易县圣塔院塔 / 三一八
二十一、双塔庵双塔 / 三一九
二十二、顺平武侯塔 / 三二〇
二十三、涞水镇江塔 / 三二一
二十四、蔚县南安寺塔 / 三二一
二十五、涞水西岗塔 / 三二二
二十六、易县燕子村塔 / 三二二

二十七、正定临济寺澄灵塔 / 三二三
二十八、元氏开化寺塔 / 三二四
二十九、涞水皇甫寺塔 / 三二四
三十、昌黎源影寺塔 / 三二五
三十一、涞水金山寺舍利塔 / 三二五
三十二、冀州西堤北石塔 / 三二六
三十三、赵县柏林寺塔 / 三二七
三十四、丰润车轴山花塔 / 三二七
三十五、南宫普彤塔 / 三二八
三十六、义慈惠石柱 / 三二九
三十七、井陉天护陀罗尼经幢 / 三三一
三十八、易县和邢台的道德经幢 / 三三二
三十九、赵县陀罗尼经幢 / 三三二
四十、卢龙陀罗尼经幢 / 三三三

第九章　道观和民间宗教建筑
一、内丘扁鹊庙 / 三三七
二、定州大道观 / 三三九
三、武安九江圣母庙 / 三三九
四、峰峰义井龙王庙 / 三三九
五、涉县常乐龙王庙 / 三四〇
六、涉县娲皇宫 / 三四〇
七、蔚县玉皇阁 / 三四二

八、蔚县真武庙 / 三四三
九、深泽真武庙 / 三四四
十、安国药王庙 / 三四四
十一、涿州药王庙 / 三四四
十二、邯郸黄粱梦吕仙祠 / 三四四
十三、庆云泰山行宫 / 三四六
十四、迁西景忠山碧霞元君庙 / 三四六
十五、蔚县天齐庙 / 三四七
十六、邢台火神庙 / 三四七
十七、张家口堡子里财神庙 / 三四七
十八、内丘王交台牛王庙 / 三四八
十九、涿州楼桑庙三义宫 / 三四八
二十、娄村三义庙 / 三四八
二十一、磁县崔府君庙 / 三四八
二十二、山海关姜女庙 / 三四八
二十三、苑庄灯影台 / 三四九

第十章　清真寺

一、定州清真寺 / 三五三
二、泊头清真寺 / 三五四
三、沧州清真北寺 / 三五五
四、张家口堡子里清真寺 / 三五六
五、宣化清真南寺 / 三五七
六、宣化清真北寺 / 三五八
七、新乐清真寺 / 三五八
八、易县清真寺 / 三五九

第十一章　文庙和贡院

第一节　文庙 / 三六三
一、正定文庙 / 三六三
二、平山文庙 / 三六三
三、平乡文庙 / 三六四
四、定州文庙 / 三六四
五、邢台文庙 / 三六五
六、深泽文庙 / 三六五
七、定兴文庙 / 三六五
八、沙河文庙 / 三六五
九、新乐文庙 / 三六五
十、庆云文庙 / 三六六
十一、栾城文庙 / 三六六
十二、井陉文庙 / 三六六
十三、沧州文庙 / 三六六
十四、涿州学宫 / 三六六
第二节　贡院 / 三六六

第十二章　仓廪、作坊和瓷窑

第一节　仓廪 / 三七一

一、蔚县常平仓 / 三七一

二、深州盈亿仓 / 三七三

第二节　作坊 / 三七四

一、燕下都作坊遗址 / 三七四

二、赵王城作坊遗址 / 三七五

三、中山灵寿城作坊遗址 / 三七五

第三节　瓷窑 / 三七八

一、邢窑 / 三七八

二、定窑 / 三七八

三、磁州窑 / 三八〇

四、井陉窑 / 三八一

第十三章　桥　梁

一、赵县安济桥 / 三八五

二、赵县永通桥 / 三八七

三、行唐升仙桥 / 三八八

四、井陉通济桥 / 三八八

五、满城方顺桥 / 三八九

六、玉田彩亭桥 / 三八九

七、永年弘济桥 / 三九〇

八、邯郸张庄桥 / 三九〇

九、沧县登瀛桥 / 三九〇

十、邯郸学步桥 / 三九一

十一、涿州下胡良桥 / 三九一

十二、献县单桥 / 三九一

十三、安国伍仁桥 / 三九二

十四、衡水安济桥 / 三九三

第十四章　军事建筑

第一节　战国长城 / 三九七

第二节　秦长城 / 三九八

第三节　汉长城 / 三九八

第四节　北朝长城 / 四〇〇

第五节　隋长城 / 四〇二

第六节　宋辽地道 / 四〇二

第七节　金界壕 / 四〇四

第八节　明长城 / 四〇五

第十五章　营造技艺

天津 河北古建筑地点及年代索引 / 四一六

参考文献 / 四二九

后记 / 四四二

第一篇 天津古建筑

第一章 绪论

天津地处华北平原的东北部，东临渤海湾，北依燕山（图1-1-1）。除了燕山脚下的蓟县，以及海拔较高的宝坻、武清，其他地区海拔均在1～5米。发源于西边太行山和北边燕山的河流，都汇集到天津，形成海河水系，流往渤海，即为"九河下梢"。如此低而平坦的地貌，使得此地很容易受到海水和洪水的侵袭，故而曾被认为是"海滨斥壤"，无古可考。天津早期的历史总是被后期的地理变化所淹没。

天津地处华北和东北两大地理区域的交界处，古代文化受到了这两区域强势文化的影响，并在不同时期或是势均力敌地并存，或是有着此消彼长的变化。

先民们在距今八千年前时从蓟县北部山区下到蓟县和宝坻的山前平原。在中原文明的夏商西周时期，这里的先民一方面继承着地方的土著文化，同时又少量接受了西周燕国建立之后传入的中原文化。大部分的先民还居住在半地穴结合支柱的房屋中，这种适应环境的简易建筑方式在此地延续了几千年。

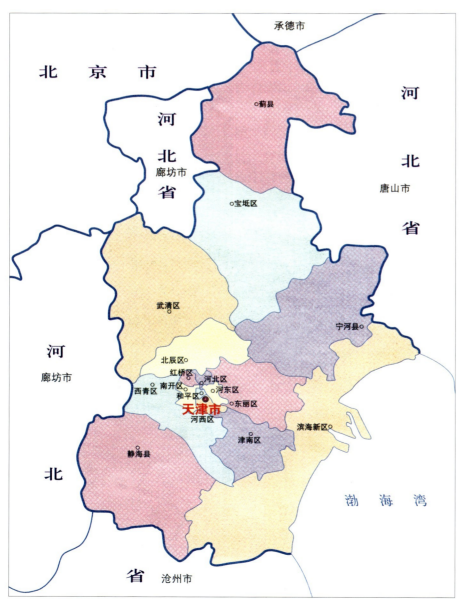

图1-1-1　天津市地图（地图引自：中华人民共和国民政部编．中华人民共和国行政区划简册2014．北京：中国地图出版社，2014.）

全新世海侵结束之后，又经过了黄河千余年的泥沙堆积，直到战国时期，滨海平原才又有了人类的聚居。他们居住在能获得淡水的古海岸线——贝壳堤上。此时燕、齐各据海河一岸，且常有兼并战争发生。战国末年，在北部平原，燕国在今宝坻建立了城墙城市——右北平郡郡治（秦城遗址），而齐国也在静海南部形成了大聚落舒州（古城洼遗址）。这些地方已经出现了高等级的砖瓦建筑，以及大量的水井群。

秦汉时，天津地区被纳入了郡县制的体系。汉代天津分属三郡四县，目前发现有五处县级城址，三处邑级城址。此时的城址中，大多已发现有夯土建筑的遗迹，这些都是汉代帝国力量控制本地的最明显的表现。而到了西汉晚期，滨海平原又一次遭受海侵，只有北面地势较高的地方如蓟县、武清兰城，有着大量的东汉遗存。汉墓作为汉代重要的文化现象，在天津特别是蓟县也分布甚多。

曹魏时为征乌桓而开凿的运河，虽然为之后的交通运输和经济发展奠定了基础，但也使得海河水极易泛滥。唐代亦开凿运河，为河北漕运戍边之用，海河入海口（军粮城）也成为海漕联运的重要节点。北部的渔阳（蓟县）发展较为稳定，而其西北的盘山据传在北魏时就已成为佛教圣地，唐辽已是塔寺林立。

宋辽对峙时，海河又为界河。宋在界河沿线设立塘泺防线和寨堡。而北部地区由于近辽之南京(今北京)，得到了经济和文化上的发展。新仓镇（今宝坻）作为盐粮转运的重镇盛极一时。由于辽代社会崇尚佛教，故而在蓟县、宝坻、武清留下了大量佛教文物。从此时起，天津地区一直作为靠近帝国中心的所在，或为边防卫所，或为漕运门户，与帝都关系密切。

到了唐以后，天津市区周边的几处城市聚落（蓟县、宝坻、武清、静海）的位置大致已经定型，只有市区一带尚未设立城镇。又因北宋黄河再次改道海河时所留下的泥沙沉积，金代时终于在今天津市区的位置设立了直沽寨。

元代大规模河、海漕运，在直沽设立海津镇，与漕运相关的文物十分丰富。明成祖赐名"天津"，并设置天津卫，修筑城池。北面的蓟州作为"九边"之一，山上至今仍存长城及堡寨。

清代天津升州为府，城池经多次改造后，容纳了更多的居民商贾，由军事城堡蜕变为工商业城市。城内、外兴建了众多住宅、园林、会馆建筑，寺院祠庙亦不断重修、扩建。而北部的蓟县由于东陵的兴建，漕运再度勃兴，谒陵路径上亦兴建大、小行宫十余处，城内及盘山也有大量清代文物。

天津 河北古建筑

第二章 聚落、城镇

天津聚落、城镇分布图

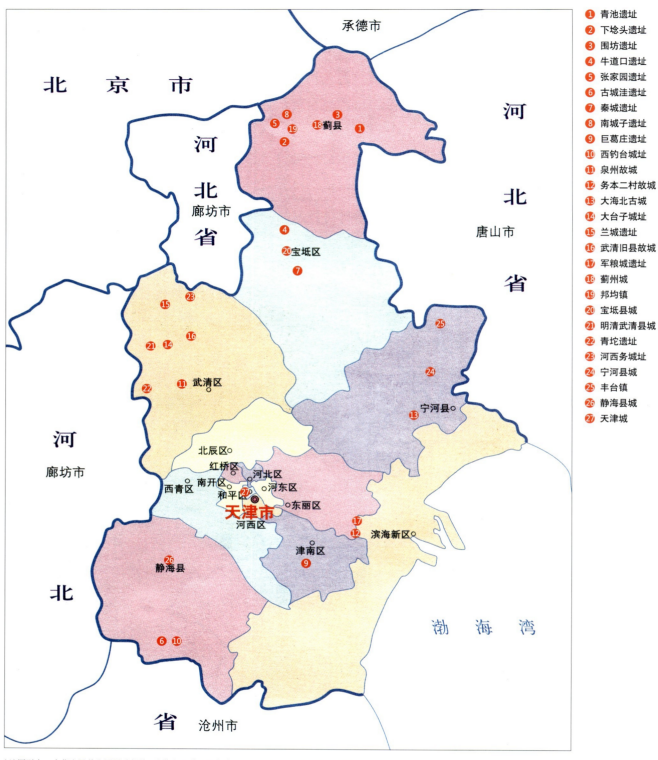

① 青池遗址
② 下埝头遗址
③ 围坊遗址
④ 牛道口遗址
⑤ 张家园遗址
⑥ 古城洼遗址
⑦ 秦城遗址
⑧ 南城子遗址
⑨ 巨葛庄遗址
⑩ 西钓台城址
⑪ 泉州故城
⑫ 务本二村故城
⑬ 大海北古城
⑭ 大台子城址
⑮ 兰城遗址
⑯ 武清旧县故城
⑰ 军粮城遗址
⑱ 蓟州城
⑲ 邦均镇
⑳ 宝坻县城
㉑ 明清武清县城
㉒ 青坨遗址
㉓ 河西务城址
㉔ 宁河县城
㉕ 丰台镇
㉖ 静海县城
㉗ 天津城

（地图引自：中华人民共和国民政部编.中华人民共和国行政区划简册2014.北京：中国地图出版社，2014.）

第一节 石器时代的聚落

天津范围内的石器时代人类活动现象集中分布在蓟县北部的燕山南麓地区。距今约四万年的旧石器时代遗迹，在山前台地、河流的二级阶梯或者相对独立的小丘之上。小石器大多发现在海拔200～400米的山区中，而加工更细致的细石叶的发现地则是30～100余米（图2-1-1）。

到了距今八千年前的新石器时代，由于冰期结束，气候变得温暖湿润，华北大地草木繁茂，已经开始适合人类居住。天津地区的人类活动遗迹也有所增多，其活动范围也从海拔20～400米的蓟县山前台地下到了海拔30米左右的山前平原，甚至进入了更加平坦开阔的地区。不过先民在选址的时候，还是多选择了丘陵高地、土岗、坡地的南坡（图2-1-2）。

此时发现的生活和生产工具，有用石、骨、陶制成的砍伐林木的石锛、石斧、盘状器，翻土掘地的石铲、石耜，易于收割的石刀、石镰，用于研磨谷物果核的石磨盘、石磨棒和陶磨盘等。还出土有渔猎器具，如捕鱼的陶、石网坠，投掷猎物的石球，

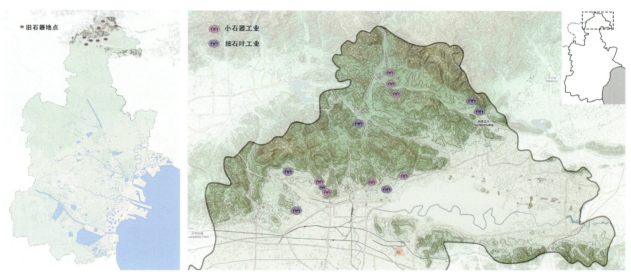

图2-1-1 旧石器工业分布

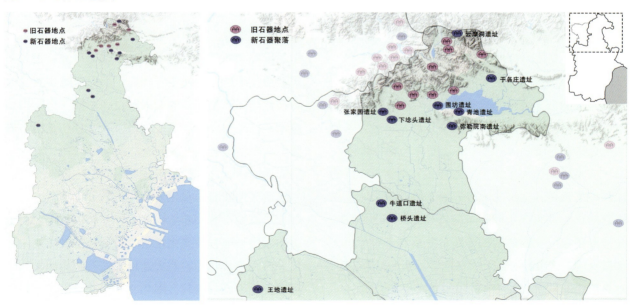

图2-1-2 天津旧、新石器时代遗址点分布

射弋飞禽的燧石镞，切割刮削兽皮兽肉的燧石片、刮削器等。

手工业生产主要有制陶、制石和纺织业。在几处遗址出土的器物中，几乎都能找到来自南、北两大文化区系的影响，并发生着此消彼长的变化。

新石器时代的先民从事农业生产、饲养家畜和狩猎，已经开始过着定居的生活。他们在燕山之阳的台地一带生活，此地依山傍水，地势较高。

但只发现了少量房屋基址，缺乏手工业遗迹、窑址，亦无中国北方其他一些遗址点中所发现的重要建筑"大房子"，所以无法推测聚落整体的布局形态。

天津地区最早的新石器时代遗址为蓟县的青池、弥勒院和下埝头。

青池遗址位于古滱水的一处曲河湾南侧的山坡地上，西边有一条南北向的古道夹在两山之间。出土器物具有北方特色，时代距今约8000～6500年。

下埝头遗址位于燕山南麓、北京到蓟县一条自古以来的大道上。遗址正北原有一座馒头状的小山，文化层堆积就在小山下的南面坡地，面积约6000平方米。此地的炊器具有南系的特征，距今约7000年。

较晚的有围坊遗址，其坐落于蓟县沙河西面的高岗上，下临向北翻越燕山通向塞外的古道。出土器物具有红山文化的特征，距今约5000年。

晚期如宝坻牛道口遗址，位于一处土丘之上，鲍邱河在其西南约200米处从西北向东南流过。具有河北龙山文化的特征。

而在滨海平原，仅见有零星出土的石器。这些石器有可能是先民来到这些生长着茂密草木的冲积扇进行临时的采集活动时所留下来的，但也并不能完全否认在海侵之前滨海平原之上有人类的聚居。

宝坻以南滨海平原上的遗迹多被全新世海侵的海相地层覆盖，这一次海侵开始于第四纪大冰期结束之后，约从距今10000年前持续到距今5000年，先淹没了市区在内的南部地区，之后北部平原也大部被淹没。这次海侵为天津塑造了特别平坦的地面，对之后此地易受河海灾害的侵害也有很大影响。

与新石器时代的几个重要的文化中心相比，天津地区处于文化圈的边缘地带。从未发现过有墙的大型房址或者公共建筑、祭祀建筑的遗迹。这里的先民在山坡或高地上挖穴作屋，用树干做支架，覆盖茅草，搭成窝棚，或许阶级尚未严重分化。这些房基平面大多为椭圆形，结构有单间或双间，房基周围有柱洞。

下埝头遗址发现的一处新石器中期的房屋基址，建造在向阳的山坡地上，为半地穴式，用原生土做四周墙壁，高33～44厘米，由内外两室组成。内室椭圆形，长1.90米，宽1.44米，地面平坦。外室长圆形，长2米，宽1米，比内室低14厘米，地面是一层夹红烧土的黑色土层，应是长期作为灶台火烧所致。北壁上有一小龛。由于水土流失，地表遭破坏，仅存柱洞一个，在外室北侧，直径7厘米、深3厘米，所以整个建筑的结构不清。但很可能是使用树干作为支架，搭成双坡屋顶，并覆盖茅草。

统观北方地区的建筑遗存，这种半地穴结合支柱的房屋，应是这一地区相当长时间内的大量性居住房屋的普遍情况。

第二节　先秦时期的聚落

进入中原的夏商时代，天津地区人类的居住地点与新石器时期相比变化不大，但遗址点的数量变多、规模变大，发现的遗物也丰富了许多。这时候，全新世的大海侵虽然已经离开了滨海平原，但是由于地势过于低洼，还不宜开发，所以居民主要多分布在北部山前平原。他们这时已经掌握了青铜冶炼技术，但是生产力还是较为低下，工具还是以石器为主，房屋基本也仍是半地穴式的。

此时这一地区的文化渊源，可以分为两个系统：一是由当地新石器文化发展而来的地方文化；另一则是从西周开始，随着燕的建立，传入的中原文化。总的来说，地方性文化在这段时期还是处在主流地位，只有蓟县邦均的西周遗址等处有较为明显的中原周文化因素。同时，南北文化的交替影响还在继续（图2-2-1）。

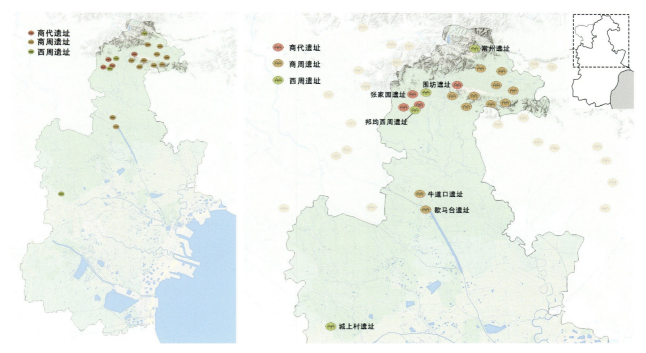

图 2-2-1　天津商周遗址点分布

天津地区青铜时代的地方文化，很可能可以属于周代活跃在燕山地区的山戎文化，在天津一带则应与著名的无终国有关。《史记·匈奴列传》称山戎是"各分散居溪谷，自有君长，往往而聚居者百有余戎，然莫能相一。"这支文化约在春秋时期与姬燕文化融合。

公元前2000年左右到公元前602年一段时期内黄河夺禹河（今海河）入海，史书称"九河"，形容此地地势低洼平衍，河渠纵横密布。《史记》载："齐桓公救燕，遂北伐山戎而还。燕君送齐桓公出境，桓公因割燕所至地予燕。"燕齐二国疆界原是禹河，但是齐桓公通过的时候竟然未发现边界，大概是"九河"之地遍地河渠，主河道难以辨认的缘故。齐桓公恪守"诸侯相送不出境"的古礼，将禹河以南的土地，包括天津海河以南至沧州附近，都割给燕国。

虽然此地鲜有人烟，但《禹贡》中记载的东北夷人向中原进贡的路线，乃是先走海路，西行至碣石，而后溯禹河送入中原。《禹贡》记载："恒卫既从，大陆既作，岛夷皮服，夹右碣石入于河。"天津地区在此时即是海运河运的中转之所。

由黄河千余年的泥沙堆积，直到战国时期，滨海平原才又有了人类聚居。公元前602年黄河迁离之后形成的海岸线，即位于泥沽的贝壳堤，之上已有战国时代的遗迹。早于此海岸线的张贵庄—巨葛庄贝壳堤之上，战国文化尤为丰富。贝壳堤高出周围地面，可以避免遭受洪水袭击，而且周围的水是咸水，贝壳堤之下却有积存的淡水，故而成为古时人们理想的居所。

战国时期，天津分属齐、燕两国，大部分时候，两国以海河为界，北属燕，南属齐，但还是时有兼并战争发生，从出土遗物中也表现出浓厚的战争色彩，兵器异乎寻常的多。同时，从出土文物中还可以看出两地文化之差异和边界线之进退。由于春秋时齐桓公的以礼割让，齐燕之间的疆界曾一度在盐山、黄骅一带的古河道，而在战国时期，齐国凭借军事上的优势，频频侵凌燕国，并在西北地界上建"舒州"（今静海西钓台古城附近）。不久之后燕国又把海河以南的这片地方重新夺回，几十年之后又被赵国夺走（图2-2-2）。

天津平原的开发，与战国时期生产技术进步，

图 2-2-2　天津战国时代遗址分布图　　图 2-2-3　蓟县早期遗址分布图

特别是铁器的使用密不可分。在平原上出土了许多农用的铁器，包括镬、锄、铲、镰、斧、凿等。同时，天津有濒临渤海湾之利，最丰富的自然资源即是渔盐。文献记载中渤海湾是齐、燕两国的重要产盐基地。《管子·地数》记载："齐有渠展之盐，燕有辽东之煮。"渠展即今之渤海。而渔网坠的大量出土也可说明当地渔业生产的繁盛。

天津东周以前的遗址主要还是集中在北部山前平原，即蓟县、宝坻一带。

张家园遗址位于蓟县西部邦均镇以北 4 公里的丘陵地区，东 100 米为沙河，距河底高约 18 米，面积约 7000 平方米。这里有一些椭圆形半地穴房屋，表现出承袭当地龙山文化的特点；同时，出土的一些器物，又表现出和燕山以北地区古文化的联系。

早在距今 5000 年前的新石器时期，蓟县的围坊便有人居住，这里的文化层堆积较厚，直至汉代。围坊三期遗址表现出了和长城地带古文化的密切联系（图 2-2-3）。

邦均周代遗址位于蓟县邦均镇东南约 100 米处，燕山山脉在此有向南的突起。从北京向东通向海滨的古道从这里经过，故而邦均一直以来都是商贸重镇。邦均周代遗址面积 3 万多平方米。在这里不仅发现了西周时期燕山地区土著风格的器物遗存，其他器物还有较强的中原周文化因素。

在蓟县东部山区，古浭水两岸的低矮山头上，如英歌寨、北堡子、东山城等地，也收集到了一些商周时期的石器和陶器。这些居民点均坐落在便于瞭望的矮山上，或许说明当时的先民之间已有互相联络的社会需求。同时，这些山上的居民点也可能与山下的较大聚落有一定的联系，如东山城遗址与山下的弥勒院南遗址，这或许反映了某种社会分工。

城市的出现，标志着居民数量、生产力水平、政治文化的质的飞越。天津地区在战国的时候才开始出现了带有城墙的、可以称之为城市的聚落。

战国时期，天津分属齐、燕两国，大部分时候，两国以海河为界，北属燕，南属齐。

属齐国的大聚落有位于静海县的古城洼遗址，此地是齐国平舒城的管辖地，曾出土带有相关铭文的器皿。在西汉时，此地被渤海郡东平舒城沿用。战国居住址中，有密集分布的水井，结构有土、瓦两种，间距仅 3～5 米，非一般村落遗址能与之相比，只不过城垣建筑尚未发展。

燕地已有带城墙的城池。属于燕国的有两处，其中之一是宝坻的秦城遗址，建于战国晚期，在西汉初年即被废弃。此城位于《水经注》中记载的鲍邱河（与今潮白新河在此段走向相近）北岸，当为

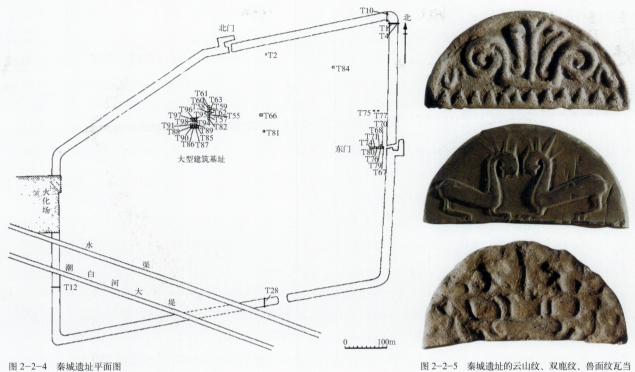

图 2-2-4 秦城遗址平面图

图 2-2-5 秦城遗址的云山纹、双鹿纹、兽面纹瓦当

燕国的右北平郡郡治。

秦城遗址平面呈不规则的四边形,北墙长约 910 米,中间呈磬折状,东墙长 658 米,高 5 米余,顶部有土埂一道,类似于女墙。城垣四面开门,皆位于城墙中部,试掘东、北二城门,发现城门口外修建了曲尺形城墙,如同瓮城(图 2-2-4、图 2-2-5)。

此城在西汉时即已被废弃,但尚有居民居住。此城之所以被废弃,可能是由于秦灭六国之后,将右北平郡迁至无终(今蓟县),并建造了新的郡治。

另一处在蓟县的许家台南城子,位于丘陵坡地之上。略呈方形,东西长 150 米,南北长 160 米。城墙保存尚好,东西南三面高 3 米,北面高仅存 2 米余。从城墙断面可看到明显的夯土痕迹。除了在城内采集到了战国时代陶器残片,在城址南面,夯土城墙下压有 0.5~1 米的灰土层,夹有西周陶片,可见战国城是在西周遗址上建立起来的。

除了城市以及城市规模的聚落,还有许多稍小的聚居地,多分布在大港、津南区、宁河县的贝壳堤之上。

津南区巨葛庄遗址位于贝壳堤之上,在其方圆十里的范围内,发现战国遗址九处之多,不少遗址颇具规模,面积有数万平方米。

第三节 汉唐时期的聚落、城市

秦灭六国,包括天津所在的燕、赵、齐三国,天津地区从此进入了大一统帝国的版图,并被纳入了郡县制的行政体系。本地区建筑开始受制于来自更远距离、具有更大波及范围的帝国动因,而且,大建筑也往往由此产生。除了最为明显且经常性的表现——本地行政和军事中心的城市建设外,每一次并非出于本地原因而是深具帝国背景的建设,如秦皇汉武的望海建筑、曹操北征开凿的运河、隋文帝普建舍利塔、隋炀帝开凿的运河以及初唐以远征为目的的建设等事例,都是帝国控制力的直接表现。甚至像汉墓这样曾大兴于本地居民日常生活的建筑现象,特别在东汉时代,正是席卷天下的厚葬风尚的波及,也可视为帝国动因作用的间接结果。而自从帝国力量的侵入，本地社会的不论是兴盛还是衰落，都无法摆脱受其左右的局面。燕山南北、长城内外，文明和文化的巨大差异，又往往使得这种力量的作用是以震慑或战争为目的。以蓟县为典型，其治所归属在唐代的几番置废更迭，完全缘于帝国本位的边疆经营，就是最为明显的表现，甚至今天享誉中外的独乐寺的建设，也很可能是与此相关。

自然条件的变化，其影响对本地而言也不容小视。从地区分布看，由于西汉末的海侵，北部山前平原与南部滨海平原的城邑同时繁荣的局面戛然而止。北部继续维持繁荣，而南部的大部分地方则疏于人烟。

蓟县—邦均—别山这一燕山脚下几千年来一直有人类活动的繁盛之地，繁盛依旧，扼山口天险的蓟县所在因古名设置县治（无终）以后两千年位置几乎未变，所以汉唐时期城池遗迹反而不像其他被后世废弃的汉城那样清晰可寻，而仅能根据周围密集的汉墓群来推断汉城大致就在今日县城的核心地带。

南部几个可能的西汉县城则分别在今日的武清与静海附近，后来由于海侵，泉州、雍奴、东平舒县的治所内迁或合并，原城址则被废弃，而其上都有被咸水或淡水浸泡过多年的痕迹。最迟到东汉晚期，海面波动已经平复，前后不过一百多年，然而已经使战国以来的平原上的开发前功尽弃。在海侵之后，海河水系逐渐形成，平原开始承受越来越大的洪水。而曹魏北征的运河建设则只是让沿线的某些地区稍有兴盛，河渠沟通使华北洪水在此地过分集中，农业建设也并未得到恢复。北朝时期，南部平原可能仅有几条主要河流的入海口位置还略有人群聚集与建设活动。唐代初期，由于帝国远征的经营需要，以海河入海口的军粮城为代表又出现了交通沿线的阶段性繁荣。

盐业一直以来便是天津地区的支柱产业。西汉时在泉州（治所在今武清泉州故城）设置"盐官"，专门管理海盐的生产和运输，对盐业的控制甚是严格。西汉海侵后，这里虽然大部分已被海水浸泡，但仍是海盐生产的重要基地。《魏书·食货志》记载：

"自迁邺后，于沧、瀛、幽、青等四州之境，傍海煮盐。"天津当时属于幽、瀛二州。

秦时区划即以海河（古道）为界，海河以北属渔阳郡和右北平郡，海河以南属巨鹿郡（西汉易名渤海郡）。隋唐时，则北部属蓟州、幽州，南部属沧州、瀛州。西汉时有无终、雍奴、泉州、东平舒四县，还有几处可能是邑一级的小城；而唐时则仅有蓟县（蓟州）、武清（图2-3-1）。

汉代天津地区的几处县、邑两级城址，规格等级分明。天津地区有两座保存较为完整的西汉县级城址，平面均呈500米左右见方的正方形，即"一里方城"。

西钓台位于静海的西钓台古城址，很可能为西汉东平舒县故城。《水经注》中记载，清漳"又东北过章武县西，又东北，过东平舒县南，东入海"。东平舒城东西长520米，南北宽520米，城墙地上

图2-3-1 天津汉代的聚落、城市分布

图 2-3-2　泉州故城出土双龙半瓦当和虎纹半瓦当图

的部分已不存，仅剩墙基，宽 18 米，黄沙土夯实，夯层厚 30～40 厘米。城内和城北是居住区，发现了密集的战国和汉代水井，有土井、砖井和用陶井圈叠置的陶井三种，直径 1 米，间距 3～5 米，可见居民相当密集。砖井用的砖都是专门烧制的梳背形砖，陶井圈每节高 25 厘米，每井 5～6 节不等。其中一口井还在井壁延伸出陶罐连接的引水管道，延续数十米。

武清泉州故城位于泒河（今北运河）以西，是古代河北地区北部河流汇聚入海的地方。《水经注》记载："泒河又东南迳泉州县故城东。"城东西长 600 米，南北宽 500 米，城墙经过夯筑，宽 17 米，夯层厚 10 厘米，现在城墙最高处已不足 2 米。城内文化堆积主要有战国和西汉两个时期，出土有这两个时期的板瓦、筒瓦和卷云纹圆瓦当。夯土城墙中夹有战国的陶片，可见此城是在战国聚落遗址之上修成的城池。曾发现有"泉州"二字戳记的陶片，并结合文献记载，确定此城为西汉之泉州县城（图 2-3-2）。

武清大宫城城址亦是在战国的聚落址上修筑，可能为西汉雍奴县故城。

西汉之无终县很可能与现在的蓟县位置相近，周边有大量的汉墓，其中不乏高等级者。

除了 500 米见方的县级城址之外，在天津还发现了几处较小的矩形城墙城市，很可能是邑一级的城址。有东丽区务本二村古城（漂榆邑）、宁河大海北古城、静海程庄子古城。

务本二村古城南距海河 2 公里，在当时可能正在海河的入海口附近。它东西长近 300 米，南北宽 170 米。地面暴露有大量建筑构件，有大板瓦、筒瓦、瓦当等。它可能就是记载中的漂榆邑。此地是盐业重地，《水经注》曾提到这一代盐业生产的情况："清河又东迳漂榆邑故城南，俗谓角飞城。《赵记》云：石勒使王述煮盐于角飞，即城异名矣。"

宁河大海北古城位于潮白新河（即当时的鲍邱河）东岸，与漂榆邑古城规模相似。城内南端保存有两处建筑台基。城内有较多砖瓦残片，板瓦和筒瓦表面皆为绳纹，背面纹饰不同。板瓦有方格纹、凹凸圆点纹、菱形纹、回纹和布纹。筒瓦以布纹为主，另有圆点纹及素面等。采集有"千秋万岁"字样、卷云纹瓦当和一个直径 53 厘米的柱础，应当为官署建筑之物。

在天津地区，只有武清的大台子城址被公认为是一处东汉城址。它平面呈正方形，边长约 500 米，城墙夯筑。遗址东 50 米为一古河道。地表散有较多陶片和建筑材料。大台子城址现在的海拔（10 米）比被推定为西汉雍奴故城的武清大宫城城址（现海拔 7 米）高出 3 米左右，这样的高差在平坦的天津平原上，已经可以免于海水的侵袭了。方志中记述，这里为东汉的雍奴县故城，也有学者认为是东汉的泉州县故城。

公元 206 年，曹操为讨伐北方乌桓，在滨海平原上开凿运渠，以运粮饷。虽然在之前天津地区可能已有小规模的运渠，但是此次大规模的建设，使河北平原河流下游的结构发生重大变化，给天津历史带来了深远影响。平房渠沟通虖池别河和虖河（今北运河），至今仍存，沿用为南运河。泉州渠自泉

图 2-3-3 天津三国至魏晋北朝时期遗址分布

图 2-3-4 兰城遗址出土
1-"大乐昌富"瓦当；2、3、6-卷云纹瓦当；4-卷云纹半瓦当；5-双龙纹半瓦当；7-双夔饕餮纹半瓦当；8-树木卷云纹瓦当；9-"千"字残瓦当；10-山云纹半瓦当

州城（今武清泉州故城遗址），向东北经水泽，进入鲍邱河，今已不存。新河从盐官口（今宝坻一带）经唐山丰润、乐亭一带，到濡水（今滦河）。平虏渠、泉州渠、新渠这三条运渠的修建，是运河史上的创举，虽然只是军事上的一时之需，但使得河北平原出现了众流归一的局面，众河汇合处的天津成为航运的枢纽。但是同时使得河北平原的洪水在此地过分集中。被汉代海侵破坏了的平原经济迟迟得不到恢复，故而古文化遗存主要集中在海河口（古泒河口）、马棚口（滹池别河口）等港口附近和运河沿线，大规模的农业生产难以建立（图 2-3-3）。

武清的兰城遗址曾被认为是东汉内迁之后的雍奴县故城，但在近些年的调查和发掘中，遗址内外均未发现夯筑城墙的遗迹。下层多战国时燕文化遗物，上层则有东汉至三国时期的文物，其板瓦头上波浪纹的做法，与邺城东汉晚期至曹魏时期的板瓦相似。中心饰高大圆泡的卷云纹圆瓦和"大昌乐富"文字瓦也属东汉晚期特征。可见此处虽非有夯土城墙的城址，但亦是一处在东汉晚期较为繁荣的聚落址（图 2-3-4、图 2-3-5）。

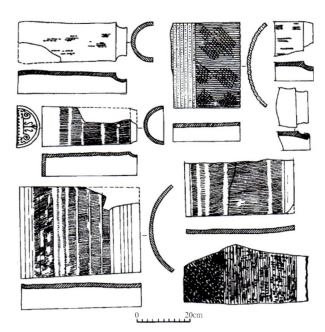

图 2-3-5 兰城遗址出土陶瓦

魏晋时期在天津平原的遗迹较为稀少。位于海河口附近的东丽区西南□遗址，坐落在汉代海岸线上，是著名的漂榆津所在。贝壳堆起的海岸略高出地面。遗址地面暴露有大量砖瓦陶片，采集有筒、板瓦等建筑材料。

蓟州所在因扼山口的险要位置，处于自古以来的交通要道上，一直是天津北部地区的中心城市。与汉时期的情况类似，唐代蓟州（渔阳）城与后世位置重合，因而城池遗迹都掩埋在内，城内仅有唐时期始建的独乐寺大伽蓝以及经幢残件等遗迹。同时，县（州）城与北面山地地区的聚落和佛寺密切的社会生活网络，以及与东北面山中军事防御的戍卫网络，均已基本建立。

武清旧县故城呈长方形，南北长900米，东西宽200多米，城垣破坏严重。唐天宝元年改雍奴县为武清县，治此。明洪武初年因水患迁治至今武清城关镇，此城遂废。其西400米还有唐时始建的天齐庙的遗址。

唐初，北边屡受突厥、靺鞨、奚、契丹等北方游牧部落的骚扰和掠夺，因而在此地屯兵。由于军需给养数量庞大，只能组织从江南运输，由此又一次开始了天津地区漕运的繁盛。唐代内河漕运多利用隋炀帝开凿的永济渠（天津平原段即曹操平虏渠之故道）。永济渠到现在天津的静海独流口折向西北，通过永定河的故道至涿郡（今北京）。

但是由于河道浅涩，以及船舶大型化，海上漕运也是非常重要的。海上运输的起点是江浙沿海，从扬州湾装船出长江口北上，绕过山东半岛，经过莱州湾，到达渤海湾内的海口（即今日的军粮城）。杜甫两首诗描述了当时海运的情况。《昔游》："幽燕盛用武，供给亦劳哉。吴门转粟帛，泛海陵蓬莱。肉食三十万，射猎起黄埃。"《后出塞》："渔阳豪侠地，击鼓吹笙竽。云帆转辽海，粳稻来东吴。越罗与楚练，照耀舆台躯。"

为了减少海运风险，又于神龙三年（公元706年）由军粮城海口向北沿海岸线开凿了平虏渠（非曹操之平虏渠，乃是使用曹操开凿泉州渠之故道）。物资可经海上运输到海口后，通过平虏渠运至蓟州。

接纳军粮的数额非常庞大，并且还有不同目的地的转输任务，因此海口附近必须有相应的屯储设施。位于今东丽区刘台的唐军粮城遗址便是史籍中记载的"三会海口"，此城址及其附近发现了不少唐代早期的遗物。今天津市区一带由于近代城市的发展，古代遗迹已经不多了。近年在河北区普济道出土石弥勒造像一尊，时间为永徽二年（公元651年），附近有建筑遗迹。此时正值唐代河北海漕方兴未艾

图2-3-6　天津隋唐遗址分布图

之时，这里的佛教遗迹或与之有关（图2-3-6）。

安史之乱后，北方陷于藩镇割据和战乱，天津地区的河海漕运也随之停止。

第四节　辽宋、金元、明清时期的聚落、城市

公元938年，石敬瑭将燕云十六州割与契丹，原属幽州的海河北岸地区因而归入辽土。公元944年，契丹南攻、三年灭晋，海河南岸亦划入辽境。公元959年，柴荣循隋、唐永济渠北攻，收南岸地。公元960年，赵匡胤即位，于海河南岸完成布防后、转而南下用兵。公元974年，宋、辽议和，自此两国以白沟、拒马河（今海河）为界、对峙达一个半世纪之久。

海河北岸属辽南京道析津府。辽国继承苍头河（今蓟运河）下游五代芦台（今宁河）盐场，并于中游与唐平虏渠（今州河）交汇处的高阜之地建盐仓、置榷盐院、设新仓镇（今宝坻），芦台、新仓一线逐步发展为辽、金两代的盐业基地。武清（今

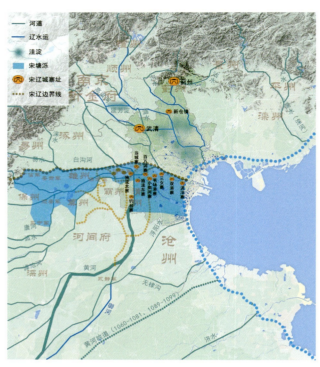

图 2-4-1 天津宋辽对峙时期形势图

图 2-4-2 天津金代形势图

武清)、渔阳(今蓟县)两地因地势较高、未罹海浸,且向有较佳的农业基础,因而渐成为幽、蓟地区的农业重镇。

海河南岸分属宋河北东路沧州、清州、信安军。宋代御辽向取守势,开国之初虽有赵光义谋取幽、蓟,但屡战未果,边地仍以防御辽骑南下为务。宋军一面围塘筑泺、疏河通漕,一面于界河、运河沿线广筑营寨;其间虽有军屯之设,无奈海退之后地力有限、更兼黄河北注后多发水患,农业生产难以稳定,城乡建设亦不见起色(图 2-4-1)。

1125 年,金相继攻灭辽与北宋,海河两岸割据结束,统一政权的南岸归河北东路清州、沧州管辖,北岸系中都路大兴府下属。1152 年,海陵王迁都燕京,并以河北水网组织漕运供应首都,漕渠经黄河北流、入独流河、西溯抵京。1205 年,金章宗下令改凿运河,使黄御河(今南运河)冲过独流、自三汊河口、经潞河、北溯入都,天津遂成为京师门户,控扼首都经济命脉(图 2-4-2)。

海河北岸,国"宝"如"坻",大兴府武清县析新仓镇等地、置宝坻县(今宝坻,位置相当于西汉雍奴县)、设盐使司。盐业创造的海量财富源源不断地流向国库,帮助帝国完成原始积累,但其实是滨海平原自身的生产建设似乎乏善可陈。

海河南岸,"海"内"靖"晏,清州分设靖海县(今静海,位置相当于西汉东平舒县),辖柳口镇(今杨柳青)、直沽寨(今天津市区)以节制漕运。交通发展虽对运河沿线经济有所拉动,但没有根本改善当地苇塘猎场、织席狩捕的产业格局。

1215 年,成吉思汗攻取金中都,天津归入蒙元境内,海河南、北分属河间路清州与大都路蓟州管辖。1260 年,忽必烈即位,统治重心南移,并于华北焦土之上大兴土木,由于物力全仰江南,漕运地位愈发提升。1282 年,海漕正式开通,直沽成为河、海联运枢纽。1289 年,京杭大运河凿成,江南物资可不经洛阳、直抵天津,河漕进一步发展。1308 年,海运规模逐年激增,因部分货物在直沽交换,当地市场贸易空前繁荣。1316 年,朝廷在直沽设海津镇(今天津市区)以加强地方管理。

海河北岸原有较好的农、盐基础,加之元初政府重视利用屯田、榷盐解决粮食、财政危机,武清、宝坻等地经济均在战后得到快速恢复。武清白河（今北运河）沿岸设河西务，贸易亦有一定发展。

海河南岸在黄泛洪积的沃土上（今西青）开展屯垦，并于直沽、葛沽、咸水沽（今津南）等地增设盐场，与北岸农、盐产业衔接起来。靖海御河（今南运河）沿岸亦建造广通仓、配合漕运。

居于当中的直沽更利用海、河关卡的地利，在屯田、榷盐、漕运的综合推动下发展商业。海津镇之设表明天津平原在千百年的艰难开拓后，终于出现了成规模的区域经济中心。

1368年，朱元璋北上诛元，经直沽、攻取大都，天津归明，海河南、北分属河间府与顺天府管辖。1399年，朱棣南下"靖难"，途次小直沽，赐名"天津"。1402年，北平升顺天府、称"行在"，大兴宫室陵墓，漕运重要性再度凸显。1404年，直沽置天津三卫，筑卫城。1451年，蓟州运河开通，蓟州防区所用漕粮由天津卫转输。1620年，天津成为抗倭援朝的水、陆基地。

在枢纽直沽，随着天津卫军事、经济、政治地位不断提高，朝廷屡次增设管理机构、督办饷、盐、漕诸务。发达的贸易吸引了大量南方移民，并催生出繁荣的商业区和市民阶层，卫城周边的聚居地内亦涌现出寺庙宫观等众多大型公共建筑。

在海河平原，各地大力整治海河水网、以淡水灌注斥卤，使屯田得到较快发展，进而孕育出众多农业居民点。同时，作为京师东南藩篱，天津四面修筑道路、桥梁、炮台、驿站，以应对逐渐增加的军事压力。

在北疆蓟州，万里长城自城北山中经过，沿线建有黄崖关城和一系列寨堡、敌楼、水关、烽燧。蓟州运河通过几次改建后，可确保漕船不经海路、全行内运，自直沽直抵蓟州城下、供应边防。

1619年，萨尔浒之战明军失利，三年后辽东失陷，天津成为京师襟喉，此后数十年间，天津战事败多胜少。1644年，李自成、多尔衮先后攻入北京，顺治帝登基后，天津降清。1658年，荣亲王园寝在蓟州黄花山动工，三年后东陵（孝陵）工程启动，

图 2-4-3　天津元明清时代形势图

蓟州漕运再度勃兴，谒陵路径上亦兴建大、小行宫十余处。1725年，天津卫改州、升府，由军事城堡蜕变为工商业城市（图 2-4-3）。

在枢纽直沽，城池经多次改造后，容纳了更多的居民商贾，城内、外兴建了众多住宅、园林、会馆建筑，寺院祠庙亦不断重修、扩建。

在海河平原，各地继续兴修水利、设置坝、闸、津、堤，并延伸驿道，加强天津与周边区域的联系。农、渔、盐业和乡土社会文化亦得到进一步发展。

在山脚蓟州，东陵的兴建使蓟县再度成为漕运物流枢纽和营造加工基地，行宫的设置则使京畿的建筑力量直接参与到当地建设之中。

自五代以降的千余年中，自然因素，如：地形高低、海线进退、土壤盐碱、河道改动等，对天津市境内人类的聚居活动产生着决定性的影响，奠定

了天津地区城市、建筑发展的基调；而社会因素，如：军事防御、河海漕运、郡县建置、人口流动等，则在此基础上演绎出多元的历史变奏。这一历史进程围绕着蓟县、宝坻、武清、宁河、静海和天津等6个中心展开，本节分别加以介绍。

一、蓟县地区

蓟县位于天津北部，地处京、津、唐、承的中心，北枕燕山、南邻庚水。自春秋以降，其地一直属于燕文化的核心地区；归契丹后，"南面官"制度使其作为帝国郡县的政治身份空前强化，并使蓟州长期笼罩在京畿（辽南京）的直接影响之中（图2-4-4～图2-4-7）。

邦均镇位于蓟县县城西南，燕山山脉凸出的牛头山南麓，镇西有从盘山流下的大沙河。邦均自古以来便是交通要道，向西为北京，向东为蓟县、遵化、唐山。镇境内曾发现从新石器时期以来的多个遗址点。《旧五代史》中有"明年，（刘）守文将契丹、吐浑兵四万人战于鸡苏，（刘）守光兵败"的记述，其中的"鸡苏"可能就是邦均西北面的刘吉素、田吉素等村。

明代庆隆年间，戚继光驻守蓟州，在邦均加固城防。如今邦均的城门虽然不存，但仍有"东门"、"西门"的地名留下，东西门之间的主街也一直是邦均

图2-4-4 道光《蓟州志》"蓟州城旧图"

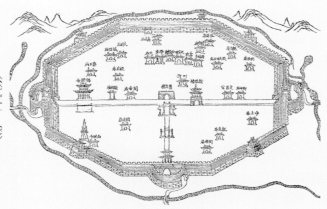

图2-4-5 道光《蓟州志》"蓟州城新图"

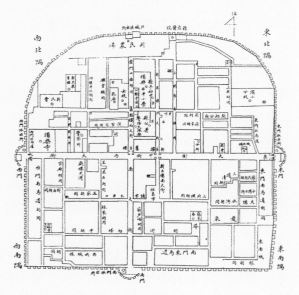

图2-4-6 民国《蓟县志》"蓟县城内市街图"

图2-4-7 蓟州城图，黑点为尚存建筑，白圈者已不存

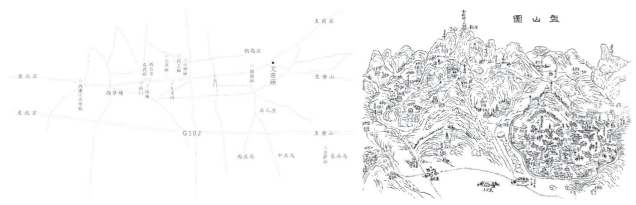

图 2-4-8 邦均镇图，黑点为尚存建筑，白圈者已不存

图 2-4-9 民国《蓟县志》"盘山图"

图 2-4-10 蓟县地区辽金时期重要遗址点分布

图 2-4-11 蓟县地区明代重要遗址点分布

图 2-4-12 蓟县地区清代重要遗址点分布

最重要、繁华的街道。除此之外，邦均还存有"东兵马"、"中兵马"等与屯兵之事相关的地名。

清代时邦均已经成为京东22个县中很繁荣的城镇，有数十座庙宇，但仅镇东岔路口上的关帝庙留存至今（图2-4-8、图2-4-9）。

蓟县地区现已发掘的居住址主要有：东山城遗址（辽）、无终县故城（辽、金、元、明、清）、小堡子遗址（辽）、英歌寨遗址（辽）、前寨遗址（辽）、前向阳遗址（辽）、小尤庄遗址（元、明）、唐坊遗址（明、清）等（图2-4-10～图2-4-12）。

墓葬主要有：营房村北墓葬（辽）、白马泉墓群（辽）、伯王庄墓群（辽）、蔡三庄墓群（辽）、西北隅村墓群（辽、明）、大云泉寺墓群（金）、刘

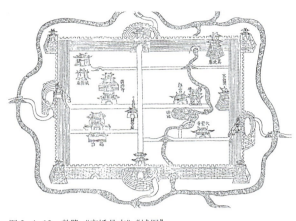

图 2-4-13 乾隆《宝坻县志》"城图"

图 2-4-14 宝坻县城图，黑点为尚存建筑，白圈者已不存

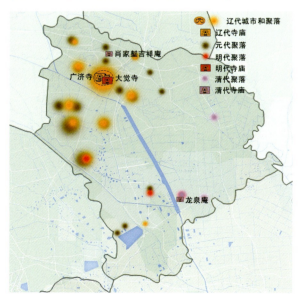

图 2-4-15 宝坻地区重要遗址点分布

提举墓（元）、大现渠墓群（明）、敦信墓（明）、燕忠墓（明）、哥八坟（明）、东关墓地（明）、智朴墓（清）、蒯彻墓（清）、窦禹钧墓（清）等。

上述居住址和墓葬多集中于县城及蓟县北部地区，南部较少，分布情况略同于当代聚落。

二、宝坻地区

宝坻位于天津中北部，地处鲍丘河与泉州渠、新河交汇处，亦是唐平虏渠、明清蓟州运河的枢纽。自秦、汉以降，其地向为海盐生产、交易中心；金代设县后，宝坻亦成为帝国郡县的一员（图 2-4-13～图 2-4-15）。

宝坻地区现已发掘的居住址主要有：辛务屯遗址（辽）、岳奄子遗址（辽）、管曲遗址（辽）、丁家套遗址（辽）、窦家桥遗址（辽）、前朝霞遗址（辽）、辛庄遗址（辽）、小张各庄遗址（辽）、前槐树庄遗址（辽、元）、太平庄遗址（辽、元）、前六口遗址（辽、元）、王庄子遗址（辽、元）、吴家塘遗址（辽、元）、松渠楼遗址（辽、元）、曹庄子遗址（辽、元）、打扮庄遗址（辽、元）、东南仁垺遗址（辽、元）、西辛庄遗址（辽、元）、岳庄子遗址（辽、元）、陈甫遗址（辽、元）、邢庄子遗址（辽、元）、东苑庄遗址（辽、元）、艾各庄遗址（辽、元）、段庄遗址（辽、元）、大千佛顶遗址（辽、元）、罗家务遗址（金、元）、长排庄遗址（金、元）、马贵庄遗址（金、元）、芮庄子遗址（元）、孙校庄遗址（元）、苑家楼遗址（元）、王庄遗址（元）、刘黄庄遗址（元）、张庄遗址（元）、韩庄遗址（元）、西孟遗址（元）、大口巷遗址（元）、大套遗址（元）、黑豆窝遗址（元）、三岔口遗址（元、明）、郭庄东南遗址（元、明）、张牛屯遗址（元、明）、沟头遗址（元、明）、白水坨遗址（元、明）、大宝殿村遗址（元、明）、古庄遗址（元、明）、朱家窝遗址（元、明）、高家口遗址（元、明）、范家庄遗址（明）等。

墓葬主要有：朱杨庄墓群（辽）、西李各庄墓群（辽）、小张各庄墓群（辽）、南王庄墓群（辽）、尚庄墓群（辽）、大张庄墓群（辽）、北台墓群（辽）、刘举人庄墓群（辽、元）、何各庄墓群（辽、元）、

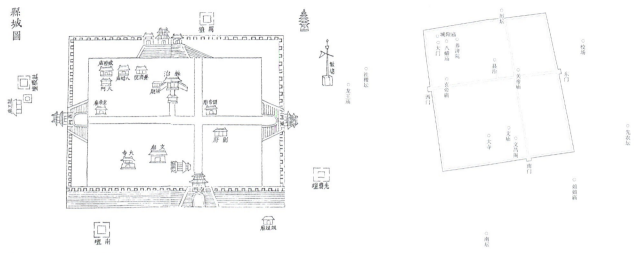

图 2-4-16 乾隆《武清县志》"县城图"　　　　　图 2-4-17 武清县城图，建筑均不存

东南仁垺墓群（辽、元）、辛务屯墓地（金）、刘深墓（元）、菜园墓群（明）、王指挥佥事墓（明）、芮铁崖墓（清）、李半朝家族墓地（清）等。

上述居住址和墓葬多集中于县城及宝坻西、北部地区，东、南部较少，分布情况略同于当代聚落。

三、武清地区

武清位于天津西北部，潞水、沽水从中经过。自秦汉设雍奴、泉州两县，到唐置武清，以后历代治所位置多在河道沿线往复迁移，留下多处城池遗址（图 2-4-16、图 2-4-17）。

武清地区现已有考古发现的居住址和墓葬多集中于河西务、太子务、旧县等西、北部地区，东、南部较少，位置也与现在的村落不尽相同（图 2-4-18）。

武清地区有武清县故城以及河西务、青坨等城址。

武清县故城位于武清城关乡城关镇。平面呈方形，边长 1 公里，东、西、南三面开门。城墙系夯筑，内、外包砌青砖；现存北墙部分土垣以及东、西、北三面护城河遗址，城内十字街基本布局亦存，衙署等建筑都已拆除。武清旧治原在旧县村，明洪武初年迁至城关镇；正德六年（1511年）修筑土垣；隆庆三年（1569年）甃砖；清乾隆三十一年（1766年）重修；1950 年县治迁往杨村。

青坨城址位于武清豆张庄乡青坨村南。平面呈

图 2-4-18 武清地区重要遗址点分布

长方形，东西 500 米、南北 300 米。城墙系夯筑，现存城墙长 300 米、厚 10 米、高 1 米余。青坨城建于辽代；现仅存东墙南段。

河西务城址位于武清河西务乡土城村、北运河西岸。平面呈方形，边长 500 米。城墙系夯筑，内、外包砌青砖；现砖已拆除，城略高于附近平地土垄。

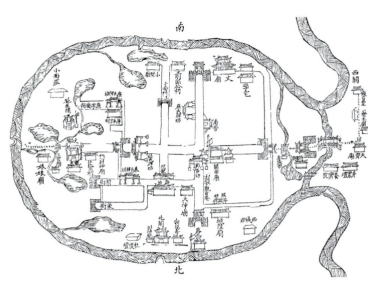

图 2-4-19 光绪《宁河县志》"县图"　　　　　　　　图 2-4-20　宁河县城图，建筑均不存

图 2-4-21　丰台镇城地图，及现存重要古建筑位置　　图 2-4-22　宁河（含汉沽）地区重要遗址点分布

河西务城建于明代。

四、宁河地区

宁河位于天津东北部，地处蓟运河下游入海处。自后唐设芦台盐场以降，向为盐业重地。清雍正析置宁河后，其地始有县治（图2-4-19、图2-4-20）。

丰台镇

宁河县东北的丰台镇，聚落的结构则以河道干流和支渠为骨架。河、渠不仅为生活用水排水提供方便，而且也成为聚落的边界。在聚落的南端有明代以来建造的大型庙宇天尊阁，在道路与河渠相交的位置则有石平桥跨过，现存的石桥都是清代以来建造的（图2-4-21）。

不仅天津的中、南部平原地区有许多集镇和村落，都是如同丰台镇这样被水沟、水淀环绕（如宝坻的林亭口镇、武清的黄花店镇等），而且像天津、蓟县、宝坻等几处大型城池，也体现出了这样的基本结构特征。

宁河地区现已发掘的辽代以后的居住遗址与墓葬，多集中于宁河西、北部地区，东、南部较少，分布情况与当代聚落差异较大（图2-4-22）。

五、静海地区

静海位于天津南部，地处南运河末段。自春秋以降，一直处于齐、燕两种文化的交汇地带；西汉设东平舒县后复罹海浸；直讫金代才又恢复较为稳定的县治（图2-4-23～图2-4-25）。

静海地区现已有考古发现的居住址和墓葬，多集中于静海西、南部地区，东、北部较少，有些遗址表明即使是静海所在的近海平原低地，个别的人群居住地点还是具有相当的连续性（图2-4-26）。

此外，宋代在北边宋辽边境修建的军寨，在天津的如钓台寨、独流东寨、独流西寨、信安军当城寨等，其中大部分在静海境内。

六、天津市区

天津市区所在是海运、河渠、运河的最重要的交汇点，自从黄河最近一次改道离去以后，金置直沽寨、元立海津镇、明设卫筑城、清改州升府，逐渐发展成为天津地区最重要的城市（图2-4-27～图2-4-32）。

天津市区及塘沽已有考古发现的宋金以来的居住址和墓葬多集中于天津西部地区，东部较少，所

图2-4-23 道光《静海乡志》"县图"

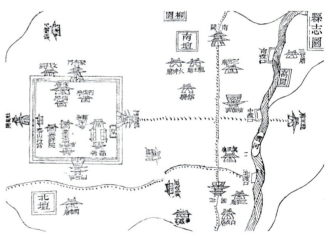

图2-4-24 同治《静海县志》"县图"

图2-4-25 静海县城图，建筑均不存

图2-4-26 静海（含大港）地区重要遗址点分布

图 2-4-27 光绪《重修天津府志》"新城图"

图 2-4-28 天津城图，黑点为尚存建筑，白圈者已不存

图 2-4-29 天津（含塘沽）地区宋代遗址点分布

图 2-4-30 天津（含塘沽）地区元明重要遗址点分布

图2-4-31 天津（含塘沽）地区清代重要遗址点分布

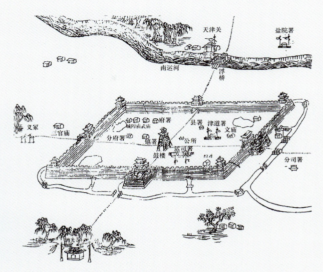

图2-4-32 《长芦盐法志》"天津府城图"

在位置的分布情况和今天的城市聚落基本重合。

天津卫城东去海河二百二十步、北抵卫河二百步，始建于明永乐二年（1404年）。设四门，门上建楼，四角俱有楼；雍正三年（1725年）大水浸城砖13级，城垣皆坏，遂以旧基筑城浚濠；光绪二十六年（1900年）八国联军占领时期，城被拆毁，改筑马路。卫城以鼓楼为中心的十字大街为骨架；楼底四面穿心门洞分别以东、南、西、北大街直指城门；主街两侧各有小街、巷延入腹地。城中分布各级军事、民政公署及仓廒，并建有卫、州、府、县各学和书院。

天津卫筑城前，小直沽人多沿南运河、海河右岸、聚居于北、东门外及东北城角；筑城后、直到明天启初年，城内主要系军队营盘，铺分左、中、右三卫，而百姓鲜少。入清以后，城内居民渐多；康熙二十三年（1684年）京杭大运河恢复通航，同年大开海禁，各地商船纷纷来津贸易；雍正年间，天津改卫为州，继而升州为府。军事建置变行政区划，民籍大量入城，天津城逐渐形成熙攘的住区与商业区。

天津卫城北、东门外地势略高，南、西门外则较低洼；城内中高、边低、四角尤低，清乾隆时，每角有一大水洼。由于小直沽地处九河下梢，尾闾宣泄不畅；而华北雨量虽少，但集中在7、8月间；每遇大雨时行，汛水涨发，运河东溢，海潮西漫，沥水互相灌注，苦难宣泄。城北虽距南运河甚近，但为防汛，未直接引河入城、提供饮水。另一方面，由于滨海平原成陆较晚、海浸漫长，浅层水质含盐多，城中亦不宜凿井供水。明前、中期，天津曾引南运河入东北角外护城河，角内水洼与护城河水相通。明末，城东南角设水门、引海河潮水注入水月池；海河一日两潮、两汐，顶入河中清水、泄去城中污水。清康熙十三年（1674年）浚四面城濠，又于东南隅筑石闸一座，引海河潮水周城四面，由南城水门入城。石闸岁久坍塌，乾隆元年（1736年）重修，以时启闭，有效的供水确保了城市发展。

天津 河北古建筑

第三章 宫殿、衙署等（高等级）建筑

天津宫殿、衙署等（高等级）建筑分布图

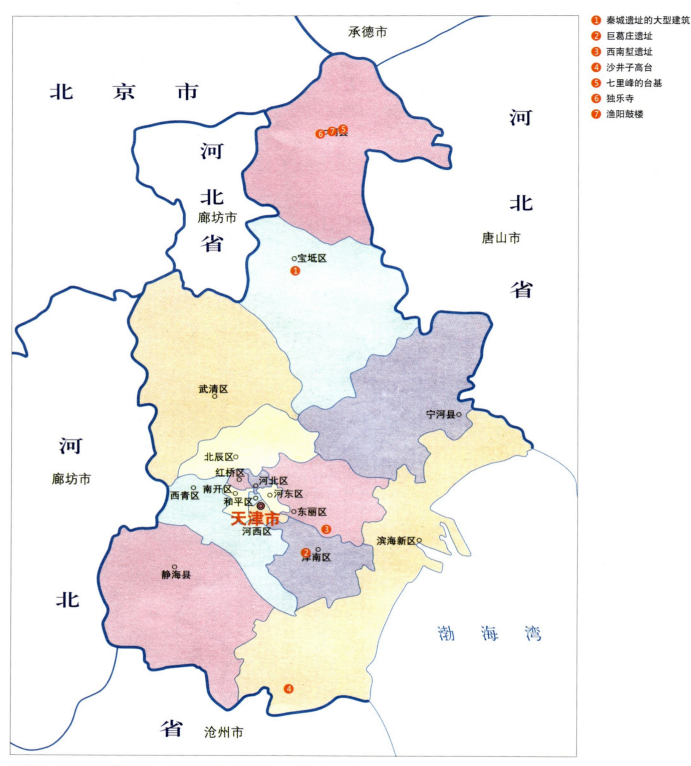

（地图引自：中华人民共和国民政部编．中华人民共和国行政区划简册 2014. 北京：中国地图出版社，2014.）

战国、秦汉以来，伴随着城邑建设，天津地区开始出现远超一般房屋规模的大建筑，今天仍能看到的蓟县独乐寺观音阁、白塔以及城内的鼓楼等，都是这样的实例。而唐辽时期以前的大建筑，几乎荡然无存，只有一些城墙的夯土还保持了巨大的规模，其他的建筑遗迹则需系统的考古发掘和研究才可能想象其昔日之雄姿。需要庞大人力组织才能实现的巨大夯土，以及依赖工业化生产的相对昂贵的大量砖、瓦等建筑构件，是这些大建筑在建造材料与工艺方面的最明显的表现。

在此仅列举除城池以外的几处大型建筑实例。

第一节　先秦大型建筑遗址

战国时代首次出现了大量的砖瓦建筑遗物和夯土建筑基址。

一、秦城遗址的大型建筑

位于宝坻的秦城遗址（图3-1-1）城内偏西北高地发现了两处夯土建筑基址，南面一座东西残长16.1米，南北宽7米，北面一座与其相距9米远，东西残长12米，南北宽10.5米，夯土均为黄花土。其上出土有大量灰陶细绳纹筒板瓦片，半瓦当有兽面纹、双兽纹、山字纹等。两座建筑南北相邻，夯筑方法相同，出土同时期遗物，应为同时期的一组建筑。

经过勘测发现，秦城遗址的城墙的夯筑方法为先草夯一层垫土，然后再使用黑灰色黏土和黄土分层夯筑，各面城墙的夯层厚度不一，外坡陡直，内坡斜坡状，有的地方还有两次夯筑的痕迹。

秦城遗址的东城墙保存较好。其南段现存底宽17米、高5.1米，顶部有一条高0.5米、宽0.5米

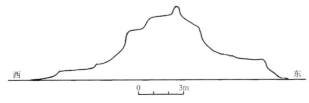

图3-1-1　秦城遗址东城墙南段横断面外轮廓现状实测图

图3-1-2　巨葛庄出土遗物
1～3-瓦；4-鬲；5-砖

的土埂，也经过夯筑。城的东南角没有土埂，辟为长9.6米、宽6.7米的平台，可能原城角上有建筑。

东门瓮城保存较好。原城门口宽3米，门口路面下亦为夯土。瓮城墙从东门口南侧的东城墙接出，呈曲尺形，东西长26米，后折向北42米，北端和主城墙之间为出口，宽7米。瓮城墙叠压在主城墙。瓮城内和门口两侧城墙坡上出土大量筒版瓦片和双龙纹瓦当残块等，说明城门口墙上应有建筑。

二、巨葛庄遗址

巨葛庄遗址出土有大量砖瓦，表明砖瓦建筑在这里已不鲜见。瓦当多数是素面的半圆瓦当，部分当面有装饰图案。出土绳纹砖瓦的有数十处遗址，可见高等级的砖瓦建筑在战国时期的天津平原已经比较普遍（图3-1-2）。

第二节　汉代至北朝的大型建筑遗址

城墙城池与高台建筑是汉代帝国力量控制本地的最明显的表现。此时的城址中，大多已发现有夯土建筑的遗迹，这些建筑可能为官署或者宗庙。夯土高台、大规模使用砖瓦，是这些建筑的最基本的

图 3-2-1　西南塈遗址采集"王门大吉"半瓦当、卷云纹瓦当、"千秋万岁"瓦当

图 3-2-2　考古工作者调查记录七里峰汉代建筑遗迹

共同特征。而更具体完整的实例，因年代邈远，也如国内其他地区一样，早已难觅踪迹，正缘于此，蓟县发现的一段完整的石砌建筑台基就显得极为珍贵。

一、西南塈遗址

务本二村古城（漂榆邑）以东 1.5 公里的西南塈遗址出土的建筑材料比较特殊。它坐落在当时海岸线的贝壳堤之上，在采集到的大量西汉绳纹砖瓦当中，有写有"千秋万岁"、"王门大吉"等字。这些瓦当级别较高，可能与西汉时期汉武帝祭祀名山大川的活动有关（图 3-2-1）。汉武帝元封三年（公元前108 年）"行自泰山，复东巡海上，至碣石"，太初元年（公元前 104 年）又"东临渤海，望祠蓬莱"。在渤海湾的西岸的各大河口，都发现有大型建筑分布。

遗址还发现了一些北朝时期的建筑材料。筒瓦，素面质地坚硬，厚 2 厘米。板瓦，有素面和弦纹两种。素面板瓦，背面磨光，里为布纹，瓦头捏成波浪状，灰黄色，质地坚硬，宽 23 厘米，厚 2 厘米。弦纹板瓦，背面有较细的横弦纹七道和横向细绳纹，里为布纹，厚 1.5 厘米。瓦沿上捏出波浪纹的作法，是北朝时期的流行形式。

二、沙井子高台

古滹沱河（虖池别河）入海口处的滨海新区大港沙井子村有一台，很可能是《水经注》所记载南北两座汉武帝望海台中的北台（南台在黄骅县南部古漳河入海口处）。

三、七里峰的台基

近些年在蓟县七里峰村发现了一处汉代建筑遗迹，出土了 10 块完整、6 块残破的汉代石刻。建筑中央为一土台，四周用石刻包围起来，每个石刻的大小基本相等，均为长 105 厘米，高 63 厘米，厚 10 厘米。每两个石刻中间还有一个石刻桩连接，石刻图案包括四神、人物及动物三类。石刻为剔地浅浮雕，石质为砂岩，石料可能就来自蓟县北部山中（图 3-2-2）。此地附近曾发现过汉墓群，这处遗迹很可能是墓前建筑的台基部分或者是祭坛。

第三节　辽以后的大型建筑

一、独乐寺

独乐寺当地称"大佛寺"，位于蓟县城内西北，是天津现存最古老的大建筑，自从 20 世纪被中外建筑学者考察介绍以来，即蜚声海内外。现存寺院大致方位坐北朝南，院墙范围南北 150 米、东西 110 米，占地面积约 1.7 万平方米（图 3-3-1）。

寺院最主要的两座建筑观音阁、山门，公认是辽代所建，而且与寺南 300 多米的辽代白塔遥相呼应。近年的研究发现，观音阁很可能始建于唐代，现在阁上很多构件还是唐代制作的，后来历经多次维修；山门则是辽代中期建造的。寺内现存其他的建筑都是明代以后的，大体呈三路分布，规模远比阁、门小，其中建筑面积最大的一座是乾隆朝由官方建造的供朝廷使用的行宫。

山门（图 3-3-2、图 3-3-3）是全寺主入口，

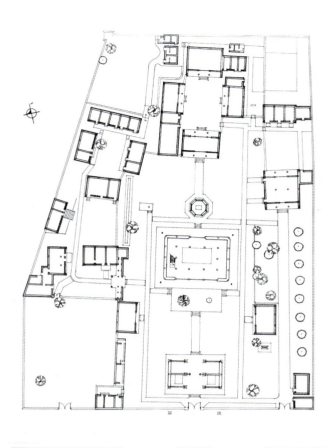

图 3-3-1　独乐寺总平面

图 3-3-2　独乐寺影壁、山门、观音阁

图 3-3-3　独乐寺山门

面阔三间、进深二间，四阿屋盖，占地 19.2 米 × 13.2 米，是国内现存最古老的高等级大门，也是三开间的此类大门中最大的一座。其中明间更是宽达 6 米有余。

山门中央是一道版门，现在门扇已不存，门上方的叉子栅栏也不存。门前方两次间容纳两座 5 米高的泥塑力士，还是当初创建时的设置；门后方（即版门内）两侧山墙上绘有四大天王，可能是明代添画的。很可能明代开始，山门被改造兼作天王殿，当时由于添加天花所以稍微破坏了一点儿斗栱。现在悬挂在山门外檐下的"独乐寺"牌匾也是明代制作的。

山门正面两次间当初应该就是大面积的窗，典型的唐式。整个建筑的彩绘也是"朱白"的唐式。斗栱部分，柱间的斗栱比柱头的斗栱略简，少出了一跳，而且跳头也没有加单栱。柱头—补间斗栱这样的"强—弱"搭配，也是典型的唐式。斗栱最上面的出头的斜批造型，也是北朝以来华北北部地区的流行样式。所以说，山门在辽代建造时，选择就是颇为古老的样式。

山门的结构最有特点的方面是，两个单跨简支梁在共用的柱子处以隐蔽的方式衔接，因此表面呈现出双跨连续梁的外观。且这个位置上面也有短柱把更高处的荷载传递下来，直接与下面的地面柱轴线对位，形成有利的结构型。北方另外两处年代接近的古老山门，正定隆兴寺山门（天王殿）、大同善化寺山门，也有类似的结构特征。

山门的空间，在朝寺外的一面，首先远观就由巨大的四阿屋盖呈现出古老、高级的形象，近处所见的斗栱和色彩也仍是同样的外观效果；登上台基稍走向大门，视线就由两侧被斗栱和梁架框出的，高大狰狞、动势十足的力士塑像控制，不由驻足，而在这一点屈膝礼拜即可目睹寺内高阁里面距离50米远的观音像的眼睛和额头。

山门的鸱尾被公认为是现存用于建筑屋顶上的最早实例，也是典型的唐代后期开始的样式（图3-3-4～图3-3-11）。

观音阁在山门以北，外观两层、中设平座暗层，面阔五间、进深四间，高23米，歇山顶。台基面阔26.7米、进深20.6米，南面月台低于台基10厘米、面阔16.3米、进深7.6米，三面设垂带踏垛五级。前檐明、次间及后檐明间均安隔扇门。殿内的十一面观音立像，高近16米，两侧侍立二像也是菩萨装；十一面观音像背后两柱间塑倒坐观音，东柱悬伽蓝神关羽，西柱竖护法神韦驮。

三个结构层的柱网均由内、外两圈柱构成。阁的外观也是典型唐式，但比山门更复杂。上下檐的外观，柱头都是用的四跳的斗栱，差别是下檐四跳都是卷头，上檐的上两跳是批竹昂。上檐转角的斗栱因为加了两层45°方向的斜抹栱，就更加复杂，是国内现存同类复杂的转角铺作中最复杂的一例。

阁的整体外观设计稳固均衡，斗栱的搭配即在强调中央轴线，上层勾栏在心间的突出更进一步强调这一效果。顶部的歇山屋盖，是华北北部地区最古老的实例，也在后世有些更改，侧面看三角形的区域由开敞的孔洞变为用板封闭。屋顶上的很多瓦件还是辽代修建时制作的，最明显的就是屋檐四角的套兽以及垂脊端头的驭兽人像。

阁的平面近于《营造法式》所说的"金厢斗底

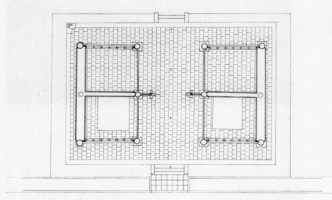

图3-3-4　独乐寺山门平面

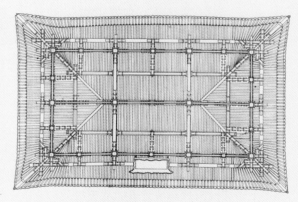

图3-3-5　独乐寺山门仰视平面

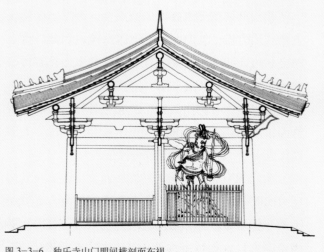

图3-3-6　独乐寺山门明间横剖面东视

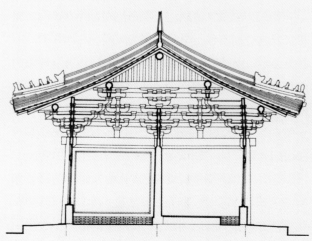

图3-3-7　独乐寺山门东次间横剖面东视

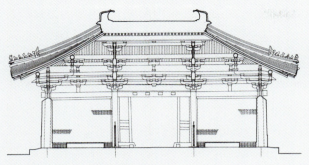

图 3-3-8　独乐寺山门南纵剖面北视

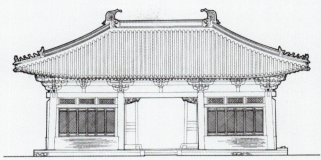

图 3-3-9　独乐寺山门正立面

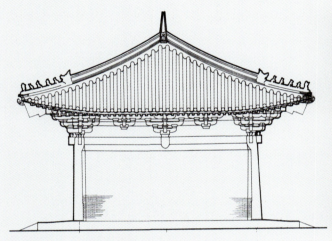

图 3-3-10　独乐寺山门东立面

图 3-3-11　独乐寺山门东西二力士

槽"。内槽的中央是阁的"主人翁"十一面观音像，贯通三层。底部位于坛座上，中层环绕长方形平面的勾栏，上层则是六边形平面的勾栏。其中，中层的勾栏和下面椽头的搭配，还是唐代早期的样式。下层内外槽各处天花都是唐式的小方格"平闇"，只有上层中央在观音像正上方是八边形的藻井，应该是辽代修建的，是国内现存最早的木造藻井。

阁的结构是典型的北方大型木构件层叠多层建筑的形式，与应县木塔酷似。柱间在墙内都有斜撑隐藏，各层柱旁也多有辅助支撑的小柱。歇山屋盖顶部两侧的梁架就是直接从山墙向内的一列上层柱顶承托起来，与辽中期的大同华严寺薄伽教藏殿相同，是北方初做歇山屋盖时的结构表现，而不是像后世常见的歇山殿宇需要另做一套梁架以承托山面椽。

阁的内部空间，因为有了天花的变化，藻井的设置，以及各种组合的斗栱，与巨大的中央塑像配合，成为国内古代建筑中最具感染力的实例之一。

阁的彩画，最初应该也是朱白为主的效果，藻井的部分则可能有多样的色彩。中层现存的局部五彩栱眼壁，可能是很古老的遗存（图 3-3-12～图 3-3-25）。

独乐寺虽经屡经重修，但山门、观音阁等建筑大致保持辽代的主体结构和形象。自辽以来，独乐寺历经 28 次地震，其中：康熙十八年（1679 年）三河、平谷大震，县城官廨民舍无一幸存、而阁不圮；1976 年唐山大地震，寺内附属建筑和围墙坍塌不少，观音阁及山门仍无大恙。

二、渔阳鼓楼

渔阳鼓楼位于县城十字街中心，始建于明洪武四年（1371 年），现存城楼是道光十五年（1836 年）重建的，呈现典型的清代后期风貌；鼓楼占地面积

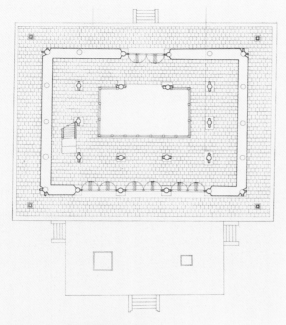

图 3-3-12 独乐寺观音阁下层平面

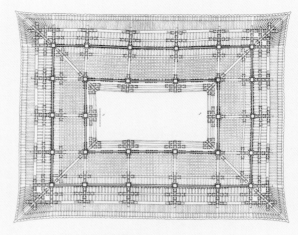

图 3-3-13 独乐寺下层仰视平面

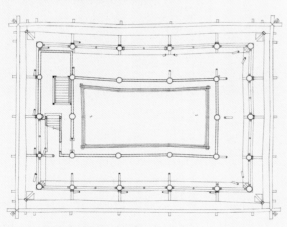

图 3-3-14 独乐寺观音阁暗层平面

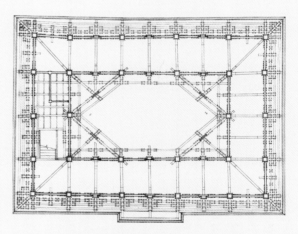

图 3-3-15 独乐寺观音阁暗层仰视平面

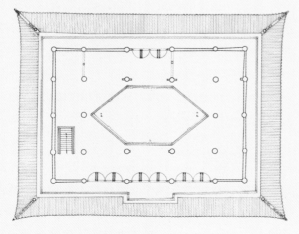

图 3-3-16 独乐寺观音阁上层平面

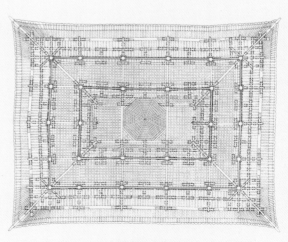

图 3-3-17 独乐寺观音阁上层仰视平面

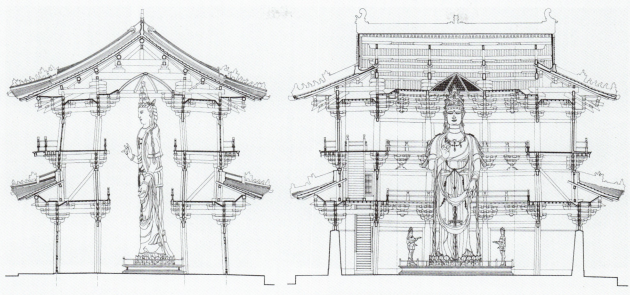

图 3-3-18　独乐寺观音阁明间横剖面西视　　　　　　图 3-3-19　独乐寺观音阁三进纵剖面北视

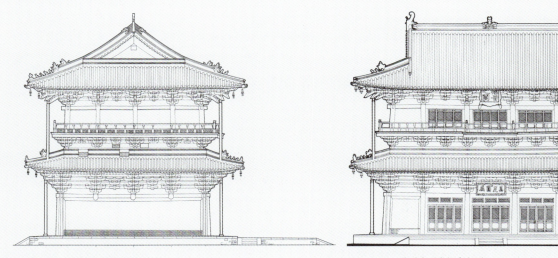

图 3-3-20　独乐寺观音阁西立面　　　　　　图 3-3-21　独乐寺观音阁南立面

图 3-3-22　独乐寺观音阁　　　　　　图 3-3-23　独乐寺观音阁转角

图 3-3-24 独乐寺观音阁观音像 1

图 3-3-25 独乐寺观音阁观音像 2

约 500 平方米，由砖砌城台和木结构城楼构成。城台面阔 23.4 米、进深 14.9 米、高 6.1 米；正中筑拱券形门洞，为南、北通道，台顶四周砌雉堞。城楼面阔三间 11.4 米、进深二间 7.6 米，周围设回廊；高 11 米，歇山顶；前檐悬"古渔阳"匾额；后檐挂"畿东锁钥"匾额（图 3-3-26～图 3-3-30）。

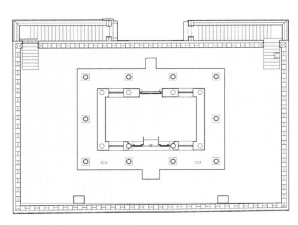
图 3-3-26 渔阳鼓楼城楼平面

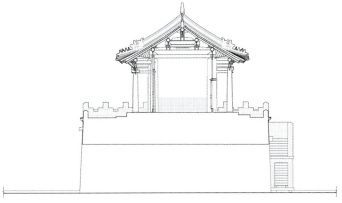
图 3-3-27 渔阳鼓楼明间横剖面

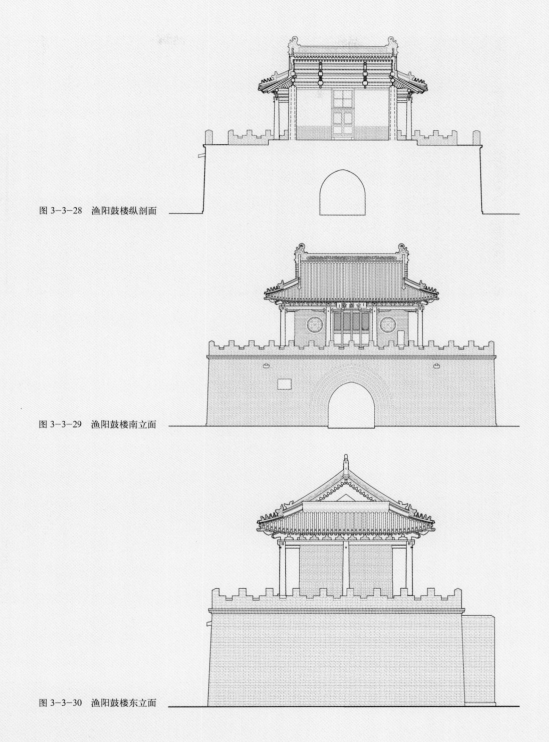

图 3-3-28 渔阳鼓楼纵剖面

图 3-3-29 渔阳鼓楼南立面

图 3-3-30 渔阳鼓楼东立面

天津河北古建筑

第四章 墓葬

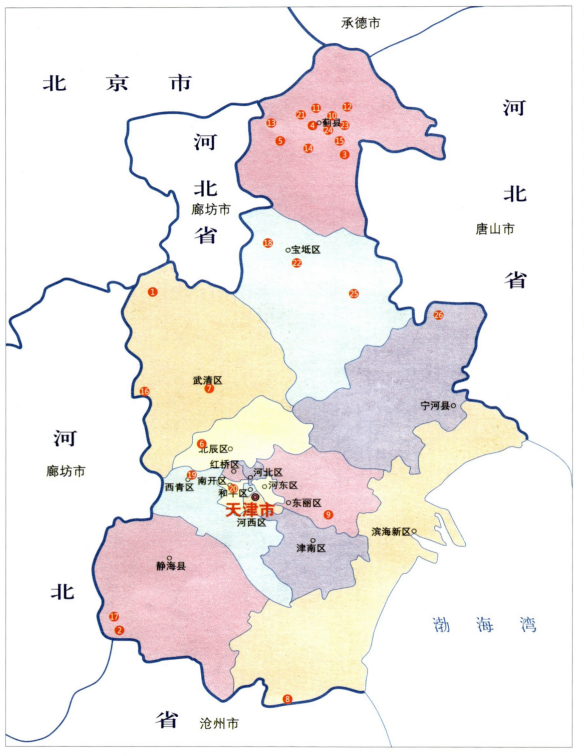

第一节　先秦时期的墓葬

夏商时期天津地区的墓葬多在距离生活区域不远。商代时期的墓葬多是东西向，俯身葬，竖穴土坑，个别平面呈梭形。张家园发现的几座墓葬均位于遗址生活区的西部，在居住遗址范围内。土坑竖穴，方向北偏东，自南向北依次排列有序，间距 3～5 米，基本成一排。出土以鼎、簋为组合的带有家族徽识铭文的青铜礼器（图 4-1-1）。

邦均以西的辛东村墓群，也发现有商时期的墓葬。其中一座石棺墓，墓室长 1.9 米，宽 0.25 米，用石板砌筑。其余墓葬皆是土坑墓。

宝坻歇马台发现墓葬 8 座，属于春秋战国时期。其中东西向墓 1 座，南北向墓 7 座。东西向墓为俯身葬，出土遗物表现出戎狄习俗的特点。而 7 座南北向墓的随葬品组合不一致，有随葬成套礼器的，有只随葬燕国鬲的，无疑是燕国人的埋葬习俗。但是随葬品种类不一致的情况，表露出其主人可能是接受了姬燕文化礼俗的土著居民。

在邦均周代遗址发掘的 50 余座墓葬中，有东西向和南北向两种，以南北向为多，是东西向的 6 余倍，皆是土坑竖穴，东西向墓的墓主俯身直肢，南北向墓仰身直肢。少数墓葬中发现了青铜礼器，总体情况与张家园和歇马台的墓相似，只是年代较晚。

战国时代天津地区开始进入了文化繁盛之时。战国时期的墓葬在聚落和城址附近均有大量发现。成人多使用竖穴土坑葬，等级较高者有木棺椁和随葬品；儿童则使用瓮棺葬，一般使用两陶器扣合在一起，埋在居住区附近的地方。瓮棺葬起源于新石器时期，并一直延续到历史时期。战国秦汉时，仍在华北地区流行，成为当时一种颇具特色的埋葬形式。

张贵庄墓群位于贝壳堤之上，是比巨葛庄贝壳堤更靠近内陆的一处（形成于全新世大海侵的那一次）。在这里清理出了三十三座竖穴墓葬，有其中十九座带有木椁。由于其建在贝壳堤之上，因此墓壁上半部为蛤壳土、下半部为黏土，与中原的土坑墓有所不同，但亦不同于有意识地使用贝壳筑成的真正的贝壳墓（多见于旅顺大连地区）。有六座出土有成套的陶制鼎、豆、壶等器物，应是专为随葬而做的明器。除此之外还有戈、剑等兵器和青铜印玺，这些随葬品说明，天津滨海地区此时已进入封建制度的轨迹中。

在巨葛庄这片战国遗址中，可能已经出现了专门的墓葬区，土坑墓主要集中在遗址的西北 2 公里左右。而埋葬儿童的瓮棺葬则多在遗址附近发现（图 4-1-2）。

图 4-1-1　张家园遗址商代墓葬出土青铜器

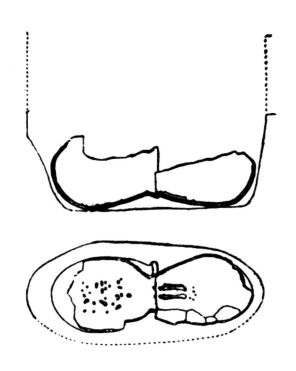

图 4-1-2　巨葛庄瓮棺葬平、剖面图

第二节 汉墓

汉代对墓葬的重视，其葬制、葬礼、墓园及随葬品都超出了历朝历代。天津曾发现四百余座汉墓，以蓟县周边最为集中。将墓葬修筑于略高于周边海拔的地方，是汉代社会墓葬选址的普遍现象，不论是贵族墓葬还是平民墓葬，都有这个趋向。比如蓟县城西的西北隅汉墓群、西关汉墓群建在一座微高的南北走向土岗上。东边亦有一座土岗，比西边的更高，其上有小毛庄汉墓群、东大井汉墓群等，其中小毛庄汉墓群曾出土目前天津市境内等级最高的一座可能为"列侯"级别的墓葬（图4-2-1）。

墓葬的朝向多为头北脚南，除此之外，亦有少量头西脚东及头南脚北者。其中东西向墓有的学者解释为戎狄风俗。

一、汉墓的布局（图4-2-2）

汉代高等级墓葬之上应有封土，但大多被夷平。封土之前应立碑（如东汉鲜于璜碑），还有墓阙（蓟县别山汉墓和武清鲜于璜墓都曾出土过阙盖）、石人等（图4-2-3）。有的墓可能还有享堂祠庙等地面建筑。

蓟县邦均石人村的邦喜公路南现在还矗立着一尊石人。石人面北而立，不知是否为原状，部分埋入地下，残高约140厘米，衣右衽，头裹巾，面容扁平，与其他汉代石人（翁仲）相似。双手稍残，根据各地其他石人推测，似乎为捧盾于胸前的姿势（图4-2-4）。邦均已出土有几十座汉墓，但均为等级较低者。若有此石人，或许可说明尚有高等级汉墓未被发现。

在蓟县东南的翠屏山下原有两个石人，曾被当地人附会为《水浒传》中的杨雄、石秀，但应为墓前之物。

二、土坑墓与砖室墓

以建造方式分类，天津地区发现的汉代墓葬的地下部分多为土坑墓和砖室墓两种。土坑墓是指在地面上挖出土坑，再将葬具埋入其中。天津地区曾发现有土坑木椁、土坑石椁的墓，最多的还是砖室墓。除此之外还有少量瓦棺葬，同时还有大量的儿童瓮棺葬。

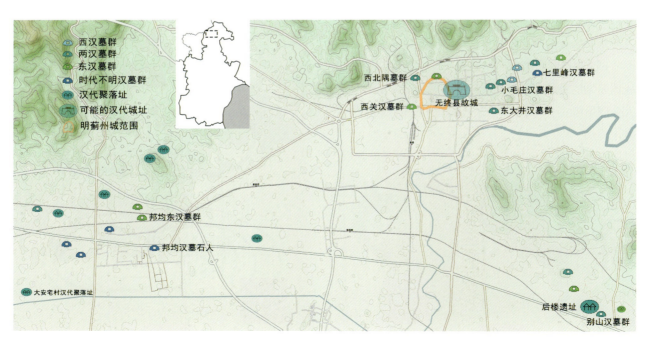

图4-2-1 蓟县周边汉墓分布图

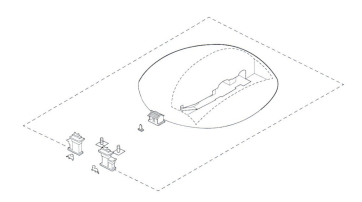

图 4-2-2 汉墓布局示意图

图 4-2-3 蓟县别山汉墓出土阙盖

图 4-2-4 蓟县邦均镇石人庄石人

三、墓主人

以墓主人等级分类，目前只发现有一座可能为列侯级别（在诸侯王之下的一级）的东汉墓，以及高级官吏、地方官吏、豪强与富商的墓葬，最多者还是中小地主和平民墓。其中贵族墓葬主要为土坑墓和砖室墓，多为大中型墓葬，墓上有封土，土坑墓墓坑多在 10 米以上，多室砖墓较常见，性质复杂，葬具精美。平民墓也有土坑墓和砖室墓两种，长度一般在 5 米以下，宽度在 2 米左右，砖室墓最多者为三室。

四、墓室和墓道

近年来在蓟县城东小毛庄村南发现了从战国至明清的几十座墓葬，其中有 7 座东汉墓葬型制独特、规模宏大、等级高贵。其中 2 号墓可能为天津地区首次发现的列侯等级墓葬。墓葬分墓道、甬道、前室、侧室、主室，南北总长 28.8 米，东西宽 12.2 米，有带方形回廊的"甲"字形石墓室，其中前室、主室前都有对开的石门，上面有门吏、朱雀、铺首等彩绘雕刻，墓室中发现了一片铜缕玉衣及漆片。

6 号墓有 6 个室，墓门中发现的刻石上还有字迹，该墓葬有经过多次改建的痕迹，推测为起初墓主人葬在这里后，陆续有故去的人被葬在此墓，因此才经过了多次改建。

从全国目前发掘的汉代诸侯王墓葬陵园布局推测，此次发掘的 7 座汉墓应该是一处东汉早期的列侯陵园及其家族墓地，陵园以 2 号墓葬为中心（图 4-2-5、图 4-2-6），陵园中除 2 号墓主为男性外，其他墓葬墓主应该都是其夫人。

五、鲜于璜墓

雁门太守鲜于璜墓位于武清兰城东约 0.5 公里。此地现分布有一些微凸的"岗子"或者"坨子"，

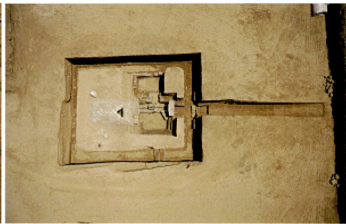

图 4-2-5　蓟县小毛庄墓群组群俯视图；小毛庄 2 号汉墓

图 4-2-6　小毛庄 2 号汉墓发掘现场

一般多为汉代墓葬的残留封土。鲜于璜墓的夯筑封土犹存，宽约 20 米。鲜于璜碑发现与该墓正南面，两者相距约 6 米。该墓碑出土时，尚有碑座、石盒等物，同时还发现以花纹方砖铺砌的痕迹。据此来看，在鲜于璜墓地树立墓碑以外，可能有"享堂"之类的祭祀建筑物。

该墓以砖砌筑，坐北朝南，北偏西 4.5°。墓葬从南至北为墓道、甬道、前室、中室、后室。各室之间均以小券门过道相连，墓室全长 14 米，最宽处 3.6 米。

墓道南窄北宽，平面呈梯形，东西两壁较直，底部缓坡，长 4.75 米。

甬道长 1.66，宽 0.9 米。券顶无存，底部以长方素面砖铺砌，双砖平列纵横交替。

前室长方形，南北长 3.7 米，东西宽 1.96 米。墓顶无存，墓底铺砖也多被揭去，为长方素面砖，与甬道相同。墓壁砌法为两横一竖。

中室南北长 3.6 米，东西宽 2.53 米。墓顶部分已塌，构筑形式为四面微弧收杀的穹隆顶，墓壁砌法与前室相同，壁面抹有白灰一道。室内西侧砌有砖台。此室顶和壁用砖与前室不同，其砖较薄，背面绳纹为横竖交叉式。

后室东西长 3.08 米，南北宽 1.86 米。墓顶结构亦塌毁。室内西侧同样砌有砖台，墓壁与墓底的构筑，与中室相同（图 4-2-7）。

值得注意的是，该墓的南半部，前室墓底以下，

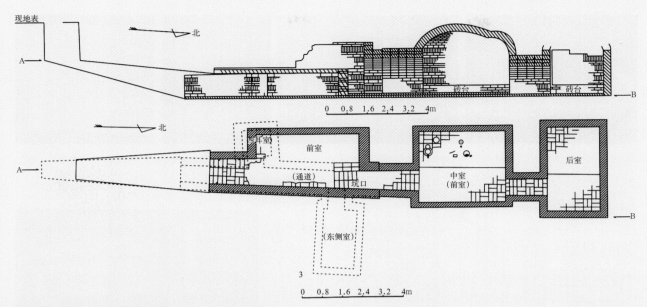

图 4-2-7 武清东汉鲜于璜墓平、剖面

尚残存已废弃的原建结构，原结构无前室，而有东耳室、西耳室。这些废弃的结构，所用墓砖和砌筑方法等，均与现中、后二室相同。由此可推测，在某次改建中，废弃了东、西耳室，新建了前室。

此墓"重建"的前室墓底，比原建墓底高90厘米，但是由于其使用砖和砌法相似，所以应该并未相隔很久。重建的原因或许是由于此地地下水较浅，在进行安葬时，发现墓内已有积水，所以重建。蓟县别山的1号汉墓也有如此现象。

墓主人为"雁门太守"鲜于璜，死于公元125年，但出土的碑铭却是在40年后延熹八年（165）其孙为其所立。鲜于璜碑上锐下方，呈"圭"形。高2.42米，宽0.81～0.83米，厚0.12米。在碑首的地段有一圆孔，径11.3厘米题额居碑首正中，阳刻"汉故雁门太守鲜于君碑"，左右两侧刻青龙、白虎，碑阴额首刻朱雀。碑阳记载叙述鲜于璜之生平，并附颂语及立碑时间；碑阴为四字韵语颂词，及详细的世系。但是碑阴碑阳的字体有异，且所列祖辈世系略有不符，故而有可能不是一人所撰（图4-2-8～图4-2-10）。

墓中还出土有仓楼、普通仓房和厕所等陶制模型各一件。

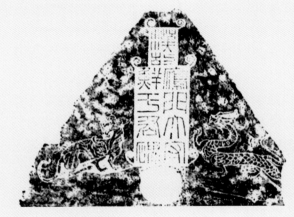

图 4-2-8 鲜于璜墓墓碑碑首

陶仓楼，高96厘米，面阔85.6厘米，进深33.6厘米。四阿五脊顶。正面上部设有门窗和"阳台"平座栏杆，下面正中开一方形出粮口，高度在接近楼高三分之一处。左右为高坡楼道，左侧楼道上有一浮雕人物，作登梯背粮入仓状。前后檐下各伸出三朵斗栱承托屋檐，楼顶前坡开三个通风用的平顶小天窗。仓楼结构表明，这是一座散粮专用仓，十分注意防潮和通风设施，反映出当时已掌握了丰富的储粮科学知识。

普通仓房，高46.4厘米，顶长48.4厘米，宽

 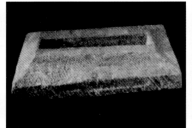

图4-2-9 鲜于璜墓附近出土的阙盖、鲜于璜墓墓碑碑座

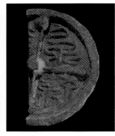 

图4-2-10 鲜于璜墓出土瓦片、鲜于璜墓出土花砖

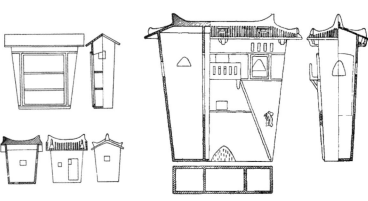  

图4-2-11 武清东汉鲜于璜墓出土陶仓房和陶厕；鲜于璜墓出土陶仓楼

21.2厘米，上宽下窄，进深较浅，呈长方形。正面以凸棱表示门架结构，在上下横棱的两端，皆有门扉的轴孔。房内横置平放两块隔板，可分上中下三层。顶为悬山两坡式，两侧山墙各开一方窗。

陶厕的设计也颇讲究，高29.2厘米，宽20厘米，悬山式瓦顶，两坡侧端有垂脊与勾头瓦檐，正面设门窗，两山和后墙均开一方窗。屋内底部右侧有一长方空罅（图4-2-11）。

蓟县电厂汉代墓葬、东大屯村东汉墓、别山汉墓以及静海东滩头汉墓，应为地方官吏或者豪强地主之墓葬。

六、东滩头汉墓

静海东滩头1号汉墓，为一座多室的砖室墓，南北长39.7米，东西宽15.4米，由四条墓道二十二个墓室和徼道等建筑组成，规模宏大，形制特殊。墓前三条墓道，中间墓道长10.4米，墓后一条墓道长7米。墓室有前、中、主、后四室和耳室，中间一条甬道贯通墓室，连接前后墓道。墓室的券门正中多有墨书题记，标明用途（图4-2-12～图4-2-14）。

前室方形，边长2米，四角攒尖顶，南连甬道，北接中室，东西两侧开券门通徼道。

中室方形，边长2.4米，壁用花纹砖平铺交错砌成，地面铺素面大砖。东壁砌两个券门通向南北两耳室。耳室亦做穹隆顶。

主室是最高大的墓室，长方形，南北3.9米，东西2.1米，壁残高2.6米。穹隆顶。底铺素面砖两层。

后室近方形，南北2.1米，东西1.85米，高2.3米。穹隆顶。北壁设券门，正中有墨书"北出大户"题记。东西两壁亦设券门通徼道，券门正中分别有墨书"徼道东入户"、"徼道西入户"题记。

徼道是庄园卫士巡警的道路。《汉书》记："龟兹王数来朝贺，归其国，治官室，作徼道，周卫出入。"说明级别较高。

徼道绕墓室修建，状似回廊。周长49.8米，

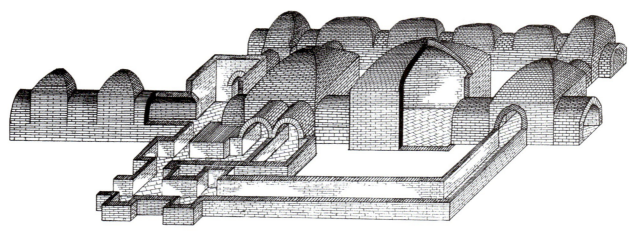

图 4-2-12　静海东滩头汉墓剖透视图

图 4-2-13　东滩头汉墓发掘现场

图 4-2-14　东滩头汉墓墓室题记

宽 70～80 厘米，墙壁平铺交错砌成，沿线砌有十四个穹隆顶小室，高 2.2～1.7 米，均匀分布。

此墓用材讲究。砌墙用的素面青砖，质坚，火候高；券门和穹隆顶都用楔形砖；墙面和券门用砖都有棱形、乳钉等花纹，局部有墨、朱、白等不同颜色的彩绘。墙壁砌法皆采用平铺交错，缝隙灌注白灰浆。

后室出土的陶制楼阁模型（图 4-2-15），对了解东汉时期庄园中的"望楼"结构很有价值。楼为方形，由基座和楼身两部分组成。高 136 厘米、宽 70 厘米，泥质红陶，通体施银白色和绿色釉。楼身分六层，每层有平座相隔，每两层为一节，挑出檐，故外观为三檐六层阁楼。基座正方形，高 19 厘米、宽 60 厘米，四面正中出斜坡踏道，长 14.0 厘米、

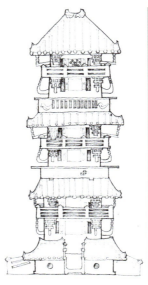

图 4-2-15　静海东滩头汉墓出土陶楼

宽8.7厘米。踏道两侧设望柱和卧棂栏杆。为保护台基免遭檐水冲刷，在台基四周边缘，踏道空隙间建单坡瓦回廊建筑，台面中部和四边还各有一直径2厘米的"泄水孔"。楼身置基座正中。

第一节，腰设平座，每面两端分别由两朵重叠出跳斗栱承托，置卧棂栏杆，栏杆间有望柱，楼身四壁中间各设菱形编环纹方窗一个，窗两侧为门，门内有一贴附于壁上的半身陶俑，身着斜领长衫，作瞭望状。顶部设腰檐，作单坡瓦顶，檐端饰卷云纹瓦当，檐椽由重叠出跳斗栱承托。

第二节，三、四层楼，置于第一层腰檐上，每层下均有平座。回廊。第三层楼为立柱式卧棂栏杆，面置平台，转角处贴泥塑小鸟二只。其余形制、结构与第一、二层楼基本相同。平座下出梁桁。

第三节，五、六层楼，结构与第三、四层楼基本相同。六层上为楼顶，四坡式，上施瓦垄。正脊两端及垂脊下端起翘，近似后世建筑上的鸱吻。正脊两端及垂脊中部贴泥塑小鸟八只。楼内部，在每一层地面的中部均有一圆形孔，上下通达。

从第一层平台下面以及门旁立柱上露出的梁头看，楼阁结构系以纵横四排立柱，分内外两圈排列，外圈为檐柱，内圈为金柱，梁桁相联，作井字形重叠。四周用斗栱或梁桁挑出平座与腰檐，并采用了重叠出跳的斗栱和插栱技术，表明东汉时期斗栱的使用已渐趋成熟。楼的基础采用，高台基构造，回廊、台面、台侧修泄水设施。这一切都反映出东汉时期木结构建筑技术已发展到相当高的水平。

七、别山汉墓

蓟县后楼遗址以东的别山汉墓群（图4-2-16、图4-2-17），位于高地之上，面积近1平方公里。县志记载为"七十二冢"，20世纪50年代调查时尚有30余座封土堆，高约6米、直径约20米。墓地中央有可能为享堂的夯土台基，南北长30米、东西宽20米。现仅存石阙顶等遗物。曾发掘两座封土堆，发现三座结构基本相同的砖室墓，规模不及东滩头墓宏伟，但都由前中后室和左右耳室组成。

1号墓的墓室有两层，上层墓室长16.94米，有前、中、后三室和左、右耳室。下层还有一组墓室，长15.66米，布局于上层墓室基本重合，但未见使用痕迹，似为填平后又建造了上层墓室。这种墓室的改易现象，也见于鲜于璜墓。

2号墓结构类似，比较特殊的是其后室内建的石室，石墙外又用砖包砌。四壁用条石垒砌，正面是两扇石门。石门用整块石板雕成，雕琢平整，长150厘米、宽50厘米、厚9厘米。门楣、门槛皆

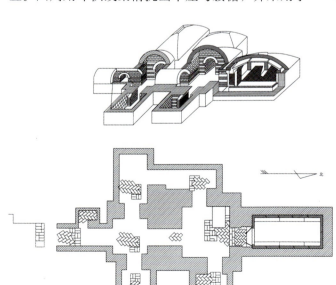

图4-2-16　蓟县别山汉墓剖透视、平面图

图4-2-17　别山汉墓墓顶藻井仰视

石刻。顶作覆斗形，中间有长方形藻井，中间圆雕一莲花。室内陈设石案、石榻等，皆制作精细。

近些年在蓟县西关汉墓群发掘出了一些规格不一的东汉砖室墓。

M5为一主室、两耳室墓。此类型墓只有一座，位于发掘区东南部。由墓道、甬道、主室、两耳室组成，方向南偏东10°。墓壁由青砖以二平一竖的方式砌成，主室底部由一平、一竖、一平，三层砖铺成，甬道和耳室底部只用一层青砖平铺（图4-2-18）。

M2为前、后双室墓，无耳室或侧室，方向南偏东20°。墓壁均由两排青砖二平一竖砌成。墓底由人字形单层青砖平铺（图4-2-19）。

M6为前、中、后三室墓，并有耳室和侧室，方向南偏东5°，顶部已残，残高1.3米。墓壁由二平一竖的青砖砌成。墓底为两层青砖平铺，上面一层为一横一竖错缝铺成，下面一层为人字形砌法。墓壁略呈弧形。墓壁呈弧形或许是有增强结构抗压性的考虑（图4-2-20）。

八、几处平民墓群

除了这些等级较高的贵族和豪强之墓，天津地区特别是蓟县还发现了大量平民墓。

位于沙丘高坡地带的蓟县邦均汉墓群就是一个埋葬东汉平民的墓群。蓟县西北隅目的位于蓟县城西北隅砖厂的高台上，此处从战国到辽代，一直作为墓地。这与附近蓟县县城的历史不无关系。

九、双口汉墓

在天津北辰区双口镇，曾发现西汉初年墓葬一处。该墓为竖穴土坑，呈长方形，南部稍高，方向北偏东16°。墓口宽1.95米、长2.7米。值得注意的是，此墓室全用筒瓦、板瓦等建筑材料堆砌。

墓壁由一层筒瓦砌成，筒瓦子口朝上，层层树立，四壁相连，上部用筒瓦和半瓦当覆盖。南壁中部有错缝，为两次筑造的连接痕迹。墓顶有筒瓦碎片，分布不规则。室内有木棺两具并列，为夫妻合葬墓，男性先葬，女性后葬时在原有墓室基础上扩建加宽，故而东西两壁筒瓦不同。棺底均铺垫陶片、筒瓦和板瓦碎片，东棺底并铺一层白灰。

出土陶器上见"泉州"二字戳记，可以证明其附近的古城为泉州古城遗址。这些陶器可能出自官营的作坊。

这里的筒瓦均为泥质，灰陶占大部分，红褐色

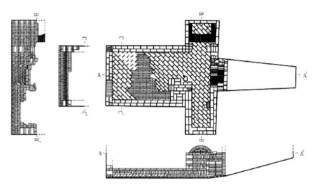

图4-2-18　M5平面、剖面图

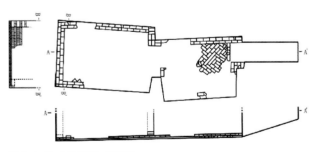

图4-2-19　M2平面、剖面图

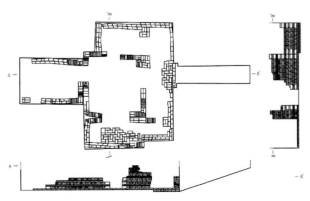

图4-2-20　M6平面、剖面图

较少。一般长 45.7 厘米、径 15.5 厘米、厚 1.2 厘米。瓦身横剖面半圆形，两侧有切痕。正面多绳纹饰，素面极少；里面多为布纹，绳纹和凹点纹极少。

十、武清合葬墓

近年来在武清开发区能源站发现了数座西汉到北朝的墓葬。其中一座编号为 M7 的东汉墓葬虽然为夫妻合葬墓，但墓葬西室墓壁与墓底均为青砖垒砌，而东室采用板瓦铺砌墓底。同时，东室墓葬尸骨保存完好，西室墓葬尸骨则有明显迁葬痕迹。而且，东、西室墓底水平高度也不一致。这个墓葬还有一个特别值得注意的现象，在东、西两室之间有一个方形孔道，可能目的是方便夫妻死后仍能进行交流。这种砖、瓦混搭的构筑方式，以及墓室之间采用孔道"联通"的葬制习俗，在以往天津地区的同期考古中从未出现过。

第三节 汉唐之间的墓葬

一、武清的北朝合葬墓

汉代之后的墓葬数量大规模减少。不仅是此地人口减少的缘故，也有当时盛行"薄葬"之风，墓葬较为简易，埋藏较浅，已被农耕破坏，难以留存至今。此次在武清开发区发现的墓葬中，首次在天津地区出现北朝时期的高等级墓葬。

这座古墓平面呈梯形，为夫妻合葬墓。根据陪葬品等级较高的情况看，墓主人应该是当时的殷实之家。但是有些陪葬品已经被人故意损毁，但并不是盗墓者所破坏的。

梯形的平面形制以及随葬品具有"毁器"特征的随葬习俗，透露出墓主人的身份很可能与我国古代鲜卑族有关。

二、窦庄子隋墓

在滨海新区窦庄子发现了一座隋代到初唐的墓葬（图 4-3-1、图 4-3-2）。它建在高地上，方向为南偏东 10°，为圆顶砖室墓。墓室平面呈圆角长方形，墓底南北长 3.16 米，东西宽 2.8～2.88 米，高 2.1 米。墓室由单砖砌成。砖为长方形，单面绳纹，长 28 厘米、宽 14 厘米、厚 5 厘米。自墓底周壁向上，层层相叠，逐渐缩圈，收成圆顶。地面平铺一层砖。墓门在南壁，用单砖横铺砌成券门。墓室内壁抹一层白灰泥，厚 0.5 厘米。棺床在墓室西北，用砖平铺。

第四节 唐辽墓

天津地区唐代墓葬发现得并不多，除了海口军粮城处发现了等级较高的初唐墓以外，只在蓟县发现了几座中晚唐墓。

一、军粮城初唐墓

早年遭受破坏，墓室结构不详，仅知在墓室中部置一石棺，石棺尾部有一砖龛，内有随葬陶俑。

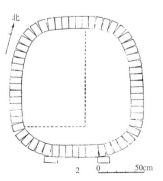
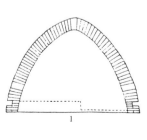

图 4-3-1 窦庄子隋墓平、剖面图

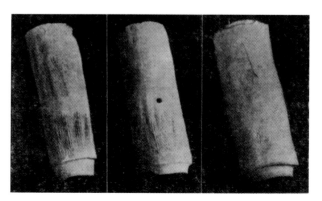

图 4-3-2 北辰区双口镇汉墓所用的筒瓦

石棺长方形，由六块大理石厚板合成。棺墙连接处有榫眼。棺长2.4米，前端宽1米，后端宽0.63米，厚0.11米，棺墙高0.75米，厚0.08米。棺墙左右两边有浅浮雕，现存一块上雕龙，可能是作为墓穴方位之一的青龙。出土文物具有初唐特征，这与军粮城在唐前期繁盛有关。

二、上宝塔晚唐墓

蓟县城东上宝塔唐墓也是一座晚唐墓（图4-4-1）。从墓葬形制来看，墓室呈圆角弧边方形，西、北部设刀把形棺床，木门开于墓壁正中，有影作木结构。这在北方地区较为流行。值得注意的是，棺床正中有一圆角长方形倒置棱台状坑，内填碎砖，可能为墓葬排水系统。

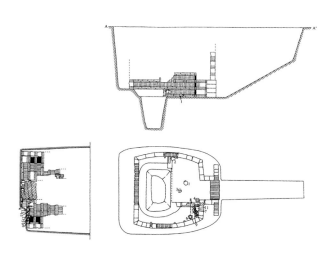

图4-4-1 蓟县上宝塔唐墓平、剖面图

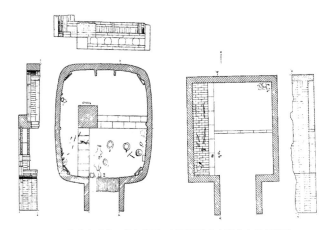

图4-4-2 蓟县白马泉1号唐墓平、剖面图蓟县白马泉2号唐墓平、剖面图

三、白马泉唐墓

蓟县城北白马泉发现了两座晚中唐墓（图4-4-2）。其中一弧方形砖墓与上宝塔唐墓相似，但在棺床转角处起一方形砖垛，宽0.64米，残高0.68米，不知何用。另一墓为长方形砖墓，根据形制也是建于中晚唐，但是其出土的一种罐与敖汉旗一中唐时期契丹墓相似，是早期契丹人使用的典型器物，或可说明在唐中晚期，燕山南麓的蓟县受到的契丹文化影响。

四、唐墓特征

值得注意的是，在天津地区发现的几处隋唐墓中，可辨认棺床位置者，棺床都偏于墓室西部。这与唐以来的关中风尚是一致的，但与河北地区的更古老的传统（棺床置于墓室中后方）则并不一致。但是天津地区发现的唐墓总量非常少，或许这个特殊性并不能反映真实的历史情况。

第五节 宋辽金墓葬

天津北部的蓟县、宝坻、武清曾发现多座辽代墓葬，有明显为汉人葬俗的，有明显为契丹人葬俗的，亦有两者融合的。

天津宋金时期的墓葬发现较少，只在南部发现了几座。

一、抬头村早期辽墓

蓟县穿芳峪乡抬头村曾发现一处辽代早期墓葬。墓门南偏西5°，有券顶甬道，墓室圆形，直径3米。室内仿木结构，墓壁上砌出二窗、四柱、四朵斗栱和一圈屋檐。窗在墓室的东西两侧，直棂，高0.8米、宽0.4米。柱在门两侧对称排列，柱头各承托单抄单下昂五铺作斗栱一朵，上托屋檐一圈。檐上墓室由素面砖斜向平砌，逐渐内收成穹隆顶。此种做法为辽代所常见。

二、营房村北辽墓

官庄乡营房村以北曾发现一座辽墓,其墓主人应是契丹人,墓葬反映了和汉人不同的葬俗。此墓坐落在盘山东南麓的坡地上,东、西、北三面环山,南面为丘陵地带,再南为平原。沙河由北向南流经墓地东侧。这样的地理位置与《梦溪笔谈》中记载"契丹坟皆在山之东南"吻合。

墓室朝向东偏南31°,墓道残存部分为斜坡状,填满积石,近墓门处有一片烧土,应是下葬时焚烧什物的痕迹。墓门拱券形,门侧出土有铁锋,可能原悬挂于墓门上。再内位甬道,亦有积石,两壁涂朱。墓室直径3.9米,穹隆顶,沟纹砖砌筑,墓壁等距砌四根六边形壁柱,柱身涂朱,上有砖雕一斗三升斗栱。

墓室内没有棺床,仅有木棺痕迹。墓主人为女性,头朝东北,脚朝西南,仰身直肢。骨架西北墓壁处用六块砖砌祭台,内有羊头和蹄骨。

此墓葬形制与北方草原地区辽代早期墓葬类似,而随葬品较为精美,很有契丹族的特点,因此墓主人应该是有一定社会地位的契丹人。

三、五里庄辽墓群

蓟县溵溜镇五里庄发现了5座辽代墓葬。它们分布在五里庄村西一条古河道以东的高岗地上。

其中一座为土坑竖穴墓(M5),被后来的辽墓(M1)打破。M5平面近似棺形,与附近地区发现的辽代早期契丹平民墓相似。

M1、M2、M3为圆形砖砌单室墓,M4除了主室外尚存西耳室。主室的尸床砌成长方形横置于墓室北部,与各壁有一定距离,与辽代契丹人墓葬常见的尸床直接从西北壁起砌呈半圆形的做法不同(除了M4的西耳室是这样的形制)。这四座墓中都发现了被烧过的人骨,亦与契丹葬俗不同。在朝向上,M1~M4皆为南偏西20°~25°,M5为东偏南27°,这两种不同的朝向或许也反映了汉人与契丹人不同的葬俗(图4-5-1、图4-5-2)。

四、弥勒院村辽墓

蓟县东南的弥勒院村发现辽代晚期墓葬一座(图4-5-3)。墓道南偏西6°,墓室平面圆形,墓顶已塌,墓内土中发现两块莲瓣状的石块,与墓顶塌下的砖块允在一起,推测可能是用作封顶的,这种做法在辽墓中也比较常见。墓壁皆影作木构,有立柱、斗栱、直棂窗,均不凸出于墓壁,而东壁上又影作桌椅,凸出墓壁2厘米。东壁。墓室北部为半圆形的棺床,高0.4米,约占整个墓室的一半。墓壁影作木构(图4-5-4)、家具的做法为辽晚期汉人墓葬的特点。且随葬物多为陶制明器,与契丹人墓多为实用器不同。

五、青坨僧人墓群

青坨僧人墓群位于武清豆张庄乡青坨村。墓地面积约1万平方米,原有砖砌墓塔13座建于高岗上,现仅存部分塔基,埋深约1米。该地曾发现辽代六角、八角形砖室墓,直径2~3米,沟纹砖砌筑。天津地区发现的辽代墓葬多为圆形砖室,稀见六角、八角形平面。多边形辽墓被认为与辽代后期崇佛愈盛有关,此地的多边形辽墓也可能由于其所在为僧人墓群附近。

六、东滩头宋金墓

静海的东滩头曾发现几座宋金时期的墓葬。两座宋墓,一座圆形,墓道南偏东5°,墓室直径2.8米,与甬道齐平处砖砌凹字形棺床。棺床侧面砌出壸门,正面四个,两侧各三个。墓壁砌三个柱子、斗栱、门窗等仿木结构装饰(图4-5-5)。

长方形单室宋墓,墓主人头朝西南,墓室长2.7米,宽0.67~1米,仅容一人,单砖砌成,底宽上窄(图4-5-6)。

同时发现了金墓一座。为椭圆形砖室墓,墓道南偏西22°。墓室北设半圆形棺床(图4-5-7)。

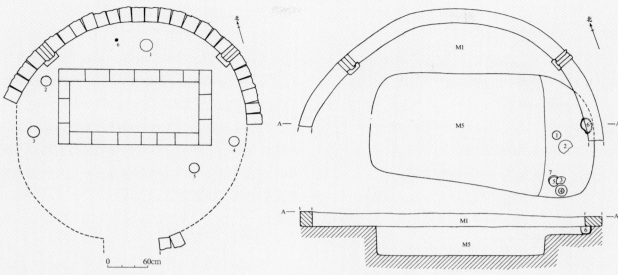

图 4-5-1　五里庄辽墓 M1 平面图
1-瓷碗；2-陶盏；3～5-陶罐；6-铜钱

图 4-5-2　五里庄辽墓 M5、M1 平、剖面图
1-陶盏；2、3、7-陶盘；4-陶穿孔器座；5-陶三足器；6-漆器

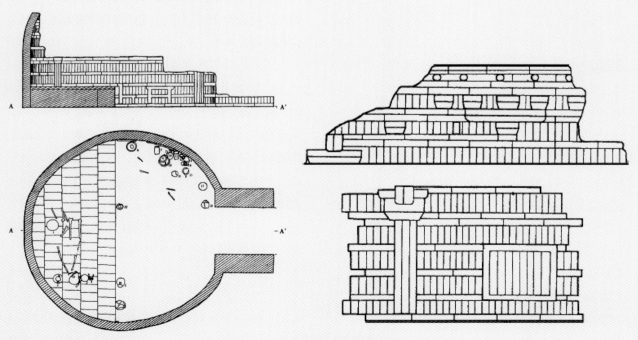

图 4-5-3　弥勒院辽墓平、剖面图

图 4-5-4　墓壁影作结构局部

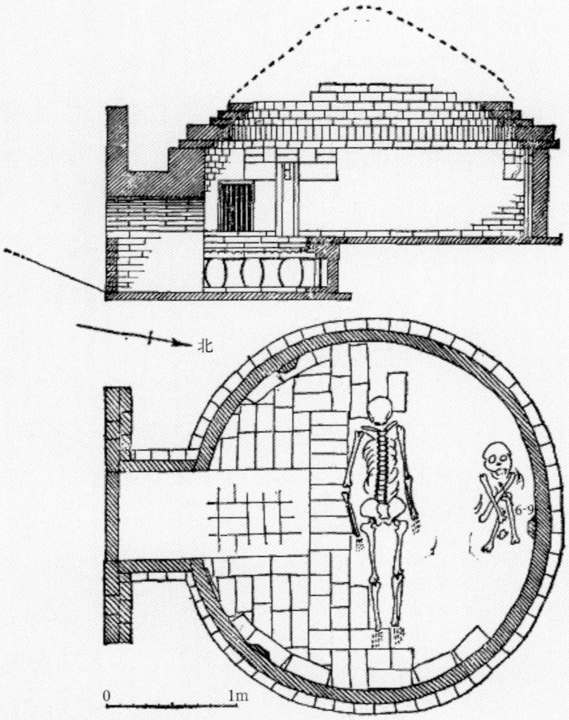

图 4-5-5 东滩头宋墓 M3 平、剖面图

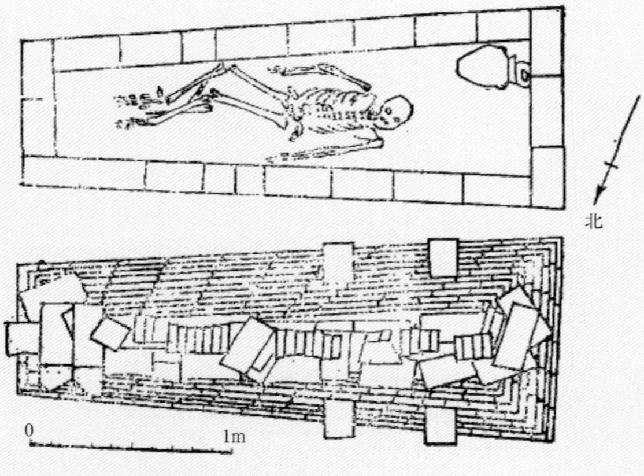

图 4-5-6 东滩头宋墓 M4 平面图

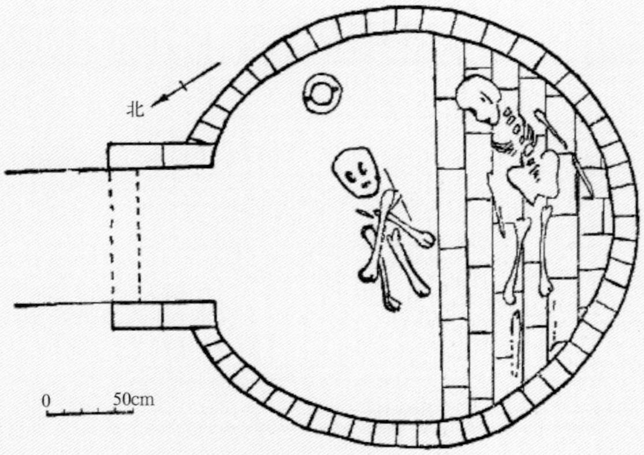

图 4-5-7 东滩头金墓 M10 平面图

第六节 元明清墓葬

天津发现的元代墓葬较少。宝坻辛务屯曾发现几座元代砖室墓葬。较为特殊的是，这几座墓葬，头向为南向，为天津地区各时期的墓葬中少见。

明清墓葬较多，大多数为平民墓，但也有少量具有高大封土、神道、石像生等的官员墓葬。还发现了许多家族墓葬，其排布整齐有序，为研究当时的葬俗提供了很多资料。

一、明清官员的墓葬

高级官员墓葬有位于宝坻史各庄乡陈甫村南的刘深墓。刘深为明代人，官至昭勇大将军沿海经略使行征南左副督元帅。墓地面积约 300 平方米，原有高大封土及石人、石兽、墓碑等，现仅存石人、石兽各一。

位于西青区杨柳青镇十六街的张遇墓也是一座高等级官员的墓葬。张遇为明代戍边名将。墓地面积约 2000 平方米；原有高大封土，并建有享殿、燎炉、石供、石翁仲、石马、石牌坊、墓碑等，现仅存石马。

殷尚质墓位于南开小西关三元村。殷尚质为明代天津人，官至辽东总兵。墓地坐北朝南，南北 133 米、东西 39.5 米，占地约 5200 平方米；原有砖砌花墙及墓冢，封土原高 2.5 米、长 11 米、宽 8.5 米。该墓为圆形砖室墓，出土墓志 1 方。

蓟县西北隅曾发现明墓一座。该墓距西城墙 200 米，是一座长方形三室砖墓，平面作"四"形。墓底和墓顶均用长 1.5 米、宽 1 米、厚 0.1 米左右的石板铺盖，共计二十四块。四壁用素面青砖垒砌。东西两室隔墙上都有象征性的一门二窗与中室相通，门圭形。中室为男性，东、西两室均为女性。此墓并未出土墓志铭，但其规格较高，根据陪葬品判断，可能为明代中叶官员的墓葬。

二、明清家族墓地

宝坻辛务屯发现了很多座明、清墓葬，有一部分是家族墓葬，其中还有与巫术有关的龟镇坑等遗迹（图4-6-1、图4-6-2）。

其中有两座明代火葬墓，均作砖砌子弹头结构，一端圆弧，另一端平直，底部用砖铺地，中间放置骨灰罐。其附近还有一座龟镇坑。

土坑墓家族墓葬多为夫妻异穴合葬墓，少量同穴合葬墓和同棺葬（后者一般为迁葬）。多仰身直肢，头向多略向西北，少量东西向，个别头朝东南。均为木棺葬具，头宽尾窄，骨架的头部或腰部一般枕有瓦，有的瓦上有红符。

这些家族墓地从早到晚、自北向南排列，龟镇坑可能与巫术有关。其中延续最长的一片墓地，从明代早期到清代中期，并建有一座龟镇坑。这座龟镇坑用31.5厘米×15.5厘米×6.5厘米的青砖砌出中空的龟形，头部放犁铧一件，头朝向南偏东15°。

蓟县龙庭庄园地块发现了一些清代家族墓，均为长方形土坑竖穴，有合葬与单葬两类。其中一块区域的六个墓葬，基本排成两列三排，根据其出土物，可断定为康乾之际三代的家族墓地，且"左昭右穆"的排列特征明显。

蓟县小毛庄背靠府君山，从汉代开始便是建造墓葬的风水宝地。此地也发现了几十座明清墓葬，其中有三处家族墓葬，呈三角状从早到晚、自北向南排列，但三处所指向的北边山顶不同。

除此之外，还有一些名门望族的家族墓地，有牌坊、神道、石像生、高大封土。如宝坻林亭口镇东风窝村的"李半朝"家族墓地，其墓地面积约1000平方米，现存封土8座，其中大者直径5～6米、高2米，小者直径2～3米、高1米，部分封土表面饰有红、白涂料，故又称"红白坟"。

宁河丰台镇西村西的刘兆麒家族墓地面积约6000平方米，原有封土30余座，并有享殿、华表、镇墓兽、石狮、石马、石羊、石人等，现仅存石狮1对、石碑2通。刘兆麒为清代人，官至湖广巡抚、兵部尚书都察院右副督御史。

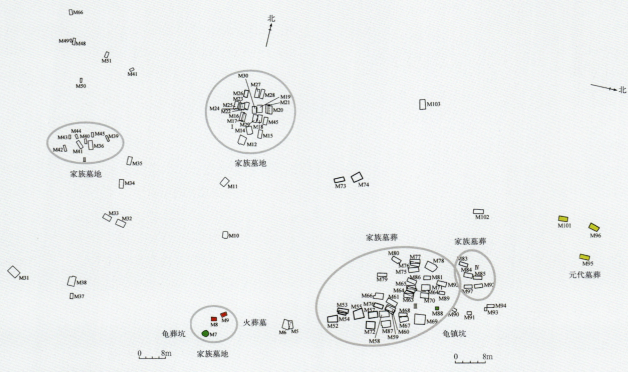

图4-6-1 宝坻辛务屯元明清墓葬群总平面图1　　图4-6-2 宝坻辛务屯元明清墓葬群总平面图2

天津 河北古建筑

第五章 文庙、书院

天津文庙、书院分布图

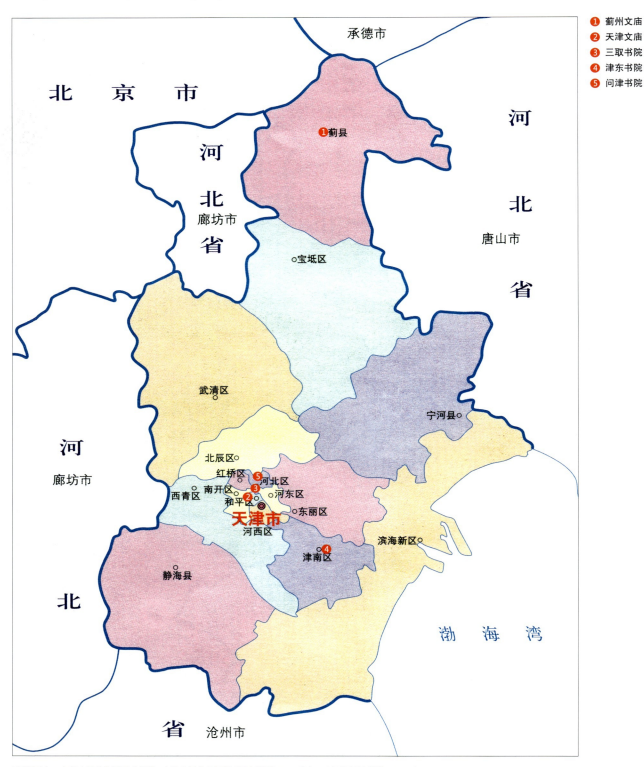

1. 蓟州文庙
2. 天津文庙
3. 三取书院
4. 津东书院
5. 问津书院

（地图引自：中华人民共和国民政部编.中华人民共和国行政区划简册 2014.北京：中国地图出版社，2014.）

第一节 文庙

随着经济、社会不断发展，文化、教育的重要性不断提高；"儒学"作为帝国官方意识形态，其教化所及之处势必兴建起各级学宫建筑。明、清之际，"卫学"、"运学"、"屯学"相继涌现，"三取"、"津东"、"问津"等著名书院亦于此时纷纷建立。

一、蓟州文庙

蓟州文庙又名"宣圣庙"或"学宫"，位于蓟县鼓楼北大街西侧城关小学院内，占地面积约1500平方米。庙内现存泮池、三孔戟门、大殿（先师殿）和东、西配殿。大殿面阔五间、进深三间加前廊，硬山顶。

蓟州文庙始建于金天会年间，有大成殿三间和东、西配殿；正隆元年（1151年）、六年（1156年）重修，继而毁于兵燹；明洪武九年（1376年）重修；成化十年（1474年）重建大成殿五间、新圣贤遗像；嘉靖元年（1522年）建棂星门、大成殿，东、西配殿各五间；崇祯十五年（1642年）遭兵火；清顺治七年（1650年）、康熙七年（1668年）、道光二十一年（1841年）屡次重修，并增建棂星门照壁、泮池石桥、名宦祠、乡贤祠、启圣祠、尊经阁、节孝祠、明伦堂及牌坊；康熙至道光5帝各题匾额1方，悬于大成殿前，分别为"万世师表"、"生民未有"、"与天地参"、"圣集大成"、"道协时中"；民国十七年（1928年）东院辟为县立第一完全小学；民国二十五年（1936年）重修大成殿、配殿、大门，勒石立碑，但尊经阁，节孝祠已不存；20世纪60年代，用砖包砌棂星门，建成门道；1967年扩宽马路，拆除照壁。

二、天津文庙

天津文庙位于南开东门内大街，占地面积约1.2万平方米，建筑面积3243平方米。文庙含府、县两庙和明伦堂。两庙共用隔墙、牌楼。牌楼系四柱三楼冲天式，青瓦悬山顶（图5-1-1）。

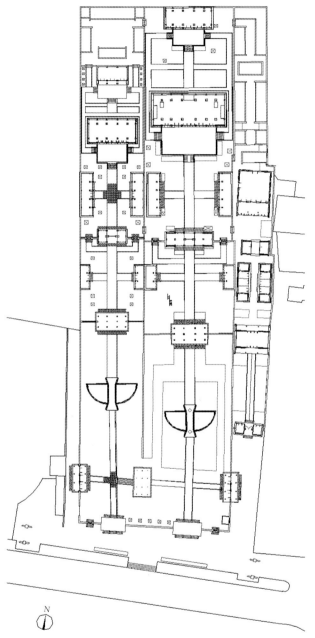

图5-1-1 文庙总平面

府庙又名"卫学"，在建筑群中部，含万仞宫墙、泮池、棂星门、大成门（图5-1-2）、大成殿，东、西配殿、崇圣祠等建筑。万仞宫墙长17.5米、厚2米，位于最南端。泮池为半圆形水池，直径21.5米，周围砌筑石望柱、栏杆；中架石拱桥，长13.1米，宽3米，又名"鱼化桥"（图5-1-3）。棂星门作四柱三楼冲天牌楼，黄琉璃瓦悬山顶；台基面阔13.9

米、进深 8 米、高 0.7 米；斗栱九踩单昂三昂，科口 5 厘米。大成门面阔五间 16.9 米、进深二间 4.9 米，黄琉璃瓦硬山顶；明、次间设板门，梢间设隔墙，门、墙顶设叉子；方椽、方飞；明式古镜柱础。门前两侧为配殿，面阔三间 9 米、进深二间 4.6 米，青瓦硬山顶。大成殿系主体建筑；台基面阔 27.9 米、进深 13.3 米、高 1.21 米，台基前出月台，面阔 20.6 米、进深 11.1 米，明间设踏跺、御路，两侧筑踏跺、垂带、抱鼓石和勾栏，月台外圈施白石望柱栏板；殿身面阔七间 26.6 米、进深三间 12.0 米、高 11.9 米，黄琉璃瓦歇山顶，正脊不作生起；殿内供奉孔子、四配、十二哲神、牌位；前、后檐柱各 8 棵，前、后金柱各 6 棵，前、后山柱各 2 棵，共 32 棵；柱头五踩双下昂，平身科明间 4 攒，次间 3 攒，梢、尽间 2 攒，昂侧面轮廓略显柔媚；梁架九架加前、后廊，檐、金柱间以挑尖顺梁承歇山交金墩、采步金、五架梁、三架梁、瓜柱；科口为 7 厘米；圆椽、方飞。东、西配殿位于月台前，面阔五间 16.1 米、进深一间加前廊 4.6 米，青瓦硬山顶；方椽、方飞。崇圣祠又名"启圣祠"，崇祀孔子五世祖先；砖石台基面阔 18.4 米、进深 8.8 米、高 1.2 米，前出月台面阔 12.0 米、进深 6.4 米，明间及两侧砌筑踏跺、垂带；殿身面阔五间 17.2 米、进深三间 7.8 米，青瓦硬山顶（图 5-1-4 ~ 图 5-1-7）。

县庙位于府庙以西，建筑形制与府庙相同，但体量小、规格低。万仞宫墙长 13.5 米、厚 1.6 米、高 6.7 米，青瓦硬山顶。泮池直径 19.3 米，桥长 12 米。棂星门作四柱三楼冲天牌楼，青瓦悬山顶；台基面阔 12.4 米、进深 7.2 米、高 60 厘米；牌楼高 7.5 米。

图 5-1-2　府文庙大成门

图 5-1-3　府文庙泮桥

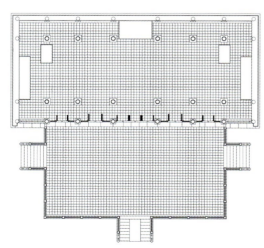

图 5-1-4　府文庙大成殿平面

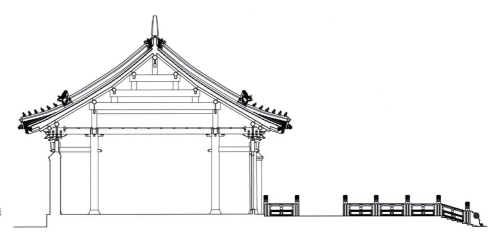

图 5-1-5　府文庙大成殿明间横剖面

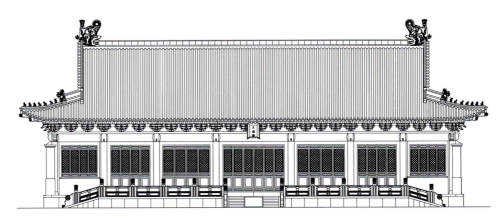

图 5-1-6　府文庙大成殿正立面

图 5-1-7　府文庙大成殿

大成门面阔三间 10.3 米、进深二间 4.5 米，青瓦硬山顶；明间、次设板门，门顶设叉子，方椽、方飞。门前两侧为配殿，面阔三间 9.2 米、进深一间加前廊 3.4 米，青瓦硬山顶。大成殿面阔五间 17.4 米、进深一间加前、后廊，进深 8.7 米，方椽、方飞；前出月台面阔 11.7 米、进深 6.5 米、高 1.1 米。东、西配殿位于月台前，面阔五间 16.1 米、进深一间加前廊 4.4 米，青瓦歇山顶。崇圣祠前出月台面阔 10.8 米、进深 5.1 米、高 1.1 米；殿身面阔三间 11.0 米、进深一间加前廊 6.4 米，青瓦硬山顶（图 5-1-8 ～ 图 5-1-10）。

明伦堂位于府庙东侧，建筑面积 455 平方米。

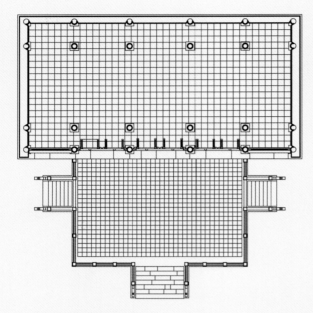

图 5-1-8　县文庙大成殿平面

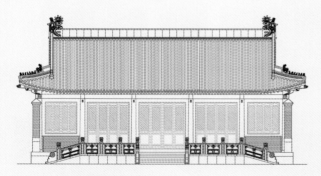

图 5-1-9　县文庙大成殿正立面

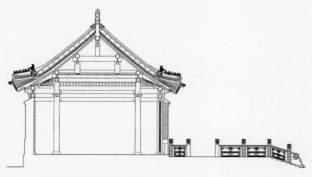

图 5-1-10　县文庙大成殿横剖面

现存建筑有门厅、前殿、中殿和大殿，均为青瓦硬山顶。明伦堂最初位于卫学西跨院，东跨院设文昌祠、魁星楼；后移至东院，与西院忠义祠、节烈祠相对，供奉天津名宦、乡贤牌位。

文庙创建于明正统元年（1436年），始称"卫学"；正统十二年（1447年）大成殿落成；景泰五年（1454年）建棂星门；天顺二年（1458年）创建配殿；弘治八年（1495年）修明伦堂；万历年间建南墙外东门内大街口东、西牌楼；万历二十九年（1601年）凿泮池，易门，移崇圣祠于后院，建文昌祠于东，迁名宦、乡贤祠于旁；清康熙十二年（1673年）废正门、立影壁，建东、西掖门，泮池改为石砌，架木桥一座，砌花墙、添夹道砖墙一道，以别学官与明伦堂；康熙三十一年（1692年）重建大成殿；清雍正三年（1725年）改州学；雍正九年（1731年）升府学；雍正十二年（1734年）在府学西建县学，形成府、县两庙骈列格局；光绪三十二年（1906年）府庙棂星门、大成门、大成殿改黄琉璃瓦；民国十二年（1923年）自府庙大成殿外悉数重修；民国二十年（1931年）崇化学会迁明伦堂讲学；1963～1964年文庙重修；1980年复原"文革"中被拆毁的建筑。

天津文庙是天津市区规模最大的古建筑群。大成殿、大成门、棂星门大吻与垂脊交接处置吞脊兽，与北京等地脊兽作法不同，系地方特色。文庙内、外汇集古代牌楼，其中东门内大街口东、西牌楼是天津地区仅存的过街牌楼，造型罕见，是古代木结构牌楼的代表作。

第二节　书院

一、三取书院

三取书院（图5-2-1）位于河北三汊河口。

三取书院系康熙五十八年（1719年）修筑瞿黄口岸堤尾时，由赵公祠改建而成；乾隆二十年（1755年）重修学舍；嘉庆六年（1801年）再修；现不存。

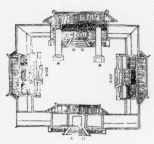
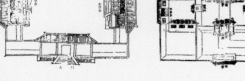

图 5-2-1 《长芦盐法志》"三取书院"

图 5-2-2 《长芦盐法志》"问津书院"

三取书院开天津兴办书院之先河。

二、津东书院

津东书院位于津南葛沽后街。现存大殿系砖木结构，面阔三间、进深一间，抬梁硬山顶。

津东书院始建于明代；清同治十三年（1874年）辟文昌庙、佛爷秒、药王庙，加以扩建；现仅存药王庙建筑。

三、问津书院

问津书院（图 5-2-2）位于卫城南门内大街，占地面积约 2000 平方米。院内以三间讲堂为核心，堂前为院门，堂后为山长书室，周围环筑学舍 64 间。

问津书院原系查氏废宅；乾隆十七年（1752年）修成；五十七年（1792年）重修；光绪年间仍很兴旺；清末改为民立小学堂；现为南门里小学。

问津书院是天津地区影响最大的书院。

天津 河北古建筑

第六章 寺院、宫观

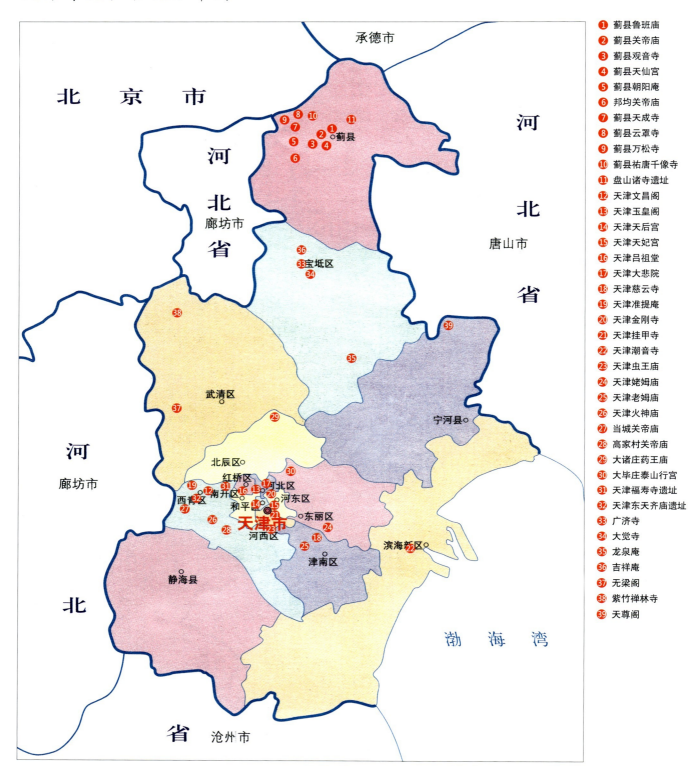

第一节　蓟县地区的寺庙

一、鲁班庙

鲁班庙（图6-1-1）又名"公输子庙"，位于鼓楼北大街东侧，占地面积约800平方米，是罕见的主祀鲁班的祠庙。寺内有山门、大殿（图6-1-2）和东、西厢房。

山门面阔三间、进深五架，无斗栱，硬山顶。建筑尺度虽小但严守规制。梁架用前单步梁、后四架梁、三柱，明间穿堂、金柱位设门，留出狭小前廊、以合规制，梢间则不加分隔；梁栿构件截面硕大、远超结构要求，显示出兴造时大料充裕；檩下施垫板、随檩枋；方椽方飞；构件加工至精。

大殿面阔三间、进深七架，绿琉璃瓦剪边歇山顶；建筑尺度较小，梁架作六架梁对单步梁加前廊，室内不立金柱；梁架步距不等，金檩至檐檩稍大、以使前廊及神台不致局促；斗栱用一斗二升交麻叶头；前、后歇山不对称：前用顺梁插入金柱、高度与门窗结合，后用趴梁架于六架梁上，底面抬高以利室内效果，趴梁对应檐柱柱头科出假梁头、使外观与顺梁保持一致；除檐椽外、均用方椽；构件排列紧密、遍施彩绘，图案纹路清晰，所绘内容有夔龙、锦纹、花鸟等，富丽堂皇；所用铁糙木当地不产、应属皇家建陵用料。

东、西厢房有南、北两组；南侧面阔二间，无飞椽；北侧面阔三间，椽、飞均为方形断面；二者屋面均为鸳鸯瓦。

鲁班庙始建年代不详；清康熙、乾隆年间重修；光绪年间清东陵（惠陵）在蓟县南蔡庄设木厂，工首率众拜谒鲁班庙，并发愿重修；民国二十三年（1934年）西厢房创办分利文具店；1949年后所有房屋由蓟县城关中学使用；1986年重修，兴建配殿、围墙，彩绘配殿、山门，重塑鲁班和木、瓦匠弟子像，新塑石匠、书童像，东、西厢房辟为展室，展出部分文物和图片。

鲁班庙规模虽小，但深具清官式特征，设计周密、用料奢侈、工艺精良，实非当地民间庙宇所能比拟；工程依托国家背景，由京畿各大木厂共同捐资并参与修建，部分反映出清代北京营造业的社会特征。

二、关帝庙

蓟县关帝庙位于蓟县城西大街路北，占地面积约3400平方米。据《蓟县志》载，清朝和民国年间，蓟县城内有关帝庙3座，现仅存1座。寺内原有山门、钟鼓楼、前殿、大殿，东、西配殿，后殿、回廊和戏楼等建筑。现存前殿、大殿、后殿和东、西配殿，均面阔三间、进深六架加前廊，抬梁硬山顶；其中后殿用黄琉璃瓦、正脊两端施脊兽。

蓟县关帝庙始建年代不详；元至顺、明正统、弘治、嘉靖、清顺治十五年（1658年）、康熙二十二年（1683年）、康熙三十五年（1696年）、康熙三十九年（1700年）、道光年间均有重修。

图6-1-1　鲁班庙山门

图6-1-2　鲁班庙大殿

三、观音寺

观音寺位于蓟县白塔院内南侧，占地面积约800平方米。寺内有大殿，东、西配殿，均为面阔三间、进深二间、前出廊，抬梁硬山顶。

观音寺始建于明嘉靖十二年（1533年）；清咸丰九年（1859年）、1985年重修。

四、天仙宫

天仙宫位于蓟县白塔院内东侧。原址位于蓟县武定西街路北，占地面积约7000平方米，内有山门、土地祠、老君堂、娘娘殿、配房等150多间；现仅存正殿。正殿面阔三间、进深六架加前廊，硬山顶；前檐柱为八棱石柱；内塑天仙玉女碧霞元君、送子娘娘、催生娘娘、天花娘娘、眼光娘娘像。

天仙宫始建于明代；清代重修；1993年将仅存的正殿按原貌整体异地重建于观音寺东侧。

五、朝阳庵

朝阳庵位于蓟县官庄乡东后子峪村，占地面积约2500平方米。寺内有观音殿，面阔三间、进深二间、前出廊，抬梁硬山顶，前檐柱、柁、檩皆用条石。寺内有一古松，树龄400余年，巨枝横出，荫及半亩，乾隆赐名"蟠龙松"。

朝阳庵始建于明嘉靖年间；清康熙年间重修；1991年为保护"蟠龙松"，将观音殿落架、向西、北分别移动10、8米后重建，并增建门楼、耳房、井亭等。

六、邦均关帝庙

邦均关帝庙位于蓟县邦均镇大街东口，占地面积约1250平方米。寺内原有大殿、耳房、配殿、戏楼等建筑。大殿坐西朝东，面阔三间、进深三间、勾连搭抬梁硬山顶。

邦均关帝庙始建于明崇祯四年（1631年）；清乾隆年间、道光二十六年（1846年）重修；庙内原有山门、钟鼓楼、大殿、戏楼和配殿等；现仅存配殿。

七、天成寺

天成寺位于蓟县官庄乡莲花岭村北、盘山翠屏峰下，因自寺门下瞰山麓、远眺林峦、天成画图而得名，占地面积约1万平方米。寺内有山门、江山一览阁、三圣殿、大雄宝殿、配殿、舍利塔、灵塔、经幢等。

山门用圆形门洞，乾隆御题"敕建天成寺"。江山一览阁面涧背岩、坐南朝北，卷棚硬山顶；下层中间汉白玉拱券门；乾隆御题"江山一览阁"、"两峰天辟仙台路，云尖幻有等浮云"。三圣殿面阔三间，卷棚硬山顶；殿内设三大士彩塑。大雄宝殿面阔五间，硬山顶；殿内设主尊、十八罗汉像；乾隆御题"清静妙音"、"树匝丹崖定外合，朱鸣碧润静中闻"。配殿在大殿东，面阔五间，卷棚硬山顶。

天成寺始建于唐代；辽、明、清历代均曾扩建重修；清代康熙、雍正、乾隆帝均曾到此巡游、赐额；乾隆八年（1743年）重修；清末民初，寺院疏于管理、日渐纪坏；民国二十六年（1938年）天成寺被日军飞机炸毁；1978年后陆续重修大殿、配殿、三圣殿、江山一览阁，在东配殿前立乾隆御制"游盘山记"碑，并兴建曲廊、卧云楼等。

八、云罩寺

云罩寺位于蓟县盘山上盘挂月峰下，是盘山地势最高的庙宇，因地邻绝顶、云掩雾罩而得名，占地面积约2.5万平方米。寺内有山门、大殿、藏经殿、东膳房、云峰阁等。山门两层，面阔五间，黄琉璃瓦歇山顶；底层中间汉白玉拱券门，嵌"云罩寺"额。大殿面阔五间19.5米、进深11米、高7.5米，歇山顶；殿内彩绘泥塑佛坐像三尊，像高3.4米；殿壁设千佛龛像；康熙御题"云峰法界"，乾隆御题"青山白云常自在，禅悦法喜悟无生"。东、西配殿面阔三间，黄琉璃瓦卷棚顶。藏经殿又名"观音殿"，在大殿东高台上，面阔三间，青瓦卷棚硬山顶；殿内塑观世音彩绘泥像。东膳房面阔三间，坐东朝西，卷棚硬山顶。

云罩寺始建于唐代；明万历十三年（1585年）立碑，三十年（1602年）敕赐云罩寺，寺内有弥勒殿、黄龙殿；清康熙十七年（1678年）皇帝游历此处，御书"盘山秀峰"、"云峰法界"；乾隆七年（1742年）皇帝谒陵途次该寺，翌年重修，御题"金界常明"、"住智慧山"；清末民初，云罩寺年久失修、日渐颓败；日本侵华时毁于战火，唯存旧基、古碑；1985后建筑逐步修复，并兴建东膳房、云峰阁。

九、万松寺

万松寺又名"李靖庵"，位于蓟县盘山中盘，占地面积约1.2万平方米。寺内有弥勒殿、山门、楼亭、中殿、钟亭、上大殿、吕祖殿、古塔等建筑。弥勒殿在山门外，内塑弥勒，旁塑四金刚，后塑韦驮。楼亭在山门内，两层，面阔五间，北向与中殿相对。中殿又名"毗卢殿"，廊下悬康熙御题"万松寺"。钟亭在大殿东，内悬大钟，钟声浑厚低沉，山鸣谷应。上大殿又名"千佛殿"，在中殿北，面阔五间，卷棚硬山顶；内塑释迦牟尼铜像，高2米余，铜像后塑倒坐观音，四周塑十八罗汉；台桌上供大、小铜像，高约30厘米，制作精美；另塑有一座千手千眼观音像。上大殿两侧为东、西配殿，面阔三间，青瓦硬山顶。东配殿设接待室，西配殿系祖师殿，供木制明空坐像一尊。吕祖殿又名"龙王庙"，在上大殿东北，黄琉璃瓦卷棚歇山顶，内塑吕洞宾像。殿前有古井。寺院东部有厨房、茶房、斋堂、禅室等。寺东有望海楼遗址，旧时楼高三层，纵目远眺、可见海气重重。

万松寺始建于唐代；明万历年间重修，神宗题"清心"，存于寺内；崇祯年间重修；清初改称"卫公庵"；康熙年间重修，四十四年（1705年）皇帝游历至此，见周围大片古松、赐额"万松寺"，并亲书"乐天真"悬于大殿中央；乾隆十年（1745年）重修，御题"慈育万物"；清末民初，万松寺年久失修、日渐颓败；日本侵华时毁于战火，唯存旧基、古碑；1988年后建筑逐步修复，并兴建照壁、藏经楼等。

十、祐唐千像寺

祐唐千像寺又名"佑唐寺"，位于蓟县官庄乡联合村、盘山北坡，占地面积约7200平方米。寺后有契真洞。寺北山坡上现存线刻佛像156尊，分立式、跌坐两种，2~4尊为一组，立佛面相丰腴、头顶发髻、足踏莲花，高1.5米、宽0.44~0.49米；坐佛高1.3米，莲座宽1.1米、高0.14米；具唐代造像风格（图6-1-3）。

祐唐千像寺始建于唐开元年间；辽统和五年（公元987年）、明正统年间重修；清乾隆十年（1745年）敕修大殿；寺内悬乾隆御书"雨花福地"，为钦定外八景之一；今仅存基址。

十一、盘山诸寺遗址

此外，盘山地区还分布有上方寺、报国寺、青峰寺、法藏寺、少林寺（法兴寺）、龙泉寺（暗峪寺）、云净寺（净业庵）、青沟禅院（盘古寺）、正法禅院（古中盘）、大悲庵、桃花庵、东竺庵（弥陀庵）、东甘涧观音庵、西干涧净土庵等众多历代寺院遗址。这些寺院始建时间上起唐朝、下迄明代，并经后世反复修葺、重建，至清代兴造静寄山庄时又经大范围敕修，形成了盘山行宫内、外的整体景胜；但自行宫裁撤之后逐渐荒废，近代以来又屡遭战争等人为破坏，现已基本沦为废墟。

图6-1-3　千像寺摩崖石刻

第二节　天津地区的寺庙

一、文昌阁

文昌阁位于西青杨柳青镇南运河南岸。现存门房、厢房和阁楼。阁系砖木结构，六边形平面，边长5米、高15米。阁最下为高大砖砌基座，上有三层：首层砌封闭砖墙、正面设券门；二层正面作木隔扇，其他五面以砖墙封护、开设圆形或八边形透窗，外檐木栏杆一周；三层各面作隔扇门、窗，外檐系木结构回廊；六角攒尖顶，顶尖置宝珠，六条垂脊下端置脊兽、仙人，上端与宝珠接合部位安吞脊兽，六面檐角悬铃。上层祭祀魁星，中层祭祀文昌帝君，下层祭祀孔子。

文昌阁始建于明天启二年（1622年），后遭焚毁；崇祯七年（1634年）重建；清咸丰三年（1853年）再毁；咸丰八年（1858年）再建；咸丰十年（1860年）重修；光绪四年（1878年）阁内创建"崇文书院"；民国三十年（1941年）重修；近年在原有基础上扩建三宫殿、集贤亭、斗姆殿、功德坊、弘文殿、倚闾亭、礼龙门、东、西碑廊、爱竹斋、幽香轩、七星桥、娘娘庙、杨柳青书画院等。

二、玉皇阁

玉皇阁（图6-2-1）位于南开旧城东北角外、狮子林桥畔，坐西朝东，面向海河。

清虚阁为庙内主体建筑，两层，面阔5间、进深4间，歇山顶。砖石台基面阔19.6米、进深15.2米、高1.4米，明间设踏跺九级，两侧置垂带石，长2.7米、宽30厘米。下层面阔五间15.9米、进深四间11.5米；檐柱18棵、金柱10棵，因设神龛减明金柱2棵，通柱高10.7米、直达上层七架梁下，柱底施石柱础；明、次间每间作六抹头菱形窗棂隔扇4枚，方格窗横陂3枚；明间中槛门簪雕作爬虎形；梢间、山面和后檐均砌砖墙，底厚95厘米，顶厚90厘米，下碱高1.4米，转角作角柱、腰线石，上身高3.4米，墙顶出拔檐、内八字签尖；出檐深远、达2.1米，圆椽、方飞，椽当甚密；阁内原供奉道教神像和牌位，现仅存玉皇铜像一尊。上层面阔三间11.5米、进深二间7.1米、周围廊进深1.1米；檐柱18棵，柱根插于底层檐柱抱头梁上，柱头间施大、小额枋、雕花板，柱顶承上层抱头梁、檐檩；外廊以博脊为基座，四角装合角吻，围绕木栏杆一周；明间七架梁端承老檐檩，上置金瓜柱、角背承五架梁、下金檩，上置金瓜柱、角背承三架梁、上金檩，上置脊瓜柱、角背、驼峰承脊檩；歇山顺、趴梁承交金墩、角背，上承采步金，外承山面椽尾，上为三架梁、脊瓜柱、角背、驼峰承脊檩、扶脊木；纵向梁架均为檩、板、枋三件套作法；前檐悬"高大光明"、"清虚阁"。屋盖举架陡峭，檐心为黄琉璃瓦，檐头和脊兽为绿琉璃瓦剪边，正脊中央置两层琉璃小楼阁、高60厘米。

清虚阁两侧原有北斗楼供奉天、地、水三官，南斗楼供奉文昌帝君；阁后有三清殿供奉玉清原始天尊、上清灵宝天尊、太清太上老君，今俱无存。

玉皇阁始建于明万历五年（1578年）；明代铸造清虚阁内玉皇铜像；宣德二年（1427年）重建清虚阁；弘治二年（1489年）重修；清康熙三年（1664年）铸牌楼前铁狻猊一对；康熙四十年（1701年）重建清虚阁；乾隆四十八年（1783年）铸前殿前院铁鼎；咸丰七年（1857年）重建山门；光绪十七年

图6-2-1　玉皇阁

（1891年）重修山门、清虚阁；1956年拆除山门；1965年清虚阁揭瓦重修。

玉皇阁是天津规模较大的道教建筑群。清虚阁是市区年代最早的木结构楼阁，旧时曾为重阳登高处。

三、天后宫

天后宫又名"天妃宫"，俗称"娘娘宫"。元代天妃宫有两座。

一座位于河东大直沽前街、海河东岸，称"东庙"，又名"天妃灵慈宫"，坐东朝西、面对海河，占地面积约4000平方米；元延祐年间创建；泰定年间遇火，朝廷拨款重修，但因庙址低洼、潮汐冲击，栋宇又遭摧坏；至正年间朝廷拨款，将庙基加高8尺，盖瓦级砖为之一新；明弘治、万历年间重修；清光绪二十六年（1900年）被八国联军焚毁；光绪三十一年（1905年）修复大殿三间；1950年拆除；寺内原有山门、二门、戏楼、大殿、后殿、东、西配殿等建筑，供天妃、赞相、三宫、真武大帝、财神、火神等；现仅存庙址。

另一座位于三汊河口西岸（南开古文化街），称"西庙"，即今天后宫。宫内有戏楼、幡杆、山门、牌楼、前殿、大殿、配殿、藏经阁、启圣祠、钟鼓楼、张仙阁等建筑。

戏楼坐东朝西，旧为过街楼，面向大殿，东连宫前大街，面阔10米、进深11.5米、高12米，为酬神演出所用；西面朝向大殿，设明柱、护栏，南、北侧设下、上场门，天幕正中六角形透窗上悬"乐奏钧天"；用圆椽、方飞。幡杆有两座：北杆高25.9米，南杆高26.2米，庙会期间悬挂"敕封护国庇民显神赞顺垂佑瀛 天后圣母明著元君宝幡"或灯笼。山门系砖木结构，平面长方形，面阔6.3米、进深3.0米、高6.2米，歇山顶；下部砖砌南北向筒拱，前、后设东西向券门；拱顶上为十字形梁柱，横梁两端和柱顶分别承金檩、脊檩，前、后檐砖墙上置檐檩，门额以整砖镌刻"敕建天后宫"；用方椽、方飞。钟鼓楼分列山门里南、北两侧，系砖木结构二层小楼，歇山顶。牌楼系木结构二柱一楼式，前檐悬"天后宫"，下有清康熙十三年（1674年）"海门慈筏"横额，背额"百谷朝宗"；元、明时，牌楼系天后宫前的标志，原额"护国庇民"（图6-2-2）。

前殿（图6-2-3～图6-2-5）平面呈长方形，面阔三间11.3米、进深二间6.9米、高8.8米，歇山顶；前、后设券门，前、后檐、山面共10棵檐柱，无内柱；斗栱为五踩单翘单昂，明间平身科4攒，其余各间平身科3攒；梁架采用七架梁、三件套作法；圆椽、方飞；殿内有"王灵官"、"千里眼"、"顺风耳"、"加恶"、"加善"泥塑像五尊；前檐有清康熙十三年（1674年）"三津福主"门额。

大殿（图6-2-6～图6-2-12）由主体建筑前、后接抱厦组合而成，通进深19.5米。台基面阔18.5米、进深25.7米、高1米，前部铺垫条石，正中设踏步5级，于中轴线上甬路相接，后部铺砌青砖，周边压阶条石。前抱厦面阔三间、进深一间，明、次间前檐均安隔扇，卷棚悬山顶，方椽、方飞。中部主体面阔三间13.6米、进深三间9.9米、高9.2米，七檩单檐庑殿；前、后檐和老檐柱共4排，为设置神龛另加明间后金柱2棵，斗栱为五踩重昂，平身科明间4攒，次间3攒；梁架结构采用雷公柱、顺扒梁作法；坐斗斗顗显著，昂底平伸出较长，昂嘴削薄，平板枋宽度大于额枋，颇具明代风格；梁、枋、檩尺度较小，缴背、瓜柱、平板枋、额枋出头式样似晚于明代；圆椽、方飞；明式莲瓣柱础。后抱厦称"凤尾殿"，面阔、进深均一间，后檐面阔5米，安隔扇4枚，卷棚悬山顶；方椽、方飞。

藏经阁为砖、木结构楼阁，两层，面阔五间，

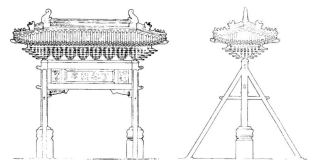

图6-2-2 天后宫牌楼正立面、侧立面、横剖面

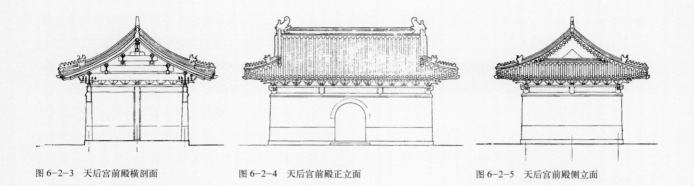

图 6-2-3　天后宫前殿横剖面　　　　图 6-2-4　天后宫前殿正立面　　　　图 6-2-5　天后宫前殿侧立面

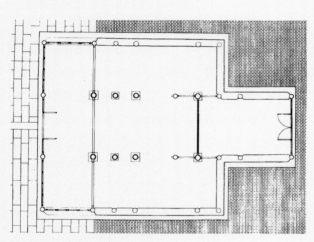

图 6-2-6　天后宫大殿平面

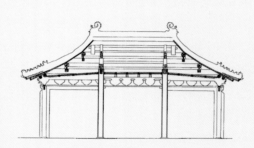

图 6-2-9　天后宫大殿纵剖面

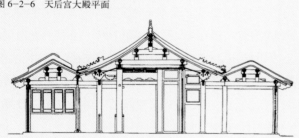

图 6-2-7　天后宫大殿横剖面

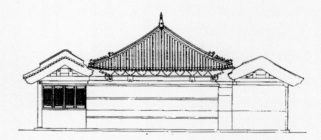

图 6-2-10　天后宫大殿侧立面

图 6-2-8　天后宫大殿正立面

图 6-2-11　天后宫大殿背立面

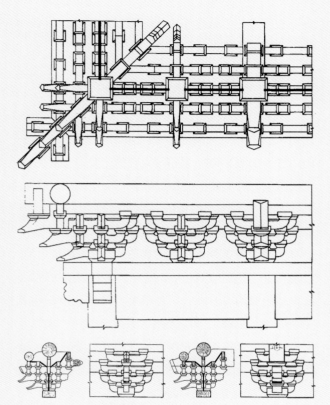

图 6-2-12 天后宫大殿大样

硬山顶；下层南、北山墙上分别镶嵌民国十二年（1923年）"重修天后宫后楼碑记"两块。启圣祠即后殿，面阔三间，用于祭祀天后父母。张仙阁位于山门外，是宫北大街南过街楼，楼底高出街面6.2米，西侧靠宫东院墙承重，并以两跑砖楼梯通往阁之西门；阁平面长方形，系进深4.6米七檩硬山顶前接高6.9米卷棚抱厦，通进深8.9米、面阔7.7米。南、北两面均置隔扇门、窗，内供张仙爷。

天后宫创建于元泰定三年（1326年）；明永乐元年（1403年）重建；正统十年（1445年）重修；万历三十年（1602年）扩建、重修；清顺治十七年（1660年）再修；康熙十三年（1674年）重修牌楼、变更额名；乾隆十四年（1719年）增建山门，四十五年（1780年）、四十九年（1784年）重修；道光二十七年（1847年）加固、重修大殿台基；同治五年（1866年）因火灾重修大殿、张仙阁、戏楼、牌楼、山门、四值功曹殿、钟鼓二楼、群墙和后楼；光绪五年（1879年）重修药王殿；光绪二十一年（1895年）重建钟鼓楼和焚帛炉；光绪三十年（1904年）重建张仙阁；民初废庙兴学，宫内西南角设立"第一乙种商业学校"；民国十二年（1923年）为扩展宫前马路，将山门后移；民国二十三（1934年）二十七年（1938年）重修钟鼓楼；民国二十八年（1939年）改为天后宫学校；新中国成立后改为市立小学和三十六中学校办工厂；1957年宫内主要建筑重修、油饰；"文革"中前殿、牌楼和戏楼被拆毁；1976年地震损毁；1985年修复天后宫，重建被拆毁的主要建筑，辟作天津民俗博物馆对外开放。

天后宫是我国现存年代最早的天后（天妃、妈祖）庙之一。建筑整体格局大致符合一般天后宫"戏台、大殿、寝宫"的配置，体现着闽南妈祖信仰在东部沿海地区的广泛传播。大殿采用庑殿顶、三进勾连搭，并具有明显的明、清官式特征，则又凸显出天津天后宫独到的地域特点。

四、吕祖堂

吕祖堂位于红桥如意庵大街吕祖堂胡同，坐北朝南，占地面积约1300平方米，建筑面积约600平方米。寺内有山门、前殿、后殿、西侧殿（五仙堂）。山门面阔三间、进深一间，青瓦悬山卷棚顶。前殿面阔三间、进深二间，殿内供奉吕祖。后殿面阔五间、进深二间，青瓦硬山顶，前接卷棚。西侧殿面阔三间、进深一间，为义和拳坛场，殿前设月台。各殿用方椽、方飞。

吕祖堂始建于明宣德八年（1433年）；清康熙、乾隆、道光年间重修；光绪二十六年（1900年）义和拳乾字团首领曹福田率拳民数千人进津，于吕祖堂设总坛口，此后多次战斗决策均出自此地，殿前月台亦为拳民习武场所；1986年经过紧张筹备，建成"天津义和团纪念馆"；1994年被中共天津市委、天津市人民政府命名为"天津市爱国主义教育基地"。

五、大悲院

大悲院位于河北天纬路、三汊河口北运河北岸，占地面积约1.1万平方米，是天津市区年代较早、规模最大的佛教寺院。寺院含新、旧两组庙宇。旧庙在西院，含山门和前、后殿；新庙在东院，含天王殿、大雄宝殿和大悲殿，系今大悲院主体。大雄宝殿建于高台之上，面阔五间、进深三间加周围廊，绿琉璃瓦歇山顶，殿前设宽广月台，甬路两侧松柏参天，庄严静谧。

大悲院始建年代或在清顺治十四年（1657年）至康熙四年（1665年）之间；其中旧庙于清康熙八年（1669年）重建；新庙于民国二十九年（1940年）扩建；"文革"期间寺院遭到严重破坏；1980年后修复。

六、慈云寺

慈云寺位于津南辛庄乡高庄子村，占地面积约300平方米。寺内有山门、配殿和大殿；大殿面阔三间、进深一大间、前出廊，硬山顶，前出抱厦；殿前出月台。

慈云寺始建于明代；民国年间扩建配殿、山门。

七、准提庵

准提庵位于西青杨柳青镇李民大街，占地面积约300平方米，原为杨柳青大族董氏家宅。

准提庵始建于清康熙年间；寺内原有山门、大殿、配殿等建筑；山门面阔三间、进深一间，抬梁硬山顶，墙体磨砖对缝，门侧有抱鼓石；现仅存大殿基石及山门。

八、金刚寺

金刚寺又名"天善社"、"红佛金刚寺"，位于河东天善社大街金钢巷，坐西朝东，占地面积约800平方米，建筑293平方米。寺内有山门、大殿、配殿；建筑皆系砖木结构，抬梁硬山顶。山门面阔三间、拱券门。

金刚寺始建于清末；现仅存山门、配殿。

九、挂甲寺

挂甲寺又名"庆国寺"，位于河西挂甲寺庙东胡同，建筑面积300平方米。寺内有前、后殿，均系砖木结构，硬山顶，房脊中置龙头。

挂甲寺相传始建于唐代；明万历二十八年（1600年）重建；现仅存前、后殿。

十、潮音寺

潮音寺位于塘沽西沽潮音寺大街，坐西朝东，面向大沽海口，占地面积约2400平方米。寺内有山门（天王殿）、钟、鼓楼、观音殿、大雄宝殿、南、北配殿等，均系砖木结构，抬梁硬山顶。

潮音寺始建于明永乐二年（1404年）；原系当地渔民为祈求神灵庇佑而集资兴建的土地庙；庙中供奉南海观音菩萨，原名"南海大寺"。嘉靖年间，当地倭患猖獗，朝廷为安民心，特拨款重修、改建，并因寺内有水井、可俯听海潮涨落之声而赐名"潮音寺"；重修后寺院大殿供奉观音菩萨，南、北配殿分别供奉海神、龙王。清代以后，寺院香火渐隆，声名远播东、南沿海，竟至东南亚地区；康熙二十九年（1690年）、乾隆三十二年（1767年）均有重修；嘉庆二十二年（1817年）重修后殿；道光二十二年（1842年）重建大殿。民国年间，总统曹锟（生于潮音寺西南）与普通大沽籍海员均曾出资修葺寺院。抗日战争、解放战争，尤其"文革"时期对寺院破坏严重，仅后殿建筑幸存；唐山地震中，后殿亦遭震毁。现寺院原重建。

十一、虫王庙

虫王庙位于河西尖山街后尖山村，坐北朝南，建筑面积40平方米。寺内原有正殿、配殿，均系砖木结构，内供观音、地藏、火神、文昌等；每年4月28日虫王庙会，附近居民在此举行花会。

虫王庙始建于明嘉靖三十一年（1522年）；清乾隆元年（1763年）重建；现仅存正殿。

十二、姥姆庙

姥姆庙位于东丽李庄子乡老袁庄、紧临海河东岸，占地面积约800平方米。大殿面阔三间11.1米、进深三间、前出廊5.6米，抬梁硬山顶。

姥姆庙始建年代不详；清康熙四十年（1701年）

重建；民国二十六年（1937年）重修。现仅存大殿。

十三、老姆庙

老姆庙位于津南咸水沽镇，坐北朝南，紧临海河，建筑面积700平方米。寺内有大殿、配殿。大殿面阔三间、进深一间、前出廊；殿前出月台。

老姆庙始建于明代。

十四、火神庙

火神庙位于西青张家窝乡张窝村，占地面积约2000平方米。寺内有山门、大殿；山门为两层楼阁，下层砖砌拱券顶过道、上层歇山顶；大殿面阔三间、进深二间，台基高约1米，抬梁硬山顶。

火神庙始建年代不详。

十五、当城关帝庙

当城关帝庙位于西青上辛口乡当城村西，占地面积约500平方米。寺内有大殿、配殿；大殿面东，面阔三间、进深二间，抬梁卷棚硬山顶，山墙、后墙彩绘关羽故事；配殿面南，面阔三间、进深一间，抬梁卷棚硬山顶。

当城关帝庙始建于清末。

十六、高家村关帝庙

高家村关帝庙位于西青张家窝乡高家村，占地面积约1500平方米。寺内有前、后殿；前殿由三座建筑勾连搭，平面呈"凸"字形，面阔三间、进深三间，抬梁卷棚硬山顶；后殿面阔三间、进深一间，抬梁卷棚硬山顶，山墙彩绘十殿阎王。

高家村关帝庙始建于清末。

十七、大诸庄药王庙

大诸庄药王庙位于北辰南王平乡大诸庄村东，建筑面积180平方米。寺内原有前、后殿、东、西配殿；后殿抬梁硬山顶。

大诸庄药王庙始建于明代；清代重修；现仅存后殿。

十八、大毕庄泰山行宫

大毕庄泰山行宫位于东丽大毕庄乡大毕庄村，占地面积约800平方米。行宫含山门、前、后殿、东、西配殿。前、后殿皆面阔五间、进深三间，抬梁硬山顶。

大毕庄泰山行宫始建年代不详；康熙三十七年（1698年）、乾隆三十九年（1774年）、道光十年（1830年）、十七年（1837年）四次重修。

十九、福寿宫遗址

福寿宫位于西青西营门乡小稍直口村，占地面积约2800平方米，是天津市著名道观之一。寺内原有大殿3座。

福寿宫始建于明成化年间；现仅存青石台阶、抱鼓石、石牌坊基础、幡杆夹杆石。

二十、东天齐庙遗址

东天齐庙位于西青杨柳青镇二街，占地面积约8000平方米。寺内原有大殿面阔五间，抬梁硬山顶。

东天齐庙始建于明代末年；清宣统三年（1911年）改为小学；现建筑已全部改建，仅存石柱础等。

第三节 其他地区的寺庙

一、广济寺

广济寺（图6-3-1）位于宝坻城内西街，坐北朝南。寺内原有山门、三大士殿、法堂、精舍、香厨、浴堂、甘井、华亭、木塔等建筑。

三大士殿（图6-3-2～图6-3-7）是寺内主体建筑。台基高20厘米，下出约2.5米；台基前月台与地面相平，长6.5米、宽7.7米，西南角有边长约0.8米方石一片。殿内方砖墁地，明间南面设拜石。大殿面阔五间24.5米、进深四间18.0米，单檐庑殿顶。大殿南梢间、北次、梢间和东、西山均用砖墙垒砌，厚约1.2米；墙内壁画不存。南面心、次间各有隔扇6枚，上有横批。后内柱心、次间设扇面墙；前为佛坛，上供三大士像、胁侍菩萨八尊、

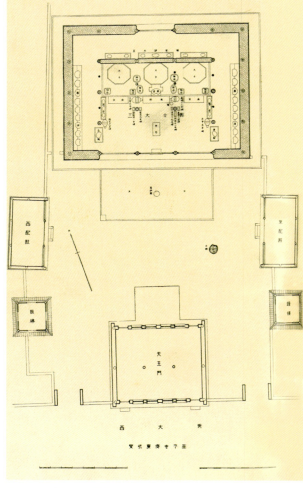

图 6-3-1 广济寺总平面

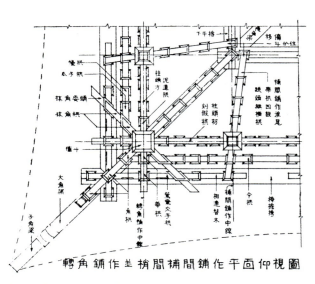

图 6-3-7 广济寺三大士殿转角大样

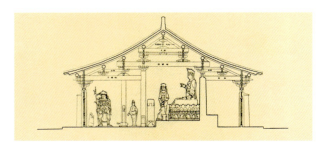

图 6-3-2 广济寺三大士殿明间横剖面

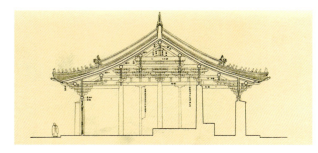

图 6-3-3 广济寺三大士殿次间横剖面

图 6-3-4 广济寺三大士殿纵剖面

图 6-3-5 广济寺三大士殿正立面

图 6-3-6 广济寺三大士殿侧立面

朝服坐像一尊；后有五大师像；佛坛下左、右各有胁侍菩萨三尊、护法神一尊；东、西梢间列十八罗汉；殿内存辽至清碑碣九通。大殿檐柱18棵，高4.8米，径0.5米；内柱10棵，除明间前内柱外，均高6.4米，径约0.5米；明间前内柱北移一步架，径、高较其他内柱为大；所有内柱柱身比例略同，东山中柱下接石鼓，内柱间后世添设许多处小柱，承托弯曲破断的梁栿。外檐柱头铺作双杪计心，耍头尖锐；转角铺作正缝外跳三跳，上出菊花头形栱承老角梁，里转五跳承交圈下平槫襻间，另有抹角栱两跳及耍头；每间补间一朵，外跳计心，里转四跳，梢间补间后尾外撇、以防与角缝龃龉。除明间前内柱外，其余内柱均经乳栿与外檐柱头铺作相接，乳栿出耍头，栿背经十字栱转承箚牵、下平槫，栿背设托脚、支下平槫，箚牵后尾连接内槽铺作、继而向殿内连接四椽栿、上承中平槫，栿头设小托脚、支中平槫；明间前内柱与前檐柱间以三椽栿相连，栿背施两组斗栱安放箚牵，北侧斗栱又向北与箚牵、四椽栿相交；内柱间南北以四椽栿相接，栿背施两朵铺作，承平梁、上平槫；平梁上施童柱、叉手承脊槫，外侧有太平梁承鸱尾；两山上平槫由顺梁上三层枋、替木承托，两山中平槫由梢间内柱柱头铺作承托，顺梁由四椽栿背铺作与山面内槽补间承托。殿前、后橑檐槫距18.5米，举高约4.9米。屋面压槽枋内施望砖、外施望板，上施草苫及板、筒瓦；正脊高1.5米、比明间略长，鸱尾庞大、形制特殊。

广济寺始创于辽统和后期至太平五年（1025年）；重熙五年（1036年）受敕；清宁六年（1060年）重修；明嘉靖八年（1529年）至十三年（1534年）重修大殿、并绘、塑诸像；万历九年（1581年）在木塔遗址上建宝祥阁、并铸造大佛，后毁于清代；崇祯十三年（1640年）修三大士殿；清道光九年（1829年）修补瓦漏、装饰彩绘；同治十一年（1872年）重修；民国三十六年（1947年）拆除。

广济寺三大士殿斗栱雄大，内部梁枋结构精巧、似繁实简。屋面雕饰奇特。大殿用材、檐柱、举折、耍头、抹角栱形式与蓟县独乐寺山门类似；补间跳头无横栱，与独乐寺山门及日本奈良东大寺南大门同。

二、大觉寺

大觉寺（图6-3-8）位于宝坻县城关镇东大街，占地面积约3500平方米。原有山门、大殿、钟鼓楼、西跨院、配房等。现存罗汉堂系明代重建，面阔三间14.5米、进深三间9.7米；台明高0.5米；庑殿顶；

图6-3-8　大觉寺罗汉堂山面

图6-3-9 大觉寺罗汉堂背面

图6-3-10 大觉寺西跨院配房

无斗栱、角云，角柱直抵搭交檐檩下皮；正面大额枋出头霸王拳较其余三面特大；梢间梁架外侧低垂；出檐深远；方椽、方飞。西跨院南、北两座配房，面阔五间、进深三间；大柁用虬曲木料；屋椽断面有方、圆两种，系修缮更换所致；椽上铺苇席或秸秆；无飞椽；局部梁架有彩画。

大觉寺建于辽重熙年间；明代重修；寺内原有山门、大殿、罗汉堂、钟鼓楼、西跨院等（图6-3-9、图6-3-10）。

三、龙泉庵

龙泉庵位于宝坻黄庄乡北里自沽村西头，占地面积约300平方米。寺院土筑台基长60米、宽50米、高出周围平地1.5米。

龙泉庵始建于明万历年间；清代重修；寺内原有大殿和东、西厢房；大殿面阔三间、进深三间，抬梁硬山顶；现仅存大殿。

四、吉祥庵

吉祥庵位于宝坻高家庄镇肖家垫村，朝向与村中民宅一致、约南偏西25°，占地面积约700平方米。寺内有大殿、耳房、东，西配殿等建筑，并有古树两棵、树冠如华盖荫庇全寺。大殿面阔三间、进深三间，抬梁硬山顶；构架具有明显的明代特征；方椽，

图 6-3-11 吉祥庵大雄宝殿

椽上铺苇席，无飞椽（图 6-3-11）。

吉祥庵始建年代不详。

五、无梁阁

无梁阁（图 6-3-12）位于武清区黄花店乡黄花店镇十字街路北，占地面积约 1000 平方米。该阁为砖结构三层楼阁，歇山顶，坐北朝南，面阔 8.4 米、进深 8.0 米、高约 18 米、墙厚约 2 米。阁每层正面开拱券门，门额分别刻书"伏魔大帝"、"玄天匕帝"、"玉皇阁"。外檐砖雕斗栱下层为一斗三升、中层为一斗三升交麻叶、上层为五踩双杪重栱计心造，栱眼壁内有砖刻造像；刻圆形檐椽、方形飞椽，其上铺筒瓦、板瓦、走兽和合角吻。阁内壁砌砖券及阶梯，可容一人上下。

无梁阁始建年代不详；明末重修；清康熙五十六年（1717 年）重建；光绪二十年（1894 年）重修；1976 年地震致南角坍塌、通体酥裂，1977 年拆除；1993 年重建。

无梁阁是天津地区仅有的砖结构高层建筑。

六、紫竹禅林寺

紫竹禅林寺位于武清河西务乡孝力村西，又名"孝力庙"，坐北朝南，占地面积约 300 平方米。寺内有山门、前殿。山门面阔三间、进深一大间加前、后廊，硬山顶。前殿面阔三间、进深一大间加前、后廊；东、西山面中柱为通柱，明间两侧梁架为抬梁式；屋盖为黄琉璃瓦硬山顶；梁枋施旋子彩绘。

紫竹禅林寺始建年代不详，现仅存山门和前殿，应系清初修建。

七、天尊阁

天尊阁位于宁河县丰台镇，系宁河、宝坻、玉田、丰润四县交界处。天尊阁系太乙观的主体建筑。

天尊阁台基高大，阁身三层，总高17.4米。下层称"天尊阁"（图6-3-12），面阔五间18.3米、进深四间、前出廊10.0米；中层为"王母殿"（图6-3-13），面阔五间18.3米、进深四间8.6米；上层是"紫微殿"（图6-3-14），面阔五间15.4米、进深二间5.8米；前檐楼板伸出0.9米，作露台木栏，可凭栏远眺；歇山顶，正脊砖雕二龙戏珠、刻工精细。梁架为抬梁式，明、次间内槽共用通柱8棵、纵贯两层楼板，直达阁顶五架梁下，又辅以檐、廊、山柱，与纵横梁枋构成木框架，外槽柱、墙层层收分；外檐下层用一斗三升、中层用一斗三升交麻叶、上层用三踩单下昂，料口7厘米（图6-3-15～图6-3-20）。

天尊阁始建于清康熙年间；咸丰八年（1858年）油漆、重修；光绪年间建筑群改作学堂使用；1984年、1996年、2001年重修。

天尊阁体量高耸，传说兴建时曾栽下柏木柱、以加固地基；而阁顶层角柱缩短、梢间阑额外端下垂，是康熙非常少见的构造，大大增加了结构的抗水平力。1976年地震，震中距天尊阁仅约40公里，周边建筑损毁严重，但大阁无恙。

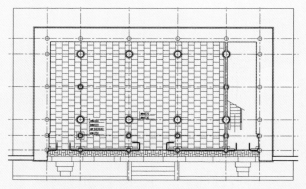

图6-3-12　天尊阁下层平面

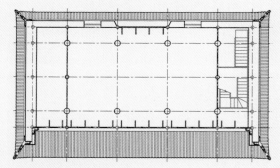

图6-3-13　天尊阁中层平面

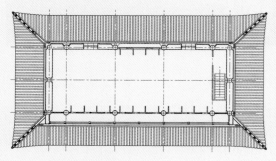

图6-3-14　天尊阁上层平面

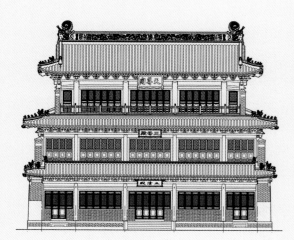

图6-3-15　天尊阁正立面

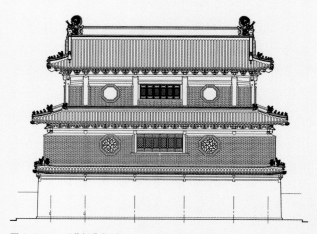

图6-3-16　天尊阁背立面

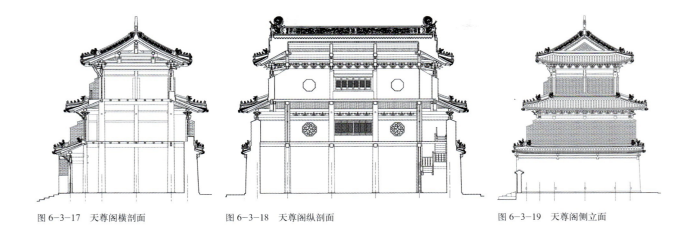

图 6-3-17　天尊阁横剖面　　　　图 6-3-18　天尊阁纵剖面　　　　图 6-3-19　天尊阁侧立面

图 6-3-20　天尊阁现状

天津 河北古建筑

第七章 塔幢

天津宝塔、经幢分布图

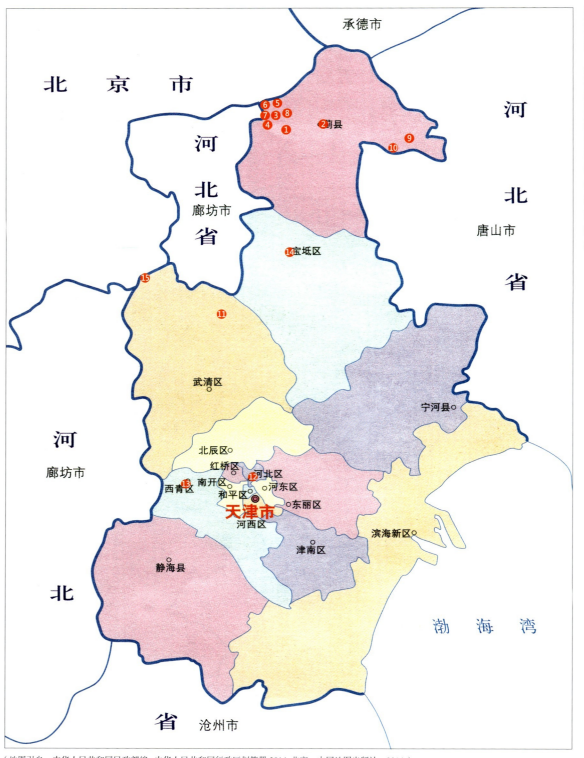

1. 西大佛塔遗址
2. 独乐寺白塔
3. 天成寺舍利塔　"大朝丁酉"经幢
4. 彻公长老灵塔
5. 定光佛舍利塔
6. 普照禅师塔
7. 太平禅师塔
8. 少林寺多宝佛塔
9. 福山塔
10. 黑石崖塔
11. 大良塔基遗址
12. 金家窑塔
13. 普亮宝塔
14. 宝坻石经幢
15. 高村石幢

（地图引自：中华人民共和国民政部编.中华人民共和国行政区划简册2014.北京：中国地图出版社，2014.）

第一节 塔

在各类宗教建筑中,塔幢往往因其鲜明的造型特征成为环境艺术的点睛之笔。天津市境内目前保留了自辽至清多座塔幢或遗址,具有明显的时代、地域特征。

一、西大佛塔遗址

西大佛塔遗址位于盘山脚下,蓟县到邦均的道路之北。此佛塔早年倒塌,只余"西大佛塔"、"东大佛塔"等村名,及一直径约40米的圆形土台。

根据近年塔基发掘状况,其完整时是一座平面八边形的砖塔,每边长约8米。塔基中心为边长约3.6米的正八边形夯土台;夯土台外包砌厚约5.8米的青砖,多已不存;其下又有几重台基,最大一圈台基有30米见方。从各遗迹的叠压打破关系看,该塔历经至少三次的修建,从出土的青砖判断,其年代在唐、辽时期。值得注意的,此塔的位置与位于盘山顶峰挂月峰的定光佛舍利塔、盘山半山腰处北少林寺塔,处于三点一线的位置。虽然定光佛舍利塔、北少林塔现存为明清之物,但其始建时间可能为唐辽之时,并对选址有着周密的考虑。人们在蓟州城与邦均这两地都可见此塔屹立于路边,而在盘山顶峰又可见三塔连成一线,可谓当时的一处奇景(图7-1-1、图7-1-2)。

与汉时期典型由高台建筑控制城市景观的效果不同,佛塔与佛寺的高阁等大建筑,连同城门上的高楼一起,构成了这一时期的城市轮廓。蓟县现存高阁与佛塔就很可能是初唐即形成的格局。

二、独乐寺白塔

白塔(图7-1-3)位于蓟县独乐寺南380米处,高30.6米,由塔基、重檐塔身、半球状覆钵和十三天相轮构成。塔基须弥座设砖雕平座、每面三间、柱头四铺作,上设重台勾栏、雕有壸门、伎乐、角神等。塔身系砖砌,外抹白灰;首层四面设券门,

图7-1-1 西大佛塔遗址平面图

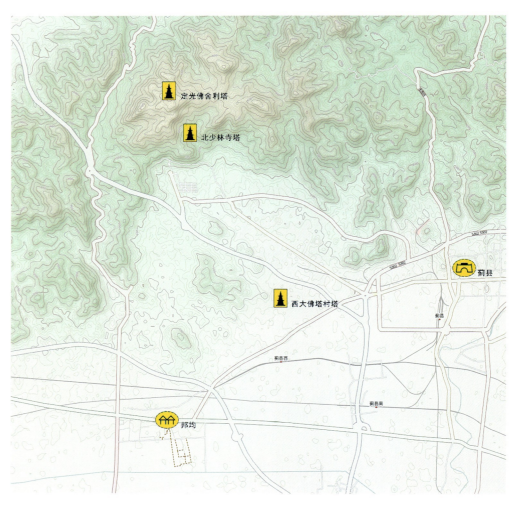

图 7-1-2 西大佛塔遗址与周边关系图

四隅设浮雕碑铭，八角雕刻塔幢，各面两道出檐、以八边形鼓座承覆钵。覆钵上再作八边形鼓座、出檐，并承圆形相轮。塔内中空，分上、中、下三室，互不相通。

白塔可能始建于辽重熙年间，不久因大地震破坏，又在清宁四年（1058年）重修、包砌，并重建相轮；明嘉靖十二年（1533年），万历二十二年（1594年）、二十八年（1600年）以及清乾隆六十年（1795年）均有重修；1983年修复。

白塔是我国辽塔中的精品，其密檐、覆钵的组合形式系幽、蓟地方做法，亦见于武清大良塔（1963年倒塌）、北京房山云居寺北塔等。

三、天成寺舍利塔

天成寺舍利塔（图7-1-4）位于蓟县盘山天成寺大殿西侧。塔平面八边形，各边略内凹，高22.7米，由塔基、密檐塔身、塔刹构成。塔基系花岗岩须弥座承仰、覆莲花。塔身由沟纹砖砌筑，轮廓略收分；首层四面设券门（南面可入塔内），四隅浮雕花窗，各面出檐角柱用砖雕五铺作、当心用补间一朵；更上各层叠涩出密檐共13级，每檐八角各挂一枚铜铎。该塔始建于唐；辽天庆年间重修；明万历年间改刻铭文，天启年间在塔旁建佛堂、置圣像，崇祯年间重修时、发现塔顶有石函、舍利和佛像等物；1980年修复，配塔刹、铁链、铜铎。

四、彻公长老灵塔

彻公长老灵塔（图7-1-5）位于天成寺大殿西南；圆形须弥座上以硕大仰莲承塔身，正面镌"彻公长老和尚灵塔"；造型古朴，当为辽、金时期建造。

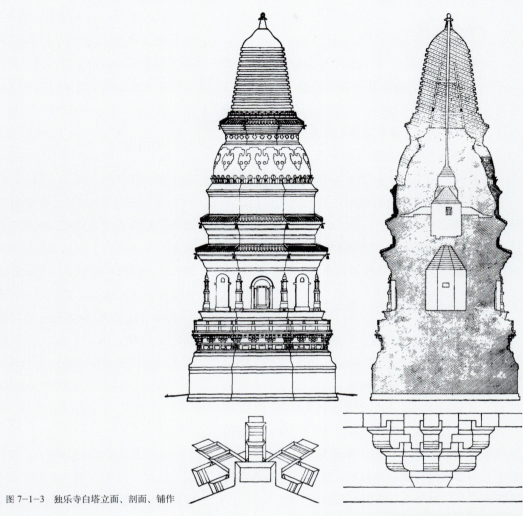

图 7-1-3 独乐寺白塔立面、剖面、铺作

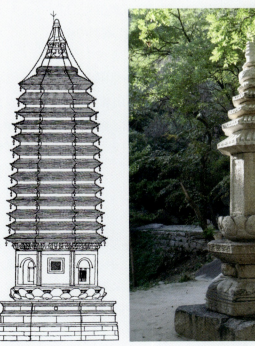

图 7-1-4 天成寺舍利塔（左）
图 7-1-5 彻公长老灵塔（右）

五、定光佛舍利塔

定光佛舍利塔位于蓟县盘山挂月峰顶。塔平面八边形，高19米，由塔基、重檐塔身、塔刹构成。塔基分两层：下层系汉白玉须弥座，上层系砖砌须弥座。塔身系砖砌；首层每面下段并排嵌三座佛龛，中段嵌石雕门、窗，各面出檐角柱用砖雕四铺作、当心用补间一朵；更上再筑一层小亭，各面并排设三座拱券小龛；八角攒尖顶部过渡为圆形平面，承相轮、圆形塔刹。

定光佛舍利塔始建于唐延和年间；辽大康、明成化、嘉靖、万历与清乾隆年间重修；1985年修复。

六、万松寺太平禅师塔、普照禅师塔

太平禅师塔位于蓟县盘山万松寺前，建于明万历四十三年（1615年）。塔平面六边形，高约12米，由塔基、重檐塔身、塔刹构成。塔基须弥座用砖雕平座、每面两间、柱头五铺作，上设重台勾栏。塔身系砖砌；首层正、侧面分设石雕门、窗，六角雕刻塔幢；各面出檐角柱用砖雕五铺作、补间一朵；更上为四层重檐，檐间作矮层，各面出檐角柱用砖雕四铺作、补间一朵。塔顶上有松树一棵。

普照禅师塔位于万松寺内，建于清康熙年间。塔平面六边形，高约10米，由塔基、重檐塔身、塔刹构成。塔基须弥座用砖雕平座、每面两间、柱头五铺作，上设重台勾栏。塔身系砖砌，外抹白灰；首层正、侧面分设石雕门、窗，六角雕刻塔幢；各面出檐角柱用砖雕五铺作、补间一朵；更上为四层重檐，檐间作矮层，各面出檐角柱用砖雕四铺作、补间一朵。两座古塔形制颇类。

七、少林寺多宝佛塔

多宝佛塔位于蓟县盘山少林寺内。平面八边形，各边略内凹，高约18米余，由塔基、密檐塔身、塔刹构成。塔基分两层：下层系石雕须弥座，上层系砖砌壸门、莲瓣。塔身系砖砌，外抹白灰，玲珑挺秀；首层四面设券门（南面可入塔内），四隅浮雕花窗，各面出檐角柱用砖雕六铺作、补间两朵；更上各层叠涩出密檐共13级，密檐间作矮层，四面方窗。该塔始建年代不详；原位于寺内，元至元年间被道士拆除；明崇祯七年（1634年）于寺东重建；清顺治九年（1652年）落成；顺治末年重修。

八、福山塔

福山塔（图7-1-6、图7-1-7）位于蓟县五百户乡段庄村东福山上。塔平面八边形，高21米，由塔基和重檐塔身构成。塔基分两层：下层须弥座以条石垒成高台；上层须弥座用砖砌平座、柱头五铺作、当心用补间一朵，上设重台勾栏、每面三间。塔身由沟纹砖砌筑；首层四面设券门（南面砌有硬山单坡门楼），四隅各设一对浮雕塔幢，各面出檐角柱用砖雕五铺作、当心用补间一朵（出斜栱）；再上亦为砖雕平座、重台勾栏承各矮层。

福山塔应系辽建；1976年地震损毁严重，现已修复。

九、黑石崖塔

黑石崖塔位于蓟县五百户乡黑石崖村南。塔平面八边形，高约6米，楼阁式塔身上部为覆钵，顶立葫芦形石雕塔刹，刹座为砖雕仰莲。

黑石崖塔建于明万历二年（1574年）。

十、大良塔基遗址

大良塔基位于武清大良乡大良镇。塔平面八边形，原高20余米，由塔基、重檐塔身、半球状覆钵和十三天相轮构成。塔基系石砌须弥座。塔身正面开门；上砌覆钵和相轮。

大良塔始建年代不详；1964年倒塌。

十一、金家窑塔

金家窑塔位于天津河北区金家窑唐家胡同，传为风水塔。塔平面六边形，原高9层，为楼阁式塔。

金家窑塔始建于清道光年间；清末因倾斜重建；1949年后因恐倾覆、拆去上半部；20世纪70年代当地平房改造将塔拆毁；现已无迹可寻。

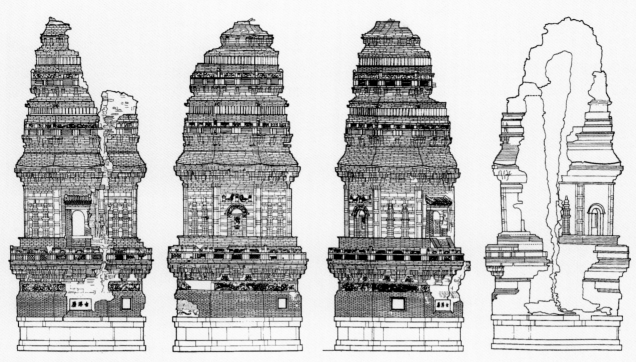

图 7-1-6　福山塔南、西、西南、东北立面

图 7-1-7　福山塔大样

图 7-2-1 "大朝丁酉"经幢平面

图 7-2-2 "大朝丁酉"经幢立面

图 7-2-3 "大朝丁酉"经幢拓片

十二、普亮宝塔

普亮宝塔位于天津西青杨柳青镇十六街。塔平面八边形，高12.5米，由塔基、密檐塔身、塔刹构成。塔基为砖砌须弥座，边长1.1米。塔身首层为圆肚形覆钵，正面嵌塔铭；再上出密檐7级，密檐间作矮层，正面砖雕券门；顶装宝珠。

普亮宝塔建于清嘉庆八年（1803年）。

第二节　幢

一、"大朝丁酉"经幢

"大朝丁酉"经幢（图7-2-1～图7-2-4）位于天成寺舍利塔台基西南角，仅存幢身，立于另一经幢石制中台上。幢平面八边形，边长约15厘米，身高约100厘米；幢身东、东南、南面顶部缺损，残高约84厘米，东北顶部有残缺。幢身顶面尚存三分之二，錾刻平整无榫卯，周缘斧斫细密；中部残损略显粗糙；其上原有幢顶，已不存；各立面顶、底饰有常见通栏线刻回纹边框，高约7厘米。此幢刻大朝纪年，且有悉昙梵字咒文，是蒙古初期珍贵的佛教遗物。

二、宝坻石经幢

宝坻石经幢（图7-2-5）位于宝坻县城十字街中心，是天津地区现存造型奇特、雕刻精美、规模最大的石幢，"石幢金顶"亦为宝坻八景之一。石幢高11.4米，由幢座、幢身和幢顶构成。幢座底部方形、四面雕佛传故事，方台上置须弥座、边长5米，束腰刻壸门，上雕仰莲承幢身。幢身由八面体石柱和宝盖构成，现存六级：第一级雕千佛像，周围环绕八棵蟠龙石立柱；第二级亦雕千佛像，周围环绕八棵素面石立柱；第三级为光绪元年（1875年）重刻，康熙二十一年（1682年）"重修石幢记"；第四级镌"佛顶尊胜陀罗尼经"；第五、六级雕佛像。各层宝盖周匝雕兽头和丝缕垂幔纹饰，最上一层雕瓦檐。再上置莲台，中立铸铁幡竿，顶置如意宝珠。

宝坻石经幢始建于辽圣宗年间；金皇统、清康熙、光绪年间重建；"文革"中被推倒；1988年修复。

三、高村石幢

高村石幢位于武清高村乡里老村。现存幢身、幢座；幢身八面体，长1.7米，刻梵汉合文"佛顶尊胜陀罗尼经"。

高村石幢始建于金正隆三年（1158年）。

图 7-2-4 "大朝丁酉"经幢大样

图 7-2-5 宝坻石经幢

塔幢

天津 河北古建筑

第八章 清真寺

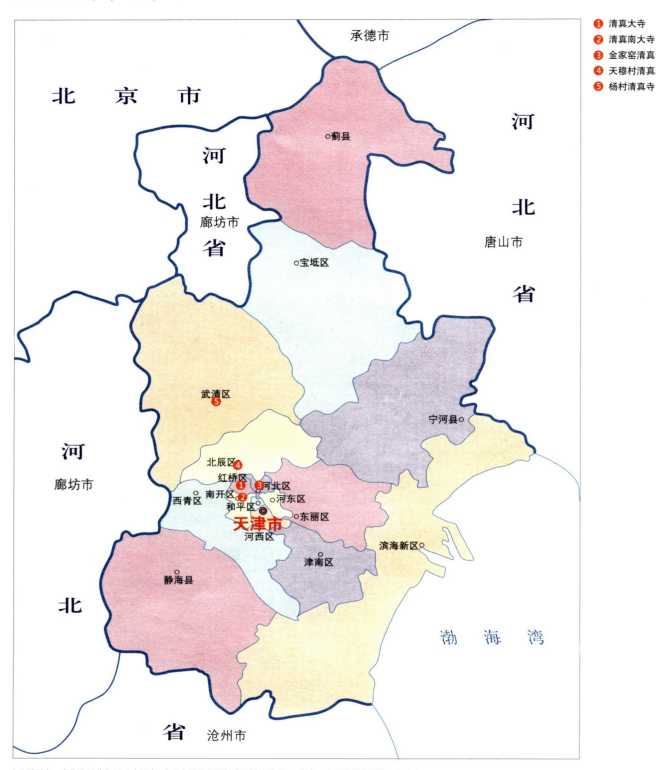

天津地区清真寺数量众多，集中分布于回民聚居的红桥、北辰等地。自元代以降，随着天津地区生产建设的逐步发展和军事地位的不断提高，各地穆斯林商人、匠人、军人移民纷纷涌入，并发展出颇具地方特色的清真寺建筑形式。天津清真寺礼拜殿普遍采用多进勾连搭和亭式望月楼，巧妙地将传统木结构与伊斯兰教特有的仪式空间结合起来，形成内部深邃开敞、外观特点鲜明的建筑形式。

一、清真大寺

清真大寺（图8-1-1）位于红桥小伙巷，坐西朝东，占地面积约5000平方米，建筑面积约2200平方米。寺内有照壁、门厅、礼拜殿、讲堂和水房等建筑。

照壁在主轴线东端，长14.6米、厚1.4米、高8.5米，条石基础、青砖砌筑，壁面镶清肃亲王手书"化肇无极"汉白玉匾额。门厅为寺之大门，面阔三间、进深三间，青瓦硬山顶；前檐砌青砖墙，明、次间各开砖券门一座，拱眉饰砖雕；后檐明、次间施隔扇，出卷棚廊厦，廊柱间置坐凳栏杆，因与礼拜殿相对，俗称"对厅"。门厅两侧门楼上镶嵌七块青砖构成的大型砖雕，镌刻鼓楼、寺塔等天津名景。

礼拜殿是寺内主体建筑，坐西朝东、面向麦加，建筑面积约1000平方米。台基系砖石砌筑。殿身由四座建筑勾连搭。前为卷棚抱厦，面阔三间11.8米、进深一间6.6米，前檐明、次间和山面廊柱间均施坐凳栏杆。抱厦后接两座庑殿大殿，九檩加前、后双步廊，面阔五间24.7米、进深六间15.5米，前檐各间均施隔扇，梢间隔扇外置青石望柱栏板，南、北两侧出檐廊。最后系大殿，面阔七间39.2米、进深三间9.6米，殿顶上并排立5座亭式阁楼：中间青瓦八角攒尖顶最高，顶置黄琉璃瓦宝珠，内部露明，由八角、三角、抹八角、三角、八角5组木井口套叠成藻井；两旁4座六角形亭梢低；每座阁楼外檐施隔扇，南、北两端阁楼檐下悬"望月"、"喧时"，用来观看新月出没和喧报斋戒时日；殿内后墙设龛，龛前置木雕天宫罩，左、右设喧喻台，平柱悬挂阿文匾、联，地板夏铺凉席、冬置白毡。礼拜殿通进深31.7米，建筑面积836平方米，可供千人同时礼拜。

讲堂为庭院南、北厢房，面阔三间、进深一间，青瓦硬山顶，前接卷棚抱厦，廊柱下施坐凳栏杆，与礼拜殿和对厅廊厦相连，构成周围回廊。讲堂西侧建耳房三间，供接待、休息用。水房位于北院，

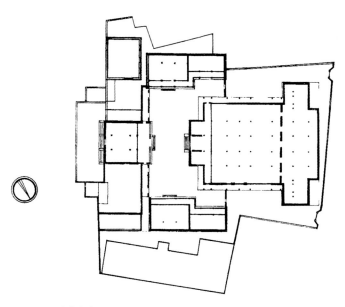

图8-1-1 清真大寺

供穆斯林礼拜前大净使用。

清真大寺始建于清顺治元年（1644年）；康熙十八年（1679年）、嘉庆六年（1801年）、咸丰二年（1852年）重修；同治四年（1865年）门厅两侧辟建两座门楼；光绪八年（1882年）重修，三十一年（1905年）建照壁；民国年间扩建、重修；1960年重修；1976年地震致砖砌体损毁严重；1979年重修。

清真大寺是天津现存清真寺内年代较早、规模最大的一处。其中邦克楼与礼拜殿浑然一体，设计独到；五座小亭并列布局凸显出大寺的重要地位和神秘的宗教氛围；砖木装修遵循伊斯兰教教义，木刻、砖雕均不作任何动物写实纹样。此外，清真大寺保存了61方阿、汉文匾额、楹联，时间自清康熙四十二年（1703年）至光绪三十一年（1905年）不等，内容多由皇室、名流所题。

二、清真南大寺

清真南大寺（图8-1-2）位于红桥西门，坐西朝东，占地面积约4500平方米，建筑面积约2000平方米。寺内有礼拜殿、水房等建筑。对厅系砖木结构，面阔三间、进深一间，硬山顶，前、后檐出卷棚廊厦。

清真南大寺始建于清道光二年（1822年）；民国二十九年（1940年）重修、扩建；1971、1974年两次火灾损毁严重；寺内原有对厅、礼拜殿、南北讲堂、厢房、水房等；礼拜殿顶上建8座亭式望月楼，其中正中屋顶举折极陡峻，外观特点鲜明；现仅存对厅、水房等。

三、金家窑清真寺

金家窑清真寺位于河北金家窑海潮寺胡同，坐西朝东，建筑面积约2000平方米。寺内有正门、水房、讲堂和礼拜殿等。礼拜殿由三座建筑勾连搭，平面呈"凸"字形：前为卷棚抱厦，面阔三间、进深一间；中为硬山顶；后为歇山顶，面阔五间、进深一间，在正脊中部建六角攒尖顶亭阁，称"望月楼"，用以代替庭院中独立的邦克楼。

金家窑清真寺始建于明万历二年（1574年）；清光绪及民国年间重修。

金家窑清真是天津地区修建年代较早的清真寺；用望月楼代替邦克楼系天津地方做法。

四、天穆村清真北寺

天穆村清真北寺位于北辰天穆村北，北运河畔，坐西朝东，占地面积约4700平方米，建筑面积2734平方米。寺内有正门、水房、藏经室、讲堂和礼拜殿；礼拜殿面阔五间、进深三间，勾连搭，正中建方形阁楼，上置望月楼，高25米。

天穆村清真北寺始建于明永乐二年（1404年）；

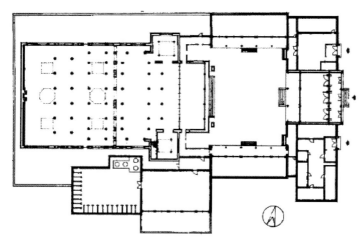

图8-1-2　清真南大寺

清光绪二十六年（1900年）被八国联军烧毁；光绪三十三年（1904年）重建；民国十七年（1928年）年重修大殿；民国三十七年（1948年）被国民党军队烧毁；1951年重建。

五、杨村清真寺

杨村清真寺位于武清区杨村镇七街，坐西朝东，占地面积约3000平方米。寺内有门房、厢房和礼拜殿。礼拜殿由两座建筑勾连搭，前为卷棚、后为庑殿，建筑面积970平方米，正、侧面均作隔扇门、窗。寺内存有清同治年间"至慈至公"匾额一方。

杨村清真寺始建于明泰昌元年（1620年）；清乾隆、同治年间扩建；光绪十一年（1885年）、民国二十四年（1933年）重修。

天津 河北古建筑

第九章 住宅及附属建造

天津住宅及附属建造分布图

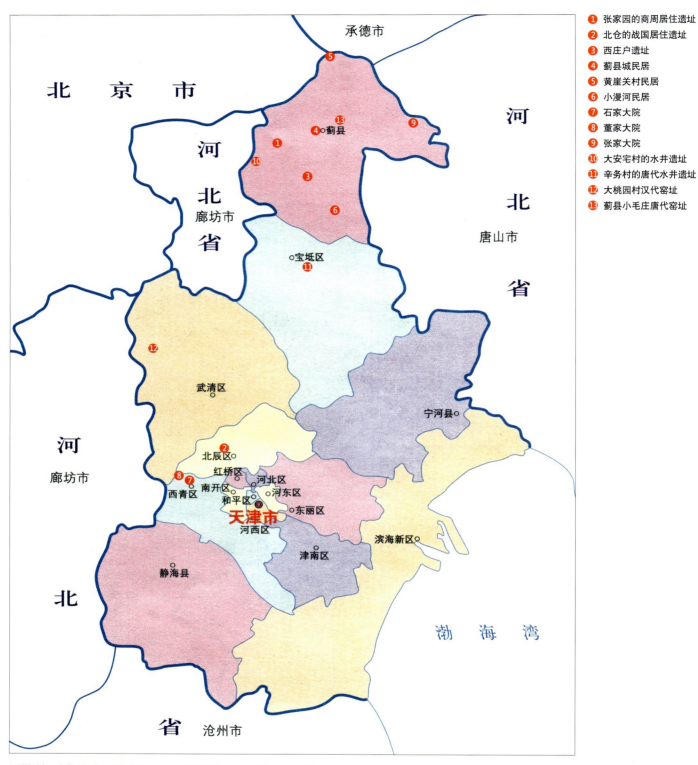

第一节 住宅

一、住宅遗址

1. 张家园的商周居住遗址

蓟县的张家园遗址发现了数个不同时期的房址。一处夏商之际的半地穴式椭圆形房址，长3.8米、宽2.04米、深1.96米。坑内填土，中间有一层厚约0.5米的黄土，质硬，似为第二次居住面。坑壁上挂一层沙子，沿着坑壁遗址伸到坑底。底部居住面铺一层2～5厘米厚的黄沙土。北部有斜坡门道，长1米、宽0.8米，门道两侧有圆形柱洞6个，直径12～20厘米不等，沿内填土经夯打坚实。靠近门口处有一片烧土（图9-1-1）。

在稍晚一些的地层还发现了一座面积约7平方米的圆形浅穴住址，门道设在南部。居住面和门道砸实后，又经火烤，故十分坚硬。住址中间有柱洞一个，直径16.5厘米、深50厘米。四周墙边西面和北面还有六个柱洞或浅槽，东面有两个椭圆形小坑。它可能是一种较为原始的攒尖顶窝棚式建筑（图9-1-2）。

张家园遗址西周时期地层发现的一处房址（图9-1-3），具有三次使用改造的痕迹。

第一次，在黄土地面上挖一个长圆形的浅穴，长6米，由主室、南侧室、北侧室组成，各室之间用生土梁相隔，东面修斜坡门道。主室略呈方形，地面平坦，中央是灶址，有烧火遗留的一片烧土。南侧室、北侧室呈椭圆形，地面布满草木灰。

第二次，将原先的浅穴填平，利用原门道，在原有范围内四周筑墙基，墙基厚0.5～1米，在墙基上挖柱洞，北面6个、南面2个。这样缩小了室内面积，成为一间长条形住室。

第三次是在第二次修的墙基上垒石块，石块之间用陶片垫堵，房内亦用石块垒墙隔成中室、侧室和后室，门道仍在东侧。主室在中间，略呈方形，南北两壁垂直，地面平坦，铺一层掺有石灰岩末及砂粒的黄土。东北角为侧室，略呈圆状，四壁砌石块，南面有口与门道相通。西面为后室，四壁垂直，地面较主室低。中部砌灶坑，坑内外堆满草木灰。

此房屋历经三次使用，两次改造，由一座半地穴式的建筑，改成为石砌的地面建筑，是建造方式的大变化。

张家园遗址发现的一些灰坑，可能为当时居民的窖穴（图9-1-4）。有袋形坑和筒形坑两种，筒形坑的口有椭圆形和圆形两种，直径多在1～1.2米左右，有的达到2米。它们的形制非常规整，坑壁和坑底均经火烧过，质地坚硬，在底部还发现有

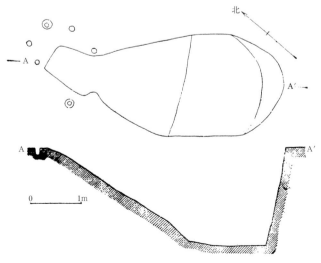

图9-1-1 房址平、剖面图

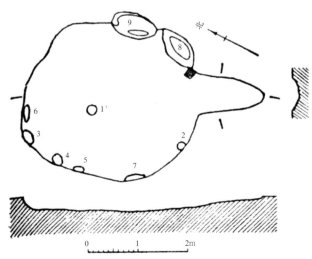

图9-1-2 房址平、剖面图
1、2-柱洞；3～7-浅槽；8、9-小坑

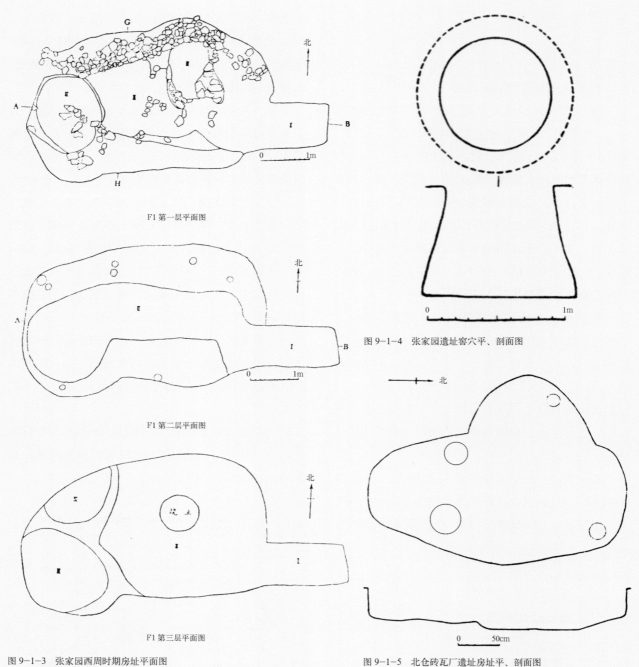

F1 第一层平面图

F1 第二层平面图

F1 第三层平面图

图 9-1-3 张家园西周时期房址平面图

图 9-1-4 张家园遗址窖穴平、剖面图

图 9-1-5 北仓砖瓦厂遗址房址平、剖面图

已碳化的粟类、坚果、野草籽等遗存。

2. 北仓的战国居住遗址

战国时期的北仓砖瓦厂遗址清理出一处房址（图 9-1-5），平面呈不规则的椭圆形，长 2.26 米，宽 1.87 米，室内低于周围平地 40 厘米，北边有两个柱洞，正南出斜坡门道，门口两侧有两个对称的柱洞，这可能是一处狭窄而简陋的单坡窝棚。

3. 西庄户遗址

西庄户遗址位于东赵各庄镇后牛宫村西约 1 千米，地处高台之上，占地面积约 3 万平方米。遗址内清理出房址 25 座、灰坑和窖穴 29 座、灰沟 10 条，并出土陶、瓷、铁、铜、木质遗物数十件，其中陶、瓷器均为我国北方地区元代常见物品。房址周围的灰坑中堆积有螺、贝、蚌、蛤等水生生物外壳以及马、牛、羊骨骼。

该遗址为一处完整的元代村落；村中街道狭窄、不规则；房屋主要为单室、双室较少，多数系坐北朝南的正房、少数为西厢房。

二、蓟县城民居

蓟县城民居位于蓟县独乐寺院内西南角，原坐落于今蓟县中医院内，占地面积约1500平方米，建筑面积387平方米。民居含三进院落，设垂花门、正房，东、西厢房，耳房，共41间。垂花门为院落正门，前殿后卷悬山顶；正房，东、西厢房均为前出廊，筒瓦硬山顶。

蓟县城民居始建于清乾隆年间；1998年，因蓟县中医院扩建拆除；2001年，搬迁至独乐寺西院，利用原有构件重建。

三、黄崖关村民居

黄崖关村民居（图9-1-6）位于蓟县黄崖关村西北部。民居为清代蓟县山区四合院建筑；东南设小门楼，院内由两组一明两暗正房与东、西厢房构成：正房明间设灶，暗间砌通炕，供居住用，面阔20.4米、进深4.5米；东、西厢房各二间，供储藏用；各房外檐均作双扇板门、一码三箭窗。

四、小漫河民居

小漫河民居位于蓟县杨津庄镇小漫河村4区6号，建筑面积约200平方米。民居正方坐北朝南，面阔五间、进深五檩，明间穿堂，青瓦硬山顶，正脊两端砖雕脊饰，外檐存木窗横陂，门楣两侧有雕花雀替。

小漫河民居建于清代。

五、石家大院

石家大院位于西青杨柳青镇六街，地处镇中心、南运河北岸。石家为清代津门八大家之一，原籍山东，后以漕运发迹，乾隆年间定居杨柳青；道光三年（1823年）石家析为"福寿"、"正廉"、"天锡"、"尊美"四堂；现仅存尊美堂。

尊美堂始建于清同治年间，占地面积约6100平方米，建筑面积2915平方米，房屋200多间。大院含18座院落，是典型的四合连套、院中有院。合院轴线明确、功能合理：东院为居住区，前后四进，中有穿堂；西院以戏楼居中，楼北有穿山游廊、佛堂及寿堂花厅；西院外尚有一座跨院，为家学、厨房、佣人宿舍；院落之间夹有箭道。整座大院古朴典雅、装修精美，台阶、梁柱、山墙饰有砖、石、木雕。

尊美堂戏楼面阔12.3米、进深33.3米、高9米，立柱54棵。楼外悬"厚德载福"匾额。楼内正前方戏台面阔6.5米、进深3米，上悬"赏心乐事"匾额。左、右抱柱挂"梓泽兰亭逢圣世，绽桃杨柳庆升平"楹联。后台面积约50平方米，其中供奉梨园祖李隆基。楼内设120张座席；前部系官客（男客）席、后部阶上系堂客（女客）席，演出时以屏风相隔。客席与戏台整体由走马廊环绕一圈，并设宫灯、壁灯，具有良好的声、光学效果。建筑内、外砖、石、木雕细腻考究，样式上兼采南、北风格。石府戏楼是我国北方规模最大、保存最完好的封闭式民宅戏楼。

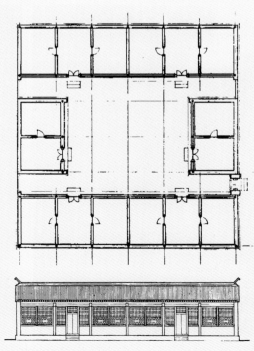

图9-1-6 黄崖关村民居

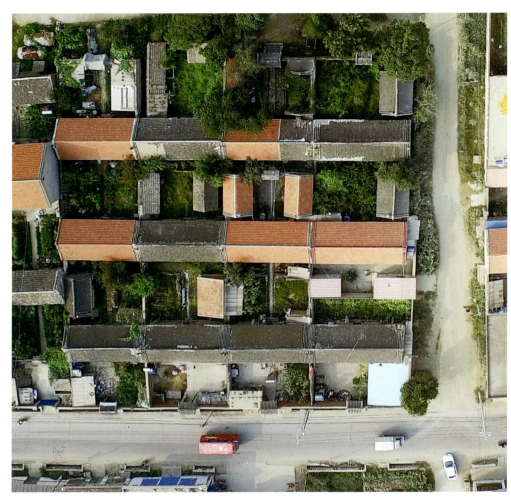

图 9-1-7 张家大院

六、董家大院

董家大院位于西青杨柳青镇猪市大街，占地面积约 800 平方米，建筑面积 500 平方米。董氏系杨柳青八大家之一。大院分东、西二院。其中东院为二进院，磨砖对缝，门楼、门窗木雕精细，高台阶门楼，左右抱鼓石狮。

董家大院始建于清光绪三年（1877 年）。

七、张家大院

张家大院（图 9-1-7）位于蓟县出头岭镇政府东，淋平公路北侧，坐北朝南，占地面积约 8600 平方米。大院由 4 座院落并联；每座院落临街立砖雕门楼，对扇铁包木门；门内为三进正房，面阔五间，进深五檩，明间穿堂；二、三进院落设东、西厢房，面阔二间，进深五檩；最北设垂花门，形态各异。正、厢房均系砖木结构。

张家大院始建于清代。

第二节　水井与砖瓦窑

一、大安宅村的水井遗址（图 9-2-1）

近些年在蓟县邦均镇西南的大安宅村，发现了战国到金元时期的遗址。其中战国与汉代遗物发现 20 口水井。战国水井 6 口，均为土圹式水井，系直接在地上凿土坑沈水。平面有圆形、椭圆形、圆角方形等，腔体为桶装或喇叭状。汉代水井 14 口，有土坑式、砖木结构、砖结构三类。砖木结构水井，下半部用木头搭砌方形井框，上半部用陶制井圈或灰砖叠砌在木井圈上，井口部位圆盘形井沿。木框制作方法为圆木从中劈开，压口式叠砌而成。砖结构水井为圆形，全用砖垒砌。除此之外还发现了车辙痕迹，考其层位，应该是汉代时的居民用车拉水所致。如此几种的水井，反映出此地应有较大的居住遗址。经过调查，在水井附近 1 平方公里的范围内，分布着商至辽金的聚落遗址。

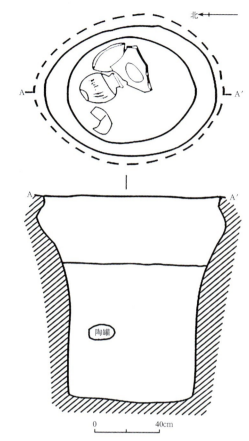

图 9-2-1　大安宅村出土战国水井平、剖面图；大安宅村出土汉代水井

二、辛务屯的唐代水井遗址

宝坻辛务屯近年发现了唐代中晚期的一处聚落遗址。首次发现唐代水井（图9-2-2）和窑址。水井圆形、砖砌，建造方式为先在地上挖口大底小的喇叭状坑，至见水，然后从坑底部用砖自下向上砌圆形井圈至地面，井圈外围再夯土填实。井圈底大口小，多用半砖交错平砌，仅在中部用半砖侧立围砌一周。所用砖为僵直粗绳纹砖，长34厘米、宽17厘米、厚5.5厘米。

三、大桃园村汉代窑址

在武清城关镇大桃园村发现了汉代的窑址（图9-2-3）。清理窑址四座（此地应还有多座），两两一组，两座南北向，两座东西向。四窑结构大体相似，由窑道、操作间、火道（或火门）、窑室、烟道构成。部分窑床上尚有零星码放的整块绳纹砖，与窑身的砌砖相似。由此可见，此窑址所在地应为汉代一烧制绳纹砖的砖窑厂。

四、蓟县小毛庄唐代窑址

在蓟县小毛庄也发现了一座唐代晚期烧制青砖的窑址（图9-2-4）。它可能是先在生土中挖一方坑，再在侧壁挖出窑门，之后再向四面扩展，挖成土洞作为窑室，再在侧壁上挖出烟口。值得注意的是，这个窑址窑室狭长，长9.5米、宽1.64米，烟道位于窑室一侧而非后端，这与北方发现的其他唐代窑址完全不同（多为方形或近方形，烟道位于窑室后端），而与南方越窑等形制相近。

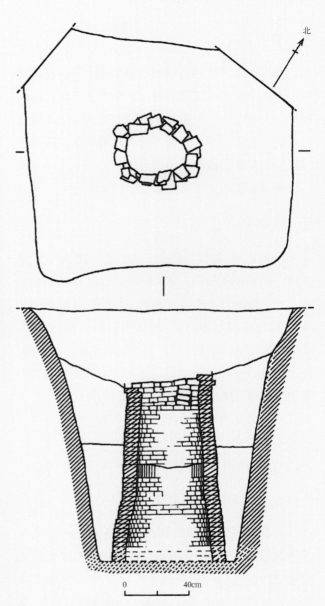

图9-2-2 宝坻辛务屯唐代水井平、剖面图

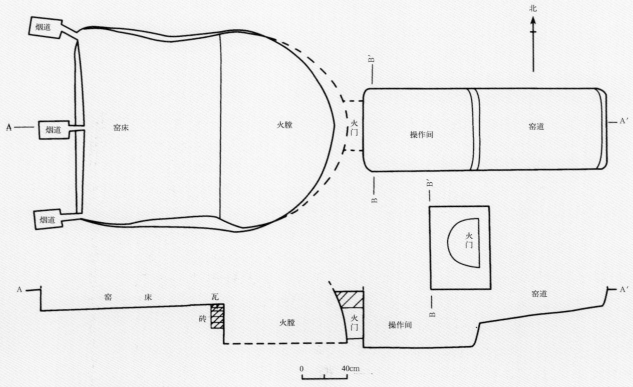

图 9-2-3 大桃园村汉代窑址之平、剖面图

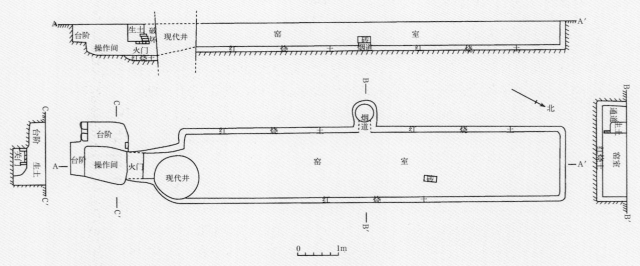

图 9-2-4 蓟县小毛庄唐代窑址平、剖面图

天津 河北古建筑

第十章 会 馆

天津会馆分布图

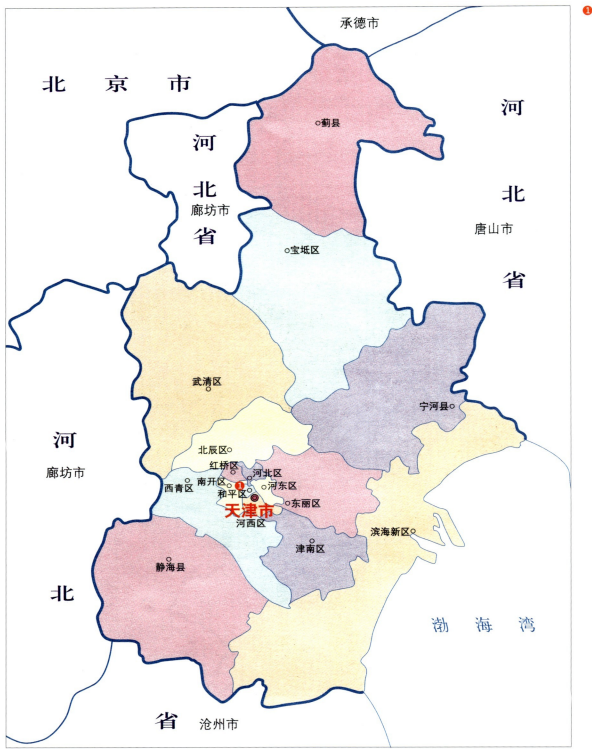

❶ 广东会馆

（地图引自：中华人民共和国民政部编．中华人民共和国行政区划简册 2014. 北京：中国地图出版社，2014.）

广东会馆

广东会馆（图10-1-1）位于南开南门内大街，南北75.7米、东西36.6米，占地面积约2800平方米。会馆南部为四合院，北部为戏楼（歌舞台），东、西为箭道、宽4.2米，设东、西便门沟通内外。会馆自南向北为照壁、广场、门厅、东、西配房、正房、天井、戏楼。

门厅（图10-1-2）面阔三间12.9米、进深二间9.8米，前卷后脊勾连搭硬山顶；前廊廊柱间置青石雕大、小额枋和雀替，上施木制平板枋、承三踩单翘斗栱；前檐明间安大门，门前蹲踞石狮一对，门框、门额用青石雕作，额镌"广东会馆"；次间砌墙、正中作六角砖雕假窗；厅内明间设木制屏门，次间开敞。门厅两侧为耳房，面阔二间7.4米、进深三间9.2米，青瓦硬山顶，山墙作岭南常见的"五岳朝天"式。正房（图10-1-3）面阔三间14.3米、进深三间12.5米，前卷后脊勾连搭硬山顶；前廊廊柱间置木雕大、小额枋和雀替，上施平板枋、承三踩单翘斗栱，前檐明间悬"岭渤凝和"匾额；檩、垫、枋施苏式彩绘。东、西配房作廊庑式，面阔五间17米、进深一间3.6米，前出卷棚前廊，并由回廊连接门厅、正房。

戏楼（图10-1-4）是会馆主要建筑，系一座加盖屋顶的二层四合院。合院通面阔27.7米、通进深33.4米，上筑玻璃窗罩棚，高11.2米；园内辟观众座席，长20米、宽18米。合院南侧倒座房为后台与戏台，面阔五间13.7米、进深一大间3.7米，明、次间向北伸出戏台，台口宽8.6米、深7.5米、高1米，不设边柱，观众可自东、西、北三面观演；戏台上方悬挑鸡笼式藻井，形成良好的声学效果。北侧正房面阔五间21.5米、进深一大间5.7米，东、西侧厢房面阔五间17.9米、进深一间3.2米，均系上、下两层，分别为包厢、茶座；正房两侧及厢房南侧设楼梯，正房前檐、厢房后檐以廊相连，周围圈以青砖墙封护。罩棚采用两棵南、北向跨空枋，长21米、厚0.4米、高0.55米，净跨20米；一棵东、西向额枋，长19米、厚0.5米、高0.6米，净跨18米；其间不设一棵内柱，以利观演。

整座会馆装修华美，细部砖、石、木雕刻题材丰富、工艺精湛。戏台、吊顶、额枋、月梁、雀替、柱础、隔扇、干阑遍布高浮雕或线刻装饰；石柱础有圆、方、八角形等几类，且较北方一般殿堂为高；砖墙磨砖对缝，砌筑规整；正房山墙正中饰大型蟠龙砖雕，栩栩如生。

广东会馆始建于清光绪二十九年（1903年）；

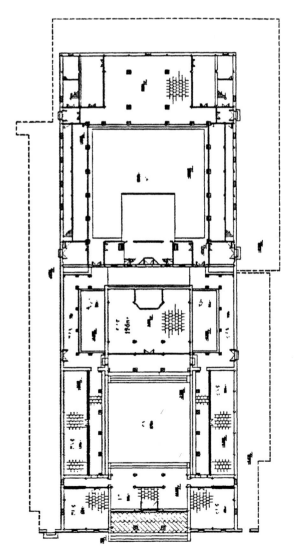

图10-1-1 广东会馆平面

图 10-1-2 广东会馆门厅

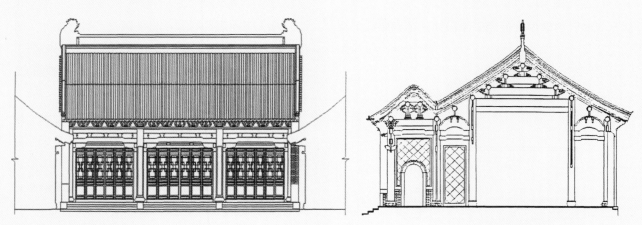

图 10-1-3 广东会馆正房

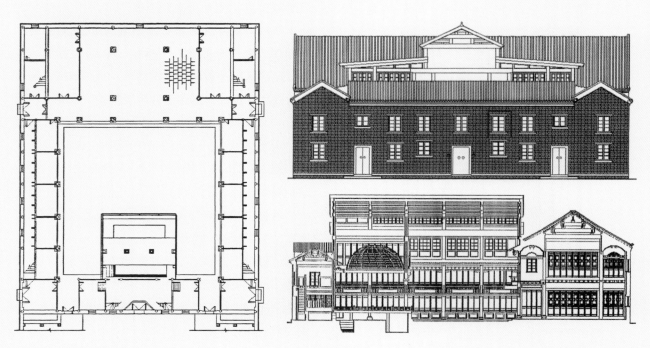

图 10-1-4 广东会馆戏楼

三十三年（1907年）落成。天津地区的同乡会馆较之京城，具有更为浓厚的商业色彩；最早兴办、始建于清乾隆四年（1739年）的闽粤会馆即当时人称为"广东帮"、"潮州帮"、"福建帮"的三大商帮联合组织。道光、咸丰年间，广帮因业务矛盾、渐遭潮、建两帮抵制，实际与闽粤会馆脱离关系；光绪二十九年（1903年），时任奉天巡抚、天津海关道的唐绍仪等粤籍人士倡议独立兴办广东会馆，一月内募集捐银达10万余两，遂购得原盐运署旧地，设计、建造了一组包含会馆、南园、广业公司、同乡宾馆在内的大型公共建筑群。其中会馆建筑兼采南、北地域风格，既有南方多见的贯通廊道、封火山墙、石雕檐柱、红砖铺地、虾弓梁枋、鸡笼藻井，亦用北方常用的勾连搭、筒板瓦屋顶、磨砖对缝墙体，是一座具备双重地域特征的珍贵建筑实例。

天津 河北古建筑

第十一章 清代的园寝和行宫

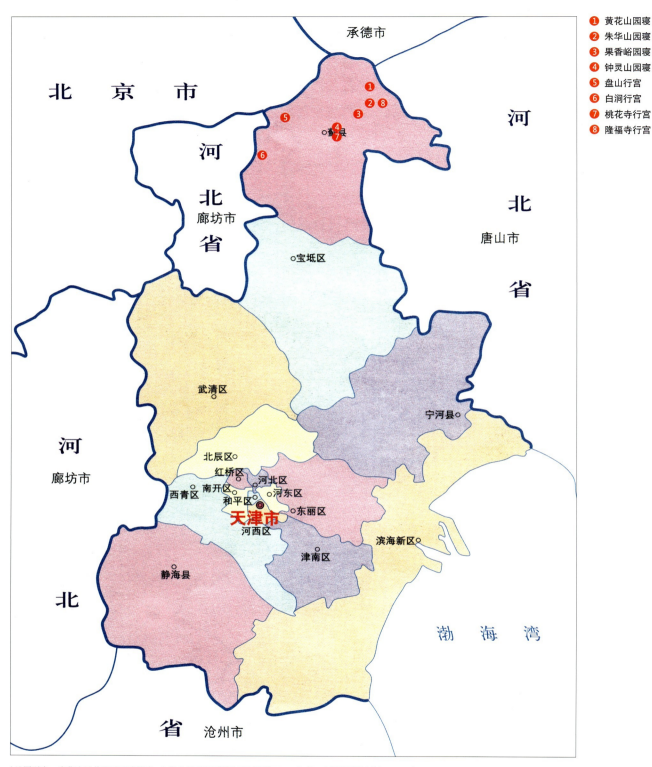

清代入关后建造陵寝，天津北部一部分地区也在以东陵为中心的皇室与重臣的陵墓区之内。黄花山下的荣亲王园寝，顺治十五年兴建，甚至早于顺治皇帝的孝陵。蓟县的11座园寝，现今虽然地面建筑已基本不存，墓室地宫也被盗毁殆尽，但仍可见原有的山水形势与大量的建筑遗迹。

由于东陵的营建与祭祀，加之来往关外等地的需要，乾隆朝开始，以北京为起点的道途中建设了很多行宫，在天津北部的就有数座，包括盘山的静寄山庄，规模仅次于承德避暑山庄。这些行宫，现在也存留大量的建筑遗迹，独乐寺的行宫建筑保存还相当完整。这两类建筑，虽然坐落在天津（主要是蓟县境内），但实际上均是出自朝廷的统一规划设计与建造，因此与同时期的地方其他建筑明显有异，可视为清代皇家建筑的一部分（图11-1-1）。

第一节 园寝

清朝入关后逐步建立起"山陵"、"园寝"、"坟茔"等多级丧葬制度。其中"园寝"系指亲王、世子、郡王、皇妃等宗室、贵族墓葬。有清一代，园寝多分布于畿辅地区；其中位于天津境内者主要在黄花山、朱华山两地较为集中。清代自顺治朝开始，在此山区建有11处皇室的园寝，葬有8位亲王，5位郡王。这些园寝均遵照礼制统一建造，虽然地上建筑几乎均已不存，但现场散布的建筑遗迹极多，而且选址布局仍然清晰可见，不失为认识清代皇室陵墓建筑的重要实例。

一、黄花山园寝

黄花山园寝位于蓟县黄花山南麓、隔山与清东陵相邻，占地面积约16万平方米。其中包括6座皇子园寝，自东向西依次为：荣亲王、理密亲王、裕宪亲王、纯靖亲王、直郡王、恂勤郡王园寝。园寝大致分布于海拔100～150米的山脚转折地带，皆坐北朝南，平面东、南、西三面齐直，北面外弧，绕以朱垣。园寝规模、格局因等级、制度不一而各具特点。其中：

荣亲王园寝（图11-1-2）位于蓟县小港乡石头营村北。荣亲王系顺治帝第四子，生母系孝献章

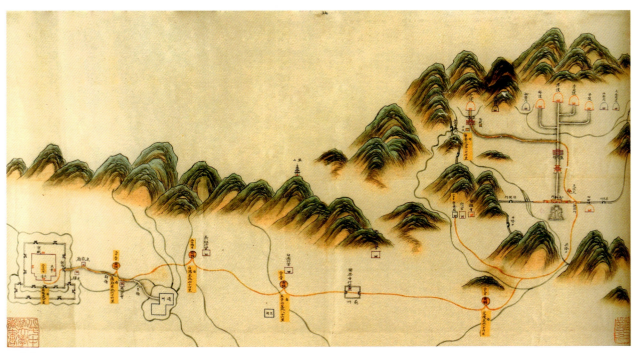

图11-1-1 东陵皇幄地盘道路图

图 11-1-2 荣亲王园寝旧貌

皇后栋鄂氏;顺治十四年(1657年)生,十五年(1658年)卒,追封为和硕荣亲王。园寝设茶膳房、饽饽坊各五间,宫门三间,琉璃花门,享殿、东、西配殿各三间,地宫,宝顶。现全园南北114米、东西50米;宫门基址长14米、宽8米;享殿基址长14米、宽11.2米,前设露台,有御道与宫门相连;地宫平面呈方形,边长8.6米,墓门前砌封门墙一道。该园寝系满清入关初期营建的首座皇子园寝,规制与日后帝、后陵寝及东陵部分妃园寝相当。

理密亲王胤礽园寝位于蓟县孙各庄乡黄花山南麓。胤礽系康熙帝第六子(后序为第二子),生母系孝诚仁皇后赫舍里氏;康熙十三年(1674年)生,曾两度被康熙帝立为皇太子,又两度遭废黜(此后清王朝遂改用秘密立储制度),雍正二年(1724年)卒,死后由雍正帝追封其为和硕理亲王、谥"密"。园寝设守护班房,东、西朝房各三间,宫门三间,碑亭,琉璃花门,享殿、东、西配殿各三间,地宫,宝顶。现全园南北140米、东西90米;宫门、享殿基址平面呈方形,边长分别为16米、18米;地宫南北10米、东西8米,券顶,青石条砌筑。东、西侧院分别有陪葬墓1、2座。另存雍正七年(1729年)石碑1通,螭首龟趺座,通高4.9米、宽1.4米,满、汉文合璧;该碑所用石料白净、细腻,且刀法遒劲,系黄花山园寝尺度最大、雕刻最精的石碑。

裕宪亲王福全园寝位于蓟县孙各庄乡太平村。福全系顺治帝第二子,生母系宁悫妃栋鄂氏,顺治十年(1653年)生,自幼与玄烨甚笃,康熙六年(1667年)晋封裕亲王,参与议政,康熙四十二年(1703年)卒,由康熙帝亲自祭奠,并赐谥"宪"。园寝设宫门三间,碑亭,享殿三间,东、西配殿,地宫,宝顶。现全园南北176米、东西63米;碑亭、宫门基址平面呈方形,边长15米,与享殿、地宫用隔墙分开;享殿基址长22.5米、宽16米,前设露台;地宫南北14米、东西9.2米,汉白玉砌筑,周围砌双重墙垣。另存康熙十九年(1680年)石碑1通,螭首龟趺座,通高4.9米、宽1.4米、厚0.6米,系康熙御制,满、汉文合璧。

纯靖亲王隆禧园寝(图11-1-3)位于蓟县小港乡石头营村。隆禧系顺治帝第七子,生母系庶妃钮氏;顺治十七年(1660年)生,康熙十三年(1674年)晋封和硕纯亲王,临终前康熙帝亲往探视,康熙十八年(1679年)卒,谥"靖"。园寝设宫门三间,琉璃花门,享殿三间,地宫,宝顶。现全园南北112米、东西48米;享殿基址长24米、宽14米,前设露台,踏垛御道铺有大型石雕龙凤石;地宫周围砌双重墙垣。另存康熙二十年(1682年)石碑1通,螭首龟趺座,通高3.5米、宽1.1米、厚0.4米,系康熙御制。

直郡王胤禔园寝位于蓟县小港乡石头营村。胤禔系康熙帝长子,生母系惠妃纳喇氏;康熙十一年(1672年)生,四十七年(1708年)因"气质暴戾"遭革爵、幽禁,雍正十二年(1734年)卒,后事奉

图 11-1-3　纯靖亲王园寝旧貌

图 11-1-4　恂勤郡王园寝旧貌

帝命照贝子例办理。园寝设琉璃花门，享殿，地宫，宝顶。现全园南北残长120米、东西43米；享殿基址长24米、宽16米，前设露台；地宫南北13米、东西10米，前有甬道长24米，墓门前砌封门墙一道。地宫西北5米有圆形砖室墓1座，系胤禔子多罗贝勒弘明之墓。另存乾隆三十二年（1767年）石碑1通，螭首，通高3.1米、宽1米、厚0.4米，系乾隆御制。直郡王园寝是黄花山园寝中规模最小的一处。

恂勤郡王胤禵园寝（图11-1-4）位于蓟县小港乡石头营村。胤禵系康熙帝十四子，生母系孝恭仁皇后乌雅氏；康熙二十七年（1688年）生，与胤禛同母，雍正元年（1723年）晋封郡王，后获罪降爵，乾隆十二年（1747年）晋封贝勒，后晋封恂郡王，乾隆二十年（1755年）卒，谥"勤"。园寝设宫门，琉璃花门，享殿三间，地宫，宝顶。现全园南北长116米、东西36米；享殿基址及地宫平面呈方形，边长分别为16米、12米。地宫东南、西南各有陪葬墓1座，按昭穆次序葬胤禵第二子恭勤贝勒弘明及其次子贝子永硕。另存乾隆二十年（1762年）石碑1通，螭首龟趺座，通高4.4米、宽1.3米、厚0.6米，系乾隆御制。

上述6座园寝分别安葬顺治、康熙帝各3位皇子。其中除肇建于顺治朝的荣亲王园寝规格甚高外，其余5座康、雍、乾时期兴修的园寝基本符合清代典章，唯其规模与内容视墓主人与皇帝亲疏及爵位高低而有所区别。

二、朱华山园寝

端慧皇太子永琏园寝较黄花山园寝更南，位于蓟县孙各庄朱华山南麓。永琏系乾隆帝第二子，生母系孝贤纯皇后富察氏；雍正七年（1729年）生，乾隆元年（1736年）获秘密立储，乾隆三年（1738年）薨逝，以皇嫡长子、储君身份获谥"端慧"。园寝设三孔神道桥，东、西朝房各三间，东厢后设神厨库及井亭，西厢南设值班房，宫门五间，琉璃花门，享殿，东、西配殿各五间，地宫，宝顶。现全园

图 11-1-5　皇太子园寝旧貌

南北 114 米、东西 50 米；享殿、地宫平面成方形，基址边长分别为 14 米、9 米。园中除安葬永琏外，另有其他早殇的 6 位皇子、1 位皇女。端慧皇太子园寝系清代唯一的皇太子园寝（图 11-1-5）。

永瑺贝勒园寝位于蓟县孙各庄朱华山南麓。永瑺系乾隆第十二子，生母系皇后乌拉纳喇氏；乾隆十七年（1752 年）生，四十一年（1776 年）卒，生前未受任何册封，至嘉庆四年（1799 年）追封为多罗贝勒。园寝设守护班房，宫门仅一间，琉璃花门，享殿三间，地宫，宝顶。

三、钟灵山、果香峪园寝

除前述黄花山、朱华山两处园寝外，天津蓟县境内尚有恒温、恒恪、恒敬亲王祖孙三代园寝，分别位于钟灵山与果香峪，距东陵距离均较远。

恒温亲王胤祺园寝位于蓟县渔阳镇东营房村北钟灵山下。胤祺系康熙帝第五子，生母系宜妃郭络罗氏；康熙十八年（1679 年）生，康熙四十八年（1709 年）晋封和硕亲王，赐号恒亲王，雍正十年（1732 年）卒，谥"温"。园寝设神道桥，东、西朝房，牌楼，宫门三间，享殿五间，地宫，宝顶。

恒恪亲王弘晊园寝位于蓟县穿芳峪乡果香峪村北。弘晊系恒温亲王胤祺第二子，生母系侧室瓜尔佳氏；康熙三十九年（1700 年）生，雍正十年（1732 年）袭亲王，乾隆四十年（1775 年）卒，谥"恪"。园寝设单孔神道桥，牌楼，碑楼，东、西朝房各三间，宫门三间，享殿五间，前设露台，东、西配殿各三间，地宫，宝顶。

恒敬郡王永皓园寝位于蓟县穿芳峪乡果香峪村西。永皓系恒恪亲王弘晊第十子，生母系侧室石佳氏；乾隆二十年（1755 年）生，四十年（1775 年）袭郡王，乾隆五十三年（1788 年）卒，谥"敬"。园寝设单孔神道桥，功德碑，东、西朝房，宫门，享殿，地宫，宝顶。

第二节　行宫

清代皇室拜谒东陵途经蓟县，结合当地的自然山水、古迹名胜与每日行程驻跸所需修建了多处行宫。其中最为著名的当属盘山行宫静寄山庄，此外尚有白涧、桃花寺等几处行宫的遗址尚存。

一、盘山行宫

盘山行宫（图 11-2-1、图 11-2-2）位于蓟县盘山南麓玉石庄东山，占地面积约 400 万平方米，建筑面积 1.1 万平方米。行宫含外八景、内八景、新六景；四周用白石灰块石垒成围墙，周长 7.5 公里，其中南墙以汉白玉筑闸，可随时起闭。

外八景系天成寺、万松寺、云罩寺、千相寺、盘古寺、舞剑台、紫盖峰、浮石舫等。

内八景有静寄山庄（前宫）、太古云岚（中宫）、层岩飞翠（后宫）、清虚玉宇、镜圆常照、众音松吹、四面芙蓉、贞观遗踪等。其中：静寄山庄是山门内主体建筑，大殿悬乾隆御题"知仁乐处"，为皇帝听政之所，殿东有松岩寒翠斋，为皇帝宴见群臣处，又东有镜澜亭，旁有大涧，涧中水石激荡、响声若雷，涧上有桥，过桥即可登山览景。太古云岚在山庄北侧，因山中出云、古今万态而得名，为内八景中规模最大的建筑群，西有引胜斋、畅远楼、接要楼，后有韵松轩，四周回廊相接，为皇帝驻跸处，东有寿萱堂，为圣母皇太后憩息所。层岩飞翠在太古云岚东北，因深山极目、千岩万壑而得名，主体

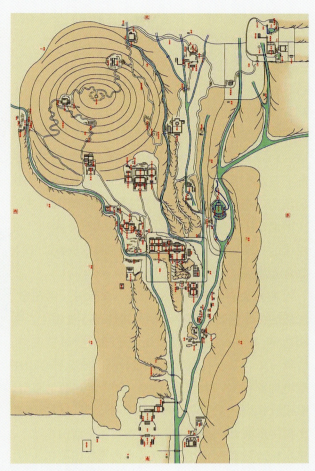

图 11-2-1 盘山行宫地盘图

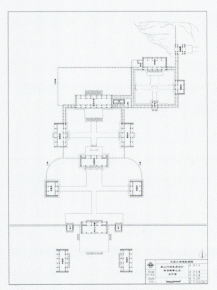 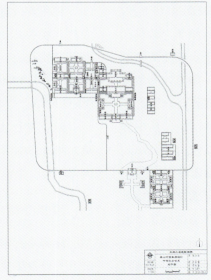 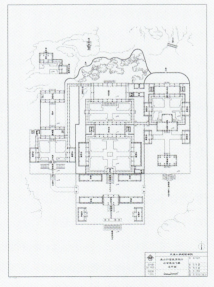

图 11-2-2 盘山行宫前宫、中宫、后宫

建筑系澹怀堂，堂西有撷翠楼、云起阁，堂后有绿缛亭、石林精舍。清虚玉宇在山庄东北部，系一座道观，院落呈方形，四周设庑，正中为正圆楼，阁后有假山石洞，洞口有乾隆御题"壶中天地"。镜圆常照在山庄西北角，主体建筑为天竺招提殿，因乾隆御题而得名，殿前有一蛾眉形巨石，殿后有得概轩和碑亭。众音松吹在山庄西侧，主体建筑为乐堂书屋，在丛林深处，相邻有翠币亭、清啸亭、松湍流韵，室东有小石城（即石海）。四面芙蓉在山庄南侧，主体建筑为婉峦草堂，与霞标亭相望。贞观遗踪在山庄西北角，石壁上刻有乾隆御题，石上建有沧浪亭。

新六景有半天楼、池上居、农乐轩、雨花室、泠然阁、小普陀，其中：半天楼建于小盘山上，登楼南望，山前平原尽收眼底，北望"萝屏"石刻，清晰可见，附近有摩青亭和揽云亭。池上居在山庄东城墙深涧处，有三座水池，池畔建有殿宇亭台。农乐轩在山庄东侧，为种植农作物之处。泠然阁在小盘山东坡上，建有大殿。雨花室在小盘山东坡上，建有林云石室和对山罨翠亭。小普陀在山庄东北角，上建一观音小庙，周围栽万竿修竹。

此外，山庄内还有四面云山、极望澄鲜、目穷千里、西点景、石佛殿、千尺雪、读书楼、垛上亭、翠一亭、放鹤亭、净兰亭、芙蓉亭、雾掠亭、心静亭、中方亭、青阶亭等建筑。其中：千尺雪在晾甲石下方，地势横亘如槛，流水至此涌泻、倾入深渊，颇得江南风致，较西苑、避暑山庄等处更符合乾隆帝仿制江南千尺雪景的要求，遂在此结庐、修筑，并留有御制诗、文"千尺雪"、"盘山千尺雪记"。

盘山行宫始建于乾隆九年（1744年）；其中静寄山庄于十九年（1754年）落成；后又于山内天成寺、少林寺、上方寺、古中盘、云罩寺、盘古寺、东竺庵、万松寺、法藏寺、青峰寺、天香寺、云净寺、东甘涧、西甘涧、双峰寺等处设座落，供皇帝巡游休憩；道光十一年（1831年）盘山行宫裁撤，所有陈设运往热河行宫，园林日渐颓败，但直至清末、尚有园官看守；民国十四年（1926年）前后，军阀为筹军饷，伐树拆屋、计亩卖地，看守园官也争相抢夺，行宫遂遭毁灭性破坏；抗战期间，日军多次扫荡盘山，山庄化为瓦砾；"文革"期间，石佛殿造像和殿前乾隆御题碑被毁；现仅存少数建筑和宫墙基址。

盘山行宫位于清室拜谒东陵的途中；行宫建成后，乾隆帝驻跸30次，嘉庆帝驻跸11次。其主体部分静寄山庄是继避暑山庄、圆明园之后第三座清代皇家园林。该园由于政治色彩相对较淡，故能着重表达艺术追求、关照人与自然的相互关系，并且大量吸收士人造园艺术精华，成为皇家园林中的"文人园"。山庄相对完整地体现了乾隆帝的造园思想，是清代皇家造园高潮时期的代表作，其间的成功经验多为后续造园活动所吸收。

二、白涧行宫

白涧行宫（图11-2-3）位于蓟县城西20公里、白涧镇白涧村，是皇帝谒陵进入蓟州境内的首站。行宫东侧有香华庵，亦称"皇姑庵"，御题"香林法界"。

白涧行宫始建于清乾隆九年（1744年）；十五年（1750年）敕修香华庵；民国年间已毁；现仅存石碑、墙基。

三、桃花寺行宫

桃花寺行宫位于蓟县城东9公里、渔阳镇桃花寺村北桃花山上，占地面积约2500平方米。行宫附近有桃花寺，御题"清净法界"，并题八景"涌晴雪"、"小九叠"、"吟清籁"、"坐霄汉"、"云外赏"、"涤襟泉"、"点笔石"、"绣云壁"等。

桃花寺行宫始建于清乾隆八年（1743年）；乾隆九年（1744年）敕修桃花寺；民国年间已毁；现仅存坝台、基址和部分甬路。

四、隆福寺行宫

隆福寺行宫（图11-2-4）位于蓟县城东北30公里、孙各庄乡隆福寺村葛山上，是皇帝谒陵途中距东陵最近的一处行宫，谒陵人员在此驻驿时间较长，建筑规制远超其他几处。行宫东侧有隆福寺；宫内分中、西两路，之间以围墙、水沟隔断，并以垂花门相连。中路建筑群分东、西两处平台：东台较低，为皇帝理政及休息处，建有大宫门3间、奏事楼6间、二宫门3间、顺山殿6间、上用殿前后3排23间、穿堂1间、净房3间、游廊26间；西台及山腰处为帝、后游憩处，御题"翠云山房"、"翠微室"、"碧巘丹枫"、"天半舫"、"挹霞叫月"、"翼然亭"等六景。西路建筑群位于中路西南，以游廊、垂花门与行宫中路相连，为皇后、妃嫔休息处，建有倒座房9间、配房3间、东、西顺山殿各3间、中间楼3间、上用殿5间、西值房8间、敞亭、八方亭各1座、垂花门1座、游廊46间。行宫西南尚有暂安殿，外围设军机处6间、看守房6间，另有守护营房、马队营房、御马圈、炮台、火药库、靶场等。

隆福寺始建于唐初；金泰和三年（1203年）重修；此后经历次维修，规模未见扩大；清乾隆九年（1744年）敕修；乾隆四十九年（1784年）仿盛京实胜寺扩建。行宫始建于清乾隆九年（1744年）；现仅存部分基址。

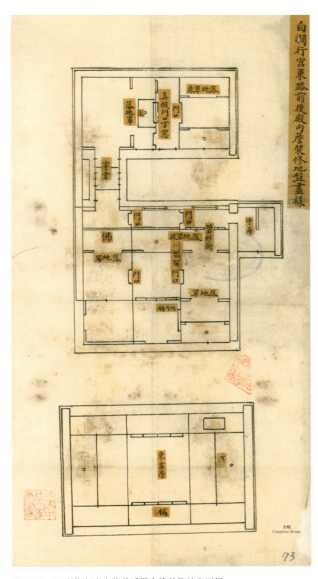

图 11-2-3　白涧行宫东路前后殿内檐装修地盘画样

图 11-2-4　隆福寺行宫遗址，右为隆福寺遗址

天津 河北古建筑

第十二章 长城与海防工程

天津长城与海防工程分布图

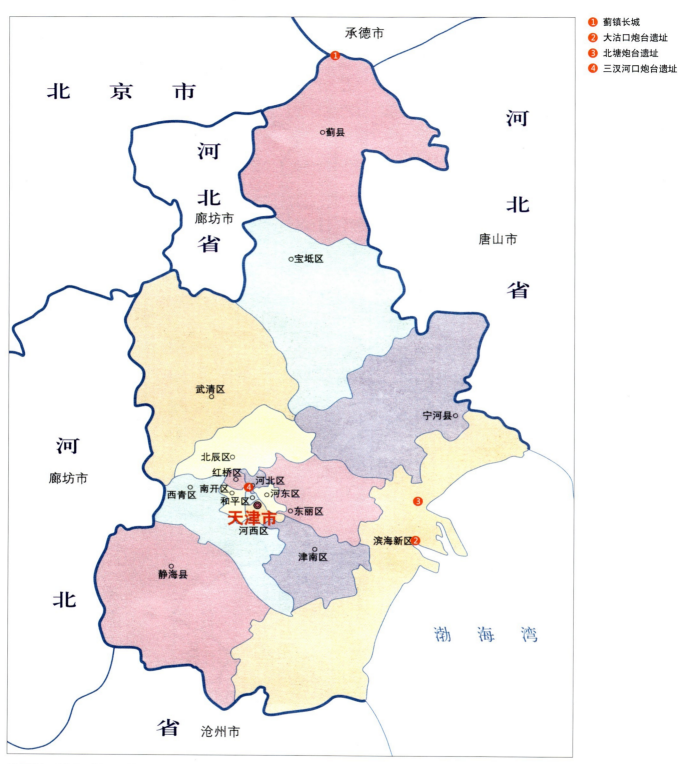

① 蓟镇长城
② 大沽口炮台遗址
③ 北塘炮台遗址
④ 三汊河口炮台遗址

（地图引自：中华人民共和国民政部编．中华人民共和国行政区划简册 2014．北京：中国地图出版社，2014．）

第一节 长城

蓟县地处明帝国北疆重地，境内有蓟镇长城通过。长城位于县境北部山区，东连遵化马兰峪、西接平谷将军关，全长41公里。长城主体系利用山势修建的险山墙，此外共筑边墙20.5公里。沿线有黄崖关城、寨堡、敌楼、墩台、烽燧等军事建筑（图12-1-1）。

边墙属二、三等边，用材规格略低于京师，其中砖墙3公里、余为石墙，墙体断面尺度不一。沟河两岸的边墙最为高大坚固，条石基础，三合土墙心，内、外包砌青砖，高、宽达6米。其中黄崖关西侧墙心用碎石、白灰、黄土填实，断面明显分三层，厚度由下至上为1.4米、1.4米、1.1米；其上夯筑三合土0.3米；再上筑大条砖两层，大方青砖墁地；墙心外用大块毛石包砌，白灰勾缝，顶宽4米、底宽4.6米，外包砖1.2米。马道以片石、毛石砌筑，有缓坡式、阶梯式和大阶梯套小阶梯式。多数女墙为外侧垛口、内侧宇墙，亦有内、外均为垛口或内侧不砌宇墙者，陡峭处宇墙随马道起伏作阶梯式挡墙。边墙、楼台均采用内侧排水，泛水坡度3%；边墙依山势每隔约20米设一道排水沟，沟宽0.2米、深0.2米，内侧安石吐水嘴一枚；楼台在内侧两角各安吐水嘴一枚。

黄崖关（图12-1-2）城位于沟河谷地中，因东山壮观的黄褐色石崖而得名。关城主体系防御工事，也是官衙和仓储重地，平面呈不规则刀把形，占地面积约3.8万平方米，以东、北为重点防御方向，由瓮城、外城和内城三部分构成；北墙150米，西墙268米，东墙235米，南墙东段105米、西段100米。城内筑子墙一道，将关城分割为内、外两部，子墙上设南、北阵眼门各一座，以为沟通。关城东北角设石砌小瓮城，南北70米、东西50米。城中心为黄崖口提调公署，四周街道纵横，其间多丁头、错位、由死、活巷组合的八卦街，路面宽3.5～5米，铺筑片石。关城西南为校场，平时练兵习武，战时作陷马坑。

关城东、西、南三面设城门，形制大体相同。其中南门城台面阔13.2米、进深10.1米、高6.9米；城台正中辟门洞宽3.2米，下砌条石六层，上筑砖拱脚，五券五伏，门高3.5米；门上嵌"黄崖口关"匾额；城台四周砌垛口墙；城台上筑木结构

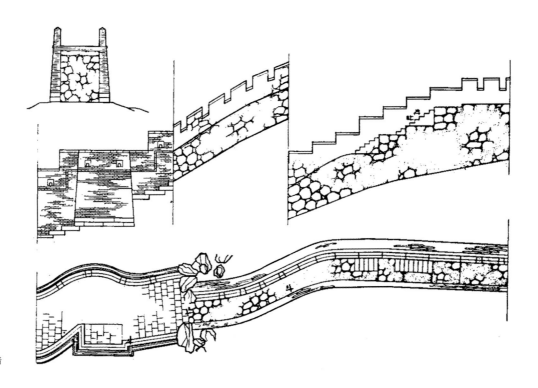

图12-1-1 蓟县长城边墙

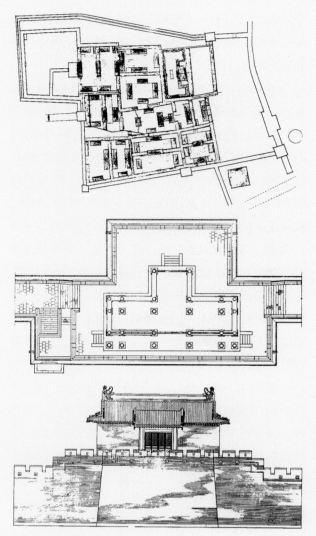

图 12-1-2 蓟县长城黄崖关

图 12-1-3 蓟县长城黄崖关北极阁

歇山城楼，面阔三间9.3米、进深一间加前廊6.2米，外檐明式旋子彩绘。北面系城台，凸出外城北端，南侧面阔30.5米、北侧面阔16米、进深18.3米、高6米，下砌条石6层，上筑大城砖；正中嵌"黄崖正关"匾额，不设通衢券门，仅在西部设登城便门，石门券高3.6米、宽2.2米；城台上建北极阁（真武庙）一座（图12-1-3），前为面阔三间、进深二间歇山顶，后接进深一大间悬山顶。城北设水洞门，北墙东、东墙北、西墙北各一座，洞宽3.5米、高4.6米，三券三伏，雨季可排城中洪水，旱季可通行人马。关城设角楼两座：东北角楼骑跨在北城墙上，构造与敌楼相同；东南角楼东西

8.4米、南北7.4米、高7.9米，东、南设箭窗两孔，西、北设一门一窗，与城墙马道相连。四面城墙均为碎石土心，外包条石、青砖。其中东墙北段条石基础2～3层，厚5.1米，外包砖厚1米，内包砖厚0.8米。毛石墙心残存外高2.8米、内高2.5米、厚2.8米，外收分0.3米、内收分0.2米，复原高度4米。

关城主体建筑黄崖口提调公署（图12-1-4）占地面积约1700平方米，现修复照壁、门厅、大堂、二堂和东、西厢房等建筑。照壁长12米、厚0.6米、高3米，青瓦硬山顶。门厅面阔三间10.4米、进深二间4.8米，明间中柱设板门，青瓦硬山顶，两侧作八字墙、形成封闭院落。大堂面阔五间16.9米、进深一间加前廊6米，青瓦硬山顶。二堂面阔三间10.4米、进深二间4.8米，青瓦硬山顶，明间南侧作连廊，与大堂相接，构成"工"字形平面。东、西厢房面阔三间10.4米、进深二间4.8米，青瓦硬山顶。关城内城给水设施有一渠、一井；外城地下有南北向砖券水渠一条，出城后改明渠，是居民生活用水道；城台南有一古井，至今仍为饮水井。

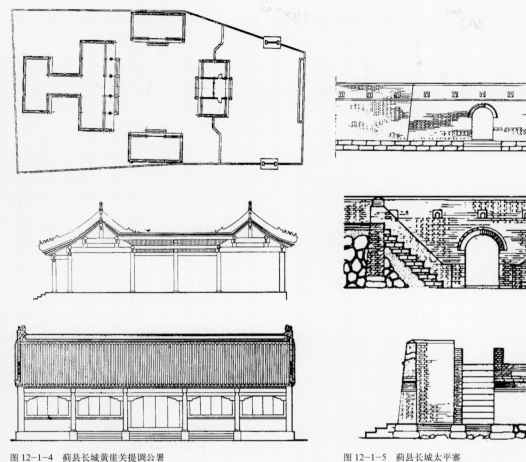

图 12-1-4　蓟县长城黄崖关提调公署

图 12-1-5　蓟县长城太平寨

关城北墙东延至沟河边，即黄崖关水关。水关应为五孔桥洞式，系砖石结构，上设砖垛口墙，券洞内置防护铁栅，两岸设敌楼。

黄崖关城始建于明永乐年间，是天津目前仅存的城堡建筑，亦是万里长城沿线的著名关隘。

蓟县长城沿线共有寨堡6座。其中赤霞峪寨建于成化二年（1466年），平面略呈长方形，占地面积约1.7万平方米，石砌寨墙厚3.5米、残高2米；古强峪寨建于永乐年间，平面略呈马蹄形，占地面积约4.8万平方米，石砌寨墙厚2.6米、残高2米；船舱峪寨始建年代不详，平面略呈长方形，占地面积约1万平方米，石砌寨墙厚2.8米、残高1.8米；青山岭寨建于成化二年（1466年），平面略呈长方形，占地面积约1.5万平方米，石砌寨墙厚4米、残高约1米；车道峪寨建于嘉靖十六年（1537年），平面呈长方形，占地面积约1.4万平方米，石砌寨墙厚4米、残高约1米；太平寨（图12-1-5）建于成化二年（1466年），平面呈方形，占地面积约2.3万平方米，石砌寨墙残高约1米。

蓟县长城沿线共有敌楼（图12-1-6）46座、墩台36座、烽燧9组。敌楼形态、规模不一，箭窗数量视规模而定，大者4，其余1～3不等；主体结构有两种：一为主、次拱券交叉结构，其门窗与拱券对应，另一为主室回廊结构、正中主室、四面设券门沟通砖拱回廊、可自由开设门窗。墩台（图12-1-7）形态、规模各异；台顶四周砌宇墙，战时可用软梯从豁口上下；部分台顶设有木结构铺房和火炕。烽燧设有数量不等的石砌火池和点火孔。

图 12-1-6 蓟县长城敌楼

图 12-1-7 蓟县长城墩台

蓟县长城始建于明永乐年间；天顺年间修筑城堡；万历十五年（1587年）包砖重修，并建成正关、水关，东、西稍城等一系列防御工程；1982年修复。

蓟县长城系明蓟镇长城中部之一小段。蓟镇系京畿左翼，军事地位极为重要，该段长城沿线关口密度远超紧邻的辽东地区；除横向沿线分段外，在长城腹地亦纵向分级配置关隘堡寨、营城堡、卫所城和镇城，各级之间另有道路连接，整体形成多段、多层的军事防御网络。

第二节　海防

天津卫作为明、清两代的海防要冲，建立了三岔河口、大沽口、北塘等多处炮台、以御外侮。

一、大沽口炮台遗址

大沽口炮台位于塘沽东南、海河入海口两岸，"地当九河津要，路通七省舟车"，系京津门户、海陆咽喉，战略地位极重要。原有大、小炮台数十座，大炮台系砖木结构，有方、圆两种，外用三合土包裹，一般高10～17米，周围建堤墙，海口两侧形成庞大的防御体系。

大沽古炮台始建于明代。明朝中叶以后，倭患渐起，明廷于派兵剿匪同时，在大沽口、虎门等重要海口设防：每隔3里筑墩堠1座，墩堠上建房数间，并设草架3座（用途相当于烽火台），遇敌则点燃草架报警；此后又在墩堠之间每里设轰雷炮2座，每座配6人操作（瞭望、点火、拽线各2人），墩堠遂兼具侦查、狙击双重功能，成为早期炮台雏形。嘉靖年间，大沽口构筑堡垒，并正式驻军，以副总兵统领。清嘉庆二十一年（1816年）于海河口南、北两岸分别建造炮台，相距约2里，称"南炮台"、"北炮台"；前者面阔9尺、进深6尺、高15尺，台顶周围265尺，走道宽3尺，马道宽15尺、长277尺；后者略小；炮台内填木料、外包青砖，并以白灰灌浆；炮台附近建造青砖营房，驻兵千余人。

道光二十年（1840年），第一次鸦片战争爆发；英法联军闯入大沽口，威胁北京；清廷悚然，令大沽驻军加强防务，同时增派守军，并于距海口较近的南炮台外修筑土炮台、土埝、土垒等防御工事；英军撤走后，清廷积极备战，从北京运来大炮30余门，并再度加固南、北炮台防御工事。道光二十一年（1841年），南岸又增建炮台2座，瞭望台1座；新炮台离海较近，地基密置长15尺、直径1尺的木桩，以铁夯砸实后铺石、灌浆，炮台上砖、下石，面阔12尺、进深8尺、高16尺；新、旧炮台前方各加筑土垒1座，面阔15尺、进深6尺、高12尺；垒外筑拦潮坝1道，周围130丈；坝外5～7尺处筑土埝1道；土埝两侧挖壕沟，宽、深各2丈。同时，北岸亦于旧炮台东南、更近海口处增建炮台1座，规制与南岸相当；另于拦江沙内10里处埋设木桩、蒺藜、铁链等障碍。至此，两岸共计大炮台5座、土炮台12座、土垒13座，其中配置带有可旋炮床的远程大炮144门、近程炮200门，时人称为"炮台窝子"，成为具备相当规模的军事要塞。道光二十二年（1842年），第一次鸦片战争结束，清廷撤防、将兵员减少至数百人、集中于南岸，北岸，尤其是距海口较远的炮台及相应防御工事则失于维护、逐渐废弃。

咸丰六年（1856年），第二次鸦片战争爆发。咸丰八年（1858年），英、法公使以交涉修订《南京条约》为借口、各率舰队抵达大沽口，并发起进攻；炮台守军奋力还击、但不敌列强船坚炮利，炮台失陷、设施尽遭损毁。清廷在海光寺与列强签订《天津条约》后，任命僧格林沁为钦差大臣、督办海防，重建大沽口炮台。同年，南岸旧基上修复炮台3座、北岸旧基上修复2座，以"威"、"镇"、"海"、"门"、"高"命名，另于北岸建"石头缝"炮台1座，共计6座，每台大炮3门，管带1人、兵丁12人，另有驻军500余人，并设游击、都司、守备，共设水师3000余人；新炮台分方、圆两种，内以砖木修筑，外用2尺余厚的三合土夯实，炮弹击中时不会砖石横飞；台顶设围墙，墙内设炮位；台身分两级，中有水盘；台外筑堤墙，沿墙修盖地窖兵房，墙外挖壕沟、置木栅；海口水域设拦河铁锁链三根，水中置铁戗；火力与布防均达到空前程度，成为完整的防御体系。咸丰九年（1859年），英、法、美公使借口到北京交换条约文本，率舰抵达大沽口外、挑起第二次大沽口战役；炮台继而击沉、击伤多艘敌舰，毙伤英舰队司令及水军约600人，迫其撤退；此系鸦片战争开始后、清军抗击侵略的最大胜利，大沽口炮台亦声威远播、震动欧洲，英、法亦恼羞成怒。咸丰十年（1860年），英、法联军25000余人、舰船200多艘驶入大沽至北塘之间距离8海里的海面；此时大沽口炮台虽较上年增设新缴洋炮12门，并于河口水域设5吨铁戗，但僧格林沁缺乏整体防务理念，对炮台邻近地区疏于戒备，并撤除北塘防务；英、法联军遂避开大沽口防御工事，于北塘河口登陆，从后路包抄大沽口炮台；塘沽防线、北岸、南岸炮台相继失守，国门洞开；联军侵占津、京，火烧圆明园，强迫清政府签订《北京条约》；由于清政府同意英、法以大沽口炮台为基地训练洋枪队、防御捻军北上，大沽口炮台被英、法联军占据达一年之久。

同治元年（1862年），大沽口炮台重加整修，布设大、小火炮90余门，后因多年无战事、守军无督导，炮台防守形同虚设。同治九年（1870年），李鸿章出任直隶总督、北洋大臣，重视大沽口防务，重建炮台，购置新式大炮，于原炮台旧基重建5座营盘，南岸设"长"、"威"、"镇"、"海"4座大炮台及43座平炮台，北岸设"门"、"高"2座大炮台及6座平炮台，另设发电所、电信局、探照灯等先进设施，航道中亦布设水雷、沉雷及沉舰障碍，并制定营盘规章、操练计划，大沽协副将统领6营兵马巡访海口；大沽口防御体系达到鼎盛。

光绪二十六年（1900年），八国联军借口讨剿义和团，派舰32艘、26000人入侵大沽口；时两岸炮台共有火炮180余门，河口密布水雷；激战中击沉、击伤6艘敌舰；但直隶总督裕禄奉行清廷的不抵抗政策，致使守军孤立无援，炮台终因寡不敌众而遭攻陷；大沽口防线崩溃，八国联军直入津、京，慈禧携光绪帝仓皇西逃。光绪二十七年（1901年），八国联军天津临时政府据"辛丑条约"将大沽口炮台拆除；现仅存"威"、"镇"、"海"、"石头缝"等四处炮台部分遗址。

二、北塘炮台遗址

北塘炮台位于塘沽北塘永定新河入海口两岸。

北塘炮台始建于明永乐年间。嘉靖年间，为防御倭患，于蓟运河口东、南各修筑炮台1座，作为大沽口炮台东北侧翼；台高5丈，系层层夯筑，上设铁炮，彼此遥相呼应、称"北塘双垒"。清初北方沿海平安无事，炮台撤防废弃、仅存基址，成为登高览胜、凭垒观潮之处，并列入"宁河八景"。

道光二十年（1840年），第一次鸦片战争爆发；清廷派纳尔经额任直隶总督、负责海口防务，重建2座炮台、并于蛏头沽、青坨子、海滩站各增建炮台1座，形成"义胜"、"仁正"、"仁副"、"左"、"右"五大营，共设炮位20处、驻军600人；其中东营为大本营、设统领1人，其他4营为哨营、各设哨官1人；炮台营盘有营墙、营门、营房、火药局、军械库，墙外挖壕沟，营门设吊桥，营外设校场；炮台上垒土袋、设藤牌絮棚，下建土埝、土坝，并配有火箭、火弹、火砖、喷筒。道光二十三年（1843年），清廷将原设于芦台的通永镇总兵府移驻北塘，设守备、千总、把总等。

咸丰八年（1858年），僧格林沁重修大沽口炮台时，对北塘炮台亦进行整修；加固后，北塘炮台呈圆形，直径45尺、高9尺，内壁周围设近百个凹槽，内部设数条上、下梯道，大炮、火炮数量增加，驻军亦增至1600人，规模达到全盛。咸丰九年（1859年），僧格林沁因大沽口保卫战胜利而轻敌、弃守北塘炮台，守军、火炮撤到营城。咸丰十年（1860年），英、法联军自北塘登陆，买通当地住户、清除地雷，轻取北塘炮台，使大沽口炮台后方完全暴露；北塘炮台首次登场迎敌便遭遇惨败。

同治十年（1871年），李鸿章出任直隶总督，对北塘炮台重新整修、加固。光绪二十六年（1900年），八国联军进犯大沽口，清军与之在北塘炮台展开激战；当时北塘炮台设炮30余门，并配备先进的线膛炮，驻军2600人；将士浴血奋战，但因李鸿章强令撤退，致使炮台失守。光绪二十七年（1901年）炮台据"辛丑条约"拆除；现仅存部分炮台遗址。

三、三汊河口炮台遗址

三汊河口炮台位于狮子林大街。炮台包括台基两座，先打木桩，再用三合土夯筑，残高1.8米。

三汊河口炮台始建于明崇祯二年（1639年）；清代重建，称为"水师营炮台"。

天津 河北古建筑

第十三章 营造技艺

天津境内的古建筑历史悠久、种类繁多，从新石器时代的草创土洞到清末民初的繁华会馆，自皇室的行宫园寝至市井百姓的住宅墓葬，皆为土、木、砖、石诸般匠作的营造成果，其间凝聚着主人与匠人在选址、布局、单体设计与施工等各方面的营造技艺。

天津地区位于渤海之滨、运河枢纽，自辽以后更作为畿辅重地达千年之久，其地重要的建筑物或系帝都建设力量直接参与其间的"帝国"建筑（如行宫、园寝、炮台、长城等），或为深受京师风尚深刻影响的"官府（准帝国）"建筑（如鼓楼、文庙及官府背景的寺院、宫观等），二者或整体规模宏伟，或单体身量巨硕，较之普通民房皆为明显的"大建筑"。

就选址而言，帝国建筑几乎不受地权羁绊，仅依功能所需，即于城市或郊野中择吉地而建（如行宫、园寝毗邻山水名胜，炮台、长城组织军事防御等）；其间通过精确测量、勘察地形、地质信息，从而控制工程质量与造价的设计、施工技艺是高水平营造技艺的典型代表（如"样式雷"图档反映的相应工程技术等）。官府建筑，尤其是城市中的公共建筑，亦往往能占据城内地势较高的优良位置、并修筑高台，既免水患、又壮观瞻，从而成为城市空间中的结构性因素、在历史发展中延续不辍（如蓟县独乐寺、宝坻广济寺等）。

就布局而言，上述大建筑多有各自的历史传统，因而在功能布局方面基本依循既有的形制规范（如多数寺院、宫观等）；其间又不乏历久弥新的制度创造，通过调整布局，与时俱进地体现当代的主流价值观（如天津文庙在明嘉靖朝"大礼议"事件之后增设崇圣祠等）。

就单体设计与施工而言，大建筑一方面在外观上追求堪当地标的庞大体量（如独乐寺观音阁、广济寺三大士殿、清虚观玉皇阁、天尊阁、无梁阁等），一方面在室内营造繁复、奇幻的空间效果（如观音阁等）。相应的结构与构造在设计上始终紧随京师风尚（如明以后，大建筑多采用明官式穿斗、抬梁相结合的构架，取消了辽、宋、金、元时期相对完整的铺作层；又如庑殿顶的门式建筑逐渐为歇山、硬山顶替代等），而在施工中则会部分地延续"本土"的营造技艺传统（如次要建筑使用方椽、方飞等）。

值得一提的是：元代以来，清真寺作为伊斯兰教特有的宗教建筑，并未弘扬自身的内亚砖石传统，反而将就了汉地固有的木构形式，采用小进深屋顶勾连搭、形成大进深平面。这种多进勾连搭的建筑亦见于明清时期的寺院、宫观，体现了大型公共建筑从追求高大向追求复杂、精致的转变。

较之于上述"帝国"、"官府"的零星"大建筑"，广布于"民间"的则是些"小房子"（如住宅及民间组织的寺院、宫观等）。这些小房子在不僭越礼制的前提下，尽力追求大建筑在布局及单体设计、施工方面的高品质（如规整的院落布局，又如明以后青砖的大量使用等）；另一方面也保留了一些本地赓续不辍的营造技艺传统（如蓟县、宝坻等地民居就地取材、将附近所产石料用于砌筑墙基；又如民居板门上方设叉子、表达方形梁头等）。换言之，民间小房子在帝国、官府大建筑的影响下，不断扬弃自身的"地域性"。

作为承载这一历史进程的社会场域，天津地区的营造业发展情况虽因史料匮乏、难以详考，但清代官方营造体系的运作模式或可作为参考。清代官方营造的管理方式上承明代的"匠役制"、并逐步过渡到"雇佣制"。随着建筑的商业化发展，出现了一整套具有清代特色的市场经济运作模式：官府（承修大臣等）提出一套完整的营建制度；官方设计机构（样式房等）负责建筑规划、设计、拟定《工程做法》、提出工料预算；民间厂商承包施工、招募与管理工匠，并与样式房随时沟通、解决技术问题。由于清代官式建筑做法趋向标准化，样式房仅需设定有限的部分参数即可对建筑尺寸、形制加以规定；算房则能据以估算工料；工匠会根据具体情况对做法作出调整，并参与设计变更。工匠通过师承取得技艺后，即可相对自由地受雇于营造厂；营造厂则可以根据自身利益选择承包官府或民间工程；工匠彼此、营造厂彼此相互竞争，并通过行会组织的协调维持利益平衡。上述各个环节连贯而富有弹性，在分工的同时确保了合作。

这种运作模式具有明显的自组织特征——在不受强力干扰的情况下，标准化既催生了市场经济、产生了较少人身依附的雇佣关系，亦受益于其发展，获得了继续推广营造标准的大量劳动力。其间不断循环加强的马太效应，使先行实现标准化的帝国营造技艺成为优势传统，并直接或间接（通过官府建筑）吞噬尚存一些"地域性"的"本土"传统。

当然，这里一再遭受帝国挤压的"地域性"本身亦可能是早前另一帝国的产物。这一点对于饱受帝国摧残、无力自发生产、仅能消费帝国产品的畿辅地区而言，几乎是近千年来的常态。

需要特别指出的是：天津地区大量建筑细部透出的江南、华南气息，亦不能尽数视为取道河、海漕运的近水楼台。这种表面上对南方营造技艺的消费（如使用冲脊柱等）实际仍然源于帝都反哺各地技艺菁华之后的二次生产；而那些果真以遥远地缘自我标榜的殖民者俱乐部之所以能鹤立鸡群（如广东会馆所用的石雕柱、梁、枋构件大量颇具广府特色），或许正得益于其反帝而不反封建的"地域性"，并在反封建而不反帝的时代更加岌岌可危。

第二篇 河北古建筑

第一章 绪论

河北省境内的古建筑，不仅有能够反映中国历史上高等级建筑的众多重要实例，而且包括了数量众多的乡村建筑，横跨了几千年来的各个历史时期，还呈现出极强的文明与文化的多样性，就其整体而言，堪为中国建筑的代表。

一、石器时代不同文化的房屋

还在人类建筑萌芽的石器时代，作为中原、东北和西北文化交流共生的"三岔口"，河北西北部的山间盆地与河谷，就并存着平面形状类型迥然不同的半地穴房屋，直接呈现出来自远方不同考古学文化的多样性特征。

二、殷商时代的房屋遗址

殷商时期的遗迹，在河北中部甚至还有数米高的墙体、对应于不同屋顶形式的惊人且完整的大型房屋遗址发现，而且，该墙体建造的工艺还在附近的地区一直沿用至今。

三、最早的斗栱与建筑图

作为中国建筑最重要特征的斗栱，最早的精细制作的实物就是在河北中部出土的战国时代中山国的遗珍，而且，本地斜置斗栱发达的传统很可能就肇始于此。中山王墓室内甚至还存有反映当时规划设计的建筑图的"兆域图"铜板，其中蕴含的模数化设计原则更是贯穿中国古代的长久传统。

四、最精美的汉代陶楼

汉代遗迹遍布天下，今日所见最能反映汉代高级建筑形象的实物当属随葬于墓室内的陶楼，河北东南部出土的一座绿釉陶楼，规模之高大、刻画建筑形象之精致与忠实，放眼整个东亚都罕有其匹。

五、邺城制度

曹魏时期营建的邺城，尽管只存铜雀三台残迹于地表之上，但经考古发掘揭露的遗迹，与文献相印证，被学者称为"邺城制度"，汉以前的都城规划制度至此一变，开隋唐长安城市规划之先河，影响东亚古代都城制度至为深远。

六、北朝的实例

北朝后期，东西分立。以邺城为都的北齐，文化远高于西邻，都城附近开凿的石窟寺（南北响堂山）不仅本身就是这一时代伟大的营造成就，而且其石雕窟檐与内室更有完整的斗栱屋盖及装饰等形象，也是反映当时高等级建筑的最重要的实例之一。河北中部的定兴北齐石柱上的石造小殿，更是鲜见的精致刻画完整殿宇形象的独立作品。

七、唯一的唐代楼阁

国内现存唐代建筑已稀少至极，除几座单层佛殿外，仅正定开元寺钟楼一座楼阁。虽然上层的构架多为后代更改，但包括下层柱础、殿身构架斗栱以及正门在内，上下层结构交接关系，以及围绕井口、承托上层楼板的梁架斗栱，还是唐代的状况，仍是海内独一无二的瑰宝。

八、宋辽对峙

11世纪初，宋辽在河北中部划界而治，开始了此后一百多年的和平年代。国内最高大的古代佛塔定州开元寺塔就位于边界附近宋朝一边，再南的正定隆兴寺以组群和单体建筑规模之大、保存之完整，堪称宋辽对峙时期宋代建筑的代表。辽的方面，据现存的众多辽塔仍可推想当年城乡普建佛寺庙宇、塔庙相望的景象，辽代建筑表现宗教义理之全面与深入，也俨然成为古代中国建筑的一座高峰。

九、大都近畿与异域风格

元代一统宇内，河北成为大都近畿。现存河北各地的元代庙宇建筑，明显继承了金代开始在本地区普遍兴起的宋式风格，国家祭祀的北岳庙主殿德宁之殿就是这样的典型，该殿也是国内现存明代以前最大规模的高级殿宇。在此大背景之下，有些本地长久以来的传统仍坚强的留存其间。同时，河北北部"梳妆楼"这样充满异域风格的实例也充分体现了蒙古帝国横贯欧亚背景下的元代文化多样性。

十、明代的长城与边镇

横亘在河北北部与中部的明长城，既是明代在河北最具规模的政府营造，也是代表中国建筑形象的伟大工程。由此防御体系展开的乃是影响直至今日的城镇村堡建设，千百村落细胞织成农业社会覆盖土地之网，其中又以蔚县盆地保存数量最多，是在文明冲突与交流背景下认识中国社会的绝佳实例。

十一、清代的陵寝与行宫

清代入关后东西陵都在河北境内，不仅是保存最为完整的王朝陵墓建筑实例，而且对于理解中国长久以来的规划选址建筑设计思想与工程技术方法，也具有无可替代的价值。同时，清代修建的众多行宫，河北因地处京畿故保存最多，其中规模最大最具代表性的就是承德避暑山庄及周围寺庙。

天津 河北古建筑

第二章 聚落与城市

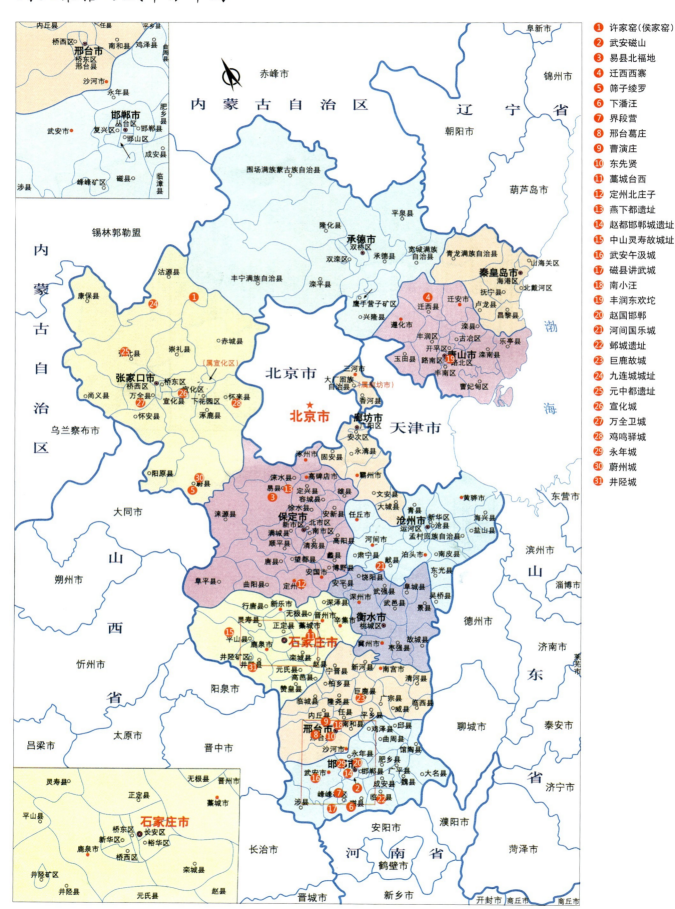

河北古文化源远流长，已发现的最早的人类足迹在北部阳原县泥河湾，距今约200万年。因此，河北至少已具有200万年的人类历史，是孕育华夏文明的重要地域。河北属古"九州"之中的冀州之域，故简称冀。夏代时期，河北南部一带主要是商部族分布区。商代，河北中南部属商，邢台可能是商王祖乙迁邢之都；北部地区有鬼方、土方、有易等部族。西周，河北中南部属周，邢台为邢国之都；北部地区为戎狄等部族。东周，河北中南部属赵、中山、燕等诸侯国，邯郸、中山古城、燕下都为三国都城址；北部地区为戎狄、东胡等部族所据。秦统一后实行郡县制，河北地域兼跨12个郡，其中邯郸、巨鹿、上谷、恒山、代等5个郡的郡治在今省域内。西汉郡国并置，其下设县。河北主要属冀州、幽州刺史部，置巨鹿郡、常山郡、赵国、中山国等14个郡国、202个县。东汉基本承西汉制，时河北境内有16个郡国、129个县。三国曹魏时，邺城（今临漳）被作为都城之一，实行州、郡、县三级建置，河北主要属冀、幽二州。西晋又复为郡国并行，河北属司州，置10郡、10国。十六国时期，后赵曾定都襄国（今邢台）；冉魏、前燕曾定都邺城（今临漳）。北魏于今河北建置12州22郡101县。东魏和北齐均都邺城，先后于河北置12州33郡143县。隋代实行州（郡）、县两级行政建置，河北境内共置县111个。唐代发展为道、州、县三级建置，另有府的建置，河北地域基本属河北道，后来增设许多节度使，即为藩镇，其中的魏博、成德、幽州三镇成为藩镇割据的典型，称"河北三镇"。辽与北宋对峙之地正处于河北中部，辽在北部地区设道、府（州）、县三级政区；宋在南部地区设路、府（州、军、监）、县三级建置，河北地域主要属河北路，后来又分为河北东路、河北西路，共置81个县，其中大名府（府治今大名县）于庆历二年（1042年）建为北京。金于河北置路、府、州、县，共置134县。元代设行中书省，其下置路、府、州、县，河北由中央中书省直接管理，称"腹里"，含10路。明代定都北京后，河北为京师之地，直隶中央，下辖8府、17属州、116县。另在北部地区设万全都指挥使司，治宣府城（今宣化）；北平行都指挥使司，下辖今承德一带地区。清代基本承袭明制，分省、府、县三级行政建置，河北为直隶省，省会保定，后为天津。民国北洋政府时期，河北仍为直隶省，下设4道、119县，盛会天津；又于张家口设察哈尔特别区域，于承德设热河特别区域。1928年后南京国民政府时期，改直隶省为河北省，改设察哈尔特别区为察哈尔省，改热河特别区为热河省。河北省会由天津、北京往返迁移后，最后移驻保定。抗日战争时期，国民政府河北省政府成为流亡政府，河北一带沦陷区以外的地区属共产党领导下的抗日根据地：河北北部、中部一带主要属晋察冀边区，南部主要属晋冀鲁豫边区。解放战争时期，河北省辖境分为解放区和国民政府管辖区两部分。1949年中华人民共和国建立后，设河北省人民政府；1952年和1955年，先后撤察哈尔省和热河两省，归入河北省。

第一节　石器时代的城市与聚落

一、旧石器时期的聚落选址与文化渊源

河北古文化源远流长（图2-1-1），已发现的最早的人类足迹在北部阳原县泥河湾，距今约200万年。因此，河北至少已具有200万年的人类历史，是孕育华夏文明的重要地域。阳原盆地是河北旧石器考古的中心。现河北旧石器时代遗址或地点已发现近百处，主要分布在西部太行山和北部燕山山地，其中约一半的遗址或地点集中在阳原盆地，又称泥河湾盆地。

泥河湾盆地最早的文化遗存当属马圈沟遗址，与东谷坨、小长梁旧石器遗存，属旧石器时代早期阶段，称小长梁—东谷坨文化。文化遗物埋藏于下泥河湾的黏土或砂层中，地质时代属早更新世。石器制作以锤击法打片为主，砸击法辅之，石器形体普遍较小，器形以刮削器为主，尖状器较少。石器加工技术属华北地区小石器文化系统。

属旧石器时代中期的遗址或地点有板井子、新庙庄、慢流堡、雀儿沟和许家窑（侯家窑）等，文

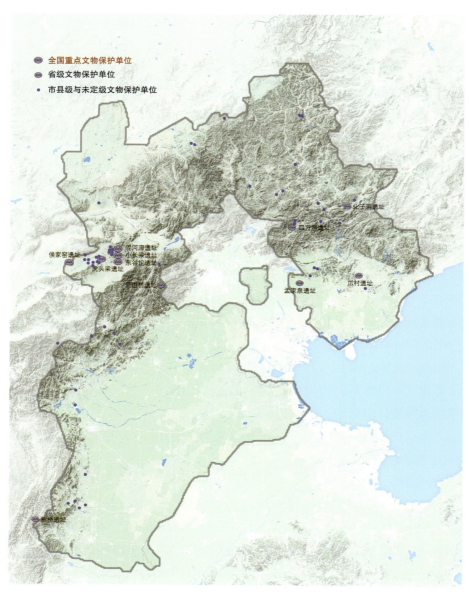

图 2-1-1 河北省旧石器时代遗址分布图

化遗物多埋藏在湖相或河相沉积中,其中以许家窑遗址面积最大、文化内涵最为丰富,被称为许家窑文化。许家窑文化包括古人类化石、石器、骨角器和大量的动物化石。许家窑人化石有顶骨、颌骨等17块,代表10多个男女老幼不同的个体,体质特征具有一定的原始性,但比北京人有所进步。石器以细小型为主,制作工艺上承小长梁—东谷坨文化,属华北小石器系统,器形主要有刮削器和尖状器等。根据地层分析和动物群性质推断,地质年代属晚更新世初期。

旧石器时代晚期的泥河湾盆地,以虎头梁遗址群为代表的虎头梁文化最具典型性。文化遗物多埋藏在桑干河和第二阶地的砂质黄土层中,地质年代属晚更新世较晚阶段。

而泥河湾盆地外的河北其他地区也发现了大量的旧石器遗址或地点,主要有:燕山南北地带的承德四方洞洞穴遗址、滦县东灰山遗址、玉田孟家泉遗址、昌黎亭泗涧遗址、抚宁所各庄遗址、唐山双桥遗址等;以及冀南地区的涉县新桥遗址等。

二、新石器时期的聚落选址与文化渊源

河北在中国新石器时代文化发展史上占有特殊的地位(图2-1-2),是中原与北方两大文化之间

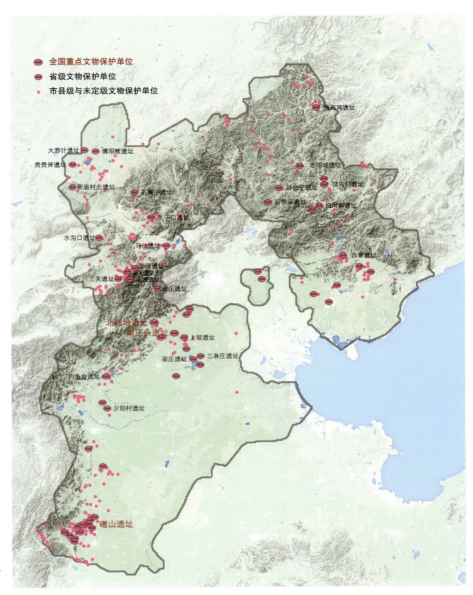

图 2-1-2 河北省新石器时代遗址分布图

的重要过渡区域。现河北范围内，新石器时代遗址已发现的有460多处，主要集中分布在太行山东麓山前地区和燕山南北麓地区。

而新石器时代考古学文化大致可分为三个区域：太行山东麓山前地区、燕山南北地区、冀西北地区。其中，冀西北地区与晋北地区同属一个文化区，燕山南北地区基本属于辽西文化区，太行山以东地区自身成为一个相对独立的小文化区域。

太行山东麓山前地区是一个南北狭长的条带，新石器时代的遗址集中分布在低山河谷地带和山前冲积平原地区，东部平原地区发现的遗址很少。新石器时代早期文化可分为早晚两大阶段：早段约公元前10000年~公元前8000年左右，目前仅发现徐水南庄头遗址；晚段约公元前6400年~公元前5400年左右，代表遗址有冀南地区的武安磁山以及冀中地区的易县北福地、容城上坡等。

其中，南庄头遗址年代测定约距今万余年，发现了用火的遗迹并获取陶片40多片。陶片均为夹砂陶，火候低，颜色不纯，灰色或褐色；器表除素面外，纹饰有绳纹和刻划纹；可辨器形有罐。南庄头遗址年代早，其文化内涵对研究新石器时期早期人类的生存方式、陶器起源以及当时的生态环境都具有重要意义。

磁山文化是黄河下游地区公元前6000年左右的代表性文化之一。磁山遗址出土的遗迹中尤以大量的深井式直壁竖穴状的深窖穴和石器陶器组合堆积最具特色。有的深窖穴底部堆积着大量腐朽的粟的遗存，反映了北方地区旱地作农业的发展。

冀中地区以北福地一期为代表的遗存，其陶器群与磁山遗址一样，也是以盂和支脚为典型器形，但在器形细部及器物组合上存在差异，而且不见流行于磁山遗址的有足石磨盘等器形，此或许是一种地域性差别。

前仰韶时代文化绝对年代约公元前5500年~公元前4800年左右，代表遗址有易县北福地二期、徐水文村、正定南杨庄等。陶器群以夹砂红褐陶釜和支脚最具典型性，其次有泥质红陶钵、壶、盆等。

此类文化遗存是后冈一期文化的直接前身，与仰韶时代文化年代大体相当（约公元前4800年~公元前3000年左右）的后冈一期文化——大司空文化，代表遗址有正定南杨庄、磁县界段营、磁县下潘汪、永年石北口、容城午方等。后冈一期文化缺乏仰韶文化常见的尖底瓶等，而流行鼎和小口壶等，彩陶也以红彩居多。大司空文化也缺乏尖底瓶，陶器以盆、钵为主，但又基本不见鼎类器物，其与后冈一期文化之间的关系尚待深入研究。

冀中地区以容城午方、东牛等遗址为代表的文化遗存，陶器群中存在大量的刮条纹筒形罐、带舌状或柱状耳的盆、敛口罐和小口斜肩鼓腹双耳彩陶瓮等一批具有独特特征的器物。

龙山时代文化绝对年代约公元前3000年~公元前2000年左右，代表遗址有邯郸涧沟与龟台、磁县下潘汪、任丘哑叭庄等。陶器以平底器的罐、瓮、盆为主，此与以鼎、鬶为主的山东地区龙山文化遗存和以鬲、斝为主的豫西晋中南地区龙山文化遗存区别明显。邯郸涧沟遗址发现有人骨架层叠枕压的丛葬坑，人骨上有砍痕或烧痕，显属非正常死亡。另在房址内还发现有砍痕和剥皮痕的人头骨，表明当时可能存在剥人头皮的风俗，反映了龙山时代复杂的社会形态。

分布于燕山南北地区的考古学文化是兴隆洼文化，与磁山文化的生存年代大致同时。代表遗址有迁西东寨、承德岔沟门等。陶器群以夹砂红褐陶筒形罐和钵为主要器形，不见泥质陶。流行压印或刻划的几何形纹饰。石器除磨制石器外，还有打制石器和细石器。继之前的仰韶时代赵宝沟文化，代表遗址有迁安安新庄、迁西西寨、滦平后台子等，其中以西寨遗址的文化遗存最为丰富。燕山南北地区的兴隆洼文化和赵宝沟文化与辽西地区的基本相似，应属同一文化系统。继赵宝沟文化之后是红山文化，目前遗址在这一地区发现得较少，代表遗址有玉田西蒙各庄等。龙山文化遗存以唐山大城山遗址为代表。

冀西北地区阳原姜家梁遗址和墓地是仰韶时代向龙山时代的过渡遗存，发现房址和墓葬。陶器群特征与雪山一期文化和小河沿文化的陶器有不少相似之处。龙山时代的主要遗址有蔚县庄窠、筛子绫罗和三关等。石器分打制石器、磨制石器和细石器三种。陶器以夹砂和泥质的灰陶为主，颜色一般较浅，其次是褐陶。器表以篮纹和绳纹为主，次为素面和堆纹等，方格纹极少，以鬲、斝、瓮为最具特色的陶器。文化特征与晋北地区的龙山文化遗存比较相近，而与河北平原上的龙山时代文化有较大差异。

第二节 先秦时期的城市与聚落

一、东周以前的城市与聚落

分布与规模

夏商西周时期的河北古代文化，大致可以分为太行山东麓山前地区和燕山南北地区两大文化区域。太行山东麓山前地区的夏商遗址已发现的数量近500处，其中文化性质明确的先商文化遗址60多处，商代文化遗址370多处，主要分布在冀南邢台、邯郸一带。西周遗址发现得较少，60余处。燕山南北地区在夏商时期，是夏家店下层文化的分布区，已发现的遗址约360多处（图2-2-1）。

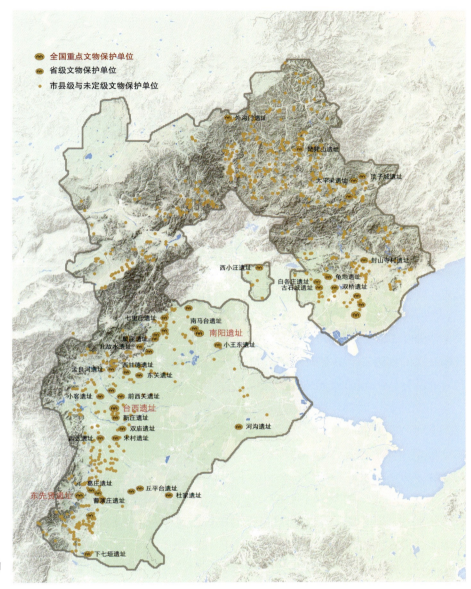

图 2-2-1 河北省境内夏商西周时期遗存分布图

文化溯源

太行山东麓山前地区是商族的主要活动地区，夏代时期的考古学文化为下七垣文化，亦即先商文化，代表遗址主要有石家庄市市庄、邯郸涧沟和龟台、磁县下七垣、下潘汪和界段营、永年何庄、内邱南三岐、邢台葛庄等。

冀中南地区继下七垣文化之后，在其基础上发展起来的是商代文化。重要遗址有：邢台商代遗址群曹演庄、东先贤、藁城台西和定州北庄子等。邢台周围稠密的商代遗址群分布反映了这一遗址特性的特殊性，此地有可能为商王祖乙迁邢之邢墟。商代文化分布的北届达拒马河流域地区，但当地商代文化遗存中同时含有不少独特的地方文化因素，反映了商代文化和北方文化的交流。

其中，台西遗址是殷墟以北重要的商代聚落遗址。台西遗址位于河北省藁城市岗上镇台西村东北。房址分地面式建筑和半地穴式建筑两种形式，平面多呈长方形，除单室外，还有双室和多室的房子。墙体夯筑或用土坯垒砌。墓葬均为中小型长方形土坑竖穴墓，三分之二的墓有随葬品，一般为一至二件，包括陶器、铜器和石器等。有一座墓出土一件铁刃铜钺，反映了在商代早期就已对铁的性能有了初步的认识。

太行山以东的河北平原地区进入西周时期以后，文化面貌趋于统一，基本处于周文化控制之下，这是周人和周文化向东方扩展的结果。西周文化的遗址主要有：磁县下潘汪和界段营、邯郸龟台、大厂大坨头、唐县南伏城、元氏西张村、满城要庄、邢台南小汪和葛庄等。河北西周文化的陶瓷群与山西观众地区的陶器面貌基本一致，唯其早期的陶器明显含有浓厚的商文化因素，当与该地区原属商人故地有关。另外，冀中地区的遗存还含有一些北方文化的因素，反映了与北方邻境文化的交流。

燕山南北地区在夏代至早商时期属夏家店下层文化系统，代表遗址有：蔚县三关、筛子绫罗、大厂大坨头、唐山小官庄和古冶等。文化遗迹发现有灰坑、房址和墓葬等。燕山以北地区常见石块垒砌的石墙残迹。

继夏家店下层文化的是张家园上层文化，其与辽西地区的魏营子类型文化有可能属同一文化系统。代表遗址有易县北福地、迁安小山东庄、卢龙双望等。

下面就这一时期较重要的几个遗址作介绍。

1. 曹演庄遗址

曹演庄位于邢台火车站西南约2华里。从出土的遗物来看，一般的特征与安阳、小屯、郑州二里岗有着共同之处，如陶鬲、石镰、陶豆、卜骨等。但内中也有不同之处，如郑州二里岗的陶器以鬲、大口尊为最多，而其中主要器物的形制又以圆底器为主；邢台则以鬲、盆、罐较丰富，平底器为其主要特征。尽管如此，但仍说明了它们之间还是相近的。

2. 东先贤遗址

东先贤村位于邢台市西南3.5公里，隶属于邢台县南石门镇。这里地处太行山东麓的山前丘陵与华北平原的交接地带，水资源丰富。遗址位于东先贤村西南1公里的岗上，七里河由西向东从遗址南侧流过。遗迹以灰坑为主，还有陶窑、墓葬等。

3. 藁城台西遗址

台西遗址（图2-2-2）位于藁城县西10公里，石德铁路北侧，滹沱河南岸，台西、内族、庄合、故城四个村之间。四村之间相去都不过1～2公里。遗址离台西村最近，文化堆积以三个土台为中心，名西台、南台和北台。

采集遗物中石器有斧、铲、镰、杵和砺石等。陶器完整者极少，大部分均为残片。能看出器形的有鬲、鼎、簋、豆、盆、罐、斝、爵、"将军盔"、纺轮等。铜器有鼎、戈、镞各一件。玉器有斧、刀各一件。骨器有刀、笄、镞。卜骨共11片，均为牛肩胛骨。

藁城台西遗址从采集的标本看，文化内涵较复杂。

二、东周时代的城市与聚落

诸侯国：燕、赵、中山

东周考古主要有两项内容：都城城址的勘察和各种类型墓葬的发掘。而目前已发现的东周遗址约1320处，其中城址92处。这些遗存在文化性质上属中原系统，主要分布在燕山以南河北中南部广大地域，亦即东周时期河北境内三个著名诸侯国燕、赵、中山的领域。在此地域范围以外的地区，还存在着许多其他部族的文化。燕山以北地区在东周时期主要是夏家店上层文化分布区，已发现的遗址约470处，墓葬约49处（图2-2-3）。

长城遗迹是东周文化遗存中的另一重要内容。河北境内的战国长城包括赵、燕、中山三国的长城遗迹，其中燕赵长城又可分为燕南长城、燕北长城、赵南长城、赵北长城。燕南长城修筑于燕昭王之前，是燕国南境的重要防线，它沿南易水而建，又称"易水长城"，总长约259公里。燕北长城分布于冀北沽源、承德、丰宁、围场境内，河北境内总长约226公里。秦始皇统一全国后，燕北长城的部

图2-2-2 邺城台西商代遗址沙盘

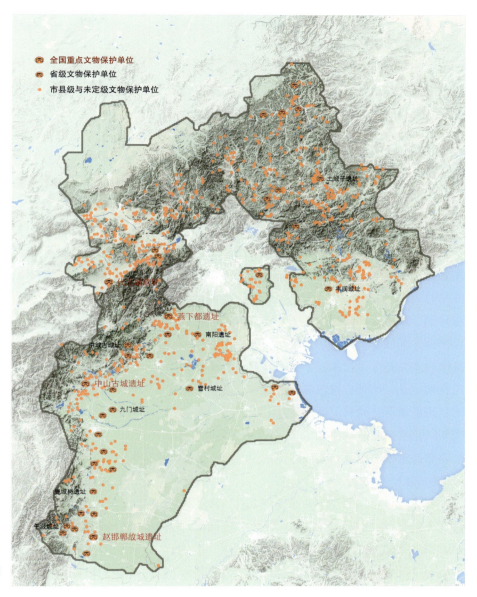

图 2-2-3 河北省内东周时期城址遗存分布图

分地段又被利用为秦长城。中山长城分布于冀中涞源、唐县、顺平、曲阳四县，总长约 89 公里。战国中山长城的发现，填补了我国长城调查研究的空白。赵南长城分布于冀南涉县、磁县、临漳、成安、肥乡境内。赵北长城分布于冀北张北、万全、崇礼、怀安境内，全长约 85 公里。赵北长城大多数地段被秦代、汉代、北魏、北齐和明代所修缮利用。

城址和聚落

河北东周时期三个著名的都城遗址为燕下都、赵都邯郸和中山灵寿城遗址。燕下都和赵邯郸城早在 20 世纪 30、40 年代就做过小规模的调查工作。1957 年以来，河北省文物工作队对这两座城址进行了多次详细的勘探和发掘工作，基本搞清了两座城市的布局，发现了许多重要的遗迹和遗物。1977～1982 年，又对中山灵寿故城遗址进行了全面勘察。此外，还在许多地方发现一些规模较小的一般城址或聚落遗址，如：临城柏畅城战国城址、武安午汲战国城址、石家庄市市庄遗址、邢台曹演庄和南小汪遗址、丰润东欢坨遗址等。

下面就东周时期三个著名都城遗址作详细介绍。

1. 燕下都遗址

燕下都遗址位于易县东南 2.5 公里处的北易水

和中易水之间，是战国晚期燕国都城遗址。城址平面略呈长方形，东西长约9公里，南北宽约4公里，分东城和西城两部分，其间由一道城垣和一道古河道分隔开来。东城是全城的主体部分，城内有宫殿区、手工业作坊区和一般居民区，城西北角是墓葬区。西城城内文化堆积较少，应是防卫东城的郭城。城址出土遗物主要是陶器，其次有铁器、铜器、骨器等。陶器除盆、罐、瓮、豆等生活用陶外，还有大量建筑用陶，如板瓦、瓦当、水管道和井圈等。

2. 赵都邯郸城遗址

赵都邯郸城遗址位于今邯郸市区，是战国时期赵国都城遗址。赵城由宫城和郭城组成。宫城一般称赵王城，分东、西、北三个小城，平面呈品字形排列，城内发现多处大型夯土台基址，应是宫殿区所在。郭城在宫城东北方向，两城相距60余米。郭城内主要是平民居住区，发现多处各种类型的手工作坊遗址。另外，城西北部发现有与西城垣相连的建筑基址群。城郭以西的百家村附近，分布着稠密的战国墓葬。故城西北15公里处的三陵村一带，分布着五组赵王陵墓。

3. 柏人城遗址

柏人城址（图2-2-4）位于河北邢台隆尧县城正西12.5公里的双碑乡亦城、城角二村周围。战国时期赵国仅次于邯郸的第二大城市。

城北邻泜河，三面环岗（正南1.5公里为木花岗，东南1.5公里为光秦岗，西南2公里为马棚岗），依山傍水，地势险要，向为历代兵家必争之地。各岗上密布战国、汉代古墓数千座。该城近方形，西北部为斜角。城墙全长共8017米：其中东城墙2225米，南城墙1915米，西城墙1451米，北城墙2426米，占地面积4平方公里。东西城墙的南半部及南城墙除部分地段有不同程度的破坏外，大部分轮廓清晰，保存完好，占总城墙的五分之三，目前城墙平均残高2~6米不等，最高处7米，基宽16.5米，夯土筑就。城墙夯土层为10厘米左右，每高60厘米铺有一层桩木，桩木间距为30至60厘米不等，其作用相当于现代建筑的钢筋。该城共九门：东、西各三门，南二门，北一门。城门宽约16.5米，护城河距城墙10米，河宽18米；中心宫殿建筑区在城内中北部，南北宽300米，东西长1400米，占地面积42万平方米。柏人城址是我国保存较好的古代大城池之一。

4. 中山灵寿故城址

中山灵寿故城址位于平山县北7公里处的三汲村附近，是战国时期中山国都遗址。城址平面呈不规则三角形，东西宽约4公里，南北最长处约4.5公里，分东西两城，中央有一道隔墙。东城的中部和北部是宫殿区，南部为官署建筑区，中部偏西是官署手工业作坊区及手工业者居住区。东城和西城的南部是一般居民区，西城的北部是王陵区，南部偏东为商业活动区。另外，城址以西2公里处还分布着另一处王陵区，其中出土丰富随葬品。椁室出土的"兆域图"铜版用金银嵌错的一幅陵园平面规划图，并注明了建筑各部分的名称、位置及尺度，而且还刻有中山王命的铭文，是一件珍异的重要文物。城址东北分布着中小型墓葬。城内出土遗物主要是陶器，包括生活用陶和建筑用陶两大类。

县级城镇与聚落详细介绍如下。

5. 武安午汲城

武安午汲城位于武安市城西6.5公里处的午汲村北100米处。古城西、北两面现存高约1~6米不等的城墙，城基宽8~13米不等。为夯土修筑而成，夯层至今仍十分清晰，厚度约7~14厘米，夯窝直径6厘米左右。南墙和东墙均被公路破坏。城墙的四个角仍然存在。整座城的轮廓呈不规则的

图2-2-4 隆尧柏人城遗址

长方形，东西长889米，南北宽768米，面积为68.8万余平方米。城外护城河宽约60米。

6. 磁县讲武城

讲武城位于河北省最南部磁县境内，漳河北岸距县城西南约10公里处。现讲武城内土地大多为农田，仅东南隅有一村庄，名讲武村。城垣版筑而成，夯层明显，每层厚约8～11厘米，城垣现存最高处约6米左右，墙基最宽处约12米。城垣的面积南北现长约1.15公里，东西宽约1.1公里，大略成方形。古城南端被漳水冲啮，现为弯曲不齐的断崖，断崖高2～6米不等，有灰层暴露。在断崖的东端还保留了一小段城垣，崖下一片平坦，为漳河之滩。西垣除南端略被冲啮外，大体完整，现长约1277米（据步测，以下尺寸均同此），中间有5个缺口。北垣完整，长约1140米，中间有5个缺口。东垣只残存北端一小段，现长约430米，有1个缺口，估计原来长度约略与西垣相同。

7. 南小汪遗址

南小汪遗址位于邢台市区西北部，因北临南小汪村而得名。遗址地处太行山东麓南部的山前平原地区，西距太行山余脉约8公里，海拔约85米，地势较为平坦，地下水资源丰富，距遗址不远有著名的达活泉。据历年发掘和钻探可知，遗址面积超过200万平方米，然而因地处市内，故发掘工作多受牵制。1991年春，河北省文物研究所与邢台市文物管理处、邢台县文保所联合组成考古队，对团结路北侧某单位计划施工的两个楼基区进行了钻探和正式发掘。

南小汪遗址周代文化层堆积较厚，一般为1.5～2.5米。西周时期遗存有灰坑、水井、墓葬、马坑等。东周时期遗存主要有灰坑、墓葬。遗物有陶器、陶建筑材料、骨器、蚌器、石器等。

8. 丰润东欢坨

东欢坨村位于丰润区韩城镇西2.5公里，遗址即在村东1公里处，南靠唐山至玉田县公路，西部为冲积平原。遗址面积约10万平方米。

东欢坨遗址的地属燕国辽西郡，正处在燕文化向东北发展的关键地区。从试掘发现的整个文化内涵分析，这里应是燕国东部的一处经济文化要地。出土的大量建筑材料表明，此遗址不是一般的村落址，应是一处较为重要的城址。就总的文化面貌来看，同易县燕下都遗址大致相当，但又具有自身的特点，是研究燕文化向今辽宁一带发展的一处重要遗址，同时，也使我们对本地区战国遗址的文化面貌有了更进一步的了解。

河北北部地区在东周时代仍保存着较浓厚的北方文化色彩。燕山以北的承德地区发现了许多夏家店上层文化的遗址，其中主要有平泉柳树泉、东南沟、黄窝子山、滦平营房、后台子上层、蒿子沟、丰宁胡岔沟、城根营、隆化胡家沟和朝梁沟等。

第三节　秦汉魏晋南北朝时期的城市与聚落

一、两汉的城市与聚落

河北已发现的汉代遗址（图2-3-1）约1000多处，其中城址109处，墓葬758处。汉代实行郡县制与分封制并举，郡国并置，其下设县。两汉时期河北著名的封国有中山国、常山国、赵国等，在其封地区域进行了少量的调查工作。城址类型以封国首府和郡县治所最为常见。封国首府遗址如赵国邯郸、河间国乐城等。汉邯郸城沿用战国时期邯郸城并做了修补，主要集中在原郭城大北城，重要遗址有四城垣一带的"插箭岭"、"梳妆楼"等夯土建筑基址。附近发现有汉代温明殿的宫殿建筑基址。县城遗址中有不少至今夯土城垣尚存，如永年易阳县故城、隆尧柏人/象氏县故城、藁城九门县故城、高邑房子县故城等，其中不少是沿用战国时的城市基础。

二、魏晋南北朝时期的城市与聚落

邺城遗址（图2-3-2）在河北省临漳县境内，位于县城西南20公里，南距安阳市区18公里。现今的漳河横贯其间。

临漳县邺城遗址是曹魏、后赵、冉魏、前燕、东魏和北齐等六个朝代的都城遗址，它由邺北城和

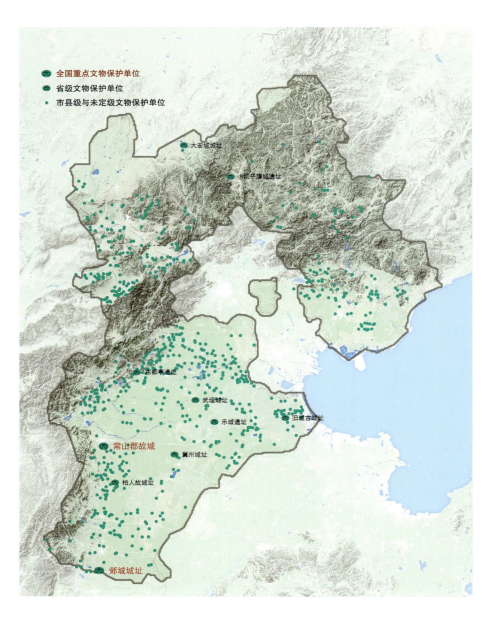

图 2-3-1 河北省内汉代城址分布图

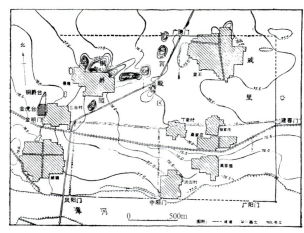

图 2-3-2 邺北城遗址实测图

邺南城两座相连的城址组成,现今的漳河横贯其间。邺北城平面呈长方形,东西长 2400 米,南北宽 1700 米。城墙夯土筑成,东墙和北墙各发现一座城门址,门道宽 20 米左右。城内北部中央为宫殿区,发现多处夯土建筑基址。宫殿区以东为贵族所居戚里及官署区,以西为禁苑铜爵园,发现有铜爵台、金虎台两座夯土台基址。城址南部是一般衙署和居民区,宫殿区以南有一条南北向的中阳门大道为全城的中轴线,此布局开辟了我国都城布局的新形制,对后世的都城建设具有深远的影响。邺南城由于河流泛滥,已全被沙土湮没。经钻探可知,城址平面长方形，最宽处南北长约 3460 米，东西宽约 2800 米。城内布局与北城相似，唯城墙外侧筑有马面，东南、西南城角为圆角，体现了军事防御功能。南面正门朱明门经过发掘，发现有双阙存在。

第四节　唐宋辽金元时期的城市与聚落

唐辽时期在桑干河流域设置的 24 座州县城市，从设置时间来看，主要分布在两个时间段：唐末五代和辽代，这两个时间段分别修筑了 9 座和 8 座州县城市。而从空间分布来看，与西汉时期郡县城市多分布于桑干河、沧头河及其主要支流的下游这一格局相对比，许多治所城市偏离桑干河两岸，而向桑干河支流的上游发展，周边地势相对狭窄、破碎。

一、唐代的城市与聚落

唐代发展为道、州、县三级建置，另有府的建置，河北地域基本属河北道，后来增设许多节度使，即为藩镇，其中的魏博、成德、幽州三镇成为藩镇割据的典型，称"河北三镇"。

唐代前期，桑干河流域设置的治所城市非常稀少，直到开元初年，唐朝在桑干河流域只设置了分布在盆地南缘的鄯阳（朔州治）、怀戎，及孤峙大同盆地中心的云中县（云州）。之后的二百余年间，除了分别置于大同军城和横野军城的马邑、安边（蔚州治）二县外，别无州县设置，呈现荒残的局面。与同样作为统一农耕王朝的西汉相比，落差相当强烈。

盛唐以后，唐王朝在桑干河流域建设了一系列军城，唐末至辽代前期，这一地区的城镇大规模修建起来，今天桑干河流域内部的诸多政区，都是在唐末五代与辽代陆续兴建的。

盛唐时期以及安史之乱后的中唐时期，所设城邑以军城为主。而到了唐末五代所设的治所城市，虽然带着时代的烙印，有军镇的色彩，但已全部为州县城市。

二、宋辽的城市与聚落

北宋时期，河北中南部地区属宋，北部地区属辽。金灭辽和北宋后，河北全境属金，北方民族大量内迁。元代定都大都北京后，河北成为京畿重地，对政治经济和文化产生了重大影响。已发现的宋代遗址约 260 多处，其中城址 13 处；辽金时期遗址约 1600 处，其中城址 61 处，主要集中分布在北部地区。

北宋遗址中，比较重要的城址有大名故城、巨鹿故城等。始建于五代，宋代立为北京的大名府故城，平面呈长方形，南北长约 7500 米，东西宽约 6000 米。城垣夯土筑成，残高 1～8 米。城内发现灰陶和白瓷、黑瓷残器片，另外还发现有石雕佛像残件。位于今巨鹿县境内的巨鹿故城址，平面呈长方形，南北长约 712 米，东西宽约 300 米。城垣遗迹已湮没于地下，文化层距今地表约 3 米深。1915～1920 年间，城址出土大量宋代文物，其中有碗、盘、罐、瓶等瓷器和绢画等。

北宋普通中小型聚落遗址发掘得很少，遗迹主要是简单的房址、水井、灰坑等。出土遗物以泥质陶器和白釉，黑釉粗瓷器为主，器形主要是碗、盘、罐、瓮等。

在中华民族灿烂的历史文明长河中，河北因其特殊的地理位置而造就了其在中国宋辽金考古研究中的重要地位，它是宋辽对峙的前沿阵地，是北方草原文化与中原文化碰撞与交流的重要区域，是研究中华民族宋辽金时期民族融合的重要地带。

辽金时期的遗址集中分布在北部的张家口、承德一带，多为内涵简单、文化层较薄的一般性遗址，出土遗物主要是陶器和瓷器残片。城址大致可分为两种类型：一是小型城堡址，平面近方形，边长 50～100 米，城垣夯土筑成；其次是较大型城址，城垣边长一般在 500 米以上，如沽源小宏城城址、九连城城址等，其年代下限均延续到元代（图 2-4-1）。

三、元代的城市与聚落

元代城址遗存中最为重要的是元中都遗址（图 2-4-2）。元中都遗址位于今河北省张北县郊，它是蒙元四都中修建最晚的都城。从地理空间分析，元中都位于蒙古高原南部边缘，在燕山与阴山的会

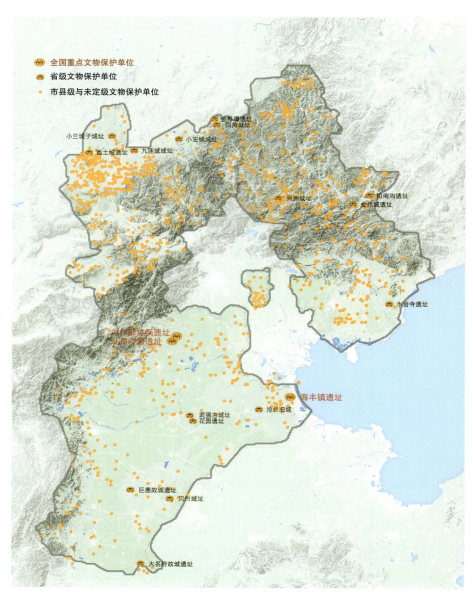

图 2-4-1 河北省宋辽金时期城址分布

合之处,也在农业定居区和草原游牧区的交接地带。蒙元时期,元中都位于上都和大都之间,在中都修建前,这里曾是元代皇帝巡幸两都返程途中的旺兀察都行宫所在。这座城址曾是蒙元四都中建立最晚的都城,是草原游牧族群国家两京制和多京制的延续,也是其建立者元武宗个人政治意志的体现。

元中都选址在一片开阔的草地上,城址一带地势西南略高而东北略低,草原上散布着多个湖沼,是放牧牛羊的优良草场。这片草地的东、南、北三面地势平坦,碧草如茵,其外是连绵起伏的山岭或缓丘。西面地势渐高,相对高度约130米的狼尾巴山(即历史文献记载中的"凤凰岭")是这一带的制高点,它从中都城西向南延伸,直抵野狐岭北。这些低山将中都所在的草场围合起来,呈拱卫之势。由野狐岭北坡诸条溪流汇集而成的安固里河,在中都东侧不远处,由南向北流过后,受到北方山丘的壅阻,形成了名为黄盖淖(即历史文献记载中的"鸳鸯泊")的大湖。当时的人描述中都一带的地理环境说:"曰封王地,今名凤凰山。山西南有故城,名曰沙城。四望空阔,即元之中都。此处最宜牧马。西北有海子,鸳鹅鸿雁之类满其中,远望有如人立者、坐者。"

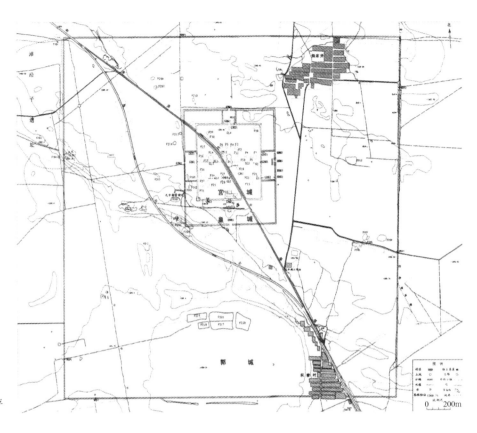

图 2-4-2 2012 年发表"元中都总平面图"

元中都城址坐北朝南,朝向为南偏东1.1°采用三重城垣叠套的回字形格局,占地约850万平方米。考古报告提供了这座城址的数层城垣及相关建筑遗址的最新数据。概言之,中都外城呈方形,四边长度相近,都约2900米(约合7.67里,周长合计11715米(30.99里))。第二圈城垣偏居外城中央偏北,呈南北向稍长的长方形,报告称"皇城",东西约780米,南北约930米,周长合计3407米(9.01里)。内城即文献中的元中都皇城,报告称"宫城",它同样位于第二圈城垣的中央偏北,亦呈南北稍长的长方形,东西约545米,南北约605米,周长2302.8米(6.09里)。自内而外,三圈城垣的周长约合元代的6里、9里、30里,都是3的整数倍,三者周长之比约为2:3:10。值得注意的是,元中都的内城规模与元上都的内城(宫城)接近,第二圈城垣的大小仅与元大都的大内宫殿(宫城)相当,外城面积大于上都的外城面积,小于与大都的外城与关厢合计之后的总面积。此外,目前已知在东、北、西三面,内城与第二层城垣之间各有两道垂直并连接两道城垣的"隔墙",将两圈城垣之间的空地分割为数个独立单元,或类似明南京城、北京城在宫城与"外禁垣"之间增建的"小禁垣",目的是加强皇室所居皇宫的安全防卫。根据报告记载,不同位置的城垣的厚度有所不同,内城城垣底宽一般在10米以上,第二圈城垣和外城宽度不及10米,至少在6米以上,隔墙最窄,一般不超过5米。

第五节 明清时期的城市

明清两代均定都北京,河北大部属直隶,乃京畿重地,各方面深受京师影响。现河北范围内的明清时期著名城市,本节详细介绍六个,分别为宣化城、万全卫城、鸡鸣驿城、永年城、蔚州城和井陉城。

其中,宣化城、万全卫城、鸡鸣驿城皆为军事御所。

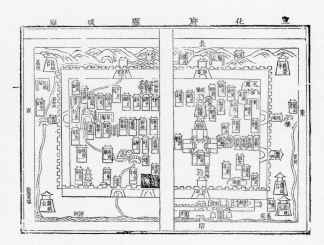

图 2-5-1 宣化府县城图

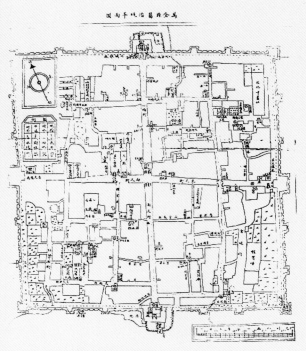

图 2-5-2 万全卫城民国时期平面图

一、宣化城

宣化古城（图 2-5-1），位于今张家口市宣化区老城区。宣化区处于宣化东北，地势平坦，汇集洋河、柳川河、龙洋河三大水系。其具有优越的地理位置，北可达张家口、内蒙古乌兰察布，西为直通山西大同的必经之路，东与首都北京毗邻，是晋、蒙、京的交通枢纽和物资集散地，素有"陆路商埠"之称，在古代，乃为民族纷争之地。

现存宣化古城，建于明代。明洪武二十七年（1394 年）在元玄德府城的基础上展筑，正统五年（1440 年）包砖，清康熙十五年（1676 年）、三十八年（1699 年）、四十六年（1707 年）三次大修，乾隆二十年（1755 年）重修，新中国成立之初，宣化古城因年久失修、战争破坏等，大部分建筑遭到了破坏，满目疮痍。"文革"时期，因破除四旧，许多建筑精华遭到了空前的破坏。改革开放后，随着城建的迅速发展，由于缺乏较为全面的规划，给宣化古城的保护和发展造成了一定的负面影响。

现存宣化古城，已有 600 多年的历史，现城址基本保存，平面呈长方形，城墙总长约 12120 米，东西 2960 米，南北 3100 米，面积约九平方公里。部分城墙保存完好，四门旧址仍存。其外环有瓮城、瓮城外连月城，城四角建有角楼，城外设隍堑、护城河、吊桥等，现已不存。城东部南北轴线上的拱极楼（南门）、镇朔楼（鼓楼）、清远楼（钟楼），宏伟壮观，是古城的标志性建筑。

二、万全卫城

城池地理位置：万全卫城（图 2-5-2）即今万全右卫镇所在地，城池地势险要，北依野狐岭、虞台岭、荨麻岭为自然屏障，南濒洋河天险，中间是由京畿、宣府通往云中（今大同）的必经之路。《万全县志》载："背枕长垣，南临洋水，左扼龙门之险，右当荨麻岭之冲，实全郡西部之藩篱，乃丰盛东南之要塞。右卫有失，宣府不固，京畿濒危，云中陷于孤悬。"因此万全右卫就成了宣府所辖全部防御体系中的重中之重，卫戍倍加森严。

城池建置沿革：自西汉置宁县开始，至明代置卫全右卫的 1340 余年间，万全右卫地域经历了十次政权更迭，置而无治。明洪武二十六年（1393 年）二月，宣府镇置万全右卫与万全左卫，同治于辛南庄（今怀安县左卫镇西十里，已废），永乐二年（1404 年）将万全右卫治所从得胜口南 1.5 公里处移置右卫城（今万全城），隶属后军都督府，左、右卫城呈一条直线南北相对，相距约25公里，并在得胜口南建得胜驿及五处驿传站铺，以备传递信息。从此，万全左、右卫一直到明末清初，始终左卫宣府镇西部的战略支撑而派重兵扼守。据《万全县志》记载，从永乐二年至嘉靖年间，辖军户246~6781户，屯丁1281人。

城池空间结构：整个城池坐北朝南，由于受地形限制（紧靠城东河），偏西约20°。城西南角和东北角内缩，略显菱形。根据民国《县志》记载："此城周长六里十三步（3546.3米），高三丈六尺（11.75米）。"经实测：城墙东西长（以下肩石上皮为基准）880.4米，南北深880.7米，周长3522.2米（折合7.04里），高12米。城墙底宽四丈五尺，顶宽一丈七尺。城墙马道铺设一层青石砖，以防雨水渗漏。城开有南、北二门，门洞都是砖拱券式样。南门名曰"迎恩门"，北门为"德胜门"，不开东、西门（据说是便于防守）。东、西留有两个无门翼城，城内也没有可以进入翼城的城门或通道。南、北瓮城建筑采取了"城套城（瓮城外设关城）"的形式。两座关城分别设南、北门，瓮城均开东门。关城内是守将屯戍的大营所在。

万全卫城的总体布局呈十字形。以南、北门和东、西翼城为轴形成长度各约880米的两条主轴线，轴线交点建的玉皇阁，名清远楼亦称钟楼，两条主轴线形成的十字大街以宣仁、正德、安礼、昭武大市坊（牌楼）为起点，向四方延伸。城建有城楼2个、角楼4个；城内中央建谯楼1个，牌坊4个，官署（都指挥司）及文庙、武庙、西大寺、昭化寺等庙宇50余处。

城内有卫指挥署、镇抚司署、巡俯察院、河间通判署、总督行台，城西建太监署、守备署、参将署、经历司署。为供给军需，永乐年间，在城东北建有神机库、城东南设广运仓（粮仓），南关西南角有草场和备荒仓。康熙年间，在县署东偏南设有车库，收贮钱粮。万历年间，城东设有养济院，清代在城外设留养局，冬月留养贫民。城南半里设有演武厅。除衙署、书院外，建城的同时还建了不少庵观、寺庙、

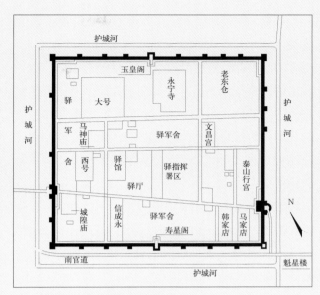

图2-5-3 鸡鸣驿清朝时期平面示意

祠坛，有东岳庙、龙神庙、马神庙、关圣庙、城隍庙、昭化寺、西大寺、大真武庙、文庙、忠义祠等。城东北有正统五年建的永安楼即鼓楼，新中国成立前已剩残迹。这些庙宇寺观往往配有戏台、照壁、碑石、牌坊等。

城池遗存现状：南、北门的门洞都保存完好，门扇已无存。南北两座瓮城城门尚存，瓮城墙虽遭较大破坏，但仍能看出当年的规模。两座关城仅有少段残墙留存。城内建筑部分因年久失修（如庙宇等）坍圮废弃，而大部分建筑（如牌坊、谯楼、南北城楼等），则多数毁于"文革"。

三、鸡鸣驿城

鸡鸣驿城（图2-5-3）位于河北省怀来县西北方向鸡鸣山麓，距怀来县城15公里，是河北省保存比较完整的一座明代驿城。鸡鸣驿城地处洋河北岸，是往来宣、怀两山间盆地的必经之地，向东南可抵北京，向西北至宣怀后又分为两路，一路北上至张家口，另一路向西经怀安至大同；向南经涿鹿至蔚县，向北为明长城。1982年公布为河北省重点文物保护单位，2001年6月25日又被公布为第五批全国重点文物保护单位。

鸡鸣驿城城垣呈方形，东城墙长467米，现存

7座马面；南城墙长481米，现存9座马面；西城墙长450米，现存7座马面；北城墙长486.7米，现存10座马面；周长1886.7米。城墙高10米左右，城墙的宽度下层一般在4~7米之间，上层现存宽度1~3米，占地面积22万平方米。整座城池呈东北高西南低的态势，城内地平低于城外沙河水位，在东城墙外25米与沙河交界处建有3米高的南北向护城石坝。

鸡鸣驿城内的主要道路可用"三横两纵"来概括。其中三条东西向的大街分别称头道街、二道街、三道街，由南自北依次排列。同时在距离东城门80米处和距离西城门113米处各有南北向街道各一条，分别称东街和西街。紧靠城墙内侧设置了宽约5米的环城驿道，另外有五处马道可以登上城墙，便于邮递交通，利于战时防御。除了以上五条重要街道和马道之外，城中还密布着数十条巷道。

驿城南侧为驿站，驿城方向随驿路倾斜，北偏东18°。在布局上有别于一般州县古城平面的十字分区并井字格的对称性传统方式，也与障堡的着重防守，多为一面辟门不同。该城不设南北门，仅设东西城门，且城门均设在城池偏南部，充分表现出向路性。城墙之上原建有三楼二阁，东西城门上各设城门楼一座，已毁于战乱，现存城门楼为今年电影制片厂在此拍片时所建。城东南角台原建有玉皇阁，现已坍塌，从残余墙体和文献记载中可推断其准确位置。寿星阁建于南城墙中部，与玉皇阁遥相呼应。出东门向南70米上驿路，出西门前行200米与驿路相交。城内共设四条上城马道，分布在东西城门、东北角和西北角。

四、永年城

广府古城位于永年县东南部，永年县隶属于赵国古都邯郸，位于太行山东麓，与华北平原相交接。作为有中国北方独一无二的"旱地水城"之称的广府古城有着独特的地理面貌。古城坐落于继白洋淀、衡水湖后的华北平原上排名第三的洼淀永年洼中央，永年洼是冲积扇末端和冲积平原之间过渡性地貌，洼心由于滏阳河水和雨水的不断注入，使得永年洼常年积水的面积达到了306.7平方千米，深为1.5~2米，成为华北平原少见的内陆淡水湿地系统，现水面多为人工养殖的鱼塘、自然的芦苇荡和荷花淀。广府古城城墙四周有宽约50米的护城河，加上城外的永年洼，形成了"回"字形，使得永年古城具有了独一无二的双水环城的壮丽景观。

广府古城平面形状接近正方形，城内面积大概是1.5平方公里。古城的主街宽度为5~9米，两侧建筑一至二层，高度为3~7米；次街宽度为4~6米，两侧主要是民居，建筑高度为4~7米，支巷宽度在1.5~2米。

经过明清时期的修建和改建，广府城内遗存下来主要街道4条，次要街道15条，还有4个隅角街。现如今城内除了4条大街道以外，另有各种小街道共计49条。当地有说法："广府有四大街、八小街、七十二个小拐弯儿"。古城现存两瓮城，东西南北四门加上瓮城门共六门。四门之间形成城内四大街道，其中东西两门相通。由于当地有"南门冲北门，蝎子蛰死人"的说法，故广府城南门与北门并不对称，导致南北大街与东西大街呈丁字形交叉。

五、蔚州城

蔚州古城（图2-5-4）位于壶流河南岸平台地上，始筑于北周。现为河北省历史文化名城。

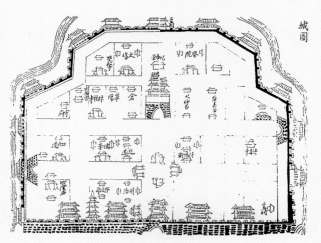

图2-5-4 崇祯蔚郡志城图

据《蔚州志》记载，蔚州古城周七里十三步，城墙高三丈五尺，城门楼三座，角楼四座，三级敌楼二十四座，垛口一千一百余。东门为安定门，楼为景阳楼；南门为景仙门，楼为万山楼；西门为清远门，楼为广运楼。三门外均建有高大雄壮的瓮城。隔护城河吊桥与内城相连，城外为三丈余深，七丈余宽的护城河，蔚州城为不规则形，南面宽阔，北面狭小，东、西两面多弯不平直。城内只建东、西、南三门，没有北门，而在北城垣上修筑玉皇阁。城内以东西南北四大街为主干线，形成以文昌阁（鼓楼）与南门（万山楼）对称，南北大街为中轴的建筑格局。

蔚县位于河北省北部，历史悠久，湖流河谷地就发现有八万年的旧石器遗址和众多的新石器遗址。尧舜之时属冀州，商周时代为代国。

秦、汉、三国、西晋时，均为代郡。北周大象二年（公元508年）改称"蔚州"，历代沿用，迄今已有1420余年的历史。

六、井陉城

井陉县地处太行山中段，河北省西陲，为太行八陉之一。境内崇山峻岭、地势险要，是历代兵家必争之地。地表形态为盆地，四面环山，中间陷落，地势自南向北、自西向东倾斜，全景地貌主要由山地地貌与河谷地貌组成。

境内河流分属海河流域、子牙河水系、滹沱河支流。全境河网形同树冠状，以冶河为主河道，汇集于东北部排泄出境，注入平山县滹沱河。其主支绵河、甘陶河常年有水，为过境河流。其余金良河、小作河为自产河流，均系时令河。

井陉县历史悠久，早在旧石器时代就有人类生活踪迹。适宜的自然地理条件是人口聚落的形成和发展的基本条件，闭塞的山区环境为井陉保留了众多古老的村落。

井陉作为太行陉之第五陉，是沟通西部高原山地与华北大平原的重要通道。井陉古驿道为全国重点文物保护单位，部分段落至今犹存，分布在白王庄、赵村铺、核桃园等多个村落。

天津河北古建筑

第三章 宫殿、衙署等（高等级）建筑

河北宫殿、衙署等（高等级）建筑分布图

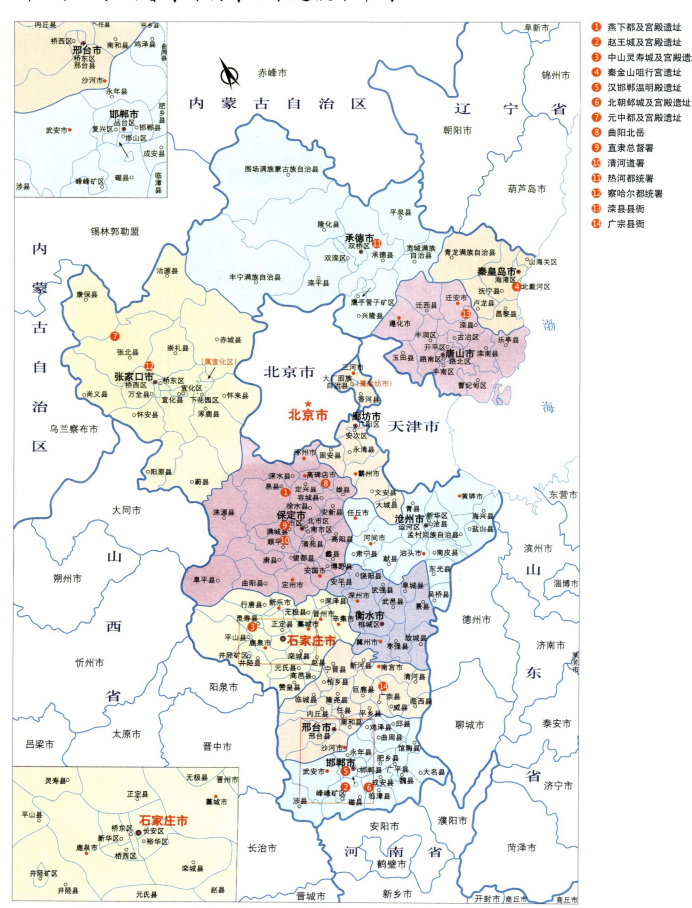

1. 燕下都及宫殿遗址
2. 赵王城及宫殿遗址
3. 中山灵寿城及宫殿遗址
4. 秦金山咀行宫遗址
5. 汉邯郸温明殿遗址
6. 北朝邺城及宫殿遗址
7. 元中都及宫殿遗址
8. 曲阳北岳
9. 直隶总督署
10. 清河道署
11. 热河都统署
12. 察哈尔都统署
13. 滦县县衙
14. 广宗县衙

（地图引自：中华人民共和国民政部编.中华人民共和国行政区划简册2014.北京：中国地图出版社，2014.）

第一节　东周诸侯国都城及宫殿遗址

一、燕下都及宫殿遗址

燕下都（图3-1-1）位于保定市易县东南，西连太行蒲阴陉，东南面华北大平原，地处北、中易水之间。都城或始建于燕文公时期，此后历经昭王等数代燕主改、扩建而成。都城平面呈磬形，东西长约8公里、南北宽约4～6公里，中部有南北纵贯的古河道将都城分为东、西两城。东城四周筑垣，垣外有河流、城壕环绕，城内中心偏北处有一道东西横贯的隔墙将城分为南、北两部，其中北部遗存主要系宫殿区、墓葬区、居住区及手工业区等。

燕下都宫殿遗址纵跨东城隔墙及北垣；主体建筑分布于中轴线上，其夯土基础包括隔墙南侧的武阳台、墙北的望景台、张公台以及北城垣外的老姆台等；此外，武阳台西南、东南分别有老爷庙台、路家台，张公台东则有小平台、炼台；除武阳、望景两台外，其余各台附近另有夯土建筑遗迹或居住址，整体构成规模宏大的宫殿建筑组群。

武阳台平面呈"凸"字形，南北长约130米，东西宽北约70米、中约140米、南无存，高出地面8.6米；土台分2层，上层未经夯打或系汉以后建筑残基，下层经夯打，表面有烧土及瓦片，系战国堆积。台西北存有一片夯土遗迹，厚约1米，其地基与武阳台大致位于同一深度。村东南完整保持一片夯土遗迹，南北长约310米、东西宽约130米；其北部存有大片完整夯面，距地表0.5～1.1米、厚达1.1米，形式对称，系建筑基址，夯土周围有灰土、烧土，上部地层中有饕餮纹瓦当。东南路家台东西长约65米，南北宽约30米，高出地面2.7米，周围夯面上存有大量红烧土及瓦片堆积。根据武阳台西、西北近底部发现的铺地砖和壁砖以及顶部发现的上、下衔接的陶水管，该台为大型主体宫殿建筑或系一座设有二、三层回廊，顶部为合院的宫殿建筑。

望景台平面呈方形，高出地面2.6米。台北存有两片夯土遗迹，厚0.1～1.3米。三处夯土外围均有断续路土。

张公台平面略呈方形，边长约40米，高出地面约3米；台基北、东部地势较低、有泥沙堆积，南、西部有20米宽的淤土和胶泥堆积。台东存有一片长约80米的夯土遗迹，两者间有红烧土、瓦片和路土。台东北地势较高处有五片夯土遗迹。台北三片夯土遗迹中有大量红烧土和灰土堆积，红烧土下有一薄层火烧草泥土。

老姆台平面呈方形，边长约95米，高出地面10米；土台作阶梯状，共分4层，第三层夯层厚13～17厘米，夯面不明显；第二层夯层厚10～14厘米，夯窝明显。台西南存有陶水管，埋设于事先挖好的沟槽内，槽内填土中含有东周时期的瓦片。台南有断续路土。台东北存有一片厚1.2米的夯土遗迹，夯层和杵痕与武阳台同，夯土中有东周瓦片。

燕下都宫殿遗址遗存的建筑构件主要有：板瓦、筒瓦、脊瓦和脊饰、垂脊瓦和垂脊饰、吻兽、瓦钉、栏杆砖、方砖、矩形薄砖、矩尺形薄砖等。

板瓦分大、中、小三种，大者长78厘米、宽61厘米、厚1.5～2厘米，中者长约50厘米，小者长约40厘米，个别也有长不足30厘米者；一端稍窄。材料以泥质灰陶为主，个别为夹砂灰陶和泥质红陶；多饰绳纹；采用"圆坯法"工艺制作。

图3-1-1　燕下都平面

筒瓦分大、中、小三种，大者长76～93厘米，中者长约50厘米，小者长约40厘米，个别也有长不足30厘米者；末端带有瓦舌，部分带瓦钉孔，前檐筒瓦带半瓦当，其纹饰图案包括素面、双兽饕餮、卷云饕餮、双鸟饕餮、四狼饕餮、云蝶饕餮、山形饕餮、独兽卷云饕餮、山形凸三角饕餮、三角地双螭饕餮，山云、双龙、双鹿、双鸟、双螭双龙、卷云草叶、树木双兽、树木双犬、树木双狼、人面、独兽、山形、窗棂、凸线几何、树木卷云斜方窗、花卉山形卷云饕餮、花卉太阳山形饕餮纹等20余种。材料以泥质灰陶、灰砂灰陶为主，个别为泥质红陶；外表面多饰绳、弦、篦笆点、交叉点、三角蝉翼、黼黻纹，亦有将绳纹抹平、涂白色云母粉者，内表面多无纹饰，个别有方格纹；采用"圆坯法"工艺制作（图3-1-2）。

脊瓦分大、小两种，大者长121厘米、宽66厘米、厚2.4厘米、瓦面两侧附贴模制黼黻或三角蝉翼纹，小者长101.4厘米、无纹饰；近两端处各有一对平行矩形脊饰孔。脊饰多作山字形。

垂脊瓦（图3-1-3）面两侧附贴模制黼黻纹；部分为檐口垂脊筒瓦，两端有半瓦当、瓦舌；近两端处各有一矩形脊饰孔，两侧有圆形瓦钉孔。垂脊饰为山字形，部分垂脊饰下部两侧附贴模制鹿纹；安装完毕后、两侧与垂脊相交处以灰泥堵缝抹平（图3-1-4）。

吻兽上部作鸟形，颈部设圆孔与鸟首榫接，下部为方形座、上饰饕餮纹。瓦钉高26.5厘米，略呈方锥状，上饰黼黻纹。栏杆砖饰有双兽或划纹。方砖出土于武阳台、老姆台，一般边长33.9厘米、厚3厘米，用于铺设地面。大型矩形薄砖出土于武阳台、老姆台，用于包砌建筑底部墙壁。

燕下都宫殿所用建筑构件年代不一。板瓦、筒瓦早至西周晚期，其时构件薄厚不均、凸凹不平、呈白灰色、火候较高，以后各期则火候较低。半瓦当早至春秋早期；最早出现的纹样应系双兽饕餮和卷云饕餮纹，二者流行至战国晚期、一直是主要的纹饰图案；战国中期以后出现各种饕餮纹与自然、几何等各种题材图案相结合的纹样，如：双鸟饕餮、四狼饕餮、云蝶饕餮、山形饕餮、独兽卷云饕餮、三角纹地双螭饕餮纹等，亦有不含饕餮的独立纹样，如：山云、双龙、双鹿、卷云草叶、树木双兽、树木双犬、树木双狼纹以及黼黻、三角蝉翼纹等；战国晚期又创作出新纹样，如：人面、独兽、山形、

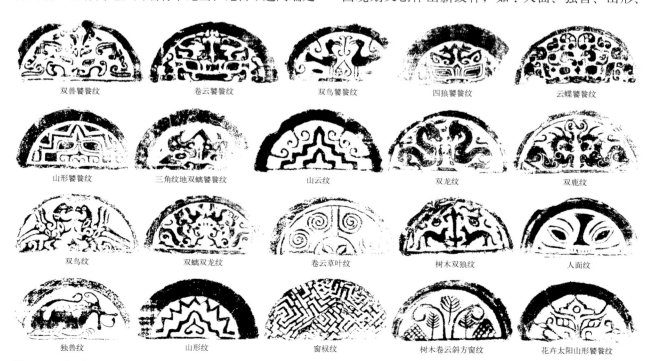

图3-1-2 燕下都半瓦当纹样

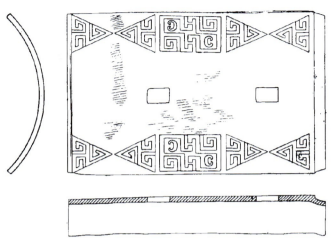

图 3-1-3 燕下都脊瓦

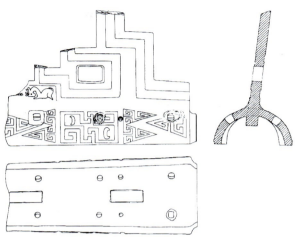

图 3-1-4 燕下都垂脊瓦和垂脊饰

窗棂、凸线几何、树木卷云斜方窗、花卉太阳山形饕餮纹等。各类纹样在自身的演变过程中亦有形态变化，总体趋势呈现为自清晰、生动逐渐趋于潦草、粗糙的演进规律。

燕下都宫殿所用瓦当全系半圆形，与周王室所用形制相同，而与使用整圆瓦当的赵国，以及整、半圆混用的韩、楚、齐、秦四国有明显区别。瓦当纹样更体现了复杂的源流关系：其中，饕餮、卷云纹等上承商、周青铜器纹样传统；饕餮、黼黻、三角蝉翼纹等几种在其余各国早自春秋时期即告衰落的纹样，在燕下都则一直延续至战国晚期，并结合其他题材发展出多种复合纹样；树木双兽、树木双犬、树木双狼纹等纹样应源于齐国树木双兽纹，但双兽较齐地纹样更为肥壮、雄健，树木亦有区别；独兽、双鹿、双鸟、双兽、四狼饕餮纹等则明显受到北方草原文化影响；卷云草叶纹显然系受中原文化影响而创作的新纹样，并成为后世西汉初期半圆、整圆瓦当的主要题材；山形纹之于齐，卷云纹之于赵、秦，独兽、双龙、双鹿纹之于中山亦产生了广泛的影响。这种错综复杂的相互影响体现出战国时期中华民族逐渐融和，形成更大统一的历史进程。

二、赵王城及宫殿遗址

赵邯郸位于今邯郸市区西南部，西连太行滏口陉、东面华北大平原，河网纵横、交通便利，春秋至战国前期即已发展为人口稠密，手工业、商业发达，容纳各方宾客的著名城邑。赵敬侯迁都邯郸后，其地更发展成为公元前4~前3世纪中国最为繁华富庶的都会。都城含大北城与赵王城两部分，分别位于邯郸东北、西南，彼此铰接。前者为发展较早的居住及手工业区，但地势较低、易罹水患；后者为新建宫殿区，处于旧邑西南的丘陵地带，地势较高、可防水攻。

赵王城宫殿由西城、东城、小北城三部分组成，平面呈"品"字形，占地面积约505万平方米。王城地势西南高、东北低，落差约34米，城垣、土台等遗迹保存较好（图3-1-5~图3-1-7）。

西城平面略呈方形，东西最长1426米、南北1390米，占地面积约188.2万平方米，四面围墙，每面不等距设双门。

城垣工程浩大、结构复杂：残高3~8米，城门或转角处加宽、加高，夯层6~12厘米；外

图 3-1-5 赵王城西城复原

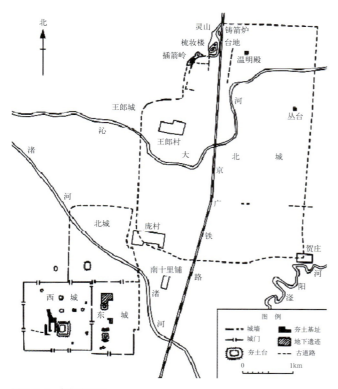

图 3-1-6 赵邯郸平面

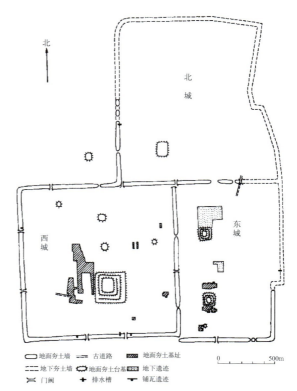

图 3-1-7 赵王城平面

图 3-1-8 赵王城铺瓦

图 3-1-9 赵王城龙台

壁面无存、个别地点堆土下可见陡峭、光整的壁面，倾斜度为 4°～11°，墙基处有卵石；内侧呈台阶式上升，每升 1.4～1.6 米壁面便内收约 1 米，形成台阶，阶上铺筒瓦、板瓦，并设排水槽。水槽由泥质灰陶"凵"形器串接而成，器长 46 厘米、下端宽 50、上端宽 56 厘米、壁高 14.5 厘米、厚 3.5 厘米，内侧近沿处有两鼻，系预先挖好槽道，待水槽安装完毕后，再将槽外侧填实；铺瓦（图 3-1-8）、排水槽系春秋、战国时代赵国独有的城垣防、排水构造。

城中存 5 座高大夯土台基。其中沿城中轴线等距分布 1～3 号高台。1 号台规模最大，名龙台，基部平面东西 264 米、南北 296 米，台面东西 102 米、南北 132 米、高出地表 16 米，四面呈阶梯状，部分为原有台层、部分系耕地所致；龙台（图 3-1-9）周围多瓦片，北侧有陶圈古井。2 号台基部东西 58 米、

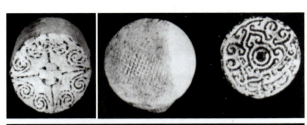
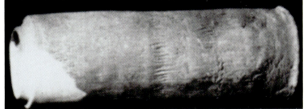

图 3-1-10　赵王城瓦当、陶水管

南北 55 米、残高约 6 米，东、西各有并行两列柱础石，外侧排列矩形砖、长达约 20 余米；3 号台基部东西 67 米、南北 60 米、残高 8 米。轴线两侧有宽阔的夯土地面。

东城平面为不规则矩形，东西最宽 926 米、南北最长 1442 米，占地面积约 129.9 万平方米，地势较西城低 5～10 米，地下文化堆积层厚达 0.3～1 米，遗物丰富，常见筒瓦、板瓦、薄砖、瓦当、生活用陶器等。城垣保存较好，构造略同于西城。城中存 3 处夯土台基。其中城西 6、7 号台南、北对峙，规模最大，名将台，两台周边有地下夯筑遗址、遗迹多处。

小北城平面不规则，东西最宽 1410 米、南北长 1520 米，占地面积约 186.5 万平方米。地势东南与东城略同，北部淤土颇厚，文化堆积层位于地表以下 0.6～6 米，遗物不太丰富，曾出土筒瓦、板瓦、瓦当、生活用陶器、铜镞、铁镞等。城中存 1 座夯土台基 10 号台，规模仅次于龙台，并与西墙外 9 号台相对（图 3-1-10）。

西城、东城、小北城应系多次设计、建造完成，前者建设较早，建筑质量亦较佳，中者、后者系稍后兴建，整体形成以城垣内、外 10 座高台建筑为主体的大规模宫殿建筑群，充分体现了战国中后期赵都邯郸的建筑发展水平。

三、中山灵寿城及宫殿遗址

中山灵寿城（图 3-1-11、图 3-1-12）位于石家庄市平山县三汲乡境内，西连太行井陉、东面华北大平原，北倚东灵山，南临滹沱河。灵寿系中山桓公复国时所立都城，其东、西城垣均按河沟走势筑于沟岸内侧高地上，平面呈桃形，东西最宽约 4000 米、南北最长约 4500 米，地势北高南低、落差达 40 米，城内沿一条南北向自然河沟修筑城垣、将都城分为东、西两部。西城北部为王陵区，以一道东西向陵墙与南部居住区相隔；东部为商业区；东城西部则为大面积手工业区，东北存有大面积夯土建筑区，

图 3-1-11　中山灵寿复原

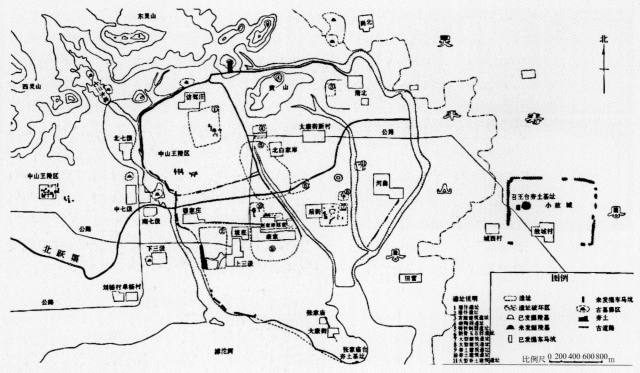

图 3-1-12 中山灵寿平面

应为宫殿建筑群；南部亦有大片夯土建筑遗址。

中山灵寿城宫殿位于东城。其中 3 号遗址位于东北部，7、8、11 号遗址位于南部，均系大片夯土建筑群。

3 号遗址（图 3-1-13）与正南 1500 余米处 7 号遗址遥对，其北为城垣，西为黄山，南有河沟、与手工业区相隔。现存西北部分，南北 200 米、东西 150 米，约占原面积 1/3。中部距地表 0.8 米处南北向一线排列 9 处圆形夯筑柱础基，夯筑坚硬，直径 1.8 米、厚 1.9 米、边距 2.5 米，其中部分柱础基上置有长约 1 米、宽约 0.7 米的矩形柱础石。地面除大面积瓦砾堆积外，尚有成片红烧土地面和白灰。东部有东西并立、间距 1 米与 1 米见方的夯基，夯土深 10 米，极坚硬，用途不详。出土大量战国常见绳纹板瓦、筒瓦、方形空心砖：绳纹板瓦长 55 厘米、底宽 37.5 厘米、厚 1.5 厘米；绳纹筒瓦通长 53.5 厘米、宽 16.5 厘米；绳纹空心砖长、宽 36.5 厘米、厚 16.5 厘米。另出土有素面、山形、乳钉云带、乳钉地兽、乳钉地间阴云纹半瓦当。

7、8、11 号夯土建筑位于东城南部，地势较高。7 号夯土建筑中存有 3 组大面积夯土遗迹，其中西侧一组建筑群残存夯土台基，东西宽 80 米、南北长 120 米、残高 1 米余；周围大片建筑遗迹系以 7 号高台为中心的建筑群；东侧二组建筑按瓦砾范围每组东西宽 120 米、南北长 240 米；部分夯土墙基长达 190 米、宽 4 米余；中、东部残迹东西长 430 米、南北宽约 280 米。8 号夯土建筑与 7 号原系一处，因人为取土而隔断，其东部残迹东西长 170 米、南北宽 150 米，内含 2 组大型建筑群。11 号夯土建筑位于 8 号东北，其间有自然河沟相隔，现存较为集中的残迹东西长 60 米、南北宽 40 米。上述遗址地表暴露绳纹板瓦、绳纹筒瓦、空心砖等残片（图 3-1-14）。

此外，西城东部 9、10 号遗址位于全城中心，北侧不远即手工业区，整体东西长约 750 米、南北约 450 米，两处遗址之间贯穿一条 11 米宽东西向古道，西对西门门阙，应为集市等商业活动区。遗址中除有大量板瓦、筒瓦（图 3-1-15）外，常见瓦当为素面半瓦当，乳钉地阴云、双龙纹半瓦当数

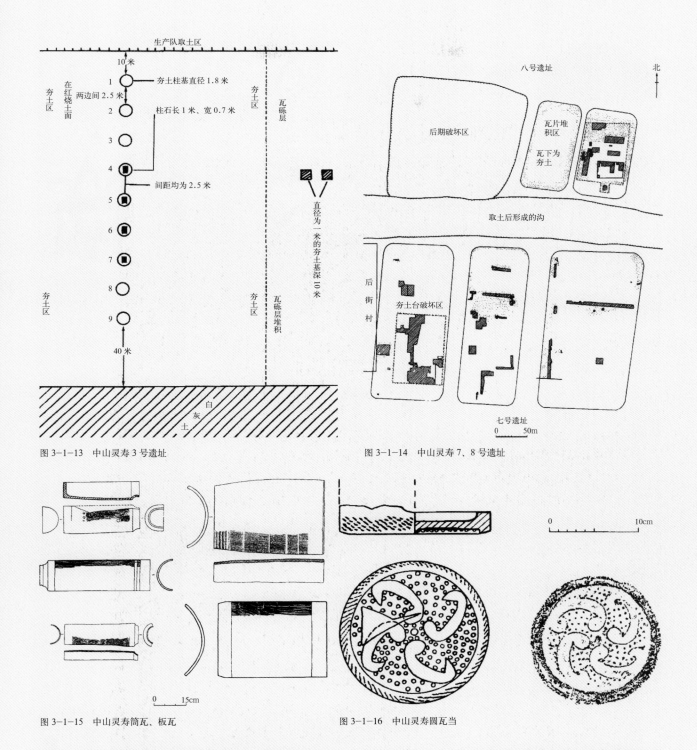

图 3-1-13 中山灵寿 3 号遗址

图 3-1-14 中山灵寿 7、8 号遗址

图 3-1-15 中山灵寿筒瓦、板瓦

图 3-1-16 中山灵寿圆瓦当

量较少，瓦钉帽有圆塔山形帽。遗址西北部有一处南北长 65 米、宽约 50 米的夯土建筑遗迹，其中出土大型板瓦、筒瓦、乳钉地阴云纹圆瓦当、半瓦当，以及山形瓦钉帽饰和脊瓦（图 3-1-16～图 3-1-24）。这些瓦件与中山王䰜墓建筑用瓦相同。

中山灵寿城及宫殿布局与列国，尤其是燕国都城具有较高的可比性：两者均为东、西城骈列，城西设高等级墓葬，主要建筑沿轴线布局。相形之下，灵寿城更充分地利用了自然地形、将小山圈在城内，体现了鲜虞筑城"山在邑中"的规制，在控制工程土方量的同时，实现了高台建筑具备的祭祀崇拜与军事瞭望等功能。

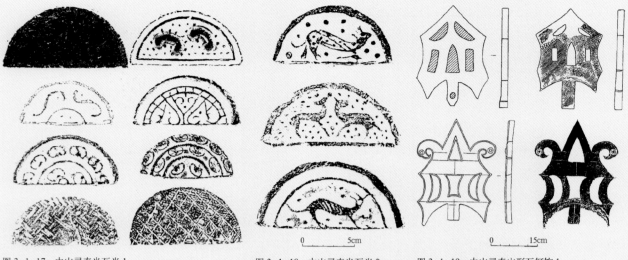

图 3-1-17 中山灵寿半瓦当 1
左列为素面、乳钉单虹云带、乳钉单虹云朵、席纹右列为乳钉双云、宽轮卷云、乳钉双虹云朵、斜方格纹

图 3-1-18 中山灵寿半瓦当 2
乳钉鹿、乳钉双鹿、乳钉兽纹

图 3-1-19 中山灵寿山形瓦钉饰 1
上为山形瓦钉饰
下为双鹰头山形瓦钉饰

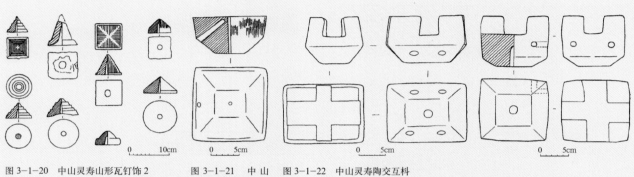

图 3-1-20 中山灵寿山形瓦钉饰 2

图 3-1-21 中山灵寿陶平盘料

图 3-1-22 中山灵寿陶交互料

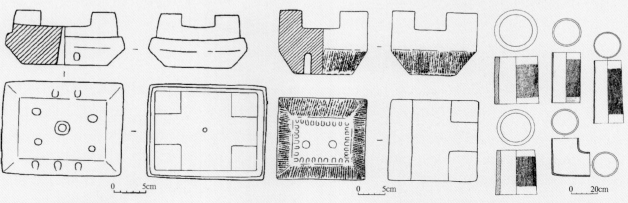

图 3-1-23 中山灵寿陶炉料

图 3-1-24 中山灵寿陶水管

第二节 秦金山咀行宫遗址

秦金山咀行宫遗址位于秦皇岛市北戴河区金山咀地区。金山咀系一伸入海中的高岗岬角,其东、南、西三面环海,北与陆地相连,形如半岛。其地属沿海丘陵,起伏较大。遗址分布范围较广,目前已知的即有金山咀、横山、鸽子窝三处,其中横山遗址保存较好。

横山遗址(图 3-2-1)范围内分布有建筑基址、窖穴、井、水管道(图 3-2-2)、灶等。建筑呈分组院落式布局,组间或共用院墙,组内建筑多依院墙建造、将院墙用作房屋后墙或山墙。建筑依地势而建、未对地形作重大调整,仅作局部垫土,最厚者位于遗址中部,约1米余。院墙和单体建筑均设墙基;建造时先在垫土或生土上挖出宽于墙厚、深约半米的基槽,填土夯实后再筑夯土墙;院墙及单体建筑墙体均系夯筑,墙面均未见修饰与版筑痕迹。建筑所用础石多系天然砾石,个别为青石,石质非附近石材;础身大小不一、形状各异;表面未见加工痕迹,直接以天然平面朝上放置、不平面朝下,以便安柱时增加稳定性;础石周围不见础石坑,应系建造时与土同夯,而非事后挖坑埋置。部分建筑室内可能用方砖铺地。院墙与单体建筑均用瓦顶;院墙以夯土直接承瓦,建筑以木构架或夯土墙,或二者混合承重,木构架未见以柱网形式布局。屋面采用筒、板瓦扣合;筒瓦下不见泥背块,可能由于材料完全风化,或系以类似今陕西汉中流行的"撒干瓦"方式修建(图 3-2-3)。遗址内排水沟顺地势敷设。屋面塌毁形式整齐,未见碳化或二次破坏痕迹,或系人工拆除。

横山建筑遗址无打破叠压关系、不见修补痕迹,建筑布局紧凑、规划整齐、结构合理、出土遗物时代特征一致,系一处经过精心设计、一次建成的大型建筑群。出土器物与金山咀、鸽子窝两处遗址存在密切关联,可视为一个整体。出土遗物多系建筑构件、很少生活用具,这与秦都咸阳1号宫殿建筑遗址及辽宁绥中石碑地"姜女坟"建筑遗址(另一处秦、汉渤海行宫)相同,且遗物样式具有较为明显的秦代特征。

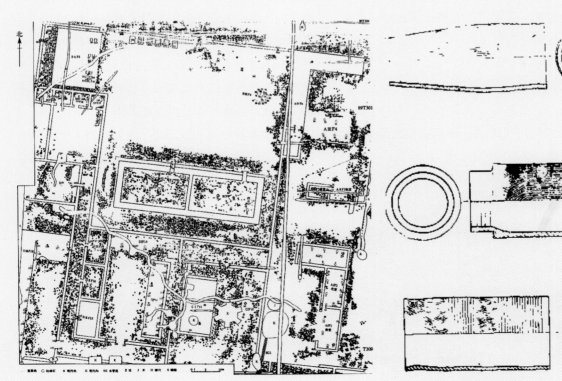

图 3-2-1　金山咀行宫横山遗址

图 3-2-2　金山咀行宫陶水管

变形夔纹半瓦当　　　　　　　　卷云纹半瓦当　　　　　　　　卷云贴贝纹圆瓦当

图 3-2-3　金山咀行宫瓦当

第三节　汉邯郸温明殿遗址

汉邯郸城发轫于赵都大北城。西汉至东汉中期，城东、西略有扩大，总面积约 17.8 平方公里。繁华区在梳妆楼至丛台之间，其地汉代遗物丰富。繁华区中心在温明殿一带。

温明殿系西汉赵王如意的宫殿；东汉刘秀平王郎后亦曾居于此；温明殿末次修建或在北齐时期。该殿夯土台基原残高 2.1 米，东西长 21 米、南北宽 25 米；1980 年因建设需要夷为平地。殿西 300 米有地下墙址，南北长 900 米，或为邯郸宫西墙。宫殿区西侧为苑囿，系由战国时期军事基地发展而成；东侧系赵都宫苑丛台。

第四节　北朝邺城及宫殿遗址

邺城位于邯郸市临漳县。春秋齐桓公始置城，战国时曾为魏都，汉为魏郡治。曹魏、后赵、冉魏、前燕、东魏、北齐先后立首都或陪都于邺，其城共存在 1200 余年，后期作为北方政治、经济、文化中心亦达 300 余年。

北朝邺城（图 3-4-1）至少可直接追溯至汉末韩馥、袁绍牧冀州时的经营与建设。自曹操取邺至曹丕迁洛，父、子两代长期居邺，对其进行整体规划，城外开凿运河、兴修水利，城中营造宫殿、衙署、园林。西晋八王之乱对邺城宫室有一定破坏。后赵、冉魏、前燕建都邺城后，不断修复并予以复兴。北魏拓跋氏南下洛阳前，亦屡次兴迁邺之议，并曾驻跸其间、兴修宫室。永熙三年（公元 534 年）孝静帝迁邺、建立东魏，于重修北城（图 3-4-2）之外、又大力兴造南城（图 3-4-3）。此后历经东魏、北齐历代修建。北周大象二年（公元 580 年），杨坚战胜起兵于邺城的尉迟迥后，将城焚毁。此后隋唐运河改线、远离邺城，其地再未复兴。

南城北墙沿用北城南墙，东、西墙大体系北城墙体南延，东、西、南三面均有弯曲，南墙中部朱

图 3-4-1　北齐邺城复原

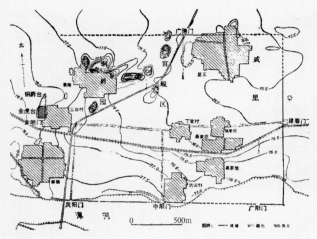

图 3-4-2 邺北城遗址

明门两阙及附属建筑向南探出，东南、西南倒圆角，或出于防御考虑。城垣宽 7～10 米，基槽部分深 1.2～3.2 米；西南城角基槽宽 8.5～9.5 米，深 1.8 米，较其余部分更深，以利结构强度。东、西、南三面筑有马面，一般宽约 18 米、伸出墙体约 12 米、夯土层厚 10 厘米。南城设 14 门，其中南面正门朱明门形制宏大，有 3 门道，并由门墩、门道，向南伸出东、西墙及两阙；中央门道宽 5.4 米，东、西门道宽 4.8 米，两墩各宽 30 米、厚 20.3 米，系由原宽 9.5 米城垣北侧加宽 10.8 米构成；门墩两端各与城垣连接；墩外有两段厚约 12 米、长 33 米的南北向长墙，间距 56.5 米，尽端各有一边长约 15 米的方台，形成双阙。南城东、西、南三面设护城河，河宽 20 米、深约 1.8 米，城门处略窄，以便架桥。东南、西南角护城河内岸倒圆角、外岸直角，致此处河面甚宽。河与墙基本平行，距西墙约 28 米，距东、南墙约 120 米。

南城北部中为宫城（图 3-4-4），设 6 宫门：南止车、北玄武、西北千秋、西南神虎、东北万春、东南云龙。轴线自南至北为端门、阊阖门、太极殿、

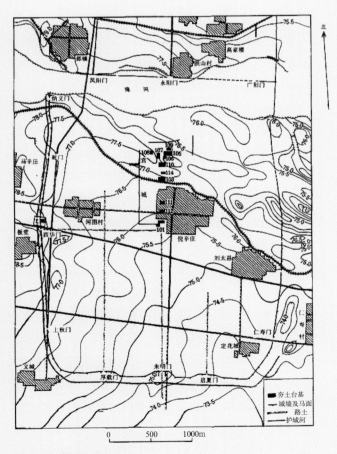

图 3-4-3 邺南城遗址

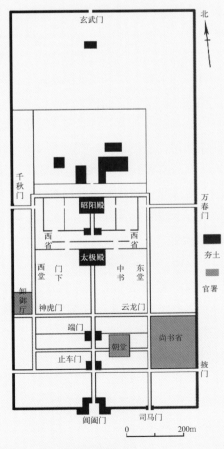

图 3-4-4 北齐邺宫复原

图3-4-5 邺北城出土砖瓦拓片　　图3-4-6 邺南城出土砖瓦拓片

朱华门、昭阳殿、永巷、五楼门、后宫。后宫分东、西两院，东院正殿显阳殿，西院正殿宣光殿。显阳殿东原为东宫，后改建扩为后宫，东为修文殿，西为偃武殿，北为圣寿堂、玳瑁楼。宫外广布里坊。宫外东有太仓，西为朝贵憩息之所"解卸厅"，南系官署、后妃所居亚宫、社稷、祖庙、高官宅邸等。官署有御史台、尚书省卿寺、司州牧廨等。高官宅邸有高昌王宅、大司马府等。此外，坊间尚有集市、寺庙等。

南城或有外郭，内设邺地官署、离宫及皇家园囿游豫园、清风园、仙都苑等。郭外设各类礼制建筑，南郊有圜丘、御耕坛、籍田，北郊有方泽、零坛、高禖坛，东郊有迎春坛等。更有众多佛寺遍布城内外。城西漳河为天然屏障，滏口陉为军事要道，遂于城西5公里处设武城、以资护卫。西面山中为皇室陵寝、高官墓地。

北朝邺城格局上承汉长安、北魏平城、洛阳，下启隋大兴、唐长安，逐步发展出系统的都城制度。其中：汉长安多宫城，面朝后市、左祖右社，祖庙、社稷位于城外；北魏平城因须对激增的民众加以管理，而在两道城垣之外兴建郭城，其中遍布里坊、以居官民，并大兴佛寺，市肆设于宫南，社稷移至郭内；北魏洛阳沿用平城三道城垣旧制，并引入马面等防御构造，市移出内城、与社稷同处外郭；邺南城袭北魏洛阳之旧，内城以官署及高官宅邸取代民宅，社稷亦在其间；隋大兴、唐长安将内城改作皇城，其中只设官署、社稷。从汉至唐，邺南城是都城制度演变的重要环节，尤其是特重北城、并将内城收归皇家所有、城中仅余政府机构和礼制建筑，是中央集权制逐步加强的表现（图3-4-5、图3-4-6）。

第五节　元中都及宫殿遗址

元中都位于张家口市张北县馒头营乡，地处蒙古高原南缘、燕山与阴山会合处、农业与游牧的交接地带，系沟通和林、上都、大都的重要交通节点，其地曾修建旺兀察都行宫。云大德十一年（1307年），元武宗下令于行宫所在地修建宫阙，并名之中都、作为大都的陪都。都城规模宏大，且因地处塞外、交通不便，砖、石、瓦、木多无法就地取材，致使工役繁重、耗资巨大，工程亦屡遭非议。至大四年（1311年）元武宗去世，其弟仁宗继位后，随即下令停止尚未完工的都城建设，实际解除了中都的陪都职能；但其时宫阙尚在、仍作行宫使用，以后的泰定帝、文宗、顺帝均曾到此巡幸、议政，或做佛事。天历二年（1329年）元文宗在中都宫殿毒死其兄明宗，此后中都逐渐残破，并于元末农民战争中毁于战火，但蒙元余部仍时常聚集于该地。至正二十八

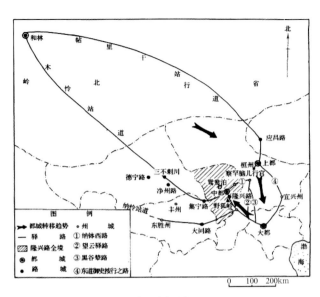

图 3-5-1 元和林、上都、大都、中都区位

年（1368年），元顺帝从大都出奔上都，曾途经过中都，并派使者至高丽征兵。元以后其地荒芜，成为牧场。明永乐八年（1410年），明成祖亲征蒙元残部，其时中都废墟已为泥沙遮掩，名唤"沙城"。明疆界退守于野狐岭长城后，中都不再见于历史记载，渐遭遗忘。清代其地属察哈尔部镶黄旗牧地，当地人称"插汉巴哈尔逊"，即白城子，且仍保留"沙城"之名，但有关中都的记忆日趋漫漶。直至近、现代学者调查、发掘才得以重获发现（图3-5-1）。

中都周围地势西南略高、而东北略低；东、南、北三面地势平坦，外缘系连绵起伏的山岭、缓丘，西面为相对高度约130米的狼尾巴山（凤凰岭），从都城西南延直抵野狐岭。岭北溪流汇成安固里河，在中都东侧北流至黄盖淖，此后河道转西，汇入安固里淖（鸳鸯泊）。蒙元时期，其地应有大面积水域，地下水位也较高，井水或足以满足中都生活所需。此外，中都（白城子遗址）周边分布着同期遗存，如东北部黑城子遗址、西部淖沿子遗址、新地湾遗址、狼尾巴山遗址等，从遗物性质看，或为中都的物资供应点或军事基地（图3-5-2）。

中都坐北朝南偏东1.1°，占地约850万平方米，平面呈方形，边长约2900米，分宫城、皇城、外郭3层，其城垣周长分别约合元代的6里、9里、30里，各层均存有大量建筑遗迹。

宫城略偏于皇城北侧，平面呈矩形，南北长610米、东西宽555米，周长2.3公里，规模与上都宫城相仿。城垣残高3米、基宽12米、顶宽8米，夯土筑成，夯层8～12厘米。宫城四角设角楼；东北角楼残长7.6米、宽7.3米、高3.4米；角楼墩台外包砖。宫城四面辟门，门宽约8～10米，无瓮城。东、西、南三面城垣下各有一水道，高约2米，以石条、青砖砌成，白灰勾缝，外设铁栅、直通皇城外。城内建筑遗址保存基本完好，有"十"字形道路交汇；正中有一高台，南北长116米、宽48米、高3.1米，系主体建筑遗址，周边对称布列30余座小型台基；台基上分布有106处柱础坑，另存有一青灰石柱础，矩形底座，长100厘米、宽80厘米、高50厘米，座上凿圆形础面、直径80厘米、高5厘米；台基两侧曾出土两枚汉白玉螭首及四口"仲乐王造"款识的大水缸。

皇城偏居郭城北侧，南北长910米、东西宽755米，周长3.3公里，规模仅与大都宫城相当。皇城垣至宫城垣距离东、西、北为100米，南为200米。城垣坍塌、厚度不及10米，其东、北、西三面各有两道厚度不及5米的垂直隔墙连接宫城，将两圈城垣之间空地分隔为数个独立单元，格局类似明南京、北京在宫城与"外禁垣"之间增建"小禁垣"、以加强防卫。

外郭距宫城垣850米，南北长2310米、东西宽2555米，周长9.13公里，遗迹不甚明显。外郭北墙内正中有一长、宽各200米的大型建筑台基。城南存一条水渠，系从忽察秃淖引水入护城河所用，现宽10米、深1米。

三城内所有建筑台基上遍布砖石瓦砾，间有黄绿琉璃瓦当、滴水、螭吻等建筑构件。部分台基上尚存半掩半露的方形、矩形青灰条石。城西盛世永村曾出土茶碗大小的宫门铜钉27枚，每枚重达500克。另外，周边村庄墙壁、地面随处可见石柱础、石条、城砖等建筑材料（图3-5-3～图3-5-8）。

中都是蒙元历史上继和林、上都、大都之后确

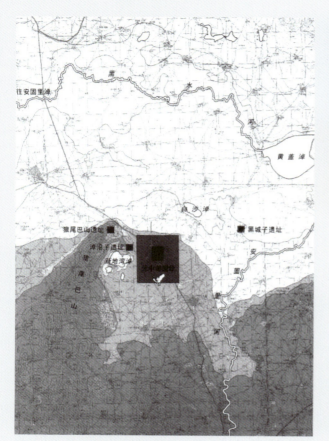

图 3-5-2 元中都周边山形水系

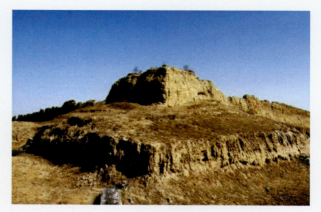

图 3-5-3 元中都宫城西南角楼墩台

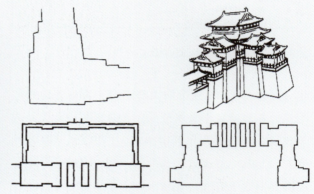

图 3-5-4 元中都、大都城垣、城门比较
上：元中都宫城西南角楼墩台平面——元大都宫城崇天门西侧阙楼鸟瞰
下：元中都宫城南门平面——元大都宫城崇天门平面

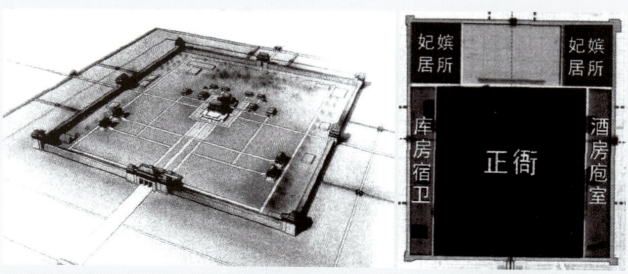

图 3-5-5 元中都宫城复原

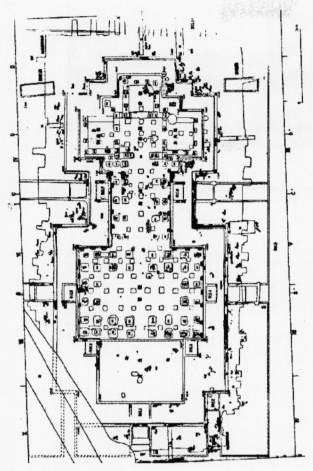

图 3-5-6 元中都工字殿平面

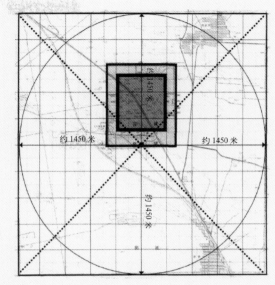

图 2-5-7 元中都设计意匠

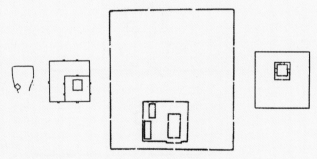

图 3-5-8 元和林、上都、大都、中都形态示意

立的最后一座都城，其宫殿是继和林万安宫、上都宫城、大都宫城、龙福宫、兴圣宫之后修建的最后一座大型宫殿。其城市布局与建筑设计均受到大都制度的深刻影响，具有极高的设计水平。

第六节　曲阳北岳庙

曲阳北岳庙，全国重点文物保护单位。曲阳自汉武帝以来至清初顺治年间，为历代遥祀北岳恒山的地点。北岳庙位于曲阳县城内西南隅始建于北魏宣武帝景明、正始年间（公元 500～515 年）。唐开元二十三年（公元 735 年）定州刺史段愔增建。北宋淳化元年（公元 990 年）被契丹人所焚毁，淳化二年宋太宗下诏重修。元初忽必烈下旨重修。明嘉靖十五年（1536 年）、万历十五年（1587 年）又有重修。清顺治十七年（1660 年）改祀北岳于山西浑源之后，此庙日渐荒废，但乾隆、道光年间仍有重修。

北岳庙坐北朝南，规模宏巨，史上最盛期占地约为 17 万余平方米，至今仍存 3.84 万平方米。现存建筑由南至北依次有御香亭、凌霄门、三山门、飞石殿基址、德宁殿以及轴线两侧的东、西昭福门和 4 座碑亭。据明代北岳庙图碑的记载，除以上建筑外，庙内还曾有登岳桥、神门、牌坊、朝岳门、后朝门、寝殿、朝房、钟楼、鼓楼、披衣房、药王殿、子孙殿、东进禄门、西进禄门、神厨、真武殿等建筑，均毁于民国初年之前。1984～1987 年，德宁殿、御香亭、三山门及凌霄门先后经历了维修（图 3-6-1）。

建于元至元七年（1270 年）的德宁殿是北岳庙的主体建筑，是国内现存最大的元代木构建筑（图 3-6-2）。殿为重檐庑殿琉璃剪边顶，坐落于高

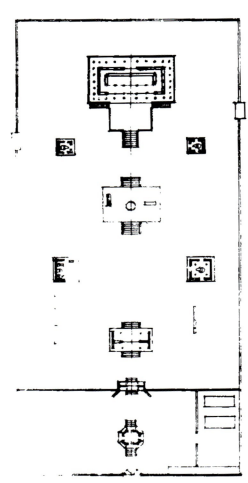

图 3-6-1 曲阳北岳庙总平面图

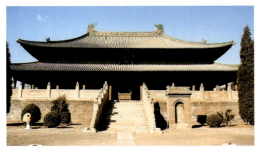

图 3-6-2 北岳庙德宁殿外观

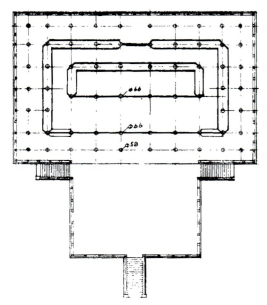

图 3-6-3 德宁殿平面图

大的台基之上，前有月台，周围施汉白玉勾栏。殿身为面阔七间、进深五间，其外围有副阶周匝的金厢斗底槽平面，占地面积 2000 余平方米，高 25.6 米（图 3-6-3）。殿内采用了减柱法，内槽中央偏后设像坛，周围三面砌筑撞墙，与殿身形成内外两圈墙壁。除下檐四面的梢间施补间铺作一朵外（图 3-6-4），上下檐其余各间均用补间铺作两朵，上檐斗栱为六铺作单抄双下昂重栱计心造，昂为假昂（图 3-6-5）；下檐为五铺作双下昂之斗栱，第一层用假昂，第二层昂后尾上挑直达槫下（图 3-6-6）。殿内彻上明造，梁架结构为十椽屋用乳栿四柱，槫下施叉手、托脚、蜀柱及角背，出现襻间枋，代表着元代向明清发展的过渡，既简化了复杂的结构，又加强了结构的强度，但此殿梁架几经明、清所修改。德宁殿现存的元代壁画《天宫地祇图》颇为壮观，位于殿内两山墙及内槽扇墙背后，面积约 414 平方米，东山墙为《云行雨施》，西山墙为《万国咸宁》，内槽北墙为《启跸图》，均取自道教题材，每幅壁画自成章法，又在统一的主题下相联系，规模宏大，内容丰富，情节复杂，构图精美，人物形态生动，山水气势磅礴，为我国壁画艺术的珍品。

北岳庙内存有历代重修碑、祭文碑、加封碑、游记碑等近百通，是河北省最大的碑群之一，碑刻内容多为历代重修北岳庙的记载和祭祀北岳之神的祭文。关于历代祭祀北岳神于曲阳的碑刻，年代较早的有唐碑四通，分别为开元九年（公元 721 年）的《大唐北岳府君之碑》，开元十五年的《北岳恒山祠碑并序》，开元二十三年（公元 735 年）的《大唐北岳神庙之碑并序》以及天宝七年（公元 748 年）的《大唐博陵郡北岳恒山封安天王之铭

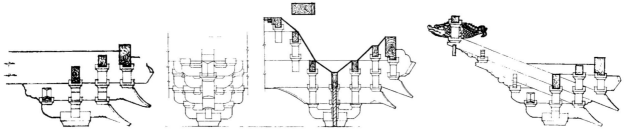

图 3-6-4　德宁殿下檐柱头铺作　　　图 3-6-5　德宁殿上檐柱头铺作　　　图 3-6-6　德宁殿下檐补间铺作

并序》。此外，还有我国现存为数不多的唐代石灯一座，由覆莲基座、圆形盘龙柱、仰莲式平坐托盘以及方形四角攒尖顶灯室组成，为白石雕成，通高3.2米，但此石灯非北岳庙原物，而是由其他寺院内移存于此的。

第七节　明、清衙署

一、直隶总督署

直隶总督署位于保定市裕华西路99号，东、西、北系其他衙署，南为莲花池、书院，其地较周围略高。总督署坐北朝南，东西宽134米、南北长224米，占地面积约30100平方米，分东、中、西三路，有院落20余座，布局基本对称（图3-7-1、图3-7-2）。

中路为主体建筑，地势由南至北逐渐升高，依次建有署门、仪门、戒石坊、大堂、垂花门、二堂、官邸、上房。署门三间，高出署前地面1米，保存完好；门前设隔街照壁，东、西辕门，班房，围合成署前广场，场内东、西各有一座鼓亭、一棵高约20米的旗杆，辕门外西南侧建有炮台；门内有甬道连接二、三、四、五进院。仪门三间，左、右分别立道光七年（1827年）、同治十三年（1874年）石碑各一通，两侧各辟边门一道。二进院东、西厢房各十五间，院内戒石坊为新建。三进院大堂、二堂为衙署中心。大堂用于举行典礼及重大政务活动，面阔五间22米、进深5米九檩，单檐硬山顶，前出悬山顶抱厦三间，额枋上饰贴金彩绘；大堂屋面用筒、板瓦，署内其他建筑用仰、合板瓦；堂中悬雍正御题"恪恭首牧"；堂后为三进院。二堂又称"退思堂"、"思补堂"，用于接见外地官员、僚属，举行一般礼仪活动及审理案件，面阔五间。三进院东为议事厅三间，为总督退堂与幕僚议事处，西为启事厅三间，为书吏整理案卷处；四周廊庑相通，建筑精巧。四进院官邸又称"三堂"，为总督书房、签押房，用于批阅公文，明间为过厅，可径直通往上房。五院上房又称"四堂"，为生活起居处。

东路自南向北依次为寅宾馆、钱谷幕府院、文官车轿库房、东花厅、外签押房、厨房及宿舍等。寅宾馆与中路署门平行；馆东为武成王庙及武将衙署的衙神庙。钱谷幕府院为幕僚办公、居住处。东花厅系徽式，疑为李鸿章在任时建造。

西路自南向北依次为典史厅、刑名幕府院、旗纛庙、小校场、西花厅、办事厅、花园。典史厅西北隅为马厩。小校场为将领兵士习武之处，系武将衙署特点。西路毁于战火，现在正筹划恢复。

直隶总督署或可上溯至元至元七年（1340年）的宣化堂，明初保定知府以之为主体建筑、扩建为府署。明永乐年间，大宁都指挥使司移至保定，改府署为衙署，在原址东侧另建府署。清初改作参将署；康熙元年（1662年）改直隶省署；雍正七年（1729年）经大规模扩建后，启用为直隶总督衙署，并沿用至清末。民国年间，先后为省府、清苑县署。

直隶总督署是我国现存最完整、典型的省级衙署建筑，较州、县衙署更为宏大、规整，且系武将衙署，形制与文官衙署有别。

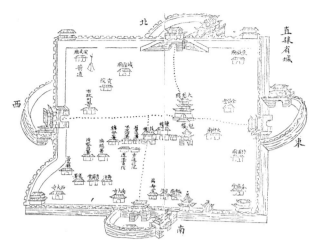

图 3-7-1 直同治《清苑县志》"直隶省城"

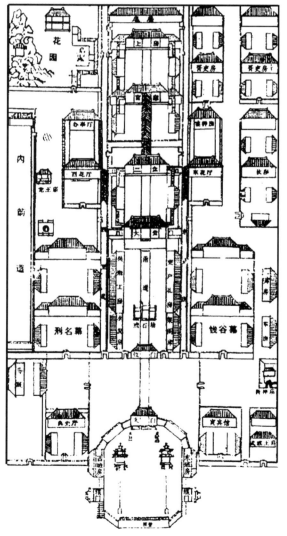

图 3-7-2 直隶总督署全图

二、清河道署

清河道署位于保定市区兴华路西端路北 3 号，坐北朝南，占地面积约 1800 平方米，含四进合院。第一进大门三间、卷棚垂花门一间；以后三进各有前、中、后厅五间，东、西厢房各三间，每进自西南角入，房屋以庑廊相连。

清河道署始建于清雍正四年（1726 年），原位于府治东（今天主教堂），道光年间迁莲花池，后迁今址。民初曾归军阀王占元所有，改建为公馆王氏宗祠。日伪时期曾为保定市政府所在地。抗战胜利后归国民党二十八军军部。

三、热河都统署

热河都统署位于承德市东省府街。原有影壁，东、西辕门，仪门，大堂、二堂、三堂、文、武官厅、喇嘛科、蒙民科、理刑司、民案房、围场科、印房官厅、稽查房、内外书房、库房、社堂、马厩、水房等建筑。其中三堂以后为都统内宅。

热河都统署始建于清雍正二年（1742 年），初为热河总管署；乾隆三年（1738 年）升副都统，嘉庆十五年（1810 年）升都统，辖承德府及内蒙古昭乌达、卓索图二盟，主管八旗旗务，遂扩建衙署；道光七年（1824 年）又增统热河全境司法、财政及文武官员政绩稽查等事务；民国三年（1914 年）改热河省政府直至新中国成立后撤销；1988 年改建成市民俗博物馆时落架重修。

四、察哈尔都统署

察哈尔都统署（图 3-7-3）又称"德王府"，位于张家口市上堡明德北街三家地。衙署坐北朝南，东西宽 50 米、南北长 133 米，占地面积约 6650 平方米。现存四进院落，自南至北依次为：署门、二门、正厅、后厅、寝室及东、西配房。正厅为衙署主要建筑，面阔五间、进深二间，单檐悬山顶，左、右各有配房三间。其余建筑多为硬山顶。主要建筑均采用前、后出单步廊。署门前原有一对石狮，现仅存基座。

察哈尔都统署始建于清乾隆二十七年（1762年）。民国初为察哈尔都统公署，二十七年（1928年）设行省后为察哈尔省政府驻地；日伪时期系"蒙疆联合自治联合政府"首脑德穆楚克栋鲁普官邸；新中国成立后为察哈尔省人民政府驻地。

五、滦县县衙

滦县县衙（图3-7-4）位于唐山市滦州镇东大街，坐北朝南。县衙原有辕门、大门、仪门、戒石坊、大堂、东、西库房、东、西翼房、德福祠、狱神祠、二堂、宅门、三堂、四堂、五堂、大花厅、东、西书房、厨房、上宪堂、马号、吏目廨和后花园等建筑。现仅存大门。大门面阔、进深各三间，单檐硬山顶，门楣悬"滦州衙署"匾，柱悬"政先六邑"、"教率四方"楹联，东、西额枋悬"滦水钟灵"、"岩山毓秀"匾。

滦县县衙始建于明正统年间（1436～1449年），至民国二十四年（1935年）前一直为县属驻地。民国七年（1918年）杨三娥为其姐鸣冤告状于此衙，曾引起全省轰动。

六、广宗县衙

广宗县衙（图3-7-5、图3-7-6）位于邢台市广宗县广宗镇文明街路北。县衙原为二进四合院，现存大堂一座。大堂坐北朝南，面阔五间、进深三间、通高11米，单檐硬山顶，具有明显的明代建筑风格。

广宗官署始建于明永乐年间（1403～1424年），历代均有修缮。

图3-7-3 察哈尔都统府旧貌

图3-7-4 民国《滦县志》"滦县县政府"

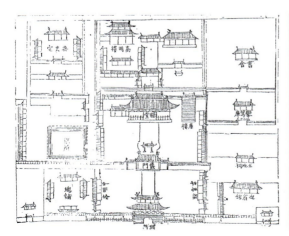

图3-7-5 万历《广宗县志》"县治图"

图3-7-6 广宗县衙大堂南面

天津河北古建筑

第四章 墓葬

河北墓葬分布图

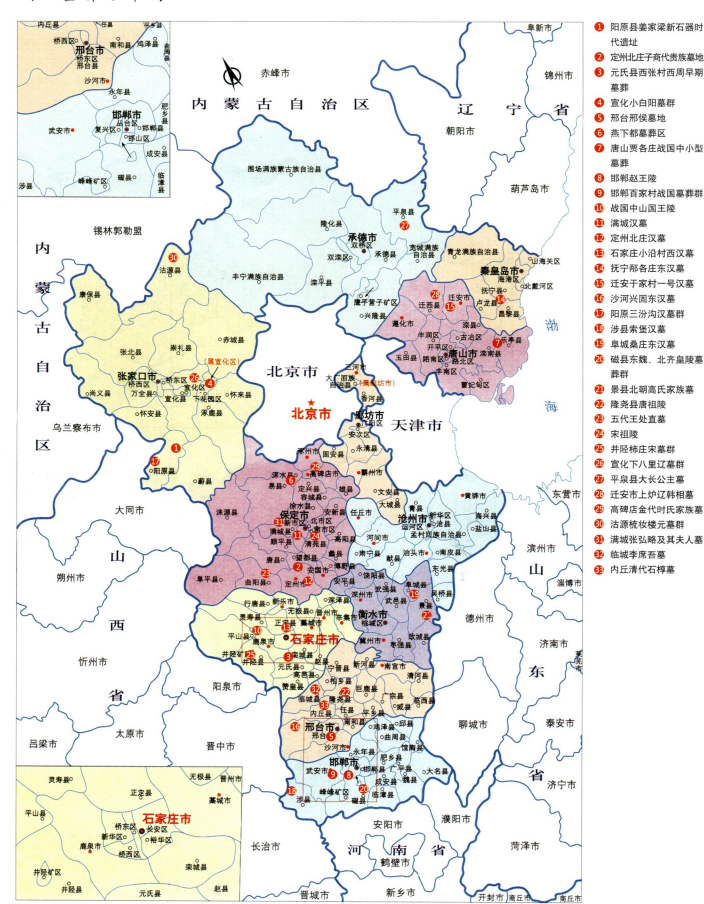

第一节 东周之前的墓葬

阳原县姜家梁新石器时代遗址（图4-1-1）位于著名的泥河湾盆地东部的高台之上，背靠虎头梁，南邻桑干河，是迄今为止河北省境内发现并发掘的规模最大的新石器时代遗址。其已发掘的78座墓葬与居住址基本重合，房址多被墓葬打破，可见墓葬时代要晚于房址，从文化遗物观察，二者是不同时代的不同人群留下的文化遗存，二者无必然联系。墓葬大多数为长方形土坑竖穴墓，还有少量洞室墓，以单人葬为主，葬式均为仰身屈肢葬。长方形土坑竖穴墓分为宽型、窄型两种。宽型墓的墓圹平面多呈圆角长方形，墓圹宽大，木棺多居中放置，在棺的周围形成了"熟土二层台"；窄型墓的墓圹狭窄，仅能容身，均无木棺。洞室墓在华北、东北的新石器时代墓葬中绝少出现，此处洞室墓以长方形土坑竖穴为墓道，在竖穴一侧掏挖与墓道平行的洞室，墓主均置于洞室内，无任何葬具。出土随葬品包括玉猪龙、石锛、石环等玉石、器和盆、钵、豆、高足杯等陶器。从该遗址的文化面貌与内蒙古赤峰大南沟墓地相近，其时代大概为后红山文化。

定州北庄子商代贵族墓地（图4-1-2）位于定州市西北郊的北庄子村北，占地13.6万平方米，包括各时期墓葬80座，其中商代墓葬42座。商墓皆为土坑竖穴墓，朝向均略呈东北—西南向（5°～25°之间），其长在1.90～3.75米之间，宽在0.70～2.2米之间，深度在4.5～8米之间，最深的一座墓达9.60米，低于今水面1.70米。其平面布局大概分为东西两区，西区墓葬主要为口小底大的覆斗形，东区墓葬的墓壁大多竖直，口底大小相差无几。墓壁加工规整，个别墓壁上还有脚窝。墓底皆有南北向长形腰坑。墓内葬具情况分为四种：第一种是一棺一椁，数量最多，棺一般偏于椁的一边；第二种是一椁，用于较大墓中；第三种是一椁中间置一南北向隔板，分为东、西椁室，分别放置墓主与陪葬者；第四种是一棺，墓室面积较小，随葬品亦少。在较大型墓中一般有殉人1或2个，42座商墓中除一座墓外，皆有殉狗1～10只不等。随葬品特点鲜明，铜器很多而陶器很少，铜器觚、爵、戈是一般墓中的基本组合，较大型墓中还有鼎、簋、斝、卣、觥等（其中在出土的10件鼎中，M95:1内腹壁铸有铭文），其器物造型和纹饰与殷墟如出一辙，大部分器物均能在殷墟、妇好墓找到相同或类似的种类，可见这是一处方国贵族墓地，且其文化与殷商腹地联系紧密。整个墓群的年代，大致相当于殷墟二、三期，个别墓可能晚到四期。

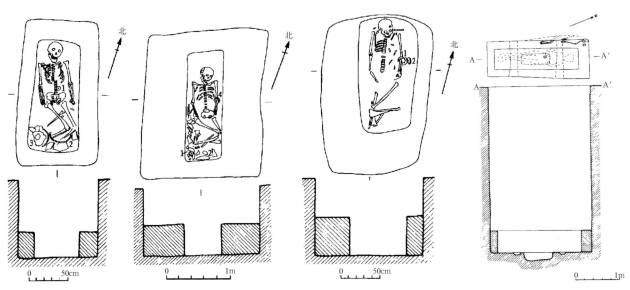

图4-1-1　姜家梁遗址墓葬 M4、M8、M17

图4-1-2　定州北庄子商墓 M74

图 4-1-3 元氏县西张村西周早期墓葬铜簋铭文拓片

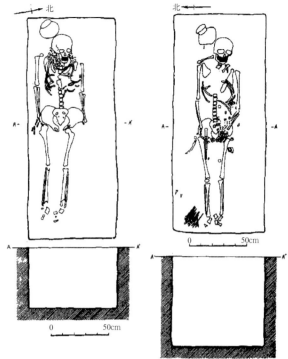
图 4-1-4 宣化小白阳墓群 M25、M37

元氏县西张村西周早期墓葬位于元氏县正南 5 公里的西张村，暴露于村东 0.5 公里处的土岗断崖上，在土岗中部稍偏北的黄沙土中，是一座南北向竖穴土坑墓。墓内人骨一具，头北脚南，随葬铜礼器大都放在墓主头前偏左地方，车马器则放在头部右侧，小件玉器放在腰部位置，墓底并有黑红色污泥状物，应是衣襟痕迹。墓中出土的一鼎、一尊、二卣、一簋上均有铭文，其器形与涞水张家洼、丰台卢沟桥、房山琉璃河、昌平白浮等地先后发现的铜器较为接近。其中簋的造型、纹饰与著名的邢侯簋（通称周公簋）相同，铭文上也提到"井（邢）侯搏戎"，可证实周初所封邢国确实在元氏县以南的邢台。其中尊、卣铭文中的"軝侯"不见于文献，也是首次见于金文，故推测軝国位置可能就在元氏一带（图 4-1-3）。

宣化小白阳墓群（图 4-1-4）位于张家口市东约 40 公里的小白杨村，属宣化县，北依燕山山脉，南临龙洋河盆地，处于龙洋河以西 1 公里的一处山坡上，共有墓葬 48 座，皆为长方形土圹竖穴墓。其中最大者长 2.5 米、宽 0.9 米、深 1.55 米（M44）；最小者长 1.34 米、宽 0.55 米、深 0.77 米（M8）。墓皆单人葬，仰身直肢葬式，墓主头部朝向分向东、向西两类，向东者数量略多。部分墓内有木棺痕迹，但因腐朽严重，木棺形状不明。随葬品有陶器、兵器和生产工具，其中装饰品种类繁多，有铜泡、铜牌饰及各种骨、石珠等，数量最多，几乎每墓都有。从出土的陶罐、壶、柱脊青铜短剑、两翼形铜镞、带钩等器类形态看，其年代上限可能早到春秋，下限不晚于战国早期。这些墓葬的文化面貌与中原同时期遗存有显著差别，具有浓厚的北方少数民族特点。

邢台邢侯墓地位于邢台市区西南的葛家庄村，是西周时期高等级墓葬区，位于邢国都城附近。1993～1997 年发现并发掘西周墓葬 230 座、车马坑 28 座。其中大型墓 5 座、中型墓 31 座（如葛家庄 10 号墓，见图 4-1-5、图 4-1-6），墓内随葬有丰富的青铜礼器、玉器、陶器。大型平面墓既有带有两条墓道的"中"字形平面墓，亦有只有一条

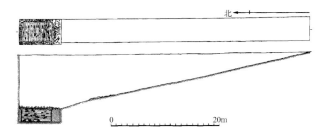

图 4-1-5 葛家庄 10 号墓平面图、剖面图

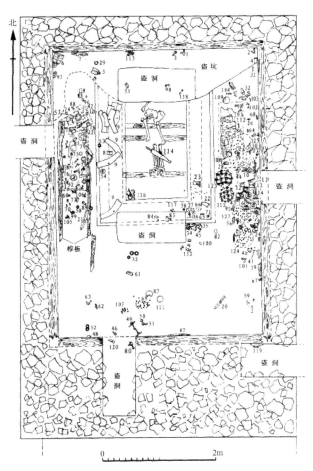

图 4-1-6 葛家庄 10 号墓室平面图

墓道的"甲"字形平面墓,其规模、形制可与天马—曲村晋侯墓、张家坡井叔墓相当。这些大型墓周围分布有车马坑,有一车两马、一车四马甚至一车六马,此外还有单独的马坑,葬马数量从 6~36 匹不等。这类大型墓葬的墓主只可能是邢侯及其夫人。从墓葬和其他遗存的分布、时代和文化内涵来看,邢台地区西周遗存的繁盛都与周初发生封邢这一重大政治事件有关。

第二节 东周墓

河北地区具有代表性的东周墓葬,主要包括燕国、赵国、邢国、中山国的王陵,以及这些封国的中小型贵族墓葬。赵王陵、邢侯墓葬的形制、葬式均为中原地区的形式,而燕下都遗址的大型墓葬形制独特,带有北方民族的色彩。

燕下都墓葬区位于易县县城东南的燕下都故城城址内之西北角,共有墓葬 23 座,分为"虚粮冢"和"九女台"两墓区——这种将墓区置于城内的做法在战国时期比较罕见。"虚粮冢"墓区共有 13 座古墓,"九女台"墓区有 10 座古墓,均有高大封土,而多数封土四周的地面之下还有夯土遗存。其中第 16 号、44 号两墓于 20 世纪 60 年代被发掘。

燕下都第 16 号墓(图 4-2-1)是"九女台"墓区北排五座墓中居中的一座,发掘于 1964 年 5~6 月。其上有高大封土,形似土丘四角缓圆,四边外弧,南北长 38.5 米、东西宽 32 米、高出地面 7.6 米,封土全部系夯筑,夯层一般厚 0.08~0.2 米。封土周围地表以下尚有面积较大的夯土,其面积经钻探得知,向北 2.5 米、向南 16 米、向东为 15.5 米、向西为 5 米,深度为 0.8~3.5 米不等,围绕封土四周呈不规则方形。墓室在残存封土下约 5 米处,与其南北两端的坑道组成"中"字形,为长方形竖井式,其四壁均为夯土垒筑,并经过火烧,形成坚硬的烧土壁,墓室下部有白灰掺蚌壳筑成的"二层台",形成一个长方形的小于墓口的圹室。因土质系沙土,松散易塌,故墓室四壁采用夯筑复经火烧的做法,以加固四壁,其下部白灰掺蚌壳的"二层台"更使墓室下部坚实,并起着椁室的作用。该墓因早期被盗扰,随葬品仅有大量陶器、石器、蚌器、骨器,另外在墓底发现铁镢、铁锤、铁铲等。

燕下都第 44 号墓(图 4-2-2)位于燕下都第 5 号地下夯土遗迹范围之内,发掘于 1965 年 10 月。此墓为长方形竖穴土坑,坑底平坦,由于墓坑上部早年被破坏,故深度不明。墓坑内有断首离肢的人骨 22 具,墓内遗物以铜铁兵器、刀布币为主,其

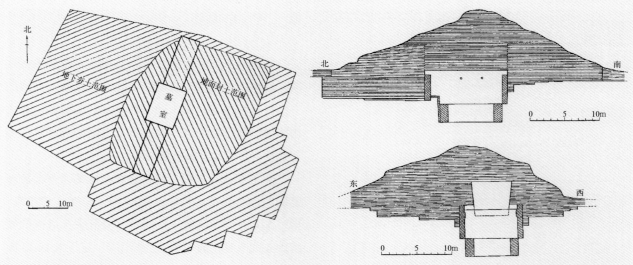

图 4-2-1　燕下都第 16 号墓

中一件铜戈上有纪年铭文一行十字，这在燕器中十分罕见。该墓对尸体和遗物处理草率，可能是一座武士丛葬墓，墓内兵器和货币为死者生前使用之物。

唐山贾各庄战国中小型墓葬发掘于 1952 年，其中包括战国墓 22 座。其墓葬形制，与其他地区战国墓葬大体相同，都有棺椁（仅剩余腐朽痕迹）。其最小的长 1.5 米、宽 0.5 米；最大的长 5 米、宽 4.2 米，深度从 0.15～3.1 米不等。随葬品以陶器为主，有鼎、豆、壶，其器形有浓厚的燕民族色彩。

邯郸赵王陵位于赵王城（今邯郸市区西南部）外西北方的丘陵地区，现有五座陵台，均以山为基，筑于山巅，规模宏大，台顶平坦，呈南北长、东西短的长方形，周边 5 米均经夯加固。陵台东边有大路，东西笔直，作斜坡形，亦经夯筑，十分坚固。其中邯郸境内的 3 号陵（图 4-2-3），位于孤峰凸起之山巅，巍峨雄伟，陵台南北 181 米、东西 85 米，沿下四周为斜坡，上铺片状护坡石，封土堆在台中，南北 66 米、东西 37 米、高 5.5 米。陵台之下，西南、西北各有一墓，封土小于主墓，与主墓排成"品"字形，陵台以西的两墓之间，还有不少不显封土的小墓。陵园四周还有残存围墙，东墙长 496 米、西墙长 498 米、南墙长 464 米、北墙长 489 米。

3 号陵的陵区内周窑 1 号墓（图 4-2-4）（编号 M1）发掘于 1978 年，其东距 3 号陵台 2.5 米，

在陵台之下，其墓主身份应为贵族。其残存封土之上有板瓦、筒瓦残件，早年似有木构建筑。该墓为平面呈"中"字形的土坑竖穴墓，墓圹东西 77 米，口小底大，东、西墓道内分别筑有车马坑及殉葬坑。墓室口长 14.5 米、宽 12.5 米；底长 12.6 米、宽 9.2 米、深 7.5 米。椁室在墓室中部，长方形，东西长 5.4 米、东宽 4.35 米、西宽 4.25 米，椁有两层，外石内木，其外全为夯土。车马坑早已被盗掘，计有马两匹。椁室中的石椁较为少见，与此对比，有学者认为有些在战国墓葬发掘报告中被称作"积石"的，可能是已坍塌的石椁。

邯郸百家村战国墓葬群（图 4-2-5）是战国时赵国的中小型墓葬，包括战国墓 49 座，全部是长方形土坑竖穴墓，全部为单身葬，其中墓主头部向北的有 29 座，向东的有 12 座，向西、向南各一座，其余头向不明，葬式有屈肢葬和直肢葬。墓室长度在 7 至 3 米、宽度在 5 至 2 米之间，底部有熟土二层台，内置棺、椁。墓内随葬品一般都有陶器，铜器、玉器则随墓之大小而有无。其中 5 座墓有殉人，可见仅就战国时代的赵国来说，其贵族死后仍有殉人的事实。

战国中山国王陵位于河北省平山县三汲村，在滹沱河北岸起伏的丘陵地带。从 1974 年 11 月～1978 年 6 月，这里已有 30 座东周墓葬、2 处墓上建筑遗迹、2 座车马坑、1 座杂殉坑、1 座葬船坑，出土文

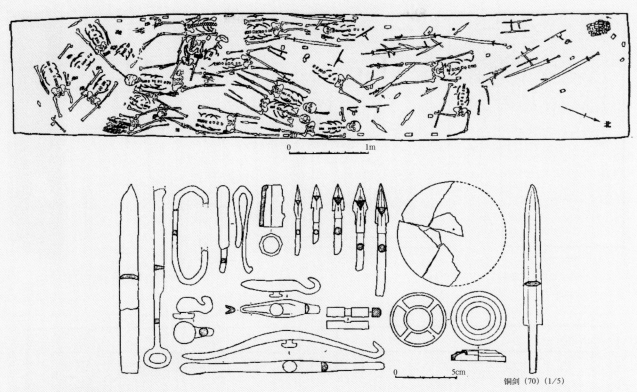

图 4-2-2　燕下都第 44 号墓

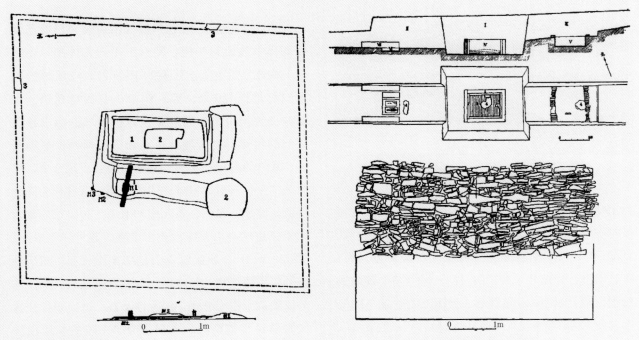

图 4-2-3　邯郸赵王陵之 3 号陵
1- 陵台；2- 封土；3- 残墙

图 4-2-4　邯郸赵王陵 3 号陵之陵区内周窑 1 号墓

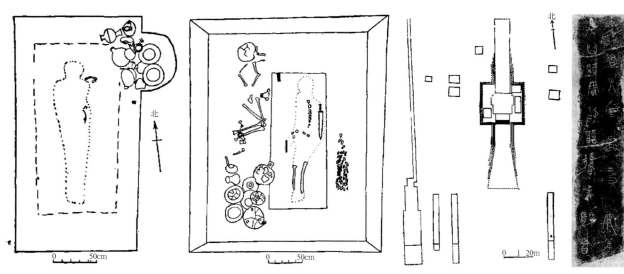

图 4-2-5 邯郸百家村战国墓葬群 52 号墓、1 号墓

图 4-2-6 战国中山国王陵 M1、刻字河光石铭文

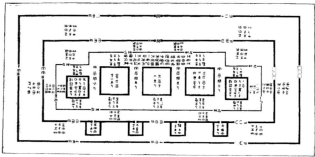
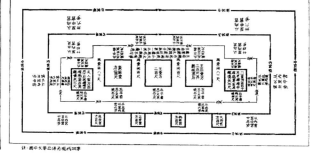

图 4-2-7 "兆域图"摹本与释文

图 4-2-8 杨鸿勋根据"兆域图"所作陵园设计透视图

物 19000 余件。20 世纪 30 年代时，当地农民在三汲村附近发现一块大河光石，上刻两行十九字，20 世纪 70 年代李学勤先生之释文为"监罟尤（囿）臣公乘得，守丘开（其）臼（旧）酒（将）曼敢谒后乐（叔）贤者"，意思是"为国王监管捕鱼的池囿者公乘得，看守陵墓的旧将曼，敬告后来的贤者"，这是判断附近大墓为中山国王陵墓的有力佐证。

其中 1 号墓（编号 M1）（图 4-2-6）是已发掘墓葬中最大的一座。其封土平面为方形，由下至上构成三级台阶，残高约 15 米，底边东西长 92 米、南北长 110 米。第二台阶上有回廊遗迹，大部分已被掘毁，上面还叠压有已坍塌的原有建筑顶部的用瓦，瓦有绳纹板瓦和筒瓦两种，瓦当圆形，瓦钉为菱形花式帽。墓室口距封土顶 9 米，平面为"中"字形，室壁成四级阶梯，全室分为南北墓道、椁室、东库、东北库和西库，其中东库和西库未经盗扰，出随葬物十分丰富，其中"兆域图"（图 4-2-7）金银嵌错铜板是最重要收获。随后杨鸿勋先生通过将"兆域图"与墓葬遗址相对照，认为该陵墓上设有奉祀、纪念性建筑，进一步推证战国时是举行墓祭的，并据此做了王陵的复原设计（图 4-2-8）。

第三节 汉墓

河北省已发掘的汉墓数量较多，其随葬品亦十分丰富，可分为封国王陵（包括中山国、赵国、河间国）和民间墓葬。

西汉中山靖王刘胜墓及其妻窦绾墓亦称为满城汉墓（图4-3-1），发掘于1968年6月～8月，是20世纪河北省的重要考古发现之一，当时中央还特派中央新闻纪录电影制片厂和北京电视台工作人员在现场拍摄了彩色资料片和电视片。两座汉墓位于满城县西郊的石灰岩陵山上，两墓南北并列，墓门向东，位于陵山接近山顶处，为凿进山体的大型崖墓，规模宏大。刘胜墓（1号墓）全长51.7米，最宽处37.5米，最高处6.8米，容积2700立方米；窦绾墓（2号墓）容积有近3000立方米。两墓形制大体相同，分为墓道、甬道、南耳室、北耳室、中室和后室等部分。两墓随葬品数量丰富，这与两汉时期的厚葬制度与风尚有关，按其制作材料，可分为铜器、铁器、金银器、玉石器、陶器、漆器和丝织品等，其中两位墓主的"金缕玉衣"为首次发现。

定州北庄汉墓（图4-3-2）为东汉代中山国王陵，其墓主可能是东汉中山简王刘焉。墓葬位于定州城外西北，其东南紧邻京广铁路线，地上有高大封土。墓室用砖砌筑，四周加围石块作墙，顶盖石块，墓室包括封土、墓道、东耳室、甬道、前室、回廊、主室和石墙等部分构成。整个墓室平面呈方形，南北长26.75米，东西宽20米，墓底低于地面深3.9米，墓顶距墓底高7.6米，方向196°。墓志修筑程序为开凿土坑、砌筑砖墓室、再于砖室外面砌筑石墙，然后在墓室和石墙之间填平夯土，用石块平铺封盖室顶，最后填夯封土。夯土内发现有属于殷周时代的生产、生活遗物，可见墓地附近早在殷周时代便有人居住。墓室外石墙所用4000余方石块中，有铭刻或墨书题字者共174块，内容多为当时地名与工匠姓氏，大多数位于顶层第一层石块上。墓室所用扇形砖北面均印有席纹，部分

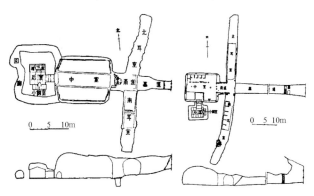

图4-3-1 满城汉墓1号墓与2号墓

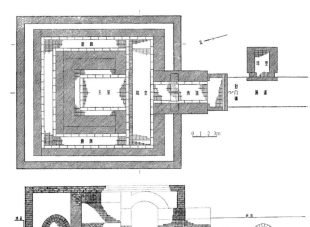

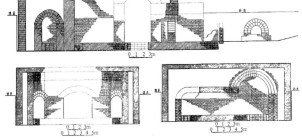

图4-3-2 定州北庄汉墓

砖上印有"丈八"、"丈二"、"丈六"等文字戳记，有的砖上还有如"张严五十二南"、"四百五十五"等朱书题记，这些很可能标记着砌筑顺序、砌筑工匠题名和记数。

石家庄小沿村西汉墓（图4-3-3）位于市区北郊、滹沱河南岸。该墓地面封土新中国成立初时高达15米，1978年发掘时尚高8.3米。该墓为一大型"中"字形土坑木椁墓，墓圹口南北长14.5米、东西宽12.4米，从墓圹口至椁底深4.9米，方向正北，四壁采用版筑法，距墓圹口深2.3米处有夯土二层台。从棺椁痕迹看，应为一椁二棺，墓主一

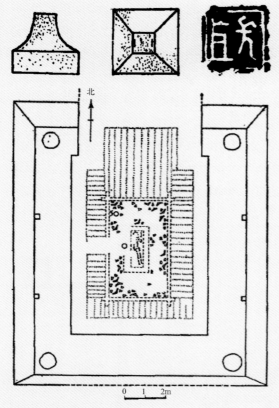

图 4-3-3　石家庄小沿村西汉墓

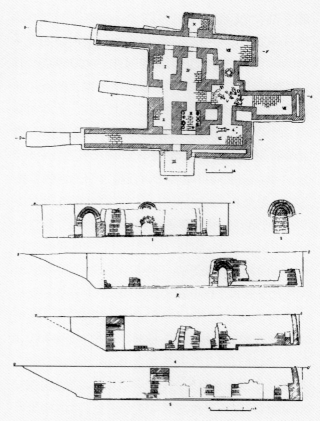

图 4-3-4　抚宁邴各庄东汉墓 M1

人,头北足南,仰身直肢,系成年男性。墓内出土随葬品不多,其中有铜印一枚,印文被考释为"长耳"二字。有学者认为,"长耳"即是西汉初被汉高帝刘邦封为赵王的张耳,此墓可能为西汉初的赵王陵。

抚宁邴各庄东汉墓(图4-3-4)位于秦皇岛市抚宁县城东北4公里处,西距洋河约2公里,包括6座汉墓,均为土圹砖室墓,可能是一处家族墓地,1号墓(M1)为6墓中规模最大、造型最为复杂的一座。该墓为三墓道十室土圹砖室墓,三墓道均为陡坡状,墓道与墓室之间有甬道相同,三甬道两侧的侧室均可互相贯通。其前室的东、西侧室和后室均葬人,说明死者不是一次葬入的,至少葬有两三代人。前室发现有奁、案、耳环、尊等祭器,故前室可能为墓内设祭的场所,即每次葬人时均在这里设祭。

迁安于家村1号汉墓(图4-3-5)位于迁安市东南约4公里的一处高地上,发现时该墓已被严重破坏,墓室上部已被揭去。该墓为东汉晚期的砖砌多室墓,其墓室四面有回廊,有前、后、左、右耳室,墓室原高度不明,最高残存处距墓底仅1.5米。该墓虽经盗扰,所出随葬器物仍十分丰富,陶器多达百余件,并有陶楼、陶井等。该墓布局除具有一般汉墓的前堂后室形制外,其东西主通道和四面回廊连为一体,侧室偏于一边,后室内被分隔开,并有单独的椁室,在前堂与后室间设有承重的大型方砖柱以支撑穹隆顶,这些是该墓有地方特色之处。

沙河兴固东汉墓(图4-3-6)位于邢台市下辖沙河市区以西1.5公里处,其南北分别有洺河、沙河汇入滏阳河,在汉代为冀州刺史部赵国所辖,墓葬在1988年被发现时已被严重破坏,墓圹仅存下部,为"中"字形。墓室由甬道、前室、中室、后室组成,通长15.74米,墓室顶部已坍塌,推测原来应为券顶。墓内未发现葬具,前室主要置铜器、漆器,

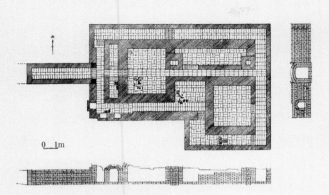

图 4-3-5 迁安于家村 1 号汉墓

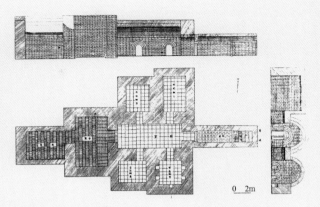

图 4-3-7 阜城桑庄东汉墓

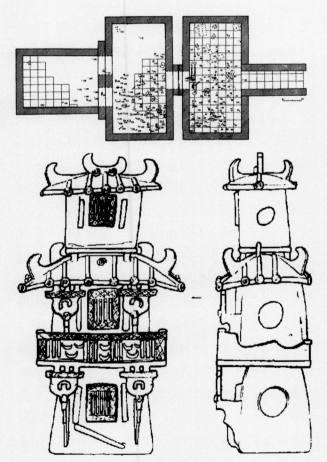

图 4-3-6 沙河兴固东汉墓与出土陶楼

中室主要置陶器、石器，三室均有铁器和钱币出土，钱币多为东汉五铢。中室出土陶楼一件。

阳原三汾沟汉墓群位于冀西北张家口市阳原盆地的西部，南距桑干河 7 公里，包括汉墓 51 座，其中的 11 座于 1985 年被发掘。11 座墓葬均为洞室墓，均有大小不等的、平面呈圆形或圆角方形封土堆。墓室形制分为三类：竖井式墓道洞室墓、斜坡式墓道洞室墓、土圹竖穴墓，墓室内均有两具木椁，双人葬。值得注意的是，在洞室内木椁外围存在木质边柱，木椁盖上尚有坍塌的木构架横梁，有的墓在柱洞底还置有石柱础，起到稳定边柱的作用。该墓时代约在西汉时期。

涉县索堡汉墓位于涉县城西北 12 公里的清漳水东北岸的一处古墓群中，包括 4 座汉墓，其中 M1、M2 座为竖穴土洞砖木室墓，另外 M3、M4 座为竖穴土洞墓。M1、M2 为土洞内建筑墓室，墓室内置棺及随葬器物，墓室左右两壁及后壁用砖砌，前面置板再砌砖墙，木板盖顶，砖铺地，形制类似椁室。M1 棺盖板上面的后部有一幼狗的骨架，棺中墓主口含一枚五铢钱，躯体下铺一层谷粒，这可能是一种有地方特色的葬俗。

阜城桑庄东汉墓（图 4-3-7）位于阜城县后安乡桑庄村，该墓早年有封土，高约 10 米，当地俗称"桑家楼"，发掘于 1984 年。该墓为东西向，自西向东有墓道、甬道、墓门、前室、左前侧室、中室、后室及假耳室等部分组成。墓砖形状为长方形、方形和扇形，皆一面为素面，另一面为绳纹，墓室顶部用扇形砖砌筑成券。其中墓门有石门楣、门框、两扇门组成，两扇石门涂朱红色，门框绘有青龙，因水浸而模糊不清。墓中出土三座陶楼（图 4-3-8），有造型复杂的建筑细节。

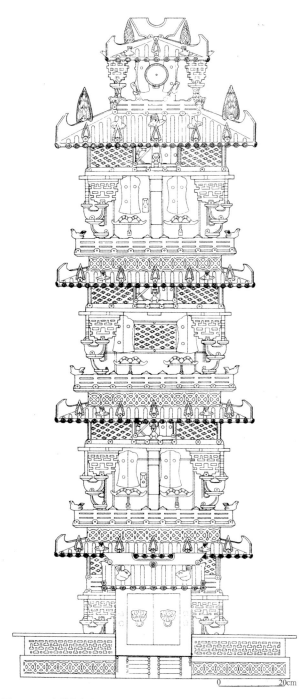

图 4-3-8　阜城桑庄东汉墓出土之陶楼

第四节　北朝墓

河北省境内已发现的北朝墓葬，包括东魏、北齐时期在邺城附近聚集的王陵及贵族墓葬群，以及各地零星发现的民间墓葬。其中邯郸市曲周县的北齐时期段氏家族墓地、赞皇县南邢郭村北朝李氏墓群，表现出家族聚葬的模式。

磁县东魏、北齐皇陵墓葬群位于河北省南端磁县境内，东南接临漳县邺城遗址，位于磁县城南和西南、漳河与滏阳河之间的平原和西岗一带，包括125座北朝墓葬，在当地州、府、县志书及当地传说中，这些墓被称为曹操所设"疑冢"。东魏孝静帝元见善于天平元年（公元534年）迁都邺城，随后在东魏皇室在邺城以西的磁县境内建造西陵，元氏皇族死后纷纷在此兆域内安葬。高欢作为东魏大丞相，在西陵东北选定了高氏茔地，其次子高洋建立北齐后，茔地遂成为高齐皇陵区域。依据已出土53件墓志，除元氏、高氏皇族墓葬外，另有尧、司马、暴、张、王、徐、是连、皇甫等姓氏的墓葬（图4-4-1、图4-4-2）。

东魏皇陵兆域之内的陵墓（图4-4-3），是以孝静帝元见善的西陵及其父元亶陵墓为基点排列，长辈在南，晚辈在北。兄弟墓葬排列是"自左向右"并列，与洛阳之北邙山陵墓布列方式基本一致。西陵之西、北两面均有山沟，东边有异姓勋贵茔地，而元氏皇室陵墓主要在西陵之南，呈扇形布列。元氏皇陵之兆域范围，在今磁县岳城乡、及时营乡以东，讲武城以北，申家庄乡西部驸马沟以南，基本包括邺城以西漳水之阳、武城之阴的北原，即西岗及以南地域，但也有个别葬于漳水之阴。

东魏时高氏茔地处于元氏西陵的陪陵地位，其内部布局是以北齐神武帝高欢的义平陵为中心，晚辈在北，长辈在南，与北魏和东魏皇族的父子兄弟墓葬之排列方式基本相同。高洋灭东魏建北齐后，原高氏茔地成为皇陵区。北齐时，因义平陵东距漳水5里，西有西岗，北临滏阳河三里，故高欢子孙陵墓逐渐转向西南，即在西岗的东坡向南布列，其兆域范围在漳水以西、西岗东坡以东、滏阳河以南、讲武城漳河紫陌桥以北的平原地带。

东魏茹茹公主墓（图4-4-4）位于磁县城南2公里的大冢营村北，其地面封土早年已被削平，该墓发掘于1978年。依出土墓志，其墓主为高欢第

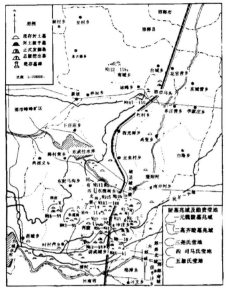
图 4-4-1 元魏高齐陵墓兆域位置图 1

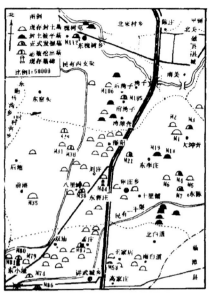
图 4-4-2 元魏高齐陵墓兆域位置图 2

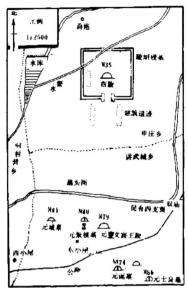
图 4-4-3 东魏孝静帝西陵及其父兄陵位置图

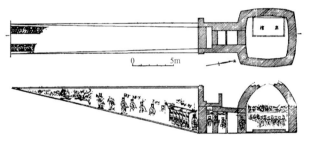
图 4-4-4 东魏茹茹公主墓

九子长广郡公高湛之妻、茹茹（即柔然）公主郁久闾氏，于武定八年（公元 550 年）卒于晋阳（今山西省太原市），同年葬于此墓，卒年仅 13 岁。此墓坐北朝南，为"甲"字形砖砌单室墓，由墓道、甬道、墓室组成，南北总长 34.89 米、东西宽 5.58 米，墓底距现地表深 6.70 米。墓道呈斜坡状，两壁画有壁画，墓道入口处东壁画有青龙、西壁画有白虎，其后两壁皆画有 14 人组成的仪卫行列，其中 8 人作持械站立状，6 人持盾坐于鞌载架后，墓道北段上层壁面自南而北画镇墓威神、羽人、凤鸟等形象，其旁缀以莲花纹。墓道斜坡路面的两边绘有花草图案，用墨线勾勒轮廓，内填红彩，使墓道极似铺了一层地毯。甬道南口拱券上方砌门墙一堵，上面绘有圆睛尖喙、绿色翅膀的朱雀一只，左右侧各画一手舞足蹈的镇墓威神，甬道两壁各画 3～4 名侍卫。墓室平面为四壁微向外凸的方形，壁用 3 层砖，厚 1 米，墓顶呈穹隆状。墓室西侧设棺床。因早期盗掘，盗墓者纵火焚烤，墓室四壁被熏黑，残泐严重，可辨认出北壁有龟蛇缠绕的玄武形象，其下方绘有女子七人，居中著冠者似为墓主茹茹公主，两侧为侍女；西壁残存白虎图像，下方绘女子十人；东壁存少量人物头像，容貌服饰似为男子。墓室壁画可能反映了墓主的起居生活。该墓出土一千余件随葬彩绘陶俑，另有拜占庭金币两枚，这在已发掘北朝墓中实属罕见。

北齐高润墓（图 4-4-5）位于磁县城西 4 公里的东槐树村，北齐高氏陵墓兆域之北端，发掘于 1975 年。据出土墓志《齐故侍中假黄钺左丞相文昭王墓志铭》，墓主高润为高欢第十四子，武平六年（公元 575 年）薨，武平七年（公元 576 年）葬于此墓。此墓为砖砌单室墓，坐北朝南，地面封土情况不详，由墓道、甬道、墓室组成。墓道全长约 50 米、宽 2.96 米，其两壁用白灰抹面，有彩绘，残存红、蓝、黑等色彩，可惜漫漶太甚无法辨识。墓道为砖砌拱券，墓室平面为四壁外凸之方形，6.4 米见方，壁厚 1.14 米，墓顶为拱券。墓室地面西

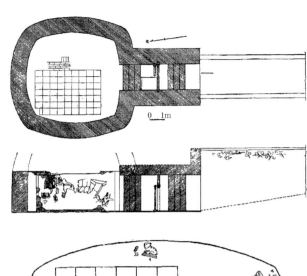

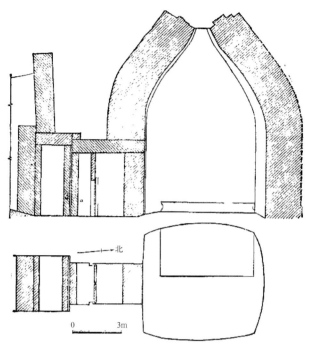

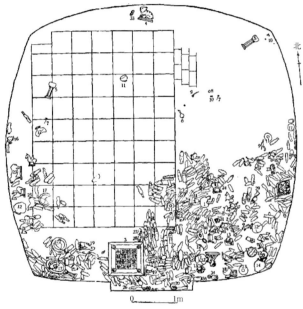

图 4-4-5 北齐高润墓

图 4-4-6 磁县湾漳大墓

部铺青石板与砂石板 63 块，似为棺床。墓室四壁抹有白灰，上绘彩绘，其中北壁壁画保存较好，其东、西两端各有侍者 6 人，手执华盖、羽旌等物，身穿直裾便服；东壁壁画残存羽旌二、华盖一、车篷一、侍者一；西壁壁画仅残存侍者二人；南壁全部模糊不清。墓室内随葬品有陶俑、陶禽畜模型、陶镇墓兽及陶罐、瓷器、石器、铜铁器等，以及墓主人墓志一方。

磁县湾漳大墓（图 4-4-6）位于磁县城西南 2.5 公里的湾漳村，北齐高氏陵墓兆域之北部，发掘于 1987 年春季。该墓坐北朝南，封土于被发现时或已被破坏，由墓道、甬道、墓室三部分组成。墓道长约 37 米，东西两壁及地面均有保存较好的出行仪仗、青龙白虎等形象的壁画。甬道为直壁券顶砖砌，南端有高大门墙，高 5.6 米、宽 6 米，画有正面形象的大朱雀。甬道有三重封墙，中封墙与北封墙之间有石门，门楣上有彩画，门扇上有鎏金铁门环。墓室平面为每边外凸之正方形，南北 7.56 米、东西 7.4 米，由 5 层砖砌成，四角攒尖形墓顶，地面铺砌正方形磨光青石，地面平洁，对缝严谨，墓室内西侧有须弥座石质棺床。棺床上置与棺一椁，人骨已无存。因长期水浸泡，室内壁画已不知其详。随葬陶俑、陶模型及陶瓷器皿等多达一千五百余件。该墓葬未发现墓志及其他文字资料。从其规模、宏伟的壁画及其内容来看，有学者认为这应是北齐某帝的陵墓（图 4-4-7）。

景县北朝高氏家族墓位于景县城南 15 公里的野林庄和北屯一带，于 1973 年发掘了 16 座墓葬中的东魏天平三年（公元 537 年）高雅（北魏末年官至定州抚军府长史）夫妇墓、武定五年（公元 548 年）高长命（北齐雍州刺史）墓、隋开皇三年（公元 582 年）高潭夫妇墓。三座墓都是南向砖室墓，

图 4-4-7 磁县湾漳大墓墓道西壁壁画局部

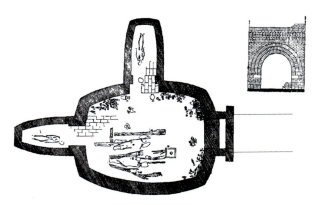

图 4-4-8 景县高雅墓

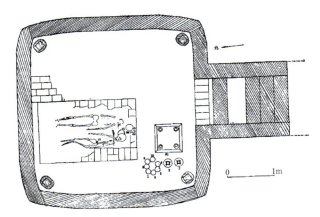

图 4-4-9 景县高长命墓、高潭夫妇墓

砌法基本相同，形状大小不一，葬式不同，较为罕见。高雅夫妇墓（图 4-4-8）中，主墓室内是高雅及其妻子司马氏（即北魏司马金龙之孙女）的尸骨，后室和侧室分别是高雅第二子高德云、大女儿北魏孝明帝嫔高元仪。高长命墓分为前后两室，该墓被破坏严重，墓志被砸得稀烂，估计是死者刚入葬不久即被捣毁（据《北齐书》记载，墓主高长命在武定五年同侯景作战时阵亡）。高潭夫妇墓为单室墓，墓主生前曾任北齐成安令（今河北成安县）、北周阳安令（今四川简阳市），大象二年（公元 580 年）卒于阳安，隋开皇二年（公元 582 年）入葬。二人均裸葬无棺椁，其墓志记载"临终明了遗命，不许棺椁，祭奠率尔，勿用牲牢"，可见是墓主刻意而为，与同时代的厚葬之风形成鲜明反差（图 4-4-9）。

第五节 唐五代墓

河北省境内已发现的唐、五代墓葬数量较少。其平面为圆形或正多边形的中晚唐时期墓葬，其棺床、墓志多放置在墓室中轴线上，有别于唐代关中地区的方形墓室，将棺床多置于墓室内西侧的做法，表现出与关中、洛阳地区相异的河北特征。

隆尧县唐祖陵（图 4-5-1）位于隆尧县城正南 6 公里的魏庄乡王尹村北，包括唐高祖李渊的第四代祖宣皇帝李熙的建初陵和第三代祖光皇帝李天赐的启运陵，二陵共茔。隆尧唐陵陵区现已变为洼地，封土早已不存，也看不到围墙、阙门等建筑遗迹，故原陵区之建筑规模无法确定。1984 年当地群众在洼地北部发现两座南北相距约 25 米的砖墓室券顶，方知墓室位置。现存地面遗物为神道两侧的 8 对石柱和石像生，还有陵区正东偏南 500 米处的唐开元十二年（公元 724 年）的《光业寺碑》。石像生雕刻浑厚威猛，可与关中唐陵之石像生媲美。

河北省境内已发掘的有明确纪年、有出土墓志铭的唐代墓葬，其墓主一般都是低级官员。初唐墓葬之平面一般为四壁微外凸的正方形，墓室为砖砌

图 4-5-1　隆尧唐祖陵

墓葬平面图

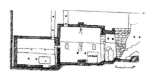
墓葬纵剖图

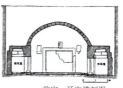
前室、耳室横剖图

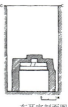
东耳室剖面图

后室横剖图

图 4-5-2　曲阳王处直墓

穹隆顶，四壁无装饰，棺床位于正对墓门的后壁西端，这应是受同时期洛阳、关中墓葬形制之影响，如平山县西岳村崔大善墓（贞观十一年，公元 637 年）、清河县丘家那村孙建墓（咸亨元年，公元 670 年）、南和县东贾郭村唐墓（约垂拱四年左右，公元 688 年）。中晚唐时期，墓室平面形状多为圆形，棺床多置于正对墓门之中轴线上，这样的案例包括鹿泉市 M125 晚唐墓、文安县西关 3 座晚唐墓（M1、M2、M3）、献县东樊屯村晚唐墓、蔚县一中唐墓 M2 与 M9（会昌元年，公元 841 年）、M11（大中三年，公元 849 年），而宣化县杨钊墓（乾符六年，公元 879 年）之平面为正六边形，较为特殊，有学者认为这与佛教的影响有关。另外，涞水县东明义村唐墓（会昌元年，公元 843 年）之平面虽采用了初唐墓常见的正方形平面，但其棺床被置于正对墓门的后壁正中。此外，宣化杨钊墓与蔚县一中唐墓 M9、阳原金家庄晚唐墓之墓室内壁有仿建筑形象的砖雕门窗、壁柱、斗栱，与初唐做法、同时期关中、洛阳制度相异。对于河北地区墓葬在中晚唐以来表现出的这些地方特点，被有关学者概括为唐墓的"河北因素"，这可能与中唐之后河北地区藩镇与关、洛地区的政治疏离，以及受到契丹、奚等北方民族影响有关。

五代王处直墓（图 4-5-2）位于曲阳县西燕川村，其年代为后唐同光二年（公元 924 年），其墓主王处直为唐末、五代定州节度使。该墓坐北朝南，由封土、墓门、墓道、甬道、墓室（包括前室、东、西耳室，后室）几部分组成，墓门至后室全长 12.5 米。该墓规模较大，且采用双室砖墓，有僭越之嫌。整个墓室，除却后室顶部未绘壁画外，其余内壁部分皆画壁画，壁画保存较好，色彩鲜艳，其内容包括了人物、花鸟、山水、器物、天象图、云鹤、竹石等各类，其题材之完备在五代墓葬中实属罕见。该墓形制承袭了中原地区晚唐的墓葬特征。

第六节　宋辽金墓

宋祖陵位于保定市清苑县望亭乡东安村，包括赵匡胤之高祖僖祖赵朓的钦陵、曾祖顺祖赵珽的康陵、祖父翼祖赵敬的定陵。1997 年，东安村发现并出土了石虎、石象和石人，并被确认为宋祖陵的石像生，宋祖陵之位置遂被确认，除此之外，尚未有其他发现。

井陉柿庄宋墓群（图 4-6-1）位于河北省西南部井陉县城南约 20 公里处，包括 14 座宋墓。这些墓全是单室、仿木结构建筑的砖砌墓，墓室平面分为方形、圆形、六角形和八角形四种，除个别墓顶砌有须弥座式建筑形象外，一般都由墓道、墓门、甬道、墓室四部分组成，墓顶用叠涩砌法。各墓仿木构部分，砌出柱、方、斗栱等，墓室壁面或作假门、

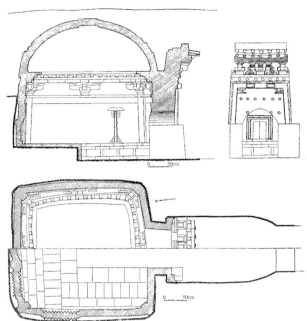

图 4-6-1 井陉柿庄宋墓群第 6 号墓

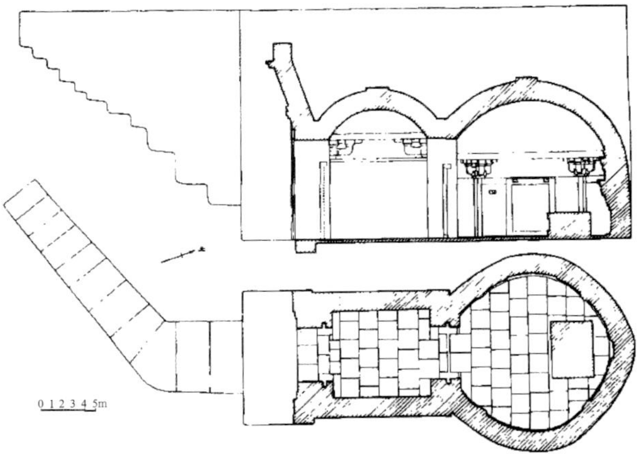

图 4-6-2 宣化下八里辽墓群 M7 张文藻墓平面图、剖面图

窗、歇山式小屋，或绘壁画，或砖雕人物、家具凸出壁面。

宣化下八里辽墓群位于宣化城西北 4 公里，自 1975～1993 年共清理发掘了 6 座张姓辽墓和 1 座韩姓辽墓。张姓墓地在东，韩姓墓地在西，张姓墓地可分为西北、东南两组。东南组的 3 座墓，即张匡正墓（M10）、张文藻墓（M7）（图 4-6-2～图 4-6-4）、张世本墓（M3）同时葬于辽大安九年（1093 年）。西北组的 3 座墓，张世卿墓（M1）（图 4-6-5）葬于辽天庆六年（1116 年），张世古墓（M5）、张恭诱墓（M2）葬于天庆七年（1117 年）。西部的韩师训墓（M4）葬于天庆元年（1111 年）。东南组 3 墓，张匡正墓和张文藻墓皆是前方后圆的双室砖墓，张世本墓只有圆形砖砌墓室，且 3 墓置棺之室皆为圆形。张匡正、张文藻两墓墓门和墓室的仿木造型基本相同，如墓门斗栱砌出单抄单栱计心四铺作，令栱上承替木，前室砌一斗三升承替木，后室砌斗口跳承替木，泥道栱亦承替木，上承柱头方。施于仿木构件的彩画，3 墓大体相同，如各处斗栱多绘团花、方胜，墓室栱眼壁绘铺地花卉，横方和部分倚柱画朵朵流云。墓室壁画内容较为复杂，画侍卫、伎乐、

图 4-6-3 张文藻墓（M7）墓门立面图

图 4-6-5　张世卿墓（M1）墓门南壁

图 4-6-4　张文藻墓后室北壁

图 4-6-6　M6 墓后室的北壁、西北壁

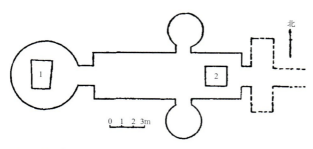

图 4-6-7　平泉县大长公主墓平面简图
1- 石棺；2- 墓志

宴饮等人物场面（图 4-6-6）。

平泉县大长公主墓（图 4-6-7）位于平泉县蒙和乌苏乡八王沟西山坡上，墓主为辽景宗耶律贤长女耶律观音女，其母为睿知皇后，即承天太后，墓主之弟为辽圣宗耶律隆绪。墓主卒于重熙十四年（1045 年），该墓建造年代也应在重熙十四年左右。此墓东向，有前后两室，前室又有左、右两耳室，均为穹隆顶，前室平面长方形，后室及左右耳室之平面均为圆形，从墓门到后室后壁全长 20.69 米。前室内置墓志铭一盒，后室内置石棺一具，棺头向北。此墓之墓室布局大致与辽庆陵接近。

迁安市上炉辽韩相墓（图 4-6-8）位于迁安市西南约 25 公里沙河驿区，发现于 1964 年。该墓为一圆形仿木结构单室砖墓，墓室坐西朝东，墓室平面圆形，直径 2.94 米，上砌穹隆顶，甬道砌券顶，甬道、墓门及墓道长度不详。墓室内棺床为半圆形，高于墓底 36 厘米。墓室壁面砌出四根八角形倚柱，柱头出批竹式绰幕方，柱间有阑额，柱上无普拍方，斗栱为单抄四铺作，交互斗承替木。北壁假门上方砌有屋顶山面形象。墓室内出土墓志铭一盒，标明墓主为"辽兴军衙内马步军都指挥使"韩相，其曾祖为韩知古。墓主卒于开泰二年（1013 年），开泰六年（1017 年）归葬于此。

高碑店金代时氏家族墓位于高碑店市北场村的

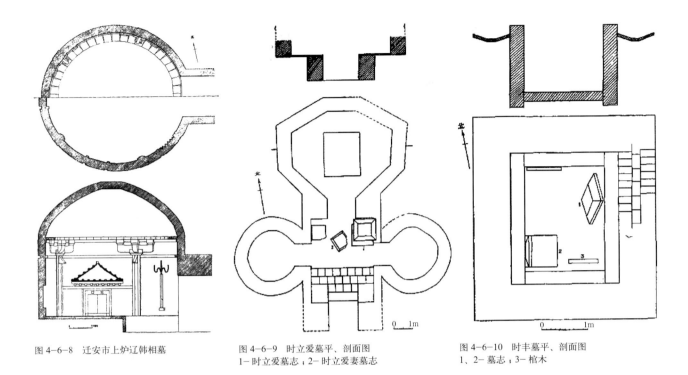

图 4-6-8　迁安市上炉辽韩相墓

图 4-6-9　时立爱墓平、剖面图
1-时立爱墓志；2-时立爱妻墓志

图 4-6-10　时丰墓平、剖面图
1、2-墓志；3-棺木

金代时氏家族墓地，1958 年 8 月在此发掘了时立爱墓与其第四子时丰墓。时立爱墓（图 4-6-9）坐北朝南，前有神道碑，墓上有未经夯打的封土，长宽均在 15 米左右，残高 2～3 米，封土下为墓室。墓室由墓门、前室、左右耳室和后室（即主室）四部分组成，南北长 12.8 米，墓室顶原为穹隆形。墓室内壁原应有仿木结构及彩画，但因坍塌严重，无法判断其原貌。前室出土大小墓志铭各一方，大者为时立爱墓志铭，小者为其三位妻子合祔的墓志。时立爱墓志《大金勤力奉国功臣开府仪同三司致仕钜鹿郡王时公墓志铭》为著名仕金宋臣宇文虚中所撰，从志文内容可知该墓建于皇统三年（1143 年）。其目前神道碑立于明昌六年（1195 年），撰文者为大定、明昌年间的名臣李晏，篆额者为党怀英，书丹者为赵沨。时丰墓（图 4-6-10）位于时立爱墓东 29.34 米处，为长方形单室石椁墓，墓室南北长 1.72 米、东西宽 1.32 米，残高 1.5 米，四壁用光滑的青石板砌立，石板外周又加砌一层砖以固，墓底亦用石板铺砌，其规模远不能与时立爱墓相比。墓室内壁画有人物壁画。墓内出土墓志铭两方，其志文表明墓主时丰卒于天会五年（1127 年），同年葬于此。

第七节　元墓

沽源梳妆楼元墓群位于沽源县东南 7.5 公里处，当地人俗称其为辽萧太后梳妆楼，其建筑造型为蒙元时期中亚的伊斯兰样式建筑（图 4-7-1）。1999 年河北省文物局对其进行了勘探发掘，发现在楼内地下 2 米左右埋藏有一处长方形竖穴砖室合葬墓，墓内并列三座棺木，中间棺木是用整根松木挖成（图 4-7-2），死者为男性墓主阔里吉思，应为贵族，其身着华丽的腰线袍。《元史》中记载着三位名叫阔里吉思的人，学界就该墓墓主为哪一位阔里吉思进行过不少讨论。依靠 DNA 与稳定同位素检测，有研究者认为，梳妆楼 M1 男性墓主来自欧亚草原北部地区，从 Y 染色体判断，不属于蒙古黄金家族，并且曾离开较长时间。根据上述自然科学检测结果，有学者认定墓主为后至元六年（1340 年）被"追封为晋宁王，谥号忠襄"的阔里吉思，他生于 1281～1286 年间，卒于 1335～1340 年间，终年 55 岁。其早年随侍元武宗，曾护卫武宗长子和世㻋于 1316 年远走中亚察合台汗国以寻求政治庇护，1329 年和世㻋东归即位为元明宗，阔

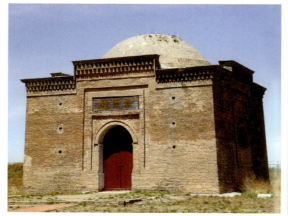

图 4-7-1 沽源梳妆楼

图 4-7-2 沽源梳妆楼之墓室

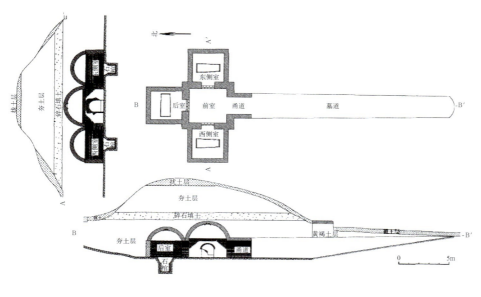

图 4-7-3 满城张弘略墓

里吉思随驾东归，被任命为中书右丞。而其墓葬地面上中亚造型的建筑，即与其远走察合台汗国的经历有关。

满城张弘略及其夫人墓位于满城县大册营镇九龙庄村东，是元代蔡国公张柔家族墓地中的两座，发现于1998年。其中M2为张柔第八子蔡国忠毅公张弘略墓，M3为张弘略妻子清河郡太夫人花氏之墓。张弘略墓（图4-7-3）坐北朝南，为砖砌砖室墓，由神道、石像生、神道碑、封土、墓道、甬道、前室、后室和左、右侧室组成，十字方形平面，每室均为穹隆顶。该墓神道两侧原有马、羊、虎、狮、文臣、武将等8尊石像生，现已移至满城县文物保管所内。神道碑立于封土前8.5米的神道西侧，保存基本完整。封土形状为覆斗形，残高约5米。墓室内发现两具尸骨，后室内为男性，东侧室内为女性，西侧室内仅有墓志砖一件。M3为单砖室墓，方形平面，穹隆顶，仅有凌乱骨架、墓志一盒及少量碎瓷片。

第八节　明墓

临城李席吾墓（图4-8-1）位于临城县城关镇北街村，发掘于2007年。据1965年在该墓西南20米处大冢内挖出的《明故封议大夫南京户部郎中

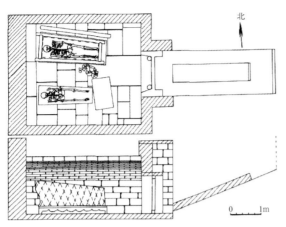

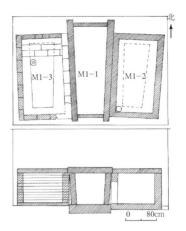

图 4-8-1 临城李席吾墓　　　　　图 4-8-2 临城李席吾墓墓室壁画线描图　　图 4-9-1 内丘清代石椁墓

龙岗李君墓志铭》，此处应为明代李世藩家族墓地。该墓为砖石混砌竖穴墓，坐西朝东，由墓道、墓门、墓室三部分构成。墓道为斜坡形，宽 1.7 米，残长 3.5 米，底部东西斜铺一条青石，长 2.6 米、宽 0.6 米、厚 0.23 米。墓门上部之石墙已被破坏，墓门由门楣、门扉、门框、门槛、门券和石门组成。石门为素面，门扉边缘 0.58 米处有一铁衔环痕迹，铁门栓与铁索已锈蚀掉落。墓室平面为长方形，东西长 3.84 米，南北宽 3.5 米、高 3.02 米。东西两壁用青石平铺交错垒砌至顶，南北两壁用青石平砌 1.1 米高后，再用灰砖平砌内收起券顶，券顶用砖两层。墓底部用青石板平铺而成。墓室四壁在青石与灰砖交界处的青石面上涂有一层灰色颜料，内壁砖面上涂有一层白灰。墓室内北侧放置一石椁，其前挡板中间阴刻楷书"明显考廪生席吾李公柩"，内有木棺痕迹和一具男性骨架。石椁南部约 0.4 米处有一木棺痕迹，内有一具女性骨架。在棺东部、石椁南面置一石供桌。墓室内西壁有壁画一幅，其制作方法是在石壁上抹一层白灰，然后在其上作画，这是河北省明代墓葬中首次发现的壁画（图 4-8-2）。墓主李席吾卒于明末，而墓中出土一枚"顺治通宝"铜钱，故其妻子应卒于清代初年。

第九节　清墓

内丘清代石椁墓（图 4-9-1）位于内丘县西关村西北 700 米处的李阳河北岸，恰位于李阳河古河道狭长的"U"形弯曲内，所在地势为北高南低的缓坡。该墓在新中国成立初期尚有封土，立有墓碑，后来在平整土地时封土被平。该墓为土圹竖穴墓，平面呈长方形，系一圹三椁，头正北向，中间为墓主人，左右两侧为其夫人。中椁分椁盖、椁身、椁底三部分，由 6 块石灰岩条石构成，椁身呈斜梯形，石构件之间以榫卯固连。石椁前端挡板浮雕一圭形供桌牌位，上竖行阴刻"诰赠承德郎北城掌印兵马韩公讳梦愈之柩"。石椁内置木棺，棺木已朽，骨架凌乱，葬式不明。东椁、西椁之结构与中椁类似，其形状为长方形。此外，中椁石椁盖上镌刻有墓志铭《北城掌印兵马指挥文毅韩公墓志铭》，志文 23 行，满行 38 字，隶书，撰文者为清内阁大学士、礼部尚书、太子太保魏裔介，书丹者为河南汝宁府西平县尹韩宕。据墓志铭记载，墓主韩梦愈生于明万历十七年（1589 年），卒于清康熙八年（1669 年），其为清初名臣魏裔介之岳父。该墓形制较为奇特，尤以椁盖镌刻墓志铭这种方式实属罕见。

天津 河北古建筑

第五章 清代皇家园林、行宫和陵寝

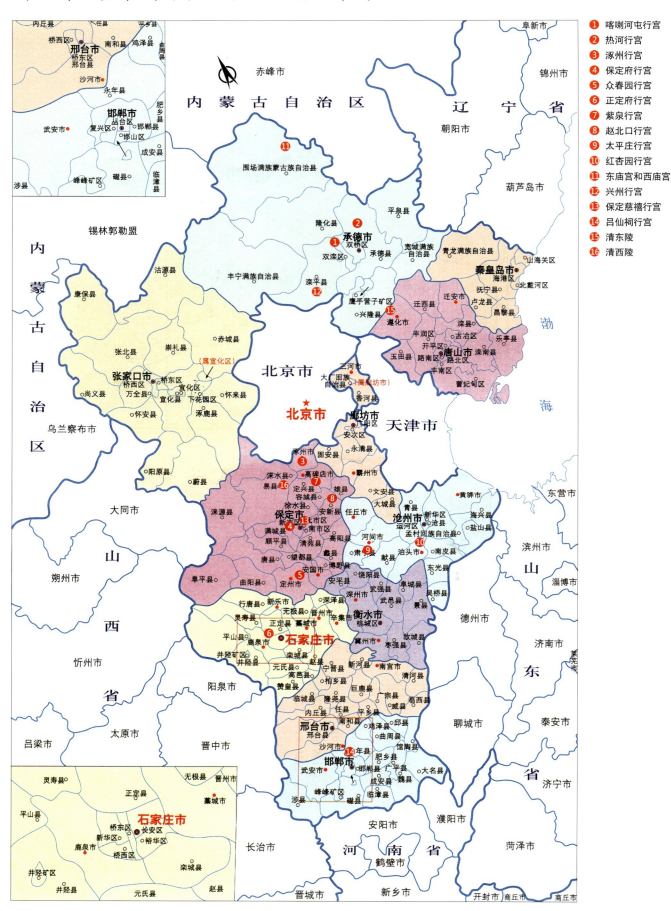

河北清代皇家园林、行宫和陵寝分布图

（地图引自：中华人民共和国民政部编.中华人民共和国行政区划简册2014.北京：中国地图出版社，2014.）

第一节　承德避暑山庄及周围寺庙

自北京以北50公里开始隆起的燕山山脉，是农耕与游牧族群交接的锋线地带。海拔在由此向北约200公里内迅速由60米上升至1200米，到达相对平坦的漠南蒙古高原。这个东西走向的狭长过渡山地，一直是北方阿尔泰语系游牧部族活动的南缘。承德处于燕山山脉中部，并不在重要交通线上，17世纪以前人口稀疏，并无重要建设活动。这里的大规模营造缘于清代的皇家围猎活动。

一、喀喇河屯行宫及围场建筑

满洲皇室入关后不久即开始在北部山区进行围猎并建立固定居所，这首先缘于满蒙人对关内暑热和天花疫情的生理不适。此外，作为通古斯民族的最大支系，满人与阿尔泰语系下广泛分布于蒙古高原至中亚的内亚族群有着共通的文化底层，秉承了内亚社会广泛而悠久的狩猎传统。清廷入主北京后很快开始在燕山一带进行游猎，一些具有充足水源和丹霞地质景观的地点往往被选为行宫所在（图5-1-1）。喀喇河屯是滦河与其支流——伊逊河的汇合处，水源充沛，摄政王多尔衮于顺治七年七月下令在喀喇河屯修建行宫，称为"避暑宫"，其本人于同年十一月受伤死于避暑宫。喀喇河屯行宫的修建因多尔衮离世停滞了五十年，直到康熙四十一年（1702年），配合热河的发展计划又重新兴工，四十三年（1704年）完工，主要在两河汇合处西侧的滦河两岸展开，南岸为宫殿区，有东所、中所、西所、新宫四个组群；北岸为苑景区，自宫区乘舟过河到达，因位在滦河之阳，故称"滦阳别墅"，也分东西两所。宫区与苑区之间的滦河河道中有一石矶小岛，岛上筑亭，称"小金山"。因年久失修、军阀及侵华日军的毁坏，喀喇河屯行宫已不存在完整建筑，在今承钢学校和医院内残存宫殿区的一些条石，滦河北岸尚存苑景区的假山石，多年来河道中亦发现部分基础石料（图5-1-2）。喀喇河屯行宫周围修建了穹览寺、琳霄观、静妙寺、神祇坛、御书寺，形成寺庙（观）群。其中穹览寺和琳霄观由宫廷敕建并直接管理，这是热河行宫周围修建寺庙群的先声。

木兰围场亦保存有围猎活动所产生的建筑遗存（图5-1-3）。北曼甸林海中有康熙朝所建"塞北佛石庙"，为一座由十三块石块砌成的石室，顶部隐刻瓦状，内供一尊坐佛及两小童，均着满洲官服。清帝亦选择围场作为与蒙藏盟友会晤的较轻松场合，围猎期间往往在移动性帐幄中居住，而嘉庆朝在东西两崖口修建的两座"庙宫"兼具大兴安岭山神神祠和皇帝行围休憩之用，属满洲萨满的自然神崇拜，是现存不多的满洲皇家萨满建筑遗存。木兰围场划分为七十二围作为组织围猎的基本范围，

图5-1-1　喀喇河屯行宫东侧（现承德市双滦区）的双塔山丹霞景观

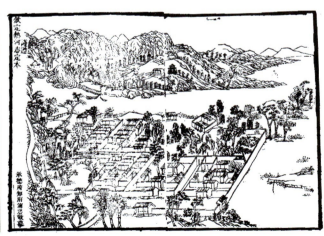

图5-1-2　喀喇河屯行宫图

图 5-1-3 清木兰围场狩猎图

图 5-1-4 围场《古长城说》碑

其中七个围中分别立有七座石碑，均刻乾隆（六块）与嘉庆（一块）所撰有关军事征伐和木兰秋狝经历的诗文。暴露在原野中的碑体本身即被设计为一种景观，采用了与登封嵩阳书院大门外南侧的"大唐嵩阳观纪圣德感应之颂碑"相似的碑形，碑额上部叠有云盘与碑首，增强了石碑的建筑属性。清廷敕建立于旷野的碑铭，另有乾隆朝军事胜利后在新疆建立的"平定准噶尔勒铭格登山碑"、"平定回部纪功伊西洱库尔淖尔之碑"和在阿坝金川的"御制平定金川勒铭噶喇依之碑"，这些战场纪功碑均为常见碑形，罩以碑亭，并未如围场碑一样将碑石本身制成房屋状裸露展示者。对石质形体的强调和直接裸露是一种草原物质文化，墓前翁仲和雕塑碑形在汉唐的勃兴都有欧亚草原物质文化的来源。这种中古碑形在清代围场的复兴，也是一种草原文化的勃兴（图 5-1-4）。

二、从热河行宫到避暑山庄

作为一个整合多个文化体和治理体系的复合政权，清廷以北京为基地统摄汉地，同时向东北经略满洲隆兴祖地、向西北维系蒙古各部联盟。燕山因而在历史上第一次成为三个非敌对政治板块相交的三岔口。燕山山区地质多断裂带和基岩裂隙，常见出露地表的中低温温泉。喀喇河屯东北方隔山有另一处名为"热河上营"的平地，即得名于武烈河西岸的一处地表温泉，该泉在水源南侧沿山脚流成一区积水沼泽，比河水径流而过的喀喇河屯更适合造园，且植被更茂盛，地理层次更丰富，丹霞景观磬锤峰形象亦更突出，只是此前交通困难，没有引起注意。康熙三十九年（1700年）的行围途中注意到热河"蔚然深秀"，此后将建设重心转移至此便成为一个必然结果。热河也因此被发展为赴围场行猎途中的最重要行宫。

康熙四十二年（1703年）开始，首先将沼泽疏浚为河湖水系，堆叠堤岸，在水系的南端沿着山脚与水体的分界线为轴线，兴建了由万壑松风和正宫组成的热河行宫。此区之后又在乾隆朝向东发展出

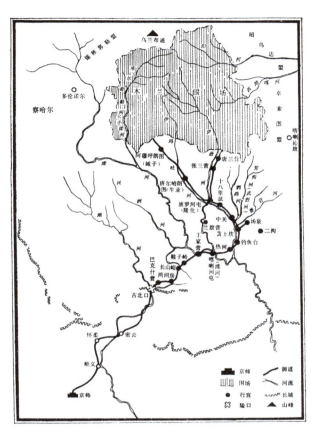

图 5-1-5　北京至围场路线及沿途行宫

图 5-1-6　避暑山庄正宫区"不彩不画"的房屋和园林化庭院

松鹤斋和东宫两个轴线，构成主要的居住和理政组群。行宫虽为皇家居所，却未使用汉地等级系统中的高级形制，以卷棚歇山或硬山平房为主；材料与色彩亦较为古朴；后两进院更在轴线上使用如意踏步和假山石以求向后自然过渡到园林区，基本延续了康熙修建喀喇河屯行宫时"茅茨土阶，不彩不画"原则。整个热河行宫并非一次规划设计的结果，而是逐渐扩大展开，范围由东南向西北逐渐扩大，直至康熙五十年（1711年）才命名为"避暑山庄"，两年后围墙筑成，才最后限定苑囿范围（图 5-1-5、图 5-1-6）。

山庄（图 5-1-7）可大致划分为宫殿区、湖泊区、山岳区和平原区。湖泊区是冠名景观最密集的区域，从康熙肇建时起，根据地形特色设置了各种源于汉地文化渊薮——江南的园林景观，逐一赋予江南式的诗意命名，并先后总结为"康熙三十六景"

（图 5-1-8、图 5-1-9）；而山庄中大面积山区和草原区域又属塞外元素，反映了尚为清帝国创业开拓时期和动荡时期的君主康熙帝从建筑角度对满洲在不同系统中的治理合法性的建构。乾隆帝将对江南园林著名景观的移植推向全盛，亦形成"乾隆三十六景"。康乾两朝模仿的原型包括镇江金山寺、嘉兴烟雨楼、宁波天一阁、苏州狮子林和沧浪亭、杭州苏堤和六和塔。这种"移天缩地在君怀"的收集行为，体现了乾隆帝在收藏古物，编纂四库全书、满文大藏经，整理藏传佛教神系等文化工程中表现出的一贯的系统化"汇整"行为；而这更可追溯至秦移六国宫室于咸阳、汉堆一池三山于太液池等更为古远的中华帝王偏好。这些景观成为皇家游憩的主要场所并不断受到君臣的诗词吟咏。山庄约四分之三的面积均为起伏山峦，在山地每一处具有视觉价值的地点几乎均建有点景建筑，或为佛寺道观，或为小品亭台；或可远眺磬锤峰及重层地景，或可坐览幽僻山谷以取静。较成规模的寺观组群主要沿构成山区层次的几条西北—东南走向的沟壑布置，其中最北端的松云峡因可沿之出山庄西北门、到达狮子园和殊像寺而最受重视，建有城关和高规格的石板路（图 5-1-10 ~ 图 5-1-13）。

山庄东北部的平原区治园十分粗放，为大面积原始植被，在诸皇家园林中未有先例。此区中部为草原景观，称"万树园"（图 5-1-14），场地中设

图5-1-7 （清）冷枚避暑山庄图轴

图5-1-8 （清）钱维城.《避暑山庄图咏》之芝径云堤，为康熙三十六景第二景

图5-1-9 避暑山庄宫殿区至湖泊区的通道"水心榭"，为乾隆三十六景第八景

图5-1-10 避暑山庄湖泊区仿浙江嘉兴烟雨楼的"烟雨楼"组群

图5-1-11 避暑山庄内存放《四库全书》的藏书楼文津阁，模仿宁波天一阁

图5-1-12 由热河眺望磬锤峰和蛤蟆石丹霞景观

图 5-1-13 避暑山庄山岳区通往西北门的松云峡御道

图 5-1-14 避暑山庄平原区万树园草场

图 5-1-15 （清）郎世宁等．万树园赐宴图轴

图 5-1-16 由避暑山庄北部山顶"二马道"俯瞰山庄平原区永佑寺和武烈河

蒙古大幄，以此鲜明的草原特征形成一外交场合，多次木兰秋狝后均在此向蒙古贵族赐宴以怀柔手段拉拢，有郎世宁等绘《万树园赐宴图》（图5-1-15）传世。平原区东北部的永佑寺是山庄内最大的庙宇，其九层砖塔是从各个方向眺望山庄的视觉重心；其原有建筑中亦造有一处较重要的六品佛楼，故为山庄中佛教色彩较浓厚的一区。独有的草原和佛教景观，在北京较强的儒家礼制与汉式园林空间之外，为满、蒙、藏高层提供了一种文化舒适，成为宫廷与蒙藏交往的基地。自10世纪契丹率先以南北面官制的方式解决同一政权对不同文化体的治理问题以来，对汉地和内亚分别建设治理机制成为北方征服王朝成功稳定疆域的保证。清帝国统辖前所未有的多板块疆域，在定都北京稳定汉地之后，在康、乾二朝保证了宫廷每年四分之一时间停驻热河，热河成为帝国事实上的面向内亚的陪都（图5-1-16）。

三、热河寺庙群

正如它的先声——喀喇河屯行宫一样，热河行宫周边也修建了寺庙群，并成为有清一代最宏大的集中寺庙营造。由皇帝敕建的重要寺庙共有十二座，各寺的基本信息见表5-1-1。其中，有八座寺庙在

热河诸寺庙建造情况　　　　　　　　　　　表 5-1-1

寺庙名称	修建年代	建筑语言	建造缘起
溥仁寺*	清康熙五十二年（1713年）	汉式 略有西藏装饰	康熙52岁寿辰，蒙古诸部诣阙朝贺，为帝祈福
溥善寺*	清康熙五十二年（1713年）	汉式 略有西藏装饰	康熙52岁寿辰，蒙古诸部诣阙朝贺，为帝祈福
普宁寺* （大佛寺）	清乾隆二十年（1755年）～ 二十三年（1758年）	汉藏混合 仿西藏扎囊桑耶寺	纪念平定准噶尔部达瓦奇的叛乱 在承德接待蒙古厄鲁特四部首领
普佑寺	清乾隆二十五年（1760年）	汉式	为普宁寺的辅寺
安远庙* （伊犁庙）	清乾隆二十九年（1764年）	汉藏混合 仿新疆伊犁固尔扎庙	为满足迁居热河的准噶尔部达什达瓦部信仰需求
普乐寺 （圆亭子）	清乾隆三十一年（1766年）	汉藏混合	哈萨克族、布鲁特族首领来热河朝觐 按坛城形制建造
普陀宗乘之庙* （布达拉）	清乾隆三十二年（1767年）～ 三十六年（1771年）	藏式 仿西藏拉萨布达拉宫	庆祝乾隆帝60寿辰、皇太后80寿辰 落成典礼亦为纪念蒙古土尔扈特部东归
广安寺（戒台）	清乾隆三十七年（1772年）	藏式	为皇太后祈福。内有戒台
殊象寺* （家庙）	清乾隆三十九年（1774年）	汉式 仿香山宝相寺、五台山殊象寺	贮藏满文大藏经，为满洲宫廷专属家庙
罗汉堂	清乾隆三十九年（1774年）	汉式 仿浙江海宁安国寺	
须弥福寿之庙* （行宫）	清乾隆四十五年（1780年）	汉藏混合 仿西藏日喀则扎什伦布寺	庆祝乾隆帝70寿辰、六世班禅来热河朝觐
广缘寺*	清乾隆四十五年（1780年）	汉式	

行政上由理藩院管辖，在北京喇嘛印务处注册，为与理藩院在京师直辖的寺院相区分，故将此八座古北口外寺院习称为"外八庙"。

与山庄内部一样，其周围寺庙的分布和建造亦非出自一次性总体设计，而是配合各种宫廷大事或军事胜利而决策。热河寺庙群主要分布在两大区域，一是山庄东侧隔河相望的武烈河东岸台地，二是山庄北侧狮子沟峡谷的北侧山坡上。康熙朝时，山庄营建以东南区域的宫殿区和湖区为主，武烈河东岸又处于山庄望向磬锤峰的视线上，故以康熙五十二年（1713年）蒙古王公为康熙六十寿辰进赠千尊无量寿佛为契机。在此区修建了溥仁寺和溥善寺（已毁），开启热河在山庄周边配合历史事件修建寺庙的序幕。

因国力雄厚和重大事件密集，热河寺庙群在乾隆朝达到极盛。乾隆朝的多数寺庙以帝国版图内特定的重要寺院作为模仿原型，然而与原型寺院的相似度往往很低，甚至仅为名义上的概念性模仿。乾隆修建的首座寺庙是模仿西藏扎囊桑耶寺的普宁寺（图5-1-17），然而桑耶寺于平地修筑，拟合曼荼罗中心对称图式；普宁寺却有意放弃康熙朝经营的武烈河东岸较和缓的台地，在武烈河上游的山崖劈山夯台而建，其阶梯状基地与桑耶寺大相径庭，也使之对曼荼罗的拟合有失准确。普宁寺进深的前半部分为带有藏式装饰的汉式伽蓝殿堂，后部为对曼荼罗的构建，其中心建筑"大乘之阁"是东亚木构多层楼阁技术晚期发展的代表作品，其跃层通高立柱的做法亦见于雍和宫万福阁和颐和园佛香阁。作为外八庙总管堪布的驻地，普宁寺也承担行政和僧人教育功能，添建了附属的普佑寺作为经学院。

在普宁寺一区建成后，乾隆朝中期的建设返回到武烈河东岸。安远庙（图5-1-18）以准噶尔汗

图 5-1-17　由避暑山庄"二马道"眺望普宁寺

图 5-1-18　安远庙普度殿外观

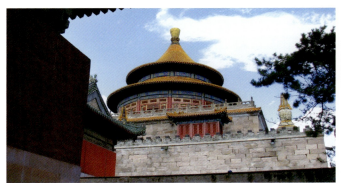

图 5-1-19　普乐寺阁城及旭光阁

图 5-1-21　由避暑山庄"二马道"眺望普陀宗乘之庙

图 5-1-20　普乐寺旭光阁内坛城

国的伊犁固尔扎庙为原型，但固尔扎庙已毁于准噶尔战争，亦无图像流传，仅有写意的文字描述。事实上，安远庙的设计和供奉仪轨加入了带有鲜明满洲宫廷、特别是乾隆个人色彩的设置。安远庙南侧的普乐寺并不属"外八庙"，却是热河最重要的寺庙之一。普乐寺（图5-1-19、图5-1-20）之轴线直接指向磬锤峰，占据热河地区最重要的景观轴线；其主体建筑实为一坛城模式，中心殿堂旭光阁为圆形重檐攒尖顶木构，坐落于正方形的三层石砌阁城之上，其建造是乾隆十五年至十八年（1750～1753年）北京天坛祈年殿改建所获工艺经验的实践。旭光阁内供上乐王佛双身欢喜佛像，与轴线上的磬锤峰共同构成生殖崇拜意涵。该寺为国师章嘉呼图克图主导设计，建成后从无驻寺僧人，乾隆和章嘉在此进

图 5-1-22　普陀宗乘之庙全图

图 5-1-23　普陀宗乘之庙万法归一殿及大红台群楼修复前原貌

图 5-1-24　由避暑山庄围墙"二马道"俯瞰殊像寺

图 5-1-25　殊像寺宝相阁中的骑狮文殊像

行私密的密宗灌顶活动。

乾隆朝中期在热河寺庙的修筑规模上是一个转折。此时内府财政收入迅速增加，尤其是来自两淮盐引案的巨额补偿款，使乾隆有财力实施更大的建造计划。故乾隆三十二年（1767年）在山庄北侧狮子沟峡谷开辟了全新的基地来修筑模仿自拉萨布达拉宫的普陀宗乘之庙（图 5-1-21～图 5-1-23），使其占据狮子沟的中心位置，并成为清帝国修建过最大规模寺庙。作为达赖喇嘛驻地和西藏代表性景观的布达拉宫，是藏传佛教世界的政教核心所在，乾隆意图使热河的布达拉具有与拉萨同等的合法性，将蒙古的信仰核心转移至热河。然而测绘手段的欠缺、基地地貌与匠作系统的差异使得普陀宗乘除颜色、大略外观之外的各个方面均与布达拉宫有极大差异。然而乾隆通过一系列空间功能的变更和供奉仪轨的安置，在普陀宗乘建构了以清廷话语为主导的新意义，使热河佛寺在"模仿"之外具有了一种特殊的建筑叙事。该庙在乾隆朝之后经历过改建和塌毁，目前复原的实物与历史原状有重要的差异。

殊像寺（图 5-1-24、图 5-1-25）是乾隆朝满族寺庙营建的一部分。从乾隆十五年（1749年）开始，清廷以模仿五台山寺院的名义，在北京西山一带和热河建造了一系列寺院，这些寺院以文

图5-1-26 由避暑山庄围墙"二马道"俯瞰须弥福寿之庙

图5-1-27 须弥福寿之庙班禅寝宫"吉祥法喜"

殊供奉为主题,贮藏满文大藏经,专供满族喇嘛进驻,是对满洲信仰和认同的建设举措。然而这些寺院与其所声称的五台山原型却基本没有建筑上的相似之处,反而是这几座寺院之间具有相似性,如热河殊像寺与圆明园正觉寺的八角文殊阁,形成一个自成体系的系统。主供文殊菩萨的殊像寺在热河被作为满洲皇室的家庙,也是乾隆帝对自身"文殊"身份构建工程的一部分,其建筑特色是在规整伽蓝轴线上施以园林化的庭院处理,并在堆叠假山石上修建主体殿阁。

殊像寺西侧的罗汉堂亦属于乾隆朝的一个实验性建筑创作主题。罗汉堂是一种起源于汉地的佛寺殿堂模式,肇始于五代时期的浙江天台山,南宋时在临安创建的净慈寺五百罗汉堂采用的田字形平面殿堂成为此后数百年间罗汉堂营造的范本。乾隆帝南巡中对田字罗汉堂很感兴趣,以杭州净慈寺为范本,先后在北京修建了碧云寺罗汉堂和清漪园大报恩延寿寺罗汉堂,并随后以海宁安国寺为范本修建了承德罗汉堂。皇家罗汉堂的修建复兴了这一汉地空间模式,在随后终清一代在长江流域出现了一个罗汉堂营建潮流。承德罗汉堂为传统的田字平面,与先前北京两处实例不同的是加了重檐,等级更高。

热河最后的大型建筑作品须弥福寿之庙(图5-1-26、图5-1-27),是因六世班禅来访的临时事件所产生。位于普陀宗乘之庙之东的须弥福寿之庙与北京香山静宜园内的宗镜大昭之庙分别作为班禅在热河和北京的驻锡地,在一年之内同时快速建造,并具有相似的形制:以两座相接的方形藏式台楼为主体,主台内院建都纲殿;寺院轴线后部立琉璃塔。所不同处,热河须弥福寿的两座台体是左右并联,并且另有吉祥法喜、万法宗源两组作为班禅与弟子居住和活动场所,更为完备。此庙在档案中称作"行宫"或"扎什伦布",声称为仿班禅驻地日喀则扎什伦布寺修建;然而我们很难在该庙与今天的扎什伦布寺之间找到任何相似之处。扎什伦布寺是西藏传统的自由平面寺院,组群前部有大量不规则布置的低矮房屋;主体建筑位于组群后部,并无露天围合庭院;后部也没有塔。须弥福寿之庙与宗镜大昭之庙的设计,更有可能是将普陀宗乘之庙大红台的基本模式进行简化后快速设计修建,并附会为扎什伦布之名。

此外,乾隆朝紧邻殊像寺西侧修建有以戒台为主体的广安寺(已毁),虽然规模较小,却是乾隆四十四年(1779年)为迎接六世班禅传戒而在北京雍和宫改建戒台所依据的原型。广缘寺是热河寺庙中规模最小的一座,为普宁寺堪布喇嘛自筹资金为贺乾隆七十寿辰而建。承德作为帝国陪都的皇家设施亦并不仅此。避暑山庄西北的狮子园(已毁)雍正、乾隆二帝做皇子时期的重要活动场所;热河武庙与文庙形制完备,规模宏大,是热河陪都在内亚意义的构建之外同时赋予儒家系统合法性的建设。承德的围猎与陪都建筑,是贯穿东亚历史九个世纪的少数族群征服王朝在统合汉地与内亚板块的历史行为中最丰富的物质建设遗存。

第二节 行宫

有清一代,皇帝多出巡江南、甘陕、河南、山东、沈阳、五台山、木兰围场,"行宫"是京城外供皇帝驻跸的地方。历代行宫皆有兴废,而以康熙、雍正、乾隆三朝最盛,频繁出巡为京畿一带留下了为数众多的行宫;道光以来国运不济,因而渐渐放弃出巡,弃用大量行宫,以致破坏消失。光绪间,又因国事新建或重修一批行宫。本书依出行方向和目的将河北省内行宫分为四种:南巡、北巡、拜谒和慈禧行宫。南巡行宫概从京师出发南行,或为巡幸江南、嵩洛,或祭拜孔庙、督查水利;北巡循"木兰秋狝"典制;拜谒为东谒清东陵、碣石、盛京三陵,西谒清西陵、五台山礼佛;慈禧行宫则专论光绪朝新辟的几处行宫(图5-2-1)。

行宫建筑或于山形水势极佳处略加穿凿,以游目骋怀,或依傍先贤祠堂、名胜古迹增建以凭吊感慨,或依地方衙署或港口修造以利交通、巡视。建筑本身常循使用之便随意增减,又常以自然山水或园林穿插其间,不仅富丽庄重,所到之处也促进了园林营造和古迹保护。

一、谒陵行宫

清帝东巡、西巡的主要目的是拜谒盛京三陵、清东陵和清西陵,以及五台山礼佛。

从京师向东出发,过南石槽行宫(北京)、燕郊行宫(廊坊三河)、独乐寺行宫、盘山行宫、白涧行宫、桃花寺行宫,至隆福寺行宫(以上属天津蓟县)驻跸,谒清东陵;再经汤泉行宫(唐山遵化)、柳新庄行宫(唐山迁安)、夷齐庙行宫(唐山),至天台山行宫(秦皇岛)登临碣石;更往东北拜谒盛京祖陵,回途过文殊庵行宫(秦皇岛)、蟠龙山行宫(亦称大新庄行宫,北京)、丫髻山行宫(北京)。

从京师向西出发经龙王庙行宫、黄新庄行宫、半壁店行宫(以上属北京)、秋澜行宫、至梁格庄行宫驻跸,谒清西陵。

五台山礼佛过黄新庄行宫、半壁店行宫(以上属北京)、涿州行宫、秋澜行宫、梁格庄行宫、保

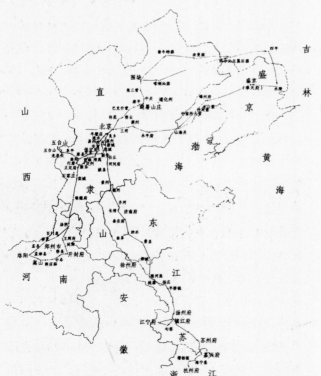 

图5-2-1 左:乾隆巡幸线路图;右:乾隆行宫图

定府行宫（以上属保定）、众春园行宫（定州）、正定府行宫（正定）、大教场行宫、台麓寺行宫、台怀镇行宫、白云寺行宫（以上属山西）。

1. 东巡行宫

燕郊行宫位于廊坊三河市燕郊镇，建于康熙初年，乾隆二十年（1755年）移建于旧址以南，自光绪以后，逐渐败落，至1929年被拆除，现仅存宫门外的两眼井。

汤泉行宫、隆福寺行宫均为谒陵方便所设行宫。汤泉行宫位于昌瑞山以东、茅山脚下福泉寺西侧，始建于顺治，至康熙时渐趋完备，四进院，大门前设照壁，最后一进为花园，现仅剩汤池和一座六角攒尖流杯亭。福泉寺始建于唐，旧名汤泉寺，寺内存明代重修石幢。

夷齐庙行宫、天台山行宫和文殊庵行宫均以古迹或先贤祠庙为依托而修建，今多不存。

2. 梁格庄行宫

雍正葬于泰陵后，这些行宫选址之初就参考清东陵行宫选址之法，择驻跸方便、依附山水或高处修建。现仅存梁格庄行宫，乃效东陵隆福寺行宫、紧邻永福寺修建，梁格庄行宫始建于乾隆十三年（1748年）三月、八月完工，西邻永福寺，占地面积24768平方米。坐北朝南，分中、东、西三路，中路由南往北为石平桥、朝房、宫门、垂花门、长廊、前殿、后殿、穿堂殿、东配殿和小榭等，共17座建筑。行宫前殿面阔五间，进深四间，建筑面积127.7平方米。所有建筑均为单檐卷棚顶，砖、石、木结构。

3. 涿州行宫

涿州行宫（图5-2-2、图5-2-3）位于涿州市南关，西邻涿州药王庙，原为明崇祯年间（1628～1644年）明宽和尚创建的保庆寺，清乾隆年间改建为清帝行宫，坐北朝南，由南向北，原有宫门、腰门、前殿、假山、中殿、后殿及东西配殿等，占地面积2万余平方米。现宫内建筑大部分拆除或改建，仅存中殿（正大光明殿）及殿前的假山。正大光明殿面阔五间、进深三间，单檐硬山顶，建筑面积217平方米。殿内彻上露明，梁架存清代彩画。假山占地面积35平方米，以云片石及少量太湖石堆砌，手法高超，保存完整。

4. 古莲池行宫

保定府行宫亦称古莲池行宫、临漪亭行宫，位于裕华路南，直隶总督署左前方。古莲花池（图5-2-4）始创于元太祖二十二年（1227年），原名"雪香园"。至元二十七年（1289年）保定大地震后园林一度荒废。明嘉靖四十四年（1565年）原址重建，万历十五年（1587年）扩修并改称"水鉴公署"。清初改称古莲花池。雍正十一年（1733年）辟莲池西北部建莲池书院。乾隆年间辟为行宫。乾隆、嘉庆、慈禧、光绪等均曾驻跸。1906年改为莲池公园。园林布局错落有致，叠石理水手法高超，

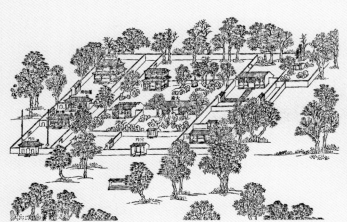

图5-2-2 《南巡盛典》中的涿州行宫图

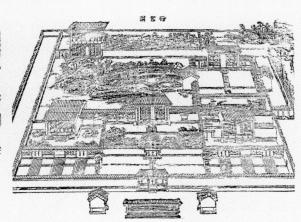

图5-2-3 《涿州志》中的涿州行宫图

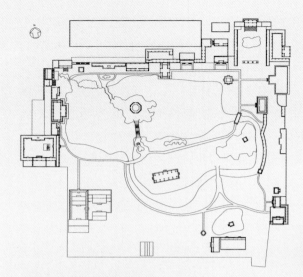

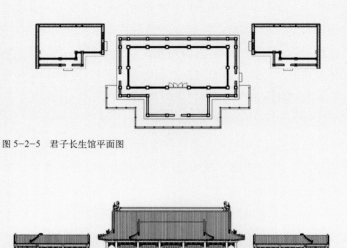

图 5-2-5 君子长生馆平面图

图 5-2-4 古莲花池平面图

图 5-2-6 君子长生馆立面图

历史悠久，文化内涵丰富，位列我国十大名园之一。

现占地 2.4 万平方米，中部水面约 8000 平方米，以池塘和水中亭为中心，池分东塘、西塘和南塘，环池建濯锦亭、水东楼、藻咏厅、君子长生馆（图 5-2-5、图 5-2-6）、响琴、洒然亭、水心亭、高芬亭、白石桥、含沧亭、宛虹桥等，池水南面为土石假山，春午坡、篇留洞和红枣坡，附近建六幢亭、不如亭等。也存正门、牌楼、缘野梯桥、碑廊等。

正门位于莲花池东北角，坐北朝南，面阔三间、进深二间，单檐歇山卷棚顶，檐下悬民国"古莲花池"匾额，门前立一对明石狮，门内建四柱三间五楼牌坊。水东楼位于池塘北侧坐东朝西，二层，建筑面积 200 平方米，下层平顶，面阔七间、进深四间。上层建轩厅，面阔三间、进深一间，周围廊，单檐卷棚歇山顶。上层檐下悬清代"水东楼"匾额。藻咏厅位于南、北塘中间，坐北朝南，面阔五间、进深三间，周围廊，单檐歇山卷棚顶，建筑面积 180 平方米，原为二层楼阁，光绪二十八年（1902 年）重修为单层。临倚亭位于北塘中央，又名水中亭，八角攒尖顶，建筑面积 40 平方米，高 12 米，内有旋梯可登二层。南建宛虹桥，北有曲桥，分别与北塘南北两岸相连。君子长生馆，位于北塘西岸，清代建筑，又名钓鱼台，坐东朝西，面阔五间、进深二间，单檐歇山顶，前出卷棚歇山顶抱厦三间，北名小蓬莱，南名小方壶。缘野梯桥位于南塘东侧，建于元代初期，南北横跨南塘，汉白玉三孔石拱桥，长 10.32 米、宽 2.7 米，中孔券面中央雕兽面，桥面两侧施望柱栏板。碑廊位于大门内东、西两侧及南塘北岸，共 49 间，存北宋以来碑刻百余通和两幢西夏文经幢。

莲池书院也称"直隶书院"、"保定书院"。初建时（1733 年）有东西两院，占地约 2000 平方米，光绪四年（1878 年）后占地增至 4000 平方米。莲池书院为直隶最高学府，学者、英才云集，乾隆皇帝曾三次亲临，并题诗嘉勉。光绪三十四年（1908 年）新学校已兴，学院停办。

5．众春园行宫

众春园行宫（图 5-2-7、图 5-2-8）即定州行宫，位于定州东北隅，北宋皇祐年间（1049～1054 年）知州韩琦修建，明正德十四年（1519 年）移建苏东坡祠于众春园。万历十六年（1588 年）重修，并移韩公祠于园内。清康熙四十一年（1702 年）成为清帝行宫。道光二十七年（1847 年）诏罢行宫，以此园专祀韩琦、苏东坡，有额"韩苏公祠"。1947 年毁于战乱，新中国成立后建为学校、疗养院。1967 年改建为部队医院。园内存碑分别藏于市石刻馆、博物馆内。

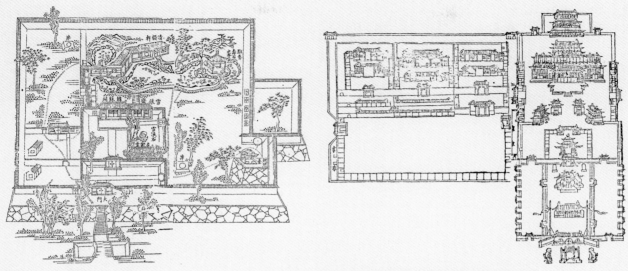

图 5-2-7 众春园图

图 5-2-9 乾隆《正定府志》中的隆兴寺行宫图

图 5-2-8 众春园旧照片

6. 正定府行宫

正定府行宫位于隆兴寺西侧，又称隆兴寺行宫（图 5-2-9），康熙四十一年（1702 年）十月，康熙自五台山回銮路经正定，入隆兴寺礼佛并宿住，见寺内殿宇倾圮，下令重修，康熙四十八年（1709 年）竣工，并在西侧增建行宫。从《正定府志》中行宫图看，建筑坐北朝南分为三路，每路四进，三路外另设宫门，属于规模较大的行宫。

此后康熙、雍正、乾隆三朝巡行河南或五台山礼佛，常驻跸于此。咸丰八年（1858 年），行宫改为天主教堂。光绪二十八年（1902 年），光绪皇帝于慈禧回銮至此，只能暂住隆兴寺。1947 年华北大学迁入，1951 年被部队医院占用，至今建筑已不存，仅剩一口御井和一对雕刻精致的上马石。

二、南巡行宫

南巡既怡情养性，又可体察民情、推行德政，河北境内的南巡行宫一般依先贤祠堂、古寺名刹、名园而建。

南巡自京师南下，过黄新庄行宫、半壁店行宫（以上属北京）、涿州行宫后分为两条路线，东经沧州、衡水入山东，过紫泉行宫、赵北口行宫、思贤村行宫、太平庄行宫、红杏园行宫、绛河行宫；西经定州、正定（今属石家庄）入山西，或经邢台入河南，过灵雨寺行宫、保定府行宫、众春园行宫、正定府行宫、端村行宫、园头行宫。

绛河行宫位于今衡水景县西北绛河流村，康熙、乾隆南巡时均驻跸于此，并入城巡幸开福寺，今不

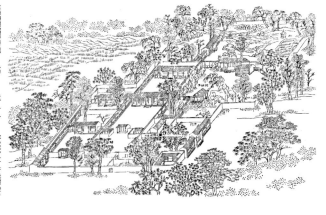

图 5-2-10 左：绛河行宫；右：思贤村行宫

图 5-2-11 紫泉行宫

图 5-2-12 赵北口行宫

存；思贤村行宫位于今沧州任丘市西南思贤村，乾隆二十七年（1762年）修葺汉太傅韩婴祠堂为行宫，墙垣简朴，栏槛清旷，今不存（图5-2-10）。

灵雨寺行宫位于保定市学府胡同18号院，灵雨寺初创于明万历三十八年（1507年），崇祯初年（1628年）改建为月潭院（俗称十方院）。清乾隆年间辟为行宫，1898年改建为畿辅大学堂，后经多次改弦更张，原来面目已不存。

其余行宫择录于下。

1. 紫泉行宫

紫泉行宫（图5-2-11）位于高碑店市新城镇紫泉河边，西北15里处有紫泉，建于清乾隆十五至十六年（1750～1751年）。咸丰九年（1859年）改建为紫泉书院。光绪二十九年（1903年），紫泉书院改设高等小学堂。新中国成立后紫泉行宫被用于建设学校，古建筑今已无存。《新城县志》和《南巡盛典》载，紫泉行宫应是一处趁自然之势、将自然山水引入宫墙的宫苑。

2. 赵北口行宫

赵北口行宫（图5-2-12）位于淀区重镇赵北口西北，乾隆十三年（1748年）建，坐落在东淀、西淀（白洋淀）交汇之咽喉，界分燕赵，坐西面东，三面环水。行宫占地8000平方米，建有大殿五间、皇后宫三间、太后宫三间、军机处三间、差办房三间、膳房三间、配房两处六间。东南有坐辇处，西建有御花园，东大门前建有石坊一座，西侧淀水烟波，白帆点点，南侧十二连桥如巨龙卧波。现仅存宫门三间，作为赵北口烈士祠使用。

3. 太平庄行宫

太平庄行宫（图5-2-13）位于河间城南7.5公里处，汉儒毛苌祠旧址。乾隆二十七年（1762年）建，南到龙华店，北倚太平庄，东靠兴隆店，西傍

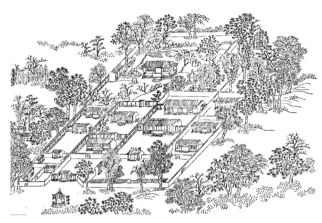

图 5-2-13 太平庄行宫

图 5-2-14 红杏园行宫

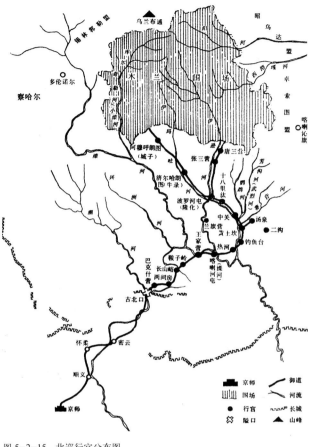

图 5-2-15 北巡行宫分布图

福海庄,委专人经营,收入作为行宫人杂等项补充给养。行宫有3进院落、朝房、大殿、太后宫等宫殿数座,及内外值房、军机处、毛公祠等,另有花园、牌坊和陪同官员的公馆。建筑规模宏大,计有十六个院落,均以游廊、宫门相通。花园内有毛公讲诗台、金鱼池、平湖秋月、别有洞天、湖山在望等景点。今仅存乾隆题汉白玉碑,收藏在文物保护管理所。

4. 红杏园行宫

红杏园行宫(图 5-2-14)创建于乾隆十六年(1751年),位于今泊头市富镇西北3公里严铺村内,汉河间献王日华宫遗址上。日华宫为西汉河间献王刘德建造,用以整理古籍、研究学问、培养人才。汉代以后,日华宫荒废,明成化年间建造别业,植杏树。行宫南北长80步,东西宽68步,四周缭以墙垣,进宫门,内有回廊、荷塘、长桥、月桥、台榭,池边植杏、梅、柳、槐,以杏树最多。光绪元年(1875年)将行宫改为"红杏园义塾",光绪九年(1883年)重修义塾,民国期间改称"日华学校",现已不存。

三、北巡行宫

清帝秋猎对深化绥怀政策、团结塞外蒙古各部、巩固北部边防、保持八旗军队战斗力以及避暑调养具有重要意义。

清代皇帝自康熙十六年(1677年)开始北巡,至二十年(1681年)建立"木兰围场",北巡"木兰秋狝"成为清代典制。此后经过康熙、乾隆、嘉庆,至道光四年(1824年)废止。为方便北巡补给和休息,沿途修建多处行宫,除热河行宫外,这些行宫多数规模较小,设置简单。道光年间,因国势衰微陆续裁撤行宫,以致荒废,现多数行宫的建筑已不存(图 5-2-15)。

北巡行宫以古北口为界限分为塞内和塞外行宫，塞内行宫均位于今北京所辖区县，塞外行宫则多位于承德境内武烈河、伊逊河、滦河三河流域，据《钦定热河志》记载，避暑山庄之外的行宫有"喀喇河屯行宫、王家营行宫、常山峪行宫、巴克什营行宫、两间房行宫、钓鱼台行宫、黄土坎行宫、中关行宫、什巴尔台行宫、波罗河屯行宫、张三营行宫、济尔哈朗图行宫、阿穆呼朗图行宫。"除此之外也有兴州行宫、鞍子岭行宫、桦榆沟行宫、兰旗营行宫、唐三营行宫、二沟行宫、汤泉行宫、东庙宫和西庙宫。行宫可分为茶宫（饮水休息）、尖宫（用餐）和住宫，也兼狩猎、游赏、问政、致祭用，依其功能不同，规模形制略有差异。

其中喀喇河屯行宫位于伊逊河、滦河汇合处，也是古北口至热河行宫的中间枢纽，而波罗河屯行宫位于自热河行宫进入木兰围场两条道路的分岔处，因而更为重要，较别处规模略大。兴州行宫尚存地面建筑。汤泉行宫、钓鱼台行宫是皇帝游赏之处，不位于北巡御道上，各依沐浴、垂钓的功能而营建陈设。东、西庙宫为狩猎前致祭所建神祠。鞍子岭行宫、桦榆沟行宫、兰旗营行宫、唐三营行宫、二沟行宫、汤泉行宫，或为其他后建的行宫取代，或于康熙、乾隆、嘉庆年间弃用，不再备述。

1. 喀喇河屯行宫

喀喇河屯行宫（图5-2-16）位于滦河与伊逊河交汇处的南岸，始建于顺治七年（1650年）七月。《清世祖实录》载为摄政王多尔衮因京城夏日溽暑难堪、不可迁移，乃仿辽、金、元于边外建上都等城为夏日避暑之用。同年十二月摄政王薨于喀喇河屯，次年二月工程停止。康熙十六年（1677年）将避暑城圈入宫苑，再次营建喀喇河屯行宫。

行宫坐北朝南，分宫殿、苑景两大区域，周长约10公里。宫门面阔五间，额曰"秀野轩"。宫殿区分东、西、中三宫，虎皮石墙围绕，有门可通苑景区。宫殿区大门三间，内为中宫门三间，内有垂花门，再内为大殿三间和左右配房。东西两宫各有跨院，建筑规模较小，布局同中宫。三宫后院均为花园，园中假山嶙峋，松柏苍翠，芳草如茵。宫殿区西、北侧是苑景区，滦河从中流过，山石上建二亭，即所谓小金山。苑景区西部的滦阳别墅建在滦河湾两个山包之间的坡台上，分东西两院，东、西、北三面以半封闭式游廊环绕，中间以长廊相隔。东院前为大殿，庭中有假山奇石，名花飘香。西院大殿为"翠云堂"，是乾隆时建，阶前四棵古松虬枝盘绕，堂南为虬盖亭，亭南临水的钓鱼台与小金山相接，组成园中之园。行宫内外风景如画、滦河奔

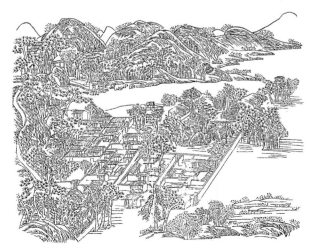

图5-2-16 喀喇河屯行宫

图5-2-17 波罗河屯行宫

流、山峦起伏，行宫不彩不画、引流入庭、天然雅韵、麋鹿禽鸣。

行宫建成后，周围相继兴建穹览寺、琳霄观、孔庙、文昌祠、龙王庙、龙母庙、财神庙、雹神庙、药王庙、静妙寺、御书寺等17处寺庙，成为北巡重要驻地，围猎、骑射的同时，也须接见蒙古王公贵族、处理重要政务。后因滦河、伊逊河水患，被热河行宫取代。

道光年间旨谕停修后，行宫受风雨侵袭逐渐坍塌。民国年间，军阀拆宫砍树至所剩无几，并在此建起军营。今日行宫已不存。

2. 波罗河屯行宫

波罗河屯，又称皇姑屯，位于隆化县城的东北部，曾是北魏安州、辽北安州、金兴州、元大兴州四朝州治故城。波罗河屯行宫（图5-2-17）建于康熙四十二年（1703年），分左、中、右三路。中宫门殿三间，二门内设连腰墙，墙后正殿三间，左右各有三间照房，康熙题额"山泉赏，秋澄景清，檐标千峰"。东西两院有城台门殿三间，门内各有二道门殿三间，后为大殿、东西照房各三间。东院隔墙后另有两座殿，各三间。

行宫位于木兰围场西边入口，从建成后至道光元年（1821年），木兰秋狝往返必驻于此，边疆诸藩、蒙古王公、台吉等一应在此迎驾。

波罗河屯行宫终因国民党进攻热河时拆掉宫宇修炮楼碉堡而毁。

3. 东庙宫和西庙宫

东庙宫又称兴安大岭神祠，位于木兰围场东哨门的伊逊崖口，建于嘉庆十六年（1811），为嘉庆帝小憩所用。平面长方形，坐北向南，山门题额"敕建敦仁镇远神祠"，前殿御书额曰："崇镇周陲"，行殿额曰："缵功致祷"、"上兰别墅"。宫外官房数组，宫前伊逊河水蜿蜒西去，四周古松参天，山石交错，风景极佳。

西庙宫位于木兰围场西哨门的伊玛图口，即阿穆呼朗图行宫西北的卜克崖口之内，建于嘉庆二十二年（1817年）。山门题额曰："敕建协义昭灵神祠"，建筑与东庙宫相近。清帝岁行木兰时在此升香致祭，并小憩。今存山门、围墙及部分建筑。

4. 兴州行宫

兴州行宫位于滦平县大屯乡兴州村金宜兴县、元宜兴州旧址，始建于清康熙年间，坐北朝南，周建虎皮石墙，占地面积1万平方米。东南部为宫殿区，西部和北部为花园。宫殿区有二进院落，由南至北有门殿、前垂花门、前殿、后垂花门、后殿，两侧分别有配殿、耳房等。现仅存前、后二殿，前殿面阔五间、进深三间，单檐歇山顶，建筑面积190平方米，室内皆楠木隔断。乾隆年间于行宫东南百米处附建观音寺一座。坐北朝南，前后二进，占地面积约2000平方米，由南向北依次有山门、前殿。关公殿、后殿、观音殿各三间，两侧钟楼已毁，前院东西配殿各三间、后院东西配殿各七间。均为小式单檐硬山顶建筑。

其余行宫概况如图5-2-18与表5-2-1所示。

四、"西狩"回銮行宫

光绪二十七年（1901年），慈禧太后、光绪皇帝于八月四日由西安启跸回京，在直隶驻邯郸、正定和保定，过吕仙祠行宫、正定隆兴寺和保定直隶总督署。此时正定府行宫已易为天主教堂，其他两处行宫均为原有建筑仓促改建而成。

1. 保定府行宫

行宫位于环城南路中段路南，原为北宋永宁寺旧址，元代重建，称南大寺；清代辟为义学，光绪二十七年（1901年）慈禧、光绪回銮途中驻跸直隶总督署上房院，开始修建行宫、并修复古莲花池。清光绪二十九年（1903年）建成。行宫坐北朝南，占地面积9000平方米。原有院落三重，个园两侧均有东、西跨院，中重心上由南向北有大门、正殿、寝宫、戏阁、戏楼等，各院厢房、回廊相通，现仅存前院正殿，东西厢房及两侧跨院。正殿面阔五间，前出廊，单檐硬山顶，建筑面积210平方米。殿前汉白玉台阶。

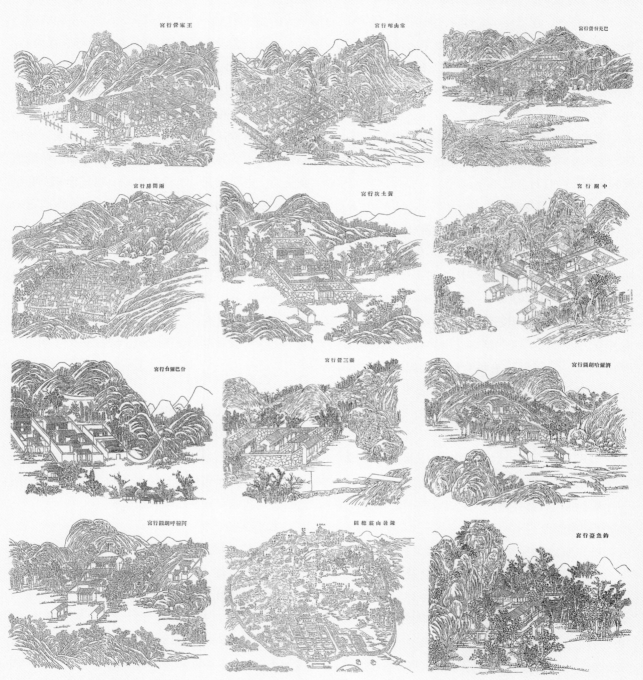

图 5-2-18 王家营行宫、常山峪行宫、巴克什营行宫
两间房行宫、黄土坎行宫、中关行宫
什巴尔台行宫、张三营行宫、济尔哈朗图行宫
阿穆呼朗图行宫、热河行宫、钓鱼台行宫

部分行宫概况 表5-2-1

行宫	位置	沿革	功能
王家营行宫	承德滦平，距常山峪40里	康熙四十三年（1704年）建	茶宫
常山峪行宫	承德滦平县，距两间房33里	康熙五十九年（1720年）建	住宫
巴克什营行宫	承德滦平县，距古北口10里	康熙四十九年（1710年）建 道光九年废	茶宫
两间房行宫	承德滦平县，距巴克什营30里	康熙四十一年（1702年）建	住宫
黄土坎行宫	承德，距钓鱼台17里	康熙五十六年（1717年）建 道光三年废	
中关行宫	承德，距黄土坎70里	康熙五十一年（1712年）建	住宫
什巴尔台行宫	承德隆化县，距中关37里，韩麻营镇十八里汰村	康熙五十九年（1720年）建 道光以来，清廷罢猎，行宫废弃	
张三营行宫	承德隆化县，张三营镇龙潭山脚下，西南距波罗河屯62里	康熙四十二年（1703年）建	住宫
济尔哈朗图行宫	承德隆化县，东南距波罗河屯28里	乾隆二十四年（1709年）建 道光十二年（1832年）正月废	住宫
阿穆呼朗图行宫	承德隆化县，距济尔哈朗图43里	乾隆二十七年（1762年）建 道光十二年（1832年）正月废	住宫
热河行宫	承德，距喀喇河屯40里	康熙四十二年（1703年）建 五十年（1711年）命名为避暑山庄	住宫
钓鱼台行宫	承德，距热河行宫13里	乾隆七年（1742年）建 嘉庆十三年（1808年）废	住宫
汤泉行宫	承德，距热河行宫92里	康熙四十五年（1706年）建 乾隆间废	汤沐

2. 吕仙祠行宫

吕仙祠位于邯郸市区北约3公里处黄梁梦村，建于北宋，明嘉靖和清代前后4次重修扩建。清乾隆十五年（1750年）修建吕仙祠行宫（图5-2-19），供乾隆往返邯郸时驻跸。后荒废，1901年，将原吕仙祠西路西王母殿改建慈禧行宫，现保留有慈禧寝室、元辰殿（原为接官厅），东路原为光绪行宫，现改为民俗神宫。

图5-2-19 吕仙祠

第三节 清代陵寝

自清军入关、国家鼎革以降，满清皇室一方面充分汲取明代帝王陵寝深厚的制度积淀，从而全面超越了入关前永、福、昭三陵的草创状态，另一方面更在汉地传统中融入满族因素，发展出一套包含帝陵、后陵、园寝的体系严谨、规则完备的皇家墓葬制度。

除关外的盛京三陵外，清代陵寝全部分布在河北遵化、易县两地。东、西两地陵寝、园寝、行宫、佛寺共 30 处（图 5-3-1）。

按始建年代排序依次为：东陵孝陵、孝东陵、景妃园寝、景陵、昭西陵、西陵泰陵、泰妃园寝、怀王园寝、端王园寝、阿哥园寝、泰东陵、东陵景皇贵妃园寝、裕陵、裕妃园寝，西陵梁格庄行宫、永福寺、昌陵、昌妃园寝、公主园寝、东陵端悯固伦公主园寝、西陵慕陵、慕东陵、昌西陵、东陵定陵、定妃园寝、定东陵、惠陵、惠妃园寝、西陵崇妃园寝、崇陵。其中帝陵 9 座、后陵 7 座、妃园寝 8 座、王公、公主园寝 5 座，各类陵寝、园寝又有各自的制度演进线索（图 5-3-2、图 5-3-3）。

一、清东陵

清东陵（图 5-3-4）位于河北省唐山市与遵化市东陵乡境内，距北京约 135 公里，陵区北倚燕山余脉昌瑞山南麓，南对天台山、烟墩山，西起黄花山，东临蜿蜒起伏的丘陵，南北长约 125 公里、东西宽约 20 公里，占地面积约 2500 平方公里。

东陵含帝陵 5 座、后陵 4 座、妃园寝 5 座、公主园寝 1 座，始建于康熙二年（1663 年），是规模宏大、体系完整的皇家陵寝建筑群。陵区以顺治帝福临的孝陵为中心，其余各陵大致依昭、穆次序分裂两侧；东有顺治孝东陵、康熙景陵、景妃园寝、景皇贵妃园寝；东南有同治惠陵、惠妃园寝；西有乾隆裕陵、裕妃园寝、咸丰定陵、定东陵（东为普陀峪慈禧陵、西为普祥峪慈安陵）、定妃园寝；大红门外东侧尚有太祖皇太极皇后、顺治生母孝庄皇后的昭西陵；陵区东缘尚有端悯固伦公主园寝。

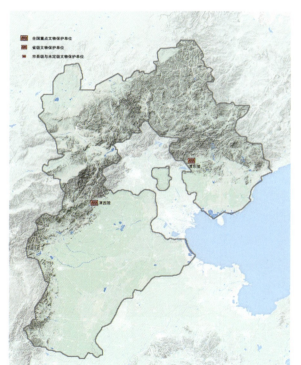

图 5-3-1 清代关内陵寝分布

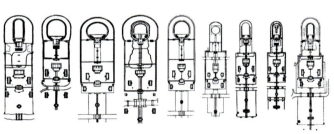

图 5-3-2 孝陵、景陵、泰陵、裕陵、昌陵、慕陵、定陵、惠陵、崇陵平面

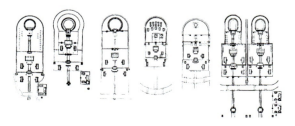

图 5-3-3 孝东陵、昭西陵、泰东陵、慕东陵、昌西陵、定东陵平面

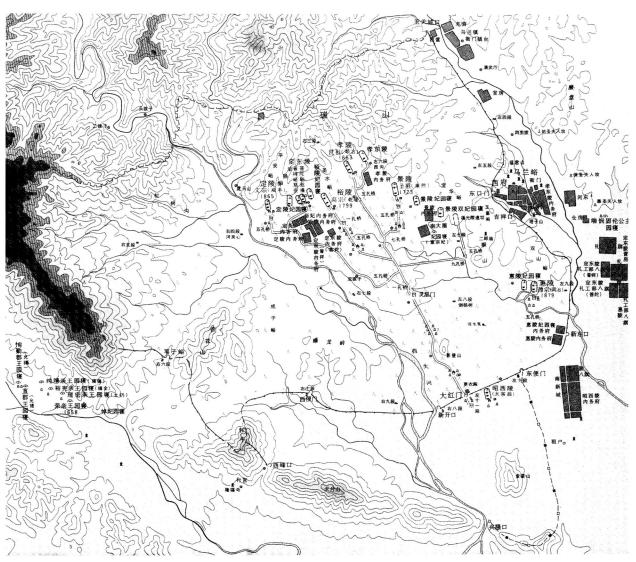

图 5-3-4 清东陵总平面

1. 孝陵

孝陵（图 5-3-5～图 5-3-14）葬清世祖爱新觉罗·福临及两位皇后，占地面积约 73 万平方米，南北长 5600 米。自南向北依次为：石牌楼、大红门、具服殿、神功圣德碑楼及华表、影壁山、石望柱及石像生、龙凤门、单孔桥、七孔桥、五孔桥、三路三孔拱桥及东平桥、神道碑楼、神厨库及省牲亭，东、西朝房，东、西班房，隆恩门，东、西焚帛炉，东、西配殿、隆恩殿、三座门、二柱门、石五供、方城、明楼、宝顶、地宫，整体由一条宽 12 米的神道贯穿。另有下马石碑 2 通、祭台 1 座、铜缸 6 口。主要建筑均用黄琉璃瓦盖顶。

石牌楼五间六柱十一楼，通高 12.5 米、面阔 31.4 米，体量巨大，各楼均用庑殿顶；石柱根部用夹杆石，顶部雕刻麒麟、卧狮等，额枋上雕旋子彩画图案；整体全用巨大青石雕成。

大红门面阔 38 米、进深 11 米，单檐庑殿顶；设三座券洞门，中门设云纹丹陛；两侧各设便门一座。

石像生自石望柱北起依次为：立、卧狮、狻猊、骆驼、象、麒麟、马共 12 对，武将、文臣各 3 对，共计 18 对，为清代帝陵数量之最，间距约 45 米。

龙凤门三门四壁，火焰牌楼门、歇山琉璃照壁，

图5-3-6 自金星山看孝陵

图5-3-5 孝陵五间六柱十一楼石牌坊

图5-3-7 孝陵大红门及过白

图5-3-8 孝陵神功圣德碑及华表

图5-3-9 孝陵石像生和龙凤门

图5-3-10 孝陵石像生和金星山

图 5-3-11 自昌瑞山鸟瞰孝陵

图 5-3-12 孝陵隆恩门过百中的隆恩殿

图 5-3-14 孝陵哑巴院

图 5-3-13 孝陵二柱门

立于矩形台基及须弥座上，前后以抱鼓石夹立。

神功圣德碑楼又称"大碑楼"，面阔、进深各一间，高约30米，重檐歇山顶；下檐施五踩重昂斗栱、上檐施七踩单翘重昂斗栱，顶作天花；楼内竖康熙七年（1668年）立满、汉双文汉白玉赑屃鳌座神功圣德碑；楼于光绪二年（1876年）遭雷轰焚毁，三至五年（1877~1879年）重修。

神道碑楼又称"小碑楼"，面阔、进深各一间；下檐施五踩重昂斗栱、上檐施七踩单翘重昂斗栱，顶作天花，梁枋绘旋子大点金彩画；楼内竖康熙二年（1663年）立满、蒙、汉三文陵碑，上书"世祖体天隆运英睿钦文显武大德弘功至仁纯孝章皇帝之陵"。

隆恩门面阔三间、进深二间七檩，单檐歇山顶；中为冲脊柱，檐下施单昂三踩斗栱，梁上绘大金彩画。

隆恩殿面阔五间、进深三间，立于汉白玉须弥座上，重檐歇山顶；下檐施五踩重昂斗栱、上檐施七踩单翘重昂斗栱，金柱作草龙地仗，顶作天花，梁枋绘旋子大点金彩画；前有月台，周围环绕汉白玉栏杆；内设暖阁、佛楼。

三座门用歇山顶，檐下施五踩单翘单昂斗栱。

二柱门用一对汉白玉石柱穿枋承斗栱、歇山顶，柱头蹲望天吼。

明楼面阔、进深各三间，下檐施五踩重昂斗栱、上檐施七踩单翘重昂斗栱，顶作天花；楼内竖康熙二年（1663年）立满、蒙、汉三文汉白玉陵碑，上书"世祖章皇帝之陵"。

孝陵建于顺治十八年（1661年）至康熙二年（1663年）。

2. 孝东陵

孝东陵（图5-3-15）葬顺治帝孝惠皇后及妃嫔，占地面积约10万平方米。神道由孝陵神道分出。孝东陵自南向北依次为：三孔拱桥及西平桥、神厨库及省牲亭，东、西朝房，东、西班房，隆恩门，东、西焚帛炉，东、西配殿，隆恩殿、三座门、石五供、方城、明楼、皇后宝顶及妃嫔宝顶共29座。主要建筑均用黄琉璃瓦盖顶。

明楼内竖满、汉双文陵碑，上书"孝惠章皇后之陵"。

孝东陵建于康熙五年（1666年）。

3. 景妃园寝

景妃园寝葬康熙帝妃嫔，占地面积约6.2万平方米。园寝自南向北依次为：单孔拱桥及平桥各一座，硬山东、西朝房各五间，卷棚东、西班房各三间，歇山宫门三间，内有焚帛炉一座，歇山隆恩殿五间，三座门中为带月台门楼，两侧为随墙角门，其后设妃嫔宝顶50座。除朝、班房用布瓦顶外，其他建筑均以绿琉璃瓦盖顶。

景妃园寝建于康熙十五年（1676年）至二十年（1681年）间，成为标准的妃园寝制度。

4. 景陵

景陵（图5-3-16～图5-3-18）葬清圣祖爱新觉罗·玄烨及四后一妃，占地面积约15万平方米。神道由孝陵神道分出，岔路位置较孝东陵更南。陵寝格局与孝陵略同，但将御河自小碑楼南改至东、西朝房北；楼南自南向北设神功圣德碑楼、五孔桥、石望柱及石像生、神厨库及省牲亭、五门六柱石牌楼等。

神功圣德碑楼面阔、进深各三间，较孝陵为大；始建于雍正三年（1725年）、五年（1727年）落成；楼内竖满、汉文赑屃鳌座神功圣德碑各一通，碑文

图5-3-15 孝东陵鸟瞰（左）
图5-3-16 景陵陵宫鸟瞰（右）

图 5-3-17 景陵二柱门、石五供和方城明楼

图 5-3-18 景陵哑巴院

图 5-3-19 昭西陵

图 5-3-20 景陵双妃园寝

由雍正帝亲笔撰写。石像生用立狮、象、马、武将、文臣各一对，间距约 30 米。神道碑楼内竖康熙十八年（1679 年）立满、蒙、汉三文陵碑，上书"圣祖合天弘运文武睿哲恭俭宽裕孝敬诚心功德大成仁皇帝之陵"。隆恩殿重檐均施五踩重昂斗栱。明楼内竖康熙十八年（1679 年）立满、蒙、汉三文陵碑，上书"圣祖仁皇帝之陵"。

景陵始建于康熙六十一年（1722 年），并首创双功德碑及皇帝御书碑、匾之制。

5. 昭西陵

昭西陵（图 5-3-19）葬太祖皇太极孝庄文皇后，占地面积约 20 万平方米。陵寝规模较小，格局与孝东陵略同，但将三座门改为隆恩殿两侧二座门，且宝顶外有围墙两道。现仅存明楼，内竖雍正三年（1725 年）立满、蒙、汉三文陵碑，上书"孝庄仁宣诚宪恭懿至德翊天启圣文皇后之陵"。

昭西陵始建于雍正二年（1724 年），三年（1725 年）竣工。

6. 景皇贵妃园寝

景皇贵妃园寝（图 5-3-20）葬康熙帝悫惠、惇怡皇贵妃，占地面积约 8.7 万平方米。园寝格局与孝东陵略同，但主要建筑均用绿琉璃瓦盖顶，与景妃园寝略同。三座门后建有东、西骈列的两座单檐歇山明楼，楼内各竖满、汉双文石碑。

景皇贵妃园寝始建于乾隆四年（1739 年）。

7. 裕陵

裕陵葬清高宗爱新觉罗·弘历及二后三妃，占地面积约 45 万平方米。神道由孝陵神道分出，岔路位置较景陵更南。陵寝格局与景陵略同，但石像生用狮、虎、骆驼、象、麒麟、马、武将、文臣各一对，较前者略繁，省牲亭亦改至神道碑楼北，三路三孔拱桥两侧更各加一路平桥。

神功圣德碑楼面阔、进深各三间，重檐均施七踩单翘重昂斗栱；楼内竖嘉庆七年（1802年）汉白玉碑，碑文由嘉庆帝撰纹、乾隆帝十一子著名书法家成亲王永瑆书丹。神道碑楼内竖乾隆十年（1745年）立满、蒙、汉三文神功圣德碑，上书"高宗法天隆运至诚先觉体元立极敷文奋武孝慈神圣纯皇帝之陵"。隆恩殿斗栱同孝陵；内设东、中、西暖阁三间，东为佛楼，中、西供神牌。明楼重檐均施七踩单翘重昂斗栱，楼内竖乾隆十年（1745年）立满、蒙、汉三文陵碑，上书"高宗纯皇帝之陵"。明楼南设御河。地宫深54米，平面呈"主"字形，面积372平方米，含4道石门及明堂、穿堂、金堂，用拱券式石结构；乾隆帝及后妃灵柩置于金堂内汉白玉石床上；宫内遍布佛教题材石雕图案及梵、番经文，罩门雕四尊真人大小天王坐像、形态逼真（图5-3-21～图5-3-27）。

裕陵始建于乾隆八年（1743年），十七年（1752年）主体竣工；民国十七年（1928年）地宫遭军阀孙殿英盗掘一空；1975年清理，1978年开放。

8. 裕妃园寝

裕妃园寝葬乾隆帝后妃36人，占地面积约6万平方米。园寝格局与景妃园寝略同，唯将三座门改为隆恩殿两侧二座门，并设东、西配殿，与昭西陵略同。

裕妃园寝始建于乾隆十年（1745年）。

9. 端悯固伦公主园寝

端悯固伦公主园寝葬道光帝子女四人，系清东陵唯一一座公主园寝，占地面积约8000平方米。园寝内有宫门、茶膳房、享殿等。享殿面阔三间、进深一间加前廊，单檐硬山绿琉璃瓦顶。

端悯固伦公主园寝始建于道光元年（1821年），七年（1827年）竣工。

图5-3-21　昭西陵石五供和方城明楼

图5-3-22　裕陵山向

图5-3-23　裕陵陵宫

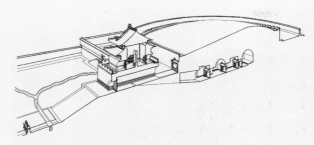

图 5-3-24 裕陵地宫剖透视

10. 定陵

定陵（图 5-3-28）葬清文宗爱新觉罗·旻宁，占地面积约 10.5 万平方米，是东陵最西的帝陵。神道由孝陵神道分出，岔路位置较裕陵更南。陵寝格局与慕陵略同，但重设慕陵裁撤的石像生，将慕陵的单路三孔拱桥改回三路，与裕陵略同，恢复慕陵裁撤的方城、明楼，方城、宝城内均设御河，隆恩殿后所设御河亦较慕陵略窄。

神道碑楼内竖同治二年（1863 年）立满、蒙、汉三文陵碑，上书"文宗协天翊运执中垂谟懋德振武圣孝渊恭端仁宽敏显皇帝之陵"。隆恩殿面阔五间、进深三间，恢复慕陵降等之前的规模。明楼内竖同治二年（1863 年）立满、蒙、汉三文陵碑，上书"文宗显皇帝之陵"。

定陵始建于咸丰九年（1859 年），同治四年（1865 年）竣工。

11. 定妃园寝

定妃园寝（图 5-3-29）葬咸丰帝妃嫔，占地约 2 万平方米。园寝格局与景妃园寝略同；后设宝顶 15 座。

定妃园寝始建于同治元年（1862 年）。

12. 定东陵

定东陵（图 5-3-30～图 5-3-33）普陀峪陵葬孝钦慈禧皇后，普祥峪陵葬孝贞慈安皇后，占地面积各约 6300 平方米。两陵东西骈列，除在宫外、神

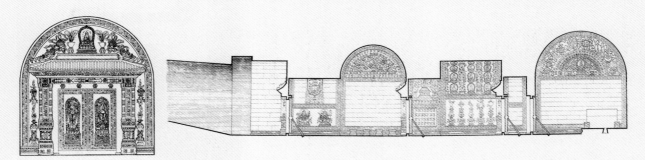

图 5-3-25 裕陵地宫立面、剖面

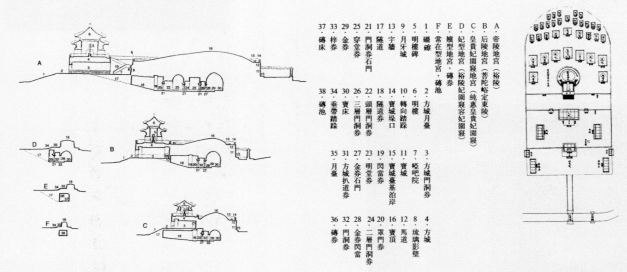

图 5-3-26 清代陵寝六种不同地宫的剖面

图 5-3-27 裕陵妃园寝地盘画样（国家图书馆藏样式雷画样）

图 5-3-28 定陵鸟瞰　　　　　　　　　　　　　　图 5-3-29 定陵妃园寝

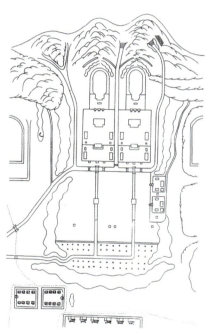
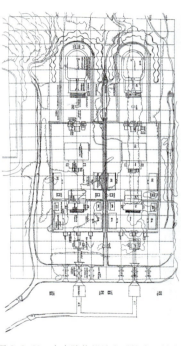

图 5-3-30 定东陵堆培砂山地盘糙底（国家图　图 5-3-32 定东陵约拟地盘平格丈尺糙底　图 5-3-33 普陀峪定东陵地宫
书馆藏样式雷画样）　　　　　　　（国家图书馆藏样式雷画样）

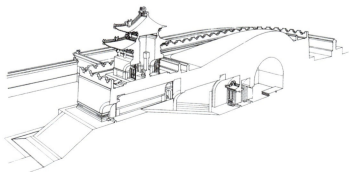

图 5-3-31 定东陵鸟瞰　　　　　　　　　　　　　图 5-3-34 普陀峪定东陵地宫透视

道碑楼南、北分别单独设立各自神厨库及省牲亭外，其余建筑规制几乎完全相同，且格局与孝东陵略同。

普陀峪神道碑楼面阔、进深各一间，重檐歇山顶；下檐施五踩重昂斗栱、上檐施七踩单翘重昂斗栱；内竖光绪元年（1875年）立满、蒙、汉三文陵碑，上书"孝钦慈禧端佑康颐昭豫庄诚寿恭钦献崇熙配天兴圣显皇后之陵"。隆恩殿工艺在诸陵中水平最高、耗费最大：建筑内壁遍布"五蝠捧寿"、"万字不到头"等砖雕图案，斗栱、梁枋、平棊彩绘等处亦全部贴金，内柱更以半立体金龙盘绕，殿外四周汉白玉栏板及透雕龙凤阶石上图案均为凤上龙下。明楼内竖光绪元年（1875年）立满、蒙、汉三文陵碑，上书"孝钦显皇后之陵"。地宫深24.8米，除二门上有雕刻外，其余全部采用未经雕刻的汉白玉砌筑而成（图5-3-34）。

普祥峪神道碑楼内竖光绪元年（1875年）立满、蒙、汉三文陵碑，上书"孝贞慈安裕庆和敬仪天祚圣显皇后之陵"。明楼内竖光绪元年（1875年）立满、蒙、汉三文陵碑，上书"孝贞显皇后之陵"。

定东陵始建于同治十二年（1873年）；光绪五年竣工（1879年）；光绪二十一年（1895年）慈禧借口陵寝年久失修，下令将普陀峪陵隆恩殿及东、西配殿拆除重建，装修极尽奢华；民国十七年（1928年）军阀孙殿英盗掘普陀峪陵地宫；1979年清理。

13. 惠陵

惠陵（图5-3-35）葬清穆宗爱新觉罗·载淳及皇后，占地面积约1.5万平方米，是东陵最东的帝陵。陵寝格局与定陵略同，但不设神路和石像生，是东陵五座帝陵中规制最低的一座。不过，陵寝建筑采用极珍贵、坚硬的"铜铁木"（梜楠木），系前代所未见。

神道碑楼内竖光绪二年（1876年）立满、蒙、汉三文陵碑，上书"穆宗继天开运受中居正保大定功圣智诚孝信敏恭宽毅皇帝之陵"。明楼内竖光绪二年（1876年）立满、蒙、汉三文陵碑，上书"穆宗毅皇帝之陵"。

惠陵始建于同治十三年（1875年）。

14. 惠妃园寝

惠妃园寝（图5-3-36）葬同治帝皇贵妃4人，占地面积约5万平方米。园寝格局与定妃园寝相同；后设宝顶4座。

惠妃园寝始建于光绪元年（1875年）。

二、清西陵

清西陵（图5-3-37）位于河北省保定市易县梁各庄乡境内，距北京约135公里，陵区北倚永宁山、南对元宝山、东西有易水从前流过，占地面积200余平方公里。

西陵含帝陵4座、后陵3座、妃园寝3座、王公、公主园寝4座以及永福寺、陵寝衙署、营房、梁格庄行宫等，始建于雍正九年（1731年）。陵区以雍正帝胤禛的泰陵为中心，其余各陵大致依昭、穆次序

图5-3-35 惠陵远眺

图5-3-36 惠陵妃园寝远眺

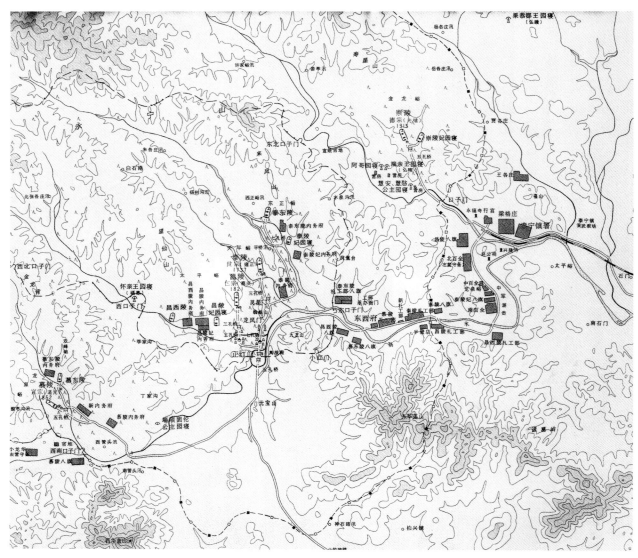

图 5-3-37 清西陵总平面

分列两侧；东有雍正泰东陵、泰妃园寝、端王园寝、阿哥园寝、嘉庆公主园寝、光绪崇陵、崇妃园寝；西有雍正怀王园寝、嘉庆昌陵、昌西陵、昌妃园寝、道光慕陵、慕东陵；陵区东缘尚有永福寺、梁格庄行宫。

1. 泰陵

泰陵（图 5-3-38～图 5-3-40）葬清世宗爱新觉罗·胤禛及孝敬宪皇后、敦肃皇贵妃，占地约 8.5 万平方米，是西陵内修建最早、规模最大的帝陵。陵寝格局与孝陵略同，自南向北依次为：火焰牌楼、五孔桥、三架石牌楼、大红门、具服殿、神功圣德碑楼及华表、七孔桥、石望柱及石像生、蜘蛛山、龙凤门、三孔桥、三路三孔拱桥、神道碑楼、神厨库及省牲亭，东、西朝房，东、西班房，隆恩门，东、西焚帛炉，东、西配殿，隆恩殿、三座门、二柱门、石五供、方城、明楼、宝顶、地宫，整体由一条 2.5 公里长的神道贯穿。

火焰牌楼三间四柱，高 20.8 米、面阔 39.3 米、中门高 9.6 米、侧门高 8.6 米，地面用条石砌墁。

五孔桥长 87 米，桥墩设分水尖，桥洞顶两侧雕螭首，桥面两侧作火焰头望柱、荷叶净瓶栏板、抱鼓石。

石牌楼共三架、较孝陵多两架，其中一架面南、两架各朝东西，呈"品"字形排列，为西陵最具特色的建筑；三架均为五间六柱十一楼，高 12.8 米、面阔 31.9 米；雕刻内容基本相同，雕正脊、吻兽、

图5-3-38 泰陵前区鸟瞰

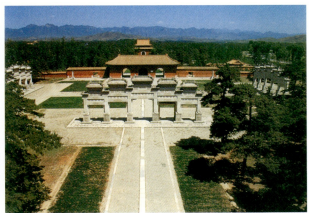

图5-3-39 泰陵大红门及石牌坊群

图5-3-40 泰陵龙凤门过白中的陵宫建筑群

瓦垄、勾滴、斗栱、额枋等,枋上出旋子二龙戏珠枋心,并有高浮雕龙、凤、狮、麒麟及浅浮雕龙、凤、花草等内容,柱头雕莲花。

大红门面阔34.8米、进深11.4米,单檐庑殿顶;设三座券洞门,洞中方砖墁地;两侧有宽厚高大的风水墙向东、西延伸,长达21公里。

具服殿系后代帝、后、妃嫔谒陵祭祖时更换素服的场所,面阔三间、进深一间,单檐歇山顶,殿内方砖墁地,脊高8.0米。

神功圣德碑楼面阔、进深各五间,重檐歇山顶,脊高26米;顶作天花,四面辟券洞门;楼内左、右竖乾隆二年(1737年)立满、汉文青白石质赑屃鳌座神功圣德碑;楼四角华表高13.1米,八角形束腰基座,身刻云龙纹、头置云板、顶蹲望天吼,外围狮子头望柱、雕花栏板。

七孔桥长107米、宽21米,火焰头望柱、荷叶净瓶栏板,是陵区唯一一座七孔拱桥、亦是陵区最大桥梁。

石像生用狮、马、象、武将、文臣各一对。

龙凤门三门四壁,各门四枚门簪,歇山琉璃照壁心系鸳鸯荷花图案。

三孔桥长23米,火焰头望柱、荷叶净瓶栏板。

三路三孔拱桥长24.3米、宽23.6米,火焰头望柱、荷叶净瓶栏板。

神道碑楼,面阔、进深各三间,重檐歇山顶,高13.4米;四面辟券洞门;楼内竖乾隆二年(1737年)立满、蒙、汉三文陵碑,上书"敬天昌运建中表正文武英明宽仁信毅大孝至诚宪皇帝"。

神厨库院内东库面阔五间、进深一间,单檐悬山顶,南、北库面阔三间、进深一间,单檐悬山顶,省牲亭面阔、进深各三间,重檐歇山顶,高10.8米。

东、西朝房面阔五间、进深一间七檩前出廊,脊高8.6米,硬山顶;梁枋施旋子大点金彩画。

东、西班房面阔三间、进深一间，高4.2米，卷棚顶。

隆恩门面阔五间、进深二间，脊高12.0米，单檐歇山顶。

隆恩殿是举行祭祀活动的场所，面阔五间、进深三间，重檐歇山顶，脊高19.2米，立于1.4米汉白玉基座上；外檐柱16棵、内檐柱8棵、金柱4棵、中柱4棵，平身科下檐檐面明间6朵，次、梢间4朵，山面明间5朵，次间3朵，均为五踩重昂斗栱，上檐檐面明间6朵、次间4朵，山面明间5朵、次间1朵，均为七踩重昂斗栱；身内明柱沥粉贴金，梁枋绘旋子金线大点金彩画，枋心彩画"江山一统"、"普照乾坤"；金砖墁地；内设三座暖阁，分别供佛像、帝、后牌位。

东、西配殿面阔五间、进深二间七檩前出廊，脊高10.9米，单檐歇山顶；施一斗二升麻叶头斗栱，梁枋施旋子大点金彩画。

三座门均用单檐歇山顶，中门脊高8.7米、旁门高7.3米。

二柱门以一对汉白玉石柱穿枋承歇山顶，柱头蹲望天吼，柱高8.8米。

明楼面阔、进深各三小间，高25.7米，重檐歇山顶；方城系石须弥座、中开券洞门，洞内设哑巴院，左右设踏道、通明楼及宝顶；楼内竖乾隆二年（1737年）立满、蒙、汉三文汉白玉陵碑，上书"世宗宪皇帝之陵"。

泰陵始建于雍正九年（1731年）；此前一年怡贤亲王胤祥等为雍正帝选陵址于易县永宁山太平峪，翌年开始兴建；乾隆二年（1737年）雍正帝与皇后、贵妃合葬于此。

2. 泰妃园寝

泰妃园寝葬雍正帝妃嫔21人，占地面积约1.9万平方米。园寝格局与景妃园寝略同。

泰妃园寝建于雍正九年（1731年）。

3. 怀王园寝

怀王园寝葬雍正帝皇子怀亲王爱新觉罗·福惠，占地面积约0.4万平方米。园寝自南向北依次为：单孔平桥，东、西朝房，隆恩门、隆恩殿、三座门、宝顶等。

隆恩门面阔三间、进深二间。隆恩殿面阔三间、进深一大间，绿瓦歇山顶。

怀王园寝始建于雍正十三年（1735年）；乾隆二年（1737年）竣工。

4. 端王园寝

端王园寝葬雍正帝皇子端亲王弘晖及弘昀、弘盼、福宜，占地面积约0.3万平方米。园寝格局与怀王园寝略同，惟平桥系三孔。

端王园寝始建于雍正十三年（1735年）；乾隆二年（1737年）竣工。

5. 阿哥园寝

阿哥园寝葬雍正帝皇子爱新觉罗·弘时、福沛及弘时子永坤，占地面积0.31万平方米。园寝格局与端王园寝略同。

东、西朝房为歇山顶。

阿哥园寝始建于雍正十三年（1735年）；乾隆二年（1737年）竣工。

6. 泰东陵

泰东陵葬雍正帝孝圣宪皇后、乾隆帝圣母钮祜禄氏，占地面积约3.7万平方米，是陵区三座后陵中规制最完备、面积最大的一座。陵寝格局与孝东陵略同。

明楼内竖满、汉双文陵碑，上书"孝圣宪皇后之陵"。

泰东陵始建于乾隆二年（1737年），四十二年（1777年）竣工。

7. 梁格庄行宫

梁格庄行宫（图5-3-41）系陵区附属建筑，坐北朝南，占地面积约2.5万平方米。建筑自南向

图5-3-41　永福寺旧貌

北依次为：平桥、朝房、宫门、垂花门、长廊、前殿、后殿、穿堂殿、东配殿、亭榭等。

主体建筑行宫前殿面阔五间、进深四间。所有建筑均用单檐卷棚顶。

梁格庄行宫建于乾隆十三年（1748年）。

8. 永福寺

永福寺又称"喇嘛庙"，系陵区附属建筑，坐北朝南，占地面积约4300平方米。建筑自南向北依次为：三孔平桥、山门、钟、鼓楼、大雄宝殿、牌楼、碑亭、东、西配殿、普光明殿、宝云阁等，其中中路主要建筑均用黄琉璃瓦重檐歇山顶，其余为单檐硬山顶。碑亭内竖乾隆五十二年（1787年）立满、汉双文青白石质赑屃鳌座碑。

永福寺建于乾隆五十二年（1787年），五十三年（1788年）竣工。1988～1995年全面维修并开放。

9. 昌陵

昌陵（图5-3-42～图5-3-44）葬清仁宗爱新觉罗·颙琰及孝淑睿皇后，占地面积约8.1万平方米。陵寝格局与景陵、裕陵略同，但将御河仍改回神道碑楼南，与孝陵、泰陵略同，三孔拱桥两侧不作平桥，与泰陵略同，宝顶较泰陵高大。

神功圣德碑楼面阔、进深各三间，与景陵、裕陵略同，较泰陵少两间，重檐歇山顶，脊高26.7米；檐下施七踩重昂斗栱，梁枋施旋子大点金彩画；楼内左、右竖道光元年（1821年）立满、汉文青白石质赑屃鳌座神功圣德碑。神道碑楼内竖道光元年（1821年）立满、蒙、汉三文陵碑，上书"仁宗受天兴运敷化绥猷崇文经武光裕孝恭勤俭端敏英哲睿

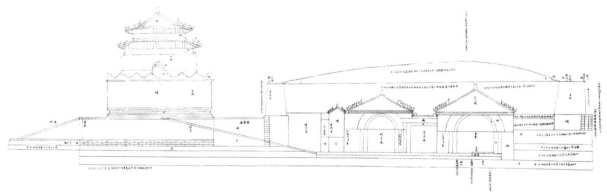

图5-3-43　昌陵地宫立样（国家图书馆藏样式雷画样）

图5-3-42　昌陵神道远眺

图5-3-44　慕陵鸟瞰

皇帝"。隆恩殿面阔五间、进深二间，脊高 20.9 米，重檐歇山顶；下檐施五踩单昂斗栱、上檐施七踩单翘重昂斗栱，与孝陵、泰陵略同，较景陵、裕陵为高；顶作天花，明柱身仿泰陵作沥粉贴金，绘江崖海水缠枝莲花纹，柱底绘鱼、龟、虾、蟹于海中游曳，地面以珍贵的紫、金色花斑方石墁地，每块 62 厘米见方、磨光烫蜡、拼缝如丝，若满堂宝石、光辉夺目；内设暖阁三间，其中东阁设佛龛。明楼内竖道光元年（1821 年）立满、蒙、汉三文陵碑，上书"仁宗睿皇帝之陵"。

昌陵始建于嘉庆元年（1796 年），八年（1803 年）竣工，道光元年（1821 年）葬入嘉庆帝。

10. 昌妃园寝

昌妃园寝葬嘉庆帝妃嫔 17 人，占地面积约 1.9 万平方米。园寝格局与景陵、泰妃园寝略同，唯将三座门改为隆恩殿两侧二座门，与裕妃园寝略同。

昌妃园寝始建于嘉庆元年（1796 年），八年（1803 年）竣工。

11. 公主园寝

公主园寝葬嘉庆帝皇女慧安和硕公主，占地面积约 0.26 万平方米。园寝自南向北依次为：东、西朝房，隆恩门，隆恩殿，宝顶等。

东、西朝房面阔三间、进深二间，单檐卷棚顶。隆恩门面阔三间、进深三间，单檐硬山顶。

公主园寝建于嘉庆八年（1803 年）。

12. 慕陵

慕陵（图 5-3-45、图 5-3-46）葬清宣宗爱新觉罗·旻宁及孝穆成皇后，坐西朝东，占地面积约 3 万平方米，是西陵最西的帝陵。陵寝格局与众不同，不设石像生、神功圣德碑楼及华表，并将三路三孔拱桥减作一路，两侧作平桥，不设二柱门、方城、明楼，隆恩殿后设御河、三路桥、石牌楼，宝城平面狭长，建筑规模较小。

神道碑楼内竖咸丰元年（1851 年）立满、蒙、汉三文陵碑，上书"宣宗孝天符运立中体正圣文圣武智勇仁慈俭勤孝敏成皇帝"。隆恩殿主体面阔、进深各三间，较此前其他帝陵为小，但绕以回廊、代替汉白玉栏杆，脊高 18.3 米，单檐歇山顶，新颖别致；全殿及配殿所用木料为金丝楠木，本色不施彩绘；梁柱雀替、隔扇、天花等处均雕刻游龙、蟠龙，龙头向下、张口吐舌。宝城石牌楼位于隆恩殿后，三间四柱，长 12.5 米、宽 2.9 米、脊高 10.3 米，单檐歇山顶；方形石柱前、后立夹杆石，上雕蹲兽，内侧施石抱柱，柱头雕云头，上为雀替、小额枋、花板，中门中部横施矩形石，上刻满、蒙、汉文。宝顶位于月台方形须弥座上，高 4.5 米、直径 38 米，前置栏板、望柱及三跑踏道。

慕陵始建于道光十一年（1831 年），十六年（1836 年）竣工。道光帝陵原设于东陵，竣工后地宫进水严重，后废弃，将部分材料转移至西陵择址重建。

13. 慕东陵

慕东陵葬道光帝孝静成皇后及妃嫔 12 位，占地面积约 2.2 万平方米。园寝原为妃园寝，后因葬入皇后而扩建为后、妃合葬的陵寝，宝城格局与此前妃园寝略同，其余与孝东、泰东陵略同，但用五孔石平桥，神厨库亦位于桥南。

图 5-3-45　慕陵陵宫建筑群

图 5-3-46　慕陵隆恩殿

慕东陵始建于道光十五年（1835年）；扩建时在隆恩殿后设三座门，中门通往石五供及皇后宝顶，两侧绕宝顶加修弧形围墙一道。

14. 昌西陵

昌西陵（图5-3-47）葬嘉庆帝孝和睿皇后，占地面积约1.7万平方米。陵寝格局与泰东陵略同。

昌西陵始建于咸丰元年（1851年），三年（1853年）竣工。

15. 崇妃园寝

崇妃园寝葬光绪帝瑾、珍二妃，占地面积约1.9万平方米。园寝格局与泰妃园寝略同；后设两座宝顶，西为瑾妃、东为珍妃。

崇妃园寝建于光绪三十四年（1908年）；民国四年（1915年）竣工。

16. 崇陵

崇陵（图5-3-48~图5-3-50）葬德宗爱新觉罗·载湉及孝定景皇后，占地面积约3.6万平方米。陵寝格局与惠陵略同。

神道碑楼内民国五年（1915年）立满、蒙、汉三文陵碑，上书"德宗同天崇运大中至正经文纬武仁孝睿智端俭宽勤景皇帝"。隆恩殿梁架均用质地极其坚硬的铜藻、铁藻木制作，有"铜梁铁柱"之称。主要宫殿基部均设五尺宽泛水。明楼内竖民国五年（1915年）满、蒙、汉三文陵碑，上书"德宗景皇帝之陵"。地宫据惠陵规制修建，墓道全长63.2米，面积350平方米，含4道石门及明堂、穿堂、金堂，用拱券式石结构，设隧道券、闪当券、罩门券、明堂券、穿堂券、金堂券各1座，门洞券3座，另有龙须沟2条，漏眼14处；金堂系主体，高大宽敞，海墁青白石，宝床正中设金井1眼，上安放光绪帝梓宫，左为隆裕皇后棺椁；8扇石门上各雕菩萨立像一尊，形象逼真。

崇陵始建于宣统元年（1909年）；民国四年（1915年）竣工；民国二十七年（1938年）被盗。1980年清理、维修、开放。

图5-3-47　昌西陵鸟瞰

图5-3-48　崇陵远眺

图5-3-49　崇陵石五供、方城明楼

图5-3-50　崇陵地宫明堂券

天津 河北古建筑

第六章 民居

河北民居分布图

（地图引自：中华人民共和国民政部编．中华人民共和国行政区划简册 2014．北京：中国地图出版社，2014．）

第一节 新石器时代的房址

一、磁山的直壁竖穴深窖穴

磁山遗址（图6-1-1）位于河北省南部武安市磁山村东约1公里处的南洺河北岸台地上。面积约15万平方米。文化层厚1米。1972年调查发现。于1976～1978年、1985～1988年、1994～1998年，进行了多次发掘。属于新石器时代早期文化遗址。磁山遗址发现有半地穴式房址、石器陶器组合堆积、石片砾石堆积、窖穴和灰坑等，其中尤以大量的深井式直壁竖穴深窖穴和石器陶器组合堆积最具特色，这两种遗存现象目前为磁山文化所独见。有的深窖穴底部堆积着大量腐朽的粟的遗存，反映了旱作农业的发展。

在发掘的7400平方米遗址范围内，共发现窖穴548个。

窖穴多为长方形竖穴。以第一次发掘为例，在2579平方米的范围内共发现长方形坑穴345座，平均7.5平方米1座。从分布状况来看，遗址各区几乎均有发现，有的地方非常密集。

窖穴除少数废弃后口部已塌落为圆形或椭圆形外，多数保存仍十分完整，坑口一般长1米左右，最长可达1.6米，宽0.5～1米。主要为两种：一种是深窖穴，深度在4～6米左右，一种为浅窖穴，深度在1.8～2米左右，其中大部分深窖穴底部有粟灰堆积。如H346，上部堆积为灰土，中部为一层黄色硬土，底部有厚0.9米的粮食堆积，粮食与黄土之间有高约0.6米的空隙，是因粮食腐烂下沉而形成的。第一次发掘的345座窖穴中，含有粮食堆积的80座，约占23%。这实际上是一个非常保守的数字，因为大部分窖穴并未留下成层的朽烂粮食堆积，但四壁及底部存有特殊的板结面、填土中并有类似的灰绿土及碎骨、杂物等堆积，这说明长方形窖穴的用途最有可能是粮食窖穴。

二、邯郸涧沟的房址和丛葬坑

涧沟遗址位于河北邯郸县涧沟村北，位于沁河南岸的台地上。面积约300万平方米。文化层厚1～2米，1957发掘。新石器时代遗存的遗迹发现有灰坑、房址、陶窑、水井和丛葬坑等。

在1957年4月下旬～8月下旬河北省文化局文物工作队所做的发掘工作中，发现的遗址的堆积有很多重叠，分为龙山文化和殷代文化两部分简述如下。

龙山文化遗址中有两种形式的窖穴，一种是大口椭圆形的坑，一种是筒状形的坑。

大口坑为数较多，口呈椭圆形，一般径长5～10米、深1～2米不等。值得注意的是在坑边或坑底上有烧土灶，这种坑共发现4座。其中之一有两个灶，兹举T22的大圆坑为例。此坑的口径南北6米、东西3.5米，底径南北3米、东西2米、深2米。坑内为灰褐土，土质松软，包含很多陶片，出土骨针、骨锥、穿孔的龟甲等。在坑口北边上有一个烧土小灶，形略方，灶门向南，火眼作长方形。在坑下0.7米处的北壁下又一小灶，保存较差，形制不很清楚。靠西壁有一斜坡，可供人出入。南壁上方有一长方形缺口，可以透风透亮。这应该是当时人们居住的地方。

筒状的坑共发现了3个，兹举二例。T10H1（图6-1-2），位于T10南端，在东沟道的西侧，并有缺口相通。现坑口形不规则，深1米处径长2.3米，往下口径渐小，最深5.5米处长径为1.15米。坑内上部为灰褐土，有少量残陶片；深4.5米处为黄沙，含有大量螺丝壳；坑底出陶器，计有小底大口尊一个、双耳平底罐2个。T16H2（图6-1-3），

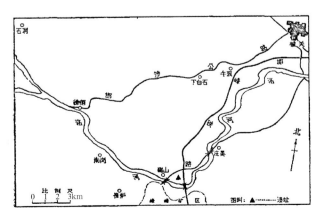

图6-1-1　磁山遗址位置图

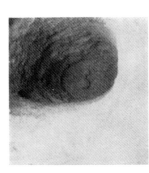   

图 6-1-2　筒状坑 T10H1（龙山）　　图 6-1-3　筒状坑 T16H2（龙山）　　图 6-1-4　第三号窑址（殷）　　图 6-1-5　第三、四号窑址（殷）

位于 T16 南端，在西沟道的西侧，也有缺口与沟道相通。H2 与 H1 相对，而较 H1 深约 1 米，形制也相仿。坑内 3.5 米以上为灰土，以下为淤泥。灰土层中包含了大量陶片，并有一具火烧过且经扰乱了的人骨架。坑底出土双耳罐 5 个、敞口深腹罐 1 个。上述的两个坑，其缺口与两道沟相通。这两道沟相距 5 米，沟口在距地表 1 米下的红褐土层上，东沟宽 1.6 米、西沟宽 1.3 米。沟底在白土层内，沟壁斜下。两沟的北端与西沟的南端，都已湮灭。沟底有一层纯净的淤沙。从这两沟及两个筒状坑的形状来看，它们可能与蓄水引水有关。

殷代文化窑址发现 2 座。形制亦相同，平面呈圆形，各分火膛、窑箅、窑膛三部。它们东、西相距 50 厘米，火膛直接在箅下。箅为 9 孔，一孔居中，其他八孔等距离地围绕四周。窑膛口径约为 1 米左右。火门向南，近长方形。火膛底形如锅，看上去箅上的一圈是固定的，在烧窑时于其上加封土坯至顶，出窑时拆去（图 6-1-4、图 6-1-5）。

这次发掘中居住遗迹的发现，反映了当时的生活情况。坑内有食弃的兽骨，做饭用的火灶，有出入的坡道；坑内所遗的骨针、骨锥、石刀、石斧、蚌刀、蚌锯等是当时人们的生产工具和生活用具。在居址附近有烧制陶器的窑，而它的附近又有沟道及与之相通的蓄水的竖井式的坑。就其生产工具来说，农业生产工具多于狩猎工具，又发现了狗、猪、水牛等骨骼，说明当时人们已过定居的农业生活，狩猎业已退居次要地位。

1957 年秋，北京大学与河北省文化局组成的邯郸考古发掘队继续对遗址进行发掘。发现有龙山文化的遗迹灰坑 7 个、房基 1 处、陶窑 2 座、水井 2 口、埋葬 4 处。灰坑一般作不规则状的锅底形，形制很大，坑口约 15 米 ×9 米。房基下陷，略近圆形；有台阶出入口；有灶坑。在房基内发现人头骨 4 具，有砍伤痕与剥皮痕，显系砍死后又经剥皮的。陶窑的窑箅呈长圆形，箅上火孔呈长槽形，主孔二道平行；从主孔两旁各分出支孔 3 道；火道呈斜坡状上通窑箅火孔。水井都近陶窑，形制似竖井窑穴，深 7 米余，口径约 2 米左右。在一个水井的底部发现半完整的陶壶、瓶、罐等器 50 余件，残破者将近百件。这些陶器，多有残其领者，很像是因汲水而沉落井底。

埋葬主要是丛葬坑，其中丛葬坑内的死者系非正常死亡。有两种情况：其一，为一圆坑，内有大小男女人骨架 10 副，有相互枕压的，但头均靠近坑壁。其二，为水井被废弃后而埋有 5 层人骨架，其中也有男有女，有老有少，或者身首分离，或作挣扎状。发掘者推测，死者可能有被杀死，或被活埋的。

三、赵宝沟的半地穴房址

赵宝沟文化（今敖汉旗境内）距今 7200～6400 年左右。房址为方形半地穴式，成排分布。

赵宝沟文化时期的赤峰先民居住的房屋均为半地穴式草木混合建筑，地穴均挖筑在生土层中，地穴保存深度一般在 0.3～1 米左右。居住面积一般为 20 平方米，个别大房子达 100 平方米。居住面上设有方形灶坑，以供煮饭和取暖之用。有的房址发现有柱洞，并发现有烧土块堆积，土内掺有草茎，表面有木棍印痕，说明房屋原有木质构架，并抹有草拌泥。

总结赵宝沟文化类型划分成果可以划分为三个不同的地方类型，即小山类型、水泉类型、西寨类型。

小山类型位于赵宝沟文化分布的东部地区。房屋均为单间，平面有方形、长方形、梯形，不见凸出门道。部分居住面平整，部分居住面呈二级阶梯状。房址居住面中部有方形和圆形坑灶。有的房址内有2～4个柱洞，以灶为中心或中轴对称分布。

水泉类型主要分布在西拉木伦河流域。多数房址为单间，个别为双间。单间房址平面呈长方形或梯形，不见方形房址。单间房址进深大于间宽，长条形门道，房址平面呈凸字形。居住面平整，灶位于居住面中部，有长方形、椭圆形、圆形、瓢形、不规则形等坑灶。居住面内无柱洞。

西寨类型分布在燕山地区及其南麓的滦河流域。房址为圆角方形半地穴建筑，部分有长条形门道。房址四边和中部有柱洞，灶有地面灶和坑灶，还有石块砌筑灶，灶的位置不固定。

中国社会科学院考古研究所内蒙古工作队于1986年夏季在赵宝沟村一号遗址进行了发掘。赵宝沟村位于赤峰市敖汉旗新惠镇东北25公里处。四周环山，山上大都覆盖着较厚的土层，少数山体岩石裸露。山峰较低，坡度不大。山脚地带呈高低不平的缓坡状。向阳的山坡和山脚地带多已辟为耕地。一号遗址就坐落在村西北2公里处山脚的缓坡地带。遗址面积约90000平方米。遗址地表可见房址的灰土堆积被破坏后遗留的灰土片。每个灰土片就是一座半地穴房址。由于农耕翻土，遗址上植被稀疏，水土流失严重，多数房址保存不佳。这次发掘揭露面积2000余平方米。发掘房址17座，编号为F1-3、F5-10、F13-14、F101-106。地层关系简单，其叠压关系依次是耕土层（亦是扰乱层）、房址内的堆积层、房址的居住面、生土。遗物多出于堆积层或居住面上。

多数地穴部分已不能复原完整的四壁，凡可复原四壁者均尚存0.5米以上的深度，这样的房址计有F2、F6、F9三座。它们的面积也多大于一般的房址。这种较大的房址的居住面呈二级阶梯状，灶都位于高居住面上。这三座房址各发现有四个柱洞，高、低居住面上各两个，每两柱洞的间距亦大致相等。下面以F9为例。

F9（图6-1-6）位于遗址中部，是地穴部分保存最深、面积最大的一座房址。开口于耕土下，平面呈梯形。房址的西北壁长8米、东南壁长10.16米、西南壁长9.56米、东北壁长9.76米。穴壁保存最深处有1.1米、最浅处0.5米，面积近100平方米。东南壁中部有一凸出壁外的小坑。居住面呈二级阶梯状，两级的高差0.1米。灶坑挖在高居住面上，略呈方形，口略大于底，灶坑口长0.92米、宽0.84米、深0.20米。口壁烧成红色硬土面，坑内积有白色灰烬。高低居住面上各有柱洞两个。四个柱洞大小深浅不一，最大的直径0.5米、深0.52米。柱洞底经夯打加工，十分坚硬。未发现出入的"门道"。

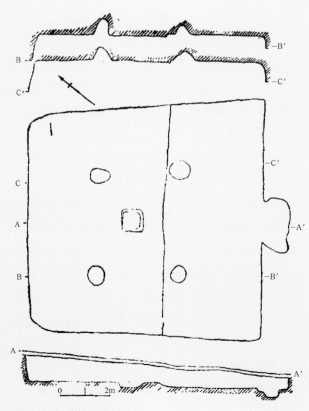

图6-1-6 F9平、剖面图

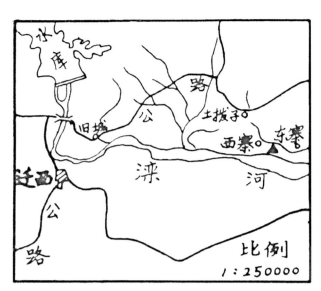

图 6-1-7 迁西县西寨遗址位置图

四、迁西西寨的半地穴房址

西寨遗址（图 6-1-7）位于滦河北岸的台地上。1985 年调查发现，1988～1991 年发掘。面积约 10 万平方米。文化层厚 1～3 米。

根据遗址的地层和出土器物的特征，将遗址出土的文化遗存分为第一期和第二期，发掘未发现属于第一期的重要遗迹，发现属于第二期文化遗存的灰坑 5 个，烧土面一处，灶一个。

灰坑：依口部形状的不同，可分椭圆形和抹角长方形两种。椭圆形灰坑 3 个，抹角长方形灰坑 2 个，还出土了一件网坠。

烧土居住面：烧土面分布于 T25 西南角和 T24 东部边缘处，在第②层下发现，烧土面形状近似方形，从南往北略有倾斜，残长 2.3 米、宽 2.25 米、厚 0.025 米，烧土面较硬且光滑呈灰红色。烧土面西北边缘分布 3 个柱洞，1 号柱洞口径 40 厘米、深 13 厘米；2 号柱洞口径 25 厘米、深 11 厘米，洞内有宽 5 厘米、长 15 厘米的朽木灰痕；3 号柱洞口径 25 厘米、深 5 厘米。烧土面中部偏东有一长方形残灶，灶内有炭屑、红烧土碎块。在烧土面东约 1 米处，发现有用条石、砾石人工摆列的两行长 0.9 米的石块，其间距 0.55 米。推测此烧土面应为破坏严重的房址，而摆放的两排石块应与人类活动有关（图 6-1-8、图 6-1-9）。

灶：位于 T20 西部，在耕土层下即被发现，打破第②层。灶平面呈圆角长方形，剖面似倒梯形，灶长 0.56 米、宽 0.30 米、深 0.10 米，灶壁斜直，壁有一层坚硬的红烧土面，表面平整光滑，灶内为含炭屑的深灰色土，出土了一些碎小的陶片。

五、阳原姜家梁遗址的房址和墓葬

姜家梁遗址（图 6-1-10）面积约 4.5 万平方米。1995 年发掘。遗迹发现有房址和大批墓葬。墓葬分布有一定规律，形制上土坑竖穴墓和洞室墓两种，葬式多为仰身屈肢葬。随葬品以陶器为主。属仰韶时代末期文化遗存。

遗址南临桑干河，高出河床 30 余米。遗址周围受地表径流冲积，形成了深沟壑谷的地貌，遗址因之而被分隔成三部分，在发掘中将其分为三个区，由东而西分别为 I、II、III 区。1995 年对 I 区（图 6-1-11）进行了发掘，1998 年对 II、III 区进行了发掘。I 区发掘总面积 1600 平方米，共发掘房址 9 座，清理墓葬 78 座，发现了一批完整的随葬品。I 区具体发掘情况如下：

地层堆积：由于长期以来自然侵蚀和人为的耕作破坏，文化层已经损失殆尽，在数百米厚的更新统灰绿色泥河湾层之上，只覆盖了一层厚约 0.2～0.3 米的表土层，所以，这里的地层非常简单。房址和墓葬等遗迹均开口于表土层之下，直接打破更新统灰绿色泥河湾层。

房址：共计 9 座。均开口于耕土层之下，打破生土，成排分布。从现存情况观察，房址都是方形半地穴结构。从残存的门道来看，门道多开在东南或南部。多数房址四壁经过烧烤。由于地形呈西高东低、北高南低之势，所以房址四壁的保存情况也表现为北、西壁好于南、东壁。穴壁保存最深者达 0.5 米，最浅者仅数厘米。居住面平整、坚硬，似经夯砸，有的地面则经过烧烤。房址面积最大者为 F7，达 30.25 平方米；最小者为 F8，仅 10.5 平方米。

墓葬形制：墓地与房址基本重合，共清理 78 座墓葬。除 M78 因时代不同之外，其余墓葬分布井

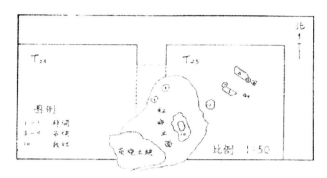

图 6-1-8　88QXT24、T25 遗址平面图

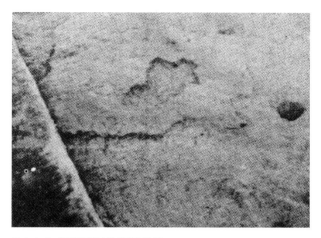

图 6-1-9　T24 下房址烧土面及柱洞

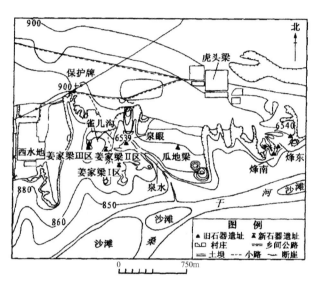

图 6-1-10　姜家梁遗址地形图

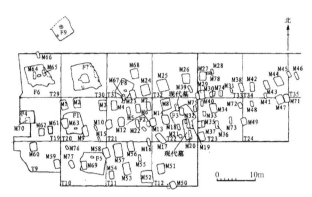

图 6-1-11　姜家梁遗址 I 区遗迹分布平面图

然有序，由南而北，大致可分为 5 排，每一排呈东西向排列，数量不等。墓葬之间皆无打破关系，墓向基本一致，主要集中于 340°～355°之间。在每排墓葬之间，时有两个墓葬间距相对较近的现象。

墓葬可分长方形土坑竖穴墓和洞室墓两类，以前者为大宗，后者数量很少。另外，还有一座小型近椭圆形埋葬坑（M21）。葬式均为仰身屈肢葬。屈肢方式都是上肢平放于身体两侧，下肢弯曲。下肢弯曲有两种情况：一种是下肢屈起，即两脚内收，膝部抬高，膝部高度多与棺高相近；另一种是两脚内收，接近骨盆部位，股骨与胫、腓骨几乎重叠，膝部朝前，而不抬高。

墓葬以单人葬为主，合葬仅有两例二人葬（M43、M63），两例三人葬（M47、M65）。

合葬墓的葬式也都是仰身屈肢葬，除 M63 的两位墓主是平行放置外，其余合葬墓的墓主都是上下垂直叠压放置，并且严格地执行着仰身屈肢葬式。合葬墓均未发现任何扰动迹象，上下层骨骼紧密叠压，均完整且保持原位，看来即使是三人合葬，也可能是一次性埋入的。

有随葬品的墓葬多于无随葬品者。除 M78 和 M70（前些年被盗）外，有随葬品的墓葬 54 座，无随葬品者 22 座。出土随葬品 95 件，种类有陶器、石器、玉器等。陶器多放置于墓主脚部（棺南端），多数情况下，有意将陶器打破，将破碎的陶片放置于身体的一侧或两侧，或放置于头骨的一侧。陶或石纺轮多放置于骨盆之上或外侧。石环都套戴在墓主的手臂上。

长方形土坑竖穴墓共 69 座，又可分为宽型和窄型两类。宽型土坑竖穴墓有棺，窄型土坑竖穴墓都无棺。宽型土坑竖穴墓由于有棺，因而在棺的四周形成了"熟土二层台"。在Ⅰ区，宽型土坑竖穴墓有42座，窄型土坑竖穴墓有27座。宽型土坑竖穴墓墓平面多呈圆角长方形，墓圹宽大，木棺多居中而放。窄型土坑竖穴墓墓圹狭窄，仅能容身。

洞室墓数量很少，只有7座。以长方形土坑竖穴为墓道，在竖穴的一侧（已发现的仅西侧）掏挖一个长轴方向与墓道平行的洞室。墓主均置于洞室内，未见葬具。从残存痕迹观察，洞室门有封堵现象。

第二节 商代遗址的建筑

一、台西遗址

台西遗址位于河北省藁城市，滹沱河南岸的高台地上。面积10万余平方米。文化层厚1～3米。1973～1974年、1983～1985年两次大规模发掘。遗迹有房址、水井、灰坑和墓葬。房址分半地穴式和地面式建筑两种，除单室外，还有双室和多室的房子，墙壁夯筑或用土坯。

台西遗址从清理的探方来看是由商代早晚两期居住遗存和早晚两期墓葬构成的，可按顺序排列如下：早期居住遗存—第一期墓葬—第二期墓葬—晚期居住遗存。两期居住遗址中共清理了14座，其中早期3座，晚期11座。其结构除两座半地穴式的以外，都是地面建筑，按平面形状可分为长方形、"凹"字形、椭方形和曲尺形四种。这里重点介绍F11和F2两座，其中的F2还做了重点剖析。

F11（图6-2-1）是一座早期半地穴式房子，东西向，全形似"凹"字，长5米、宽1.6米、深0.2～0.7米。北壁中部偏东处有半堵矮墙，将一房分为内外两室，西间为外室，面积稍大，东间为内室，较小。在内室西北角壁下有一个三角形灶。灶坑椭圆形，周围用草泥抹灶台。灶门开在东南角，烟囱倚在西北角的墙壁上，灶口、灶台和火膛均烧烤成红褐色，坚硬异常。附近堆有大量炭屑和一件完整的陶鬲。在此灶南面相距0.25米处还有一圆形小灶，结构比较简单，只是在地面下挖成一个圆形坑，无灶台、烟囱之类的设置。同在一室内近处就有两种形制不同的灶，可能是有不同用途的。外室西南角墙壁下有一马蹄形灰坑（编号H37），其中出土陶、石器，应是储藏用的窖穴。门道位于房子南边，有四层生土台阶。在房子和门道之间还有一个窄小的过道，过道中间有一道土坎；东南拐角处还残留一个半圆形缺口，可能是拴门轴用的。屋外发现大片路土。

F2（图6-2-2）是一座晚期房子。两间式的地面建筑，平面长方形，南北长10.35米、东西宽3.6米。北为外室，无东墙，在东墙位置上发现两个并列的

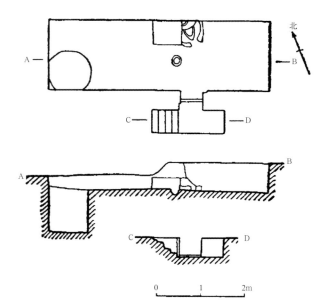

图6-2-1 第十一号房地平面及剖面图（F11）

图6-2-2 台西商代第二号房子（F2）

柱子洞，深 1 米，当为立檐柱的地方。门开在西墙偏南处，过道两侧有门槛。南为内室，室内中部偏北处发现一个巢状柱础，内垫散碎陶片，当为金柱的位置。门开在东墙偏南处。两室中间有隔墙一道。

这座房子建在早期文化层之上，房基是在挖去原来地面的灰土之后填土夯打而成，夯层厚 5～8 厘米不等，夯窝直径 5 厘米左右。墙基沟槽上窄下宽，深 0.5～0.6 米。这座房子除中间隔墙是用草泥垛成的以外，四周墙壁都是用夯土和土坯混筑，内外抹一层很薄而平匀的草泥。屋内地面和墙壁并经过烧烤去潮。由于只发现两个檐柱和一个金柱的位置，因此判断这种房子主要是用夯土墙承托梁架的。至于屋顶的结构，参照 F6 发现的一堵定正山墙，估计可能也是硬山式顶。

这座房子在修筑过程中使用了人和三牲作为祭祀牺牲。在内外室西墙内各埋一支牛角，在内室西墙基内埋一装婴儿尸体的小陶瓮；在外室东面还有四个灰坑，其中三个分别埋牛、羊、猪三牲，另一个（H104）埋人架三具，埋人时都是捆绑后背朝下推入坑内的。此外，在内室东西南三面有四个人头骨散落在地面上，判断可能是原来悬挂在屋檐下或室内柱子上的奴隶头骨，当房子塌毁时落在地面上的。

而据目前所知，商代一般村落遗址的房子大都是以半地穴式的为主，既不打地基，也无夯土墙，构造极为简陋，形状或圆或方，很不规则。而台西遗址除个别半地穴式的以外，其他都是以夯土和土坯做墙，以木柱做梁架的长方形地面建筑。方向或东西或南北，从整个布局看，井然有序，似有一定的组合。房子的形式可以分为单间的、双间的和三间连在一起的三种。F6 是三间连在一起的，也是所有房子中最大的一座，南北向，全长 14.2 米，南宽 4.35 米，北宽 4 米。东西两间门均朝西，而且门道狭窄，仅能容一人出入，门道两侧各有一柱洞，两柱之间有下坎，最中的一间门向东，门道宽敞，每边并有柱洞两个，估计原来这里可能有比较高大的门楼式建筑。所有房子的墙壁都是下半部在地基上筑起夯土墙，上半部则用土坯垒砌，坯与坯之间

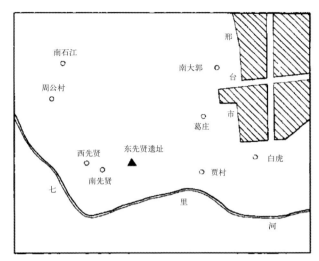

图 6-2-3　东先贤遗址位置示意图

抹有草拌泥，现存土墙最高的 2.5 米。屋内地面平坦，有的经火烧烤两次，光滑坚硬，柱洞内残存朽木痕迹，有的柱底并垫有石质的和陶质的柱础。根据柱洞的排列顺序推测，这里的屋顶至少可以分为四阿式和两坡水式两种。

二、东先贤遗址

东先贤遗址（图 6-2-3）位于邢台县南石门镇东先贤村北，1989 年调查发现，1998 年发掘。面积约 10 万平方米。文化层厚 1 米。遗迹发现有灰坑和房址。可将东先贤遗址的商代文化遗存分为五期。

其中第二期文化遗存发现有房址，房址均为半地穴式。

第三节　明代张家口一带的村堡

村堡是古代乡村社会中人们为避战乱而修筑的防御工事，是当时社会动荡的产物和见证。尤其是北方地区，每遇社会动荡，修筑堡寨便成为村民的一种防卫措施。宋至明清是堡寨聚落的最后繁荣期，这一时期的堡寨聚落有两个特点：一是军事堡寨体系非常完备，尤其是明代不仅有长城九边防御系统，而且还有沿海防御系统，各系统协调运作，共同构成明代的整体防御体系；二是自发性堡寨

图 6-3-1　蔚县古村堡现状分布图

图 6-3-2　西古堡鸟瞰照片及平面图

聚落趋向多元化，山水寨、村堡以及庄园式坞堡大量涌现。

河北地区现存的大量村堡较为集中，主要在北部长城沿线一带。张家口是河北现存堡寨聚落最多的地区，宣府镇长城穿境而过。自古以来，张家口就是中原与北方古文化接触的"三岔口"和北方与中原文化交流的双向通路，是多民族征战、融合的战略要地。历史上张家口曾是中俄、中蒙物资贸易的重要通道和物资集散地，是对外贸易的"旱码头"。根据统计，张家口市现有以"堡、寨、屯、营"命名的村落共 246 个，其中"堡"72 个、"寨"11 个、"屯"22 个、"营"141 个。

以现存 150 多个村堡的张家口蔚县为例（图 6-3-1）村堡大量修建于从洪武到嘉靖年间大约两百年的时间里，时值外患入侵，贼寇骚扰频繁，可见抗击外患、抵御贼寇是蔚县古村堡兴建的主要动因，也是古村堡不断延续的重要外因。

蔚县古村堡中，堡套堡、堡接堡、堡靠堡、堡连堡的村落比比皆是，形态各异。从建造年代上看，可以将其分为早期古村堡、中期古村堡和晚期古村堡。明代之前的村堡平面大多呈不规则形，堡墙上没有马面，四角亦无敌楼，堡墙封顶狭窄，行人不便，也很少有堡门楼，

这一时期的村堡可称为早期古村堡。明洪武到嘉靖年间大量出现的村堡属于中期古村堡。晚期古村堡则为明末至清代形成的村堡，这一时期新建村堡较少，但村堡总体规模已经形成。中、晚期的村堡形制趋于规范，用料和建筑技术也有很大的提高。堡墙厚度加宽，马面、角楼、门楼齐全，防卫能力大大加强，而且村堡及其周围大都建有庙宇和乐楼。这一时期，堡与庙宇、乐楼的建造方位，以及堡内街巷布局、民宅基地的划分等均已定型。西古堡（图 6-3-2）、宋家庄、白后堡、北方城等皆是此类村堡的典型。由于年代久远，大部分的村堡城墙、角楼已毁。

另外，村堡组合的布局形式可以分为以下几类："品"字形布局、"吕"字形布局、"日"字形布局、"回"字形布局。"品"字形、"吕"字形布局是指堡靠堡的情况；"日"字形布局是堡连堡的情况；"回"字形布局是堡中堡的情况。当然还有其他一些类型，如一村多堡、不规则布局等。很多村堡之间的布局开始于一个堡，随着人口增加而建成多堡，随着商贸发展而建集成镇。于是便出现了南堡再建北堡，东堡再建西堡，也有分建前、中、后三堡的。

由此出现多堡城镇，形成了桃花堡、吉家庄等八大集镇。

从单体布局上讲，有不规则形和规则形两种。其中规则形村堡，平面基本为方形或长方形。堡大者，边有二百余米；小者，边仅四五十米。堡大都在正南设一堡门，正北为避凶镇邪的真武庙或玉皇

阁；堡门口对面有影壁墙，旁有乐楼，而乐楼也必与庙宇相对。村堡不论规模大小，开设一南门者居多，设有东西两门或南北两门的亦有之。堡内道路规律明显，往往由一条主干道及与之相垂直的次干道组成。故按照路网的不同，蔚县村堡又可细分为"十"字形路网村堡、"王"字形路网村堡、"丰"字形路网村堡、梯形路网村堡。

村堡根据规模和性质的不同，可划分为单堡村落、多堡村落、多堡城镇以及规模更大的州城四种聚落实态。

单堡村落是构成其他类型村落的基本单元，其规模有大有小，大的独立成镇，如宋家庄、南留庄等，最小的仅几户人家，如东樊庄南小堡。

多堡村落是由两个或两个以上村堡构成的村落群。这种村落群中的村堡距离相对较近，多是由一堡逐渐发展而来，但并未形成城镇一级的聚落，也可以说是多堡城镇的初级形态。如白后堡村落群、坞串堡村落群、周家庄村落群等。

多堡城镇是由两个或两个以上的堡组成的城镇。这种城镇交通便利，资源丰富，也是当地及周边村落村民集市贸易的所在地。如暖泉镇、代王城镇、阳眷镇等。

它们所表现出来的形态特点各不相同，其中最为重要的有以下两点。

第一，在相似的历史背景、社会、地理等环境下，由于堡具有再生性，堡向里坊制城市发展的过程是有可能不断复制的；同时，因为历史背景、社会、地理等环境的不完全一致，这一过程也有可能在复制过程中中断。多堡城镇正是这一过程不断复制并由于环境的不同而未进一步发展的一种形态，或者说，多堡城镇正是形成里坊制城市的过渡形态。

第二，中国古代在村堡规划方面已形成建立在运用模数基础上的方法，其中，基本面积模数是重要的布置原则。即村堡之修筑，以能满足最小居住要求的基本面积模数——一进院落为单位作为购买单元，按出资多寡购得土地后兴建宅院。根据已有资料总结出，基本面积模数分三分地（3丈×6丈）和五分地（5丈×6丈）两种。

第四节 清代庄园

一、腰山王氏庄园

腰山王氏庄园（图6-4-1）位于腰山乡南腰山村。庄园主王氏，祖籍辽宁铁岭县，世祖王希衮在清军正黄旗服役，清定都北京后解甲归田，受封于完县南腰山村，以跑马占地圈了周围百余亩土地，务农经商，家业兴盛发达，遂兴建宅院。此后三十余年间，修建格局考究的成套住宅达12处之多，素有"腰山王"之称。现存庄园建筑5处，从南到北计有南园、尚礼堂、尊义堂三部分建筑群体，总占地面积约50万平方米，其中1处庄园保存较好。该庄园坐北朝南，内有东西排列的四合院四排，每排均为节四三进式，各院前后贯通，左右相连，房屋近70间。中间两排存大门二，一为人行，门首有雕木刻抱鼓相对而设，青狮翘首相望；二为车马出入。各院均设侧门二。大门外有影壁一座，壁座以石灰石雕琢而成，砖壁单檐硬山顶。该庄园建筑均为单檐硬山瓦顶，砖木结构。各院布局大体相同，但各院砖石木雕、绘画内容不一，形式各异，每进一院均有一种不同的感受，实属少见的群体建筑之冠。另有园林一处，内置假山、树木，风景如画。该庄园占地面积9万平方米，现存建筑面积4230平方米。

庄园总平面（图6-4-2）为正梯形，占地面积22642平方米。坐北朝南，共有西、中、东、东一四路建筑，西路、东一路建筑拆除殆尽，仅存

图6-4-1 腰山王氏庄园

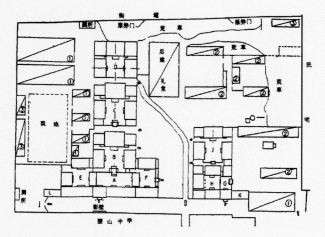

图 6-4-2 庄园总平面图

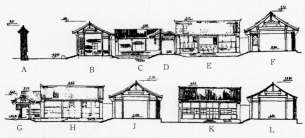

A. 影壁 B. 大门 C. 西跨院过厅 D. 一进院垂花门 E. 一进院西厢房 F. 一进院正房
G. 二进院垂花门 H. 二进院西厢房 J. 二进院正房 K. 三进院西厢房 L. 三进院正房

图 6-4-3 中路纵剖面图

大门,中路(图 6-4-3、图 6-4-4)较完整,现存三进院及两跨院,东路村二进院。每进院落均为北方典型的四合院形式。现西路与中路紧邻,东路与东一路紧邻,东路与中路之间隔有 22 米宽的道路,庄园南侧亦有 10 米宽道路,据传为庄园初建时的槐荫大道。

一字影壁位于中路大门外,硬山布瓦顶,通高 6.5 米、长 8.2 米。下碱南面为砖砌,北侧为石砌须弥座,壁心方砖斜摆,四角大叉,壁心四周仿木边框装饰,两侧撞头,为丝缝作法。带砖椽冰盘檐,两山"小红山"作法,清水花瓦脊带蝎尾,排山勾滴。侧面留存原围墙的痕迹,由此可知庄园围墙高不低于 5.6 米,厚不小于 0.5 米。

大门居此路中线西侧,面阔三间,进深三柱六檩,梁架为抬梁式,硬山阴阳布瓦顶,清水花瓦正脊带蝎尾。门外有上下马石,入口一对青狮,五级垂带踏跺,条石台明,下为陡板石,山墙下碱用角柱石,带有雕刻,门内侧吊挂楣子较完整,花芽仅存一个。

倒座从柱网布局分析,计两座六间,从正中出一墀头分隔为东西两座,各三间,这样既增大了室内空间,又节约了墙体材料。进深三柱六檩,梁架为抬梁式。台阶分别用垂带踏跺、如意踏跺,条石台明,室内方砖斜墁,吊挂楣子、花芽破损严重。前檐装修用帘架、隔扇及支摘窗,部分毁改,后檐下碱为块石砌筑,上身青砖,檐口封护檐。

一进院垂花门为一殿一卷形式,即由一个大屋脊悬山和一个卷棚悬山屋面组合而成,从正面看为大屋脊悬山式,从背面看为卷棚悬山式。外设四级垂带踏跺,内设,三面如意踏跺,条石台明。一对青狮门枕,惜狮头及门枕石被毁。八角形须弥座式柱顶石,方形梅花梭角木柱,面阔一间,进深二柱六檩。花板、吊挂楣子花活均毁,前檐柱间装攒边门,大门下槛无存,余塞板、梁架保存完好。

一进院正房及耳房正房面阔三间,进深四柱七檩,梁架为抬梁式。硬山阴阳布瓦顶,清水花瓦正脊带蝎尾。条石台明,下砌陡板石,七级垂带踏跺,柱顶石带雕刻,430 毫米×430 毫米方砖斜墁地面,磨损严重。前檐明间留有原裙板、绦环板,可看出原装修用隔扇为金里安装。前檐垫枋下施雀替,穿插枋头雕出花饰。后檐明间原设门通向二进院,现封改为窗。山墙用腰线石,山墙下碱用角柱石浮雕狮、松。东西耳房各二间,为卷棚顶。东耳房东山墙开窗一,上设瓦檐雨搭。

厢房东西厢房形式相同。面阔三间,进深三柱六檩,梁架为抬梁式,脊瓜柱上施三幅云,硬山阴阳布瓦顶,清水花瓦正脊带蝎尾。条石台明,下砌陡板石,五级垂带踏跺。山墙有廊心墙,可看出原装修为金里安装,现推至前檐,明间用隔扇。次间装修原为支摘窗,窗下封板,现砌一层条砖紧贴此板,像是"槛墙"作法。

东、西跨院建筑均为阴阳布瓦卷棚顶。墙体、装修毁改严重。

二、三进院的二进院入口为垂花门，正房三间带东西耳房各二间，东西厢房三间各带南耳房一间，形成封闭二进院。正房及耳房分别设门通向三进院。三进院基本同二进院。无垂花门，厢房不带耳房。二、三进院建筑形式基本同一进院。

东路（图6-4-5、图6-4-6）建筑现存二进院。进入大门，迎面为座山影壁，向西过随墙门入一进院，向东过便门入东一路。东路一进院平面布局与北方常见四合院形制相似，无东厢房，西厢房带北耳房，正房不带耳房。正房明间原设后门，从此门及正房两侧过道均可进入二进院，其他与中路相似。

西路、东一路建筑仅存大门，破损严重。

二、定州王灏庄园

位于定州市西关南街。系清代典型民居建筑群。王灏（1822—1888年），字文泉，咸丰年间（1852年）举人，诰授中宪大夫，世居定州西关。曾集著《括斋文集》、《畿辅地名考辑刊》、《畿辅文徵》、《畿辅丛书》等著作，家藏经史之书一万二百八十种。王灏家族繁盛，资产巨富、厦宇绵延，曾出资重修《定武书院》、筑奇连村五里长堤。王灏庄园始建于咸丰年间，原有房屋1000余间，系群体建筑。每个建筑群体均为中轴对称式四合院，庭院布局错落有致，建筑恢宏。现仅存两处建筑群，一处位于西关南街路东，另一处位于西关东后街路西，总占地面积11932平方米，存房屋189间。两处建筑群各四合院布局基本相同，均为正房五间，东、西厢房各三间，各院之间有门道相通。建筑结构均为布瓦硬山式，外墙为硬山十字缝叠砌，部分为偏脊金柱，明柱兼备结构，墀头为砖雕钱檐垫花形式。王灏庄园建筑用材考究，磨砖对缝工艺精细，雕琢彩饰，精美典雅。两院基本保存完好，现为民居。

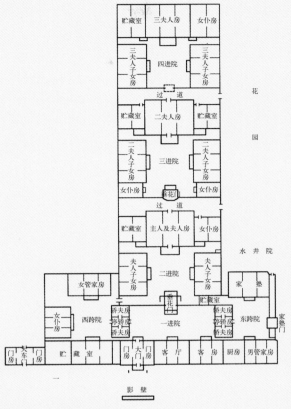

图6-4-4 中路平面功能示意图

A.二进院正房 B.二进院东厢房 C.二进院垂花门 D.一进院正房 E.一进院随墙门 F.一进院倒座

图6-4-5 东路纵剖面图

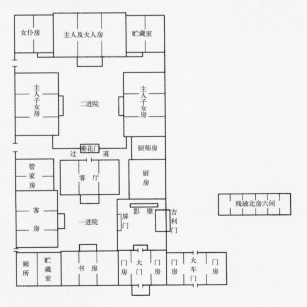

图6-4-6 东路平面功能示意图

天津 河北古建筑

第七章 佛 寺

河北佛寺分布图

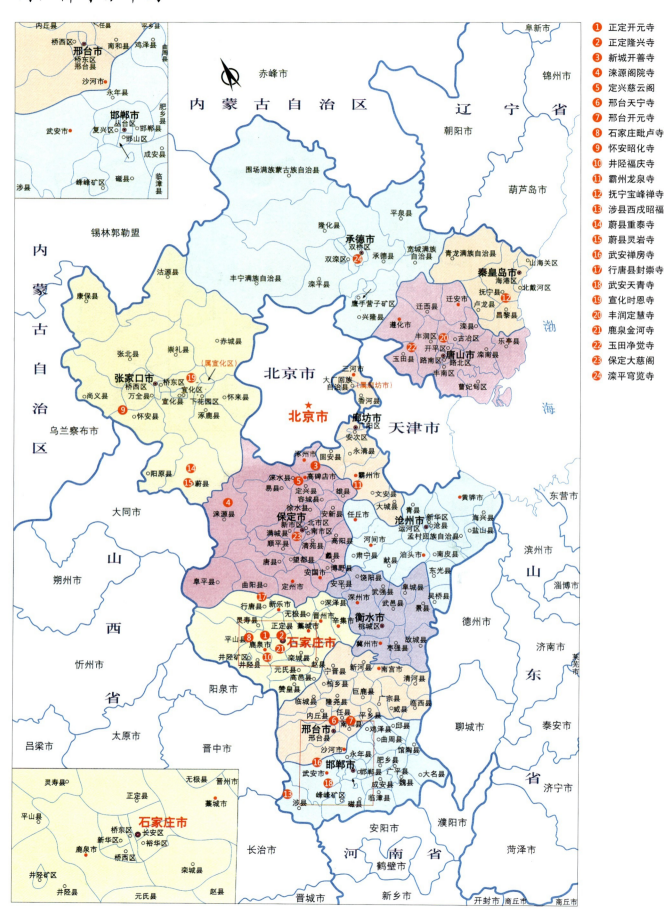

① 正定开元寺
② 正定隆兴寺
③ 新城开善寺
④ 涞源阁院寺
⑤ 定兴慈云阁
⑥ 邢台天宁寺
⑦ 邢台开元寺
⑧ 石家庄毗卢寺
⑨ 怀安昭化寺
⑩ 井陉福庆寺
⑪ 霸州龙泉寺
⑫ 抚宁宝峰禅寺
⑬ 涉县西戌昭福寺
⑭ 蔚县重泰寺
⑮ 蔚县灵岩寺
⑯ 武安禅房寺
⑰ 行唐县封崇寺
⑱ 武安天青寺
⑲ 宣化时恩寺
⑳ 丰润定慧寺
㉑ 鹿泉金河寺
㉒ 玉田净觉寺
㉓ 保定大慈阁
㉔ 滦平穹览寺

（地图引自：中华人民共和国民政部编．中华人民共和国行政区划简册 2014．北京：中国地图出版社，2014．）

第一节　早期佛寺

一、正定开元寺

正定开元寺，位于河北省正定县城西侧常胜街。据《正定县志》和寺内碑文记载，寺创建于东魏兴和二年（公元540年），初名净观寺，隋开皇十一年（公元591年），更名解慧寺。唐玄宗开元二十六年（公元738年），诏天下州郡，各建一大寺，以纪年为号，故更名开元寺。

开元寺自创建以后，经历了唐贞观、如意、乾元、乾宁，明嘉靖、万历，清顺治、康熙、嘉庆、光绪，民国历代修缮。据明万历二十八年（1600年）《重修真定开元寺记》碑记载当时寺院规模："寺前门楼、后为毗卢阁，两侧左伽蓝殿、右给孤堂，后左钟楼、右砖塔。最后为法船正殿。"除此之外，还有天王殿、韦驮殿等建筑，总面积约9000平方米。至新中国成立时寺内仅保留天王殿、钟楼、砖塔和法船正殿，1966年法船正殿也毁于一旦。

1933年，营造学社首次对正定古建筑进行了系统调查，并撰写了《正定调查纪略》发表于同年《营造学社汇刊》四卷二期上。之后在梁思成先生所著《中国建筑史》一书中，开元寺钟楼被列入隋唐实物，书中认为："已大经后世修改，其外貌已非原型。外檐下层似为金元样式，上层则为清代所修。内部四柱则极壮大，其上斗栱雄伟，月梁短而大，以形制论，大有唐代遗构之可能。"之后学界基本认同钟楼为晚唐建筑，成为现存钟楼建筑最古老的案例，比日本最古老钟楼建于10世纪后期的法隆寺钟楼还早一百年以上。1988年，开元寺被批准为第三批全国重点文物保护单位，同年由祁英涛先生主持，钟楼进行了落架大修，上部恢复为唐制。1995年，钟楼下发现初唐地宫及舍利函，形制为初唐之物，且出有"开元通宝"钱，应是塔下之物，因此怀疑钟楼前身为初唐古塔，而寺院早期布局为双塔并立，晚唐时变为塔与钟楼并立的格局（图7-1-1、图7-1-2）。

钟楼为二层歇山楼阁式建筑，平面呈正方形，面阔、进深各三间，通面宽8.85米，当心间广3.55米，梢间广2.65米，通进深8.75米，当心间广3.45米，梢间广2.65米。钟楼为叠柱式楼阁中的叉柱造架构方式，内外柱同高，有侧脚和升起。唐钟重约10吨左右，钟架大梁压在六椽栿上（复原后为四椽栿），与屋架结合。下层檐柱柱础角柱用素平，金柱和明间檐柱用莲瓣柱础。下层檐柱（墙里）为八边形，墙帽以上露明部分则改为圆形，柱头做卷

图7-1-1　开元寺钟楼

图7-1-2　开元寺钟楼梁思成先生调查老照片与1989年重修后的新照片

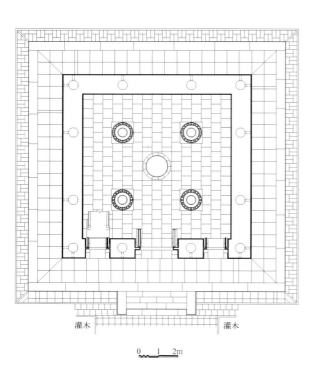

图 7-1-3 开元寺钟楼平面图

杀；下层金柱圆形，柱头卷杀；上层檐柱圆形，柱头有的做卷杀，上层金柱制作粗糙，但形制也为八边形，柱头不做卷杀。下层柱头不施普拍枋，阑额不出头；上层施普拍枋，且阑额出头。下层檐柱普遍低于金柱柱头20厘米。上层檐柱普遍墩接而且墩接的式样、高低位置均相同（图7-1-3、图7-1-4）。

下层檐柱斗栱为五铺作双抄偷心造，用材断面为25.5厘米×17厘米，卷头上替木承槫，内转四铺作单抄承乳栿。扶壁栱单栱上施二道隐刻柱头方，柱头方上施压槽方。当心间补间在第一道柱头方上置一斗三升，其中栱为隐刻在第二道柱头方上。内槽柱头斗栱五铺作双抄，第二跳华栱与外檐第二跳华栱连结为一体，并刻出月梁形制，除无昂以外，与佛光寺东大殿斗栱形式相类似，且外槽上方施峻脚椽及天花板。

上层屋架原为清式七架梁结构，落架大修后改为四椽栿上置平梁，并使用叉手的唐式。原外檐无斗栱，梁直接搭在柱子上，内檐柱降低高度，柱头施五铺作斗栱，后改为内外柱等高，外檐五铺作，第二跳华栱后尾为四椽栿出头，内檐柱头四铺作斗栱，直接承栿（图7-1-5）。

寺内现存须弥塔为九层密檐砖石方塔，塔身底层砌1米高石陡板，四角有浮雕力士八尊。第一层正面券门上端嵌"须弥峭立"石额。二层以上塔身逐渐收缩，并于正面开一方形小窗，外观与西安大、小雁塔相似。2005年，对塔刹进行了加固和局部维

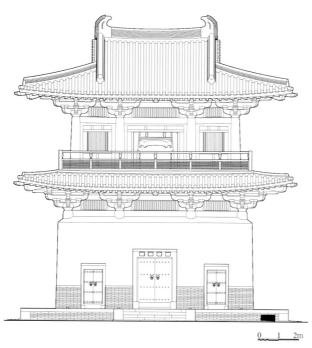

图 7-1-4 开元寺钟楼正立面图

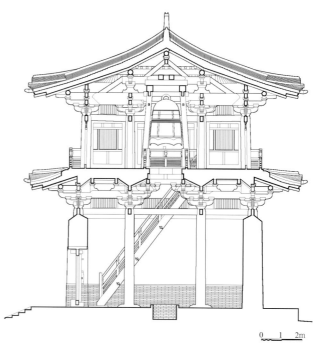

图 7-1-5 开元寺钟楼明间横剖面图

修，并于塔刹宝珠内发现金银器、玉器、铜器、玛瑙、丝、绢、经书等各类文物千余件。据康熙七年（1668年）《真定开元寺重修浮图记》碑载，塔于顺治十八年（1661年）倾圮，此后开始修缮，并在修缮过程之中出土了地宫石函，碑言"筑地基下至丈余，见有石函，缄封固密，朱书贞观十年记。"因此推测塔建于贞观十年。

三门楼（天王殿）遗址留存的18根石柱如今已立于台基之上，其柱距的复原方案尚有待商榷。其中一根柱上刻有唐大历十二年（公元777年）藁城县主簿李宥撰写的《三门楼赞并序》。

二、正定隆兴寺

隆兴寺在石家庄市正定县城东隅，是我国现存时代较早、规模较大而又保存较完整的一座著名佛教寺院，也是我国第一批全国重点文物保护保单位。隆兴寺原名龙藏寺，创建于隋开皇六年（公元586年），唐改额龙兴寺。北宋开宝三年（公元969年）闰五月，宋太祖赵匡胤征河东回銮驻，得知寺内原有铜铸菩萨像毁于契丹入侵，又听言寺僧谶言，遂下诏复建大悲阁及观音像。开宝四年兴工，八年落成。之后宋太宗太平兴国七年（公元982年）至端拱元年（公元988年）再修龙兴寺。寺中摩尼殿，在1976年新发现题记，建于皇祐四年（1052年）；大觉六师殿寺志载建于元丰年间（1078~1085年），可见隆兴寺内建筑从北宋初年到元丰年间经过近百年时间的逐步兴建。元代，皇室曾多次赐金重修，大德五年（1301年）僧徒135人。至正元年（1341年），僧众增至158人，并重修大觉六师殿。明代，除了多次敕修寺内主要建筑和佛像外，还增建了弥陀殿、药师殿、净业堂、祖师殿、伽蓝殿和龙泉井亭。清康熙、乾隆年间，二帝出巡曾多次驻跸于此，康熙四十一年（1702年）敕令殿宇全部重修，于康熙四十八年（1709年）竣工，在寺西侧增建了行宫。乾隆四十三年（1778年），以大悲阁为主的四百余间殿阁均进行了一定规模的修缮，以大悲菩萨为首的千余尊佛像重装或重塑，并增建了配房二十四间。

工成之后，乾隆帝御览，认为寺殿皆为子午向，唯有天王殿癸丁向，特令将前殿和殿前牌楼、石桥、影壁全部重修移正。咸丰八年（1858年），西侧行宫被天主教堂占用。光绪十年（1887年），先后修葺了方丈院和龙泉井亭。之后战争频繁，寺内一片荒废景象，1943年在华北政务委员会和河北省省长的倡导下，重修大悲阁，因财力不足，拆掉两侧耳阁（御书楼和集庆阁），将其旧木料用于主阁上。

现隆兴寺范围东西宽近100米，南北长500米，布局从南至北依次为影壁，三路单孔石桥，天王殿，大觉六师殿（遗址），摩尼殿，戒坛，东慈氏阁，西转轮藏，东、西二御碑亭，大悲阁及两耳阁，弥陀殿，末端是1959年从正定城内崇因寺迁来的毗卢殿。东跨院为关帝庙、方丈院，东北有梦堂和尚塔和龙泉井亭。隆兴寺是宋代"三阁鼎立"的寺院布局形式代表（图7-1-6）。

天王殿为单檐歇山顶，面阔五间，进深两间，通面阔23.28米，通进深9.62米（图7-1-7、图7-1-8）。内部梁架六架椽分心用三柱，六椽栿为两栿对接。下平槫与长托脚（跨两椽）搭交，于长托脚外侧更施短托脚一道，戗住槫头，上平槫因稳坐梁头槫椀当中，故未用任何托脚，脊槫则以心柱承托、辅以两道平行叉手。天王殿纤弱的清代平身科夹杂在硕大的宋式柱头铺作之间，内额与外檐平身科相同，均为三踩三福云交麻叶头。柱头铺作为五铺作双抄偷心造，第二跳华栱以下为清代所改，式样与平身科相同。殿内正中供一尊金代木雕弥勒佛像，两侧塑四天王像，原塑毁于1966年，现存为1982年重塑（图7-1-9）。

大觉六师殿遗址在天王殿北面，殿基平面表明，面阔九间，进深六间，通面阔53米，通进深35米。据现存遗址和有关资料记载，殿内曾供释迦七佛，另据乾隆《隆兴寺志》载，殿内尚有五彩护法两尊、五彩悬山四座、五彩佛四尊、五彩菩萨四尊、五彩石罗汉一百零八尊、五彩泥罗汉五十三尊，殿背五彩菩萨五尊，前墙彩画香花菩萨十二尊，后墙彩画十大出山菩萨十尊。

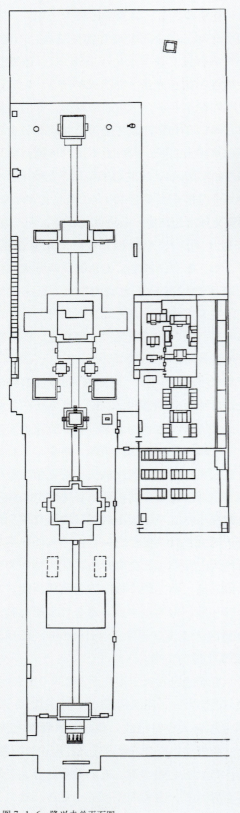

图 7-1-6 隆兴寺总平面图

图 7-1-7 隆兴寺天王殿

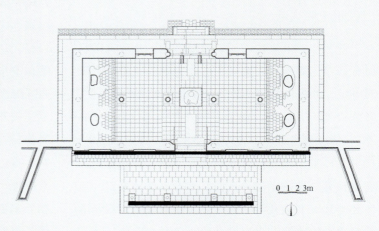

图 7-1-8 隆兴寺天王殿平面图

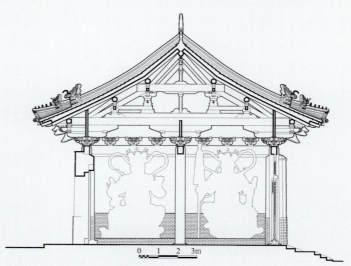

图 7-1-9 隆兴寺天王殿横剖面图

图 7-1-10 隆兴寺摩尼殿

摩尼殿俗名五花殿，建于北宋皇祐四年（1052年），面阔七间，进深七间，重檐歇山建筑，四面正中各出一歇山式抱厦（图 7-1-10）。大殿采用"副阶周匝金厢斗底槽"式柱网布局，主殿四椽栿对前后乳栿用四柱，四椽栿脊檩背上附加一根通长的大缴背以增强承载力。斗栱基本为五铺作偷心造，上下檐斗栱皆为单抄单下昂，内檐出双抄；补间和柱头部分铺作使用了 45°斜栱，耍头斫成昂嘴形，呈重昂状。四抱厦中，东、西、北三抱厦的梁架结构相同，为四架椽用二柱的结构形式。南抱厦梁架结构较为复杂，三缝梁架各不相同。外缝梁架四椽栿两端落于檐柱斗栱后尾横栱上；中缝梁架使用六椽栿，上立缴背、蜀柱，从而省略了四椽栿；里缝梁架四椽栿架在主殿下檐乳栿上（图 7-1-11）。

转轮藏位于大悲阁前西侧，坐西向东，歇山顶，前出副阶，中间平座层的楼阁式建筑（图 7-1-12）。阁面阔三间、进深三间，通面阔 13.98 米，通进深 13.3 米，前出副阶进深一间 3.8 米，面阔三间 13.6 米，略小于阁身（图 7-1-13）。阁正中安置一座八角形木质转轮藏，阁内轮藏前两根内柱向左右两侧移动，形成移柱造的平面配置，上层相应位置内柱并未移动，立于下层承重梁上。檐柱采用叉柱造结构形式。上层梁架四椽栿对乳栿，栿项入柱。四椽栿之上置蜀柱，并设两道斜梁将中平槫荷载分向两端，从而减轻了这一纵架以下的荷载。此外，还有一处由于下层内柱移位而采取的结构弥补设计是增加从下檐斗栱弯曲向上，顶住天花板梁的弯梁一对。正因为其结构设计的巧妙和灵活，被梁思成先生誉为"建筑中罕有的珍品"。阁内木质的转轮藏，是依据《营造法式》小木作中转轮经藏制度所建造的，外观形似八角亭子，中设木轴，推之可以转动。转轮藏为重檐，下檐八角形，上檐圆形，顶作圆形攒尖式。檐下斗栱当心间用补间铺作两朵，梢间用一朵，上檐斗栱八铺作五抄计心造，下檐斗栱八铺作双抄三下昂（图 7-1-14）。

慈氏阁位于大悲阁前东侧，坐东向西，歇山顶，前出副阶的楼阁式建筑（图 7-1-15）。阁面阔三间 12.95 米，进深三间 12.34 米，前出副阶进深一间 4.42 米，面阔略小于阁身（图 7-1-16）。阁内矗立一尊木

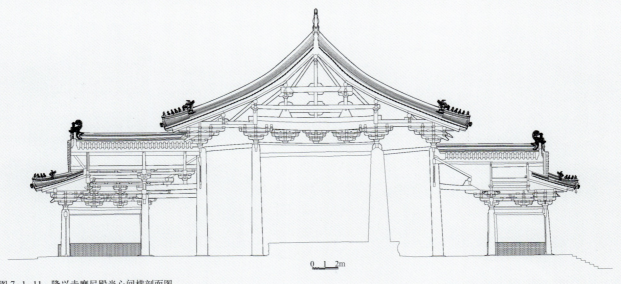

图 7-1-11 隆兴寺摩尼殿当心间横剖面图

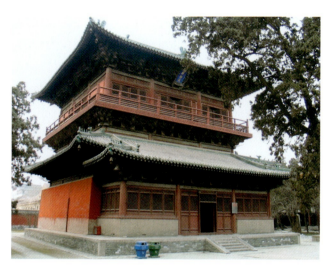

图 7-1-12 隆兴寺转轮藏

图 7-1-15 隆兴寺慈氏阁

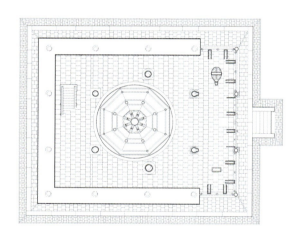

图 7-1-13 隆兴寺转轮藏下层平面图

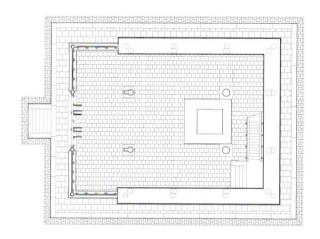

图 7-1-16 隆兴寺慈氏阁平面图

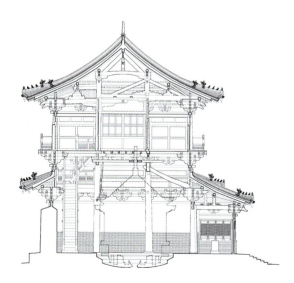

图 7-1-14 隆兴寺转轮藏明间横剖面图

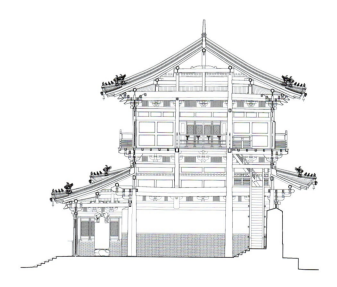

图 7-1-17 隆兴寺慈氏阁明间横剖面图

雕弥勒菩萨像，高至二层，因此阁中部贯通，外槽铺设地板以便绕像礼拜，与独乐寺观音阁类似。慈氏阁底层不像转轮藏一样采用移柱的形式，而是大胆地减去了位于佛像前两根内柱。阁檐柱采用永定柱造，是国内现存最早的实物例证。阁下檐和平座斗栱外观与转轮藏阁雷同，里跳则完全省略，上檐斗栱泥道栱则改单栱为重栱，昂也采用平置假昂（图7-1-17）。

寺内现存经幢两座，位于毗卢殿东西两侧。东侧广惠大师经幢，刻立于金大定二十年（1180年）；西侧多梦堂和尚经幢，建于明嘉靖三十六年（1557年）。此外，寺中现存碑刻四十余通，最早有刻立于隋开皇六年（公元586年）的《恒州刺史鄂国公为国劝造龙藏寺碑》，之后宋至清延续不断，是研究隆兴寺历史与书法艺术的宝贵资料。

三、新城开善寺

新城开善寺是第四批全国重点文物保护单位，位于河北省高碑店市东北15公里的新城镇（原新城县县城）。寺坐落于旧县城东北角，占地约9500平方米，现存天王殿、金刚殿和大雄宝殿。大雄宝殿是寺内主体建筑，辽代遗构，该建筑以其年代久远及独特的结构形式在中国建筑史上占有重要地位（图7-1-18）。

关于开善寺大殿的建筑年代，民国二十四年（1935年）《新城县志》载："开善古寺唐时所建。"明嘉靖三十年（1551年）《开善寺重修记》碑载"按旧碑寺创于宋重庆二年"，但同时又指出"宋史无重庆纪元，盖相传之误也"。1936年，刘敦桢先生曾带领营造学社成员法参、王璧文、陈明达对开善寺进行调查，刘先生认为，重修碑记载所谓"宋重庆"怀疑为辽代"重熙"年号之误，并断定开善寺大殿为辽代遗构。

1955年祁英涛先生率队对开善寺大殿进行详细勘测。在对大殿用材比例、细部做法以及时代背景做了认真、严谨的分析、研究后，祁英涛先生推断开善寺大殿的建筑年代为辽代1004年～1123年之间。

开善寺大雄宝殿面阔五间25.8米，进深三间14.5米，高12.08米，单檐庑殿顶。大殿结构，即宋《营造法式》所称为"五间六椽四阿造，当心间后乳栿对四椽栿用三柱，次间前后三椽栿用中柱"。

平面、柱网：台基平面为长方形，正面有略小于台基的月台。殿身面阔五间，进深三间，柱网减柱、移柱并用。檐柱常规排列，共用16根柱径54～56厘米，柱高481厘米。内柱柱径62厘米，数量减去两根，仅留四根，当心间两根留后内柱，两次间两根移至前后金柱中间位置。柱子的减少和移位，为梁架结构的构成奠定了基础，又是结构和功能的需要，使室内空间更为开阔、敞亮，更便于使用。

开善寺大殿大木梁架为厅堂结构，其形式和做法简洁、精练，用材规范、讲究，将中国古代建筑在准确把握力学原理和审美价值的前提下，灵活处理结构的特点，运用、发挥到了极致。大殿特定的柱网布局为梁架形式提供了条件，梁架形式又制约了柱网的分布，双方互为前提，互为因果。柱位的调整，使梁架构成了两种结构形式：当心间两缝为"六架椽屋，后乳栿对四椽栿用三柱"，脊槫下用叉手，以下各缝槫均用托脚，叉手上端交接处用大斗及丁华抹颏栱承托，斗下用侏儒柱和驼峰垫在平梁上，上下平槫皆通过隔架斗栱承递置于梁上。明间内柱高695厘米，至"四椽栿"下，将"四椽栿"分解成一个三椽栿和一个劄牵；次间两缝为"前后三椽栿用中柱"，中柱高533厘米，柱头出雀替支撑于施于"六椽栿"之下，将"六椽栿"拆析为两个三椽栿。内柱处理方法，无疑降低了材料的使用标准和成本（图7-1-19）。由于正脊的尽端（即推山位置）处于明次间两缝梁架之间，无梁架支撑，

图7-1-18 开善寺大雄宝殿

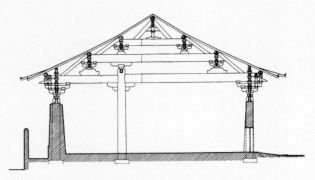

图 7-1-19 开善寺大雄宝殿修缮前实测明间横剖面图

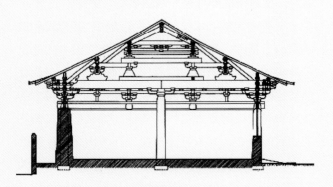

图 7-1-20 开善寺大雄宝殿修缮前实测次间横剖面图

仅用两根断面为 32 厘米 ×18 厘米的大叉手，斜撑在上平槫的襻间方上，交叉承托脊槫，此做法也成为该建筑最为突出的特点（图 7-1-20）。

为丰富建筑立面的艺术效果，梁架部分又做了进一步处理。自檐柱开始出现升起，槫架自脊槫至檐槫，每面、每行均施升头木，如此形成的屋面各个线、面均呈曲线状，屋顶更具飘逸、舒展的效果。

檐柱周圈施斗栱，共 30 朵，其中柱头铺作 12 朵，补间铺作 14 朵，转角铺作 4 朵。斗栱体量硕大，单材 22 厘米 ×16 厘米，总高 141 厘米，与柱高比为 1：3.41。柱头铺作、补间铺作、转角铺作做法有所差异。柱头铺作"五铺作双杪单栱计心造"，前后檐与山面做法略有不同。前后檐斗栱，外出两跳华栱，两跳分别出 50 厘米和 35.7 厘米；正心出泥道栱，再上三层柱头枋，下、中层分别隐刻出泥道慢栱和厢栱。里出两跳华栱，偷心，承托六椽栿或乳栿。山面柱头铺作，外跳同前后檐，两跳华栱出跳分别为 49 厘米和 38 厘米；里出三跳华栱，偷心，托于丁栿下。补间铺作，每间用一朵，无栌斗，于普拍枋上立蜀柱，

上置大斗承第一跳华栱（相当柱头第二跳华栱位置）与隐刻泥道慢栱相交，二跳华栱里转大耍头交翼形栱，再上出挑斡至下平槫，下斜撑于第三层柱头枋里侧，第二跳华栱与挑斡间用鞾楔填实。转角铺作平面"米"字形，正、侧面出跳均与柱头铺作相同，45°两个方向均出华栱，抹角方向出两跳斜华栱，外出三跳角华栱，上置宝瓶承托大角梁；内角华栱出四跳，第四跳内华栱置斜散斗承托乳栿。

大殿斗栱使用遮椽板，维修前撩檐槫、罗汉枋上均留下清晰的遮椽板支条窝槽痕迹。其做法和蓟县独乐寺观音阁完全相同。

大殿屋顶形式为单檐布瓦庑殿顶。1936 年刘敦桢先生调查时拍摄的照片显示大殿瓦顶还相对完整，但已非原做法，正脊两端均有大吻，从风格看明显非同一时期之物，岔脊、戗脊分别有岔兽和跑兽。维修时，正脊两端清理出用清灰封抹的残毁严重两大吻底部，东为陶制、西为琉璃制；跑兽则已全部无存；正脊、岔脊均为用陡砖砌出的脊筒形状，勾头、滴水式样很繁杂，滴水纹样有 4～5 种之多，但均为盆唇式，表明历史上的多次维修也是尽可能按原样补配构件。

新城开善寺大雄宝殿是国内现存为数不多的辽代木构建筑之一，在中国古代建筑史上占有重要地位，主要体现在以下几个方面：

柱网移柱、减柱并用的做法，是建筑结构原理和实用功能的完美结合。不同的梁栿组合和大叉手的成功使用，成为这一形式的基础和条件。

大叉手、大托脚的做法是"唐制之遗"。我国现存唐代遗构南禅寺、佛光寺东大殿梁架中，脊槫仅用叉手、各平槫用托脚的做法已成为叉手、托脚做法的出处和唐代建筑构架的重要特征。建于公元 607 年（相当于我国隋代）的日本奈良法隆寺回廊梁架结构亦然。以上三处，均为叉手置于平梁之上，与平梁共同构成一个封闭式三角形支架。开善寺大殿叉手未有梁作支撑，而是自上平槫内侧向上斜出，上部悬交支撑脊槫尽端，如此设置较通常做法更大胆、更巧妙、更神奇。

补间铺作里转用挑斡未用真昂，外出两跳华栱，第二跳华栱里转大耍头，其上出挑斡（斜撑在第三

层柱头枋里侧）至下平槫下，第二跳华栱与挑斡间用鞾楔填实。

科学、实用的用材比例，严谨、巧妙的结构处理，表现了中国早期建筑结构技术的成熟。大殿用材接近于《营造法式》的三等材（广七寸五分，厚五寸），单材22厘米×16厘米。梁架用材也用同一个标准，基本遵循"以材为祖"，同时又按照不同部位的不同结构受力状况，准确调整构件用材尺寸。为增强脊部的承载力，将脊槫襻间枋设为足材，其余各平槫襻间依"隔间上下相闪"的做法。另外，梁架"彻上露明造"特征明显，对于梁架内足材构件和襻间枋等通长构件，依然在相应位置隐刻出栱、斗等轮廓或造型，加工处理均极为细腻，使庞大繁杂的大木梁架具备了很高的观赏性和艺术性。

四、涞源阁院寺

河北涞源县城位于太行山北段的山间盆地中，周围群山环绕。向西沿唐河上溯几十公里是恒山与五台山之间的灵丘盆地，向东沿拒马河谷顺流而下百里则是华北的重要门户紫荆关，向北经著名的"飞狐陉"穿过崇山峻岭百余里即太行山后的蔚县盆地。阁院寺即位于涞源老城西北隅，比邻西城墙而建。

阁院寺在当地又称为"大寺"或"西大寺"，寺内有天王殿、文殊殿、藏经楼和配房等建筑，还有唐、辽时期的经幢多座，以及辽天庆四年（1114年）的铁钟一口。寺内建筑除文殊殿外，均为清代以后所建，而文殊殿则是最后发现的一座辽代木构建筑。

阁院寺文殊殿一度被当成是现存最早（公元966年）的辽代建筑，后来又有学者认为是辽末（1114年）所建。近些年的研究表明，辽代中期即公元1040年前后，是文殊殿最重要的建设时期，屋内柱使用了初唐时期的建筑构件，但梁栿、斗栱等都是重新制作，在之后的元中期更换了构架顶部的槫等重要构件。此外，文殊殿的门窗、彩画以及壁画等遗存也同样印证了殿内元、明、清多处题记所反映的辽代以及多次修造的复杂形成过程（图7-1-21）。

文殊殿单檐歇山顶，建在高约1米的台基上，前部设有月台，月台上东西植有两棵古松。殿的平面近方形，面阔三间15.7米，进深三间15.4米，六架椽，正面为格子门窗，当心间背面辟一门，其余部分为厚砖墙。殿内中央偏后原有梯形佛坛，前方壁塑骑狮文殊像，左右有二供养人、二菩萨及力士两尊，背面壁塑为观音菩萨，虽有后代修补之处，但仍不失为辽代原塑。此外，沿东西墙内侧有二十四尊罗汉像，似为明代所添。这些塑像在莫宗江先生调查前已被拆除。殿内中央佛坛后部的两侧有直抵平梁下的屋内柱两根，形成四椽栿对乳栿用三柱的彻上明造构架（图7-1-22）。

文殊殿檐下斗栱为双卷头的五铺作，第一跳上安翼形栱。与柱头铺作相比，补间铺作采用了辽构常见的驼峰加蜀柱的组合，转角铺作亦使用了辽代建筑中惯用的抹角栱。其整体的斗栱组织在保持了强弱变化的节奏感的基础上赋予了更为丰富的变化。文殊殿檐下斗栱不仅在构造方式上，尤其在组合逻辑上体现了与辽代独乐寺山门、广济寺三大士殿、华严寺薄伽教藏殿以及开善寺大殿等几座同样使用五铺作斗栱建筑的相似特征，也从一个侧面印证了它们之间可能具有的时代关联（图7-1-23）。

文殊殿这座国内有着千年历史的最大的三间佛殿，最具特点及价值的部分在于其正面三间保存至今的古老格子门窗（图7-1-24）。古建筑的门窗装修是最易损坏更换的部位，而文殊殿仍有制作于辽末的门窗留存至今，应是国内现存的这种精美装修中最早的一例，而且其上镂空雕刻的古印度文字——悉昙梵字，以及其他富有宗教意味的图案，在东亚古代的宗教建筑中都是罕见的实例。

文殊殿正面各间的门窗以门额为界，分为上部5扇的横披窗和下面4扇的格子门两部分。根据最新的研究，12个门扇中有11扇均为晚期补配，只有西次间东扇是辽代旧物。此门扇的上部施五根竖向当心破瓣拼合的条櫺，背后辅以45°斜角的破瓣拼合条櫺，形成三交六斜造型。五根竖条镂空刻有悉昙梵字及密教法器等图案，ॐ（om）字位于中心，围绕以ᤋ（tam）、ᤖ（ra）、ᤗ（lo）等字，梵字间又

图 7-1-21 文殊殿外观

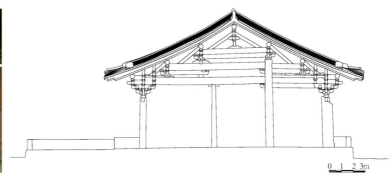

图 7-1-22 文殊殿当心间横剖面图

图 7-1-23 文殊殿柱头、补间铺作外观

图 7-1-24 文殊殿悉昙梵字格子门

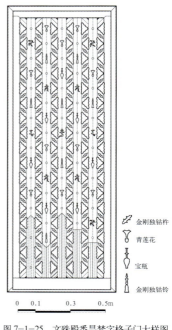

图 7-1-25 文殊殿悉昙梵字格子门大样图

有金刚独钴铃、宝瓶及青莲花等法器图案。斜棂上刻以金刚独钴杵填充（图 7-1-25）。

　　文殊殿的 15 扇横披窗按形象可分为 6 型。第 1 型，当心间其中一扇最为特别。这一扇由通长的横木分为上下两部。上部的雕刻有残缺，但仍可辨识出沿横向间隔排布的三钴铃、三钴杵以及宝瓶。下部更为复杂，由横、竖、斜三个方向的木条拼成"四交八斜"的骨架结构，木条边缘在围合的三角形格眼处都做成二瓣及三瓣的曲线造型。木条上镂空刻金刚杵，形成横竖相交的多组十字三钴杵，即羯磨金刚杵。中央镂空刻悉昙梵字"𑖨"（ra），又于其周围"四斜"条上刻其他悉昙梵字、青莲花和一种类似花瓣状的图案。木条皆破瓣拼合。第 2 型，分别位于当心间 1 型窗左右两边的两扇和两次间的中央一扇，这四扇的构成图案相同，只是当心间的两扇尺寸略大一些。主体为三交六斜的"挑白簇六毬文"，背后衬以三交条棂，形成前后两层图案。前后各条棂均破瓣拼合。第 3 型，是当心间左右两端的两扇，与第 2 种相比，为更为密集的"挑白簇六毬文"，与上下子棂相接之瓣无挑白造，条棂破瓣拼合无雕饰。第 4 型，即两次间各自的左、右起第二扇，这四扇为"挑白四斜毬文"，与四周子棂相接之瓣无挑白造，条棂破瓣拼合亦无雕饰。第 5 型，位于西次间左右两端以及东次间的东端，这三扇也都类似"四交八斜"的构图,每扇有三纵条七横条,两个方向的斜向条棂各有5条。条棂破瓣拼合,边缘的轮廓为五瓣及三瓣的曲线。纵向条棂依缝刻两两相对之花瓣,与第1种窗的花瓣图案相同。横向和斜向条棂上依缝刻独钴杵图案。第6型,为东次间最西侧的一扇,是"四斜毯文",条棂非破瓣拼合,其表面上出单线(图7-1-26)。

其中第2、3、4型的几扇窗可能与1型横披窗一致,约在辽末制作。第5型的三扇横披窗,根据其细部造型推测很可能是金初仿辽窗所造。而仅有的一扇第6型横披窗,其工艺与上述各扇均不同,反而与此殿大部分菱形格子门工艺相仿,应是比第5型窗更晚添配的(图7-1-27)。

据此可以进一步推测文殊殿门窗的平面设计所意图创造出的空间层次,及其所体现的辽代佛教观念对世界的想象。门扇的图像构成,以居于中央的"ॐ"(om)为核心层次,向外依次为环绕"ॐ"(om)字的其他梵字层,由法器围绕这些梵字而形成的六边形层次,以及由金刚杵环绕梵字和法器而成的最后一个层次,整体上类似"蜂房+太阳系"的结构(图7-1-28)。

统观三间15扇窗格的排布,最明显的特点乃是每间都以各自中央一扇为中线左右对称排布的(唯一例外的一扇显然是后世补配时不明就里所致)。同时,每间之内,对称排布的各扇之间的图案又在形式上存在关联,由此就形成了每一间各自的整体性。对于当心间和次间,这种关联和整体性分别有具体的表现。居于当心间中央——同时也是居于建筑正面所有窗扇中央的1型,以大尺度的法器组合和小尺度的梵字组合,形成当心间乃至全部三间横披窗的核心,更因其位于整个正面门窗顶部中央这一最为重要的位置,从而很可能是控制整个正面14米×5米巨幅图像的核心(图7-1-29)。而位于两个边缘开间(两次间)的各自边缘的5型窗,满布金刚杵的,具有明显的限定边界的含义(图7-1-30)。

文殊殿的门窗虽然已不是辽代制作时的全貌,但仅存下来的部分,所具有的明确宗教含义的视觉形象及其组合,体现了辽代显密圆通佛教的宇宙观,同时也是这一时期宗教观念与艺术形式相结合的突出表现。不仅以精致准确的图案及其系统的组合,体现出缜密的整体设计;而且这些造型剜凿加工和

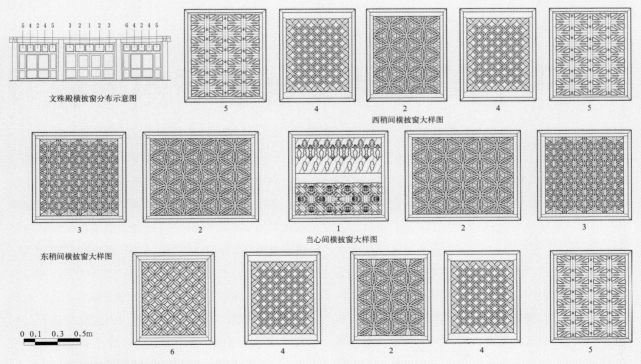

图7-1-26 文殊殿横披窗分布示意及大样图

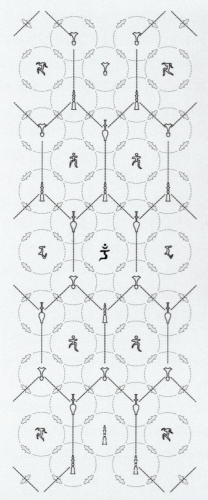

图 7-1-27　文殊殿当心间中央 I 型横披窗

图 7-1-28　文殊殿悉昙梵文格子门上所刻图示

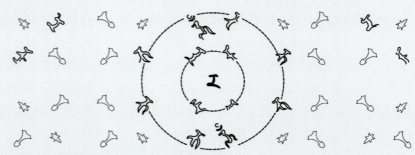

图 7-1-29　文殊殿 I 型横披窗下部所刻图示

西次间　　　　　　　　　　当心间　　　　　　　　　　东次间

图 7-1-30　文殊殿横披窗结构图示

木条拼合之清晰，也显示出木匠精湛的制作工艺，确实弥足珍贵。

五、定兴慈云阁

慈云阁位于河北省保定市定兴县老城中心的十字路口，坐北朝南，是河北省为数不多的元代木构建筑之一。慈云阁建成于元大德十年（1306 年），系当时的僧人德宝因旧有大悲阁毁于兵乱，而发愿重建而成的，之后的明嘉靖年间，清康熙、嘉庆年间均有维修。

阁所在的寺院，平面为"船"形布局，在我国寺院中颇为罕见（图 7-1-31）。自山门起，沿南北中轴线依次排列着前殿、慈云阁、后殿，两侧则为东西配殿、配房等建筑，整体布局高低有致，其中前殿、慈云阁及其前后的配殿、配房等六座建筑的墙体相连，后殿为庑殿顶建筑，在其后面又衔接一所卷棚式的两层楼，使屋顶错落变化，不落常套。可惜在 1985 年寺内大部分建筑均被拆除，仅存慈云阁至今。

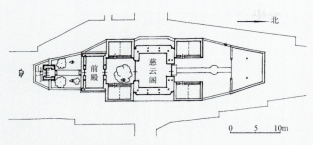

图 7-1-31 慈云阁所在寺院总平面图

图 7-1-32 慈云阁外观

慈云阁面阔、进深各三间，外观似为重檐歇山顶的二层楼阁式建筑，但不设平坐，内部仅有一层（图 7-1-32）。阁平面近方形，通面阔 8.98 米，通进深 7.66 米，当心间正背两面辟门，其余为厚墙，除檐柱外不用金柱。其檐柱分为内外两周，共 24 根，近似于正定隆兴寺慈氏阁。但慈云阁的内外檐柱并未紧贴，而是留出了仅 16 厘米的间距，外檐柱承托下檐斗栱及屋檐重量，内檐柱则升高至上层，承托上檐斗栱及梁架结构。柱有明显的侧脚、生起及柱头卷杀，柱础有素平和覆盆两种。阁内中央曾立四十二手观音像一尊，高二丈有余，虽经后代修补，但仍具元代塑像的神貌，但于 1951 年被拆毁。

慈云阁斗栱的配置，除上下层的当心间前后用补间铺作两朵外，其余各间均施补间铺作一朵。上檐斗栱，为五铺作双下昂重栱计心造，第一跳为假昂，第二跳真昂昂尾压于下平槫下襻间；柱头与补间铺作相同；转角铺作第二跳昂尾悬挑八角垂柱。下檐斗栱，为四铺作出单下昂，补间铺作昂尾承托短柱与枋，柱头铺作昂尾插入内檐柱。斗栱真假昂的混用，体现了铺作由早期向晚期过渡时期的特有手法。阁的梁架较为简洁，由平梁、蜀柱、叉手、丁华抹颏栱等构件组成，转角处施月梁式抹角栿承托角梁后尾，并利用后尾再悬挑垂柱及正侧两面的梁架（图 7-1-33、图 7-1-34）。

定兴慈云阁作为一处保存完整的典型元代木结

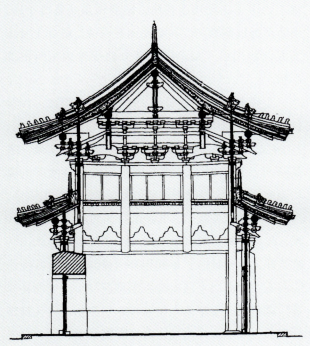

图 7-1-33 慈云阁横剖面图

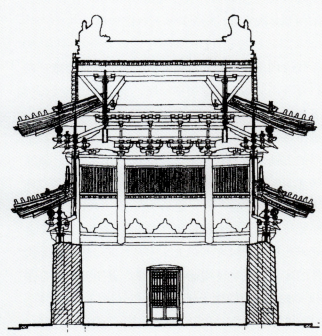

图 7-1-34 慈云阁纵剖面图

图 7-1-35　邢台天宁寺唐代经幢、虚照禅师塔旧影

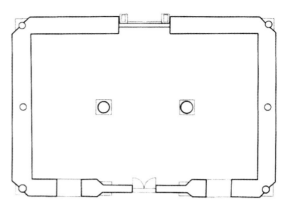

图 7-1-36　邢台天宁寺前殿平面图

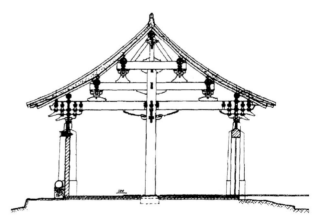

图 7-1-37　邢台天宁寺前殿当心间横剖面图

构楼阁式建筑，正是中国古代建筑由宋代向明清过渡阶段不可多得的重要实例。

六、邢台天宁寺

天宁寺位于河北省邢台市西北红星街北侧，俗称"西大寺"或"西寺"。据《顺德府志》与《邢台县志》的记载，寺初建于唐代，名"华池兰若"，宋徽宗政和年间赐额"天宁万寿禅林"，至元代高僧虚照禅师主持时，天宁寺达到鼎盛，后历经明、清两朝多次重修，仍保持着元代的规模。

刘敦桢曾于1936年前往调查，至20世纪60年代寺内主要遗存尚有前、后二殿，唐代经幢一座以及寺西北的元代虚照禅师塔。天宁寺后殿为面阔五间，进深四间，平面用减柱造的单檐庑殿建筑。檐下每间用补间铺作两朵，柱头及补间铺作为双下昂的五铺作重栱计心造。经幢立于山门之前，通高约4.5米，下施须弥座，幢身八角形，正面顶部雕"佛顶尊胜陀罗尼幢"额，之后为经文，按文末铭记推断此幢应立于唐太和年间（图7-1-35）。之后又有元丰七年（1084年）的北宋附题，而经幢的部分构件的雕饰手法也证明此幢在北宋，甚至元代都有修补。虚照禅师塔建于元皇庆二年（1313年），残高11米有余，平面六角形，塔基高峻，为双层须弥座，其上置平坐，平坐斗栱为五铺作，补间用斜栱。斗栱上为平坐钩阑及莲花座，塔身转角处复设小塔，南北两面辟假券门，其余四面开假窗，塔身上叠涩枭混曲线出檐三层，塔刹部分似乎受到喇嘛塔的影响。

上述几座寺内建筑于1970年几乎均被占用单位拆除，仅存前殿。前殿为单檐歇山建筑，面阔三间，共14.25米，明间宽4.85米，次间宽4.7米，进深两间，共9.54米。当心间正面的门及次间的窗均为近代所改，经勘查表明原来前檐三间均施隔扇，当心间背面设一版门，其余部分为砖墙。外檐柱10根，屋内中柱2根（图7-1-36）。外檐铺作均出两跳下昂，重栱计心。每间用补间铺作两朵，其中当心间正、背面以及两次间正面靠近柱头一侧的补间铺作施斜栱。梁架为六架椽分心用三柱，柱头铺作后尾为三椽栿入屋内柱，内柱直抵平梁下皮，平梁上为蜀柱叉手承托脊槫（图7-1-37）。

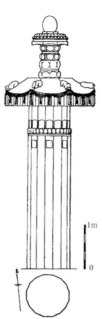

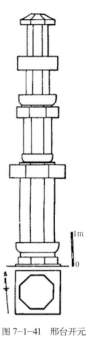

图 7-1-38　邢台开元寺唐代经幢旧影　　图 7-1-39　邢台开元寺唐代经幢测绘图　　图 7-1-40　邢台开元寺后梁经幢旧影　　图 7-1-41　邢台开元寺后梁经幢测绘图

近些年根据对天宁寺前殿的勘察，显示其具有诸多的元代以前特征，如普拍方和阑额的T形出头，柱头卷杀，侧脚，生起，柱子的高径比，以及斜栱的运用和梁栿断面比例等现象，基本可以确定其建造年代约在明初或更早至元代。

七、邢台开元寺

开元寺位于邢台老城东北隅，俗称"东大寺"，按万历《顺德府志》载，寺建于唐代开元年间，今寺院西墙处尚存有陀罗尼残幢一座，为唐代旧物。此幢通高5.76米，幢身形制特殊，为十六角形，石质为粉色砂岩，高3.73米，直径94厘米，据幢身痕迹推测，原应有木构腰檐，幢身上置八角攒尖幢顶，其上施浮雕圆形莲盘四重，再上为刹基与宝珠，现已无。幢身文字风化殆尽，据幢的结构、雕刻题材、风格推断，应为晚唐所建（图7-1-38、图7-1-39）。

五代后梁乾化年间，古印度高僧空本奉诏在本寺译经，并立佛顶尊胜陀罗尼经幢，留存至今（图7-1-40）。幢八角形，高7米余，现存四级，幢基为八角形须弥座，第一层幢身高1.9米，正面上部刻"大佛顶随求尊胜陀罗尼幢"，上覆宝盖，第二层幢身每面刻坐佛两尊，第三层四正面刻佛像，四隅面刻菩萨立像，第四节每面雕力士一尊。此幢雕工精致，题材丰富，可视为这一地区五代初期经幢的范例（图7-1-41）。

宋时开元寺继续受到朝野重视，至金元时期寺院达到鼎盛，在政府支持层面以及其文化影响等方面，都得到了巨大的发展。金大定二十四年（1184年），开元寺主持定喜为皇帝祈福在寺内铸造了铁钟一口，并于寺内建造了钟楼，此钟至今仍保存完好（图7-1-42）。铁钟高3.2米，钟口直径2.35米，钟壁最厚处达0.23米，总重9.1吨，钟壁上除了铸八卦图及监制人、出资人、铸造工匠、年代等相关信息外，最有特点之处在黄道十二宫图像的铸造，对于研究我国古代天文学发展而言是宝贵的实例，具有重要的历史、艺术及研究价值（图7-1-43）。

元朝时的邢台开元寺是其最兴盛的时期，寺院规模很大，元初赐额"大开元寺"，忽必烈两次驻跸此寺。寺内曾有元代万安恩公砖塔一座（图7-1-44），在寺墙外西北方，现已不存。塔为平面八角形，七层密檐，全高约22米，为辽金时期常见的密檐塔形式。

图 7-1-42　邢台开元寺金代铁钟

图 7-1-43　邢台开元寺金代铁钟黄道十二宫图

图 7-1-44　邢台开元寺元代万安恩公塔旧影

图 7-1-45　邢台开元寺弥勒殿

在邢台老城西门外，曾有开元寺塔院一处，俗称"和尚坟"，分为南北二部分，佛塔林立，有密檐式、经幢式及喇嘛塔式，前者数量最多，平面或为方形，或作六边形、八边形，材料有砖、石二种。可惜此地众塔现均不存（图7-1-45）。

明清之后本寺逐渐衰落，但也历经多次重修。新中国成立前历经连年战乱，开元寺受到严重摧残，仅存弥勒殿、毗卢殿、释迦殿及大雄宝殿等四座明代建筑。弥勒殿为面阔五间，进深三间的单檐悬山建筑，檐下施三踩斗栱，彻上明造。毗卢殿面阔进深各三间，单檐悬山顶，檐下施三踩单昂斗栱，彻上明造。释迦殿面阔五间，进深三间，单檐硬山顶，檐下施五踩双昂斗栱，彻上明造，前檐用高浮雕盘龙石柱，为明正德十三年（1518年）所添配。大雄宝殿面阔七间，进深三间，单檐歇山琉璃瓦顶，彻上明造，施七踩双昂斗栱。1986年大雄宝殿落架重修，同年毗卢殿失火焚毁。

第二节　明代佛寺

一、石家庄毗卢寺

毗卢寺位于石家庄市新华区杜北乡上京村东，东为九龙湖，西南临石津灌渠及石闫公路，北依农田。现寺院面积23亩（约1.5公顷），建筑依次为：山门、伽蓝堂、祖师堂、释迦殿、钟楼、鼓楼、毗卢殿及僧舍建筑群，其中释迦殿、毗卢殿均绘有精美绝伦明代壁画，驰名中外。1996年毗卢寺被公布为全国重点文物保护单位。

毗卢寺始建于唐朝天宝年间（公元742～755年），据《正定府志》卷九寺观条目载："毗卢寺在城西唐天宝中建"。另外1979年整修毗卢殿时，在毗卢佛下面长方形须弥座内，清理出一尊汉白玉质无头立佛像，从服饰看应属唐代塑像，因此县志记载颇可信。另有毗卢殿内石供台重修题刻及重修功德石碑碑刻可知，宋宣和二年（1120年）、金皇统元年（1140年）、大定二十六年（1186年）、金承安（1197年）、元至正二年（1342年）年间均有修缮活动。至明弘治八年（1495年），毗卢寺已是一片颓废，其时开始对寺院进行大规模修缮，重修了前后殿宇及重塑毗卢殿内塑像。弘治十八年（1505年）重修了天王殿（原山门），并在殿内塑四天王像。正德十二年（1517年）重修前殿（释迦殿），并塑像、绘彩画和壁画。从明弘治元年（1488年）到嘉靖十四年（1535年）的四十多年间，毗卢寺达到了历史上僧侣人数、建筑规模、田产及佛事活动影响的最高峰，在寺院原有格局上，新增建了东楼阁、禅堂、廊房、方丈、厨库等，寺院占地30亩（2公顷），田产200余亩。此后明万历四十三年（1615年）、清乾隆十八年（1735年）、道光元年（1826年）均有修缮。民国年间钟鼓二楼、禅堂被毁。1958年修石津灌溉渠时，原天王殿被拆除。1986年后择址新建山门，复建钟鼓二楼，大修释迦殿、毗卢殿。

释迦殿（前殿）明代建筑，单檐悬山，面阔三间12.42米，进深三间12.5米，高9.5米。前出一步廊开敞，后接抱厦，除明间施隔扇外，余面皆用青砖砌墙。梁架为七架、八檩出廊式，梁与梁间瓜柱支撑，三架梁上小瓜柱托脊檩，两侧小叉手以辅之，次间山面中柱直通脊檩。殿内明间设佛坛，上供一佛二弟子像。佛像后为高大背光和须弥山，须弥山北面悬塑亭台楼阁、小桥流水、罗汉护法等，中间塑观世音菩萨像，左右为文殊、普贤。殿内明代壁画面积约83平方米，主要内容为佛本生故事。

毗卢殿（正殿）明代建筑，殿身庑殿顶，前抱厦做歇山顶，前、后施板门，两次间披直棂窗。殿身面阔三间，进深两间。梁架采用七檩中柱式，明间五架梁后施双步梁，前抱厦不施梁枋，而用横檩与殿身相连；次间用顺梁直接承托瓜柱、檩，做成推山形式，而不用太平梁等构件。转角用抹角梁，承托老角梁后尾，后尾施垂花柱。檩下只用随檩枋，檐下不施斗栱。殿内供毗卢佛。殿身壁画绘制于明中叶之前，抱厦两侧壁画为晚期绘制，其中殿身壁画为明代工笔重彩水陆道场壁画（图7-2-1）。壁画布局三层，下层设主像，中、上层逐渐减小，每层分为若干组，每组皆有墨笔题榜，共计120组，包括佛、菩萨、天王、高僧、天帝、神仙、阎王、侍者、历史人物、平民百姓等506身。东南、西南壁以儒教和世俗百态故事为主，东、西壁以道教神祇为主，东北、西北壁以佛教为主，形成儒释道三教于一堂的水陆画。

二、怀安昭化寺

昭化寺位于张家口市怀安县城西大街北侧，第五批国家重点文物保护单位，始建于明洪武二十五年（1392年），原名"永庆禅寺"，为祝贺吉庆时作道场而建。据明正统十年（1445年）《敕赐昭化寺碑》载："……洪武壬申，乃相西郊，高明夷旷筑城，宿兵以镇焉，卫则因县之旧也。城西隅初创永庆禅寺，为祝禧道场，规模宏豁，神人俱瞻。岁久风雨飘零，日就凋敝……"至正统丙辰（1436年）二月始，复修废寺，到癸亥（1443年）春二月落成，历时8年，"治其繁芜，拓其规制，中立大雄宝殿，次列天王殿，

图 7-2-1 毗卢殿东壁壁画局部：南极长生大帝

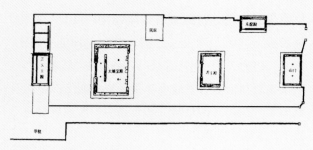

图 7-2-2　昭化寺总体平面图

上辟山门，东居观音、罗汉，西奉地藏、十王，后三大士殿……"并将寺更名为"昭化寺"。另在1982年维修大雄宝殿时，发现山面博脊上有明正德九年（1514年）维修刻记，说明当时修缮过屋面。现今大雄宝殿内有精美的水陆壁画，其中南墙西边金刚力士画的左上方有墨书题记："时大明嘉靖四十一年岁在壬戌冬十月初十日吉时谨志，画工匠人任朝相。"说明壁画绘制于明嘉靖四十一年（1562年）。

现存主体建筑自南向北依次为山门、天王殿、大雄宝殿、三大士殿。山门与天王殿之间原有东西配殿，西配殿现已无存。全寺占地面积3675平方米（图7-2-2）。

昭化寺始建于明洪武二十五年（1392年），虽于正统元年（1436年）重建，但仍具有明代早期建筑特征。如：斗栱布置各间之间中距不同；柱径与柱高之比在1:9~1:11之间；柱有侧脚无升起；梁枋上绘有雅伍墨旋子彩画；正脊和垂脊交接处施吞脊兽等等。此外它还保留了许多明以前的早期作法：平板枋与额枋呈T字形，平板枋出头为海棠线；三架梁上使用人字叉手；脊瓜柱上置坐斗和丁华抹颏栱；斗栱后尾出一挑杆，搭在金檩下的被襻间枋上；大雄宝殿内使用减柱、移柱造，梁架纵向使用大内额支托上部梁架；前檐两金柱柱头略有卷刹；大雄宝殿装修为四抹隔扇等等（图7-2-3，图7-2-4）。

大雄宝殿内壁画面积93.13平方米，绘人物故事画47幅，人物总计达560多人。另外在殿内四面的栱眼壁上，皆绘有一佛端坐于莲花上，佛有三缕胡须，共48幅。壁画内容包括儒、释、道三教，属于佛教的有佛、菩萨、天王、罗汉、天龙八部等；属于道

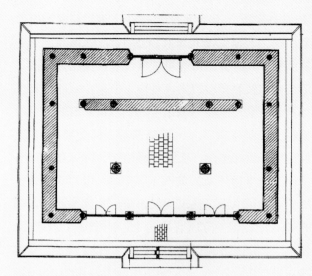

图 7-2-3　大雄宝殿平面图

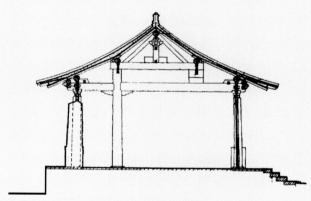

图 7-2-4　三大士殿剖面图

教的有四御五岳、日月星辰、真君大帝等；属于儒教的有君臣父子、文武官僚、孝子烈女等；另有佛、道混合成分的，如诸龙神、十殿阎王、六道轮回等。

三、井陉福庆寺

福庆寺，第六批国家重点文物保护单位，位于井陉县南40公里的国家级风景区——苍岩山风景名胜区内，东邻銮驾山，西连朱会岭，南接天台山，北与銮台坡隔寺沟河相望，方圆约7.5平方公里。远古代由于陆地沉降，苍岩山系中心地带形成了奇异的断崖绝壁。

据寺中现存最早的宋乾兴元年（1022年）碑《井陉县大化乡新修苍岩山福庆寺碑铭并序》所记，福庆寺创于何时不可考，传说此寺旧名"兴善寺"，公主

于此出家。金代以后传说此公主为隋文帝之女妙阳公主，到清光绪年间改成隋炀帝之女南阳公主。碑文中还记载了宋咸平五年（1002年），五台山华严宗僧人诠悦，由华严寺来此重修庙宇的情景。尤为重要的是详细记叙了诠悦与另一僧人智赞，到谯郡上书宋真宗，要求批准重修苍岩山寺，以及大中祥符七年（1014年）宋真宗敕赐"福庆寺"额的经过。

福庆寺的建筑格局分下、中、上三个层级。下层依次为山门牌楼、山门、钟楼（已不存）、苍山书院、碑房、戏楼（现存遗址）、万仙堂、行宫建筑群（只存基址）以及铺筑在西南绝谷的三百余级台阶等。中层依次为灵官殿、龙王庙、天王殿、桥楼殿、天桥（即复道大石桥）、圆觉殿（亦称大佛殿）、山中栈道、僧舍群房、梳妆楼、关帝庙、峰回轩（又名藏经楼）、烟霞山房、子孙殿、先贤祠、大乘妙法莲华经塔、南阳公主祠、猴王庙、南天门、东天门等。上层部分：玉皇庙（残存）、王母殿（已不存）、塔林（和尚坟，今仅有个别残石）等。

天王殿亦称小桥楼殿，坐落在两崖间峭壁的小石桥上，为重檐歇山琉璃瓦顶楼阁式建筑，坐西朝东，面阔三间，进深两间。柱头斗栱栱头雕作龙、凤、象形，上下叠压。据碑文记载，原殿内两次间有四大天王像，中塑三大士菩萨，现仅存两幅天王像壁画。在左次间后山墙辟一小门，可以上楼。据立于天王殿的金泰和二年（1202年）《苍岩山福庆寺石桥记》碑文所述，桥与殿同时始建于金大定年间，之后明、清、民国都有维修。

桥楼殿，在天王殿东约17米处，亦建于一座长15米、宽9米的单券石桥上，桥仿照赵州桥筑成敞肩拱式。殿为重檐歇山琉璃瓦顶楼阁式殿宇，坐西朝东，面阔五间，进深三间，四周出廊。殿内明间上有天花，上绘有龙凤图案。两梢间有楼梯可登临楼上。殿内塑释迦、药师、毗卢和十八罗汉像，南北两壁为晚清壁画。阁为通柱式，且檐下四角有四根擎檐柱，原有泥塑蟠龙，今已不存。现存桥楼殿是康熙初年被火焚毁后重新修建的（图7-2-5）。

圆觉殿（大佛殿）位于桥楼殿南，坐南朝北，面阔五间，进深三间，单檐歇山琉璃瓦顶。七踩斗栱，明间平身科两攒，次间一攒。明间东西两根金柱，五架梁对双步梁，次间不用金柱，而用通长七架梁。殿内已无塑像，殿前一对角石，盘卧双狮。据碑石记载，圆觉殿建于元代，明清均有修缮。

公主祠位于西峰崖间，坐西面东，单檐歇山，面阔三间，进深二间。瓦顶形式与檐下斗栱与圆觉殿相同。明间有天花，天花做法与桥楼殿相同，无彩绘。内有南阳公主及其妹妹的三尊塑像。殿内南北壁上有壁画。据碑文记载，公主祠始建于金代，原名妙阳公主真容堂，明代改为真容殿，明清均有重修。

大乘妙法莲花经宝塔，位于公主祠南，平面六边形，五层楼阁式仿木实心砖塔，高约10米。斗栱形制一斗二升。塔首层最高，正面辟券龛，门楣上嵌石匾，书"大乘妙法莲花经宝塔铭"。背面门楣上方镌刻"经塔宝记"。其他四侧面均设有假窗。风格不早于金代。

据河北省文物工作队1957年调查，寺内有宋碑2通，金碑1通，元碑1通，明碑10通，清碑107通，民国碑12通，其他种类碑石22通，合计165通，另有元代经幢一座。

四、霸州龙泉寺

龙泉寺，河北省重点文物保护单位，位于廊坊市的县级市霸州市信安镇。信安镇地处霸州东部，隋唐时已设镇，宋代是淤口关所在地，与益津（今

图 7-2-5 福庆寺桥楼殿

霸州)、瓦桥(今雄县)共称三关,是宋辽边境重地。

龙泉寺的始建年代,一称始建于辽世宗天禄年间(公元947～950年),是历史上有名的禅宗道场。寺院内大雄宝殿前两侧有两口古井,传说宋辽战争时,杨廷昭被困于信安,适逢大旱,宋营官兵饮水奇缺,唯此两口井水,取之不竭,才得军心稳定。宋朝八贤王赵德芳闻之亲临视察,叹曰天不灭宋,实乃龙泉也,遂派兵严守,尔后授之"御井"美称。另据民国旧县志记载,龙泉寺始建于金大定三年,当时称为龙禅寺。碑文记载,明天顺四年(1466年)重修后,因寺内有一古井,故改称龙泉寺。后经明万历十三年(1584年)、明崇祯十三年(1640年)、清乾隆三十一年(1773年)多次修葺。现今寺院布局依次为九龙壁、天王殿、钟鼓楼、大雄宝殿、念佛楼。

门殿,面阔进深各三间,歇山顶。殿内塑有韦陀手持宝杵像,两侧塑四天王像。

大雄宝殿,有记录大殿最后一次重修为乾隆三十八年(1773年),1992年在对大殿进行现场勘测后,再度进行了修复。大殿单檐庑殿顶,绿琉璃瓦菱心剪边屋顶,面阔进深各三间(图7-2-6)。大殿出檐平缓,七架梁,斗栱外出两跳,最上端跳出三幅云,内向出三跳,构成六踩斗栱。明间斗栱四攒,次间三攒,山面明间四攒,次间与转角斗栱相连,系沿袭明代做法。明间四块隔扇,两尽间做槛墙,上安四块短隔扇。修缮之前勘测,室外彩画全部剥落,栱眼壁依稀可见宝珠图案,室内彩画旧迹可辨,为旋子彩画、墨线小金点,完全属于清代

做法,今予以复原。殿内供奉释迦佛及二弟子像,两侧为十八罗汉像,为后塑。

后佛楼重檐歇山建筑,下层供奉佛像,上层储藏经卷。

另在龙泉寺后殿壁中,嵌入一块石碑,碑文漫漶,可辨"奉为燕国范阳□王……保寿千秋万岁……"共58字。上刻观音像,旁刻蛟龙,末刻"节度使衙前虞侯充营田管兵马大将徐□妻……"共78字。

五、抚宁宝峰禅寺

宝峰禅寺,位于秦皇岛市抚宁县榆关镇平市庄北的山谷中,因背靠山峰宝石顶而得名,又因其地山石风化,多沙砾岭,俗称沙龙殿。寺依山而建,院落坐北朝南,占地750平方米。现存无梁殿一座,面阔6.9米,进深5.6米,高5米,石砌墙,歇山顶。外墙嵌石碑2块,殿内东、西、南壁各嵌6幅阴刻石像,北壁嵌9幅阴刻石像,题材为中间三世佛,左右观音、普贤、地藏、文殊四菩萨,阿难、迦叶二弟子,四大天王,十二圆觉菩萨及二金刚。

宝峰禅寺东北2公里处有清河塔寺,主要建筑无梁殿及殿内阴刻神像数量、式样均与宝丰禅寺相同,两寺所用砖石瓦件也一致。寺南部尚存一处塔基。

宝峰禅寺之北1.5公里有老来寺遗址。

据寺内碑记载,明弘治十四年(1501年)宝峰禅寺由代景等善男信女捐资重建;正德三年(1508年),重修清河塔寺,同时刻诸神像。可知现存建筑及石刻皆为明代遗物。1982年公布为河北省重点文物保护单位,1986年翻修殿顶。

六、涉县西戌昭福寺

西戌昭福寺,位于邯郸市涉县西戌镇,始建于明代,清代重修。寺占地面积2372平方米,建筑面积837平方米,建筑坐北朝南,寺院南北总长85米,依次排列山门、笑佛殿、佛主殿和雷音殿,东西两侧对称有钟鼓楼、水陆殿、阎王殿、吕祖殿、关公殿。

笑佛殿,悬山顶,琉璃瓦剪边,面阔三间,进深一间,用七架梁,檐下五踩双下昂斗栱,明间平身科

图7-2-6 龙泉寺大雄宝殿

加45°斜昂。佛主殿，悬山顶，琉璃瓦剪边，面阔三间，进深二间，平面用减柱造，七架梁，前后檐施五踩双昂斗栱。雷音殿，硬山，面阔五间，进深二间，大梁为前后梁对接而成，构件制作明显是地方手法。

此外，寺内还有经幢、碑刻等附属文物。寺于1993年公布为河北省重点文物保护单位，随即进行了修复。

七、蔚县重泰寺

重泰寺，位于张家口市蔚县县城西北11公里的崔家宅、阎家宅、咸周村三村之间的高丘上，是第七批全国重点文物保护单位（图7-2-7）。据寺内原存的万历二十年（1592年）碑载："真慧于弘治九年（1496年）起造三圣寺，嘉靖九年（1530年）潞城王以避仇寓此，遂改名重泰寺。"清康熙十四年（1675年）碑载："初名三圣寺，未溯初建之始，明弘治十六年（1503年）乃有石碣记其重修者，至嘉靖九年（1530年），潞城王驾幸此寺，又重新整饬，因赐今名。"重泰寺最初为佛教十方寺院，从明弘治年间始改奉儒释道三教，据光绪七年（1881年）《蔚县志》载，此寺在清代曾一度称为罗汉寺，以其寺内五百铁罗汉著称。现存寺内建筑多为明代所建，并经历了清代修缮，部分建筑如山门、释迦殿的过殿则为清康熙十四年扩建之物。

重泰寺由戏楼、中院、东角院、西角院、寺外塔林五部分组成，寺外围沿土丘边缘尚有土城堡的遗迹。总院从南到北依次为山门、弥勒殿、千佛殿、地藏殿、释迦殿、三教楼和后禅房；中轴线两侧对称布置钟鼓楼、二郎庙、关帝庙、罗汉堂、阎王殿、东西藏经楼、碑廊及配殿。寺庙以两道东西向院墙和砖砌门楼分成三进院落：山门至弥勒殿为第一进院落，弥勒殿至地藏殿为第二进院落，地藏殿以北为第三进院落（图7-2-8）。

山门，硬山，面阔三间，进深四椽三柱，大门设于明间两柱间，次间为隔断墙，上各画门神一位。山门前出月台，上置石狮一对，石狮均坐于圆形石雕须弥座上。山门建于清康熙年间。

弥勒殿，即天王殿，硬山，面阔三间，进深四椽二柱，五架梁。脊槫下设丁头抹颏栱，左右有纤细的叉手。前后檐均用一斗二升斗栱，明、次间各用两攒平身科，至山墙处用半攒，后部各殿的梁架、斗栱也基本同本殿做法。殿内尚存原供弥勒佛、韦陀及四大天王的案台。殿前存石狮一对，形态与山门前的石狮非常神似，但体量要小些。

千佛殿、地藏殿的建筑形式、规模及内部梁架都大致相同。面阔三间，硬山顶，六椽三柱七架梁。斗栱及木构细部做法均同弥勒殿。

藏经楼面阔进深均三间，重檐歇山顶阁楼，其构造特点为底层后檐的廊步大于其他三面，角梁不能对称布置成45°角，形成后坡长于另三面坡的结果。

释迦殿是本寺规模最大的殿堂，由前部三间抱厦（过殿）与后部三间主殿组成。抱厦硬山卷棚顶，内用四架梁。主殿歇山顶，六架椽用四柱，用五架梁对前后单步梁。前后檐下施一斗二升交麻叶斗栱（图7-2-9）。

三教楼建于5.8米高的砖砌高台上，高台下为裙房八间。据寺内碑石记载，三教楼原无神道，进香上下只凭木梯，道光二十九年（1849年）始修神道。三教楼面阔三间，进深四椽三柱，四架梁对插金抱头梁。前檐于柱头上直接出不施横栱、不用大斗的重翘五踩斗栱（图7-2-10）。

另外重泰寺内有绘于清代的水陆壁画，特别是三教楼、释迦殿前过殿、地藏殿、观音殿内的壁画，具有较高价值。

图7-2-7 重泰寺

图 7-2-8　重泰寺总平面图

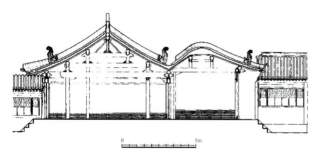

图 7-2-9　重泰寺释迦殿剖面图

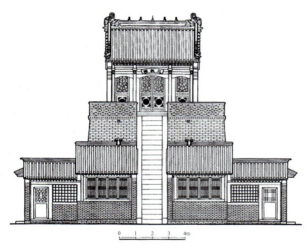

图 7-2-10　重泰寺三教楼立面图

八、蔚县灵岩寺

蔚州灵岩寺，又称前寺，第六批全国重点文物保护单位，位于蔚县城内鼓楼西街，始建于金代，毁于元末。据《大同府志》记载："蔚州灵岩寺，元末毁，国朝正统六年（1441年）敕赐重建。"其时蔚州籍司礼监王振奏请英宗皇帝敕建。寺坐北朝南，占地面积 6628 平方米，原寺院布局从南至北依次为：山门、天王殿、大雄宝殿、藏经阁。东、西为钟鼓楼、配殿、禅房等。现仅存天王殿、大雄宝殿、东西配殿四座建筑及部分禅房。

天王殿，单檐歇山，面阔进深各三间，平面略成方形，殿内减柱造，七架梁直接架于前后檐柱上，歇山采用抹角梁及扒梁承托，三架梁上脊瓜柱旁用叉手，阑额与普拍枋出头呈 T 形，檐下施五踩单昂斗栱，转角斗栱与两侧补间斗栱做成鸳鸯交首栱，斗栱用材较大，布局疏朗，保留了较多早期大木建筑特征。

大雄宝殿又称佛殿，单檐庑殿顶，面阔五间，进深四间，明、次间前有月台。屋顶平缓，出檐深远，檐下施五踩重昂抹斜栱，第一跳极短，横栱为翼形栱。明、次间装修五抹头落地隔扇，隔心为三交六椀菱花，做工精细（图 7-2-11、图 7-2-12）。殿内有制作于明代的精美天花和藻井，斗栱贴金，井心彩绘蟠龙，天花彩画以佛家八宝和篆书寿字为主题，并有牡丹、仙鹤、祥云等吉祥图案。

九、武安禅房寺

禅房寺，河北省重点文物保护单位，位于邯郸市的县级市武安市西北管陶乡禅房村内。寺坐北朝

图 7-2-11　灵岩寺大雄宝殿

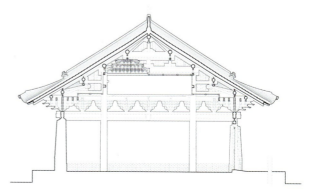

图 7-2-12　灵岩寺大雄宝殿当心间横剖面图

南，占地面积1080平方米。现存有钟鼓楼、中殿、后殿等建筑。原前殿和东西配殿于20世纪40年代失修坍塌。钟、鼓楼，为楼阁式硬山卷棚顶建筑。中殿，单檐琉璃瓦剪边悬山顶，面阔三间，进深二间。明间前后板门，次间槛墙直棂窗，后金柱为通脊柱，五踩斗栱，后廊为双步梁，殿内柱和瓜柱均用隔架斗栱，梁头均为卷云，用料不甚规整。后殿，单檐悬山顶，面阔三间，进深三间。

十、行唐县封崇寺

封崇寺位于石家庄市行唐县城内，据《行唐县志》记载："在北街之东，北齐天保间建，隋开皇间有崇辨大师悟公得受封，宋祥符敕改今名，以封崇辨故也。"在刘敦桢1936年《河北、河南、山东古建筑调查日记》中记叙了封崇寺当时的面貌，从南至北依次：山门外有残坡石兽一具，形制奇古，颇存汉天禄、辟邪余意。山门三间，门北有庞大经幢一座。东有二碑，居东者刻《金刚波罗蜜经》，无年代。西侧者为北宋大中祥符（1008～1016年）碑。幢西另有宋宣和（1117～1125年）碑一通。其北绕以短垣，自成一廊。垣北空地已成东西通道，道北天王殿三间，左、右建钟、鼓楼各一。前殿三间。前殿之北为大殿，殿前有明、清碑刻数通，经幢两座，其中一座为一段八角残幢，所雕佛像及枝柯交纠之佛龛，似隋代作风。殿西侧有元碑一通，隋开皇十三年（公元593年）方形密檐石塔一座（图7-2-13～图7-2-15）。再北为后殿一座。

大殿面阔三间，单檐歇山，据碑记系明中叶所建。外檐明间柱础作正方形，雕覆莲一层，似年代较古。明间平身科斗栱用斜栱，角科施抹角栱。殿内中央大佛像，案上陈石制小立像一尊，闻出土不久，形制观察，极类北魏末或齐、隋间所镌。有残毁木像一尊，则为赵宋遗物无疑。

今日寺内经幢、佛像、碑刻都已不存，1993年公布为河北省重点文物保护单位。

十一、武安天青寺

天青寺位于河北省武安市磁山镇崔炉村，寺院始建年代及原建置不详，现仅存明天顺三年（1492年）建大殿一座，是寺内主体建筑（图7-2-16），殿前存明、清重修碑五通。

大殿面阔五间，进深三间，单檐歇山绿琉璃剪边顶。柱全为青石材质，横断面为小八角形，柱下分别为圆形、方形、八角形须弥座式柱础。金柱采用移柱和减柱的做法，最大柱间距达9.5米，后排金柱上镌施主姓名及大明天顺三年款。檐下施七踩三下昂斗栱，昂头呈如意式，耍头后尾通过吊柱挑于金檩下。梁架结构用双层大额枋，额上托五架梁，

图7-2-13 封崇寺大殿

图7-2-14 封崇寺经幢

图7-2-15 封崇寺隋石塔

图 7-2-16　武安天青寺大殿斗栱

图 7-2-17　宣化时恩寺大殿外观

前后出双步梁，檩、梁、穿构件布置也不拘常规，繁复有序，俗称"乱梁殿"。

天青寺大殿在武安及冀南一带具有较高影响，其雕刻艺术以及这种在明代建筑中罕见的梁架结构形式，都有较高的研究价值，为研究我国佛教的发展以及明代建筑、雕刻艺术提供了丰富的实物资料。

十二、宣化时恩寺

时恩寺位于河北省张家口市宣化区鼓楼北街，镇朔楼西北方。寺院始建年代不详，据康熙《宣化县志》记载，此寺系正统十四年（1449年）土木之变后，明朝重整北边时在要镇宣化兴建的重要寺院，如今寺院仅存大殿一座。根据20世纪末于大殿明间脊檩下皮发现的"大明成化六年七月十二日午时建完"墨书题记，可知大殿建于明成化六年（1470年），题记除记录创建时间外，还有开山第一代比丘净澄、太监、总兵官等出资人的题名。

时恩寺大殿外观古朴庄重，气势宏伟，是宣化现存年代最早的木构建筑。大殿坐北朝南，面阔五间19.2米，进深三间12米，通高10.3米，单檐庑殿顶，单檐庑殿布瓦顶，檐下施五踩单昂斗栱，其厢栱长于瓜栱、万栱，假昂下皮曲线有的开始于其上十八斗底中线之前者。清代时，又在大殿正面添建了单檐六檩卷棚歇山式抱厦，与大殿以勾连搭形式连接在一起，不用斗栱，面阔五间13米，进深三间5米，与殿身合计总建筑面积约310平方米（图7-2-17）。大殿建筑风格独特，其建筑构件细部存有15世纪之前雁北地区以东的地方作法特征，如脊檩两侧用细叉手，三架梁上脊瓜柱下用方形角背等，有着较高的文物及研究价值。

十三、丰润定慧寺

定慧寺俗称"还源寺"，位于河北省唐山市丰润区西北约10公里的西佑国寺村东500米的高台上，坐北朝南，东、北两面近山，西、南面不远处即是洼地，高低差近十米，使定慧寺的坐落旷达高显，位置突出。据《丰润县志》记载："县北二十里，古定慧寺也。其寺群山外栱，万木中铺。"

该寺于金天会五年（1123年）始建，原寺东西宽80米，南北长145米，占地18亩（1.2公顷），是一座颇具规模的佛教寺院。在寺院南北中轴线上分布有前殿（即山门）、中殿及后殿，两侧有配房和钟楼、鼓楼。山门内塑有哼哈二将，中殿塑有四大金刚踩八怪佛像，后殿东西两侧各有铜佛殿一座，内有形态各异的铜佛近千个。后殿西北有"还源塔"，高十三层，是为纪念寺中名僧还源而建，塔旁有一座八角碑亭，上刻还源法师生平和功德。然而寺中大部分建筑毁于1966年，留存至今的仅有明代万历年间重修的后殿，以及明、清重修碑16通。

定慧寺后殿面阔和进深各三间，通面阔12.66米，通进深9.34米，单檐庑殿布瓦顶。清光绪年间为避免湘雨损坏佛像，于后檐明间外增建了抱厦一间，抱厦面阔4.9米，进深1.83米，总建筑面积约160平方米。

后殿的木结构仍保留着明代早期的特点，并融合了一些民间作法，形成了独特的风格。大殿共用柱16根，其中转角柱、檐柱、山柱与金柱各4根，角柱仅在东西向有侧角，殿内梁架为四椽栿对前后乳栿用四柱，檐柱与金柱之间施穿插枋。屋顶结构较为特殊，庑殿的推山是从檐步起始，即角梁不在45°的位置上，形成前后檐和两山出檐不一致的现象。后殿于普拍枋上施六铺作斗栱，共136朵，转角4朵，补间124朵，柱头8朵。斗栱做法独特，大斗上出跳构件自下而上为昂、栱相间，上置麻叶头，两大斗间另置出跳构件自下而上为栱、昂、栱，上置耍头，横向以X形木构件相连，使整个斗栱层浑然一体，颇为壮观。

定慧寺后殿现为河北省重点文物保护单位，是一座颇具特色的明代建筑。

十四、鹿泉金河寺

鹿泉金河寺始建于隋唐年间，因面临金河而得名，后代屡有重修。该寺原规模宏大，包括影壁、门殿、甬道、大雄宝殿及禅房等建筑。现存建筑仅有建于明正德三年（1508年）的大殿一座，如今位于河北省鹿泉市铜冶镇永壁村小学内。殿前原有唐槐两株，石桥一座，唐碑一通及其他朝代重修碑数通，据调查，石桥、唐碑均被压在建筑或道路之下，其余均毁于"文革"期间。

大殿坐北朝南，坐落于长16.5米、宽11.2米、高0.4米的台基之上，为单檐庑殿建筑，上覆绿色琉璃瓦，屋脊为黄色琉璃，外观古朴、庄重。殿之平面为长方形，面阔三间共14.5米，进深三间共9.2米，建筑面积133.4平方米，殿高约9米（图7-2-18）。此殿檐下不用斗栱，殿内彻上露明造，且仍保留着明之前同行的减柱做法，仅用两根金柱。金河寺大殿于2001年被公布为河北省重点文物保护单位。

第三节 清代佛寺

一、玉田净觉寺

净觉寺位于河北省玉田县城东杨家套乡蛮子营

图7-2-18 鹿泉金河寺大殿外观

村东500米处，南与丰润县交界，北望燕山余脉，西临沙流河，南临还乡河。据清乾隆十一年（1746年）《重修净觉寺碑记》的记载："净觉寺僧众祖居于此，传始于唐，阅乎五代宋，历元明而底于今，世代相传，经沿千载……"入清以后，自雍正元年（1723年）至光绪二十一年（1885年），先后进行过多次大规模修缮，"雍正元年重修大殿，金碧辉煌，十年翻造禅堂，丹楹焕采，十一年庄严佛像，又整理配殿与山门。至乾隆五年（1740年）高筑四围犀墙，十一年起架钟碑二楼，又积众功铸钟一口。二十余年土木陶冶之力匪口朝夕矣，功程告竣。"现存这座规模宏大、布局完整的建筑群体，是典型的明清式建筑，为第六批全国重点文物保护单位，2002年做了全面修缮。

净觉寺坐北朝南，中轴线上的主要建筑有门殿、碑楼、正殿、后殿，左右对称分布有钟楼、鼓楼、配殿、配房、耳房、厢房、碑亭等单体建筑，总体平面呈中心环绕式的5个院落，占地面积为18540平方米（图7-3-1）。门殿为单檐歇山式建筑，顶覆黄色琉璃瓦，整体为纯砖石无梁结构，除门窗外无一木质构件。门殿正面上为砖刻连臂雕花斗栱出檐，砖刻图案为莲花、佛像、蝙蝠及水波纹等，下为由5块灰岩石对砌而成的拱门，两个圆形石券小窗分置左右，门上悬挂"大清道光二十八年四月"董尔昌书写的"净觉寺"木质横匾。门殿的东、西两侧各设一偏门，分别通向东、西跨院及后殿（图7-3-2）。

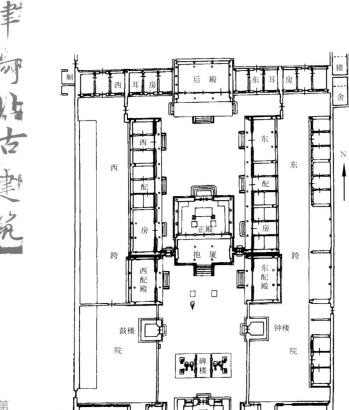

图 7-3-1 净觉寺总平面图

图 7-3-2 净觉寺门殿

图 7-3-3 净觉寺正殿

图 7-3-4 净觉寺后殿

门殿后为二层碑楼，是在四柱三楼式牌楼的基础上拓展而成的三间楼式建筑。明间为二层楼阁，底层为穿越门洞。穿过碑楼，在中轴线的两侧相对而立的钟、鼓二楼，东为钟楼，西为鼓楼。牌楼北面中轴线上为该寺的正殿又名"香阜宫"。正殿面阔三间，进深两间，重檐歇山顶（图 7-3-3）。正殿两侧为通向后殿之偏门，位于东西配房与正殿东西山墙之间。两偏门的建筑形式大致相同，为砖、石、木结构，上为小型歇山式灰瓦覆顶，西门正脊上砖雕鸳凤，东门正脊上砖雕蟠龙。后殿面阔三间，进深二间，重檐歇山顶，上为九脊歇山顶五踩斗栱出檐，下为前廊硬山三踩斗栱出檐，顶以黄、绿、酱、灰等色琉璃瓦相间覆成（图 7-3-4）。与后殿廊前平台东西如意踏跺相对各有一门楼，顶为卷棚起脊式，覆灰色勾头筒瓦，檐枋彩绘人物故事，四垂花间饰木质透雕花卉，对开扇门。穿过两门可分别至东、西跨院。

寺中的乾隆十一年（1746 年）重修碑记中记："豁然醒觉，禅机顿悟，净觉之名或可自兹而来。净觉寺肇基于唐，阅五代宋元明以迄于今，屡废而屡兴者千有余年，其功德之在，正有不容泯灭矣……"据寺中碑文记载，净觉寺初建时占地仅 40 亩，至清嘉庆十四年（1809 年）增至 255 亩，咸丰时期则达到 2000 余亩（134 余公顷）例，雍正元年（1723年）以后还进行过多次大规模的修缮。

二、保定大慈阁

大慈阁位于保定城内北大街南端，原名大悲阁，是保定市现存最高大的古建筑，通高24米，极为雄伟壮观，古时曾列保定八景之一，称"市阁凌霄"。现存的大慈阁是由元代蔡国公张柔创建（始建于公元1227~1232年），原名大悲阁，为保定古八景之一。现存的大慈阁是清乾隆年间遭受火灾后，多次重修的建筑，现为第六批全国重点文物保护单位。

大慈阁占地1600平方米，建筑面积600平方米，现存主要建筑有山门、天王殿、钟楼、鼓楼、大慈阁和关帝庙。天王殿坐北向南，门前置石狮一对，门楣上嵌"真觉禅师"横额。天王殿内梁架上遗存有清嘉庆十六年（1811年）绘制的在檐枋心墨线小点金彩画痕迹。

大慈阁通高25米，重檐三层，歇山式布瓦顶，底层面阔五间，进深三间，前后均施六抹隔扇门。移目阁内，观音菩萨矗立于莲瓣须弥座上，神态安然。观音像为木雕，高5.5米，42支手臂持各种法器。室内东西两侧壁画为十八罗汉像及经变故事，为清末作品，已残破。二、三层皆面阔三间，进深一大间，阁内藻井、檩枋均绘旋子彩绘，四周作围廊，依栏鸟瞰，市井民宅历历在目。登上三层，凭窗极目，西部郎山隐隐诸峰，尽收眼底。前人有"辽海依依见，尧山隐隐横"等名句赞美大慈阁。

大慈阁背后有一座始建于明代的关帝庙，原名"汉寿亭侯庙"，现存的关帝庙是1985年落地重修的建筑，正殿面阔三间，进深一大间，为歇山式建筑，前置卷棚。其坐南面北，在全国罕见。

三、穹览寺

穹览寺位于承德市喀喇河屯行宫东南500米，现在的滦河镇西北部。康熙四十年（1701年）左右，玄烨皇帝在伊逊河口，滦河南岸修建了喀喇河屯行宫。据《清圣祖实录》记载，康熙四十一年至四十五年（1702~1706年）玄烨在这里度过了他的五十寿辰，随身侍从们为奉承玄烨，于康熙四十三年（公元1704年）集资，在滦河南岸的一个小皋上，修了一座为他祝寿的庙宇——穹览寺。康熙赐书"穹览"二字。

穹览寺是承德寺庙中最早的一座清代寺庙。它总面积约3900平方米，为"伽蓝七堂"式建筑。面南门额石匾镌刻着"敕建穹览寺"五个大字，至今清晰可见。门两端各有小影壁一座，成"八"字形。影壁东有一便门（现已不存）。门南相距40米处有一长20米的红照壁（1975年拆除）。石柱冰盘檐，歇山布瓦顶，翼角起翘饰吻兽，别致雅观。门内左右为钟、鼓楼，中置一碑，镌刻"圣祖御制碑文"。碑后是供奉三大士的主殿，面阔三间，进深一间，高5.2米。前出抱厦单檐歇山，上复阴阳瓦，饰有吻兽。殿前有月台，殿内为"和玺"式大梁彩画，当年色彩绚烂，十分壮观。至今已近三百年之久，颜色仍艳丽多彩，引人入胜。东西配房各三间，东原为小和尚居室，西为厨房。再北是三间后殿单檐硬山，内供"三世佛"。它比一般庙宇的"三世佛"的体型高大，造型美观。东西配房内不供佛像，作为"会首"处。后殿两端还各有三间耳房，为老和尚居住室。在后殿的北侧是花园、假山（现已不存）。

现在，穹览寺已远非当年盛景，只有庙门、前后大殿和钟楼还立于院中，使人可遥望当年之旧观。现寺内文物还有《御制穹览寺碑》（现藏于避暑山庄博物院）。

天津河北古建筑

第八章 石窟和塔幢

河北石窟和塔幢分布图

第一节 北朝石窟

一、张家口市下花园北魏石窟

下花园石窟开凿于鸡鸣山支脉的山脚下，今仅存一窟，窟室坐东朝西，面临洋河（古称延水），外立面仅存门洞及明窗轮廓（图8-1-1）。

拱形窟门顶部刻忍冬草纹饰，窟门两侧原浮雕二侍立菩萨，现仅北侧菩萨胸肩以上部分残存。门洞上部为一大明窗，明窗两侧各浮雕一四臂护法天神。门洞与明窗内壁之间开有小龛，龛中雕有残损严重的并坐双佛。

窟室内部平面大致呈马蹄形，穹隆顶，窟内最高处至地面约3.82米，窟门至内壁进深约2.92米，南北两壁最宽处约4.15米（图8-1-2）。窟室正壁开有一高约两米的帷幕形主龛，龛内主尊为一坐佛像，面部漶漫，仅存后世修改的螺发高肉髻部分，手臂残损，手印、衣纹服饰也都风化严重而无从辨识，主龛之外的上层壁面雕刻有结跏趺坐姿态的千佛（图8-1-3）。

窟室中以窟顶部分保存最为完好，也最为精美。窟顶中央雕出一双层叶瓣的硕大莲花，周围环绕六身姿态各异的飞天，其中二身有残损，其余四身完好，飞天体态丰盈，皆束高髻，披巾展臂，低眉含笑，

图8-1-1 下花园石窟外立面

翩然而舞，使整个象征天界的窟顶呈现出一种旋转灵动之势（图8-1-4）。

下花园石窟没有任何有关石窟开凿信息的纪年文字铭刻，根据窟室形制、主要形象的布局与题材、

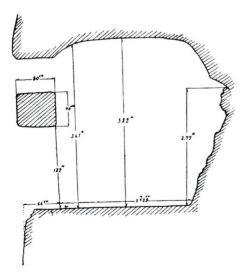

图8-1-2 下花园石窟平面图、剖面图

图 8-1-3 窟壁千佛

图 8-1-4 窟顶莲花及飞天

图 8-1-5 鼓山及常乐寺

艺术造型及雕刻技法等信息，利用考古类型学方法，可以科学地判定下花园石窟开凿于北魏晚期。石窟所处位置在北魏时属燕州广宁郡，位于北魏政治、经济、文化中心的平城地区和北方重镇燕州、幽州间的重要通道上，下花园北魏石窟的创凿，深受当时集全国技艺和人力、物力所兴建的皇室佛教工程武州山石窟（即云冈石窟）的影响，是中原地区"云冈模式"的重要例证，更是河北境内开凿年代最早的佛教石窟。

二、鼓山北响堂石窟

北响堂石窟位于邯郸市峰峰矿区鼓山西麓天宫峰山腰处，坐东朝西，现存编号龛窟21个，其中以开凿于北齐的北洞、中洞、南洞3窟最为重要。

据唐道宣《续高僧传》以及刻于1158年的金代《重修常乐寺佛殿碑记》记载，北响堂开凿于北齐文宣帝（公元550～559年）时期。当时的皇室显贵频繁往来于晋阳、邺城之间，北齐帝王和高官尤为崇信佛法，往往在交通要道附近兴建寺院开凿石窟以备巡幸礼佛，响堂山石窟即位于穿越太行山脉的主要通道滏口陉附近（图8-1-5）。

北洞俗称大佛洞，为北响堂最大的一个窟室，也是北朝后期中原地区最大的石窟窟室。其外部崖面雕凿出覆钵式塔形式，现仅存大致轮廓，大型券拱门洞上开凿有三明窗。内部为中心方柱塔庙式平顶方形窟室，面阔进深都大约13米，顶高约12.5米，连接上下的中心塔柱达有6米之宽（图8-1-6）。

中心塔柱正及左右三面开天幕状龛，内雕一佛二胁侍，正龛内的主尊佛像高达3.5米，为响堂山石窟中最大者，主尊头像后部为火焰及忍冬纹舟型

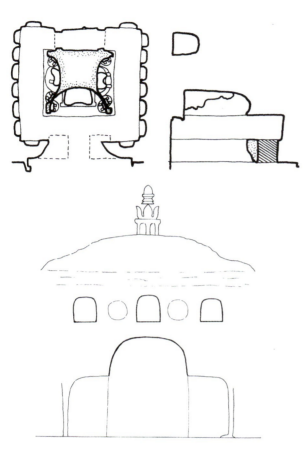

图 8-1-6　北响堂北洞外立面及窟室平面、剖面图

图 8-1-7　北响堂北洞

图 8-1-8　北洞中心塔柱后部神兽与侧壁列龛

背光，背光上高浮雕出七龙，龛下刻出佛坛，佛坛上刻香炉、神王、狮子等小龛。中心柱转角处雕有异兽，塔柱的后面凿出低矮过洞，以供僧侣们绕行礼拜（图 8-1-7）。

窟室内四壁高浮雕凿出十六个覆钵塔形龛，左右两壁各六，前后各二，由基坛、塔身、塔刹三部分组成。基坛两端雕怪兽承托立柱，塔身为束莲柱、拱额和帷幕组成的方形龛，每龛内皆雕刻佛像一尊，这些佛像皆盗毁不存，现存者为后世刻工粗劣的补雕之作，但整个窟室最为精美部分却在其上，即仰莲、山花蕉叶、火焰宝珠组合而成的塔刹部分（图 8-1-8）。

中洞俗称释迦洞，形制布局装饰等与大佛洞相近，只是规模不及。外立面的檐柱和顶端的覆钵顶部分尚完好，呈现一座完整的覆钵塔形象，大体为开凿时原貌。门外的前廊檐柱为八角形，以仰覆莲束腰，中间两根下为狮子形柱础。洞门外两侧雕两尊菩萨立像，两侧龛柱间各开一龛，内雕甲胄装天王立像。券门内侧以高浮雕刻出精美绝伦的联珠、缠枝忍冬及莲花图案（图 8-1-9）。

南洞又称刻经洞，因此窟内外石壁上刻有佛经，其窟形与北洞中洞不同，无中心塔柱，石窟主室正左右三壁各自开龛，为典型的殿堂式窟室。外立面分上下两部分，上部为覆钵塔塔丘部分，以浮雕刻出三宝标式塔刹及仿木结构的窟檐（图 8-1-10）。覆钵丘上开一小窟，其中刻释迦多宝坐像，这样的塔庙窟，完全符合佛经中"入塔观像"的礼佛要求（图 8-1-11）。

下部主室前有廊，甬门左右刻力士像，门道内侧道同样刻有忍冬纹和联珠纹饰。主室内部三壁龛

图 8-1-9　北响堂中洞窟门连珠忍冬及莲花

图 8-1-10　北响堂南洞外立面图　　图 8-1-11　南洞覆钵塔顶

内皆雕一佛二弟子四胁侍七像，正壁主尊结跏趺坐于方形须弥座上，龛上部外侧雕出的帷幕装饰，窟室方形平顶上浮雕出莲花藻井。

据刻于南洞外的北齐《唐邕写经碑经》记载，北齐天统四年（公元568年）起始，终于武平三年（公元572年），北齐重臣唐邕在此施刻《维摩诘经》、《胜鬘经》、《弥勒成佛经》、《孛经》四部佛经。这些佛经都为全文刻出（图8-1-12）。按《写经碑》记："眷言法宝是所归依，以为缣缃有坏，简策非久，金牒难求，皮纸易灭。于是发七处之印，开七宝之函，

访莲花之书，命银钩之迹，一音所说，尽勒名山。"北朝晚期，佛教中末法思想大为流行，施刻佛经者目的在于希望佛法借此永留不绝，北响堂南洞的刻经是研究中国佛教的重要史料，不但如此，《唐邕写经碑经》还一向为书法家所重，是著名的北朝书法碑刻之一（图8-1-13）。

石窟中的造像在20世纪初遭到严重破坏，佛像头部大都被盗凿失去，不少雕刻精品散失在日本和欧美各国，不过石窟整体价值并不因此减损，北响堂石窟体量恢弘，雕刻精美，从建筑设计到纹样

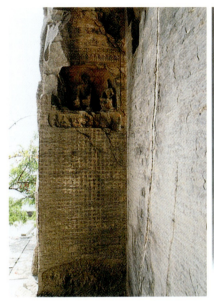
图 8-1-12 唐邕写经碑

图 8-1-13 北响堂南洞前廊所刻之《佛说维摩诘经》

图 8-1-14 流失海外的北响堂石窟造像头部

装饰，都呈现出多种前所未有的新面貌，是北朝晚期石窟雕刻艺术的最高峰，也是中国佛教史、美术史上重要的文化遗产（图 8-1-14）。

三、邯郸滏山南响堂石窟

太行山延伸至河北南部有二支脉，一为鼓山，二为滏山，南响堂即位于滏山山麓，隔滏阳河与彭城镇相望，北距北响堂石窟 15 公里。

南响堂石窟现存 7 个主要洞窟，背东面西，呈上下两层分布在一处长约 20 米的崖壁之上。据刻于第 2 窟外隋代《滏山石窟之碑》记载，南响堂石窟开凿于北齐后主天统元年（公元 565 年），为灵化寺僧人慧义创制，由大丞相高阿那肱资助兴建而成。

1、2 窟位于崖面下层，第 1 窟面阔进深皆约 6.35 米，高 4.7 米，第 2 窟布局、尺寸与 1 窟相近，且都具有前廊与后室，由此可知两者各为一组双窟。两窟前廊顶部都已坍塌，其外壁皆为四柱三间的仿木构建筑形式。外壁上方雕出柱子、栌斗以及双抄

图 8-1-15　南响堂第 1 窟、2 窟外景

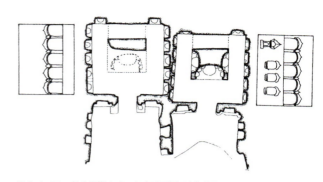
图 8-1-16　南响堂第 1 窟、2 窟平面图及剖面图

图 8-1-17　南响堂第 1 窟外侧柱的石雕柱头铺作

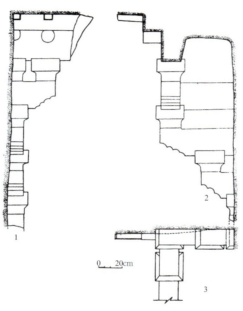
图 8-1-18　南响堂山第 1 窟前右侧角柱上斗栱图
1-正视；2-侧视；3-仰视

图 8-1-19　南响堂第 1 窟主室南壁浮雕覆钵塔

五铺作斗栱以及檐椽、瓦顶的形象，是中国现存所有石窟中，唯一采用出跳斗栱形式的石雕窟檐实例（图 8-1-15）。

1、2 两窟主室都为中心塔柱形制窟室，平面呈方形，柱背连后壁，下开隧道，供修行者绕柱礼拜。1 窟中心柱的三面各开一龛，正面龛中原有像 7 尊，现存 6 尊，其中仅中央坐佛和其左右侧弟子像为原作。中心柱两侧面龛刻一佛二弟子二菩萨。左右大壁面各横列开五龛，后壁两端各开直列上下两龛，以上三壁各龛内均为一佛二菩萨（图 8-1-16～图 8-1-18）。

第 2 窟中心柱仅正面开一龛，残损严重，尊像皆已不存。侧面不开龛，左右壁面同样各开五龛，后壁两端各仅开一龛，三壁各龛也均为一佛二菩萨的三尊组合。

双窟的中心柱左右侧面皆雕莲花座上千佛像，此外，主室内都刻有佛经，第一窟以《华严经》为主，第二窟以《般若经》为主。两窟的壁门口内侧上方的横长形空间及中心柱正面龛上方，都浮雕刻有无量寿佛净土经变图像，其中第 2 窟的净土经变图像雕刻早年遭剥离，现藏于美国华盛顿费利尔美术馆。南响堂第 1、2 窟的四幅浮雕净土经变雕刻，是中国现存最早的阿弥陀三尊净土经变雕刻（图 8-1-19）。

南响堂诸窟中最典型且保存得最为完好的窟室为南响堂第 7 窟，其窟室前部辟窟廊，四柱三开间，檐柱为八角形束莲柱，中间二柱雕成狮子负柱状，柱上托尖拱火焰形门楣，其上雕刻飞天和佛塔（图8-1-20～图8-1-22）。柱头雕火焰宝珠，上托阑额，其上为一斗三升的补间铺作，以托檐椽承接瓦顶，顶上雕出瓦垄（图8-1-23）。屋脊上雕基座，正中为金翅鸟，旁侧为卷云蕉叶，蕉叶上托覆钵形塔顶，最上为宝珠形塔刹。

窟门两侧各开一龛，龛内各雕出一尊护法力士像。内部为三壁三龛形制，为南响堂最大的窟室，佛像除头部外都还算大体完好，最精美者为窟室顶部的藻井部分，中雕圆莲花，四周飞绕八身飞天，以宝珠为中心，两两相对，其中两对四身为伎乐天，手执横笛、琵琶、箜篌、笙；一对为歌舞天，一对为供养天，整个画面充满妙曼的韵动之感，美不胜收（图8-1-24）。

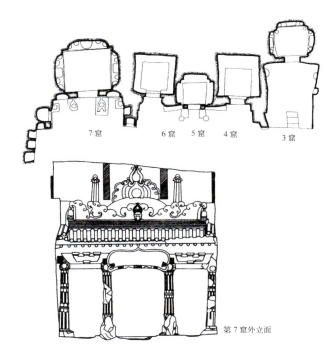

图8-1-20　南响堂第3～7窟平面及外立面图

图8-1-21　南响堂第7窟（左）
图8-1-22　南响堂第7窟八角形束莲檐柱（右）

图8-1-23　南响堂第7窟斗栱卷杀细部（左）
图8-1-24　南响堂第7窟窟顶（右）

因营建者身份不同，南响堂石窟的规模体量无法与北响堂石窟相比，但在历史价值和艺术成就方面，南响堂石窟同样也是无可比拟的文化珍宝。

四、涉县中皇山娲皇宫石窟

娲皇宫石窟位于河北省涉县西北15公里的中皇山山腰之上（图8-1-25），坐东面西，原有三窟，其中南洞在此地修建娲皇阁时被破坏，现只存毗邻的中洞和北洞二窟（图8-1-26）。

两窟原窟檐坍塌，无法得知外立面原状，现存仿木建筑的券门、二直棂窗及一斗三升铺作等砖砌结构，为宋代加修之物，中洞窟室内部平面略呈长方形，敞口，素面纵券顶，中洞面宽3.28米，进深3.16米，高4.48米。

北洞窟外残存的六角束莲柱遗迹，窟门两侧力士大龛，大致保存完好，北侧力士站在高0.50米的仰莲台上，高2.35米。六角束莲柱遗迹与力士雕刻式样和风格，与南、北响堂山相关造型相近。

二窟中原都雕有一佛二菩萨像，民国年间被盗，现存者皆后世重刻移入的新像。二窟窟室内东、北、南三壁皆刻满经文（图8-1-27）。

中窟、北窟虽无明确的开凿纪年，然而据《河朔金石目》记载，娲皇宫曾发现有"为亡女赵妃造观世音像"的文字铭刻，赵妃，即北齐晋昌郡开国公唐邕之妃赵氏，约卒于武平六年（公元575年）。现娲皇宫北窟北侧有赵妃母所刻《观世音菩萨普门品》，由此可知娲皇宫石窟开凿于北齐末年。

除了窟室内部，石窟旁的摩崖石壁上，也刻有佛经。娲皇宫石窟共镌刻佛经六部，合计约13.1万字（图8-1-28、图8-1-29）。其中《思益梵天所问经》、《十地经》、《深密解脱经》大乘教佛经皆全文刊刻。北齐时代，国都邺城附近开凿的石窟多有刻经，如南北响堂石窟、水峪寺石窟等，其中以中皇山刻经的时代最早、字数最多、面积最大。其规模同样超过山东省泰山经石峪和邹县四山刻经及

图8-1-25 涉县中皇山娲皇宫石窟

图8-1-26 娲皇宫石窟北洞及中洞

图8-1-27 娲皇宫石窟中洞内壁面刻经

图8-1-28 娲皇宫石窟窟门外崖壁刻经

河南宝山北齐刻经的总和字数，且中皇山佛经镌刻字体有隶、楷、魏碑诸体，稳健遒厚，圆腴隽永，山东地区的北朝刻经书法远不能与之相比，对于研究中国书法镌刻演变历史有着重大意义和价值。

娲皇宫石窟及摩崖刻经中的《十地经》和《深密解脱经》，与东魏北齐时期河北地区佛教教团中最为兴盛的地论学派有密切关系，其中《十地经》为东晋佛驮跋陀罗所译的六十卷本《华严经》之第22品，内容是论述菩萨修行的十个阶段（即十地）和三身等六相。中皇山北齐全本《十地》刻经，比北京房山云居寺石经中的刻经碑版早六百多年，是中国佛教早期经籍中极为重要的史证。

五、邯郸鼓山水浴寺石窟

水浴寺石窟位于河北省邯郸市峰峰矿区鼓山东坡，与北响堂石窟隔山相对，因开凿年代与石窟形制都与南北响堂石窟相近，所以又称为"小响堂石窟"，现存两个窟洞，坐北面南，开凿于一处总长约22米的低矮崖壁上，共有两座窟洞，此外还有7龛摩崖造像，其中以开凿于北齐时代的西窟规模最大，内容最丰富，保存最为完好（图8-1-30）。

窟室外立面门上方残存有明显的覆钵塔轮廓，钵顶上雕有宝珠和忍冬纹饰，门边框顶部中央刻宝珠，两边各雕一身飞天。外壁下部为仿木结构，四柱三间。其内部为中心柱式形制，窟室平面呈方形，进深5.5米、宽5.35米，高约5米，正中塔柱边长2.6米。塔柱后部壁有通道以供信徒绕柱礼拜（图8-1-31）。

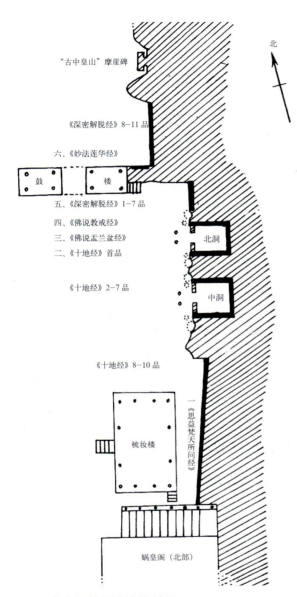

图8-1-29 娲皇宫石窟及刻经位置示意图

图8-1-30 水浴寺石窟东窟、西窟外景

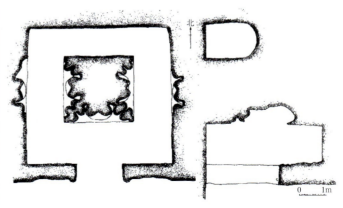

图8-1-31 水浴寺石窟西窟平面图、剖面图

图 8-1-32 水浴寺石窟西窟中心塔柱主龛造像

图 8-1-34 水浴寺窟门内东侧礼佛图及"比丘僧璨供养佛时"题记

图 8-1-33 水浴寺石窟昭玄大统定禅师供养佛拓片

中心塔柱正面开有高约 2.55 米帷幕形主龛，龛内雕一佛二弟子二菩萨造像，主尊坐佛通高 1.75 米，头部已失。主尊佛坛下并列开刻五个尖拱小龛，以宝珠顶八角柱相隔，龛中刻宝炉、比丘及神王（图 8-1-32）。

其后壁有"武平五年甲午岁十月戊子"纪年文字刻记，由此可知，水浴寺西窟开凿年代早于北齐武平五年（公元 574 年）

窟门内侧上方有过去七佛，窟内前壁与东西壁都刻有千佛禅定像，其中窟门西侧千佛下刻有高 0.44 米、宽 1.15 米的僧俗礼佛图。礼佛图以身着僧衣足蹬云头僧鞋、双手合十的四比丘为前导，第一位比丘像旁有"昭玄大统定禅师供养佛"的题铭（图 8-1-33）。

唐道宣《续高僧传》记载，北齐文宣帝于天保二年（公元 551 年）设立十统之职，任命高僧法上为十统之首，称为"昭玄大统"，由其管辖北齐境内四万余所佛寺及二百余万僧尼。而水浴寺石窟中这位定禅师，同样也是一位昭玄大统，是当时北齐境内佛教僧团身份地位至为显赫、权利最高的领导者。

窟门内东侧同样刻有礼佛图，形制大小与西侧相近，其上排第一身供养人像前方阴刻"比丘僧璨供养佛时"题记，据学者研究，这位供养人僧璨，即为中国佛教史上著名的东土禅宗第祖僧璨（图 8-1-34）。

由两则供养题记可知，水浴寺石窟规模不大，但却是昭玄大统和中土禅宗三祖二位高僧所开凿并在此禅修之所，故而水浴寺北齐石窟有特别的价值，其重要性，也是中国其他地区的石窟无法相比的。

图 8-1-35 涉县林旺石窟

图 8-1-36 林旺石窟外立面线描图

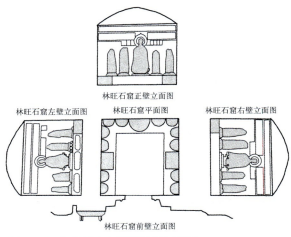

图 8-1-37 林旺石窟窟室平面图及各壁立面图

六、涉县林旺石窟

林旺石窟位于河北邯郸市涉县东南固新镇林旺村，石窟坐北面南，开凿于一处山崖峭壁的底部，现仅存一窟（图 8-1-35）。

石窟外立面分上下两部分，下部为窟室门洞，窟门两侧为束腰龛柱，龛柱柱头饰火焰宝珠，门楣高浮雕刻出二龙首。窟门两侧各雕高约 1 米的力士像一身。

两力士外侧各雕刻摩崖石碑一通。西碑大体保存完好，高 2.8 米，宽 1.2 米。东碑高 2.2 米，宽 1.2 米。据碑文载，林旺石窟开凿北齐末年，由齐州杨王府户曹参军、临水县正李子良于出资开凿，工程开始不久北齐亡国，直到隋开皇七年（公元 587 年），才由他人续建而成。

窟门上方雕一座高约 4.7 米的塔形龛，塔身正中开圆拱尖楣龛，龛内刻一佛二菩萨三身像。龛楣上部为覆钵塔顶，刻饰山花蕉叶及火焰宝珠（图 8-1-36）。

窟室为三壁三龛形制，进深 3.24 米，面宽 3.12 米，窟室地面与穹隆顶距最高距离约 3 米。窟内三壁皆设坛刻像五身，大多残毁不存。三壁上方另刻有百尊左右的千佛（图 8-1-37）。

林旺石窟所在地为往来晋阳、邺城的重要通道滏口陉的腹地，西距南响堂山石窟约 60 公里，现存隋代碑记载，开凿林旺石窟的石窟主及信徒，大多来自于临水县，而南响堂石窟所在地，正是北齐至隋初临水县治所在。在洞窟形制、造像风格、雕刻技法等方面，林旺石窟正是受到了作为"邺城模式"代表响堂山石窟的直接影响，北周武帝灭齐之后，将本来在北周境内实行的灭佛政策推行到北齐境内，响堂山兴凿被迫中断，当地的佛教僧团及信众被迫远离邺城附近而转入偏远之所继续从事开窟造像活动，涉县林旺石窟也因此成为研究和探讨石窟的"邺城模式"以及北齐末年到隋代初期，河北地区佛教组织与佛教发展历史的珍贵资料。

七、涉县艾叶峧石窟

艾叶峧石窟位于涉县偏城镇艾叶峧村东南的象山之上，仅有一窟，坐东面西。窟门呈圆角长方形，宽1.1米，高1.46米，窟门北向右侧有残毁严重力士一身，南向左侧外立面则已为后世凿平破坏。

窟室平面略呈方形，宽2.3米，深2.45米，为三壁三龛形制，正面坛上原刻造像五尊，今仅存佛座，窟内南北两壁皆雕主尊坐佛高约1米的一坐佛二弟子，窟门内两侧各雕供养人一身，窟顶为穹隆顶。窟内石造像除头部残损外，其余保存基本完好，根据洞窟形制以及窟内残存造像风格判断，艾叶峧开凿于北朝末期，与林旺石窟同为"邺城模式"直接影响下的佛教石窟遗迹。

第二节 隋唐石窟

一、封龙山石窟

封龙山石窟位于河北省元氏县西北约20公里的封龙山西南坡半山腰。石窟分东、西石堂院两区。东区2窟，开凿于宋代，窟内造像已毁；西区3窟，自东而西编号，以第2、3窟规模略大，也最为重要。

第2窟窟门方形，宽1.37米、高2米。洞窟为平面纵长方形背屏窟形制，面宽5.43米、进深7.43米、高3.5米，平顶。窟内正中设长方形佛坛，坛宽3米、深3.8米、高0.2米，坛后侧有直达窟顶的背屏，坛上依背屏雕一佛，头部及右手已毁，窟内左右壁满雕千佛坐像（图8-2-1）。

第3窟为圆拱形窟门，宽1.36米、高2.2米。洞窟平面近方形，三壁三龛形制，覆斗顶，面宽3.35米、进深3.27米、高3.13米，窟内四壁前设低坛基。主室三壁正中各开一圆拱大龛，龛中原造像组合为一佛二弟子二菩萨，现仅主尊坐佛一身。主龛外两侧壁面另凿圆拱尖楣式四小龛，龛中施禅定印坐佛一身（图8-2-2）。

封龙山石窟第1窟外东崖面上刻有北齐武平三年（公元572年）题记，由此可知至少在北朝后期，封龙山即开有石窟，而根据石窟形制及造像风格分析，现存第3窟为隋代所开凿。而第2窟这种平面纵长方形的背屏窟形制当为唐五代时期佛寺佛殿中的设像布局，因此第2窟应为唐五代或更晚时开凿。

除石堂院第2窟、第3窟等大型石窟之外，这里还有几座小型禅窟遗迹。封龙山古称飞龙山，中古时代，不少著名的高僧曾在此潜心修佛，如一代高僧释道安即与同学竺法汰，此外道宠、灵裕、明赡等中国佛教史上的名僧也与封龙山有着密切关系，石窟本来是僧众修行禅定的隐蔽之所，称为毗诃罗窟，也就是通称的"禅窟"，后来功能逐渐扩大，佛门弟子及信徒在石窟中朝拜礼佛、讲经说法，开窟造像又成为一种无上功德，石窟形制也逐渐变化，禅窟和中心塔柱窟逐渐少见而模拟佛寺殿堂不断增

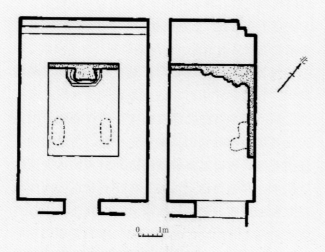

图8-2-1 封龙山第2窟平面图、剖面图

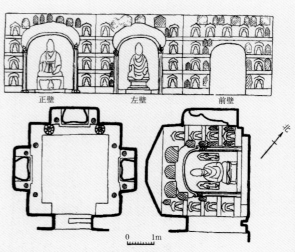

图8-2-2 封龙山第3窟平面图、剖面图

多，作为古中山定州地区仅存的北朝石窟，唐、宋、明等各朝也刻有开凿，封龙山石窟有其独特的价值。

二、曲阳八会寺石经龛

八会寺石经龛位于曲阳县西羊平村西北的少容山顶。据县志记载，少容山八会寺于北齐年间初创，早期寺院规模宏大，有阁、院、殿、塔等多座建筑，然而到清末时建筑皆已焚毁殆尽，至今唯有石经龛独存。

石经龛现存于山顶上一座石屋中，石屋是用略加修整的石片层层堆垒而成，其平面呈长方形，边长约9米，高3米。石屋南壁中央开一宽1米、深1.35米、高2米的圆券门，东西两壁中央偏北处各开一长方形窗。石屋顶覆盖以大石板，石板上另堆垒数层石片以作屋顶（图8-2-3）。

石屋内中央为一方形巨石，四面皆雕凿开龛，整个石屋即后世专为保护此石经龛而堆砌的保护建筑。刻经巨石南北长约4米、东西宽3.4米、高约2.3米。四面凿出长方形龛，南、北、西壁各一龛，东壁两龛（图8-2-4）。各龛龛面正侧两面在经精细磨平后阴刻佛经，刻字清晰，保存较好。龛外四面平壁上也刻有佛经，只是漶漫严重。龛下方凿出高低不等的台基，龛内上方中央及龛楣上部浮雕出小型佛像79尊，头部多被凿毁（图8-2-5）。

八会寺石经龛共刻完整的佛经5部，即《佛垂般涅槃略说教诫经》、《妙法莲华经观世音菩萨普门第廿五》、《佛说弥勒成佛经》、《千佛名经》、《五十三佛名》，据刻经题记可知，刻经龛始刻于隋开皇十三年（公元593年），由地方高级官吏及众多村民各自供养，在超过五年的时间里逐渐出资镌刻而成。所谓的龛，唐慧琳《一切经音义》释："龛，盛也，石龛者山岩中浅小石窟也。"八会寺石经龛是一种特有的四面龛形制，这种壁龛形式出现的刻经实属罕见，龛上的造像与刻经，主要是供信众围绕礼佛赞佛以求功德，以及忏罪往生。另外，石经龛上的刻经，也体现了北周武帝下诏禁佛后，僧众及信徒极力刻经造像以备法灭的末法思想。

刻经书体为隶书与楷书两种书体，书写方式为隶、楷并书，或先隶后楷，或先楷后隶，或楷中夹隶，隶书遒劲豪放，柔中有刚，书体中略带楷书的笔意；楷书方整有致，挺劲有力，书体中犹见隶书的遗风（图8-2-6）。在用笔与书体结构上与河北正定县隆

图8-2-3　曲阳少容山顶八会寺石经龛石屋

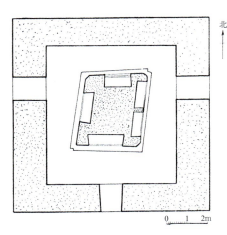

图8-2-4　八会寺石经龛与石窟平面示意图

图8-2-5　八会寺石经龛西龛示意图

图8-2-6　八会寺石经龛西上隋开皇十三年纪年（公元593年）

兴寺内的著名书法名碑，隋开皇六年（公元586年）龙藏寺碑多有相同处，是极难得的书法史资料，同样也是隋代书法艺术之瑰宝。

作为公元6世纪末由普通民众出资刊刻的刻经，曲阳八会寺石经龛形制特别，内容丰富。体现了隋代一统中国以后各地区佛教交流和融合。石经龛刻经作为崇拜的对象，继承北齐刻经的历史传统，又反映出隋代的佛教信仰特点，是研究中国佛教史、佛教早期经典及书法艺术等方面提供了不可多得的宝贵实物资料。

三、平山县瑜伽山石窟

石窟位于平山县南冶村西的瑜伽山上，现存摩崖造像三处，一处在香炉谷，一处在寺嘴，一处在岭西的菩萨洞，大小佛像74尊，皆北宋时雕刻，其中香炉谷岩壁上高约8米的坐佛，是河北省现存最大的摩崖造像。

四、井陉七狮岩石窟

石窟位于井陉七狮村西一高约300米山崖处，窟室非人工开凿，而是利用天然溶洞加工修整而成，分为内洞外洞两部分，唯有外洞刻有佛教造像。

其平面为不甚规则的长条形，进深32.5米，宽约4米，高约7米，壁面石质粗糙，佛像全部崖凿于南北两壁上，以南壁二大佛体量最大，最高者高2米左右。北壁则刻满千佛（图8-2-7）。窟内现存北宋元丰纪年题记一则，明嘉靖时期的题记多则，可知此窟北宋时即以开凿，洞中规模较大的造像则刻于明代。除佛教造像外，石窟洞口20米处还雕刻有道教三官像，井陉七狮岩石窟，比较明确地反映了宋代以后民间宗教信仰及开像行为，具有一定的历史价值。

五、涉县曲里千佛洞石窟

千佛洞石窟位于涉县辽城乡曲里村西莲花山一处石岩上，背西北，面东南。窟门高约2.2米，两侧刻天王像4身。石窟窟室呈纵长方形，内长9.7米，

图8-2-7　井陉七狮岩石窟

高4.1米，进深约4米，正壁为高约3米的坐佛主尊，两侧还有7尊1米左右的菩萨像，其余壁面分层遍雕坐佛。窟中左右各有一贯通窟室上下石壁的石柱，石柱由上至下分十六层雕刻佛像，窟壁四周、台阶、石柱上共雕有小佛三千余尊，佛龛、主像、石柱等均开凿于明代。

第三节　塔幢

一、灵寿县幽居寺塔

幽居寺，又名祁林寺，位于灵寿县西北山区张家庄乡沙子洞村东。北齐天宝八年（公元557年）赵郡王高睿出资兴建幽居寺，寺早废，现存唐塔一座。塔为方形七级密檐式空心砖塔，通高约23米。塔基方形石砌。塔身第一级南面辟拱券门，门内嵌雕花青石门楣、边框。第二级以上面阔和高度逐层递减，层间施菱花砖牙子叠涩塔檐。塔顶作山花蕉叶承宝珠状刹（图8-3-1）。

塔内存三尊白玉造像，十五个佛龛。三尊造像保存完好，基座上均刻有发愿文。寺内还存有碑刻四通，经幢一座。其中一座位于塔内，为高睿修寺颂，北齐天保八年（公元557年）四月立。塔外有三通，分别为北齐天保八年二月修寺记、元大德六年（1302年）祁林院圣旨碑、元大德五年（1301年）"大元历代圣旨恩惠抚护之碑"。元代碑均为白话文碑，又有经幢一座，也是元代遗物。

图 8-3-1　灵寿县幽居寺塔及正立面图

图 8-3-2　治平寺大石塔南立面

二、赞皇治平寺塔

治平寺塔位于赞皇县南清河乡嘉应寺村北的治平寺遗址上，寺院始建于隋开皇三年（公元 583 年），始称嘉应寺，北宋治平二年（1065 年）更今名。日本侵华战争中毁于战火。现存大石塔一座、小石塔二座、经幢一座，均为唐代遗物，以及明成化碑一通。

大石塔建于唐天宝八年（公元 749 年），青石质，八角四层楼阁式实心石塔，通高 16.4 米。塔基八角形，转角处各嵌石雕力士像一尊。塔基周边原有石栏板，上有图案雕饰，现栏板已不存。塔基上置八角形束腰须弥座，束腰部刻伎乐八组，姿态各异，栩栩如生。塔身 1~3 层形制相似，层高及面阔逐层减小。塔身四正面辟圆拱额方门，四斜面做方形盲窗，门窗上方各雕有一组佛像群；各角浮雕圆形倚柱，柱间施阑额，不出头，柱头以上直接置斗栱，无普拍枋。塔檐仿木结构，檐下垂直于立面布椽，垂脊尽端雕力士神兽，勾头用莲纹瓦当。塔檐之上为平座，施斗栱。塔身第四层为经幢式塔刹，出八团祥云上承兽首短柱及八角围城，围城转角处出城台及角楼。围城上置三层仰莲，间以八角石柱，最上层仰莲上为火珠。塔身第一层各角倚柱均刻铭文，

图 8-3-3　大石塔细部

现仅东北角倚柱唐天宝十一年（公元 752 年）"造弥陀像记"尚可辨识（图 8-3-2、图 8-3-3）。

小石塔（图 8-3-4）位于大塔东西两侧，东塔建于唐仪凤三年（公元 678 年）方形密檐五级，高 2.8 米。第一层南面作假门，另三面刻铭文。以上各层为低矮方石，各面雕佛龛，层间置叠涩石檐，刹顶残失。西塔建于唐开元二十八年（公元 740 年），形制与东塔同，现存二层，残高 1.7 米。经幢高 4.6 米，立于唐开元年间，幢身八角，现存二级（图 8-3-5）。

三、博野县兴国寺石塔

保定博野县兴国寺石塔是目前已知的保定市

图 8-3-4　西小塔　　　图 8-3-5　经幢　　　图 8-3-6　石塔南立面及塔心室内造型

境内现存年代最久远的一座古塔，为唐代景龙四年（公元710年）建，距今已有1300多年的历史。这座石塔1993年被公布为河北省重点文物保护单位，2006年国务院公布其为国家级重点文物保护单位。

保定兴国寺石塔位于博野县程委镇解村小学院内。此塔原为兴国寺内建筑，现寺已毁，仅存此塔。石塔为汉白玉材质，平面四方形，一层南面辟门，内有塔心室。一层塔身之上施密檐十五层。石塔由塔基、塔身、塔刹三部分组成，通高7.51米，塔身外部轮廓呈抛物线状。

塔基为方形，高0.5米，基石宽度依次为1.73米、1.54米、1.37米，底层基石南沿与门框相对应处各有一宽0.12米、深0.05米凹浅槽，用途不明。一层塔身高1.5米、宽1.2米，四壁各有一块整石，厚0.25米。南壁辟拱形门，门内侧上、下凿有按门框的方星孔。门的左右两侧，各浮雕一力士，身高0.52米，位于长方形座上。力士身穿长袍，腰间束带。东侧力士左手上举，而西侧力士右手上举。塔刹仅存一呈覆圆形漏斗的刹座，刻有凹槽的一周，刹座顶面有一约4厘米见方的方孔，应为刹杆的杆孔。

解村兴国寺塔造型优美大方，线条简洁流畅，是非常少有的唐代汉白玉石塔，对于研究唐代佛教建筑，具有很高的价值。

四、武安沿平石塔

武安县城内，城隍庙里有一座唐代石塔。为更好地实施保护，于1997年3月18日迁建于此。原寺院建筑已毁。

此塔为方形七级密檐青石塔。顶部塔刹及以上三层密檐已佚，现存高度3.5米。塔座为并排卧伏的双龟，龟背上置覆莲盘坐承塔身，塔身第一级四角浮雕盘龙柱。南面开尖拱形塔门，门两侧各雕力士一尊，门额上方浮雕四龙穿壁。北面浮雕妇人启门像。东、西两面线刻罗汉像各一尊。塔心雕一佛二菩萨。以上各层为石雕叠涩密檐。现状塔身残损、劈裂较为严重。

从石塔的造型结构、雕刻内容及艺术风格看，均具有典型的唐代建筑和佛教艺术特征，如：塔体的方形密檐式结构为唐代最常见的建筑形式，造像中面部丰圆的佛像、腰身扭曲的胁侍菩萨、威猛刚健且肌腱发达的护法力士等，均为唐代最典型的造像风格，因此，该石塔当属唐代佛教鼎盛时期的作品（图8-3-6）。

五、隆尧赵孟村塔

隆尧赵孟村塔位于魏庄乡赵孟村西北200米，现属于县级重点文物保护单位。此为唐代青石方塔，现存方形须弥座和塔身，存高1.5米。塔身双石拼合，高1.1米，面阔0.76米。塔门两侧浮雕力士各一尊；

上方浮雕释迦牟尼涅槃像。塔心室内雕一佛二弟子二菩萨五尊。须弥座束腰部雕刻力士二身。

六、武安定晋禅果寺灵塔

定晋岩景区距武安约35公里，古禅果寺坐落在景区内，禅果寺始建于魏文帝黄初三年（公元222年），至今已有1760多年历史，历代多次维修、增修。禅果寺的盛况一直延续到清末，到抗战前夕，寺内尚有僧人20多名，1943年始散，古寺随之被毁，现在仅存数通碑刻和数座古塔。所以，有人称之为"武安圆明园"。

定晋岩的峭壁之下，有一座明代建成的方形石塔（禅果寺塔）和两座亭阁式塔（灵塔）。

灵塔为（后殿上方石岩上、前殿东侧山道边，唐代）2座单层空心方塔，瓦片砌筑，叠涩檐，覆钵顶，周施山花蕉叶，宝珠状塔刹，通体黄泥罩面。南面辟券门，内绘壁画，面阔进深均1.6米、通高3.2米。

禅果寺灵塔为两座四方形亭阁式塔，一座位于明代石塔旁边，另一座位于禅果寺大殿遗址后方的峭壁上，相距约百米，塔身用薄如瓦片的青砖砌成，外裹灰泥，塔身之上叠涩出檐，顶部分层向上收起，塔刹外围四角围蕉叶形状，现今中心塔刹已缺失。两坐灵塔外形与济南四门塔相似，但是规模不及四门塔。当地人称之为"禅棚"。

禅果寺塔明正德十一年（1516年）建，三层青石方塔，通高3.8米。方形须弥座，束腰部线刻花草图案。各层塔身北面凿尖拱龛，龛内各雕坐佛一尊，其他各面线刻佛传故事。层间置仿木屋檐式盘盖，四角攒尖塔顶，龙形屋脊。塔身第一层西面镌刻塔铭文。

古塔为仿木楼阁式结构，塔室中空。在古塔的基座侧面刻有铭文，虽已模糊不清，仍能隐约辨出此塔建于明代嘉靖五年（1526年）。古塔一级、二级由青石板隔开二级塔室，二层、三层塔室内部均刻有浅雕佛教图案，二级、三级间建仿木塔檐。

七、定州开元寺塔

定州开元寺塔位于河北省定州市城内南门里东侧，是我国现存最高的砖木结构古塔，有"中华第一塔"之称。因地处宋辽边界，也作瞭望敌情之用，故亦称"料敌塔"。

据史料记载，北宋时寺僧会能往西天取经，得舍利子归。真宗咸平四年（1001年）下诏建塔，历时五十五年，于仁宗至和二年（1055年）落成。1961年，开元寺塔被国务院公布为第一批全国重点文物保护单位。

开元寺塔为砖木结构，平面呈八角形，十一层楼阁式，高84米余。建于高大的台基之上，塔基外围周长128米。比例匀称，外观秀丽。整体结构由内、外层衔接而成，之间形成回廊，犹如外塔环抱内塔。外涂白色（图8-3-7）。塔基为天然沙质黏土夯筑。

塔身有四个正面辟券门，其余四面设假窗，雕几何形窗棂；塔内每层均有梯级（图8-3-8）。最上两层，则八面均辟券门。门为拱券式，券外绘方形图案，设有砖雕门额、门簪，券顶上饰有桃尖形的香火烟气，逐层向上，象征着"佛光普照、香火缭绕"的佛门盛景。十一层内回廊东面券顶上开一

图8-3-7　定州开元寺塔

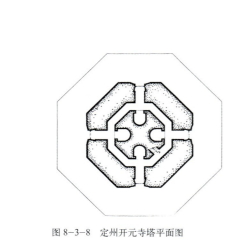

图 8-3-8 定州开元寺塔平面图

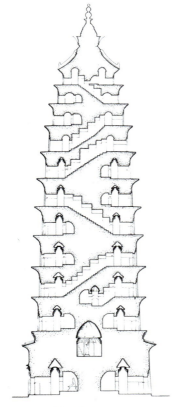

图 8-3-9 定州开元寺塔剖面图

图 8-3-10 塔身密檐

近垂直的天井，跨越其上即可登上塔刹（图 8-3-9）。

塔身第一级面宽 9.8 米，以上各层高、宽递减。外廊呈卷杀曲线型。底层阁楼作双重出檐，底檐砖砌呈棱形，上层檐作仿木三跳斗栱、施彩绘。斗栱承托上层塔身平台，以上各层则只出层层叠涩的短檐。唯底层有瓦脊。各层檐角皆有挑檐木，外端有铁环，原置有风铎（图 8-3-10）。

塔内部为塔心柱式结构，周围回廊。塔内有佛龛、彩绘。底层内部中心设藻井，原有泥塑立佛一尊。顶部四周作仿木斗栱，向上叠涩收成攒尖顶。三层以上天花板均为彩绘。七层以上是拱券式顶，内壁与券顶绘制佛像与飞禽走兽图案。回廊两侧设有壁龛，首层回廊内尚存宋代彩画。一至三层回廊顶部置砖仿木斗栱承托砖雕平棊。第四至七层为木制平棊。八层以上无斗栱、平棊，只砖砌券顶。塔身内嵌历代碑刻 30 余方（图 8-3-11）。

塔顶为八角攒尖顶，上覆布瓦，瓦垄深可容人平卧。八角脊檐各塑坐式铁佛像（护法天神）一尊，角脊交汇处是砖砌仰莲、覆钵，上置铁制露盘和青铜制宝珠形塔刹。前人曾有诗赞叹此塔之高："每上穹然绝顶处，几疑身到碧虚中。"

塔身壁龛部分共分五层，第一层为覆钵状半圆形结构，代表水；第二层为方形结构，代表地，东南西北绘有 4 副眉眼，称"慧眼"；第三层为三角形结构，代表火，这一层再分成十三级，层层缩小；第四层为伞形结构，代表气；最高一层，即第五层为螺旋形结构，代表"生命之精华"。它以地、水、火、风四元素表示万物的组成，在佛教中称"四大和合"。佛塔之下有一圆形基座，基座外壁内凹 80 个壁龛，每个壁龛内均有佛像一尊。圆形基座之下还有三层宽阔高大的白色石砌基座，在平面布置上每层基座均为两个长方形和一个正方形的"十"字相交迭形，因而每层均有十二角。在底层基座各角上，建有数米高的小佛塔一座。基座四面均有石阶通向半圆塔基，石阶旁又各有石狮数对。

千年来开元寺塔共经历了 11 次较大的地震，其中最为严重的是清光绪十年六月（公元 1884 年），

图 8-3-11　塔入口及入口斗栱、雕刻

塔的东北角从上至下全部塌落。1988 年，定州开元寺塔修复工程启动，2003 年竣工。2004 年，定州开元寺塔开始对外临时性试开放。

定州开元寺塔的结构做法及外形各部位的曲线处理，都体现出中国传统建筑的风格特点，在建筑技术和艺术方面达到了很高水平，确立了它在中国古代建筑史上的重要位置。

八、景县开福寺塔

开福寺塔全称"释迦文舍利宝塔"，位于衡水市景县城内西北隅，为一座八角十二级砖砌楼阁式塔，为原开福寺内三大主要建筑之一，现寺已毁。

塔体通高 63.9 米，底层面宽 6.31 米，收分较大，外廊无曲线，呈八面锥体状（图 8-3-12）。塔基条石砌筑，内作石券涵洞，底部有一深井，当为地宫。塔身各层四正面辟券门，其余四面均镶有花纹各异、形状不同的砖雕盲窗。塔身第一层为重檐，檐上置平座承第二层塔身。

该塔第二层至顶层斗栱均为计心双抄五铺作。各跳间置枋，枋上隐刻有瓜子栱，正心自栌斗内置枋，隐刻正心枋（图 8-3-13）。

补间铺作的各层设置富有变化韵律：第二、六层坐中的斗栱正向出跳，两侧分设一朵铺作，正向及两侧斜向同时出跳。第十层补间施四朵正向出跳的斗栱，正中留空。其余各层坐中的斗栱均为正向

图 8-3-12　景县开福寺舍利塔

出跳两侧出斜栱，其中第三、四、五层在坐中斗栱两侧分设两朵不出斜栱，第七、八、九层分设一朵不出斜栱，第十一、十二层两侧不再设斗栱。

塔内为穿心式结构，各层穿心方位交错变化，以砖拱券顶回廊穿绕。拾级而上可直达最高层。塔顶设有铁刹，铁刹上置铜制三级葫芦形，高2.05米。

塔身内嵌有宋元丰二年（1079年）题记砖，此外还有元祐六年（1091年）、金天眷二年（1139年）、元至治三年（1323年）等重修铭文砖或铁扁题记，塔顶有"齐隋重修"字样。故推断该塔最早建造年代不晚于北朝，且经过各朝均有修缮，今塔当为北宋元丰二年所建。

九、正定天宁寺凌霄塔

全国重点文物保护单位天宁寺凌霄塔，坐落在河北省正定县城内，正定隆兴寺之西大众街北侧原天宁寺内（正定古城八大寺院之一），是天宁寺内的重要佛教建筑遗存。除隆兴寺外，凌霄塔与唐代建筑华塔、澄灵塔、须弥塔并称为"正定四塔"。

天宁寺，旧名大藏院，北宋大中祥符年间（1008～1016年）建，赐名"承天寺"。政和年间（1111～1118年）始称天宁寺。宋高宗绍兴八年（1138年）为祀奉父王徽宗，赐名"报恩广寺"，后又改"报恩光寺"。

正定天宁寺凌霄塔原名慧光塔，后因此寺为天宁寺，故原名后代多忘记，便称为天宁寺塔了。为区别与北京塔的不同，便称此为天宁寺凌霄塔（图8-3-14）。

据清光绪《正定县志》记载，天宁寺和凌霄塔同时建于唐懿宗咸通年间（公元860～874年）。

当时寺院规模宏大、富丽堂皇、轴线分明，牌坊、重门、天王殿、前殿、后殿、凌霄塔等主要建筑自南而北依次排列，暮鼓晨钟，香火鼎盛。

北宋庆历五年（1045年）大修，金皇统六年（1146年）再建、重修，明、清历代均有修葺，现存为宋、金建筑。

到清同治十三年（1874年），天宁寺仍具有相当规模的建筑群："正殿五间，前承抱厦三楹，殿后浮图九级（即凌霄塔），高插云际，屹然耸立，为一郡之观，与须弥、澄灵、多宝诸塔相辉映。"

天宁寺凌霄塔自清早期重修后近三百年间一直未进行过维修，在历史的沧桑巨变中屡遭毁损，民国初年，寺院屡遭厄难，殿堂一一毁坏，到解放时已残破不堪，主要建筑独存凌霄塔。1966年3月22日邢台地震时将铁质空心枣状塔刹震毁，此后，又因风吹雨打，塔身的八、九层也相继坍塌。1981年，经国家文物局批准对其予以重修，在保持原貌的原则下，于1982年进行了落架重修。现在的木塔是其后重建的，高度减为40米，结构也与原塔不尽

图8-3-13　塔身第三层铺作层

图8-3-14　正定天宁寺凌霄塔

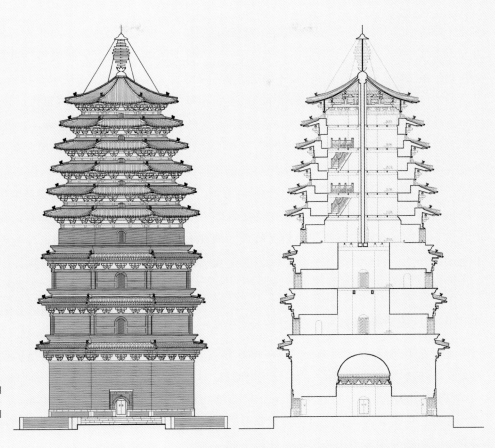

图 8-3-15　天宁寺凌霄塔立面图（左）
图 8-3-16　天宁寺凌霄塔剖面图（右）

相同。1982年，天宁寺凌霄塔在勘察过程中于塔基下发现地宫。经清理，出土一批颇有价值的文物，其中宋崇宁二年（1103年）和金皇统六年（1146年）的两方刻有铭文的石舍利函，为断定该塔的确切年代提供了可靠的依据。据两方石函铭文记载，该塔原名慧光塔，始建于唐代宗朝（公元762～779年），这较《正定县志》记载的始建年代早了一个世纪，文物资料对资料记载予以了补充和匡正。现今，天宁寺凌霄塔为全国重点文物保护单位。

凌霄塔是砖木结构八角九级楼阁式塔，平面呈八角形，共九层，高41.48米，矗立于八角形台基之上。塔身一至四层是宋代在唐塔残址上重修，砖砌塔身，木构塔檐，下三层斗栱和二、三、四层平座也是砖砌而成。其上各层则为金代重建，砖木结构。四层至九层，斗栱、飞檐皆为木制。每层正面各辟拱形洞门或直棂窗。外部轮廓亦逐层收缩，给人以轻盈挺秀之感。塔刹为铁铸，呈枣核状，为古代佛塔结构中所罕见（图8-3-15）。

由第一层进东、西、南三拱门可至塔心室。由北面拱门进入，直接通入砖楼梯，沿阶梯可登至四层，四至九层为木楼梯，逐级攀登，可登临顶层，纵览古城壮丽景色。因其是古时正定的制高点，此处的胜景自然免不了引发文人墨客的诗兴，清代文人谢庭芝就曾有诗曰："萧寺峻峭百丈楼，佩萸载酒到高头。云擎旭照三关晓，天接沱光一色秋。"

凌霄塔的结构特点主要有两点。其一，砖木混合结构。下三层除塔檐的飞椽为木制外，其他诸如斗栱、角柱均为砖仿木结构。二至四层各层由外出冰盘檐构成的狭窄平座也均为砖仿木结构。冰盘檐结构形式美观大方，自然得体，在现存塔中极为罕见。五至九层以木结构为主。这样的结构使凌霄塔既具有砖石结构的坚实稳固性，又具有木结构的可塑性。其二，保留了塔心柱的结构形式。在凌霄塔塔身第四层中心部位竖立一根直达塔顶的木质通天柱，并依层位用放射状八根扒梁与外檐相连（图8-3-16）。这样的结构既不同于一般木塔，也有别于一般砖木结构塔,这种形式对稳定塔身极为有利,在早期木塔中屡见不鲜,但现存实例则仅此一例,极为可贵。虽然塔心柱的结构形式是古代修建木塔常用的方法,但实物现多已无存。凌霄塔的塔心柱虽由于是半木结构的原因,未能贯通入地,但在砖木结构的塔中存在这一结构形式,实属难能可贵。古建专家罗哲文先生在《中国古塔》一书中指出:"我国现存实物中,仅正定天宁寺木塔存在这样一种结构方式。"

我国现存的木塔极其稀少,天宁寺凌霄塔不仅时代较早,而且在建筑结构上也别具特色,具有十分重要的历史、科学和艺术价值,可以说是我国古塔中的瑰宝,是我们民族优秀的文化遗产。

十、正定广惠寺华塔

始建于唐贞元年间(公元 785～805 年),现存为北宋建筑。金、元、明、清各代均有维修。

华塔为阁楼式塔,总高 40.5 米。平面第一层作八角形,但在其四隅面又另加扁六角形亭状的单层套室。在塔身的各正面及套室之外面,都有圆拱洞门;在套室之各斜面尚有假做的直棂窗子。各面转角处都有假柱,柱上有两层相去极远的阑额。斗栱配置奇特,每面有一朵主要的补间铺作在正中,两旁另加两朵次要的补间铺作,第二层有斗栱承平坐上托塔身,平面亦为八角形,每面三间,各正面当心间是门,梢间为菱格假窗,斜面各当心间与梢间则分别设直棂假窗和格子假窗。斗栱出两跳偷心造,当心间用补间铺作一朵。第三层平坐下为仰莲上雕素面栏杆。塔身骤小,仍是八角形,正面为门,斜面是假窗,斗栱皆用如意式。第三层以上,便是一段圆锥形,其上依八面八角的垂线上有浮起的壁塑,狮象和单层塔相间错杂地排列着,其座上之八角有力士承托保卫,八面有张嘴的狮头;圆锥之上是有斗栱的八角形檐顶,再上还有尖盖(图 8-3-17)。

塔身内部第一、第二层中央作塔心柱,柱周排列尖拱形砖筑佛龛。龛拱壁砖上存宋太平兴国年间(公元 976～983 年)题记多则。第三层南部辟塔心室,内置唐刻白石佛像二尊。据像座铭文载,为释迦、多宝两佛并坐像,造型美观,为华塔中的代表作。

广惠寺华塔于 1994 年至 1999 年进行了大修,并修复了四小塔。维修期间,在塔内发现了宋皇佑年间的游人题记,从而推知塔的建造年代应在宋或更早。

十一、临城普利寺塔

普利寺塔又名万佛塔,坐落在河北省临城县城关东北部(图 8-3-18)。其始建于北朝,毁于民国初年。现存为北宋建舍利塔一座。据重修普利寺碑

图 8-3-17 广惠寺华塔

图 8-3-18　普利寺塔（左）
图 8-3-19　普利寺塔上檐细部（右上）
图 8-3-20　普利寺塔下檐细部（右下）

文记载："宋皇祐三年建（1051年），明嘉靖二十四年、万历四年重修。"距今已有900多年历史。是石家庄市保存完整的第二古塔，全国重点文物保护单位。

该塔坐北向南，为方形七级密檐式砖塔，通高33米。塔基方形，石条包砌，边长22米余。首层塔身南面辟券门通塔心室。外壁略向内凹呈弧状曲面，各面嵌砖雕千佛龛，总计造像1016尊。顶部作仿木柱头、阑额承五铺作双抄斗栱承檐（图8-3-19）。第二层塔身四角塑力士各一尊，各面塑罗汉像各四尊。其上各层塔身低矮，壁面无装饰。各层塔檐均有升起，檐口呈下凹曲线。檐下斗栱形制各异（图8-3-20）。塔顶作圆形须弥座承宝珠塔刹。首层塔身券门上方嵌明嘉靖十七年（1538年）刻"重修宝塔"石匾一方。

1959年该塔遭一次雷击，塔顶稍向东斜。1981年国家拨款对塔身进行了维修。1991年，塔台东壁石墙遭暴雨冲毁，省文物局拨款进行了抢修。2001年6月25日，普利寺塔作为北宋时期古建筑，被国务院批准列入第五批全国重点文物保护单位名单。

十二、武安舍利塔

武安舍利塔，位于河北省南部的武安市城区武安城内，原为妙觉寺内建筑，现寺已毁，仅存北宋元祐六年（1091年）建八角十三层楼阁式砖塔，通高40米，底层面宽3.5米。二层以上，高度及面宽递减。各层东西南北四正面辟砖券拱门，另四面除第二层作盲窗外，均为素面。各层出砖雕仿木塔檐，第二、第三层檐上出平座。檐下施五铺作双抄砖雕斗栱，正中一朵加置60°斜栱。平座斗栱出双抄，正心作鸳鸯交首栱。塔内中心置八角形塔心柱，塔与塔壁间作砖券回廊，沿廊可登至第十一级。塔刹已失。塔身一层外壁嵌历代维修碑碣6方。塔基地宫方形穹隆顶，四壁置石雕坐佛10尊，并有北宋元祐六年"重修十方佛记"题记。

十三、武安南岗塔

南岗塔位于崔炉乡南岗村西，为知觉寺附属建筑。现寺早毁，仅存北宋建八角三层楼阁式空心砖塔一座，通高21.8米，底层面宽2.3米。各层南北两面辟券门，东、西两面作盲窗，四斜面无装饰。层间施平座。檐下及平座下均施四铺作砖雕斗栱。塔刹铁铸。

南岗塔位于武安市磁山镇南岗镇村，由此得名，南岗塔于2001年3月5日，被河北省政府公布为

图 8-3-21 衡水宝云寺塔

河北省重点文物保护单位。南岗塔由地宫、塔身、塔刹三部分构成。塔内结构为回廊式，有一单斜坡踏跺可登顶，踏道窄小，坡度较大。

地宫内部为八边形，穹窿顶，高约 3 米。塔身为三级，层间施平座。底层塔身每边宽 2.3 米，东西设门，塔身上部用仿木斗栱和砖雕仰莲，斗栱样式显示出浓郁的地方特色和工法传承。第二、第三层塔身构造与首层塔身基本相同，逐级收分，第二、第三层有腰檐，一层腰檐现已损毁殆尽。每层雕饰各不相同，其中一层除东西两门外，其余各面均为素面；二层东西两正面辟门，南北两正面雕直棂盲窗三层四正面辟门，四隅面雕盲窗。塔刹由两层砖雕仰莲和宝珠组成。塔构造精巧、秀丽。现今塔刹已经损毁，原铁铸塔刹已失，无法辨别原来的模样。塔的正面有块石碑，上面字迹已经很模糊。经仔细确认中间为一"佛"字。右侧为"河南省彰德府磁州武安县□城里牛西铺□慈龛重修宝塔记"。左侧为"大明嘉靖三十六年岁丁巳□□前吉起"。

南岗塔现今残损严重，已经摇摇欲坠，塔身上的砖墙多处塌落，由于古塔位于山坡上，雨水冲刷加上盗掘等原因，地宫已经大部分露出地面。

十四、衡水宝云寺塔

衡水宝云寺塔位于河北省衡水市桃城区西南的 7.5 公里的旧城村宝云寺内，塔因寺得名（图 8-3-21）。宝云寺塔始建应在隋唐时期，当时叫擎天塔。1980 年 5 月 30 日，经中国科学院自然科学史研究所张驭寰教授等专家实地考察，认定该塔为北宋初期所建。2006 年，宝云寺塔被国务院公布为第六批全国重点文物保护单位。

宝云寺塔为砖木结构，平面呈八角形，九级楼阁式空心砖塔，高 35 米，底座周长 25.6 米。宝云寺塔的建筑风格和特色充分体现了隋、唐及宋代（宋时修缮）塔建筑的特点，塔身外观呈白色。"从各层塔身残存的石灰面，可看出塔的外部颜色原本为白色，这是隋唐时砖塔的一个特点，并一直流传到宋代"。

宝云寺塔坐北朝南，由塔座、塔身、塔刹三部分组成。今塔座已被埋于地下 3 米。塔顶的葫芦型塔刹，形制雄健，塔身整体轮廓浑厚古朴，体现了北方民族的性格特征。

塔基八角形砖筑。塔身共有九层，为八面八棱体造型，取意"八面玲珑、四平八稳"；据说除去塔顶的塔刹，高约九丈九（29.7 米），取意"九九至尊"。塔身第一层南、北两面辟门；第二层东、西两面辟门；第三层南、北两面辟门；第四、第五两层正面辟门；第六至九层南、北两面辟门，东、西两面设佛龛或盲窗。檐下、平座均施斗栱，除转角外每面用补间一朵，一至八层均为五铺作，出 60° 斜华栱。底层南面辟有一佛龛，龛高 2.5 米，青砖叠涩成顶，内置一尊石雕莲花座佛像。塔的各层建筑风格各异，或成鸳鸯斗栱，或成梅花斗栱，雄浑古朴，气势磅礴。

塔内第一至五层为穿心式，第一层入南门为塔心室，入北门为穿心阶梯券廊，砖阶盘旋而上，每上一层，必须由塔外沿塔檐转半圈后，从另一券门进入塔内。若要再上一层时，仍需从券门走出塔外，转半圈进入塔内。第六至八层设塔心室，为空筒式，塔内有斜木梯。在塔内拾级而上，无需步出塔外可达顶层。塔心室层与层之间用木板搭设。

宝云寺塔将穿心结构和空心结构的两种砖塔做法相结合，构筑巧妙，是研究宋代建塔工程技术的重要实证。

塔前现存明、清重修碑六通。其中有四通是记载明清时期维修塔的碑文，均青石质，高约2米。

十五、故城庆林寺塔

庆林寺塔位于衡水市故城县饶阳店乡，为八角六级楼阁式砖塔。庆林寺早已毁，塔为北宋遗物，坐北朝南，通高约35米。塔座为八角形砖筑，塔身各层形制基本相同，均于东、南、西、北四个正面辟券门；四斜面置装饰各异的砖雕盲窗，各层高度基本相同，面阔层层递减，造型挺拔俊秀。券门除第六层的四面均可出入外，其余各层均为假门。各层墙体上部转角处仿做圆柱，柱间施阑额，柱上为普拍枋、铺作和撩檐槫及椽飞，椽飞之上用砖叠涩成顶，其上为平座斗栱（图8-3-22）。

塔内部结构为穿壁绕心室转折而上塔座北面设一券门，通过券门进入塔座内部，穿心拾级而上达到一层南券门。出一层南门绕到西门继续登级而上，穿暗层，绕塔心柱，从西南方向登级而上到达二层，又从西北面拾级而上到达三层，再其上几层均为穿壁绕塔心室的转折阶梯，可通至顶层（图8-3-23）。

各层内部均砌筑有佛龛，龛数和规格不等。在塔一层东面的佛龛内有泥塑的须弥山和佛像，佛像的面部和衣着已被破坏，但整体造型保存完好。其余各层佛龛内的佛像均已丢失。

塔的铺作分檐下、平座和内檐三个位置。檐下为五铺作重栱双抄砖雕斗栱，其中一、三、四、五层出30°斜栱，上施耍头；二层出多个30°斜栱，且逐跳增加，外观似盛开的花朵；六层不出斜栱。二至五层的平座下均施双抄重栱五铺作砖雕斗栱，仅补间布置的数量不同。内檐铺作只施用在三、四、五层的塔心室内，均为五铺作（图8-3-24）。

塔券门处的装饰已无存，墙壁上的盲窗保存完好，装饰式样多达24种。塔刹为铁制，葫芦状，由覆钵、相轮、宝珠组成。

十六、正定开元寺须弥塔

须弥塔，始建于唐贞观十年（公元636年），现存为方形九级楼阁式空心砖塔，通高40.62米（图8-3-25）。塔基方形砖砌，高1.5米，有阶条石及角柱石。塔身首层较高，石质素面，南面辟圆形拱券门，门楣上雕有二龙戏珠，四角角柱石旁嵌入力士浮雕，共八尊，为典型的明代造像（图8-3-26）。

图8-3-22 庆林寺塔正立面图、剖面图

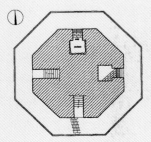

图8-3-23 庆林寺塔暗层平面图、一层平面图

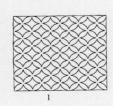 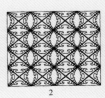

1　　　　　　2　　　　　　3

图8-3-24 庆林寺塔盲窗大样

图 8-3-25　正定开元寺塔

图 8-3-26　开元寺塔下力士

图 8-3-27　北塔云居寺塔

二至九级面宽、高度递减，层间砖叠涩出檐，各层均于南面开方窗，四角悬挂风铃，较好地保留了唐塔风格。就形制讲来，是正定四塔中之最古者，而实在的年纪，则明嘉靖四十一年（1562年）修，怕是四塔之中最稚者。

须弥塔并未建在寺院中轴线上，而是与钟楼并列分峙于正殿前方两侧，这种塔与楼相峙的寺院布局，反映了佛教寺院早期以塔为主向以殿为主发展的过程，是研究唐代佛教建筑的珍贵实例。

十七、涿州双塔

涿州双塔，是涿州古城的标志性建筑，位于涿州城内东北隅，现属双塔办事处天桥街辖区。两塔南北对峙，南塔称"智度寺塔"，北塔称"云居寺塔"，双塔因寺得名。但两座寺院不知毁于何时，各仅存佛塔一座，合称"涿州双塔"（图8-3-27）。

双塔均为八角形砖仿木构楼阁式舍利塔，彼此相距300米。南塔五级，通高44米，始建于辽太平十一年（1031年）。北塔六级，通高56米，始建于辽大安八年（1092年）。双塔时代特征明显，颇具辽代建筑风格，在国内有一定影响。

智度寺塔为辽代太平十一年建，八角五层楼阁式砖塔，通高43米。砖筑八角束腰须弥座式基座，束腰部饰伎乐、兽面等砖雕。基座顶部作砖雕五铺作斗栱承勾栏平座。塔身各级四正面辟券门、四斜面作盲窗。每面以砖雕柱分为三间，柱间仿出栏额、普拍枋。上以砖雕五铺作斗栱承檐（图8-3-28）。每层檐上方又以四铺作砖雕斗栱承勾栏平座。收分均匀平缓，砖雕细致精美。塔内一至四层为穿心式结构，第五层设穹顶塔心室（图8-3-29）。直奉战争时塔顶一角被炸坍，1976年地震时，塔顶全部坍塌。

云居寺塔的外部形制和智度寺塔基本一致，为辽代大安八年（1092年）建八角六层楼阁式砖塔，通高55米。砖砌八角须弥座式基座，束腰部每面以砖雕短柱隔为五间，内雕形态各异的伎乐。基座顶部以五铺作砖雕斗栱承勾栏平座。栱眼壁内砖雕兽、伎乐。塔身各级四正面辟拱券门、四斜面作直棂盲窗。每面以砖雕柱分为三间，仿出阑额、普拍枋，其上施砖雕五铺作斗栱承檐，各层檐上均作勾栏平座。塔顶为蕉叶承宝瓶形塔刹。塔内为中心柱回廊结构。廊壁置佛龛。

涿州双塔是中国现存辽塔中保存较少的楼阁式砖塔，完全模仿木构楼阁，做工精细，内部结构为套筒式，塔内各层均设八角形回廊。2001年06月25日，涿州双塔作为辽代古建筑，被国务院批准列入第五批全国重点文物保护名单。

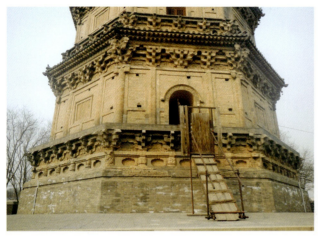
图8-3-28 南塔智度寺塔基部

图8-3-29 南塔智度寺塔内部

图8-3-30 涞源兴文塔

图8-3-31 兴文塔塔身

图8-3-32 兴文塔塔刹

十八、涞源兴文塔

涞源兴文塔位于河北省涞源县东关，属于河北省重点文物保护单位，始建于唐天宝三年（公元744年）。现存为辽代建八角五层楼阁式实心砖塔，通高约22米。砖砌八角须弥座塔座。塔身第一层南面辟券门，东、西、北三面作假门，四斜面作直棂盲窗，内设穹隆顶塔心室。各壁面均不分间，转角为八角形角柱，上施阑额、普拍枋，每面两转角铺作间施补间一朵，均上层五铺作，出批竹耍头，令栱略短于泥道栱。铺作上为砖椽、椽飞，上覆瓦顶。第二层以上塔身逐层递减高度和宽度，塔身下皆设平座勾栏，平座斗栱为单抄四铺作，不施横栱，勾栏地栿与盆唇间仅施直棂，以上各层四正面作券顶假门，另四面作直棂盲窗。各层转角处均做砖雕倚柱。檐下施砖雕斗栱，第一层为双抄五铺作，其他各层为四铺作。各层檐上均设勾栏平座，塔刹为砖砌仰莲承宝瓶。塔身一层正面券顶嵌唐天宝三年建塔石匾一方，二层正面券顶嵌明嘉靖重修石匾一方。该塔砖雕构件均按木质构件比例如实做出，如同一座木塔模型（图8-3-30～图8-3-32）。

十九、涞水庆化寺花塔

庆化寺花塔位于涞水县北洛平村北2.5公里的龙宫山南麓，为辽代（公元916年～1125年）建筑。矗立在原庆化寺山门外正南约100米的山崖平台之上。原庆化寺全毁，碑刻已经遗失了，庆化塔已经

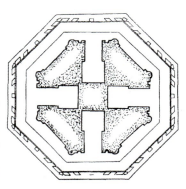

图 8-3-33　禅庆化寺花塔立面图、平面图

成了仅存下来的遗物，为全国重点文物保护单位。塔身采用砖石所建，通高 16 米，围长 19.2 米，八角形基座，基座上须弥座高 3.4 米，束腰各角皆雕力士一尊。每面均设壶门两个内雕吹、拉、弹、舞等形态各异的乐伎，束腰以上用双抄五铺作砖雕斗栱承托平座，花塔没有补间铺作，转角铺作的泥道慢栱之间作鸳鸯交手，这也是适合中小型塔体的做法。平座勾栏各角用柱，每面用间柱一根。栏板为几何纹饰，上托素面平座，平座上为塔身，高 3.6 米，四个正面辟拱券门，拱顶的两角处各雕飞天一尊，其余四隅各设直棂假窗。庆化寺花塔有四个真门，但却没有塔心室，每面的真门内部各有一小面积空间，但四个空间并无环廊连接，仅在内壁上设有方孔彼此连通。塔身各角施半圆形倚柱，上撑第一层塔檐斗栱，斗栱以上是砖雕椽飞，其上覆布瓦顶。第一层檐以上至塔顶是由八层砖砌小佛龛构成的圆形塔檐，每个小佛龛上部雕有 3 个寿桃，列成三角形。自第二层至第七层，每层 16 个佛龛，第八层缩为 8 个，共计 120 个小佛龛。龛内原各置坐佛一尊，现均失。塔刹已毁，整体造型华美，状如花束（图 8-3-33）。

涞水当地有传说，说花塔为黄帝近臣伶伦发明乐律、培训乐工、校准乐音的地方。此地因此得名"乐坪"，洛平乡之名亦由此而来。并以此得出庆化寺花塔上，操各种乐器的乐伎人也是源自此传说。这个观点大错特错，须弥座壶门中雕出乐伎人在辽宁、河北、山西等各地辽塔上几乎随处可见，并非为涞水庆化寺花塔所独有。

二十、易县圣塔院塔

圣塔院塔位于河北省易县城西南 3 公里处的荆轲山上，是为纪念当年荆轲刺秦而建，又称荆轲塔。塔建在荆轲衣冠冢上，系沙石堆集而成，即古时荆轲馆故址。

圣塔院塔建于大辽乾统三年（1103 年），明万历六年（1578 年）重修，清代又加修缮。现存除少量砖雕为明补外，整体结构保持了辽代风格。1982 年 7 月，该塔被列为河北省重点文物保护单位。保护范围以塔基边缘为基线，四周各外扩 30 米，东、南、北至二阶台地，西至地坎下。建设控制地带以保护范围边线为基线，四周各外扩 50 米。1986 年维修，在清理塔心室时发现了《大般涅槃经》、《地藏经》等地质经卷残页。2006 年，圣塔院塔被国务院公布为第六批全国重点文物保护单位。

圣塔院塔为砖木结构，平面八角形，十三层密檐式实心砖塔，高 26 米，通体灰白色。塔由基座、塔身、密檐、塔顶及塔刹等四部分构成（图 8-3-34）。

塔基八角须弥座式，分上下两层，第一层为素面，第二层为砖雕双抄五铺作斗栱，斗栱上承托栏板和望柱，再上为三层仰莲承塔身（图 8-3-35）。上层束腰壶门及其以下部分为 1986 年重修式样。雕刻题材为《华严经》、《入法界品》末会中，善财童子参访五十三位善知识的五十三参图。雕刻手法似明代，且蜀柱与平座铺作不一致，刘敦桢先生推测是明代重修的结果。束腰以上为砖砌普拍枋、铺作、单勾栏组成的平座。平座铺作每面转角各一朵，补间一朵。铺作为双抄，无令栱。泥道重栱，横栱中泥道栱与瓜子栱长度相同。枋上承地栿、盆唇、寻杖组成的勾栏，每面隔成两间，地栿和盆唇间置蜀柱、华版，四正面华版用勾片造（图 8-3-36）。平座之上置三重仰莲，整体莲瓣饱满，层次分明。仰莲之上承托塔身。

塔身第一层较高大，仿楼阁式，南面辟券门通设塔心室；东、北、西三面作假门，门上雕出圆形铺首，两侧砌出一块横砖作券足，券内原似镶嵌砖雕，现

图 8-3-34　圣塔院塔

图 8-3-35　塔基须弥座

图 8-3-36　塔基须弥座上层斗栱

已全部缺失。四斜面作直棂盲窗。破子棂窗为七道窗棂。假门与假窗原始均绘有红色彩绘，现只残存彩绘痕迹。从四假门门楣处有残损的通往塔内的孔洞看，此塔应是空心，当有塔心室存在（图 8-3-37）。

塔身转角处，饰以八座小塔代替倚柱，小塔八角形，仰莲座，塔身以仰莲和宝盖隔成两层。塔身上以帷幄式装饰代替阑额，转角处置一，补间置二。之上为普拍枋，普拍枋上施单抄四铺作，转角一朵，补间一朵，出批竹耍头，泥道栱重栱，横栱中泥道栱长于令栱，令栱承托替木，替木上托撩檐枋（图 8-3-38）。撩檐枋上施木质圆椽，方形椽飞，皆有卷杀。木质椽头挂金属环，塔每层之八隅均悬风铎，现已无存。角部置角梁，装套兽。一层大檐椽飞上，置一行方砖出檐，之上施三行反叠砖收檐，上覆筒板瓦，现瓦全部残损，檐下施单抄四铺作斗栱。一层檐反叠砖之上，以三行砖砌成围脊，围脊之上为四行砖砌束腰，刻出阴刻直线。之上为五行叠涩砖挑出二层檐，依此类推，直至塔顶（图 8-3-39）。

塔顶为 1986 年重修，塔刹高 3.5 米，相轮式，结构齐全，上丰下锐，为明代大修之作。用 20 行反叠砖收顶，再用 13 行砖雕砌出仰莲座，上置铁花瓣式覆钵，再上为五个相轮、宝珠、仰月、宝盖，均固定在刹杆上。宝盖上原悬八个风铎，现只存一个。

塔旁存明、清碑刻三通。按碑记记载，塔与寺同建，寺院规模较大。

二十一、双塔庵双塔

双塔庵位于西陵镇泰宁寺村北，庵早废，现存东、西二塔。东塔建于辽代，八角十三级密檐式砖塔，通高 17.4 米。八角须弥座式塔座，束腰部嵌砖雕力士、莲荷等。塔座上方施砖雕仰莲三重承塔身。塔身第一层内设塔心室，南面辟券门，东、西、北三面作券顶假门，四斜面作直棂盲窗，各角无柱

图 8-3-37 塔身首层

图 8-3-39 塔身密檐

图 8-3-38 塔身首层斗栱

代以八座砖雕小塔。小塔塔身系不等边八角柱，上覆短檐三重，再上为仰莲三层及宝珠构成的塔刹。塔身上部有普拍枋无阑额，列类似悬鱼的装饰一层，此手法又见于河北省西部其他塔上，或为地方色彩之影响。檐下施砖雕单抄四铺作斗栱。以上各层为密檐实心，层层收分。塔顶置宝珠状塔刹。

西塔始建于金皇统四年（1144 年），明万历十四年（1586 年）重修，为六角十三级密檐式砖塔，通高 15.8 米。下为六角须弥座式塔座，塔座上方施五铺作砖雕斗栱承勾栏平座。平座之上以仰莲承塔身，塔身第一层内设塔心室，南面辟券门，北面作券顶假门，另四面作直棂盲窗，各角处作砖雕塔形倚柱。一层以上为砖叠涩塔檐三层，枭混曲线造型。塔顶砖砌覆钵，上施十三层相轮托仰莲承葫芦状塔刹。

二十二、顺平武侯塔

在保定市顺平县城东北不足 20 公里处腰山乡南武侯村西北角坐落了一座辽代建的六角五层密檐式实心塔，坐北朝南，通高 22.5 米。全塔由塔基、塔身、塔刹三部分组成。塔基又分毛石基、砖基，毛石塔基平面呈六角形，高约 0.9 米；砖石塔基平面亦为六角形，高约 3.5 米，共分六层，四至五层、五至六层之间的束腰均雕壸门，壸门内雕有人物、鸟兽、花卉等图案。塔身一层下置平座，南面辟券门通塔心室，北面作假门，四抹两扇假门两侧各有一佛龛，其他各面作方形砖雕盲窗，两抹两扇，棱花加斜方格。其上各层均坐于两层仰莲之上，檐下施四铺作砖雕斗栱，每层均为仿木结构，置阑额、普拍枋，枋上为斗栱，塔檐琉璃剪边。

顺平武侯塔的雕刻工艺极富研究价值，除枋材仿木、斗栱结构建筑形制外，其余人物、禽兽、花卉等皆采用剔地突起或圆雕手法雕刻而成，其造型丰富，刀法流畅，虽为辽制尚袭唐风，而且该塔所采用的形式为平面六角密檐，塔的外檐及塔刹均为琉璃构件，这在辽代塔中是不多见的。

二十三、涞水镇江塔

该塔位于涞水县娄村乡水东村村西,清水河东岸,建于唐先天二年(公元713年),原为镇水患而建,故名镇江塔,亦称水东塔。

七层密檐式砖塔方形基座承托塔身(图8-3-40),平面亦为方形,边长约3米,高14米余。首层南向辟券门,券脸为汉白玉雕成,浮雕蔓草花纹,镌刻楷书"南无十方诸佛,南无万万薄菩萨,南元西方极乐世界"等佛教偈语。券内置青页岩槛框,右框上阴刻"万历二十三年重修"等题记。据说塔内曾设佛龛,惜今之佛像已无存。七层均为斜角砌成的"牙子"交错叠涩出檐。塔刹施以八角形刹座,上托双层莲瓣及葫芦形刹尖。形制古朴、稳重,与现存诸多唐塔风格相近,但其拱券、叠涩样式及铭文等部,又多似明清以来之常见手法。

据县志"重修龙岩寺右侧古塔记"载:"龙岩寺创额于金大定十八年",但始建年并未述说,只谈到早在明代正德元年(1506年)四月,因古塔年深朽驰,层檐颓毁,龙岩寺比丘本果、本正二人不忍观之,共议特邀乡人重修,并将修葺经过修文勒石敷于四层檐上,以传千古。之后万历二十三年(1595年),以及清代多次重修,因而使这千年宝塔矗立至今。

二十四、蔚县南安寺塔

南安寺塔位于河北省张家口市蔚县城南西侧,是一座始建于北魏佛教盛行时期,重修于辽代的八面十三级实心密檐砖塔,因坐落在南安寺,故名南安寺塔。此塔上下浑然一体,巍峨矗立,宛如一幢造型精美、典雅庄重的阁楼。2001年6月25日,南安寺塔作为辽代古建筑,被国务院批准列入第五批全国重点文物保护单位名单。

南安寺为北朝古刹,明初扩城时拆迁,仅存此八角十三级密檐式实心砖塔一座。塔高32米,塔基八角形,条石垒砌,高2.6米。其上砖砌八角形塔基,各面正中饰砖雕兽头。座上以砖砌仰莲二重承塔身。塔身第一级四正面作拱形假门,门券上方砖雕二龙戏珠;另四面饰花棂盲窗;各转角处作砖雕塔形倚柱;檐下施砖雕仿木额枋、斗栱。第二级以上为砖叠涩密檐,檐角悬铁铎,共104个。塔顶雕饰莲花,承托刹身。每层四正面中央各置铜镜一面,直径逐层增大(图8-3-41)。

南安寺塔以寺取名。南安寺曾为燕云名刹,历史悠久,相传创建于汉代,疑为北魏所建。塔位于寺院中央,供人参拜,北魏至辽代该寺香火旺盛。北周大象二年(公元580年)建蔚州城时,南安寺

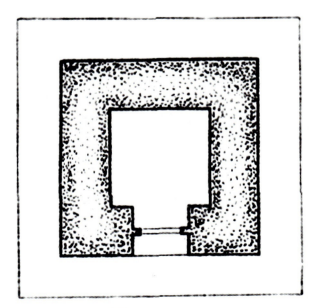

图8-3-40 涞水镇江塔平面

图8-3-41 蔚县南安寺塔远观

已具有规模。所以，蔚县历来有"先有南安寺，后有蔚州城"的传说。南安寺塔的建造年代，据《蔚州志》记载：有城已有塔，明洪武初年，指挥使周房拆建蔚州城时，因塔院规模宏大，新建之南城墙、护城河正从寺院中穿过，遂废其寺而存其塔。密檐式砖塔在我国起始于北魏时期，但南安寺塔身第一层横额下垂一周如意头的做法最早出现于辽代，据此分析，南安寺塔应为辽代建筑。另据康熙四十五年（1706年）《古南安寺修塔宝记》载："蔚萝南安寺塔自汉始也，未有城已兹塔。"可见其年代久远。

后存南安寺是清康熙四十五年（1706年）知州柯法在南安寺塔下仅存的亩许地上所建，塔院建筑为一进院，东西宽约17.4米，南北长约24米，南安寺塔位于院东南侧。院内建正殿三间，正殿两侧各有一间禅房。东西各有下禅房二间，塔西侧为一碑楼，内有清代重修理功碑两通。

南安寺塔整体造型优美，塔身高竣，拔地而起，规格严谨的须弥座，雕刻精美的塔身，紧密相叠的十三层密檐，巨大精美的塔刹，相互间构成了轻重、长短、疏密相间有序的艺术形象，在建筑艺术上收到浑然一体清秀挺拔的艺术效果。千余年栉风沐雨，多次地震，却无丝毫倾斜，依然保存完好，巍然屹立。

二十五、涞水西岗塔

涞水西岗塔位于河北省涞水县涞水镇北的西岗上，现属于河北省重点文物保护单位。金代建八角十三级密檐式砖塔，通高36米，塔基八角形砖筑，上建八角须弥式塔座。塔座束腰部每面以砖雕盘龙柱分为三间，间内雕壸门；上部砖雕五铺作斗栱承勾栏平座，勾栏于地栿、盆唇间以转角望柱和蜀柱分为华版三块，内饰几何图案，盆唇与寻杖间装饰不清，勾栏上为砖筑仰莲座，上承塔身。其上以三层仰莲塔身。塔身第一层高5米，内设塔心室。各面转角处砖雕幢形倚柱；四正面辟券门；四斜面作直棂盲窗。二至十二层为砖叠涩密檐，第十三层为楼阁式，八角各施圆形倚柱；四正面辟券门；四斜面素面无饰。塔顶仿木八角攒尖屋顶上承八角形刹座及仰莲二重，塔刹已失。第一层和第十三层内设塔心室，檐下施五铺作砖雕斗栱，第二至十二层檐下不施斗栱。塔内为塔心柱回廊结构，沿廊可至第十三层塔心室。该塔集楼阁式与密檐式于一身，结构十分独特（图8-3-42～图8-3-45）。

二十六、易县燕子村塔

燕子塔，又称观音禅寺塔，位于易县高陌乡燕子村西。古塔为八角十三层密檐式，通高16.5米，八棱13层，外形修长。各层密檐收分很大，顶层加高成楼阁式，各开间有佛龛，据说原来里面曾经分别供奉有铜佛和玉观音，现在早已无存。

图8-3-42　涞水西岗塔

图 8-3-43　西岗塔平面图　　图 8-3-44　西岗塔斗栱　　　　　　　图 8-3-45　西岗塔角科斗栱

这种样式倒是和涞水西岗塔如出一辙。塔座为束腰形，第一层有塔心室，始建于辽代，明正德五年（1510年）理修，券门通向塔心室，其余各面雕出门窗。各级密檐呈三层叠涩，出檐距离很短。原来每层各面应该嵌有铜镜，现在圆形痕迹还在。檐下的转角和补间铺作尺寸很小，只是作为简单的装饰而存在。檐上尚保存有少量瓦当。

因而从塔的造型及斗栱的样式断定，塔的建筑年代应为明代。塔址处原建有观音禅寺，古塔为该寺的附属建筑，但寺已毁。

1985年，河北省文物局拨出专款，对塔基进行了维修，此塔属河北省重点文物保护单位。燕子塔相传是纪念太子丹的，实际应是一座观音寺中的旧物。

二十七、正定临济寺澄灵塔

临济寺澄灵塔位于河北省正定城内四合街，俗称青塔、衣钵塔，始建于唐咸通八年（公元867年），是为收藏临济宗开创人义玄禅师的衣钵而修建的。现存澄灵塔为金大定二十五年（1185年）重建。元、明、清各代均有修葺。现状保持着金代大修后的外观形式。古塔造型挺拔峻秀，雕饰华丽，造型美观，设计精巧。梁思成先生赞誉为"清晰秀丽，塔中之上品"。2001年，临济寺澄灵塔被国务院公布为第五批全国重点文物保护单位。

澄灵塔为砖木结构，平面为八角形，八角九级密檐式实心塔，高30.47米（图8-3-46、图8-3-47）。澄灵塔八层塔身檐相距很近，给人以重檐密布之感。

从整体看，除第一层椽飞和各层角梁为木制外，其余各层檐下斗栱和平座栏杆均系砖仿木构。

塔基方形，高1.3米，边长5.3米左右，上为砖筑八角双重须弥座式塔座。须弥座束腰正面部分雕饰为清雍正十二年（1734年）谕旨石刻的奇花异鸟图案，其上为仿木构砖雕斗栱、平座、栏杆；再上即砖制三层仰莲以承托塔身。

此塔轮廓线较直，第一层较高，表面装饰华丽而且集中表现在基座与第一层塔身，施用砖雕斗栱及栏杆，且采用45°斜栱，雕刻细致而华丽。第二层以上，层高逐减，密檐相接，各开间宽度也相应递减，形成协调轮廓线。塔身第一层四正面作券顶假门，四斜面作直棂盲窗，各转角处作砖雕素面倚柱，檐下施砖雕五铺作双抄斗栱。南面券门上方嵌额一方，内篆书"唐临济惠照澄灵塔"。第二层以上为砖叠涩密檐，各层檐下均施四铺作单抄砖雕斗

图 8-3-46　临济寺澄灵塔　　图 8-3-47　澄灵塔立面图

栱。柱头有卷刹。塔身的砖雕图案十分丰富。

塔顶檐瓦、脊兽和套兽均为绿琉璃制作。塔刹由蕉叶、莲瓣、覆钵、相轮、圆光、仰月宝珠组成。1966年邢台地震时塔刹坠毁，1985年维修。

塔侧现存明、清碑刻各一通，记寺史及历代重修经过。

二十八、元氏开化寺塔

在石家庄元氏县城的西南角，走进一条长长的街巷，便可看到孤零零地矗立着一座砖塔。这座砖塔在一片低矮居民的包围之中，显得突兀与高大。这便是2013年被列为第七批全国重点文物保护单位的开化寺塔，是元氏县内一座极具代表性的古建筑。

开化寺塔原为开化寺的构成部分，但据考证，1947年前，开化寺尚存铜佛大殿、砖塔、石塔、经幢等建筑。新中国成立后，大殿拆除，石塔、砖塔、经幢也被毁。开化寺历史悠久，创建于北魏时期（公元472年），自元氏县治于隋代开皇六年（公元586年）迁徙今城后，开化寺开始兴盛起来，唐、宋、金、元各个时代均为开化寺鼎盛时期。

开化寺塔始建于金代（1115～1234年），明代成化三年（1467年）重修，现存的此塔为明代重修实物，塔基西北侧条石上还能依稀分辨出"大明国直隶真定府元氏开化寺修竣……"字样的刻纹。

开化寺塔由塔基、塔座、塔身和塔刹组成，为八角九级密檐式实心塔，通高25.2米。塔基八角形，石条砌筑，高1.3米。塔座为砖筑八角须弥座，束腰部分饰砖雕团花，塔座上方施砖雕四铺作斗栱承勾栏平座。上以仰莲三重承塔身。塔身一级四正面作券顶假门；四斜面作方形花棂盲窗；各角施圆形倚柱。其上各层为砖叠涩密檐；第一层檐下施五铺作砖雕斗栱；其上各层檐下施四铺作砖雕斗栱；塔顶置葫芦状铁铸塔刹，全高1.9米。

民国二十年（1931年）编修的《元氏县志》记载："是塔建于元魏时代，寺旧塔有二，故号曰双塔，明成化年间修葺……唐时称为开化寺，现仍之，刻下塔只一座。"由此可见，在民国二十年时，另一座塔已不知去向。

开化寺塔历经七百余年风雨沧桑，是开化寺兴衰的历史见证；而它经历多次地震依然挺立，在建筑史上也具有重要的研究价值。开化寺塔造型优美，身影婆娑，砖雕隐形拱门、砖雕隐形花格窗、仰莲座、斗栱和其他砖雕建筑构件等具有较高的审美价值，为元氏这座古城增添了一抹古朴的风采，成为元氏县城重要景观之一。

二十九、涞水皇甫寺塔

皇甫寺塔地处涞水、涿州、新城交界地带，建于金大定年间（1161～1189年）。原为毗卢寺内舍利塔，寺毁后，以所在地命名，称皇甫寺塔。

此塔为八角形十三级密檐式实心砖塔，高22米，方形石基座，上置须弥座两层，皆为素面，第二层须弥座上有四铺作斗栱及两层平坐，下层平坐八角各有一柱突出，上层平坐素面，承托塔身。塔身亦为八角，一层高4米，各角都有幢形倚柱，南面辟券门，东、西、北三正面作假门，四斜面为假窗，屋檐下用砖砌出普拍枋、五铺作斗栱、椽子等，内置砖券穹隆顶塔心室。第二层至第十三层为砖叠涩密檐，无倚柱。塔顶置八角形刹座，上承仰莲覆钵托铸铁葫芦形塔刹。全塔下丰上锐、素雅秀丽（图8-3-48）。

图8-3-48　涞水皇甫寺塔、塔身、基座

三十、昌黎源影寺塔

源影寺塔位于河北省昌黎县城西北侧的源影寺内，为全国重点文物保护单位。寺早毁，现存金代建八角十三级密檐式实心砖塔一座。源影寺塔的原名早已失传，据明万历年间昌黎知县杨于陛重修古塔寺记所载："明万历四十八年庚申重九日（1620年），知县杨于陛令杨慧进与李通学等人主持重修古塔寺，因塔下有一井以'水自有源，塔自有影，各不相假'一言垂诸石。"遂将石塔寺定名为源影寺，故此而得现名。

现存塔为密檐实心佛塔八角十三级，平面呈八角形，底边长 4.2 米，塔高 36 米。塔由塔基、塔身、塔刹构成，主体为砖木结构。各层飞椽和角梁为木质，其余均为青砖砌筑，雕刻仿木结构（图 8-3-49）。

塔基上建有砖筑八角束腰须弥基座。座上有砖雕斗栱托起的平座。平座的栏板上雕刻着几何图案及优美的花卉纹，平座以上由两层砖制莲瓣承托塔身。

塔身的第一层较高，周面砖雕重层的天宫楼阁。塔身第一层各面中央及各转角处均壁塑砖雕楼阁一座，共计 16 座。各楼阁之间塑回廊相贯，形成一组环绕塔身的壁塑群楼，一层楼阁的八面设有假门，东、西、南、北门上各饰有四排门钉和两个门环。上部有两个门簪，其余四门为直棂三抹头隔扇，八角处均设有砖雕佛龛。一层楼阁的上部建有楼阁平台，平台上有勾栏、望柱。二层楼阁的八面均设花棂假窗，八转角的两侧共有 16 个砖雕直棂窗。楼檐为砖雕仿木椽结构，平台及檐为上下错落的曲线形，设计造型优美。天宫楼阁以上至第一层塔檐下的转角处作圆形依柱。柱头间砌筑阑额、普拍枋。各层塔檐均由两排木飞椽、角梁构成，并以青瓦覆盖。各层飞檐有明显卷刹，角梁下均悬挂有铁质风铎。平座及各层檐下均施砖雕仿木斗栱，平座及第一层的斗栱为双抄五铺作斜华栱，其余均为单抄四铺作。平座补间斗栱为单抄四铺作，第一层补间铺作为双抄五铺作，且为 45°斜华栱，其余各层补间斗栱为单抄四铺作"双层只用华栱"，第三、五、七、九、十一、十三层除华栱外还出 45°斜栱。

塔刹由砖砌刹座覆钵及铁质相轮、圆光、仰月、宝珠构成。刹座上有砖雕两层蕉叶，其上的两层仰莲托起球形覆钵，矗立覆钵顶端的刹杆串联着相轮、宝盖、圆光、仰月及四个宝珠。此塔从设计造型到建筑技巧、雕刻艺术都显示了较高的工艺水平，特别是平座的雕刻栏板栏杆，第一层塔身上的天宫楼阁更是雕刻精致而华丽，富有浓郁的北方文化色彩，是北方现存古塔中所罕见的密檐塔实例。

1985 年维修时在塔内发现金质卧佛像、纪年铭文砖等多件重要文物。塔旁存明嘉靖二十六年（1547年）、清顺治六年（1649 年）、乾隆四十一年（1776年）重修碑各一通。

三十一、涞水金山寺舍利塔

金山寺舍利塔位于涞水县北 17.5 公里，东龙泉村西北的金山上，是金山寺内的主要建筑之一。金山寺又名金山院，坐落于金山半山腰的平台上，肇创于元大德初年（1305 年），南、西、北三面群山环抱，寺居其中，向东俯瞰，悬崖陡峭，林木葱郁，风景秀丽。临其境视野辽阔、心旷神怡。清初顺治十六年（1659 年）涿州儒学生员董士昌所书金山寺碑记："大都迤西涞易正北有金山，乃太行之支龙，崇岗峻岭、翠柏苍松。山木亚巅，而清泉湛溢，

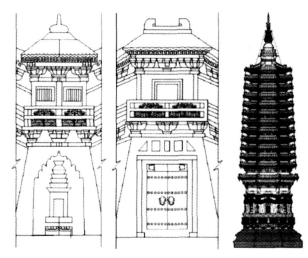

图 8-3-49　昌黎源影寺塔立面图及塔身第一层砖雕楼阁

诚哉燕山之盛景也。"概述了金山佳境。游客至此，登临远眺视野开阔，心旷神怡。

据碑载："金山寺系远大德年间圆融广慧禅师所创建。"当时殿宇宽尔容众，开设上下东西两坛，"受戒数计十万……"大德四年（1300年）三月十五日作龙华盛会七昼夜，并立白玉塔十三级，同年立碑颂其功德。

至明代天顺年间，寺废僧残，仅存千佛浮屠十三级（即舍利塔）。当时有云水比丘慧顺，幸得板城村大檀越施家资，从广昌（涞源）购木为筏，顺流运料，重建寺院。原旧寺院山门向南，因西向不宜，逐改东向，重盖佛殿："倚于金山之阳，左列重峰，右排峻岭，东瞰拒马之河，殿内重塑佛像五遵。伽蓝堂七间，方丈三间，造一百零四颗塔铃，铸千余斤之铁钟，寺院颇为壮观……"。

金山寺经历几度兴衰，明清各朝曾多次重修，日渐倾圮凋残，延至今日又遭人为破坏，殿宇坍塌，已成废墟，现仅存山门一座，碑刻七通，圆融广慧禅师塔一座（已倒），无量寿千佛舍利塔一座。寺貌虽残，但因此地风景秀丽和千佛舍利塔的矗立，依然吸引着广大游客。

该塔是元代大德四年（1800年）由本寺都功德主光禄大夫阿尼哥（尼泊尔人）资助，经圆融广慧禅师所创建。此塔挺直的矗立在高1米、边长6米方形石砌平台上，北面13米是山门，右侧10米是山的主峰，由山泉浇灌的葱郁山林、烂漫的山花紧紧簇拥在塔的周围，更增添了塔的秀色。全塔通高8.18米，平面呈八角形（图8-3-50），为十三层密檐白玉石结构。须弥座塔基，高约1米，束腰部分浮雕海兽环列八方，束腰上下雕有精致的海马、海狮、缠枝杜丹、海石榴和各种几何纹图案，使基座显得多姿多彩，繁华秀丽。再上是1.85米高的八棱塔柱，其南向正面中间浮雕无量寿佛三尊，其上刻："无量寿千佛舍利宝塔记"，其下刻有："皇太后圣寿无疆，当今皇帝圣寿万安，东宫位福寿千秋，相哥、公主寿等千秋"，铭款刻"大元时大德十一年重阳日作太平会铭记"等字样。左右两边阴刻细

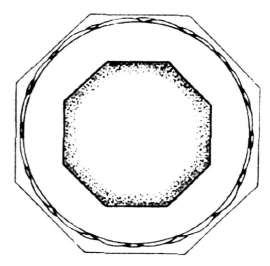

图8-3-50　千佛舍利塔平面图

线条三爪云龙戏珠图案，上下两端阴刻双沟蔓草纹，最下边是阴刻莲花作为承托图案，其余各面竟浮雕或阴刻840多个形态各异的佛像，真乃巧夺天工。第一层塔檐雕有斗栱和檐椽，另外每层塔檐还钻有系挂铃之用的圆孔八个，共计104个。塔檐之上置仰莲刹座和葫芦形塔刹。此塔不仅结构合理，造型美观，而且还是一座雕工精美的艺术珍品，它充分表现了元代劳动人民丰富的智慧和想象力。

金山寺千佛舍利塔据"无量寿千佛舍利宝塔记"载，该塔创建于大德四年以前，可是塔身南向正面下半部分又刻"大元时大德十一年重阳日作太平会铭记"字样，推断这是在建塔时为作太平会特意留下的空缺。

三十二、冀州西堤北石塔

西堤北石塔，亦称震霄塔，位于河北省衡水市冀州距县城约30公里的门庄乡西堤北村东。为河北省重点文物保护单位。

石塔始建于元代，为方形三级青石塔，通高8米。全部用青石雕刻砌造，底层直径2米，分为四层，上层阳面有佛像，阴面有塔文，塔基平面呈正方形，塔身为六棱体，上置方形束腰须弥座。束腰部四面各雕力士二尊，各角雕倚柱，塔座之上置圆形仰莲石盘盖承托塔身（图8-3-51）。塔座为两部分，下

部方形底座，上部塔座由四面抹角的方形莲座浮雕束腰、多层叠涩组成，束腰上雕有大象、狮子、力士等。首层塔身下部为圆形双层莲座，上托方形塔身和叠涩塔檐，塔身上小字已漫漶不清，只有"震雹塔"三字可辨，另三面刻经文，字迹漫漶，仅在刻文的落款处可辨出"嘉靖三年"字样。第二层正面神龛两侧刻有"大清乾隆二十六年三月十二日全村发心重立"，这应该是修复年代的记载，第三层四面浮雕佛像。各层之间均置八角形石盘盖，塔顶置葫芦形塔刹。该村每年春季都会在塔下举行仪式，祈祷免受雹灾，震雹塔由此得名（一说从形制上看，这座塔应为高僧墓塔的可能性大）。

三十三、赵县柏林寺塔

柏林寺塔位于在河北省赵县县城东南角，全称"特赐大元赵州古佛真际光祖师之塔"，又名"从谂禅师舍利塔"，是为纪念唐代著名高僧从谂真际禅师，与"天下第一桥"赵州桥遥遥相望。柏林寺始建年代不详，隋唐时称观音院，宋改永安院，金元时期更柏林禅院，明改今名。塔建于元天历三年（1330年）。塔曾毁于20个世纪60年代的动乱，之后又遭遇邢台地震造成塔刹震落。1956年，该塔被列为河北省重点文物保护单位。2006年，柏林寺塔被国务院公布为第六批全国重点文物保护单位。

柏林寺塔为砖木结构，平面呈八角形，七层密檐式实心砖塔，通高26.3米，造型古朴典雅，工艺精湛。台基高达2.5米，分上下两层呈阶梯状，下层为砖制须弥座，上部用砖仿木构，做出斗栱、平座。平座周围砌蜀柱、勾栏。须弥座有束腰两重，饰砖雕佛传故事、伎乐、力士及动物、花草图案。图案的形象生动，刻制技巧熟练，有浓厚的民间风格。座上方以勾栏平座及仰莲四重承塔身（图8-3-52）。

塔身第一层的高度约占全塔总高的1/3。塔身一级四正面辟拱形假门，南门上方嵌额，内题"特赐大元赵州古佛真际光祖国师之塔"，旁刻"天历三年孟春上旬吉建"。四斜面砖雕花棂盲窗。塔身八角砖雕圆柱，柱头上用砖仿木构雕琢额枋、斗栱，并以此支撑挑出塔檐。第二层至第七层均为密檐，斗栱和塔檐结构形式与第一层的大致相同下均施仿木斗栱，唯檐部椽飞改为砖雕，每层间距甚近，收分明显，从而形成抛物线外轮廓。出檐长度逐层收敛，各层檐角均系木制，其脊上立一尊铁质罗汉像，下吊风铎。

塔刹为以生铁铸成，高2.3米，由覆钵、仰莲、相轮、宝珠组成。1966年邢台大地震时塔刹被震下加之人为破坏，严重毁损倾斜，1997年重修。

寺内存唐、宋线刻真际禅师画像石各一方及宋、金、明、清碑八通。

三十四、丰润车轴山花塔

药师灵塔俗称花塔，位于丰润区南10公里车轴山寿峰寺无梁阁西侧，是一座八角形亭阁式花塔。据宋焕居《丰润车轴山寿峰寺》载："……塔前右方陀罗尼经幢上的铭文：'玉田县（辽代时，此地属玉田县）大街村车轴山创建佛顶……伏惟我大契丹国昭孝皇帝（即辽兴宗耶律宗真，年号重熙），恩盘日月，泽浸乾坤……或布金买地，无忧主建塔便诸沙界……'此外在塔后的右墙上嵌有重修碑一通，上刻：'寿峰重修塔记……大明成化拾陆年贰月吉日立'。"文中所记的陀罗尼经幢至今还保存在

图8-3-51　冀州西堤北石塔

图8-3-52　赵县柏林塔寺

塔的右前方，因风化严重字迹无法辨认。根据以上碑文记载与现存的结构形式，可知该塔始建于辽重熙年间（1032～1054年），明成化十六年（1480年）进行了大规模的维修，万历九年（1581年）再重修。

1976年唐山大地震殃及寿峰寺，文昌阁塌毁，无梁阁东半部及顶部坍塌，药师灵塔四层佛龛以上震落（根据寿峰寺现存建筑的价值，1982年河北省政府公布车轴山无梁阁、药师灵塔为省级重点文物保护单位，同年拨专款对残存建筑进行了抢险加固）。

丰润车轴山花塔在车轴山无量阁西，为砖筑实心花塔，高27米。塔为八角束腰须弥座式。塔座顶部以三踩斗栱承勾栏平座，上置仰莲承塔身（图8-3-53）。塔身第一级四正面作券顶假门；四斜面砖雕菩萨立像各一身；各角砌筑倚柱，上置三踩砖雕斗栱承檐（图8-3-54）。塔檐上方座冰盘沿式平座。平座以上塔身呈圆锥状，周砌砖雕塔形龛七重。塔顶八角攒尖，上置仰莲承葫芦形塔刹。

三十五、南宫普彤塔

安卧在华北平原上的邢台市南宫小城，有一座号称"中国稀有佛塔，人间稀有至宝"的普彤塔。该塔位于南宫市北旧城村北偏东150米处，原普彤塔寺内。始建年代不详，说法最多的是始建于东汉明帝永平十年（公元67年），于永平十五年（公元72年）正月十五日落成。现存该塔为八角九层楼阁式实心砖塔，通高约28米。塔基为八角形砖筑，内设地宫，南面辟券门。塔身各级南、北两面作券顶佛龛；东、西两面作盲窗。塔顶置铸铁葫芦形塔刹。各层出仿木塔檐，檐下施五彩砖雕斗栱。塔身自下而上层层收分，塔檐两端升起，檐口成反曲弧线。许多人不知道普彤塔原来通高33米，因为泥沙淤积抬高了地基，塔高变成了现在的28.14米，原本九层的普彤塔现存仅八层（图8-3-55）。

1966年邢台地震的时候，从普彤塔塔顶震落铜质造像三尊，其中一尊铜佛背部刻有铭文，上面记载了普彤塔的创建年代和历代维修（重修）年代等大事记。据铭文记载，该塔建于"汉明帝永平十年正月十五日……至太和十五年正月十五日海和尚重修，至嘉靖十五年七月十五日重修……"南宫市志

图8-3-53 丰润车轴山花塔立面图与剖面图

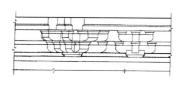

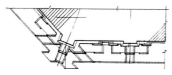

图8-3-54 丰润车轴山花塔斗栱大样图

图8-3-55 南宫普彤塔

嘉靖版本载："普彤塔在废县，汉明帝永平十年建，贞观四年重修……"南宫县志国民版本记载："普彤塔在旧城，汉明帝永平十年建，唐贞观四年重修，有唐断碑大耳禅师重建。"另有清光绪十一年立"普彤塔寺"碑也有同样记载："南邑之有普彤塔也，建自汉明帝永平十年，至唐贞观四年大耳禅师重修建，基周三十二武、高十仞……"该碑文还记载了原普彤塔寺的建筑形式和建筑规模。碑刻、县志和铜佛背部铭文均有"建于汉明帝永平十年"的记载。由此可见，普彤塔的始建年代为汉明帝永平十年，距今已有一千九百多年的历史了。但是由于日久年远、风雨侵蚀以及受地震和洪涝等自然灾害的破坏，经历代修葺，已经不是汉代的原物原貌，现存的普彤塔为明嘉靖十五年（1536年）的建筑遗存，但能使这样一座古建筑在历史的沧桑中得以保存至今亦属不易。

普彤塔在建筑艺术上有着独特的艺术风格。其一，普彤塔塔基较粗较高，这样能将整个塔身稳稳托住，显得粗壮而有力，另外在各层设置上略有不同，第一层和第二层东西两面设置了盲窗，一至四层南北两面则设有佛龛，五层以上四面均设有佛龛。其二，明嘉靖时期对塔进行修葺时增置了铸铁葫芦形塔刹，共四节，远看直插云端，很是雄伟壮观。其三，在对该塔进行落架维修时发现每层的各角上均设有角梁，间接说明当时曾装置过角铃，据老人们讲，风吹铃铛，铃声飘扬，清脆悦耳，各个方向的铃声音色各异，闻其声便能知风向，数十里内都能听到这清脆悦耳的铃声，这又是普彤塔建筑艺术上的一大特色。其四，该塔建在一眼泉水井上，塔基正南面留有一券洞口，人可以钻进去看到井口，但是由于长时间的不注意保护，大量的碎石砖瓦掉入井内，现已不见井水。1982年立标时将券洞口堵住。

南宫市普彤塔凭借其悠久的历史和极高的艺术造诣在明朝时就被列入了南宫十景之冠，盛极一时。1982年，被省政府公布为河北省重点文物保护单位。

三十六、义慈惠石柱

义慈惠石柱（图8-3-56～图8-3-62）位于河北省保定市定兴县城西北13公里的石柱村，是杜洛周、葛荣起义军遗骨埋葬之处。因建于北齐时代，所以也被称为北齐石柱。石柱造型奇特，雕刻带有强烈南北朝风格，是少数北朝时代的遗存至今的难得的艺术佳作。

义慈惠石柱建于北齐太宁二年（公元562年）。1961年，义慈惠石柱被国务院公布为第一批全国重点文物保护单位。2011年，县委、县政府组织修建了石柱保护厅，避免了石柱因风吹雨淋等自然因素造成的破坏。

石柱原为木质，北齐武成帝（高湛）太宁二年（公元562年）四月十七日由皇帝降旨由官府建，并易木为石，柱身刻有"标异乡义慈惠石柱"大字题额，刻3400余字的《标义乡义慈惠石柱颂》于石柱上。石柱颂文记叙了北魏孝昌元年至永安元年（公元525～528年）杜洛周、葛荣领导的农民起义斗争经过及失败后民众收敛义葬义军尸骸，并立木柱为标志和北齐太宁二年（公元562年）武成帝下旨改木柱为石柱等史实。题额左下方有"大齐太宁二年四月十七日"的题刻。

义慈惠石柱自下而上用六块石灰石垒叠而成，由柱础、柱身、柱顶石屋组成，实测现存高度为6.17米。柱础为方基石，东西两边各长2米，南北两边略小，位于莲座之下，是石柱的基础石。莲座为一宽约1.23米的方石，高55厘米。莲座，系石柱的基座，位于方基石之上，用一整石雕刻而成，外观分为三层，下为方石、中为枭线、上为覆盆，覆盆周围刻莲瓣。莲瓣雕琢刀法生硬古拙，覆盆上部无盆唇，直接安装石柱。

柱身高4米，双石叠成，上石平面方形，下石方形抹角，呈不等边的八角形，自下而上每高约1米内收2.5厘米，柱的上部，约于通高的1/4处，东南、西南两隅角为了镌刻题字而未削边棱，形成平面，"颂文"和题名等刻在柱身的各面，笔法古朴苍劲。柱身的顶端有一块长方形石板，是石柱的盖板，又是石屋的基础。在盖板的底面，刻莲瓣、圆环、古钱及花果等纹饰，使人从下面望上去，不

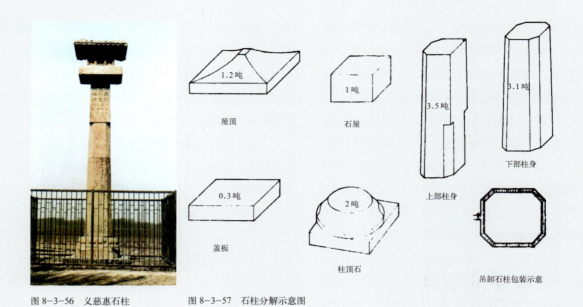

图 8-3-56 义慈惠石柱　　图 8-3-57 石柱分解示意图

图 8-3-58 石柱柱身题额及颂文

图 8-3-62 石屋及石屋下盖板

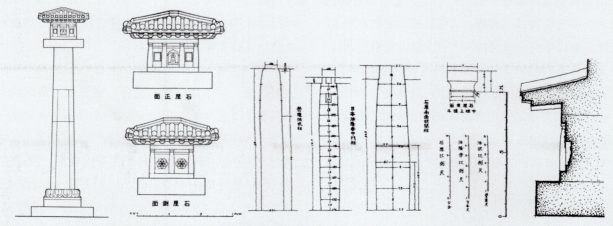

图 8-3-59 石柱立面图　图 8-3-60 石屋正、侧立面图　图 8-3-61 石屋栌斗及柱之比较、石屋断面图

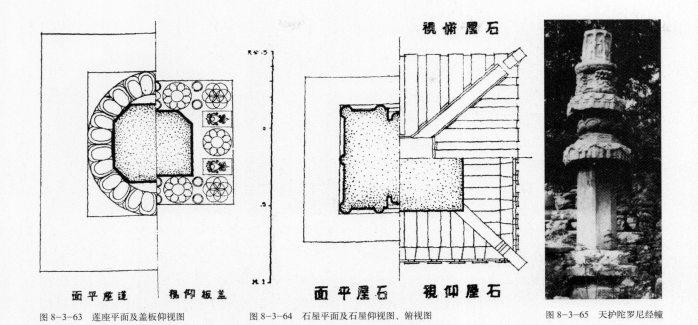

图 8-3-63　莲座平面及盖板仰视图　　　图 8-3-64　石屋平面及石屋仰视图、俯视图　　　图 8-3-65　天护陀罗尼经幢

致单调乏味（图8-3-63）。佛像的脸型、背光均为南北朝雕刻风格。

石屋建于柱顶石盖板之上，面阔三间，进深二间，单檐四阿式屋顶，结构式样为仿木建筑形式。石屋外檐有圆形柱子10根，柱根立在地栿之上，柱头卷杀十分明显。柱头上施栌斗，但不用栱昂，栌斗直接承托梁枋。额枋、檐椽、角梁、瓦当、滴水等构件均依实雕造。前后当心间琢有尖形拱式佛龛，内有一尊跌座在方台之上的佛像。两次间刻长方形窗，但无窗棂和装饰，恰如一座完整的三间殿宇的模型。山面的墙上一间一个刻着和石板底面类似的有许多圆环的图案。四面的墙体都在柱子的中心，十根柱子都显露在墙体外面。这和后世外墙皮突在柱子之外，遇柱子处才将柱子稍稍让出的做法很不一样。屋顶坡度平缓，微微向上反曲，瓦陇排列与椽飞同。翼角系直椽做法，直椽做法的建筑实物极为少见。椽为二层，檐椽断面为半圆形，无卷杀，飞椽则为矩形，左右下三面皆有卷杀，足见早在1400年前就有此做法。檐椽与飞椽的长度比约五比二。角梁分大、仔角梁二层，大角梁出头做成四瓣卷杀，仔角梁出头刻一角神，这是现存最早的角神实例。屋顶四条岔脊交于屋顶中部，屋顶正中成长方形空台，形似盝顶，实则可能是正脊和鸱尾的安放位置，现已无存。前后坡滴水座中，两山坡勾座中（图8-3-64）。

石屋虽小，但结构完整，从其构件形制、风格，显示出北齐时期的建筑特点，是座极为珍贵的早期建筑实物资料。

三十七、井陉天护陀罗尼经幢

天护陀罗尼经幢位于石家庄市井陉矿区横涧乡天护村唐天护城遗址内，唐开元十五年（公元727年）建，为我国现存早期经幢的代表。

现存幢基、幢身两级，通高4.7米，全部用青石雕刻累积而成（图8-3-65）。幢基为方形石座，边长1.35米，高1.05米。基座上置八角形束腰须弥座，素面，束腰部每面刻交脚弥勒像一尊。须弥座顶置圆形覆莲石盘盖上承幢身。幢身第一级为八面石柱，高1.38米，南面上部楷书阴刻大字"为国敬造佛顶尊胜陀罗尼经幢"；其余各面镌佛顶尊胜陀罗尼经文及造幢人名、纪年等。第一级幢身顶部施八角石盘盖二重，各面浮雕其垂幔、璎珞等，其上分别作须弥山形和仰莲。第二级幢身各面凿佛龛一个，内各雕菩萨立像一尊，转角处各雕立佛一尊。幢顶已佚。

三十八、易县和邢台的道德经幢

唐王朝建立以后,在政治上极力尊崇道教,多次下令在全国范围内普建道教宫观。唐玄宗时期,崇奉道教达到了鼎盛。玄宗于开元二十一年(公元733年)亲注老子《道德经》,颁之全国,下诏要求"士庶家藏一本,劝令习读,使知指要"。并命各州县镌刻道德经幢,供人们颂读。易县及邢台的道德经幢就是在这样的背景下镌刻的。

(一) 易县道德经幢

经幢所在道观龙兴观已毁,仅存唐、元、明碑刻共四通,位于易县城内乙街。道德经幢建于唐开元二十六年(公元738年)。汉白玉质,由幢座、幢身、幢盖组成,通高6米。幢座圆形,周雕仰莲,幢身八角形,高4.29米。上部三面楷书大字"太上玄元皇帝道德经,大唐开元神武皇帝注",尾题"易州刺史兼高阳军使赏紫金鱼袋上柱国田仁琬奉敕建",另5面刻开元二十年(公元732年)唐玄宗所颁推行道德经的敕文205字。下部各面镌唐玄宗所注道德经全文八十一章。据传幢身文字系唐代书法家苏灵芝所书。幢身上部仰莲上直接承托庑殿式幢顶,不合常规。据专家推测,中间应还有其他构件相连,可能也是因大风刮倒后重立时,构件或损或失,不得已而如此。

2001年在对经幢进行加固、调整、保护工程时,在仰莲座下发现了汉白玉石雕莲纹须弥座,高0.6米,最大直径1.57米。须弥座底部南面被人为砸掉宽0.13米、长0.89米的一块,破损时间应在明清时期。

(二) 邢台道德经幢

建于唐开元二十七年(公元739年)。通高约7米,青石质。三层仰莲圆形幢座,八角柱体幢身,每面宽0.61米,现已断为三截,幢顶已毁。由正面起至第七面刻唐玄宗所注《道德经》全文。正面首行篆书"大唐开元圣文神武皇帝注道德经一部"。第八面刻"大唐开元二十七年岁在单瘀月中南吕五日己丑皇五从弟中散大夫使持节邢州诸军事守邢州刺史上柱国质建"。

图 8-3-66 邢台道德经幢   图 8-2-67 邢台道德经幢幢身局部

其后有北宋端拱元年(公元989年)"重修邢州龙兴观道德经台记",清道光十八年(1839年)及民国二十八年(1939年)修台建亭等记。1987年迁至清风楼后小游园内拼接重立(图8-3-66、图8-3-67)。

三十九、赵县陀罗尼经幢

经幢位于赵州镇石塔路中央,为北宋景祐五年(1038年)礼宾副使、知州赵州王德成督建。原为开元寺内建筑,现寺毁仅存此幢。幢为青石垒筑,分七节石料而成,1984年修缮时实测通高16.44米。幢基为方形须弥座式,边长约7.35米,高1.5米,束腰部刻莲花圆柱将每面分为三间,间内浮雕人物图案。幢基上又有两层八角形须弥座。第一层须弥座为素枋面,束腰部各面刻三尊坐莲菩萨,转角处雕莲花圆柱;第二层须弥座束腰部作廊屋造型,每面亦为三间,以石雕圆柱分隔,柱础、阑额、斗栱、椽、单檐顶等建筑细节仍可辨认出来。每间内刻数量不等的佛像等图案(图8-3-68)。

须弥座上置须弥山状盘盖承幢身。须弥山上雕有寺、塔、树、禽、兽及沿小径朝香的人群等。幢体可分六级,均为八角石柱。第一级正面(南面)篆书"奉为大缘水陆苍生敬造佛顶尊胜陀罗尼幢",次刻陀罗尼经序、题名及祝辞,皆楷书,上方以八角华盖为顶,雕饰垂幔、璎珞。幢体第二级以狮、象承托的二重仰莲为底,幢身正面刻"佛说大佛顶如来放光悉怛多大力神摄一切咒王陀罗尼经大威德

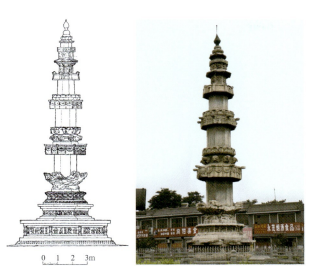

图 8-3-68　赵县陀罗尼经幢立面图、现场照片

最升金轮三昧咒品上"三十六个大字，顶部作八角华盖式样。幢体第三级也用仰莲座，幢身正面右侧额题"佛说随求即得大自在陀罗尼神咒"，其余面刻楷书经文，共计刻有："根本咒、一切佛心咒、心中心咒、阿閦佛陀罗尼神咒经"共四品，均为大自在陀罗尼。第四级幢身坐于一八角围城上，围城各角出角楼及城台，四正面雕城门，刻太子出四门图样；幢身作单檐仿木八角亭式样，柱、阑额、斗栱、椽望、瓦当等建筑细节均可辨认，各间内雕门窗，上刻送子娘娘等佛教故事图案，正东面刻"冯三"二字，或为经幢建造或修缮者之一的名字。第五级幢体八面各雕一尊金刚力士，托举上层八角盘盖，每面均有佛教故事浮雕。第六级又为八角亭造型，素面八角短柱作为幢身，刻"隆庆五年辛未九月"字样，明代重修之文记。最上为幢刹，仰莲座，上承覆钵及桃形铜制火焰宝珠（图 8-3-69、图 8-3-70）。

在我国现存宋代诸幢中，以赵县陀罗尼经幢体型最大，是典型的代表作品。

四十、卢龙陀罗尼经幢

位于卢龙县古城内南门里十字路口中央，俗石塔。始建于唐，金正隆四年（1159年）被雷击毁，金大定九年（1169年）重建，至十一年（1171年）落成。

八角六级红砂岩经幢，高10米，基座各角立盘龙柱，各面浮雕象、狮、佛像、飞天及宝珠等。其上，一层仰莲平座承托六级幢身。一、二、四级由宝盖、仰莲相接，三、五、六级由仿木结构幢檐、仰莲相接，各级形制略有不同。一至四级幢身刻有文字，遒劲舒朗（图 8-3-71）。一级刻金大定十一年（1171年）《平州石幢记》；二级镌《大佛顶尊陀罗尼经》和《迹神迹咒》；三级为《千手千眼大悲咒》、《西方弥陀咒》；四级刻万历二十八年（1600年）《北平石幢记》；五、六级每面各雕一佛龛，每龛一佛，均为立姿。其中第五层佛像的左手结与愿印，右手接触地印，表示能满足世人所求，灭罪降魔；第六层佛像的左手结禅定印，右手结无畏印，表示对一切无所畏惧。幢顶盘盖8条腾龙，其上圆形覆莲盘盖承葫芦形幢刹。幢身半径逐级减小，材质不统一，应为历次修缮的结果。基座外围以栏杆，望柱12根，浮雕龙、人物等。

图 8-3-69　基座　　　图 8-3-70　第四级幢身八角围城

图 8-3-71　陀罗尼经幢

天津 河北古建筑

第九章 道观和民间宗教建筑

河北道观和民间宗教建筑分布图

① 内丘扁鹊庙
② 定州大道观
③ 武安九江圣母庙
④ 峰峰义井龙王庙
⑤ 涉县常乐龙王庙
⑥ 涉县娲皇宫
⑦ 蔚县玉皇阁
⑧ 蔚县真武庙
⑨ 深泽真武庙
⑩ 安国药王庙
⑪ 涿州药王庙
⑫ 邯郸黄粱梦吕仙祠
⑬ 庆云泰山行宫
⑭ 迁西景忠山碧霞元君庙
⑮ 蔚县天齐庙
⑯ 邢台火神庙
⑰ 张家口堡子里财神庙
⑱ 内丘王交台牛王庙
⑲ 涿州楼桑庙三义宫
⑳ 娄村三义庙
㉑ 磁县崔府君庙
㉒ 山海关姜女庙
㉓ 苑庄灯影台

(地图引自：中华人民共和国民政部编.中华人民共和国行政区划简册2014.北京：中国地图出版社，2014.)

一、内丘扁鹊庙

内丘扁鹊庙，全国重点保护单位，位于河北省邢台市内丘县西北21.8公里的和庄乡神头村西，坐落在太行山东麓中底山峰经岗丘向平原过渡地带的鹊山脚下。扁鹊庙又称鹊山庙、鹊王庙，始建年代不详，相传战国神医扁鹊死后，乡人葬其头颅于此，并建庙祠之。五代后周显德年间（公元954～960年）、北宋熙宁二年（1069年）、金明昌年间（1190～1196年）、元初（1254～1268年）等均有重修，目前整个庙宇占地面积8.2万平方米，建筑面积2164.39平方米，规模宏大，是我国现存最大的祭祀扁鹊的庙宇。

扁鹊庙坐北朝南，依山势而建，地势自前至后逐渐升高，环山面水（图9-1-1）。庙宇平面呈纵长方形的轴线对称布局，由回生桥、桥楼、山门、扁鹊殿、后土前殿（前奶奶殿）、后土后殿（后奶奶殿）、碑楼、牛王庙、火神庙、百子殿、药王庙、道士院、三清殿、玉皇殿、老君洞、财神殿等20余座单体建筑组成，布局合理紧凑，形成围绕天之玉皇、地之后土、人之扁鹊的三才者布局（图9-1-2），其中的三大殿为整座庙群的主体，其中后土后殿及玉皇殿等建筑已被拆毁（图9-1-3）。

扁鹊殿是庙内最重要的主体建筑，也是其中现存最早的建筑，是祭祀扁鹊之所（图9-1-4）。殿面阔七间21.78米，进深三间八架椽9.94米，单

图9-1-1 内丘扁鹊庙全景

图9-1-3 内丘扁鹊庙后土后殿旧影

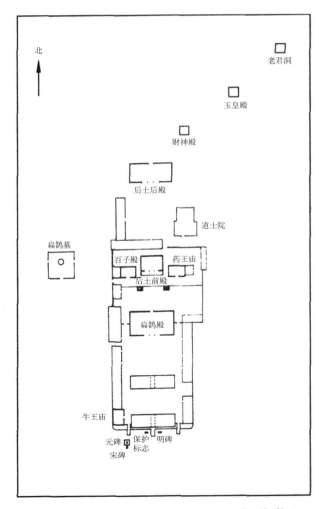

图9-1-2 内丘扁鹊庙总平面图

图 9-1-4 扁鹊殿外观

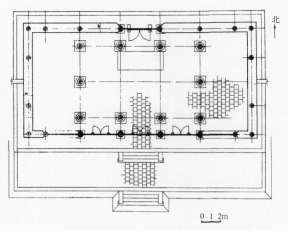

图 9-1-5 扁鹊殿平面图

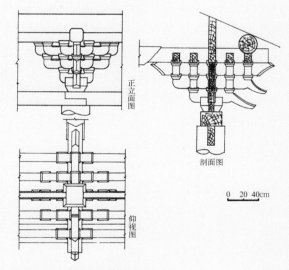

图 9-1-6 扁鹊殿柱头铺作大样图

檐歇山布瓦顶,从建筑结构及大木构件来看,应为元初建筑。殿下为石砌台明,柱网采用移柱、减柱法,殿内用金柱10根,扩大了内部空间(图9-1-5)。檐下斗栱分为柱头、补间及转角铺作,柱头系五铺作双下昂重栱计心造(图9-1-6),补间铺作明、次间施两朵(图9-1-7),梢间一朵,形制与柱头铺作基本相同。殿内梁架施六椽栿对前后劄牵用四柱,彻上明造,不用叉手、托脚,各节点施襻间栱及驼峰支撑,梁栿有明显的彩画痕迹。

内丘扁鹊庙建筑群具有元、明时期的建筑风格,为研究古代建筑的演变提供了重要的实例,并且亦具有较高的历史、文化与艺术价值(图9-1-8)。

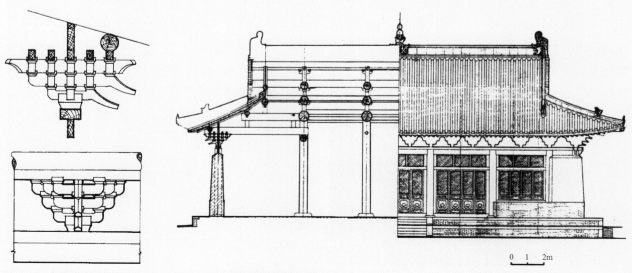

图 9-1-7 扁鹊殿补间铺作大样图　　图 9-1-8 扁鹊殿正立面图、纵剖面图

二、定州大道观

大道观，全国重点文物保护单位，位于河北省定州市城内大道观街，始建年代不详。原为南北中轴式的道教寺观建筑群，占地面积 2000 余平方米，由南向北依次为大照壁、关帝庙、雷云殿、玉皇殿及老君庙等 5 座大殿。清康熙年间，大道观东曾有池塘，养鱼栽荷。州人每逢中秋佳节携酒前往赏月，月夜波光涟漪，因景取名"西溪玩月"，被当时定州知州黄开运列为八景之一，为后人传颂。后屡遭破坏，现仅存玉皇殿一座。

玉皇殿建于元泰定年间（1324～1328 年），面阔七间，进深四间，单檐庑殿琉璃瓦剪边顶，前出抱厦。建筑面积 300 平方米，殿前有高 1 米的砖砌月台。檐下施四铺作单下昂斗栱，补间铺作施真昂（图 9-1-9）。殿内减柱造，四壁存有明代万历年间所绘沥粉贴金帝王出巡图，以及玉皇大帝天上宫殿建筑。整幅画面构图宏阔，造型优美，技法精湛，画面人物线条流畅、造型生动、各具特色，运用了中国传统的绘画手法，以"画以立意"为宗旨，采用"以形写神"和"以神写形"的方法，具有较高的历史、科学及艺术价值（图 9-1-10）。

三、武安九江圣母庙

九江圣母庙，全国重点文物保护单位，位于河北省武安市城区西北 33.5 公里管陶乡管陶村东北 200 米，是一处保存较好、年代较早的古建筑群，专为祭河神镇水患而建，建于元代。该庙坐北面南，为"回"字形建筑布局，现存共有殿宇 14 座，包括山门、正殿、东西配殿，正殿后有禅房、库厨等，除正殿外其余为清代建筑，总占地面积近 1000 平方米。

九江圣母庙的主体建筑是正殿，坐落于庙的中心部位，单檐悬山琉璃剪边顶，面阔三间 9.81 米，进深两间 9.35 米，平面基本上呈方形，建筑面积 91.7 平方米，建筑高度 8.6 米。前檐下施青石台明，高 0.2 米，方砖铺面。柱网形式为前檐柱 4 根，后檐柱 4 根，共用柱 12 根。前檐共用铺作 8 朵，为四铺作计心造，单下昂，其中柱头铺作 4 朵，补间铺作明间施 2 朵，次间各施 1 朵。铺作下昂均为批竹真昂。梁架为六椽屋，四椽栿后接乳栿用三柱。

九江圣母庙内除建筑外，尚有清嘉庆八年（1803 年）《重修九江圣母庙碑志》、清嘉庆十四年《重修水池碑记》、清光绪二十四年（1898 年）《栽柏树碑记》、清宣统元年（1909 年）《重修子孙堂庙记》、民国六年（1917 年）《重修九江圣母庙碑志》碑刻以及明嘉靖的石质香台 1 座。

四、峰峰义井龙王庙

义井龙王庙，邯郸市重点文物保护单位，位于河北省邯郸市峰峰矿区义井镇义井村东 50 米。该庙始建年代不详，据寺内存元至正十年（1350 年）《重

图 9-1-9 大道观玉皇殿外观

图 9-1-10 大道观玉皇殿内壁画

修庙堂之记》碑载，庙原为崔府君庙，但何时改为龙王庙不可考，至元十年（1273年）经历重修。

龙王庙坐北朝南，占地面积900平方米，现存山门，正殿及其西侧奶奶殿和东侧马王、窑神庙。山门为清代建筑，面阔三间，进深一间，单檐硬山布瓦顶。正殿即龙王殿为元代建筑，面阔三间，进深二间，单檐悬山布瓦顶，前有拜廊，檐下施五铺作单抄单下昂斗栱，明间用八角石柱，柱网有侧脚及生起。庙内现存碑刻除上述元碑外，还有清乾隆二年（1737年）《窑神老爷庙碑》一通。

五、涉县常乐龙王庙

常乐龙王庙，全国重点文物保护单位，位于河北省邯郸市涉县温村乡常乐村，始建年代及其原有格局不详，现存正殿一座，应为元代建筑。殿面阔三间，进深二间，单檐悬山顶，瓦顶残存部分琉璃脊饰。心间设版门，两次间设直棂窗，风格古朴。殿正面檐下各间用补间铺作一朵，柱头与补间铺作均为四铺作单下昂斗栱，昂下出华头子，补间耍头后尾斜上挑于槫下，斗栱用材粗大（图9-1-11）。后檐墙直达檐下，故后檐不用斗栱。该殿前半部为廊，进深二椽，殿内深四椽，彻上明造，梁架用四椽栿对乳栿。平梁一端立于金柱上，另一段位于蜀柱上。蜀柱下达四椽栿，省去三椽栿，用劄牵支撑后坡下平槫。梁架上用叉手，但未见托脚，槫与节点斗栱之间施替木，简练异常。殿前存有清代重修碑二通，以及民国重修碑一通。

六、涉县娲皇宫

涉县娲皇宫，全国重点文物保护单位，位于河北省邯郸市涉县索堡镇唐王山山腰，始建于北齐，原为佛教寺院，后改为道教寺庙，现存除北齐摩崖刻经外，均为明、清道教建筑。涉县娲皇宫是我国最大的祭祀女娲氏的古代建筑群，也是北方地区典型的佛、道二教合一的古建筑群。娲皇宫由山上和山下两部分组成。山下由南向北依山势建有朝元宫、停骖宫、广生宫，山上有娲皇宫和北齐摩崖刻经，除朝元宫1938年毁于战火外，其余保存完好。

朝元宫是山前第一宫，原名大悲准提庵，又名十方院，建于清康熙四十一年（1702年），乾隆、道光、光绪年间有增建、重修。朝元宫坐北朝南，共有两进四合院落，中轴线上有天王殿、大成殿、水池房和北侧的华佗庙、三宫殿及其遗址等。

停骖宫位于朝元宫东100米处，为旧时达官显贵游览时的休息之所，建于清康熙五年（1666年），乾隆、咸丰、民国年间均有重修、增建。停骖宫为一组依地势而建的独立四合院，由正殿、南北厢房、门楼和倒座组成（图9-1-12）。

广生宫俗称子孙殿，建于元末，明万历十六年（1588年）毁，清康熙五年（1666年）重建，乾隆、咸丰年间屡有重修。广生宫同样为一组四合院，依地形而建，由正殿、南北厢房、门楼以及倒座组成（图9-1-13）。

娲皇宫始建于北齐，明万历十四年（1586年）创建鼓楼，万历二十四年（1596年）创建钟楼，万历三十六年（1608年）遭火焚，万历三十七年（1609年）在原址重建，明天启六年（1626年）又遭火焚，崇祯元年（1628年）建楼阁五层，清顺治至嘉庆年间各代都曾有维修，咸丰二年（1852年）再遭火焚，

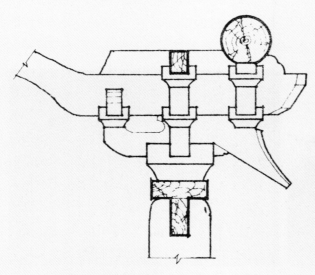

图9-1-11 常乐龙王庙正殿补间铺作侧立面图

图 9-1-12　停骖宫正殿外观

图 9-1-13　广生宫正殿外观

图 9-1-14　娲皇宫俯视

咸丰三年（1853年）重建，并创建迎爽楼、水池房、山门等。娲皇宫占地1437平方米，建筑面积432.8平方米，其主体建筑为娲皇阁，两旁有梳妆、迎爽二楼，左钟楼、右鼓楼南北对峙，其余还有山门、牌坊、石窟等，依据山势地形而建，打破了传统中轴线对称的平面格局（图9-1-14）。

娲皇阁为清咸丰三年（1853年）所重建的，建于大型石砌拱券台基上，台前附建面阔五间的木构歇山抱厦。阁身三层，歇山琉璃瓦顶，通高24米。下层面阔五间，进深三间；上两层面阔三间、进深二间及周围廊。上层檐下施七踩双昂斗栱，中、下两檐施五踩单昂斗栱。各层设木楼梯以供上下之行。阁与背后峭壁以铁链相连，阁内人满时铁链则绷紧，故有"吊庙"之称，被誉为河北古代建筑十大奇观之一（图9-1-15）。

娲皇阁之北的山崖上即为北齐的一组双窟——"眼光洞"和"蚕姑洞"，两窟坐东面西，南北比邻。眼光洞内东、北、南三壁满刻经文，原有一佛二菩萨，现仅存一佛。蚕姑洞同样为东、北、南三壁满刻经文。两洞形制基本与南响堂山的第一、二、七号窟和北响堂山的第三号刻经洞基本相同（图9-1-16）。

娲皇宫的北齐摩崖刻经同样位于娲皇宫建筑背后的山崖上，总面积约164平方米，共计137400余字，始刻于北齐天保末年，共有经六部，由西向东依次为《思益梵天所问经》、《十地经》、《佛垂般涅槃略说教诫经》、《佛说盂兰盆经》、《神秘解脱经》、《妙法莲花经·观世音普门品》，为我国现存早期摩崖刻经中字数最多、面积最大的一处，对于早期佛教地域、流派的研究以及书法镌刻演变的研究均有弥足珍贵的价值（图9-1-17）。

图9-1-15 娲皇阁外观

图9-1-16 娲皇宫北齐双窟外观

图9-1-17 娲皇宫北齐摩崖石刻

七、蔚县玉皇阁

玉皇阁，全国重点文物保护单位，位于蔚县北城墙中央，建于明洪武十年（1377年），之后于明、清及民国时期多次维修。明代时此阁为重要的城防设施，故亦称为靖边楼（图9-1-18）。

玉皇阁坐北朝南，以北城墙中部为基，有前、后两院，占地面积2050平方米。其建筑布局，与通常位于北城墙中央的真武庙相仿，不仅建筑向北突出，而且玉皇阁前后两院间有着4米的高差，而且也同样采用以石阶相连来营造和烘托建筑空间序列的高潮。玉皇阁前院有山门，又称天王殿，以及东、西配殿，均为硬山布瓦顶的小建筑。后院有玉皇阁和钟楼、鼓楼。钟、鼓楼建于玉皇阁前方两侧，均为面阔进深各一间的重檐歇山布瓦顶二层楼阁，楼内分别悬置钟与鼓（图9-1-19）。

主体建筑玉皇阁为二层三重檐歇山琉璃瓦顶的阁楼，外观三层，设腰檐一道及平坐，实则两层。阁面阔三间、进深二间，下层周置回廊，通面阔20.8米，通进深12米，总高14.95米。第一、二

图9-1-18 蔚县玉皇阁全景

层檐下施一斗三升斗栱，三层檐下施单翘三踩斗栱。阁之梁架较为自由活泼，很具地方特色。柱头间用额枋、平板枋连接，挑尖梁与挑尖随梁是檐柱与金柱间的连结构件。殿内的五架梁是构件中承受荷载最大的一根构件，跨度达到了8.3米。山面歇山部分则采用了明代常用的结构做法，抹角梁并未直接承托搭交金檩节点，而是将其沿45°角方向向外移动，使翼角角梁后部通过驼峰落于梁上，并继续向后跳出，角梁尾部支撑着上部搭交金檩，使角梁形成悬挑结构（图9-1-20、图9-1-21）。玉皇阁内存玉皇、西王母、五岳大帝、三十六雷公等道教题材壁画。前廊下还保存有明清时期重修碑7块。在某种程度上，玉皇阁已经是边关重镇的象征，在曾经的蔚州官民心中有着重要的地位。

八、蔚县真武庙

蔚县真武庙，全国重点文物保护单位，位于蔚县城内西北城墙脚下，坐北朝南，始建年代不详，明、清均有修葺。真武庙建在3米高的砖砌台基上，占地近3000平方米，平面布局呈四合院式，坐北朝南，殿宇禅房相连，形成一个封闭式独立院落，以其地势宽宏，基址高峻而著称。该庙现存前殿、东西配殿及正殿、正殿前的钟楼等明代建筑。真

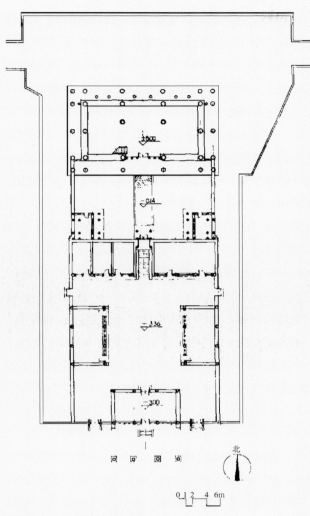

图9-1-19 蔚县玉皇阁总平面图

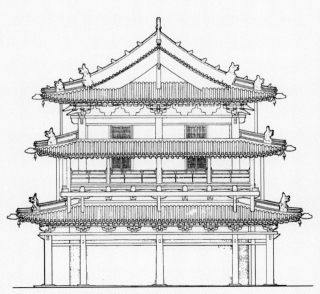

图9-1-20 蔚县玉皇阁东立面图

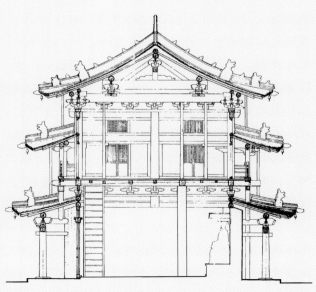

图9-1-21 蔚县玉皇阁横剖面图

武庙前殿面阔三间、进深二间，单檐硬山布瓦顶。正殿为单檐歇山绿琉璃瓦顶，面阔三间，进深二间，檐下施五踩双昂斗栱，前设歇山卷棚抱厦三间，殿前有月台。抱厦内东西墙上绘有20尊道教题材的人物壁画。钟楼位于正殿东侧，面阔进深各一间，单檐歇山顶布瓦顶二层阁楼，檐下施五踩双斗栱，柱子及阑额、普拍枋，保留了金、元时期建筑风格。庙内现存清刻《施香火房地碑记》二通。

九、深泽真武庙

深泽真武庙（图9-1-22），河北省重点文物保护单位，位于河北省石家庄市深泽县城北城墙正中，始建于明嘉靖四十年（1561年），是石家庄境内现存完好的一处道教建筑群。原深泽城只有东、南、西三门，无北门，明嘉靖四十一年（1562年），由时任深泽知县、大同人李承式主持，在北城墙中部构筑土台，称为北极台。台呈四棱台形，环四周砖砌，其基座面积约2160平方米，南北长85米，东西宽45米，台高14米，顶台面积约1600平方米，台分三层，由南向北逐层升高，层间以石阶上下，真武庙就建于此三层台上。第一层台上，正中建庑坊门，面阔三间，进深一间，单檐悬山布瓦顶，是一砖券结构的牌坊式建筑。第二层台正中建面阔三间，进深二间的悬山布瓦顶殿堂一座。第二层台顶平面方形，边长40米，南面正中建延胜亭，面阔、进深各一间，四角攒尖布瓦顶。亭两侧建钟楼、鼓楼，均为面阔、进深各一间的重檐庑殿顶二层楼阁。背面正中为真武殿，面阔、进深各三间，悬山布瓦顶，建筑面积140平方米。真武殿两侧有配殿。台顶现存清康熙、清嘉庆年间重修碑各一通。登临真武庙远眺，可览全城之貌，是为深泽十景之一的"北台楼月"。

十、安国药王庙

药王庙，全国重点文物保护单位，位于河北省安国市原南关。庙内原有宋碑，故其始建年代不会晚于宋代。东汉建武六年（公元30年），曲阳郡守邳彤死后葬安国，邑人感其德立祠以祀。北宋建中元年（1101年），朝中以邳彤显灵医好秦王之疾为由，封其为"灵贶侯"。南宋咸淳六年（1270年）加封为"明灵昭惠显佑王"。并于临安为其建庙。明永乐二年（1404年），安国邳彤祠依临安药王庙旧制扩修成现存规模。

药王庙坐北朝南，占地面积3200余平方米。沿着中轴线自南向北依次由牌楼、山门、药王墓亭、正殿及后殿，轴线两侧有钟鼓楼、碑房、名医殿等。牌楼四柱三楼，庑殿琉璃瓦顶。山门面阔三间，进深二间，硬山布瓦顶，前檐悬清代大学士刘墉手书"药王庙"大字匾额。药王墓亭面阔、进深各三间，硬山琉璃瓦顶，内置邳彤墓碑。正殿面阔、进深各三间，硬山琉璃瓦顶，建筑面积160平方米，后殿为药王寝殿，面阔、进深各三间，硬山琉璃瓦顶，檐下施五踩重昂斗栱，建筑面积150平方米。碑房、名医殿等均为硬山布瓦顶建筑。东西名医殿内供华佗、扁鹊、张子和等历代名医十人。

十一、涿州药王庙

涿州药王庙（图9-1-23），河北省文物保护单位，位于涿州市桃园区南关大街108号院，其东侧毗邻涿州清行宫。据清道光二十五年（1845年）重修药王庙碑记载，该庙始建于明嘉靖年间，于清道光二十五年、民国二十八年（1939年）重修。庙坐北朝南，20世纪70年代庙内建筑遭到破坏，现仅存后殿。

后殿建于高3.35米、宽32米、深23.75米的砖砌高台上，为硬山布瓦顶建筑。该殿面阔五间30.8米，进深三间20.5米，大木构架为七架梁对前后双步梁，彻上明造，前廊用增柱法在明、次间四缝梁架下各增加明柱一根，并在增设的明柱处安装隔扇装修，其上部走马板上绘有云龙、故事、罗汉、护法等内容。前檐柱用雀替，前后檐均施旋子彩画，殿内供奉着历代名医。

十二、邯郸黄梁梦吕仙祠

黄梁梦吕仙祠（图9-1-24～图9-1-30），河北省文物保护单位，位于河北省邯郸市北10公里

图 9-1-22 深泽真武庙外观

的黄粱梦镇,是一处历史悠久、规模较大、保存完好的明清时期道教建筑遗存。北宋时依唐人沈既济《枕中记》而建,明嘉靖三十三年(1554 年)道士陶仲文扩建重修,嘉靖皇帝敕赐御笔"风雷隆一仙宫"匾额。清乾隆五十一年(1786 年)河南巡抚毕沅又增建,形成主体建筑坐北朝南,山门面西的倒"T"字形平面轴线布局,总占地面积 1.2 万平方米。祠内主要建筑有南侧东西轴线上的清代建山门、八仙阁;南北主轴线上的丹门、八卦亭、五朝门、钟离殿、吕祖殿、卢生殿;主轴线两侧有清代光绪皇帝和慈禧行宫、接官厅等建筑,三殿两侧有钟、鼓楼、配殿等。除了古建筑外,祠内还有莲花池、栈桥、假山等景观要素,以及明清重修碑、游人题记、题诗等碑碣 30 余通,是一处布局严谨,融庙宇、园林于一体的典型道观遗存。

图 9-1-23 涿州药王庙

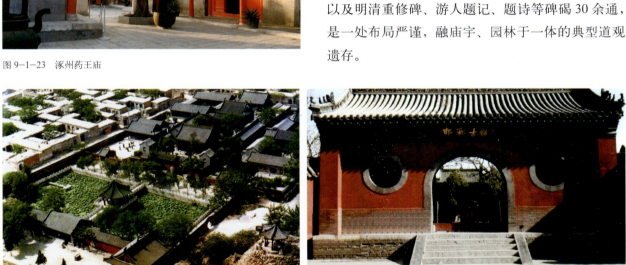

图 9-1-24 邯郸黄粱梦吕仙祠鸟瞰

图 9-1-25 吕仙祠山门

图 9-1-26 吕仙祠八仙阁

图 9-1-27 吕仙祠钟离殿

图 9-1-28　吕仙祠吕祖殿

图 9-1-29　吕仙祠卢生殿

图 9-1-30　吕仙祠莲花池及八卦亭

十三、庆云泰山行宫

庆云泰山行宫，河北省重点文物保护单位，位于河北省沧州市盐山县东南28公里处的庆云镇西关村，创建于明洪武六年（1373年），为祭祀泰山圣母碧霞元君所建，古称泰山行宫。

行宫坐北朝南，原有照壁、山门、行宫大殿即碧霞元君殿、东西配殿、铃铛阁等建筑，轴线东侧南面建六角亭，背面建四角方亭，周建砖砌围墙，占地面积4800平方米。现山门改建，东配殿已毁，现存行宫大殿、铃铛阁。大殿硬山布瓦顶，面阔三间，进深一间，前后出面阔三间、进深一间的卷棚抱厦，后抱厦当心间北侧接建二柱垂花门。铃铛阁建在4.5米高的砖砌高台上，台下有券门三道，中间较大。阁为歇山布瓦顶，面阔三间，进深两间，四面出廊，檐椽椽头悬挂铜铎百余枚，故名铃铛阁。阁、大殿、抱厦等均不用斗栱。

十四、迁西景忠山碧霞元君庙

碧霞元君庙，河北省文物保护单位，位于河北省唐山市迁西县三屯营镇三屯营村南4公里的景忠山上。景忠山至迟在北宋时期已有道教建筑，自明洪武年间开始，这里陆续增建了一些军旅文化建筑，清康熙年间，这里的佛教建筑发展到鼎盛时期，号称"庙宇七十二，金尊百六十"。

此处明初建三忠祠一座，明嘉靖二年（1523年）蓟镇总兵马永在祠东创建碧霞宫，明末毁于大火。清顺治年间清廷三次拨银增建、重建，康熙皇帝曾御驾此山，题匾多方。原有碧霞元君殿、三忠祠、后殿、望海楼、配殿、朝仙门等建筑，布局无明显轴线。山路上建有三道茶棚、署院、四帅殿等。1976年唐山大地震，建筑大部分损毁，仅存主体建筑碧霞元君殿及明、清碑刻9通。自1990年以来，逐步恢复重建了部分于唐山大地震中倒塌的建筑。

碧霞元君殿坐落在景忠山的制高点上，海拔

610米，外观宏伟，重檐歇山琉璃瓦顶，面阔五间15.6米，进深四间11.5米，通高12.46米。大殿四周回廊围绕，檐下施五踩双昂斗栱，明间平身科斗栱二朵，次间平身科斗栱一朵，廊步梢间未用平身科斗栱。

十五、蔚县天齐庙

天齐庙，全国重点文物保护单位，位于河北省张家口市蔚县胜利路县农业局植物医院内。据明嘉靖十五年重修碑记载该庙创建于明万历二十七年（1599年），原供奉仁圣大帝。天齐庙坐北朝南，轴线上原有排子戏楼、天齐坊、东西厢房、后殿，均已毁，现仅存拜殿和正殿。拜殿面阔、进深各三间，为单檐歇山卷棚布瓦顶，梁架为六架梁前后出单步廊。正殿面阔五间，进深四间，为单檐庑殿黄琉璃瓦顶建筑，檐下置重昂五踩镏金斗栱，昂嘴扁平，角科昂为异形昂。拜殿与正殿之间以卷棚顶过廊相连接。

十六、邢台火神庙

邢台火神庙，河北省文物保护单位，位于河北省邢台市桥东区府前南街路东，残存古城墙的西侧，又称为火神真君庙。庙始建于明天顺四年（1460年），明万历、清乾隆、清道光年间均有修缮。庙坐北朝南，有完整的院落，东西长39米，南北宽50米，其中包括一段长38米，高12米的古城墙，占地面积1980平方米。庙内现存门楼一间，大殿以及东、西配殿各一座，以及清代重修碑9通。

火神庙大殿面阔三间、进深三间，单檐悬山绿色琉璃瓦顶，檐下施单踩斗栱，前出卷棚顶抱厦三间，面阔通殿身，进深一间，总建筑面积约85平方米。殿内彻上明造，梁架结构为七架梁用三柱，梁柱多为自然材，抱厦梁架为四架梁用二柱，抱厦与殿身顶部相交处形成天沟，室内以石条铺地，塑有火神庙真君。东配殿为药王殿，西配殿为瘟神殿，均为面阔三间、进深一间的单檐悬山绿琉璃瓦剪边顶的建筑。

十七、张家口堡子里财神庙

该庙位于河北省张家口市桥西区堡子里北关街。明宣德年间筑建的堡子里是张家口的发源地，堡内现存大批古建筑，财神庙即位于堡子里的北门外，是张家口市堡子里明代建筑群的重要组成部分，反映了当年此地商业的发达。其具体时间年代不详，现存为清代建筑。庙坐西朝东，有山门、前殿、后殿以及前、后四座配殿，山门前建戏台一座，占地面积2200平方米，现山门及前院南配殿已毁（图9-1-31）。

财神庙前殿面阔五间、进深一间，单檐硬山卷棚布瓦顶，前、后明间各处歇山卷棚顶抱厦一间。后殿面阔三间、进深一间，单檐硬山布瓦顶，明间前出歇山卷棚布瓦顶抱厦一间。戏台坐东朝西，面阔三间、进深二间，坐落在砖砌台阶之上，由前台、后台与辅助用房3部分组成。前台用卷棚歇山布瓦顶，前檐施三踩斗栱，后台为硬山布瓦顶，辅助用房是一座小型三合院，位于前后台之北侧。

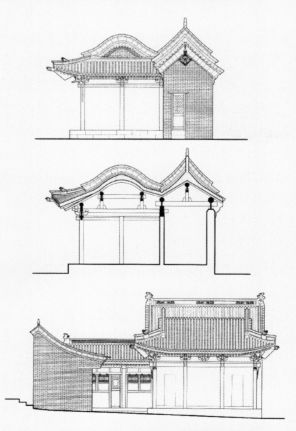

图9-1-31 堡子里财神庙戏台侧立面图、横剖面图、正立面图

十八、内丘王交台牛王庙

交台牛王庙,河北省重点文物保护单位,位于邢台市内丘县柳林乡王交台村南100米。寺始建年代不详,清乾隆二十九年(1764年)、道光十二年(1832年)均曾重修。坐北朝南,有戏楼、正殿各一座。正殿面阔三间,进深二间,单檐硬山卷棚顶。戏楼由戏台、看棚2部分组成。戏台面阔三间,进深二间,单檐硬山卷棚顶,前台东西两侧各外接单步一坡水挂檐一间。看棚东西向,面阔、进深各三间,单檐歇山卷棚顶,南端瓦顶与戏台瓦顶前坡相接,总体呈"丁"字形。

大殿内现供奉着牛王、五道、土地三位神仙。院内存道光十二年立《重修牛王庙戏楼碑记》一通。

十九、涿州楼桑庙三义宫

楼桑庙三义宫,河北省重点文物保护单位,位于涿州市松店镇楼桑庙村东北,相传为东汉末刘、关、张桃园结义之处。始建于唐乾宁四年(公元897年),宋至清历代均有重修。现存为明正德三年(1508年)扩建重修后的规模布局。坐北朝南,有宫门、马殿、正殿、配殿、后殿等建筑。现仅存宫门,砖仿木结构,面阔三间,进深一间,单檐歇山顶。明、次间各辟券门,明间券顶嵌石匾,内题"敕建三义宫"。院内存元初壬申年(1272年)《汉昭烈庙诗碑》,明正德三年(1508年)《重修三义宫碑记》等碑刻多通。

二十、娄村三义庙

三义庙,河北省重点文物保护单位,位于保定市涞水县娄村,始建于明洪武年间,以纪念桃园结义,清代重修。现存大殿坐北朝南,面阔三间,进深三间,单檐庑殿顶,五架梁,前出卷棚前廊。

二十一、磁县崔府君庙

崔府君庙,河北省重点文物保护单位,位于邯郸市磁县城内府君庙街北侧,据志书记载,庙是唐开元六年(公元718年)为祭祀县令崔珏所建,元大德三年(1299年)、清光绪十七年(1891年)均有重修记载。现存建筑有拜殿、正殿、过廊、后殿。正殿与后殿过廊相连,平面为"工"字形,现存建筑时代为明、清时期。

拜殿面阔五间,进深一间,卷棚硬山顶,六架梁,内有碑碣八通,多为明代所刻。正殿面阔五间,进深二间,悬山琉璃顶,七架梁,后出单步梁,梁下用五踩双昂异形斗栱。前后檐为八角石柱。正殿和后殿间过廊为卷棚顶,三间,六架椽。后殿面阔五间,进深二间,硬山顶,七架梁,前出单步梁。1995年,群众集资修复了东西配殿。

二十二、山海关姜女庙

山海关姜女庙,河北省重点文物保护单位,位于秦皇岛市东13里处南窑乡望夫石村的望夫山(又名"凤凰山")上。沿108蹬石阶而上,山门匾额"贞女祠",东侧有钟楼,西侧有两层殿堂,前殿祀孟姜女,后殿祀观音、文殊、普贤菩萨。殿后有望夫石。石头上镌有清乾隆皇帝御笔七律诗《姜女祠》。石东有"振衣亭",石南有复制的明张栋所撰《贞女祠记》碑。

文献记载此庙建于明万历二十二年(1594年),山海关兵部分司主事张栋所建。万历二十四年(1596年),山海关兵部分司主事张时显改筑此庙。崇祯末年,山石关内道范志完重修姜女祠。有清一代,寺庙时有修葺,至民国初年香火依然很盛。"文革"

图9-1-32 山海关姜女庙

间，寺庙塑像被毁，1979年复建塑像、殿宇、围墙。20世纪80年代，石墙外筑亭子，后殿重塑佛像（图9-1-32）。

二十三、苑庄灯影台

苑庄灯影台，河北省重点文物保护单位，位于张家口市蔚县涌泉庄乡苑庄村南的高地上，建于清代末年。灯影台坐南朝北，单檐卷棚顶，南北长6.35米，东西宽2.15米，面阔三间，进深一间，四架梁。前檐檐柱出两跳丁头栱，栱头上置绰幕枋。里层檩枋与额枋间设花楣子板，枋下均木雕草龙雀替（图9-1-33）。

民国年间本地灯影较为盛行，在灯影台东墙壁上存有"南闱班全拜，王奇在此台乐也，光绪廿六年正月廿四、五、六日"、"吕家庄□□□□□绪在此一乐也，民国十六年□□□……"等题记。

图9-1-33 苑庄灯影台

天津 河北古建筑

第十章 清真寺

河北清真寺分布图

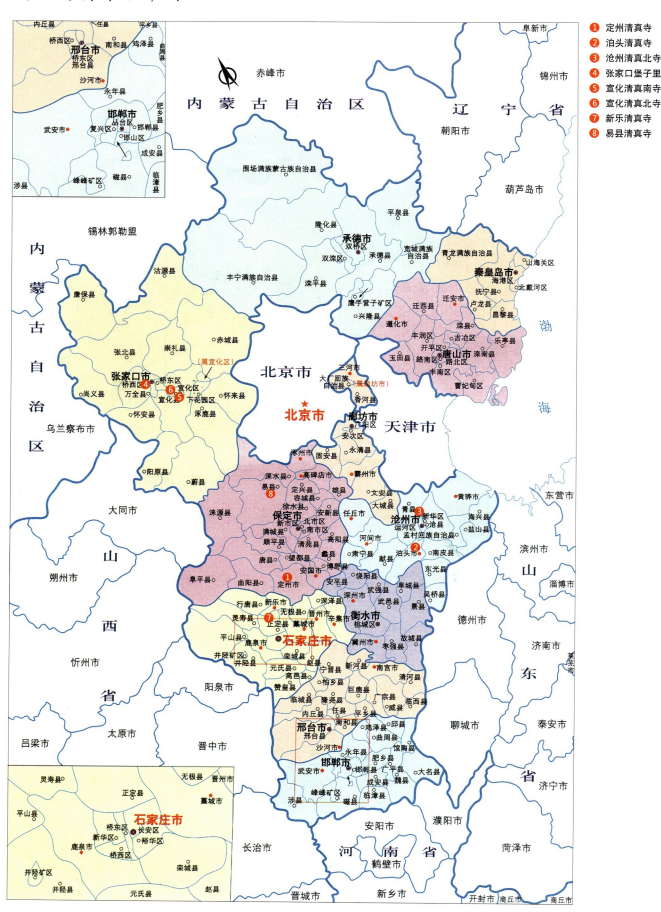

❶ 定州清真寺
❷ 泊头清真寺
❸ 沧州清真北寺
❹ 张家口堡子里清真寺
❺ 宣化清真南寺
❻ 宣化清真北寺
❼ 新乐清真寺
❽ 易县清真寺

（地图引自：中华人民共和国民政部编.中华人民共和国行政区划简册 2014.北京：中国地图出版社，2014.）

清真寺又名礼拜寺，是伊斯兰教信众礼拜、教习的场所。元代以来，信奉伊斯兰教的穆斯林因战争、屯垦、移民、贸易，在华北地区形成了穆斯林聚居区，并建设自己的宗教建筑。河北穆斯林生活习俗多受当地影响，清真寺建筑亦多采用当地建筑常见的结构和布局，但在功能、装饰等方面保留着伊斯兰教建筑的特征，从而形成融合中亚、汉地风格的清真寺。

河北地区清真寺一般包含一至三进院落，在中轴线上布置大门、邦克楼或望月楼、礼拜殿，各进院落配殿、耳房设讲堂、水房等；穆斯林进入礼拜殿须面朝西方麦加，因而多数清真寺采用东西向布置；而礼拜仪式需要较大室内空间，因而采用汉地浅进深建筑形式的礼拜殿，往往通过与前、后卷棚、抱厦勾连搭来增加室内面积，其中后接建筑称后窑，常与望月楼结合作藻井、攒尖顶，从而形成了外观独特的建筑天际线。

一、定州清真寺

定州清真寺位于定州市中山中路与清风街交口东北，坐西朝东，占地约 5200 平方米。寺内有大门、垂花门、南北、讲堂礼拜殿、水井等（图 10-1-1～图 10-1-4）。

大门为古式马鞍形，左右各有一座便门。

礼拜殿含前殿、后窑。前殿面阔三间、进深三间，灰瓦庑殿顶，前出卷棚抱厦。抱厦用汉白玉檐柱，鼓形柱础，柱身阴刻"仰体天心一元默远，永延道脉万派同归"。柱头用木雕雀替，明间为缠枝牡丹纹，次间为缠枝莲花纹。门上悬黑底金字"开天古教"匾，厦内次间南、北梁栿分别悬"真宰不贰"、"上德为一"匾，梁上驼峰木雕卷草纹，遍施旋子彩画。殿身大门为六抹隔扇，当心间门上悬阿文"清真言"匾，意为"万物非主，惟有安拉，穆罕默德，主之使者"，柱上挂"化物化人能化化，生天生地更生生"联；南、北次间门楣上分别悬汉文"洪慈普世"、"造物之源"匾，柱上挂"帝鉴圣匪笃敬于不见不闻之地，圣言可畏钦承在日旦明旦之中"联。殿内4 棵金柱直径约 55 厘米。檐下施五踩重昂斗栱，南、

图 10-1-1　定州清真寺剖面

图 10-1-2　定州清真寺

图 10-1-3　定州清真寺大殿斗栱

图 10-1-4　定州清真寺后窑殿外观

图 10-1-5　定州清真寺礼拜殿后窑

图 10-1-6　定州清真寺礼拜殿后窑旧照

北檐每间3朵补间。梁架遍施旋子彩绘。礼拜殿正中向西伸出后窑，面积约4平方米，青砖灰瓦，上接八角攒尖顶望月楼，高出前殿约2米，角部出三跳斗栱偷心，用材大小与定州料敌塔类似，但出跳较短，栱头圆润无卷杀，补间斗栱不出跳，斗栱上承穹顶。西墙原有木制圣龛：龛底设栏杆，顶设垂柱及斗栱门罩；正壁红地金花、金字，中心大圆光，外围九小圆光，图案精美；侧壁为阿文、花卉交织图案，灿烂可观；圣龛毁于"文革"。现后窑券顶门楣上书阿文"清真言"匾，沿弧形门框书阿文"真主永生不灭"，西墙正中上书阿文"凭着普慈今世、独慈后世的主的尊名起"。后窑墙体用砖特大，灰缝系黄土灰浆，或为元代所建（图10-1-5、图10-1-6）。

礼拜殿两侧竖立元、明、清等历代石碑13通，其中元至正八年（1348年）《重修礼拜寺记》碑，系首通以汉文书写的伊斯兰教在华传教史事的碑刻，在中国伊斯兰教史上具有重要地位。

定州清真寺始建年代不详，元至正三年（1343年）前规模尚小，元至正八年（1348年）礼拜殿始成。明正德十六年（1521年）增建附属建筑。清雍正九年（1731年）重修。此后历代皆有修缮。

二、泊头清真寺

泊头清真寺位于泊头市清真街南端，坐西朝东，占地面积约15000平方米，建筑面积4000余平方米，寺内含三进院落（图10-1-7～图10-1-14）。

首进院东为大门，面阔三间，进深一间，前后出廊，单檐歇山顶，两侧设八字雕花砖墙，门前设上马石两方，竖有1.5米高旗杆一根。门内南、北为经学堂。西为邦克楼，高两层，上层四面开隔扇，重檐四角攒尖顶。楼两侧设便门。院北设清真女寺。

二进院南、北各有配殿6间。院中为花殿阁（垂花门），通高5米，其面向邦克楼一侧做斗栱，硬山顶。

三进院含礼拜殿及南、北讲堂。殿前设月台，

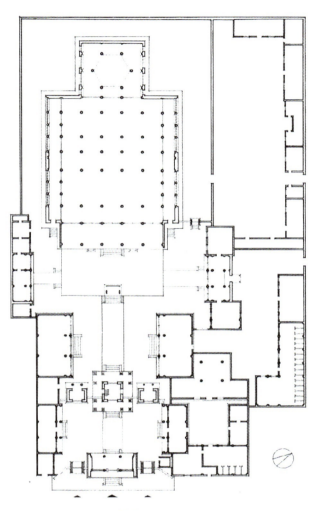

图 10-1-7　泊头清真寺总平面

图 10-1-8　泊头清真寺寺门

图 10-1-9　泊头清真寺邦克楼

图 10-1-10　泊头清真寺花殿阁、邦克楼

图 10-1-11　泊头清真寺花殿阁、礼拜殿

台两侧有汉白玉栏杆石桥通讲堂。礼拜殿为两座歇山顶建筑勾连搭，前接卷棚，后窑为平面方形、内设藻井、六角攒尖顶望月楼。

泊头清真寺始建于明永乐二年（1404年），后经多次扩建、修缮。

三、沧州清真北寺

沧州清真北寺位于沧州市解放路，坐西朝东，占地面积约7400平方米，建筑面积约3000平方米。寺内含大门、二门、对厅、礼拜殿、南北配殿、义学堂、阿訇住室、水房等（图10-1-15）。

对厅面阔三间，进深一间。礼拜殿基本保持明代风格，规模宏大，由4座建筑勾连搭而成；前为

图 10-1-12 泊头清真寺礼拜殿前院

图 10-1-13 泊头清真寺望月楼外观

图 10-1-14 泊头清真寺望月楼藻井

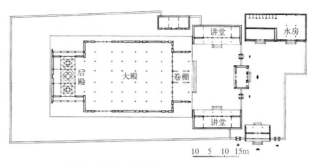

图 10-1-15 沧州清真北大寺总平面

图 10-1-16 沧州清真北寺鸟瞰

卷棚抱厦，面阔五间；中为两座面阔七间的单檐庑殿大殿；后为3座望月楼，中为六角攒尖顶，两侧为四角攒尖顶；堂内施明柱50余根，全木板铺地，可容纳1200人同时礼拜，是河北省现存清真寺中最大的单体建筑。

沧州清真北寺始建于明永乐二年（1404年），明永乐十八年（1420年）落成。清同治十二年（1873年）重修。寺院原位于城南护城河南岸，寺门朝南（图10-1-16）。后因城市建设拆墙、填河、修路，改以中间院落北侧为主入口。

四、张家口堡子里清真寺

张家口堡子里清真寺（图10-1-17～图10-1-20）位于张家口市桥西区堡子里西关街，坐西朝东，占地面积约6000平方米。寺内含大门、二门、礼拜殿、配殿等。

大门面阔三间，单檐歇山顶。二门系一卷一殿一卷式垂花门，两侧各设曲尺形卷棚顶廊庑12间。

礼拜殿面阔五间，进深三间，单檐歇山顶，前后各出面阔、进深各三间的卷棚歇山顶抱厦，整体平面呈"十"字形，后抱厦顶出八角攒尖顶望月楼，建筑面积580平方米。礼拜殿南、北各建配殿5间，西南建六角攒尖顶邦克楼。

图 10-1-17　张家口堡子里清真寺寺门

图 10-1-19　张家口堡子里清真寺礼拜殿

图 10-1-18　张家口堡子里清真寺邦克楼

图 10-1-20　张家口堡子里清真寺望月楼

张家口堡子里清真寺始建年代不详，清雍正十二年（1734年）重修。寺内存重修碑一通。

五、宣化清真南寺

宣化清真南寺位于张家口市宣化区庙底街，坐西朝东，占地面积约3600平方米。寺内含大门、邦克楼、礼拜殿、配殿、廊庑等。

大门面阔三间，进深五檩，前出廊，歇山顶，檐下施一斗二升交麻叶斗栱；两侧各有便门。邦克楼高两层，六角攒尖顶，院正中铺设甬道，两侧设抄手回廊，通往礼拜殿。礼拜殿面阔七间、歇山顶，前、后各出面阔五间的歇山卷棚抱厦，后窑设八角形望月楼；两侧门窗采用伊斯兰经文窗格。殿前南、北布置讲堂、办公室。

宣化清真南寺始建于明永乐元年（1403年），是宣化地区最为古老的清真寺，最初位于牌楼西米市街，有大门一间、望月楼一座、西殿三间，左、右庑各三间，碑亭两座；明正德十四年（1519年）重修。清道光元年（1812年）将原南寺大门、礼拜殿、望月楼等建筑材料及匾额、题刻等拆卸，移至

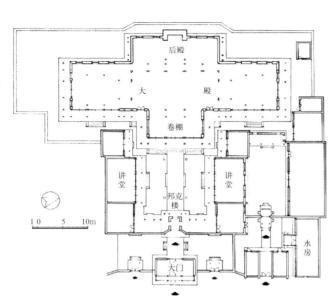

图 10-1-21 宣化清真北寺总平面

图 10-1-22 宣化清真北寺旧照

庙底街重建，并将庙底街三元宫屋料改用于礼拜殿望月楼；清宣统三年（1911年）重修。

六、宣化清真北寺

宣化清真北寺位于张家口市宣化区鼓楼北街，坐西朝东，占地面积约6000平方米。寺内含大门、邦克楼、礼拜殿（图 10-1-21）。现除礼拜殿外均被拆除或改建。

礼拜殿面阔十三间，进深四间，单檐歇山顶，前出三间，后出五间单檐歇山卷棚抱厦，周围系单步廊，后抱厦屋顶中央建方形望月楼，现存下层和上层平座围栏，平座施五踩重昂斗栱。

宣化清真北寺始建于清康熙四十二年（1703年）；清咸丰十年（1860年）重修。原有邦克楼用歇山顶，较罕见（图 10-1-22）。

七、新乐清真寺

新乐清真寺位于新乐市彭家庄村内，坐西朝东，东西长93米，南北宽39米，占地面积约3600平方米。寺内含三进院落。

首进院北侧设清真女寺，内有学习室、礼拜殿、水房、架子房等。

二进门为八角洞门，上悬阿文"凭普慈特慈主尊名"匾，两侧设便门，院北为水房。

三进垂花门面阔一间，进深一间，五架卷棚顶，上悬"清真古教"匾额，两侧存有九通石碑，院内设南、北讲堂，主体建筑礼拜殿位于院落中后部。礼拜殿面阔三间，进深五间，前接卷棚悬山前廊，面阔五间，进深一间，上悬"认主独壹"匾，后接悬山卷棚后窑，内施通高木柱，上接四角攒尖顶望月楼。殿内有清嘉庆年间御赐木制万岁楼一座。后窑南、北讲堂面阔三间，进深二间，五架硬山顶。

新乐清真寺始建于明洪武年间，系回族将领常玉春等北征回朝时兴建。清乾隆、咸丰、光绪年间均有重修。

八、易县清真寺

易县清真寺位于保定市易县朝阳西路清真寺巷，坐西朝东，占地面积约3100平方米。寺内有照壁、大门、过厅、礼拜殿、水房、阿訇院等。另存明隆庆六年（1572年）、万历三十四年（1606年）石碑各一通。

过厅又称"省心殿"、"穿心楼"，面阔、进深各三间，单檐硬山顶。礼拜堂面阔三间，进深五架，单檐硬山顶，前接六架卷棚硬山，后接九架硬山，后窑接重檐四角攒尖顶望月楼，檐下施五踩单昂斗栱。

易县清真寺始建于元代，原在城东南碑东村。明正统十四年（1449年）瓦剌难犯时被毁；明景泰二年（1451年）于今址重建。

天津 河北古建筑

第十一章 文庙和贡院

河北文庙和贡院分布图

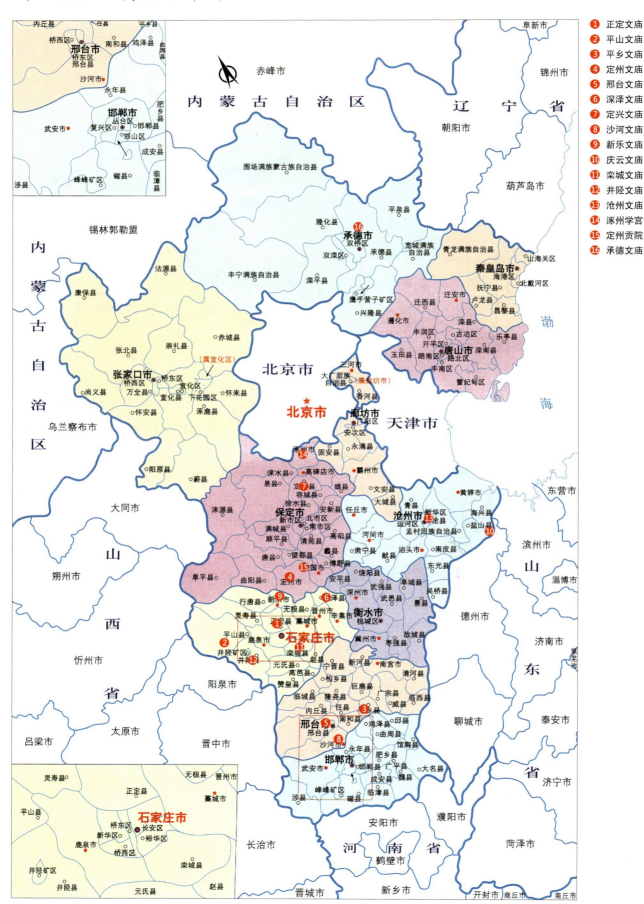

① 正定文庙
② 平山文庙
③ 平乡文庙
④ 定州文庙
⑤ 邢台文庙
⑥ 深泽文庙
⑦ 定兴文庙
⑧ 沙河文庙
⑨ 新乐文庙
⑩ 庆云文庙
⑪ 栾城文庙
⑫ 井陉文庙
⑬ 沧州文庙
⑭ 涿州学宫
⑮ 定州贡院
⑯ 承德文庙

（地图引自：中华人民共和国民政部编. 中华人民共和国行政区划简册2014. 北京：中国地图出版社，2014.）

第一节 文庙

文庙,又称"孔庙"、"学宫"、"夫子庙"、"先师庙"等,是用以祭祀和纪念孔子的建筑。古代文庙数量虽多,但完整留存至今的却极少。河北现存文庙建筑约有20余处,数量相对较多,属于文庙较为集中且保存较好的省份之一。

一、正定文庙

正定文庙位于石家庄市正定镇太平街,占地面积5000平方米,坐北朝南,现存照壁、戟门、东西庑、大成殿(图11-1-1)。

图11-1-1 正定文庙大成殿

大成殿,单檐歇山布瓦顶,平面为长方形,面阔五间,明间宽467厘米,次间略小于明间,总宽2153厘米。进深三间,总进深1080厘米,其中两山明间336厘米,次间372厘米,次间大于明间36厘米,这种开间尺寸的分配在其他殿阁中甚为少见。室内明间684厘米,次间198厘米,采用移柱的方法,将内柱各向外移动174厘米,使内槽空间大大增加。

内柱之上用四椽栿(五架梁),梁架用简单的驼峰及斜柱构成。四椽栿之下还有内额一道。内柱与檐柱之间,则用双重枋连接,自斗栱上搭过。

檐下施五铺作双抄偷心造斗栱,在柱头上只有两跳庞大的华栱,向外支出,第二跳上有令栱与耍头相交。补间于柱头枋上隐刻泥道栱间置散斗。角栱及角梁后尾,则搭在单根的抹角梁上。柱网有明显的侧脚与生起。阑额粗大,不施普拍枋。斗、脊下用蜀柱、角背及叉手。结构简洁,手法古朴,为晚唐至五代时所建(图11-1-2,图11-1-3)。

其建筑年代与县志所载始建年代不符,应为明初利用原有古寺佛殿改用为文庙大成殿。明显存在其他建筑均为清代硬山布瓦顶小式建筑。

正定县文庙为明洪武七年(1374年)知县洪子祥创建。成化十一年(1475年)、十六年(1480年)、嘉靖二十四年(1545年)、万历十八年(1590年)、清顺治九年(1652年)、雍正二年(1724年)、乾隆六十年(1795年)、道光二十八年(1848年)均有重修。

二、平山文庙

平山文庙位于平山镇南街文庙路(原八炸庙胡

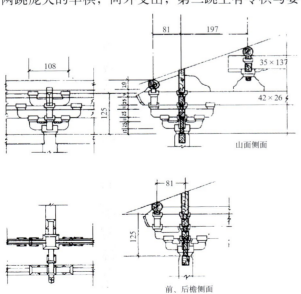

图11-1-2 山面、前、后檐侧面

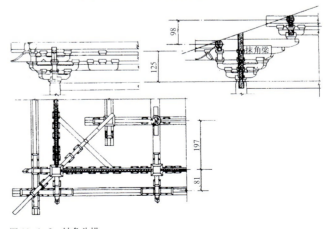

图11-1-3 转角斗栱

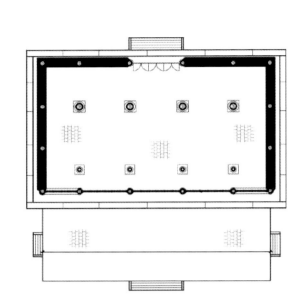

图 11-1-4 大成殿平面图

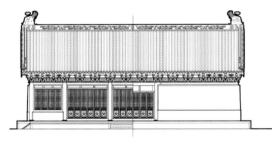

图 11-1-5 大成殿立面图

同），占地面积3万平方米。坐北朝南，分三路建筑群。中路为文庙，东西路分别是附属于文庙的教育机构西学署和东学署。中轴线由南向北原有金声门、玉震门、泮池、棂星门、戟门、大成殿、文风阁、敬一亭，两侧有东、西学署。现存戟门、大成殿、宰牲房、东西配殿及西学署院内的6株千年古柏（图11-1-4）。

大成殿面阔五间为23.3米，进深三间为13.56米，高16.32米，彻上明造，屋顶举折较为平缓，单檐绿琉璃剪边悬山布瓦顶。檐下施四铺作单昂斗栱。台明宽26.6米，深16.73米，高0.93米；殿前月台宽23.3米，深7.6米。殿内移柱减柱，仅4根明、次间后金柱，殿内空旷。前檐金柱应为建后清代所加，以增强建筑整体稳固。梁架结构为六架椽屋乳栿对四椽栿用三柱，前后檐均施斗栱，四铺作外出单昂斗栱；四椽、乳栿用自然材，四椽栿、乳栿分别伸入斗栱作耍头，四椽栿与三椽栿间置驼峰，三椽栿和平梁间置瓜柱、角背，平梁上设脊瓜柱。平梁上所设叉手用材很小，仅为装饰作用（图11-1-5）。

唐开元二十九年（公元741年）邑宰李立允创建，原址在城东。北宋崇宁二年（1103年）知县韩实徙建于今址，明洪武二年（1369年）重修，后相继增修，明中期文庙中路建筑基本成型，形成一定规模。清增建东西学署建筑，总体布局定型。

三、平乡文庙

平乡文庙位于邢台市平乡镇内。坐北朝南，现存元代建大成殿一座，面阔五间，进深三间，彻上明造，单檐歇山琉璃剪边顶。檐下施六铺作重昂斗栱。柱头卷刹，两山柱有生起。砖筑台基高1.2米。建筑面积300平方米。殿前存北宋及元代碑刻各一通。

始建于北宋大中祥符年间（1008～1016年）。元、明、清历代均有重修。

四、定州文庙

定州文庙位于定州市市内刀枪街，占地面积1.26万平方米，是河北省目前保存最为完好、现存规模最大的文庙建筑。现存刀枪街路北三个毗邻中、东、西院及路南的南院即节孝祠。路北三院坐北朝南。中院由南向北依次有棂星门、戟门、大成殿，两侧有名宦祠、乡贤祠、东西厅、东西配殿等。东院南为文昌阁，北为崇圣祠，西院由南至北为大门、仪门、明伦堂（图11-1-6）。

大成殿面阔五间，进深三间，单檐悬山琉璃剪边顶，檐下施五踩斗栱。建筑面积262平方米。东院主要建筑有魁星阁、崇圣祠。魁星阁面阔、进深各三间，重檐歇山布瓦顶三层楼阁。西院建筑有仪门、明伦堂、东西厢舍等。明伦堂面阔五间，进深二间，单檐悬山布瓦顶，檐下施三踩斗栱，建筑面积190平方米。节孝祠坐南面北，明天启六年（1626年）创建，有大门、正殿及东、西配殿。正殿面阔五间，进深二间，单檐悬山布瓦顶，建筑面积162平方米。为河北省现存文庙中保存最为完整的一处（图11-1-7）。

唐大中二年（公元848年）定州帅卢简求改天佑寺为"先师寺"，天佑是三年（公元916年）扩修。

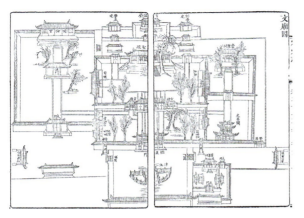

图 11-1-6　文庙图（直隶定州志，道光年间）

图 11-1-7　大成殿

宋皇祐二年（1050年）定州帅韩琦增扩。元多次维修。明成化、万历间均增修。清代多次重修。

五、邢台文庙

顺德府文庙位于邢台市顺德路北。坐北朝南，原规模宏大，现大多拆除或改建，仅存大成殿为明成化六年（1470年）重建。大殿面阔七间，进深四间，单檐歇山绿琉璃瓦剪边顶，彻上明造，檐下施七踩三昂斗栱。建筑面积315平方米，石砌台基高0.9米。梁架上存明绘行龙图案彩画。殿前存宋、元、明各代重修碑各一通。

始建于唐，宋、金多次维修。元至元十七年（1280年），世祖忽必烈"诏修天下孔庙"，又知府王守诚均曾主持扩修。清雍正十三年（1735年）又有增修。

六、深泽文庙

深泽文庙大成殿位于石家庄市深泽镇后街路北。坐北朝南，原规模宏大，由南向北有照壁、棂星门、戟门、大成殿、崇圣祠、明伦堂、敬一亭，大成殿两侧有东、西庑，戟门两侧有名宦祠、乡贤祠。现仅存明代建大成殿一座。面阔五间，进深三间，单檐歇山琉璃瓦顶，檐下施三踩单昂斗栱，彻上明造，高9.7米，建筑面积247.7平方米。琉璃脊饰工艺极精，两侧山花亦琉璃饰面。

始建于北宋元祐三年（1088年），元、明、清历代均有重修，增扩。

七、定兴文庙

定兴文庙大殿位于保定市定兴镇四街。现仅存大殿一座，坐北朝南，面阔五间、进深三间，单檐庑殿琉璃瓦剪边顶，檐下施五踩双昂斗栱，建筑面积176平方米。殿前砖砌月台高1.1米，面积170平方米。

文庙始建于金大定年间（1161～1189年），金末毁于战火。元至元二年（1265年）县尹孟世杰重建，元统二年（1334年）县尹王居敬扩修。明天启六年（1626年）毁于水灾，邑人鹿正重建。

八、沙河文庙

沙河文庙位于邢台市沙河市沙河城镇内。现存清代建大成殿一座，建筑面积263平方米。坐北朝南，面阔七间，进深五间，单檐歇山琉璃瓦顶。殿前存明、清重修碑4通。

始建于北宋大观元年（1107年），历代扩建、重修。

九、新乐文庙

新乐文庙位于石家庄市新乐市承安铺镇内，占地面积达1.5万平方米。坐北朝南，沿轴线由南向北有照壁、棂星门、泮池、大成门、大成殿、崇圣祠及两侧的忠义祠、乡贤祠、东西庑、名宦祠等。主轴线两侧各建一座跨院，东院有魁星楼、文昌阁等；西院有节孝祠等。现仅存大成殿和崇圣祠两座明代建筑。大成殿面阔五间，进深三间，单檐歇山布瓦顶，檐下施三踩单昂斗栱，彻上明造，建筑面积200平方米。殿前砖砌月台近百平方米,高0.85米。崇圣祠面阔三间,进深一间,单檐悬山布瓦顶,建筑面积37平方米。

始建于唐末,北宋大观年间(1107～1110年)重建,元代毁于兵燹,明洪武三十年(1397年)重建。

十、庆云文庙

庆云文庙位于沧州市盐山县庆云镇庆云中学院内。坐北朝南,现存明代建大成殿及东、西两庑。大成殿面阔五间,进深三间,单檐庑殿琉璃剪边顶,门、窗等装修已改,建筑面积250平方米。砖砌台基高1.6米、东西长25.3米、南北宽23米。东、西庑均面阔五间,进深一间,单檐硬山布瓦顶,建筑面积110平方米。庙内存清碑刻三通。

始建于明洪武六年(1373年),成化、崇祯及清代顺治、康熙、乾隆、嘉庆历朝均有修葺、增扩。

十一、栾城文庙

栾城文庙位于石家庄市栾城县旧县治东南。原有棂星门、泮池、大成门、大成殿及两侧东西庑、崇圣祠、名宦祠、乡贤祠等。现仅存清康熙七年(1688年)建大成殿一座,坐北朝南,面阔五间,进深三间,单檐歇山琉璃瓦顶。前檐明、次间为隔扇门,稍间坎墙隔扇,殿内彻上露明造。建筑面积190平方米。

元大德三年(1299年)知县马彦文创建。明正德、隆庆年间知县乔震、周文化等相继续修。明末毁于兵,清初重建。

十二、井陉文庙

井陉文庙位于石家庄市井陉县天长镇内。坐北朝南,原规制较大,占地面积约7000平方米。现仅存清康熙十一年(1672年)重建的大成殿一座。面阔五间,进深四间,单檐歇山琉璃瓦顶,檐下施七踩三昂斗栱,彻上明造,建筑面积240平方米。殿前月台高1.2米。1937年杨秀峰曾带领天津大学生与国民党第三军在此召开北上抗日誓师大会。

元大德十年(1306年)迁建至现址,明、清均有重修。

十三、沧州文庙

沧州文庙位于沧州市运河区晓市街,占地面积约4100平方米。坐北朝南,沿轴线由南向北原有照壁、棂星门、正门、泮池、前殿、大成殿、后殿及大成殿前两侧的更衣厅、东西廊庑等。现存前殿、大成殿、后殿及大成殿前两侧东、西廊庑。前殿面阔三间,进深两间,单檐悬山布瓦顶,建筑面积90平方米。大成殿面阔五间,进深二间,单檐歇山布瓦顶,彻上明造,檐下施五踩双昂斗栱,建筑面积233平方米。后殿面阔、进深各三间,硬山布瓦顶,建筑面积180平方米。

明洪武元年(1368年)州判纪维仁创建。正统八年(1443年)巡按御史丁澄、知州上官仪等继修。正德九年(1514年)、嘉靖十三年(1534年)、清顺治、康熙、乾隆、道光等朝均曾增修。

十四、涿州学宫

涿州学宫又称涿州文庙,位于涿州市文昌祠街中段路北。坐北朝南,原规模宏大,有泮池三路石桥、棂星门、戟门、大成殿、东西庑、名宦祠、乡贤祠、文昌祠、启圣祠、明伦堂、敬一亭、尊经阁、博文斋、约礼斋、节孝祠、学正庙、训导庙等建筑。现仅存戟门和大成殿。大成殿面阔、进深各三间,单檐庑殿布瓦顶,彻上明造,檐下施五踩重栱双昂斗栱。建筑面积126平方米。殿前月台宽11米、进深7.25米、高0.85米,中部施龙凤浮雕汉白玉石条三块,左右置团龙浮雕汉白玉方石各一块。梁架存清代龙锦枋彩绘。戟门面阔三间,进深二间,单檐硬山布瓦顶,檐下施单踩斗栱,建筑面积90平方米,清绘旋子彩画保存完好。庙内存唐、金、元、明碑刻六通。

唐贞元五年(公元789年)卢龙节度使刘公创建,元、明、清、历代重修。

第二节 贡院

定州贡院俗称"考棚",为曲阳、新乐、深泽的等县考生应试的贡院，位于定州市东大街草场胡同，占地面积2.2万平方米。

原规模齐全，功能完备。沿中轴线由南至北依次为影壁、大门、二门、魁阁号舍、大堂和后楼等。每座建筑前都有用围墙围成的院落。建筑间距不一，院落大小参差，布局有张有弛。大门外还建有兵房、执事、仪仗房等以壮观瞻。除二门、演武厅已毁外，大部分保存较好（图11-2-1）。

根据清朝乡试的程序，可以推想出当时的情形：考生们经过大门、二门两道严格的搜检，进入号舍参加考试。答完卷即至大堂交卷，然后出场。外帘官们受卷、誊卷、封卷等应在大堂进行，封完卷后陆续送到内帘。主考官开始升堂分卷给同考官们评阅，二堂即是阅卷的主要场所。二堂后的东西跨院，应是内帘官们住宿、活动的场所。

影壁总长22.25米，高6.10米，下部分为条砖砌筑，上身砖坯砌筑，外抹白灰。墙体上部用砖叠涩垒砌做出挑檐。硬山布瓦顶。

大门面阔三间，进深一间，硬山布瓦顶，建筑面积65平方米。

魁阁号舍为考生考场，规模宏大，造型独特。面阔七间、进深十间，硬山卷棚布瓦顶，南面山墙外接"品"字形七顶牌楼式魁阁。建筑面积976平方米，魁阁中顶高11.24米。

魁阁进深一间，2.5米，面阔与号舍相同，明间分两层，上为阁楼，供奉魁星，故称"魁阁"。因为魁阁后加，它的瓦顶为与号舍相协调，分为四个高度七个部分：明间最高，为半个攒尖顶，出两个翼角；两边次间、梢间、尽间依次降低，各出一个翼角，使正面形式与牌楼相似的奇特形状。魁阁各间所出的翼角都不是四十五度方向，各间进深方向的步架也不一样，这是因为各间面阔不同，为取得较好的立面效果，则举高也需不同，所以魁阁各间梁架自成一体，互相之间没有高度和深度的限制。

号舍面阔七间，进深九间（不包括魁阁），通面阔28.58米，通进深30.10米，面积近900平方米，卷棚悬山顶。大木梁架为八柱二十八檩，纵向构件仅为檩一件，檩下不施随枋垫板。在高度上，梁架分为四层，明间最高，两边次间、梢间、尽间依次降低，瓦顶也随之分为两层，这样，大面积的瓦顶就分成了七部分。在最高一层和第二层屋檐下沿进深方向开有通长的直棂窗，便于采光，用料节省，结构简单。号舍前檐因和魁阁相接，无脊，后檐为小青瓦砌的镂空花脊，无垂兽。

大堂居号舍之北，两座建筑的台基相距仅2.85米。大堂面阔三间11.72米，进深二间10.89米，后出廊。大堂的瓦顶分为两部分，南边为卷棚硬山顶，北边为普通硬山顶。梁架也相应地分为两部分：南边一间为二柱六檩卷棚式，北边一间为三柱六檩后出廊。纵向构件为檩枋两件。在处理南北两部分梁架相交之处时，大堂使用了两根贴在一起的柱子，上部用两根檩条，这样前后两部分的梁架高度和相交处椽子的高度互不限帽，可根据建筑外观的需要选择合适的举高，也拉开了前后两部分梁架的高差。大堂木作精美，用材较大，做法规范精致。建筑面积150平方米。

后楼面阔五间，16.39米，进深一间，四柱七檩，5.68米，前出廊、出檐，后为封檐墙；单檐硬山布瓦顶。高三层。建筑面积170平方米。

后楼东西两边各有一耳楼，面阔进深各一间，两层，硬山卷棚顶。据说是存放考卷所用，没有门只有窗，内部未设楼梯。

清乾隆三年（1738年）洲牧王大年倡建，道光十四年（1834年）州牧王仲槐捐资重修。

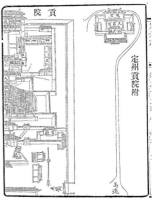

图11-2-1 定州贡院府贡院全图（直隶定州志，道光年间）

天津河北古建筑

第十二章 仓廪、作坊和瓷窑

河北仓廪、作坊和瓷窑分布图

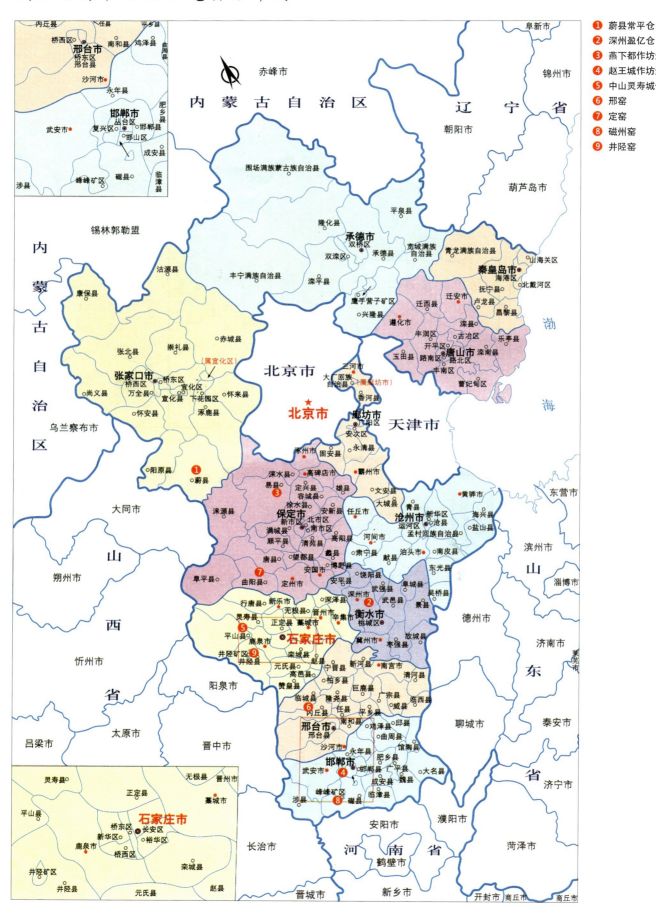

① 蔚县常平仓
② 深州盈亿仓
③ 燕下都作坊遗址
④ 赵王城作坊遗址
⑤ 中山灵寿城作坊遗址
⑥ 邢窑
⑦ 定窑
⑧ 磁州窑
⑨ 井陉窑

（地图引自：中华人民共和国民政部编. 中华人民共和国行政区划简册 2014. 北京：中国地图出版社，2014.）

第一节　仓廪

我国古代仓廪制度由来已久，常见为常平仓和义仓。常平仓系由政府创办，丰年高价收购、荒年低价出售、以平准粮食价格；宋以后渐成为国家制度。义仓一般系民间自行筹备；宋以后多于市镇设义仓、乡里设社仓；有清一代，义仓也遭国家干预，服从官府的统一调度。全国保存下来的古代仓廪建筑极少，河北省现存两处：一是蔚州常平仓，一是深州盈义仓。

仓廪一般含仓神庙、办公用房和仓房。仓神又称廒神、仓官，传说为韩信或萧何、居于仓囤之中，故常于仓房内、粮囤旁设神位。面南的仓房称仓，其余称廒。仓廒建筑通常台基高峻、结构疏旷、上置气窗、下设风孔，以利粮食存储。

一、蔚县常平仓

蔚县常平仓又称"丰豫仓"、"北仓"，位于蔚县城内鼓楼西街，东西宽70米，南北长110米，占地面积约7700平方米。仓内原有仓神庙、管理用房及仓廒11座，围成合院。今仓房仅存东、西2仓及东、西、南、北4廒（图12-1-1）。

仓神庙位于院北正中，坐北朝南，面阔三间，进深五间，前接四檩卷棚戏台。台基高1.70米，砖石砌筑，东南为石条台阶11级、长3.5米、宽1.5米。戏台前檐下置一斗三升三踩斗栱，明间平身科4朵、次间2朵，具乾隆时期风格。戏台与主体屋面勾连搭，天沟两端置铸铁大滴水。墙体均为砖砌。仓神庙虽为仪式所设，但结构与仓廒颇类（图12-1-2）。

东仓位于庙东，坐北朝南，面阔五间，进深四间前出廊，单檐硬山顶，东次间正脊上开气窗，窗内设苇编网。前檐明间置板门两扇，方形门簪三枚，板门上走马板三块，廊柱两侧置雀替。前檐无飞，木架无油饰彩绘，雕饰简单，脊饰瓦作无边脊及吻兽。山墙为砖砌，收分明显，墀头上部叠涩出檐，出枭混线；墙厚1米，顶部置两枚铜钱样风孔；次、梢间前檐墙下各设方形风孔，标高低于室内半空心地面；气流迂回，有效隔潮、防腐（图12-1-3）。

西仓位于庙西，形制与东仓颇类，但结构有别；其梁架亦非对称（图12-1-4）。

东廒位于院东，坐东朝西，面阔五间，进深三间，单檐硬山顶，明间前出抱厦。明间置板门两扇，门簪三枚，古镜柱础。墙体均为砖砌，前檐墙下部方形风孔四枚（图12-1-5）。

南廒位于院南，坐南朝北，形制与东廒略同，唯梁架有别，且明间正脊上开气窗（图12-1-6）。

西廒位于院西，面阔五间，进深十三架椽，气楼位于北坡次间（图12-1-7）。

北廒位于院西北，坐南朝北，面阔三间，进深八架椽。明间正脊上开气窗（图12-1-8）。

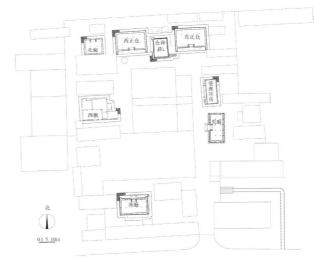

图12-1-1　蔚县常平仓总平面

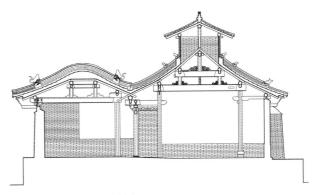

图12-1-2　蔚县常平仓仓神庙

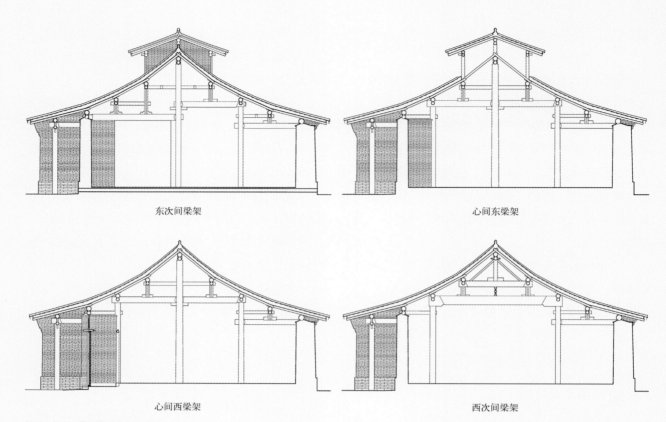

东次间梁架　　　　　　　　　　心间东梁架

心间西梁架　　　　　　　　　　西次间梁架

图 12-1-3　蔚县常平仓东仓梁架

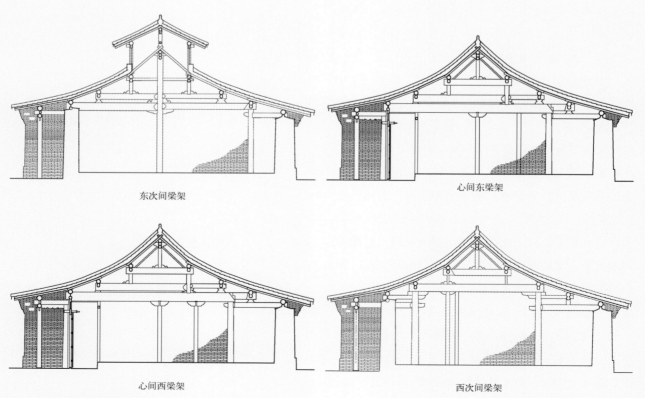

东次间梁架　　　　　　　　　　心间东梁架

心间西梁架　　　　　　　　　　西次间梁架

图 12-1-4　蔚县常平仓西仓梁架

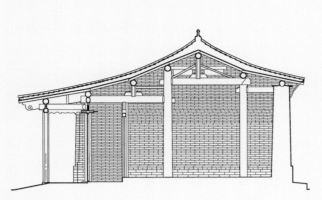

图 12-1-5 蔚县常平仓东廒

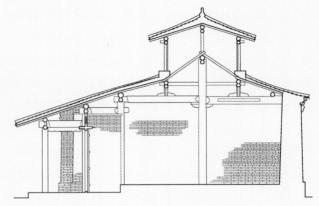

图 12-1-6 蔚县常平仓南廒

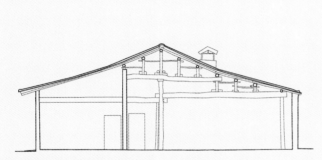

图 12-1-7 蔚县常平仓西廒

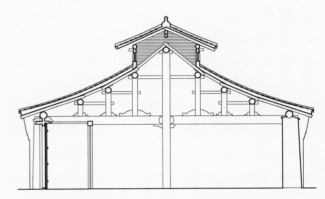

图 12-1-8 蔚县常平仓北廒

各座仓、廒大量使用穿斗梁架，墙体下厚 1 米，收分明显，除抗粮食挤撑外，尚能防热、潮、鼠、虫。

常平仓或始建于明永乐元年（1403 年）。道光年间重修。民国七年（1918 年）重修；二十二年（1932 年）西北军宋哲元部将财神庙街并排 4 座戏台之一移至仓神庙前，并以庙为后台，因院中空间开阔，遂成为县城公共广场。

二、深州盈亿仓

深州盈亿仓位于衡水市深州市东街，地处州治最高处，以利防涝；南临护城河，以利防火；北临主街，以利运输；东、西与民宅相距 6 米，且以高 2.3 米、厚 0.5 米的围墙间隔，以利防火、防盗。盈亿仓系义仓，平面略呈方形，南北长 56 米，东西宽 59 米，占地面积约 3400 平方米。仓内现有仓房 27 间、辅助用房 20 间，分东、西两院（图 12-1-9）。

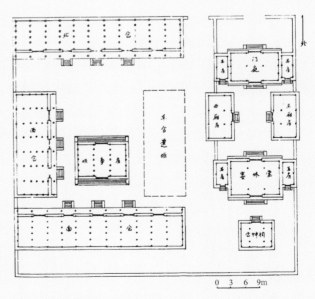

图 12-1-9 深州盈亿仓总平面

东为办公区，布局类似衙署，由北至南依次为大门、东西厢房、宴休堂、仓神祠。大门系办公区入口，面阔五间9.8米，进深三间6米；前、后檐施三踩斗栱，出45°斜栱；梁架缴背和坨墩上雕刻精美花纹。东西厢房系值班住处，均面阔三间9.6米，进深一间5.2米，外观似普通民居。宴休堂为义仓理事、账房等办公、议事、待客饮宴处，面阔五间10.7米，进深五间7.7米，北出廊。仓神祠西供奉仓神的小型祠堂，面阔三间7.3米，进深一间7.4米。

西为仓储区，原有东、西、南、北4座仓房围合成院落，中为听事房，西北有碑亭一座。南、北仓面阔十一间35米，进深7.9米，西仓面阔七间。听事房系过秤、记数处，面阔三间10.5米，进深8米。

盈亿仓可容纳谷物26000多石，约合1500多吨。现存27间仓房台基均为烧制火候较高的青砖垒砌，高出地面1.1米，四面实垒、中为空心；底层地面上夯三合土，厚20厘米，上墁一层铺地砖，并以白灰浆灌缝。深州土质盐碱较重，为防墙体受损，在距地面半米处铺垫6厘米厚、油质较强的松木板，以阻盐碱沿墙体蔓延。室内地面架空0.6米，铺设8厘米厚松木地板，板上再墁青砖一层，板下墙上开有直径0.15米的风孔，可供猫出入。仓房内柱一律采用直径约26厘米的松木柱落地，开间较小，墙、柱间用铁扒锔抓牢，以抵抗水平应力。屋顶上沿每间设有气窗，上钉百叶；檐面墙上每间亦有双层方窗，内层仅设窗棂，不糊纸，外层系为防雨板，由固定在檐椽上的滑轮开关（图12-1-10）。

深州旧有修造义仓的历史，清乾隆十二年（1747年）分设十二仓，以赈济境内村落；州城义仓可溯至嘉庆二十一年（1816年），后因战乱废弃；盈亿仓建于清光绪二十四年（1898年）。民国三十一年（1942年）东仓遭轰炸起火烧毁。新中国成立后盈亿仓曾为深州粮食局所用。

第二节 作坊

一、燕下都作坊遗址

燕下都遗址位于高陌乡境内，为战国时期燕国都城遗址。1930年调查试掘，1957年以来全面勘察和重点发掘。平面略呈长方形，东西长约8公里、南北宽约4公里，中央有一条南北纵贯的古河道"运粮河"和一道城垣将全城分作东西两城。东城是全城的主体，平面近方形，东西长约4.5公里、南北宽约4公里。城垣夯土筑成，基宽约40米。东垣和北垣各发现一座城门。城内北部有一道东西向的隔墙，将东城分为南北两部分：北部为宫殿区，分布着大型夯土台建筑基址群；南部是手工业作坊区和一般居址区；西北隅是墓葬区，分布着有封土的大型墓葬。西城平面呈方形，东西长约4公里、南北宽约3.7公里。城垣夯土筑成，基宽约40米。城内文化遗存堆积较少，分布有居住遗址和墓葬，应属防御性的郭城。

1. 高陌村5号铸铁作坊遗址

位于东城的西部，面积约9万平方米，文化层厚0.8米，发现较多的红烧土、炼铁渣、铁块和铁斧、锛、镰、镢等铁质生产工具。

2. 郎井村13号铸造兵器作坊遗址

位于东城的中部，面积约3万平方米，文化层厚约2米，遗迹发现有灰坑、水井，出土遗物以建筑用陶最多，其次有生活陶器和铁器、铜器等。建筑用陶有脊瓦、板瓦、筒瓦和半瓦当等；生活陶器有罐、盆、瓮、豆、釜等；铁器有镢、锛、削、甲片等；铜器有镞、锥等。另外还发现镞范和布币范。属一处以铸造兵器为主兼铸布币的作坊遗址。

3. 武阳台21号铸铜铸铁作坊遗址

位于东城西北部，面积约9万平方米，文化层

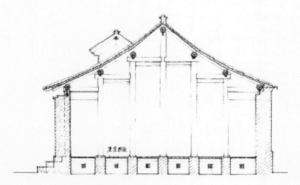

图12-1-10　深州盈亿仓仓房剖面

厚1～2米，遗迹发现有灰坑、柱洞、灶址和水井等。出土遗物有建筑用陶板瓦、筒瓦、半瓦当等；生活陶器釜、罐、盆、豆等；铁器镢、锛、镰、凿、矛、剑、镞、胄甲片、铠甲片等；铜器镞、盖弓帽等。另外还发现陶范、石范等大量范具残件和铁渣、铁块、铜渣、铜块等与铸铁、铸铜相关的遗物。

4. 武阳台23号作坊遗址

位于东城的西北部，面积约17万平方米，文化层厚2米左右，遗迹发现有房址、灰坑，出土遗物有板瓦、筒瓦、釜、罐、盆、豆等残片和铁器镢、镰、削等。1973年遗址南部出土铜戈108件，其中带铭文的100件。铭文内容涉及"郾王喜"、"郾王职"等4个燕王的名称。

5. 郎井村10号作坊遗址

位于东城的中部，面积约20万平方米，文化层厚1～3米，遗迹发现有房址、瓦砾堆积、水井、道路和灰坑等。出土遗物有板瓦、筒瓦、脊瓦、半瓦当和燕式鬲、釜、罐、盆、豆等残片；铁器镢、铲、镰、锛、剑、镞、胄甲片等；铜器剑、镞、带钩、刀币、布币等。属铸铁、铸铜作坊遗址。

二、赵王城作坊遗址

赵邯郸故城遗址，战国时期赵国都城遗址。兴起于春秋，汉代为赵国首府，汉以后逐步衰废。1957年以来进行全面勘查和重点发掘。全城分宫城和郭城两大部分。宫城在城址西南部，一般称赵王城。郭城在宫城东北，一般俗称大北城，两城相距60余米。城内发现多处手工业作坊遗址，种类有冶铸、制陶、制骨等。

1. 制骨作坊遗址

位于赵邯郸故城大北城中部。发现于距地表6米深处。遗物有大量锯平的骨料和骨器等，另有灰陶绳纹板瓦、筒瓦和盆、罐、素面豆等残片。

2. 号陶窑遗址

位于赵邯郸故城大北城的中南部。窑址发现于距地表6米深处。平面圆形，底径1.32米，残存窑壁高2米。附近发现大量红烧土、灰渣和灰陶绳纹罐、盆等残片。

3. 石器作坊遗址

位于赵邯郸故城大北城的中部。发现于距地表9米深处。出土遗物有石料、石磙、石板、圆形柱础石等。

4. 炼铁遗址

位于赵邯郸故城大北城东南部。残存炼炉底部红烧土面，东西长3米，南北宽2米。附近堆积大块烧土块、炼渣及陶器残片。

三、中山灵寿城作坊遗址

中山国是春秋战国时期由鲜虞族建立的一个"千乘"小国，但其重要地位仅次于战国"七雄"。鲜虞族最早的先族是白狄，其活动区在陕北和晋北，后逐渐东迁。其中一支部落长期活动于鲜虞水（今滹沱河）源头的山区内，逐渐发展壮大，组成鲜虞族部落联盟，在公元前6世纪的最后十年，中原各国斗争白热化之际，东出太行，始建鲜虞人之中山国。根据史料记载，推测中山复国应在公元前380年，灵寿城始建年代大约也在此时，至公元前296年赵灭中山止，灵寿城历经八十余年相当于战国中期~晚期早段。

中山国位于太行山东侧，整体地势为西高东低，地处燕、赵之间，面积"方五百里"。境内有山地、丘陵、平原和河流。中山复国后桓公将灵寿城选址在鲜虞族的聚居区，这里地处太行山东麓，远处峰峦叠嶂，城址内外丘陵起伏，南面有河水湍急的滹沱河由西向东流。在城址东侧高地上修筑一座小城（现称故城），并于小城内西北部夯筑高台一座（现称召王台），小城外往东约一公里处筑有夯土烽火台，再往东也筑有烽火台，但已在20世纪70年代平整毁迹。

灵寿城北的东西陵山之间有一涓涓溪水蜿蜒南流，在南部凹地处形成一小湖泊，成为中山国君的池苑之地，湖泊之水再往南分流成河沟之水。中山桓公将灵寿城的东西城垣筑于河沟之边，用河沟之水作护城壕之用，城内北部一小山丘（俗称黄山），位于北部中间，以示中山鲜虞族"崇山"之意识（图12-2-1）。

城址内的遗址及夯土建筑遗迹，根据调查和勘探，已发现面积较大的共有十一处，其中有官手工业作坊二处。四号为制陶作坊遗址，五号为铸铜、铁器作坊遗址。这两处遗址几乎都连接在一起。

1. 四号制陶器作坊遗址（E4）

位于官手工业作坊遗址区的北部，即东城内西北区。遗址现存面积为东西200米，南北200余米。遗址文化层平均深度1.2～3米。在露于断崖上的废陶器堆积中，有大量烧结变形的陶罐、豆、盆和瓮等残片，也有不少是制陶工具，如支座和陶拍等。断崖上也暴露了一些残陶窑。从这片遗址所暴露于地面的陶器残片，可以看出当时烧陶器已有种类的分工，西南区主要是烧制生活用的陶器，东南区主要烧制瓦件，中部主要是制陶场所。在陶窑的附近都有自然河沟，作为烧陶用水的水源（图12-2-2）。

发掘区246平方米的发掘面积内，先后共发现六座烧陶窑，以一号陶窑为例。一号陶窑距地表深0.95米，窑的上部已被破坏。窑室平面近似圆形，南北向，窑门向北。陶窑结构分窑门、火膛、窑室、窑床和烟囱。整座窑壁是由长约25厘米、宽20厘米、高约18厘米的干土坯垒砌，砌成近似直壁圆形的窑室。火门处砌成狭长形的门道，为两壁相向下宽上窄，其后为火膛，平面呈扇形，火膛的窑壁向上则内弧，呈穹隆状。窑床是用大块干土坯垒砌二层而成，十分平坦，平面呈大半圆形，以置放要烧的陶器坯。烟囱在窑床的后部，砌筑时已留下烟囱管道，在窑内壁用大块板瓦封住烟囱壁，仅在底部留有宽38厘米、高40厘米的烟道入口。窑内壁四周抹一层厚0.5厘米的草泥土。火门口有一道宽23厘米、高35厘米两端接连窑门壁的火道夯土基，为了保持窑内温度和密封窑顶的操作方便，陶窑除火口处，周围都筑有夯土。一号窑底部南北长2.55米，东西宽2.20米，残高1.50米，窑壁厚20厘米（图12-2-3）。根据清理发现，在窑门前有一烧火的作业坑，坑帮由窑四周的夯土延伸，在窑门处向外扩展，呈燕尾形。在窑边废陶器坑内发现了不少窑顶封泥残块。根据这些残块的形状和陶窑的形状，可知窑顶是用泥抹顶，呈馒头形，其操作情况大致是在火膛顶部先用荆条搭成弓形顶，然后抹泥封顶。根据火膛的内弧度，可知火膛顶要低于窑床的封泥顶。窑门除留有火口，外则由干土坯封门。这种陶窑是半倒焰式馒头形窑，是当时一种较为先进的烧陶技术，它使火焰自火膛先升烧至窑顶，因

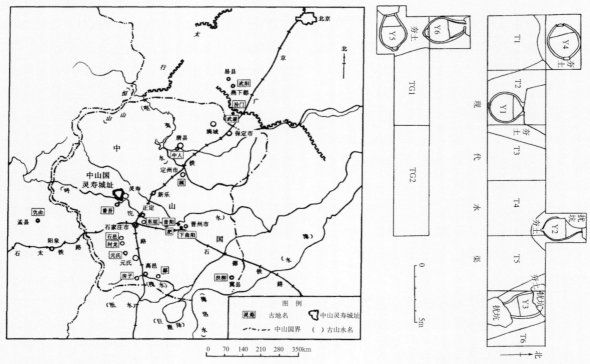

图12-2-1 战国中山国疆域图

图12-2-2 四号遗址发掘区内已发现的烧陶窑分布图

顶部密封，致使热流倒向窑底窑床上，流经陶器坯，烟气则从底部烟道口排出。馒头形烧陶窑使燃烧气体改变了运动方向，从底部倒烟气，这样使陶坯表面都烧成蓝灰色，陶胎内没有夹气现象。从窑室大小和窑壁烧结程度推测，窑温可达1200摄氏度左右，烧成火焰应属弱还原焰，使陶器成品率大为提高。

2. 五号铸铜、铁器作坊遗址（E5）

位于手工业作坊遗址区中部，其北为制陶器作坊遗址。遗址面积较大，南北960米，东西580米，文化层深1.2～1.7米，有的炼炉遗迹深2.5米。经铲探在文化层内有大片的铜渣和铁渣及大量的陶范残块，部分地段的底部有分布密集的炼炉残迹。在遗址中部有一条古引水沟，似专为作坊用水而开凿的，现在尚可辨认古水沟粗貌。由于遗址内遗迹密集，在地表上采集到遗物无法分出铸铜和铸铁器的明确区域，仅能根据一些断崖上已暴露出的遗迹及地表上的一些遗物做初步的划分。在遗址的西南部有大量的瓦砾堆积和夯土建筑遗迹，可能是作坊的管理机构或者是作坊的居住区。东部是制造铜铁器的陶范的作坊，这里的地表上和断崖上暴露有废弃的坩埚残块和尚未使用过的残陶范，其中有不少是陶模。东南部是以铸铁铲为主的作坊，这里出土了大批遗弃的残铁铲，另外还有铲范、镢范、镰范和削范等。

遗址中部是主要铸造兵器和其他小件铜器的场所，采集的标本中铜戈陶范最多，此外还有剑、镞范等。北部是铸造实用铜器的生产场所，北部西区可能是铸造中山国货币的场所，当地群众在这里深翻地时，经常能发现刀币的残陶范，其中还有一些是残缺的"成白"刀币石范。现保存的一块石范残长20厘米、残宽3.8厘米、厚2厘米，系用青石磨制而成，残石范上有浇注铜液的浇口，范面尚保留有一枚完整的"成白"刀币模，一些藏币窖穴出土的刀币数量达数百斤之多。据调查，窖内出土刀币共四种，以直背"成白"刀币为主，另一种是燕国的弧背"匽"刀币，赵国的"甘丹"和"白化"刀币极少。

以五号遗址一号冶铁炉为例，炉室仅剩部分残底，平面呈椭圆形，南北向，炉室北、东、南三面已被破坏，西面残存高约10厘米的红烧土炉帮及黑炭灰，炉室地面有红烧土及炭渣等。炉室复原南北长3米、东西宽2.5米。在炉室中部稍偏西地面下有一条南北向的火膛底坑，坑南端放置三块铺底石。坑直壁平底，壁上有锛刨土痕，坑内填满红烧土块和炭灰。坑长2.1米、宽0.5米、深0.75米。由于其他部分已遭破坏，冶铁炉上部形状及大小已无法复原。此炉附近坑内出土了大量的铁渣块、铁矿石块、炭灰和较大型的坩埚残块，反映了此炉为一座较大的冶铁炉（图12-2-4）。

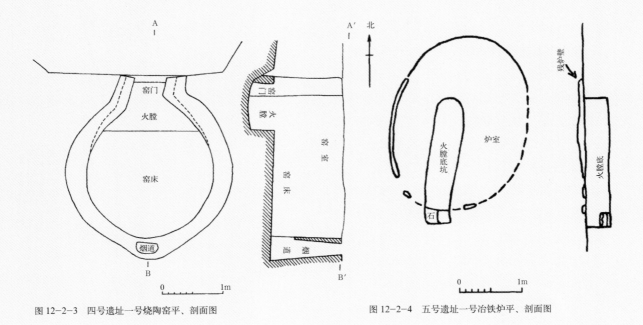

图12-2-3　四号遗址一号烧陶窑平、剖面图

图12-2-4　五号遗址一号冶铁炉平、剖面图

第三节 瓷窑

一、邢窑

邢窑遗址,唐代著名白瓷窑址。位于临城、内丘两县西部的太行山脉东麓地区。1980～1986年调查发现并发掘,1987～1991年重点发掘。遗迹发现有窑炉残址和窑具、瓷片堆积坑等。窑炉平面马蹄形,由火膛、窑腔、窑床和烟囱组成。遗物发现有窑具和瓷器产品。窑具有窑柱、匣钵、三角形支钉、垫圈和多齿形支具等。瓷器产品以白釉为主,另有一定数量的青釉、黄釉、黑釉和三彩釉器等,其中白釉瓷器又分为粗瓷器和细瓷器两大类。瓷器产品种类有碗、盘、壶、杯、盒、盂、盏托、罐、凤头壶和俑等。装饰技法主要有模印、划花等。根据考古发掘资料研究,邢窑创烧于北朝,盛于唐代,至唐末五代衰落。邢窑产品尤以细白瓷最为著名,其胎质细腻洁白,釉色纯净类银类雪,是闻名于世的邢窑白瓷代表作品,与南方的越窑青瓷交相辉映,是唐代瓷业的最高成就。

窑址分布在李阳河、小马河沿岸及附近的台地上。特别是从内丘县城至北大丰长约4.5公里的狭长区域内,暴露出大量的瓷片和窑具,堆积层文化内涵较为丰富,基本上代表了内丘境内窑址的风格和特点。根据窑址的分布情况,这一地带可划分为西关和中丰洞两大窑区(图12-3-1)。

1. 西关窑区,面积约300万平方米,分为三部分:

第一部分在内丘县城西环城路。南北长约600米的公路两侧,有多处文化层堆积。1985年秋在路东侧一段长不足300米的地基槽里,发现灰坑和瓷片堆积近二十处,三彩堆积三处。文化层厚0.6～1.8米,出土大量瓷片和窑具。

第二部分在西关村南,有五处窑址。地面均已盖上房屋,院落里瓷片散布密集,文化层距地表0.4米。

第三部分在西关村西、北。李阳河的南北分支在西关村西汇合后向东北流去,窑址多在河东岸的二级台地上。在西关村北台地断坡上露出残窑一座,窑壁残高1.65米,系就坡挖成,上部砌有土坯。

2. 中丰洞窑区,位于内丘县城西北3公里。窑址分布在北双流至北大丰的李阳河两岸。除文化层堆积外,还发现红烧土和柴灰坑。据中丰洞村农民反映,在村北坡地曾发现窑址和残破窑器。现有三处可能为窑炉遗址。

二、定窑

涧磁村定窑遗址,中国古代北方著名白瓷窑址。面积约117万平方米。暴露遗迹有13座大型的瓷器残片和窑具堆积,平面呈圆形,单体面积约为200～7000平方米,残高3～12米。1960～1962年、1985～1987年进行过多次发掘。遗迹发现有窑炉和瓷器作坊遗址。窑炉平面马蹄形,由炉门、火膛、窑床和烟室等部分组成,长4～8米、宽1.5～3米。作坊在窑炉附近,残存有盛料的陶缸、围墙、水井、

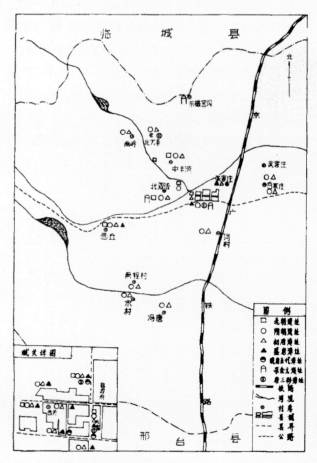

图12-3-1 内丘县古瓷窑址分布示意图

加工碾槽和砖池等。出土遗物有窑具和瓷器产品。窑具包括匣钵、支垫、楔子和模具等。瓷器产品以白釉器为主，兼制黑釉、酱釉、绿釉等瓷器。产品种类主要有碗、盘、碟、瓶、壶、盒和枕等。胎质细腻，釉色润泽，尤以白瓷产品最为著名，即闻名于世的定窑白瓷。装饰技法主要有刻花、划花和印花等，图案以花卉和动物形象为主。瓷器上题款内容有"官"、"尚食局"、"尚药局"等，多与宫廷和官府有关。根据考古发掘资料研究，定窑创烧于唐代，极盛于宋代，至元代渐衰落。

根据地面散布和断崖暴露的瓷片、遗迹等现象看，窑址遍布于涧磁村的东、北、西三个方向，并且全为一个系统。实测结果，窑址范围，东西最长距离为1400米、南北为1000米，总面积约117万平方米，可见定窑烧瓷规模之大（图12-3-2）。

试掘发现晚唐层灰坑五处，五代层残窑一座。窑室平面略呈马蹄形，全长5.8米、宽2.6米，窑口106°。顶部、大部窑壁及窑门已塌毁无存。由烟囱、窑床和火坑三部分组成。烟囱在后，两个并列，平面略呈长方形，长1.15米、宽0.85米、残高1米。火坑在前，平面略呈半圆形，半径约0.75米、深1.6米，火坑内没有发现炉箅结构痕迹，在坑底有少量木炭屑堆积。窑床平面略呈方形，长2.15米、宽2.6米，前高后低，呈10°斜坡状。窑床与烟囱间，没有发现隔墙。从残存部分看，均为耐火砖砌筑，里表耐火泥一层，由于长期烘烧，而成红褐色，极为坚硬。根据火坑内积有木炭屑以及附近没有发现烧过的煤渣堆积等情况，这个窑可能还是以木材作为燃料（图12-3-3）。

北宋层发现残墙两堵和瓷泥槽两处。其中墙1位于探方5东北角，南北向，高向16°，是用长方素面灰砖前后相错，并排平砌，墙宽0.3米、残长1.8米、残高0.2米；墙2位于探方6中部，方向与墙1同，系用口径35厘米的匣钵竖砌而成，残长6米、残高0.3米，但在正中因倒塌而中断1.5米。这两堵墙因分别紧靠两处瓷泥槽，并且方向一致，推想可能是搅拌瓷泥场所的附属建筑。

瓷泥槽两处，其中槽1跨探方4、5，坐落于墙1西南约2米左右的地方，平面呈长方形，方向106°。南北宽2.3米，东西长不详。槽壁及底均为灰色素面长方砖平砌成，但大部已毁，槽壁厚约0.3米、残高0.2米。槽内遗有瓷泥和乱砖堆积。槽3跨探方7、9，坐落于墙2东南面约4米处，平面亦成长方形，方向106°，东西长3.5米，南北宽2.3米，槽壁为长条石块砌成，宽约0.3米，高0.9米。槽底为灰色素面长方砖平铺，大部已毁。槽内尚还有少量瓷泥，但大部则为北宋瓷片堆积（图12-3-4）。

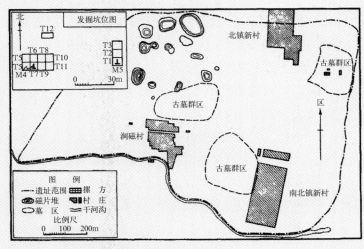

图12-3-2 涧磁村定窑窑址附近地形及发掘坑位图

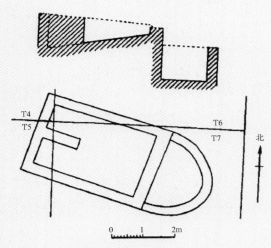

图12-3-3 五代层残窑平、剖面图

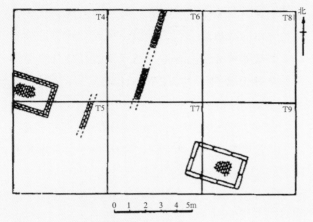

图 12-3-4　北宋层残墙与拌瓷泥残槽平面图

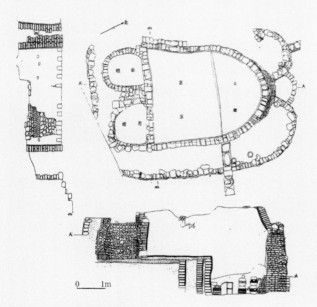

图 12-3-5　三号窑平、剖面图

图 12-3-6　三号窑窑门正视图及火膛细部

三、磁州窑

磁州窑遗址，中国北方宋元时期著名的民间窑场。包括观台镇和彭城镇2个窑址群。观台镇窑址群主要有观台、东艾口、冶子等窑址，其中以观台遗址面积最大、保存较完好，且于1957～1961年、1987年进行过多次发掘。遗迹发现有窑炉、石碾槽、作坊及原料堆等。窑炉平面马蹄形，包括火膛、窑床、烟囱和护墙等组成部分。还发现有数座窑炉互相连接的联窑。出土遗物有窑具和瓷器产品。窑具有匣钵、支垫、模范等。瓷器产品以白釉器为主，次为黑釉、绿釉、黄釉器等。器形种类有碗、盘、罐、瓶、壶、枕和建筑构件等。装饰技法极为丰富，有划花、印花、剔花等，图案以植物形象多见，有缠枝花、草叶纹等，也有动物及婴戏等形象，其中尤以白地黑花的装饰最具风格。根据文献记载和考古发掘资料，磁州窑创烧于五代末北宋初，兴盛于北宋和金代，至元代渐趋衰落。

以三号窑为例，三号窑为马蹄形馒头窑，由窑门、火膛、窑床、烟囱和护墙5部分构成。总长7.36米、宽4.17米、残高3.12米。方向北偏东25°。

窑门为五边形券门，两侧壁用平砖顺砌，顶部用两根粗大的废窑柱斜搭起券，高2.22米、宽0.45～0.7米。在距火膛底0.66米处两边各向内凹进0.1米，便于在装窑后架上一块大型耐火砖，上边砌砖封门，在下边则形成一个0.45米×0.6米的进风口。门前有一块扇形平地，低于窑门前的工作面0.53米，长0.71米、宽0.98米，此即为进风口。窑门前为黑色的工作面，厚0.03米（图12-3-5）。

火膛呈半月形，长1.98米、宽3.51米，低于窑床面1.38米，用直径0.1～0.15米的卵石掺泥铺底，泥土已烧成红烧土末。火膛中较完好地保存了炉栅。这种炉栅是由废匣钵、砖和窑柱垒成，下面用废匣钵垒成四排匣钵柱，匣钵柱之间搭上砖和废窑柱，构成密密的栅网。在炉栅下有大量的煤灰渣。在窑门处还有部分未烧过的煤末，证明这是以煤为燃料的窑炉。这种炉栅是不成熟的早期形态，每烧完一窑都要拆除清灰，尚未出现专门的炉条（图12-3-6）。

窑床呈横长方形，长2.3米、宽3.54米，前高后低，略倾斜。窑床由四层构成。第一层为烧结面，厚0.03米；第二层为黄色砂粒，厚0.11米；第三层为细腻的红烧土，厚0.14米；第四层为褐黄色填土。在窑床前部发现两道挡火墙，一道是属于此前另一座窑的，一道为三号窑原先的挡火墙，现存挡火墙是后来为了扩大窑床面积而接出的。三号窑的壁面用长方形条砖和近方形的楔形砖砌建，厚0.19～0.43米，内壁抹泥，已烧结，厚0.03米。窑前部保存较好，从火膛底起2.3米处开始发券内收。后壁有烟火孔两排：下边一排较大，共10个；上边一排较小，残存4个。烟火孔中塞有砖头，是用来控制排烟量的。

烟囱2个，呈半圆形，各与5个烟火孔相通。东烟囱长1.15米、宽1.48米、残高1.31米，西烟囱长1.27米、宽1.2米、残高1.38米，近底部最粗，向上渐细，径差0.27米。烟囱用砖、废窑柱和匣钵片砌建。

护墙在窑壁外，间隔1米左右。外边用大块卵石和废窑具砌建，厚0.18～0.42米。里边填土。高度仅及窑壁的发券处。护墙的作用主要是保温。

三号窑是以煤为燃料的半倒焰式马蹄形馒头窑，从炉栅和进风口的原始状态可以看出，这种窑还处于不成熟的初创形态。

四、井陉窑

井陉瓷窑遗址，以烧制白瓷器为主的瓷窑遗址群。1989年调查发现。包括天长镇城关、河东坡、东窑岭和秀林镇南秀林、梅庄以及横涧乡冯家沟等多处窑址。采集瓷器产品以白瓷为主，其次有黑釉、酱釉、绿釉和黄釉器。白瓷器皆白中闪青或泛青。器类主要有碗、盘、钵、盂、瓶、壶等。装饰技法有点彩、划花、刻花和印花等。窑具发现有匣钵和垫圈。

天津 河北古建筑

第十三章 桥 梁

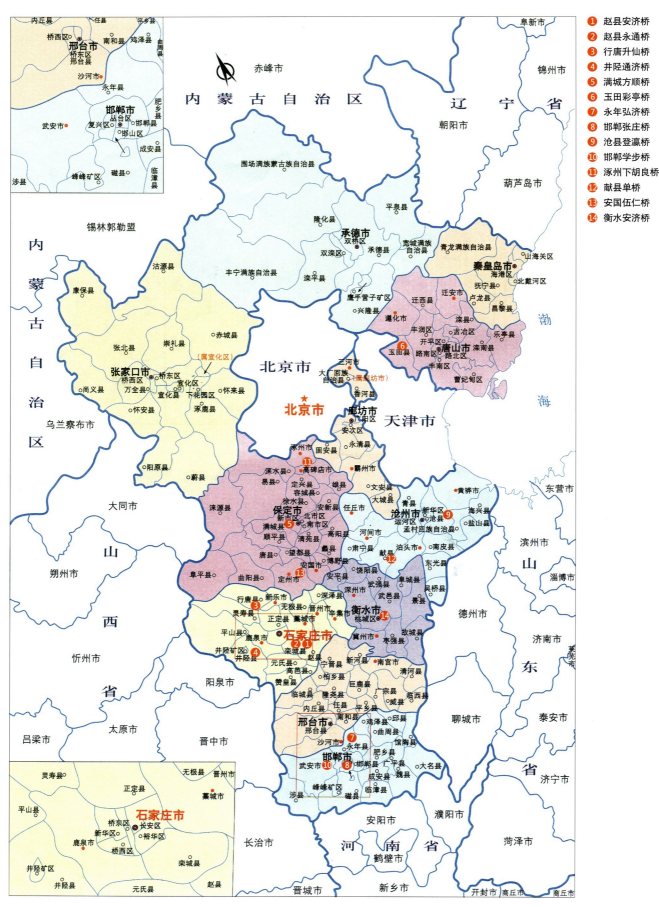

一、赵县安济桥

安济桥俗称大石桥，又称赵州桥，是位于中国河北省赵县城南洨河上的一座单孔石拱桥。安济桥始建于隋开皇十八年至大业年间(公元598～618年)，由名匠李春设计建造。桥身为单拱，弧形，全长50.82米、宽9.6米、跨径37.37米，由二十八道独立石拱纵向构成。各道券石之间以"勾石"、"伏石"、"腰铁"等构件加强券间的横向联系。券脸为素面，锁口石浮雕兽面。券桥面两侧各施望柱45根，栏板44块。栏板浮雕穿壁龙、饕餮等，形态逼真，为隋刻精品。该桥弧度平缓，造型美观，结构稳定，拱敞开，两侧各建两个小拱，即敞肩拱。这一设计构思巧妙，不仅使巨大的桥身减少水流阻力，减轻大拱券和地脚的载重，节约石料，而且造型优美。这是世界桥梁史上的首创，对我国隋代以后的桥梁建筑有着极其深远的影响。实体重力式短桥台简洁稳定，整体经济安全、跨度大，自建成后的600年内，一直保持同类桥跨度的世界纪录（图13-1-1～图13-1-5）。

桥两边栏板望柱上雕刻有各种蛟龙、兽面、竹节、花草等图案，刀法苍劲有力，风格豪放，线条流畅。另有拱顶的龙头，八瓣莲花的仰天石等点缀于桥身两侧，使桥更加精致俊秀。

1955～1958年由国家拨专款全面修复和加固，桥面和两侧的望柱、栏板是依据施工中所挖出的遗物仿制。1991年，美国土木工程师学会在世界各地多方筛选和考证，确认安济桥是世界上第一座空腹式石拱桥，命名为国际土木工程历史古迹。

1961年，安济桥由国务院公认为第一批国家重点文物保护单位。

其主要结构技术特征有：第一，敞肩拱的运用。赵州桥在桥梁建筑史上首次在主拱的两肩上各建两个小拱，如此，拱肩由以往的实心变成了开敞，形

图13-1-1　安济桥1912年、2000年左右照片

图13-1-2　2011年点云扫描图及2011年照片

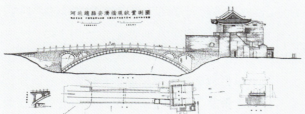

图 13-1-3 安济桥 1934 年测绘图

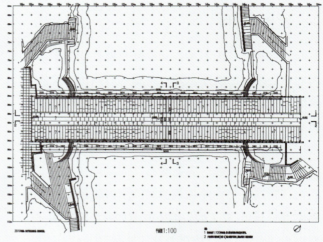

图 13-1-5 安济桥平面图（2011 年测绘）

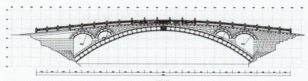

图 13-1-4 安济桥正立面图（2011 年测绘）

图 13-1-6 安济桥敞肩拱

成了所谓的"敞肩"。这种敞肩拱使桥梁的结构更加美观、合理、适用，既能减轻桥身自重，节省石料，又能宣泄洪水，减少江水对桥身的冲击力，还可利用敞肩拱对主拱的被动压力，增强结构的稳定性；第二，跨度大弧形平，形成了桥梁建筑史上的"坦拱"结构形态。桥之矢跨比为 1∶5，桥面坡度为 6.5%，这样的坦拱结构，在加大水流面积的同时，减低了大桥的坡度，便于人和车辆通行。第三，主拱和四个小拱均采用纵向并列砌筑法进行建构。这种砌筑方法的优点是使每道拱券都能独立稳定自成一体，如果某一道拱券损坏，不影响全桥安全，同时也容易修复。为了加强每道拱券的横向联系，赵州桥用九根铁拉杆横穿桥身，且相邻拱石之间均用腰铁卡住，使 28 道拱券紧密地连接在一起，形成一个坚固的整体。第四，宽度收分和厚度收分。赵州桥拱脚宽 9.6 米，拱顶宽 9 米，这种宽度收分技术，形成了变截面拱券，使桥的平面呈")("形，进一步加大了桥身的横向稳定性。同时，桥的拱券上面还覆盖着一层叫作"护拱石"的保护层。这种护拱石在拱脚处的厚度为 30 厘米，到拱顶时渐变为 16 厘米，形成了精致巧妙的厚度收分，使桥面坡度变得更为平缓（图 13-1-6）。

在形式上追求整体形象和谐完美的同时，在细部的精致和节点的简约方面亦取得了令人景仰的成就。整体上，由于采用了平弧形大拱和敞肩小拱科学而艺术的复合造型，赵州桥主体形象于巨大中透出空灵，于柔和中蕴含刚健，有新月的柔美，有彩虹的气势，像弓一样蓄势收敛而又显出弹性和张力。

图 13-1-7　安济桥精美的雕刻艺术

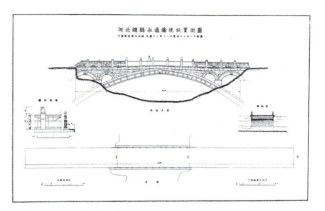

图 13-1-8　永通桥立面图

充满着欲动欲飞的生命活力。大桥栏板上沿、腰线、仰天石上沿线、大小拱券上凸起的结构线、工艺线、装饰线，比例适度，细腻柔和，进一步突出了桥梁建筑本身的形态美、结构美和力量美。这样极富魅力的线性元素，与精雕细琢的桥栏柱、蟠龙禾叶纹样浮雕栏板、仰天石外侧八瓣莲花等面与点元素相得益彰，使桥通体展示出一种雕塑的质感，在阳光下焕发出动人光影效果。冰冷的石头于是成为血肉丰满的富有生命力的对象，与人与环境产生亲和关系（图 13-1-7）。

二、赵县永通桥

永通桥（赵州镇西关外五一路北·唐代·全国重点文物保护单位）唐永泰年间（公元 756～766 年）建单拱敞肩石拱桥，金明昌年间（1190～1195 年）、明正德二年（1507 年）均有大修。其造型结构与安济桥（大石桥）相近，故俗称小石桥。桥全长 39.5 米，宽 7.5 米，东西横跨清水河。主拱两肩部各辟两个副拱。主拱净跨 23.6 米、矢高 4.69 米。大副拱跨度 2.8 米、小副拱跨度 1.8 米。各拱由 20 道券石纵向并列筑成。桥面两旁有正方扶栏，望柱二十二根。现存的石板有两类。一类栏板两端雕斗子蜀柱，中间用驼峰托斗，以承寻杖。板无格，上面有人物、奇禽和异兽浮雕。这类栏板北面有两版，南面有一版，都刻有正德二年八月（1507 年）的字样。据梁思成先生推断，此年号可能是"仿照更古的蓝本摹作"，但这种镌刻艺术确是古代雕刻中的精品。另一类是以荷叶墩代斗子蜀柱，无格的花版变成两格的两幅"花鸟画"，可能是清乾隆、嘉庆年间或更晚的作品。在桥的各小券的撞券石上都雕有河神像。其中两位老人、两位青年，都突起圆睛大眼，自两券相交处探首外望，造型奇异。北面东端小券墩上浮雕飞马，西端券面上雕肥鱼，均神态生动。赵州地处要冲，自古为南北"官道"所经（图 13-1-8）。作为桥梁，小石桥和大石桥一样，对当时和以后的交通都起了很大的作用。正因为这样，小石桥和大石桥一样，受到古往今来广大人民群众的歌颂和喜爱。宋代杜德源曾作《永通桥》诗："并架南桥具体微，石材工迹世传稀，洞开夜月轮初转，蛰启春龙势欲飞。"明代王之翰《重修永通桥记》中说："桥不楹而耸，如架之虹，洞然大虚，如弦之月，旁挟小窦者四，上列倚栏者三十二，缔造之工，形势之巧，直足颉颃大石，称二难于天下。"从永通桥上的刻留和桥柱上的铭记，以及后来发现残石上的职衔题字，都说明当时的永通桥已和大石桥一样誉满中原了。1986 年发掘出土栏板、望柱、碑刻等有关文物 200 余件。其中"修桥主题名石"提供了该桥始建年代的确证。1986～1988 年全面维修（图 13-1-9、图 13-1-10）。

神话故事中也曾提到小石桥的修建。相传，鲁班造大石桥时，他的妹妹鲁姜也准备造小石桥。兄妹两人进行比赛，相约要在一夜之间完成两桥。妹妹敌不过哥哥，眼看天要亮了，小石桥还没有造好。神路过，暗中帮助妹妹，请来仙人张果老和柴王爷

图 13-1-9 永通桥敞肩拱图

去牵制鲁班。张果老骑驴，柴王爷推车，同时踏上大石桥，并施法术搬来五岳名山，将桥压得摇摇欲坠。鲁班见状，急用手在桥下使劲撑住，结果桥虽保住，但桥上却留下了驴蹄户、车道沟、手印等痕迹，而妹妹竟获得了胜利。这虽是传奇故事，但也表达了劳动人民对造桥者的崇敬。关于永通桥的修建年代，目前没有准确答案，只是从它对大石桥的模仿，断为隋代以后。又因它在建筑艺术上用斗子蜀柱，这是宋以前的做法；又用驼峰托斗以承寻杖，常见于宋辽建筑构架中，所以推断永通桥大致建于隋宋之际，也有断于金明昌间（1190～1195 年）的。

三、行唐升仙桥

行唐升仙桥位于行唐西关外护城上，始建于北宋。现为省级重点保护文物。升仙桥全部用青石砌筑，为并列敞肩单孔弧形桥。清康熙十九年（1680年）《行唐县新志》记载，"升仙桥在西门外，相传五代时有仙飞升于此"，故名。升仙桥的结构造型与赵州安济桥基本相似，被誉为安济桥的"姊妹桥"，升仙桥为单孔圆弧敞肩拱石桥，东西跨护城河，现两端淤埋，暴露部分长 14.5 米，宽 6.1 米。单拱净跨 12.8 米，矢高 3 米。大拱两端肩部各辟一小拱，拱跨 2.5 米。大拱由 20 道单券纵向并列砌筑，小拱用 18 道单券。主拱两端各负两个小券，大券和小券的券脸石上均有雕刻。桥面两侧有望柱、栏板、望柱柱头形状不一，栏板长短不尽一致，是为历代重修所致。栏板中间有的刻图案花纹，有的刻不云不花的凸纹。栏板两端都有一卷云抱鼓石，特别是券脸石上雕刻的雄鹰、雄狮及其他奇珍异兽，雕刻之细腻、造型之美观，堪称古代桥梁珍品。升仙桥主拱南端锁口石下面刻有"上房、井底童经邑赵寅等十二人众姓名如后：赵寅、赵海、刘倩、赵谏、刘贵、刘云、赵冲、赵口、赵绪、李发、赵贵，元祐五年六月十五日记"。由此可知，升仙桥曾于北宋元祐五年（1090 年）重修过。

然而，当地有名的千年古桥由于种种原因却没有保护好。20 世纪 80 年代中期，升仙桥路改造没有考虑古迹保护，原来的护城河改造成升仙桥路，新改造的路修到桥的护栏两侧，只留一点点空隙，空隙成了垃圾道，致使垃圾包围古桥（图 13-1-11）。

四、井陉通济桥

井陉通济桥位于河北省井陉县天长镇石桥头村东，又名"天威军石桥"，南北横跨七里涧河，是仿"世界第一大跨度石拱桥——赵州大石桥"建造的，为河北省屈指可数的宋前古石桥之一。桥头碑文里也记载说："因七里涧水为患，得于太原栖息院女头陀善慈，请于军使葛赜创建此桥，桥成，中山人马宜之为之作记……"由此可知，这座石桥是由太原栖息院女头陀捐资修建，目的是方便村民出行。

图 13-1-10　永通桥外观（王颐真　摄）

图 13-1-11　行唐升仙桥照片

北宋元丰六年（1083年）建，元丰八年（1085年）竣工。2001年，通济桥被列为河北省重点文物保护单位。

通济桥为单拱敞肩石拱桥，加引桥全长24.3米，宽6米。拱跨12米，矢高3米，纵联镶边砌筑。清末，涧水变小，为加大石桥的承受力，桥下填留两孔，使其成为更为独特的拱中环拱桥，也使得这座古桥经受住了以后井陉矿区煤炭外运过往车辆重压的考验。券面浮雕狮子、麒麟等，龙门石正中浮雕镇水兽。主拱两侧各辟一个跨径2.4米的小券。栏板、望柱多倒入涧中，现存素面栏板三套。桥面由青石板铺设。桥头原有两尊石狮子，近年半夜被盗。

桥西立元丰八年《天威军石桥记》碑一通，现已佚，井陉县志载有碑文。

五、满城方顺桥

方顺桥位于河北省保定市满城县方顺桥村，横跨方顺河，是河北现存的古桥中最早的石拱桥之一，有史料记载它比驰名中外的赵县赵州桥还要早300多年。据传说，赵州桥就是隋代著名的工匠李春仿照方顺桥的结构而设计建造的，不同的是，李春在这一基础上，有了自己的新的独创之处，以赵州桥的巨大跨度而驰名。这座古桥不但在建桥史上具有较高的科学研究价值，还是当时通往北京的必经之路，九省通衢的重要通道，因此，方顺桥有着极其重要的地理位置。

方顺桥始建于西晋永嘉三年（公元303年），隋开皇年间（公元581～600年）、金明昌年间（1190～1196年）均有重修。明嘉靖年间（1522～1566年）倾圮，僧人德印募资重建。在桥的北侧镶嵌着两块刻有铭文的石头。镶嵌在桥的北侧的一块上刻的是"大明嘉靖丙辰三十五年／御马监右监丞属□字库事杨荣施银二两／造石二大"，由此可见，现存方顺桥为明代晚期的产物，距今有近五百年的历史。方顺桥是明代桥梁中的宝贵遗存，对研究明清时代我国北方桥梁的建造技术与结构形态提供了不可多得的一手资料。现在桥梁损毁比较严重。1992年，方顺桥被列为河北省重点文物保护单位。2013年，方顺桥被国务院公布为第七批全国重点文物保护单位。

方顺桥为三孔青石敞肩拱桥，桥长50米，桥宽8米。桥身以大跨度单圆拱为主体，中孔跨径18.2米，矢高3.7米，两侧各有一个小拱，主要是为了减少发洪水时桥身对水流的阻碍面积，减少大拱上的负荷。券顶浮雕镇水兽。桥面呈弧形，桥面两侧各施栏板10块，望柱11根，柱头雕蹲狮。南北桥头有汉白玉雕的石狮子两对，高5尺左右，威武雄壮，栩栩如生，遗憾的是，"文革"期间惨遭破坏。

六、玉田彩亭桥

玉田彩亭桥位于河北省玉田县城西十五华里

(7500 米)彩亭桥镇西，东西跨兰泉河。据《大明一统志》载，该桥为金代学士杨彩亭所建，故名彩亭桥。现为河北省重点文物保护单位。

彩亭桥建于金代，关于此桥始修概况，在明朝《顺天府志》、《遵化州志》，清康熙、乾隆、光绪的《大清一统志》、《玉田县志》等书中多有记载。它和金朝明昌三年（1192 年）建成的卢沟桥都是载于《大明一统志》（顺天府·关桥部分）中的十三座古桥之一。因此彩亭桥和卢沟桥可以称得上是姊妹桥。

彩亭桥为东西走向，呈长虹弓状，三孔石拱桥，长 19 米，宽 6 米，高 6.1 米。桥面条石铺砌，两侧各施望柱 14 根，栏板 13 块。柱头有狮、莲、桃等形式，栏板浮雕犀牛望月、莲荷等。三孔之间壁面上嵌龙头一个，券面锁口石不作吞水兽。

彩亭桥和卢沟桥相比，虽规模较小，但其建筑形式大同小异，都是采用全石孔拱结构，雕琢造型，异无重复，特别是狮子望柱、龙头及其整体结构方面，完全体现了金代桥梁建筑传统艺术风格和共同点。

七、永年弘济桥

弘济桥位于邯郸市永年县广府镇东桥村西，始建年代不详，现存为明万历十年（1582 年）重修，东西横跨滏阳河上。明代，广府镇曾是府治所在地，故该桥又名曰"府东桥"。弘济桥为单孔敞肩青石拱桥，主拱券似长虹飞桥，两肩各负两小券，结构、形制与赵州安济桥相近，是后代继承单孔敞肩桥梁形式的典型实例（图 13-1-12）。

桥面全长 48.9 米，宽 6.82 米。主拱券净跨 31.88 米，矢高 6.02 米，主拱券两肩靠内的边券跨度 1.8 米，高 1.06 米，外侧靠近桥墩的边券跨度 3.8 米，高 2.85 米。

结构方面，主拱券各道券石均用榫卯串联交接，桥身整体性、稳固性和抗震性增强。四个边券拱背均用出檐钩联石铺墁，不但造型美观，且两侧边券都被钩联石紧紧拢住，减少了边券外倾的可能性。较之赵州安济桥拱背两侧压面石与主拱券全部平砌、每隔六米远方设一钩联石的做法，弘济桥边券作法的安全性更高。

券面浮雕龙凤图案。桥面铺石，两侧各置望柱 18 根、栏板 17 块。柱头雕狮、猴、桃等，栏板浮雕人物故事。南侧中央栏板上刻"弘济桥"三个大字，下款小字为"推官公家臣通判周萍周知望选广平府贾应壁创建，万历十年岁次壬午十月忌日"。栏板两端还有小字，但因多年风化已湮灭不清。

八、邯郸张庄桥

张庄桥位于邯郸市邯山区马庄乡张庄桥村内，为邯郸市重点文物保护单位。该桥为明代建单孔敞肩青石拱桥，原名普济桥，清道光十七年（1837 年）重修更名通济桥，习称张庄桥。东西向横跨滏阳河，长 26 米，宽 7.6 米，单拱净跨 14 米。大拱两肩各辟溢洪小拱一个。桥面石条铺砌，两侧望柱栏板完整。

九、沧县登瀛桥

沧县登瀛桥（图 13-1-13、图 13-1-14）位于杜林镇杜林村，又名杜林桥，明万历二十二年（1594 年）建，天启五年（1625 年）重修。东西横跨滹沱河。青石筑三孔石拱桥，全长 66 米，宽 7 米，矢高 7.8 米。中孔跨径 17.4 米，矢高 5 米。有两小腹拱悬卧于三大孔连接处的拱肩上。桥墩迎水、顺水两面均作箭头型，以利分水导流。桥面平坦无弧度，两面各置望柱 24 根，栏板 23 块。望柱柱头雕猴、狮、麒麟或小庙等饰物；栏板浮雕人物、动物、风景等图案。大、小券面锁口石均雕镇水兽。

桥侧立明万历二十二年刻《新建登瀛桥记》碑一通，赐进士第中散大夫都转运监使司阮尚宾撰文

图 13-1-12　永年弘济桥

图 13-1-13　沧县登瀛桥

图 13-1-14　沧县登瀛桥细部

书丹，碑中记述了万历年间修建该桥的始末。

十、邯郸学步桥

学步桥位于河北省邯郸市区北关街沁河公园西段，南北走向。学步桥原为木质浮桥，明万历年间改建为石桥，新中国成立后重建，已非过去学步桥之真面目，现为市级重点文物保护单位。学步桥因成语、典故而得名，也因成语、典故而闻名。

该桥明万历四十五年（1617年）知县王曰善倡建，依"寿陵余子学步邯郸"的典故取名"学步桥"。南北跨沁河，为三孔敞肩清石拱桥，全长31.1米，宽7.84米。三孔同大，跨度6.2米，矢高3.2米，券脸中央雕兽头。三孔之间及两个外侧共辟4个小拱。桥面两侧各施望柱19根，栏板18块。柱头雕蹲狮，栏板浮雕人物故事（图13-1-15）。

十一、涿州下胡良桥

下胡良桥，位于河北省涿州市城北4公里处，下胡良村之胡良河上。原京广公路由此桥通过。1987年初，京广公路扩建，在旧桥东边建公路新桥，旧桥只作为一般的辅路桥使用。

该桥始建于明万历二年（1574年），清乾隆二十五年（1760年）重修。南北朝跨胡良河。花岗岩砌筑五孔拱桥，全长69米、宽9.14米。中孔矢高6米，两侧各孔矢递减。五孔顶部均设置大理石质锁口石，石面凸雕龙头。桥面两侧各立望柱34根，栏板33块，望柱头雕成方形卷叶，望柱高1.4米，栏板高81厘米。桥面坡度平缓，结构稳定。桥南原建亭一座，内立造桥碑记，现亭、碑无存。

十二、献县单桥

单桥位于献县南河头乡单桥村东南，南北向横跨滹沱河，建于明崇祯二年（1629年）。桥体青石砌筑五孔联拱（图13-1-16～图13-1-19）。全长75.5米，宽9.5米。中孔宽9米，矢高4.5米，两侧边孔矢高递减。为迎合地形水势，南面边孔较北面大。五孔之间增设四小孔，以提高泄洪能力。大、小孔两端券面顶部均雕镇水兽。桥面青石铺砌，石

图 13-1-15　邯郸学步桥

块间用铁银锭作榫，内部用木柱穿心连结加固。两侧桥栏现存望柱56根、栏板62块。柱顶雕狮、猴等；栏板浮雕人物、鸟兽、荷花等。

单桥所在位置原有一木桥，名单家桥。明正德十六年（1511年）有五女同遭寇，殉节桥下，故又称"五节桥"。明崇祯二年邑人刘尚用、杨起凤等倡办石桥会，组织募化兴建石桥。有明崇祯六年（1633年）《创建善桥功德碑记》一通为证，尚存于桥北。清初顺治二年（1645年）工毕，初名"善桥"。今桥为1992年全面重修所成。

十三、安国伍仁桥

伍仁桥（图13-1-20、图13-1-21）位于河北省安国市伍仁桥村南，始建于明万历二十六年（1598年），是郑贵妃为给万历皇帝祈福而在药都安国修建的。为显示"皇恩浩荡"，使当地人们不会忘记并永远感激皇上的恩德，又在伍仁桥周围修建了一些附属建筑："南峙万寿坊，北悬三忠阁，翼座九龙碑，乾修三教庵。"形成以伍仁桥为中心的建筑群。

伍仁桥为五孔联拱石桥，桥面中间宽6.19米，桥长65米，现状实测为57.03米。由北向南横跨于磁河之上。拱券矢高由中到边依次为3.76米、3.61米和3.21米。桥面平缓，中间高6.5米、两端高5.9米。券脸石用汉白玉制成，高0.64米，厚0.46米，正中的龙口石上雕有镇水兽。

图13-1-16 献县单桥

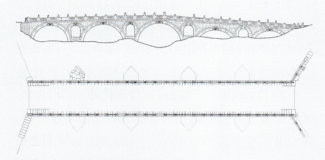

图13-1-17 沧州献县单桥平面图、正立面图

图13-1-18 献县单桥现状

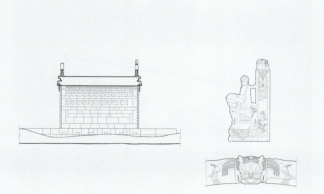

图13-1-19 沧州献县单桥剖面及大样

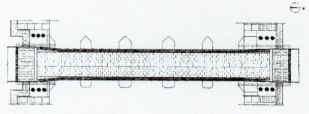

图13-1-20 伍仁桥平面图

图13-1-21 伍仁桥正立面图

桥面顺桥身方向铺设桥面石，两侧施望柱、栏板，栏板置于地栿石上。望柱均为方形，柱头雕饰形态各异、栩栩如生的石狮子，雕刻工艺精湛。桥南有大石狮一对，桥北两侧有石象一对。

其拱券在构造上颇具匠心：桥券采用横联式的砌券方法，券体下部为条石横联砌置，券顶部分则采用分段并列式砌筑，使整个拱券成为一体。在券的两侧各设单独的券脸石一道，为了防止券脸石外坍，各拱均用8块长条石与券脸石交砌，结构上接近框式横联排列。拱背上平铺伏石一层，厚20厘米，将券石进一步纵向拉结，增强了桥体的整体性与稳定性。

伍仁桥的桥体主要用青白石砌筑，以白灰和黏土为粘接材料。桥基是由柏木桩、枣木炭和石版筑成的。柏木桩的作用相当于现在的桩基础，夯入河床，增大了河床地基的承载力，消除地基的不均匀沉降。枣木炭填充于柏木桩之间，对柏木起着防潮、防腐的保护作用。

十四、衡水安济桥

位于衡水市桃城区胜利东路，东西向横跨滏阳河，全长116米、宽7.5米。始建于明天顺元年（1457年），原为木桥。后明成化、弘治、正德、嘉靖年间，水患较繁，木桥屡毁屡修。明嘉靖三十二年（1553年），宦官冯保与徐延等人筹资将木桥改建为石桥。因河水汇流，水位上升等原因，仍没有改变石桥被屡次冲毁的命运。直至清乾隆三十年（1765年），知县陶淑重修，乾隆皇帝赐名"安济"，石桥保留至今。

此桥为七孔，青石质。各孔跨距均为10米，中孔矢高6米，两侧各拱矢高渐低，桥面坡度平缓。全桥置望柱112根，栏板110块。柱头雕形态各异的蹲狮，栏板雕饰卷云纹，两侧龙口石饰以镇水兽。

桥中间券洞于1937年被侵华日军炸毁，1982年按原状重修改为水泥结构。

天津 河北古建筑

第十四章 军事建筑

河北省历代长城分布示意图

第一节　战国长城

河北省境内的战国时期的长城包括赵长城、燕长城、中山长城。

赵南长城位于赵国南界，今河北省与河南省交界的漳水北岸，建于赵肃侯在位时，又称赵肃侯长城，是用来防御魏国的。《史记·赵世家》记载："（赵肃侯）十七年（公元前 333 年）围魏黄，不克。筑长城。"赵武灵王十九年（公元前 307 年）召楼缓谋曰："我先王因世之变，以长南藩之地，属阻漳、滏之险，立长城。"战国时代的古漳水河道在河北省临漳县邺镇以下的河段位于今漳水以北，斜向东北流，左汇滏水而入黄河。赵南长城则是利用漳水、滏水的堤防相连扩建而成，其首起河北武安县西太行山麓，缘漳水北岸而东，再折向东北，形成一个外凸的弓形，至今在河北临漳县、磁县一代尚有遗迹可寻。

赵北长城："（赵肃侯）十七年（公元前 333 年）围魏黄，不克。筑长城。《正义》刘伯庄云：'盖从云中以北至代。'按赵长城从蔚州北西至岚州北，尽赵界。"《史记·匈奴列传》："而赵武灵王亦变俗胡服，习骑射，北破林胡、楼烦。筑长城，自代并阴山下，至高阙为塞。"《正义》引《括地志》云："赵武灵王长城在朔州善阳县北。按《水经》云，白道长城北山上有长垣，若倾颓焉。沿溪亘岭，东西无极，盖赵武灵王所筑也。"《绥远通志稿》："战国赵长城在今归绥县北，延大青山自绥东迤逦西行，至乌拉特旗之狼山口为止，遗迹颇有可寻者，惟其少耳。"赵武灵王所筑之北长城，除内蒙古呼和浩特市、包头市北阴山山脉大青山南麓比较清楚外，在东端一般认为起于张家口北，东与燕北长城相接才符合文献记载，是否为后世之秦汉长城所叠压，迄今未有明确的遗迹报道。

燕长城分为南北两道，即燕南长城与燕北长城。燕北长城在河北属上谷（治造阳，今怀来大古城）、渔阳（今密云西南）、右北平（今宁城黑城）三郡之外，即今河北北部的围场、丰宁、沽源的坝头一线，长城走向明确。长城在当地叫"边墙"、"御路"或"长壕"，这些名称反映了长城结构之不同和时代差异。

燕北长城呈东西走向，东自内蒙古赤峰松山区二龙库后窝铺梁进入围场县三义永，西行经拐步楼、半壁山殷家店、旧拨、新拨、岱尹梁、十八号、九号、水泉、十五号、棋盘山、二十九号、干沟门、大唤起、八号、龙头山查字、大字、顺下、查下、要路沟、十八克、燕格柏门沟、碾子沟于家湾、六十棵、牌楼、城子、十九号、哈字、桃山、土门、干沟梁、干沟口东城子，在桃山公社西小滦河西岸分为南北两支，南支从东城子入丰宁，与森吉图大营子小卡拉长城相接，时代是战国燕、秦；北支为长壕，时代为金，经卡拉沟牧场入内蒙古多伦，西过梨树沟、松木沟，过大滦河，这一带山高林密，河道宽阔，少见或无遗迹。又西入丰宁凤水山与金代界壕相接，其间长约 40 公里。燕、秦长城在丰宁境内分为大营子段、万胜永段、山嘴段，三段存于地面上的墙体不足 35.9 公里，若经钻探，地下长度可能还多。燕北长城西段止于沽源北境，具体止于何处，如何与赵长城相接尚不清楚。燕北长城边内之城障、屯驻地有岱尹下、岱尹梁顶东西障城、十八号城、红石砬子沟门障城、惠汉古城等，有些在金代时被重新利用。

《水经注·易水》："易水又东（届）关门城西南，即燕王之长城门也……易水又东，历燕之长城，又东经渐离城南……易水又东流届经长城西……东至文安县，与滹沱合。《史记》苏秦曰：燕长城以北，易水以南。正谓此水也。"上引证实了燕南长城至少完成于燕昭王时期，以及燕南长城为易水所经之路线，主要目的是为了防御赵与中山。该长城发现于燕国南部之易县、徐水、安新、文安、雄县、大城，东可达子牙河之西岸。徐水遂城以西的一段保存较好，其余大部分为公路和白洋淀大堤所压盖。燕南长城易县段从大科罗山头东到曲城南，全长 30.7 公里；徐水段从曲城东到遂城林小村，全长 45.371 公里，内有 6.069 公里存于地面上，保存较好，城体高 2.5～6.5 米，宽 6 米；容城安新段长约 52.5 公里，多没入地下；长城又东行，经雄县、文安、大城到子牙河西岸的东马村,多大段没入地下,仅遗迹可寻。燕南长城总长度在295公里左右。

中山长城,西南防赵,北防燕国。中山国为古鲜虞国,武公初立居顾(今定州市),在北,桓公徙灵寿(今平山三汲),在南,刚好勾画出中山国旧都和新都的范围,北达唐县、望都,南越滹沱,西临太行,东接华北平原,北起安新,南到无极一线。桓公徙灵寿后,国势日强,成为赵国的心腹之患。赵武灵王十九年(公元前307年)"王北略中山之地",二十一年(公元前305年)、二十三年(公元前303年)"攻中山",二十六年(公元前300年)"复攻中山"。赵惠文王三年(公元前296年)"灭中山,迁其王于肤施"。现今发现在唐河东北岸起顺平县神南,南行经富有、大峪后,入唐县经马耳山西,西南行经上庄东,到大洋村东的一段长城,全长约68公里,其特点为土石合筑,远观筑于山脊上的为一高起的石檩。这道长城初步定为战国中山长城,但有些问题不好解释,如长城短小,既不能屏障中山旧都顾,又不能屏蔽新都灵寿,且中山国的一些要邑和城址均暴露在这条长城之外,而城体上出土可资证明时代的遗物甚少。

第二节 秦长城

公元前221年秦统一中国后,在北面与匈奴的矛盾并无缓和,数次征兵,把秦、赵、燕三国北部的长城连接起来,西起临洮,东到辽东,有些地方的长城波动向北,奠定了后世长城的走向和基础。秦长城在河北北部袭燕、赵长城之旧东行,加以缮治,边墙内增筑城障。

秦长城东段从内蒙古赤峰二龙库后窝铺梁进入河北围场县,沿燕长城旧址西行入丰宁县,西止于沽源北境,长度与燕北长城同,边墙内障城出土燕国明刀币、秦始皇二十六年铁权、刻铭戈等。

秦长城西段即张家口北之二道边墙,西起内蒙古兴和县之高庙子南山顶,向东进入河北省怀安县,从马市口、马圈沟、曹碾沟门东行,到万全县北沙城大洋河口为56.831公里,从万全县大洋河口至张北之狼窝沟黑风口,墙体上出现了秦汉时代的陶片,遗物很少,长度为95.155公里。明长城大边利用马市口、黑风口段秦、汉长城旧基加以改造利用,加宽加厚,筑土石墩台或少量砖墩。

沿狼窝沟、黑风口明大边南下离开坝头到大境门,而黑风口以东仍为秦汉长城二道边,沿坝头东行到茂古天营长57.793公里,沿崇礼正沟北行长41.234公里,与张北县战海乡桦皮岭西侧二道边相连接。二道边从桦皮岭水泉洼东行,围绕赤城大边(明长城)北侧5公里左右向东北、北、东南行,经马连口西、北栅口北,东经沽源水厂、前坝头,南行到骆驼嵯坝,再南行可延伸到龙门所东,形成一个180°的半圆形圈,拱在大边之北。这一段二道边连续不接,或没于地下。明亦利用二道边加筑沟、堑或墩台,构成大边外之一道防线。二道边的总长度,从怀安县西洋河桃沟村马圈沟到赤城县龙门所东的赵家庄,约为365.518公里。

第三节 汉长城

汉因秦制,一面用武力维护北部边境之安全,同时采取积极的防御政策,通过和亲等方式,武力、绥服并进。防御方面主要是因战国、秦始皇长城之旧修复故塞。《史记·高祖本纪》:"二年……缮治河上塞。"《史记·匈奴列传》:"其明年(元朔二年,公元前127年),卫青复出云中以西至陇西,击胡之楼烦、白羊王于河南,得胡首虏数千,牛羊百余万。于是汉遂取河南地,筑朔方,复缮故秦时蒙恬所为塞,因河为固。汉亦弃上谷之什(斗)辟县造阳地以予胡。"三年(公元前126年)"汉使光禄徐自为出五原塞数百里,远者千余里,筑城障列亭,至庐朐,而使游击将军韩说、长平侯卫伉屯其旁,使强弩都尉路博德筑居延泽上。"烽火延至盐泽(今罗布泊)。汉初由于武力达不到上谷北部,所以"什(斗)辟县造阳地以予胡",《正义》:"曲幽辟县入匈奴界者造阳地弃与胡也。"即汉武帝元朔二年

（公元前127年）时，造阳（今怀来）及今赤城以北已成为弃地，这是汉长城远离燕长城波动向南约200公里的一个重要原因。南部需另筑一段便可与造阳东西两端的秦汉长城相接，于是元狩四年（公元前119年），徙塞外乌桓于上谷、渔阳、右北平、辽西、辽东五郡塞外，为汉廷侦察匈奴动静，于幽州设护乌桓校卫以控。太初三年（公元前102年），徐自为筑五原塞外（阴山一线）列城，同时加强了辽西、右北平、渔阳、上谷、代……诸郡北部的防御，以阻匈奴连岁入边。效筑外城设屯戍之制，在上述诸郡、长城一线广设城、障、亭、燧。《汉书·匈奴传》："至孝武世，出师征伐，斥夺此地，攘之于幕北。建塞徼、起亭隧、筑外城、设屯戍以守之，然后边境得用少安。"其中就包括了右北平郡、辽西郡。经过武帝的频繁出击，匈奴稍北。上谷、渔阳两郡塞外基本利用秦塞垣之旧，沿坝上、坝下东行到右北平、辽西一线，广筑城、障、列燧，断断续续。沿今坝上、坝下相接的坝头处，西从怀安马市口—张北狼窝沟黑风口—赤城龙门所一线的二道边，从渔阳东行到今承德地区的西汉右北平、辽西一线虽仍利用燕、秦长城之旧，到武帝以后，由于政治势力之变化，汉之防线已经南移了约100公里左右，由原来的丰宁、围场北部向南波动，波动后之防线设屯戍，筑城、障，广建亭燧，在丰宁西部和南部，隆化、承德县的北部，内蒙古宁城、辽宁建平形成了一道既建土石墙体，又建列燧的长城，承德部分以筑列燧为主，分南北两道防线。

北道防线：东从承德志云，东北和宁城县庙西沟搭梁处有一段土边，之后改为土筑列燧。这道列燧东接内蒙古宁城县的汉长城，从宁城西北大营子上拐村后山脊东南行，进入河北承德县三家三道沟门獾子沟三道梁顶，顺山脊向西南行，少数墙体为土石合筑。墙体西南过车子梁到志云鞍子梁、双庙梁、范营后山，墙体宽4～6米，存高1.5～2米，全长6公里，由土墙体而改为烽燧形式，每隔1公里左右筑一座。烽燧为方形，下大上小，一般底部边长小者在7米左右，最大者可到20米。在志云东500米的一个烽燧上发现有大量的绳纹瓦片、陶器残片和铁杆铜镞、半两钱，皆西汉时物。烽燧近处有城障可屯戍。沿沟谷西南行，经前庙沟、头沟瓦房（有战国时期的头沟古城，笔者于1979年做过调查），西行到隆化中关，又西北行到十八里汰，经隆化县城关，沿蚁蚂吐河西北行到白虎沟、步古沟、西阿超，西偏南行到碱房汉城三道营、郭家屯，越滦河西行入丰宁县境，到化吉营、连桂、张百万、小坝子、窟窿山，西接赤城县（约当龙门所）东。北道防线共有列燧150余座，东西长约120公里。

南道防线：从隆化十八里汰西南行，越伊逊河谷东南行到滦平县西地、滦河沿，西行到金沟屯、张百湾、小城子，北与丰宁波尔脑、滦平交界梁上出现的一道石边相连，沿兴州河北上作零星分布。从小城子西汉城址往南而又直接向西，经滦平镇西行到虎什哈，潮河川西南行到古北口，共约150余座列燧分布在长约100公里的范围内。

南北两道防线之间以列燧相连，在伊逊河、蚁蚂吐河、滦河、兴州河、潮河等河谷地带分布列燧以为联络，列燧间的要地设障置戍，南北呼应，形成了一套完备的防御体系。波尔脑到滦平安屯沟门的一段石边墙，位于丰宁、滦平两县的交界梁上，东起波尔脑兴州河西岸之南老虎沟和气海沟之间的东西向梁脊上，沿台上村北梁西南行，过宋家、小老虎沟脑南梁，西行到石洞沟脑、老龙脑山脊（海拔1190.4米），是这条山脊的制高点，南行到杨木沟、上窝铺、安屯沟的王家，到大熊沟脑而止。墙体用土石混筑，层层叠砌，墙宽4～5米，存高1.5～2.5米，全长12.5公里。墙体上处有墩台10座，凡制高点皆立墩。墙体上有西汉时期的弦纹陶片，鱼骨盆、罐、甑的残片，以及三棱铁杆铜镞、铁镬等物。

隆化郭家屯长城：在郭家屯镇二道营子汉城东北150米的山脊上，呈西北—东南走向，全长5公里。墙体由黄沙土夯筑，存高1.5～2米，基宽6～7米，上列墩台3座。此段长城地处招素沟与小滦河交汇处山下，大、小滦河也交汇于此，地理位置十分重要。关于列燧和志云、波尔脑—安屯沟门，郭家屯二道营子土石长城的时代，从各地采集到的实物分析为西汉。1997年隆化县漠海沟东清理了一座烽燧，出土了大量战国至西汉的绳纹灰陶片、素面陶片，器型有板瓦、瓮、罐、盆、甑等，皆西汉物。这道以列燧为主和少数墙体组成的西汉时期列燧长城，总的走向基本清楚，是从东北沿向西南的走势，东北由辽宁省的建平县榆树林子呈列燧（墩）形式西北行，到太平庄农场入内蒙古喀喇沁旗，西南入宁城到黑城（西汉右北平郡治），列燧（墩）沿黑河北西行到宁城大城子，出现一小段墙体入河北省承德县志云。西南端如何与赤城东部的长城相接，因未做详细调查，也不便妄推。这道长城，制高点筑墙，河谷用列燧联络，烽火相望，所形成的防线称为列燧（墩）长城是恰当的（辽宁省称为列墩），表明了西汉中晚期汉政权和匈奴之间军事实力之变化。西汉昭、宣以后，国力薄弱，上谷、渔阳、右北平之边境内缩。早在武帝时，上谷、造阳以北为弃地，各郡县治或减少，或内移，右北平治平刚（今平泉北黑城），移到了燕山以南（土垠），原燕、秦边墙以南之地东汉时复入匈奴、乌桓，或成为汉、匈奴的拉锯地带。东汉时期主要固守列燧之南线，如《后汉书·杜茂传》所记的"镇守北边，因发边卒筑亭候，修烽火"而已。

蔚县东汉长城：河北蔚县南山有一道时代较早的石砌长城，从涿鹿、蔚县交界的倒拉嘴山涧口山脊北侧西南行，经松枝口、边墙梁、侯家庄、苇子村、永宁寨、马头山、北辛庄、九宫口西行，过柳河口村、东寺、瓦窑子、水峪、北口，西行到东、西岭、马堂山、东庄头、笔头山、马峪，到坡岩村入山西广灵县境后向西北发展。这条石边墙全长37.5公里，系就地用石叠砌，一般墙宽3米，高2.5～3米，风化严重，墙体上不修墩台，偶见汉式陶片，这些都是年代早的象征。其时代有三说：一为战国赵肃侯所筑；二为赵武灵王所筑；三为东汉光武帝建武十二、十三年杜茂、王霸所筑治的飞狐道长城，以防乌桓和匈奴。《后汉书·王霸传》："是时（建武十三年），卢芳与匈奴、乌桓连兵，盗寇尤数，缘边愁苦。诏霸将刑徒六千余人，与杜茂治飞狐道，堆石布土，筑起亭障，自代至平城三百余里。"王霸在上谷20余年，习于边事，蔚县至大同一线的石边可能即为霸所筑的飞狐道长城。其九宫口段曾为明代利用，增修、加筑马面。又《后汉书·马成传》：建武十四年"屯常山、中山以备北边，并领建义大将军朱营。又代骠骑大将军杜茂缮治障塞，自河西至渭桥，河上至安邑，太原至井陉，中山至邺，皆筑堡壁，起烽燧十里以候。"马成、杜茂所治的太原至井陉为东西行、中山至邺为沿太行山南北一线的障塞，迄今尚无明确发现。

第四节 北朝长城

北魏长城：北魏本以少数民族鲜卑拓跋贵族立国而入主中原，尽有中国北部河山，政治势力扩展到黄河以南。他们采取与汉族豪门大户联姻的做法以巩固自己的政权，使本是游牧民族的鲜卑族接受中原高度发展的农业文明，逐步放弃了自己的栖息之地，加速了汉化过程。这些质的变化加深了鲜卑族与北方游牧民族柔然、库莫奚、契丹的矛盾和斗争，因此也修起了长城。

北魏长城有的建在西汉长城以南，为了保卫初都平城（大同），建"畿上塞围"。在北面立怀朔、武川、抚冥、柔玄（尚义哈拉沟土城）、怀荒（今张北）、御夷（初治沽源大宏城子，后移至独石口猫峪）等六镇，筑东西行的六镇长城，以防柔然（蠕蠕）和契丹犯塞。

北魏长城分为南北两道，南即"畿上塞围"，北道又分为西、中、东三段。

西段由河北赤城至五原（阴山一线），《魏书·太宗纪》：泰常八年"正月，丙辰……蠕蠕犯塞，二月戊辰，筑长城于长川之南，起自赤城，西至五原，延袤二千余里，备置戍卫。"主要为缮治和利用汉长城，称为赤城—阴山长城。

中段即六镇长城，是孝文帝太和八年（公元484年）由高闾建议所筑。《资治通鉴·齐纪二》（太和八年）高闾上表曰："六镇是分，倍众不斗，互相围通，难以制之。请依秦、汉故事，于六镇之北筑长城……计六镇东西不过千里，一夫一月之功可城三步之地，强弱相兼，不过用十万人，一月可就，虽有暂劳，可以永逸。"六镇长城在河北省的丰宁、沽源、赤城北，内蒙古太仆寺旗、河北康保一线。今人调查沽源、康保一线之金界壕，有的地方曾利用北魏六镇长城之旧。糜地沟长城东起沽源大宏城子（初置御夷镇）濡水（滦河）源之东侧，今糜地沟一带，与《资治通鉴》胡注"下云：六镇东西不过千里，则当自代都北塞而东至濡源耳"的记载相吻合。从糜地沟五号村向西北到黑山头有16公里的一段（墙体南近燕、秦长城西端的三道洼，但二者的结构截然不同）保存较好，宽4～5米，存高1.2～2米，在地面形成一条"土龙"，墙外不挖壕堑，不筑马面，基本是汉魏以前的筑墙制度。从黑山头西行进入内蒙古，到骆驼厂西2公里处，晚期金代界壕叠压其上并行改造，又西行则以界壕形式出现，西过太仆寺旗（宝昌）又进入河北省贾家地村，向西穿过康保南部，西行到毛胡庆村，入内蒙古化德、土城子。康保境内的全长57公里，加上糜地沟段的16公里，共计73公里。

东段即北魏孝文帝所掘之广长堑。《水经注·鲍丘水》："大榆河（即潮河）又东南出峡，经安州旧渔阳郡之滑盐县南，左合县之北溪水，水出县北广长堑南，太和中掘此以防北狄，其水南流经滑盐县故城东。"这道广长堑一定是利用地势深掘的一道壕沟，以阻止兵马通过，是一道长堑。《水经注》沽水条："沽水从塞外来。"濡水条："濡水……又东南流，右与要水合，水出塞外。"鲍丘水（今潮河）、沽水（今白河）、濡水（今滦河）、要水（今兴州河）都是从塞外来，这里的塞应该包括北魏孝文帝所掘的广长堑，为四水所经，恰是今密云、滦平、丰宁、隆化之地，是西汉以来筑城障、列燧的一线，也是幽、安、营三州之北界，一面掘堑，同时利用列燧构成一道防线。也有人认为广长堑是专指塞（古北口）一段。但至今未有明确的长堑发现。

东魏武定三年（公元545年）十月，"神武上言，幽、安、定三州北接奚、蠕蠕，请于险要修立城戍以防之，躬自临履，莫不严固。"幽、安、定三州皆在北方，安州最北（初治今隆化，东魏侨治幽州北界，治所燕乐在今密云东北35公里古北口内），幽州（今北京），高欢议于"险要修立城戍"，当然在北魏北部边疆幽、安和东部营州（今朝阳）一线，包括广长堑。北京市门头沟区色树坟村发现的"大魏武定三年十月十五日平远将军安太守筑城都使元勒又用夫一千五百五十夫乡豪都督十一日讫□"刻石并残城址一处，正是东魏武定三年神武（高欢）"修立城戍"的明证。

北齐长城：公元550年高洋取代东魏而建立北齐王朝，拥有中原与北方大部，因西临西魏，北有蠕蠕、突厥和契丹，于是大修长城。北齐长城大体是从山西西部的汾阳北行到朔、代，东到灵丘，东北经河北蔚县入北京昌平、密云，过古北口再沿燕山山脊东至于渤海西岸。《北齐书·文宣帝纪》："天保三年九月辛卯，帝自并州幸离石，冬十月乙未至黄栌岭，仍起长城，北至社平戍四百余里，立三十六戍……天保五年十二月庚申北至达速岭，览山川险要，将起长城……天保六年，发夫一百八十万人筑长城，自幽州北夏口至恒州九百余里……（天保）七年，先是自河西总秦戍筑长城，东至于海，前后所筑东西凡三千余里，率十里一戍，其要害置州镇，凡二十五所……（天保八年）是年于长城内筑重城，自库洛拔而东，至于坞纥戍，凡四百余里。"

《北齐书·斛律金传》："天统元年夏五月……羡以北虏犯边，须备不虞，自库堆戍东拒于海，随山屈曲二千余里，其中二百里中凡有险要，或斩山筑城，或断谷起障，并直立戍，逻五十余所。"宋路振《乘轺录》："自幽州北行三十里过长城。"《辽史·地理志》南京道："顺州，归化军，中，刺史……南有齐长城。"在《契丹国志》"晋献契丹全燕之图"上，明确标明西起云中府，中经古北口、松亭关、渝关，东北行至海有一道长城，是为北齐长城。

北齐长城的修建情况：天保三年（公元552年）起于黄栌岭（山西汾阳北15公里），北到社平戍（山西五寨县北）400里；天保五年（公元554年）从社平戍北达速岭起长城东北行；天保六年（公元555年）发夫180万修幽州北夏口（居庸关下南口）西南行至恒州900里长城（此恒州为侨治肆州的秀容郡城，原恒州（大同）、北魏六镇、代、朔已失陷），这样基本和达速岭相接；天保七年（公元556年）完成自河西总秦戍东至于海（山海关东北）的长城，东西凡3000里。天统元年（公元565年）又修自库堆戍（地点不详）东拒于海2000里长城，实际上只有200里段落"斩山筑城，断谷起障"，和天保七年所修"东至于海"的长城为同一道，只是补修而已。那么可以这样说，北齐长城基本完成于天保时期。

北齐长城在河北、北京的情况：在北京门头沟大村、昌平北西岭、延庆双界山、密云古北口、司马台等明代边墙内土石叠砌的"老边"、"旧边"多为北齐长城。这道长城往西与怀来、涿鹿接近，往东则为隋、明代的长城叠压或平行。其残存于地面上的长城虽有报告，但没有测量过。

北周大象元年（公元579年）也曾修过长城，《周书·宣帝纪》：大象元年"突厥寇并州，……六月……发山东诸州民修长城。"《周书·于翼传》："大象初，征拜大司徒，诏翼巡长城，立亭障，西自雁门（山西代县），东至碣石，创新改旧，咸得其要害云。"北周短时间内修的长城只能是"创新改旧"，在北齐长城的基础上修修补补而已。天统三年和大象元年两次的工程量都不大。

第五节　隋长城

公元581年隋文帝杨坚统一中国后，西临突厥，北近契丹、库莫奚，在短短的几十年中也大修长城，动员民夫高达百万人，主要是在秦、汉长城和北魏六镇长城的基础上增补、加固，在东端又增加了一些新的段落。《隋书·高祖纪》：开皇元年（公元581年）"发稽胡修筑长城，二旬而罢。"《隋书·突厥列传》：开皇二年"会营州刺史高宝宁作乱，沙钵略与之合军，攻陷临渝镇（山海关一线），上敕沿边修堡障、峻长城，以备之。"此时突厥入寇长城主要是临渝一线。《隋书·高祖纪》：开皇三年"城渝关。"又《资治通鉴》：开皇五年"隋主使司农少卿崔仲方，发丁三万，于朔方、灵武筑长城，东拒河，西至绥州，绵七百里，以遏胡。"开皇七年二月"发丁十万余，修筑长城，二旬而罢。"隋炀帝大业三年（公元607年）"发丁男百余万筑长城，西距榆林，东至紫阿，一旬而罢，死者十五六。""四年七月……发丁男二十余万筑长城，自榆谷而东。"《隋书·地理志》："涿郡昌平有长城……渔阳郡无终有长城……北平郡卢龙有长城……安乐郡燕乐（今古北口）有长城。密云有长城。"

隋修筑长城多达七次，动员人力虽多，但往往一旬或二旬而罢，而且以缮治秦、汉、北魏六镇长城和齐长城为主。在其短短的几十年中，不能修筑一道完全由隋朝自己新建的长城。

在河北境内能确定的隋长城，只有从古北口到山海关和绥中断断续续的段落。在金山岭、司马台明长城内侧有明显的叠石布土的长垣，在明长城内由抚宁上庄坨到石河西岸老龙台有9.5公里的一段土石长城，在山海关东红墙子有一段。北齐长城和隋长城二者的关系仍需进一步工作才能弄清楚。

第六节　宋辽地道

游牧民族长于野战、短于攻城，而筑长城却可以化其所长为所短。因此，自战国以来修长城便成为中原王朝防御北边游牧民族的一项主要措施。辽朝占有幽云十六州后，宋朝在河北不复有天险可守，更失去了长城防线。据近年河北考古发现，在河北沿边的雄县、霸州市、永清建有北宋的地下防御战道。在《霸州志》中亦有地下战道"引马洞"的记载，称是"杨延昭所治，始自州城中，通雄县，每遇虏至，潜以出师，多获禽（骏）马。"《雄县志》中亦云"八角井在城内圆通阁前。相传谓霸州亦有井与此穴相通。"刘浦江先生的《河北境内的古地道遗迹与宋辽金时代的战事》中，对此进行了介绍与考证，认为"永清·霸州市地道和雄县地道应属宋辽时期的文物……在迄今发现的四处古地道遗址中，雄县地道应该属于隐蔽地道，而其他三处地道无疑都是战斗地道。"关于永清、霸州市的古地道，在1989年召开的"永清县古战道考察及学术研讨会"上，与会的学者普遍认为当地的民间传说是可信的，即这些地道是宋辽战争遗迹。关于古战道的文章还有王树民《永清的辽代地道》、章柳《辽宋时期河北永清的"地下长城"》、夏清海《河北省雄县祁岗村发现古代地道》等。

关于雄县的地道专文讨论的较少。笔者实地考察后，认为上述诸先生的结论无疑是正确的，但仍需在若干细节上做一补充说雄县境内现已开发的有两处宋辽边关古战道遗址，即大台遗址和祁岗遗址。大台遗址位与县城东二环内，毗邻将台路，东西长90米，南北长73米，地上原为杨六郎点将台。古地道内部结构复杂，地道内有洞室六间，六个分支，向西有通向城内的狭窄通道，东边向北有一分支通向祁岗方向。战道为弯顶弯门，有高有矮（70～190厘米）、有宽有窄（42～215厘米），蜿蜒曲折，多为直角转向，顶部距地面大约4米。

战道由青砖砌成，由底部起两层或三层横卧、一层横立交叉砌谱，十三至十六排后起券而成。其雨道及室内都铺有地砖，因历史上地道内多次灌水，有些地面上青砖已被泥土覆盖。青砖为统一烧制，均比现代砖尺寸大，洞顶为辐轮状异型砖。从结构上看，其洞室大多狭小，即使较为宽敞的议事厅面积也不过12平方米左右，无法容纳大兵团，据此可推测此战道主要以防御及躲避敌军进攻为主要功能。

在地道内出土了不少宋代文物，如铜钱、瓷碗等，更进一步印证了地道为宋辽时期的产物。通道、洞室内设有灯具、通气孔、翻眼、翻板、掩体等，现翻板这一军事设施仅存资料图片。

所谓翻板，是在通道内设置的活动石板，上与地面平齐，其下为深坑，如不熟悉地道内部结构，是无法分辨的，当敌人踏上翻板后就会掉入坑内，无法爬出，从而起到歼灭入侵敌人的作用。而所谓翻眼，一应与翻板类似，所不同者，只是没有活动石板，而只是一个深坑。据笔者推测，一旦有敌人进入，从高处向下攻击，可以起到防御的作用，有效地阻止敌人深入。

一般室内不论大小都设有两个通气孔，直径10厘米左右，由陶筒制成；灯盒2～4个，左右不对称分布，呈长方或正方形，距地面高约60～70厘米。在较小的洞室和一些狭窄通道中甚至只有通气孔而无放灯处。现在已清理修缮的古地道内已安装现代化照明灯具，光线仍较暗淡，可想而知当时其中光线更为微弱，有些洞口距地面又极低，只有几十厘米，因此有些复杂曲折的地段被人称为迷魂洞，防守者可以通过熄灭灯盏，使入侵者迷失方向。

地道被运用于战争由来已久，但最常见的地道是作为攻城战术而运用的，早在春秋战国时期就已出现这种地道。《墨子·备穴篇》专门针对地道攻城法而提出了守城方法："穿井城内，五步一井，傅城足……令陶者为罂……置井中，使聪耳者伏罂而听之，审知穴之所在，凿穴迎之。"这即是所谓"地听"。《三国志》中记载："（诸葛）亮又为地突，欲踊出于城里，（郝）昭又于城内穿地横截之。"《资治通鉴》魏明帝太和二年引此文，胡三省注称："地突，地道也。"可知攻城时可以通过地道进入城内，给敌人以出其不意的打击，而守城者亦可挖掘地道对潜入者予以拦截。这两种地道的规模都较小，且内部不存在复杂结构，挖掘速度亦快，当战争结束也随之湮废。而河北沿边所修建的地道却是长时期存在的，是北宋防御战略中的一环。这些地道分布面积较大，且内部结构复杂，修建较为细致。一些较大的洞室可作为议事厅使用，成为战时的指挥中心。如在地上被敌军占领时，可以转入地下继续指挥战斗。由于这些地下战道极具隐蔽性，又彼此相通，因此使军事行动的保密得到较好保障。另外永清的地道在辽境内，辅以瓮听等设施，宋军可以了解辽的军事动态，一旦战争发生，部队还可以通过地道直接进入辽境，从而达到袭击敌后的目的，使宋方占据主动。地下战道在一定程度上弥补了宋代边防失去天险的不足，称它为地下长城是比较贴切符合实的。

第七节　金界壕

起源于白山黑水之间的女真族灭辽后统一北方，为防止蒙古南侵，大修界壕，亦称壕堑，界壕内同时筑了大量的边堡。《金史》记：（大定）五年"正月……乙卯，诏泰州、临潢接境设边堡七十。"又："大定二十一年三月，世宗以东北路招讨司十九堡在泰州之境，及临潢路旧设二十四堡障参差不齐，遣大理司直蒲察张家奴等往视其处置。于是东北自达里带石堡至鹤五河地分，临潢路自鹤五河堡子至撒里改，皆取直列置堡戍。"《金史·完颜襄传》："因请就用步卒穿壕筑障，起临潢左界北京路以为阻塞……襄曰：'今兹之费虽百万贯，然功一成则边防固而戍兵可减半……'诏可。襄亲督视之，军民并役，又募饥民以备即事，五旬而罢。于是西北、西南路亦治塞如所请。"《金史·本纪》：承安五年（1200年）"九月……已未，尚书省奏：'西北路招讨使独吉思忠言，各路边堡墙隍，西自坦舌，东至胡烈么，几六百里，向以起筑忽遽，并无女墙副堤。近令修完，计工七十五万，止役军戍，未尝动民，今已毕工，上赐诏奖谕。"这道壕堑分为南北两线：南线即明昌旧城，呈东北—西南走向，东北起自大兴安岭东南麓，沿嫩江西岸西南行，到科尔沁右翼前旗西之好仁、索伦一带分为双线：西线为二支线，东线为主干。东线又西南行，经林东（临潢路）庆州白塔子、林西、达赍诺尔、汉克拉，又分为两线：南线经河北围场、丰宁北、沽源、康保、商都到大庙，在河北保存了一大段，北线从汉克拉西南行，到化德与南线合。从大庙西南行，到武州、庙沟为止。从大庙东北行，到甘珠庙尚有一道复线。南线总长6500公里。

东北路从达里带石堡子（黑龙江泰来县塔子城后宜卧奇堡）到鹤午河（吉林科右中旗霍林河色音花堡），有金毓黻先生早年的考证和黑龙江省的调查。

临潢路自鹤午河（霍林河）至撒里改只五堡，有吉林省的调查和李文信先生早年对临潢路西段的调查。临潢路西段和北京界壕，有河北省的调查和内蒙古自治区考古研究所的调查。

西北路界壕西自坦舌，东至胡烈么，据王国维考证，胡烈么在今围场县北克旗西达里泊南之活来库勒，胡烈么即临潢路之西界。丰宁骆驼边堡应是西北路界壕东端的起点，坦舌的地点可能在商都冯家村。西南路终止在庙沟大青山。

金界壕之北线从呼伦贝尔西部、大兴安岭北，东起额尔古纳河，西南至满洲里，入俄罗斯境，复穿入我国新臣巴尔虎右旗，再出境入蒙古国，止于鄂嫩河与乌勒吉河之间，全长700多公里。河北主要有北京路（今内蒙古大明城）和西北路（旧桓州）两个段落。界壕从临潢路（今内蒙古林西县）分南北两支，南支经赤峰松山区南下进入河北围场县（属金北京路），利用燕、秦长城旧垣西行，桃山以西以壕代墙，到滦河东岸中断，越滦河到滦河西岸丰宁骆驼厂又出现界壕，南有边堡一座。由此往西，

图14-7-1　金长城在金疆域中位置

属金西北路的旧桓州，再西经内蒙古多伦、太仆寺旗，复入河北省康保、内蒙古化德、商都，与林西西行的北支金界壕合（图14-7-1）。

金界壕围场县二龙库至桃山段长192.5公里，和燕、秦长城重叠。围场桃山西北至大滦河东岸长约40公里，利用了地势险要，断续不接，未筑。丰宁县段金界壕长7.2公里，康保段金界壕复修、重叠利用北魏六镇长城57公里。河北境内的金界壕总计长度为296.7公里，去掉重叠早期长城的段落，实际只有47.2公里为金代所筑（图14-7-2）。

金代修筑如此规模宏大的壕堑、边堡，因为他们深知蒙古骑兵的强悍，但从调查可知，金代界壕的质量不高，实难以抵挡蒙古骑兵的南侵。

第八节　明长城

1368年，朱元璋在南京即皇帝位，国号大明。当时的民族矛盾主要是明廷和残元（即北元）势力的斗争，明廷采用绥服和武力并进的手段，积极经营北部边防。永乐迁都北京后，三面近塞，正统以后边患日炽，为了保卫明政权，逐步完成了明朝九边的宏伟建设工程。河北地近京师，初设蓟、宣两镇，明嘉靖三十年（1551年）又从蓟镇分出昌镇（今属北京市），组成真保镇。合为两大镇、两小镇，与京师形成拱卫之势。

据《四镇三关志》："永乐二年（1404年）设总兵驻寺子峪镇守边官，遂为蓟镇……天顺四年（1460年）建三屯营城，移驻总兵府于内。"蓟分十二路，辖以三协，东自山海关连辽东界，西抵石塘岭丌连口接慕田峪界，"延袤1765里"。据明隆庆六年（1572年）七月庚子（当时穆宗已崩）刘应节给新君万历上的奏折称："蓟州镇十一路边墙总长1557里。"这其中含石塘岭、古北口、曹家寨、墙子岭四路边长654里，马兰路、松棚路、大平寨三路边长457里，燕河营、台头营、石门寨、山海关四路边长446里。当时喜峰口路尚未分出，但长度已计算在内。而据万历四年成书的《四镇三关志》，当时喜峰口路已创建，蓟十二路边墙的分段统计，总计为1450里。二者的统计数不同，是因为统计的时间不同。"1557里"是隆庆六年七月官方的统计数字，应该是准确的，也是至今一直沿用的数字。延袤的里数表其幅员，不是边墙的实际长度。

20世纪80年代，河北省长城考察队对明蓟镇长城做了一次全面的调查。东从山海关老龙头，西到怀柔丌连口，共分25个测区，涵盖了蓟镇十二路的边墙长度，共调查边墙736.3742公里，其中包括砖墙134.7362公里，石墙381.5312公里，山险墙（未筑墙）220.1068公里。

以明一尺合今0.32米，明一里合今0.48公里来推算，736.3742公里为明代1534.11里（小数点后两位以下省略）。这是当时明蓟镇边墙的实际调查数字，和隆庆六年七月官方的统计数字1557明里仅差23明里。

蓟镇边墙，除去山险墙，砖墙和石墙才是实有墙体，两项共长516.2674公里，合1075.56明里（小数点后两位以下省略）。这是蓟镇边墙实有墙体的数字，和《武备志》"东起山海关，西至大水峪抵昌镇慕田峪界，边长一千余里"的记载是接近的，

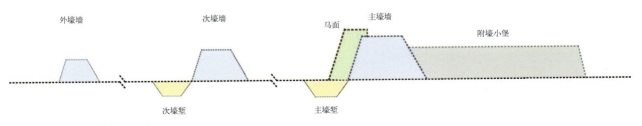

图14-7-2　金长城界壕防御工程示意图

这说明《神宗实录》隆庆六年公布的官方统计数字1557里和《四镇三关志》蓟镇十二路1450里的数字，都是把山险墙统计在总数中的。蓟镇边墙之建设，主要经过了建关隘、堡塞；修建石边、墩台；改造石边（平头薄墙）；拆旧修新，砖包，广建敌台；缮修这五个阶段。

明洪武十五年（1382年）提出，在燕山、军都山一线建关隘、堡、寨"凡二百处，宜以各卫校卒戍守其他"。永、宣继其后，并继续筑墩台。这二百处关隘、堡、寨以北齐长城的底线而修筑，明弘治十四年（1501年）《永平府志》："……太傅魏国公徐达，因秦（实为北朝）遗址间设关、营、墩台，以便守望。"天顺六年（1462年）八月："命修各边墙垣、屯堡、墩台、壕堑。"成化八年（1472年）二月："命大同、宣府、蓟州……居庸等关……修补墩台、城堡、边墙、壕堑。"到成化十二年李铭为镇守总兵官时，"修边备，峻处削偏坡，漫处甃砖石，总二千余里。"是时边墙已初步完成，主要是墩台、关隘之间的石筑平头薄墙，就地取材，以毛石为主，后经过百余年的风雨摧残，毛石平头薄墙多已废圮。嘉靖二十四年（1545年），巡抚郭宗皋提出将平头薄墙修改为城，即按城制修筑，加宽、加厚，筑垛口、宇墙，上可站人行走、防御，增设墩台。一直到嘉靖二十九年（1550年），蓟镇石边墙的改造才基本完成。到隆庆、万历初期，蓟镇边墙的修筑达到了高峰，一是彻底、全面地补足和完成了蓟镇边墙的全段落工程，二是拆旧墙修新墙，重要关隘、堡城、边墙用砖包砌。隆庆三年（1569年）四月，戚继光任蓟镇总兵，提出了一整套边备措施，关隘、边墙、堡城等重要地段皆实行砖包，边墙上广建空心敌台，加强城、堡建设和屯驻军队的训练。在他主管蓟门的十余年间，蓟镇边防建设达到了高峰，一直到万历十几年间，工程从未间断，所以现在边墙上留下来的碑刻主要是隆庆、万历时期的，而后者占绝大多数。万历以后，明朝只是对原有边墙进行缮治而已，无多大改进，也很少增添新墙。

宣府镇：简称宣镇，"永乐七年（1409年）置镇守总兵官，佩镇朔将军印，驻镇城，自是始称宣府镇总兵。""七年赐右都督章安镇守……为设置总兵之始。""正统四年（1439年）设置副总兵。"宣镇下设东、北、中、西、南五路。据《宣府镇志》，宣镇塞垣"东自四海冶镇南墩接顺天府蓟州火焰墩界地，西至西阳河南土山墩接大同界牌墩界止，沿长1865里。"这个里数是指幅员、延袤的里数，而不是边墙的实际长度。据《翁万达修边墙疏》："宣府西起西路西阳河，逶迤而东，北历中、北二路，抵东路之永宁四海冶，实一千二十五里。"此统计于嘉靖二十六年（1547年）。又据《明史·翁万达传》为"千二十三里"，此统计于嘉靖二十三年（1544年）。二者仅二里之差。又据《宣府镇志·塞垣》为1012里，统计于嘉靖四十年（1561年）。翁万达疏中的1025里为给朝廷的数字，是官方的数字，也是至今仍在沿用的数字。

关于宣镇边墙的实际调查长度，1987～1991年河北省长城考察队从东部赤城、延庆两县分界点的万水泉小川口主边起，西到怀安、尚义交界处的下马圈曹碾沟门主边（大边）止，共计调查墙体552.526公里，内包括主体边墙493.778公里，附边23.825公里，山险墙49.923公里。如此，主体墙（大边）493.778公里÷0.48公里＝1028.70（保留到小数点后两位）明里则为宣镇边墙实际调查数，比明代翁万达疏的1025明里多了3.7明里。如加上宣镇明长城起点延庆四海冶镇南墩到赤城小川口的一段墙体，则要多40明里左右，是其起点不同，计算结果也不同。总之，明宣镇长城实际调查长度和文献记载中的数据是非常接近的。

宣镇边墙的建设，由于永乐帝迁都北平，三面近塞，形成皇帝戍边，所以深知边防之重要。在永乐七年（1409年）宣府称镇后，即提出宣、大边备之措施："自宣府迤西，迄山西，缘边皆峻垣、深壕，烽堠相望。"宣镇的重点是放在中西路的防御上。永乐十年（1412年）"敕边将治壕垣，自长安岭迤西至洗马林，皆筑石垣，深壕堑，以固防御。"长安岭又名枪杆岭，位于西、北路之间，这样，西、北路塞垣因急需早筑。"成化间，兵部侍郎余子俊以宣镇虽称险阻亦置设备，请增墩、凿堑"，提出"二里一墩，墩对角为悬楼，二墩空凿堑。"当时主要是沿边筑墩、凿堑，局部或"依山为垣"。嘉靖"二十五年，兵部侍郎翁万达请酌急缓修筑塞垣，从之。"当时主要是修筑，"未经描画者"有张家口到柴沟堡渡口一线，中路葛峪下，东路永宁四海冶等。嘉靖"二十六年，万达请修北路次冲墩、垣，从之。"至此宣府诸塞垣已全部完成，并连接起来，围成一道完备之边墙，只是大边内之墩、垣、腹里墩尚未完成。嘉靖三十七年并增各路墩台，当时主要是筑腹里墩，边墩、腹里墩相表里，加之镇、卫、所、堡塞，至此宣镇形成了一套完备的防御体系。如今在南路以东、西城一带尚存有大量的腹里墩。而边墩基址虽存，但各墩之具体名称已难以隶定。

昌平镇（今属北京市）：据《四镇三关志》：明嘉靖"三十年，分蓟州为二镇……遂为昌平镇；三十九年，改提督为镇守总兵。"由于明陵寝北枕居庸，东接慕田峪，西临镇边城，南接皇都，边关守卫之责重于他镇。昌镇自东而西，"东自慕田峪连石塘路蓟镇，西抵居庸关镇边城接紫荆关真保镇界，延袤460里"，下设黄花路、居庸路、横岭路三路，经统计，边墙总长度为281.5明里。

真保镇：今正定、保定西部太行山一线。《四镇三关志》：明"嘉靖二十九年设总兵镇守三关，为真保镇云。"三关指紫荆、倒马、龙泉，又称为内三关。其疆域"东自紫荆关沿河口连昌镇镇边城界，西抵故关鹿路口接山西平定州界，延袤780里"。根据各口下的边墙统计为30227丈，以明一尺合今0.32米折算为96726.4米，明一里为今480米折算，真保镇边墙为201.5里。昌平镇和真保镇边墙的建设步骤大体和蓟镇同，此不赘述。

河北省境内的明长城建筑可分为边墙、墩台、关隘、城堡、驿传，这些功能不同的建筑共同组成了明长城的防御体系。

边墙：边墙是明长城的主体部分。长城"择险要而布防"，绵延的山脉是它的脊梁。墙体修筑利用山势的陡坡，占据最高线，铲坡垒石，夯土砖包，构筑起易守难攻的防线。明长城宣府镇压力最重，修筑边墙最密集，号称有九重。素有大边、二边、内边等说法。宣府镇在四海冶接蓟镇长城，西至西阳河南马市口连大同镇。上、下西路长城、上北路长城、中路长城、包括今北京市境内的东路长城都称大边，或称外长城。在大边之内，一些地势险要处又修筑有间断长城，主要集在下北路，称为二边。从居庸关到宣府镇南路，塞垣长城的墙体减少，有众多的墩台、火路墩等工事，环卫和连接各城堡，俗称为内边，第三道防线。在一些重要地段，长城边墙多处重叠，层层设防，称为九重不是虚说。河北省境内的宣府镇长城纬度最高，独石口长城建在北纬41度21分，是现存明长城的最北端。北路长城像一只虎，北路就是虎头突出于防线，出独石口就是闪电河源头（今滦河）。

墩台：墩台，也称烽燧、烽堠、烽火台等，是在长城内外建筑的高台型军事建筑，与墙台、敌台的区别在于是否以边墙为基础。墩台根据其位置和功用，有沿边、腹里、护关、护城、夹道、火路等区别。许多墩台建于长城内、外的高山顶，或易于瞭望的丘阜或道路折转处。墩台的初始作用就是瞭望军情和传递消息，战事可成为藏兵侦查和防御作战的堡垒。墩台外圈围墙，内有守军的住房、仓房、羊马圈等，实际也是守军及其家属组成的微型聚落。

建筑在长城墙体上的墩台，是墙台或敌台的发展。紧靠城垣或关隘旁边的就称为护城台、护关台，建筑尤其坚固。墙台大约每间隔300米设一座，台面与城墙顶部相平，或突出墙外，建有铺房，供守城士卒巡逻时遮蔽风雨。墙台外侧砌有垛口，用于对攻城之敌进行侧击。实心台，顶部瞭望与射击。空心台跨城墙而建，分2层或3层，高出城墙数丈。墙台多为空心，守城士卒可以居住在内，储存有火炮、弹药、弓矢之类武器。墙台上开拱门和箭窗，顶面建楼橹，环以垛口，供瞭望和防身之用。墩台与墩台，墩台与墙台可在火炮射程内构成火力交叉网，在战斗中发挥杀伤敌人，保卫自己的作用。宣府镇长城东段与蓟镇长城相连接，墩台修筑最精。墩台还有自己的名字，或依次编号，为"×字

××号台",管理相当规范。

负有燃放烽火传递军情功能的墩台则是烽火台,也称烟墩、烽燧、烽堠。烽火台前后相续,构成军情传递路经,因此也称为火路墩、接火墩。烽火台多建于长城内、外的高山顶,易于瞭望的丘阜或是道路折转处,孤立的夯土高台外砌石包砖,是坚固的军事堡垒。烽火台比一般墩台不同的是,还有守望房屋和燃放烟火的柴草,负责报警的号炮、硫磺、硝石等。台上有守望士兵的房屋和燃放烟火的柴草,报警的号炮、硫磺、硝石。遇有军情,需按照法定的"烟火品约"燃放烽烟传递消息。烽火台彼此相隔并连续,约"三里一墩,五里一台",最多不超过10里,恰好在人的视力所及范围内。连续的烽火台构成信息传递的路径"火路",因此这些有序排列的烽火台被称为火路墩。烽火台在长城以外延伸的,称腹外接火墩。向内地州府城伸展联系的,称腹里接火墩台。

关隘:明初,整个长城各镇有关隘200多处,皆分兵把守。宣府镇"前望京师,后控沙漠"。"飞狐(关)、紫荆(关)控其南,长城、独石(堡)枕起北,居庸(关)屹险于左,云中(指山西大同)固结于右。群山叠嶂,盘踞峙列,足以拱卫京师而弹压蒙古,诚北边重镇也。"宣府镇长城是居庸关的屏护,还有紫荆关、倒马关、飞狐口、独石口、张家口、龙门关等名关。居庸关、紫荆关、倒马关是长城著名的内三关,后两者位于河北省境内。

城堡:城堡是防御战略的中心和落脚点。明长城九边"分统卫所,关堡环列,兵戎纲维。"各镇城堡按照军事价值和屯兵多少划分等级,各级城堡都建"高墙深池"建立城防,"浚井蓄水"长期驻军戍守。城堡的规模首先与其级别相关。镇城、都司城最大,路城、卫所城次之,下级城堡较小。但在部分有州县的城堡,其规模可能要超过本路的路城。其次,城堡的规模与战略地位和驻军的多少有一定的关系。宣府镇镇城以下,驻军超过千人的城堡有14座,这些城堡周长均超过四里,除去路城、卫所城、州县城外,还有君子堡、张家口堡、洗马林堡和西阳河堡4座没有卫所、州县驻扎的下级边堡。君子堡是上北路前沿城堡,是独石城的后援,防守的边墙长达一百七十里。张家口堡是上西路前沿城堡,马市所在,同样也直接守护边墙。而洗马林和西阳河也是宣府镇下西路的前沿城堡,直接守御外边。

驿传:驿传是长城的通信系统。以宣府镇为例,国家驿路在宣府镇,主干由东向西分布,分支向南、北延伸,另有相邻驿站间的近捷道路,构成以宣府镇城为中心的区域小系统。宣府镇的主干驿路连接京师与大同镇,出"居庸关,三十里至岔道,二十里至榆林驿,三十里至怀来卫,三十里至土木驿,四十里至保安卫,二十里至鸡鸣驿,六十里至宣府城,六十里至万全左卫,六十里至怀安卫,六十至天城卫。"居庸关驿直属京师,天成卫属大同镇。宣府镇境内为:榆林驿—土木驿—鸡鸣山驿—宣府驿—万全左卫东关驿—怀安卫东门驿。各驿相距约为六十里。

从防御体系的构成来看,主要分布于河北省唐山市境内的蓟镇长城被称为"九边"之冠,城堡—墩台—边墙的人工防御体系依然处于主导地位,但蓟镇的军事聚落修筑的最为坚固,分布密度也最大,从顾祖禹称"边墙依山凑筑,大道为关,小道为口,屯军曰营,列守为寨"可知,受燕山山脉"山谷仄隘"的地形影响,蓟镇除了堡寨外关口林立,形成了一个"镇—路—关口、关城—堡或小城—烟墩或敌台"的层级防御系统。从全镇划分为十二路防守上也可见其军事位置之重要。蓟镇镇城三屯营位于蓟镇辖区的东西向中间的位置,便于指挥作战调遣兵力。各路沿长城线分十二段呈带状分布,东西向漫长防线上的众多关口都能在各路内分段防守,由各路所属提调负责,便于迅速调集兵力指挥作战(图14-8-1)。

宣府镇的堡城基本上沿着长城线均匀分布在长城的内侧,与长城共同实现防御功能,而路城、州城、卫城和所城的位置在长城线南侧,主要分布在白河、洋河、桑干河与永定河支流沿线。此镇地形相对平坦,易攻难守,因此设置卫城、所城较多且占据重要交通流线上,不成带状,以控制一定面的防御。宣府镇城位于全镇的心脏地带,利于指挥作战控制全局(图14-8-2)。

图 14-8-1　蓟镇军堡分布图

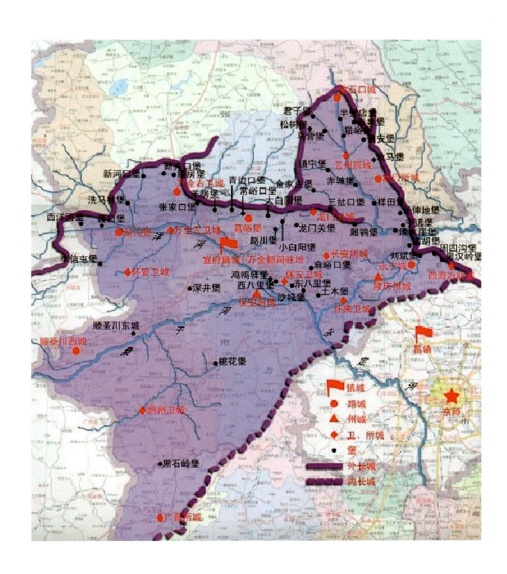

图 14-8-2　宣府镇军堡分布图

天津 河北古建筑

第十五章　营造技艺

河北拥有深厚的营造技艺传统，当地工匠曾创造出众多伟大的建筑艺术作品，尤其为明、清都城的建设做出了巨大的贡献。

传统营造业工匠分为木、瓦、土、石、油漆、彩画、扎彩、裱糊、搭材等作，此外尚有山子匠、琉璃窑等。各营造技艺皆有独特之处。

木作匠人主要有大、小木匠师和大锯匠。大木匠师负责制作梁、檩、柱、枋、斗栱等大型构件。小木匠师负责门窗、藻井等精细构件。部分匠师身兼雕花匠，负责制作隔扇窗棂花纹、镂空花板、雀替等。所用工具包括锛、凿、斧、锯、刨、曲尺、鲁班尺、墨斗、钻等（图15-1-1）。大锯匠负责锯解木板，锯解时先在圆木料上按所需尺寸划好线，将其斜置固定，底端用重物压住，翘起一端用柱支撑，操作时两人一上一下，或站或单腿跪。工具为尺寸远大于一般木工锯的大锯。因工作较危险，非一般木匠所能胜任，多由木厂在工程时另行雇佣（图15-1-2）。

瓦作匠人主要有瓦工、灰土工和壮工。瓦工包括铺砖、砌筑、抹灰、苫背、窑瓦等。灰土工负责调制各种灰及灰浆。瓦作中的壮工（或称小工）负责搬运，使技术工人从繁重单调的体力劳动中解放出来，系另外招募（图15-1-3）。

土作负责建筑基础部分的施工，包括夯筑灰土、下地丁、刨槽三方面的作业。其中夯筑分大夯、小夯两种做法。重要建筑工程中有专门官员负责监理夯筑过程。四合院建筑亦须筑打灰土。

石作匠人除普通石匠外，尚有专做华表、翁仲、石人、石马、龟趺、台阶及铺地条石者，另有身价较高的刻碑石匠。石匠主要来自曲阳、武强等地（图15-1-4）。

油漆作由油漆局完成。建筑在施油漆前，须先于基层上施由砖灰、石灰、猪血、桐油、麻等材料制作的地仗，作为油漆、彩画基底。油漆匠除负责配料、熬制、搓料、光油外，还须负责扫青、扫绿、大漆、贴金等。

彩画作属画行业务。画行主营壁画、彩画、灯画、传神、神轴、水陆、彩塑等，其中建筑彩画因攀登脚手架在高处工作，常称"架子活"。彩画作季节性强，天气转冷后室外工作无法进行，具备多种技艺的画工可转入室内工作，避免木、瓦等行出现的"扣锅"情况，且能够配合年节、从事多种业务（图15-1-5）。

图15-1-1 木作工匠身背斧、锯、曲尺、凿、刨、墨斗　　图15-1-2 木作大锯匠

图 15-1-3 瓦作壮工

图 15-1-4 石作

图 15-1-5 彩画作

图 15-1-6 搭材作于兴修崇陵时支搭的罩棚

裱糊作属冥衣铺业务。冥衣铺主营送葬明器、祭品，亦负责为住宅裱糊顶棚、墙壁、炕套、纱窗、暖窗等工作。《天咫偶闻》载："若裱褙之工，尤妙于裱饰屋宇，虽高堂巨厦，可以一日毕事。自承尘至四壁、前窗，无不斩然一白，谓之'四白落地'。其梁栋凹凸处，皆随形曲折，而纸之花纹平直处如一线，少无参差。若明器之属，则世间之物无不科肖，真绝技也。"《燕京杂记》载："京师房舍墙壁窗牖俱以白纸裱之，屋之上以高粱秸为架，秸倒系于桁榱，以纸糊其下，谓之顶棚。不善裱者，辄有皱纹。京师裱糊匠甚属巧妙，平直光滑，仰视如板壁横悬。或问以别纸点缀为丹楹刻桷状，真如油漆之者然"。英人芮尼在日记中记述了裱糊匠的工作场景："他们可以把一张涂满胶浆的墙纸，抛给另一个工人，以便即时裱在墙上。他们裱墙的纸质地很好，最常用的材质是缎子。这些墙纸不像我们的卷起来，而是大约12英寸乘10英寸（约30厘米乘25厘米）的四方块。糊纸时一个工人站在桌边涂胶，然后很熟练地把纸抛向上面的工人，后者则负责把纸贴在墙上。"

扎彩作与席棚、布帐业相辅相成，以彩色的绸、纸通过不同扎制手法，为民间节庆、红白喜事装饰门面，自清代起日渐繁盛。扎彩匠能够扎制彩牌楼，甚至整个建筑的外形。历史上最著名的扎彩作品当

图 15-1-7 琉璃窑
脱模、刻痕、烧制、烧成、上釉、制成

属光绪大婚时的太和门彩子。

搭材作属棚行业务。棚行分席棚、布帐两大类，业务广泛，包括喜棚、丧棚、天棚、冰棚等。木厂遇有工程时，即至棚行约匠搭棚，完工后再约拆卸。搭材作用材包括席、布、杉篙、竹竿、木板、绳子等；工具仅有用于裁断席绳的鱼刀和用来穿绳缝席的弯针。工匠除具备相当技巧外，还需胜任材料搬运、递送等繁重体力劳动。搭材作极危险，稍未留神，极易"飘高"。各地棚匠技术有别，有些需挖坑埋柱，有些仅凭曳力树立。在搭材作各项技术中，"打别棍"系最为重要者：在吃力处用别棍绞紧，成为整个棚架安全所系。据《天咫偶闻》载："搭棚之工，虽高至十丈，宽至十丈，无不平地立起。而且中间绝无一柱，令入者只见洞然一宇，无只木寸椽之见，而尤奇于大工之脚手架。光绪二十年重修鼓楼，其架自地起至楼脊，高三十丈，宽十余丈。层层庋木，凡数十层，层百许根。高可入云，数丈之材，渺如钗股。自下望之，目眩竟不知其何从结构也。"除支搭脚手架外，搭材作工匠还能制作起重架、搬运架等多种施工支架（图15-1-6）。

山子匠为布置山石、装点园林的特殊石匠，有"山子张"、"山子王"等山子世家。工师掌控形象，"相度地势与石之形象，立为间架"，"口讲指画"，指挥徒弟、夫役等人搬运放置。

琉璃窑专营烧造琉璃砖瓦，官办、民营皆有（图15-1-7）。

天津 河北古建筑地点及年代索引

名称	类型	地点	建成年代	材料结构	文物保护等级
青池遗址	聚落	蓟县	新石器时代	/	
下埝头遗址	聚落	蓟县	新石器时代	/	
围坊遗址	聚落	蓟县	新石器至汉	/	天津市文物保护单位
宝坻牛道口遗址	聚落	宝坻	新石器时代	/	
张家园遗址	聚落	蓟县	商周	/	
邦均周代遗址	聚落	蓟县	周	/	
古城洼遗址	聚落	静海	战国	/	
巨葛庄遗址	聚落	天津	战国	/	天津市文物保护单位
武清兰城遗址	聚落	武清	东汉	/	
东丽区西南垎遗址	聚落	天津	魏晋	/	
丰台镇	聚落	宁河	清	/	
秦城遗址	城镇	宝坻	战国	/	天津市文物保护单位
许家台南城子	城镇	蓟县	西周至战国	/	
西钓台古城址	城镇	静海	西汉	/	天津市文物保护单位
武清泉州故城	城镇	武清	西汉	/	天津市文物保护单位
武清大宫城城址	城镇	武清	西汉	/	
务本二村古城	城镇	天津	西汉	/	
宁河大海北古城	城镇	宁河	西汉	/	
武清大台子城址	城镇	武清	东汉	/	
蓟州城	城镇	蓟县	汉至清	/	
武清旧县故城	城镇	武清	唐	/	
邦均镇	城镇	蓟县	明	/	
武清区故城	城镇	武清	明	/	
青坨城址	城镇	武清	辽	/	
河西务城址	城镇	武清	明	/	
宁河县	城镇	宁河	清	/	
静海县城	城镇	静海	金至清	/	
天津卫城	城镇	天津	明清	/	
秦城遗址夯土建筑基址	大型建筑	宝坻	战国	/	天津市文物保护单位
西南垎遗址大型建筑遗址	大型建筑	天津	汉至北朝	/	
沙井子高台	大型建筑	天津	汉	/	
七里峰台基	大型建筑	蓟县	汉	土台	
独乐寺	大型建筑	蓟县	辽	土木	第一批全国重点文物保护单位
渔阳鼓楼	大型建筑	蓟县	清	砖木	
张家园墓葬	墓葬	蓟县	商	土坑墓	
辛东村墓群	墓葬	蓟县	商	土坑、石棺墓	
宝坻歇马台墓葬	墓葬	宝坻	春秋战国	/	

续表

名称	类型	地点	建成年代	材料结构	文物保护等级
张贵庄墓群	墓葬	天津	战国	土坑墓	
巨葛庄墓葬区	墓葬	天津	战国、汉	土坑、瓮棺墓	
小毛庄村汉墓	墓葬	蓟县	汉	石室墓	
鲜于璜墓	墓葬	武清	汉	砖室墓	
东滩头汉墓	墓葬	静海	汉	砖室墓	
别山汉墓群	墓葬	蓟县	汉	砖室墓	天津市文物保护单位
蓟县西关汉墓群	墓葬	蓟县	汉	砖室墓	
邦均汉墓群	墓葬	蓟县	汉	/	天津市文物保护单位
双口汉墓	墓葬	天津	汉	砖室墓	
武清合葬墓	墓葬	武清	汉	砖室墓	
武清北朝合葬墓	墓葬	武清	北朝	/	
窦庄子隋墓	墓葬	天津	隋唐	砖室墓	
军粮城初唐墓	墓葬	天津	唐	/	
上宝塔晚唐墓	墓葬	蓟县	唐	砖室墓	
白马泉唐墓	墓葬	蓟县	唐	砖室墓	
抬头村辽墓	墓葬	蓟县	辽	砖室墓	
营房村北辽墓	墓葬	蓟县	辽	砖室墓	
五里庄辽墓群	墓葬	蓟县	辽	砖室墓	
弥勒院村辽墓	墓葬	蓟县	辽	砖室墓	
青坨僧人墓群	墓葬	武清	辽	砖室墓	
东滩头宋金墓	墓葬	静海	宋金	砖室墓	
宝坻辛务屯元代砖室墓葬	墓葬	宝坻	元	砖室墓	
刘深墓	墓葬	宝坻	明	/	
张遇墓	墓葬	天津	明	/	
殷尚质墓	墓葬	天津	明	砖室墓	
蓟县西北隅明墓	墓葬	蓟县	明	砖室墓	
宝坻辛务屯家族墓	墓葬	宝坻	明清	土坑墓	
蓟县龙庭庄园地块家族墓	墓葬	蓟县	清	土坑墓	
蓟县小毛庄家族墓	墓葬	蓟县	明清		
"李半朝"家族墓地	墓葬	宝坻	清	/	
刘兆麒家族墓地	墓葬	宁河	清	/	
蓟州文庙	文庙	蓟县	清	砖木	
天津文庙	文庙	天津	明清	砖木	天津市文物保护单位
三取书院	书院	天津	清	砖木	
津东书院	书院	天津	清	砖木	
问津书院	书院	天津	清	砖木	
观音寺	寺院	蓟县	清	砖木	
朝阳庵	寺院	蓟县	清	砖木	

续表

名称	类型	地点	建成年代	材料结构	文物保护等级
天成寺	寺院	蓟县	辽至明清	砖木	
云罩寺	寺院	蓟县	明清	砖木	
万松寺	寺院	蓟县	明清	砖木	
祐唐千像寺	寺院	蓟县	唐至清	/	第六批全国重点文物保护单位
盘山诸寺遗址	寺院	蓟县	唐至清	/	
大悲院	寺院	天津	清	砖木	天津市文物保护单位
慈云寺	寺院	天津	明清	砖木	
准提庵	寺院	天津	清	砖木	
金刚寺	寺院	天津	清	砖木	
挂甲寺	寺院	天津	清	砖木	
广济寺	寺院	宝坻	辽	砖木	
大觉寺	寺院	宝坻	明清	砖木	
龙泉庵	寺院	宝坻	清	砖木	
吉祥庵	寺院	宝坻	清	砖木	
紫竹禅林寺	寺院	武清	清	砖木	
鲁班庙	宫观	蓟县	清	砖木	
关帝庙	宫观	蓟县	清	砖木	
天仙宫	宫观	蓟县	清	砖木	
邦均关帝庙	宫观	蓟县	清	砖木	
文昌阁	宫观	天津	清	砖木	
玉皇阁	宫观	天津	明清	砖木	天津市文物保护单位
天后宫	宫观	天津	元至清	砖木	第七批全国重点文物保护单位
吕祖堂	宫观	天津	清	砖木	第二批全国重点文物保护单位
潮音寺	宫观	天津	清	砖木	
虫王庙	宫观	天津	清	砖木	
姥姆庙	宫观	天津	清	砖木	
老姆庙	宫观	天津	清	砖木	
火神庙	宫观	天津	清	砖木	
当城关帝庙	宫观	天津	清	砖木	
高家村关帝庙	宫观	天津	清	砖木	
大诸庄药王庙	宫观	天津	清	砖木	
大毕庄泰山行宫	宫观	天津	清	砖木	
福寿宫遗址	宫观	天津	明	/	
东天齐庙遗址	宫观	天津	明清	/	
无梁阁	宫观	武清	明	砖木	
天尊阁	宫观	宁河	清	砖木	第七批全国重点文物保护单位
天妃宫遗址	宫观	天津	元至清	/	第六批全国重点文物保护单位
西大佛塔遗址	宝塔	蓟县	唐	砖	

续表

名称	类型	地点	建成年代	材料结构	文物保护等级
蓟县白塔	宝塔	蓟县	辽	砖	第七批全国重点文物保护单位
天成寺舍利塔	宝塔	蓟县	辽	砖	天津市文物保护单位
彻公长老灵塔	宝塔	蓟县	元	石	
定光佛舍利塔	宝塔	蓟县	明	砖	天津市文物保护单位
万松寺太平禅师塔	宝塔	蓟县	明	砖	
万松寺普照禅师塔	宝塔	蓟县	明	砖	
少林寺多宝佛塔	宝塔	蓟县	明	砖	
福山塔	宝塔	蓟县	辽	砖	
黑石崖塔	宝塔	蓟县	明	砖	
大良塔基遗址	宝塔	武清	辽	砖	
金家窑塔	宝塔	天津	清	砖	
普亮宝塔	宝塔	天津	清	砖	
"大朝丁酉"经幢	经幢	蓟县	元	石	
宝坻石经幢	经幢	宝坻	辽	石	
高村石幢	经幢	武清	金	石	
清真大寺	清真寺	天津	清	砖木	天津市文物保护单位
清真南大寺	清真寺	天津	清	砖木	
金家窑清真寺	清真寺	天津	明清	砖木	
天穆村清真北寺	清真寺	天津	明清	砖木	
杨村清真寺	清真寺	武清	明清	砖木	
张家园居住遗址	住宅	蓟县	商周	/	
北仓居住遗址	住宅	天津	战国	/	
西庄户遗址	住宅	蓟县	元	/	
蓟县城民居	住宅	蓟县	清	砖木	
黄崖关村民居	住宅	蓟县	清	砖木	
小漫河民居	住宅	蓟县	清	砖木	
石家大院	住宅	天津	清	砖木	第六批全国重点文物保护单位
董家大院	住宅	天津	清	砖木	
张家大院	住宅	蓟县	清	砖木	
大安宅村水井遗址	水井	蓟县	战国至金元	/	
辛务屯水井遗址	水井	宝坻	唐	/	
大桃园窑址	窑址	武清	汉	/	
小毛庄窑址	窑址	蓟县	唐	/	
广东会馆	会馆	天津	清	砖木	第五批全国重点文物保护单位
荣亲王园寝	园寝	蓟县	清	砖石	
理密亲王园寝	园寝	蓟县	清	砖石	
裕宪亲王园寝	园寝	蓟县	清	砖石	
纯靖亲王园寝	园寝	蓟县	清	砖石	

续表

名称	类型	地点	建成年代	材料结构	文物保护等级
直郡王园寝	园寝	蓟县	清	砖石	
恂勤郡王园寝	园寝	蓟县	清	砖石	
端慧皇太子园寝	园寝	蓟县	清	砖石	
永瑺贝勒园寝	园寝	蓟县	清	砖石	
恒温亲王园寝	园寝	蓟县	清	砖石	
恒恪亲王园寝	园寝	蓟县	清	砖石	
恒敬郡王园寝	园寝	蓟县	清	砖石	
盘山行宫	行宫	蓟县	清	砖木	
白涧行宫	行宫	蓟县	清	砖木	
桃花寺行宫	行宫	蓟县	清	砖木	
隆福寺行宫	行宫	蓟县	清	砖木	
黄崖关长城	长城	蓟县	明	砖木石	
大沽口炮台遗址	海防工程	天津	明清	/	第三批全国重点文物保护单位
北塘炮台遗址	海防工程	天津	明清	/	
三汊河口炮台遗址	海防工程	天津	明清	/	
定晋禅果寺灵塔	宝塔	邯郸市武安市	北朝	砖石	
兴国寺石塔	宝塔	保定市博野县	唐	砖石	全国重点文物保护单位
沿平寺石塔	宝塔	邯郸市武安市	唐	砖石	河北省文物保护单位
幽居寺塔	宝塔	石家庄市灵寿县	唐	砖石	第五批全国重点文物保护单位
治平寺塔	宝塔	石家庄市赞皇县	唐	砖石	第四批全国重点文物保护单位
天宁寺凌霄塔	宝塔	石家庄市正定县	唐	砖木	第三批全国重点文物保护单位
广惠寺华塔	宝塔	石家庄市正定县	唐	砖石	第一批全国重点文物保护单位
开元寺须弥塔	宝塔	石家庄市正定县	唐	砖石	第六批全国重点文物保护单位
隆尧赵孟村塔	宝塔	邢台市	唐	砖石	
定州开元寺塔	宝塔	定州市	宋	砖木	第一批全国重点文物保护单位
武安舍利塔	宝塔	邯郸市武安市	宋	砖石	河北省文物保护单位
南岗塔	宝塔	邯郸市武安市	宋	砖石	河北省文物保护单位
宝云寺塔	宝塔	衡水市	宋	砖木	第六批全国重点文物保护单位
庆林寺塔	宝塔	衡水市故城县	宋	砖石	第六批全国重点文物保护单位
开福寺塔	宝塔	衡水市景县	宋	砖石	第四批全国重点文物保护单位
普利寺塔	宝塔	邢台市临城县	宋	砖石	第五批全国重点文物保护单位
庆化寺花塔	宝塔	保定市涞水县	辽	砖石	第五批全国重点文物保护单位
镇江塔	宝塔	保定市涞水县	辽	砖石	河北省文物保护单位
兴文塔	宝塔	保定市涞源县	辽	砖石	第六批全国重点文物保护单位
武侯塔	宝塔	保定市顺平县	辽	砖石	河北省文物保护单位
圣塔院塔	宝塔	保定市易县	辽	砖木	第六批全国重点文物保护单位
双塔庵双塔	宝塔	保定市易县	辽	砖石	河北省文物保护单位
涿州双塔	宝塔	保定市涿州市	辽	砖石	第五批全国重点文物保护单位

续表

名称	类型	地点	建成年代	材料结构	文物保护等级
车轴山花塔	宝塔	唐山市	辽	砖石	
南安寺塔	宝塔	张家口市蔚县	辽	砖石	第五批全国重点文物保护单位
西岗塔	宝塔	保定市涞水县	金	砖石	第六批全国重点文物保护单位
皇甫寺塔	宝塔	保定市涞水县	金	砖石	河北省文物保护单位
燕子村塔	宝塔	保定市易县	金	砖石	河北省文物保护单位
开化寺塔	宝塔	石家庄市元氏县	金	砖石	第七批全国重点文物保护单位
临济寺澄灵塔	宝塔	石家庄市正定县	金	砖石	第五批全国重点文物保护单位
金山寺舍利塔	宝塔	保定市涞水县	元	砖石	河北省文物保护单位
西堤北石塔	宝塔	衡水市	元	石	河北省文物保护单位
柏林寺塔	宝塔	石家庄市赵县	元	砖木	第六批全国重点文物保护单位
源影寺塔	宝塔	秦皇岛市昌黎县	明	砖石	第五批全国重点文物保护单位
南宫普彤塔	宝塔	邢台市	明	砖石	河北省文物保护单位
蔚县常平仓	仓廪	张家口市蔚县	明	砖木	第六批全国重点文物保护单位
深州盈亿仓	仓廪	衡水市深州市	清	砖木	第七批全国重点文物保护单位
丰宁胡岔沟	城镇	承德市	东周	/	
城根营	城镇	承德市	东周	/	
隆化胡家沟	城镇	承德市	东周	/	
朝梁沟	城镇	承德市	东周	/	
滦平营房	城镇	承德市滦平县	东周	/	
茼子沟	城镇	承德市滦平县	东周	/	
武安午汲城	城镇	邯郸市武安市	东周	/	河北省文物保护单位
丰润东欢坨	城镇	唐山市	东周	/	
南小汪	城镇	邢台市	东周	/	
燕下都	城镇	保定市易县	战国	/	第一批全国重点文物保护单位
赵都邯郸城	城镇	邯郸市	战国	/	第一批全国重点文物保护单位
高邑房子县故城	城镇	石家庄市高邑县	战国	/	河北省文物保护单位
中山灵寿城	城镇	石家庄市平山县	战国	/	第三批全国重点文物保护单位
磁县讲武城	城镇	邯郸市磁县	战国至汉	/	第六批全国重点文物保护单位
永年易阳县故城	城镇	邯郸市永年县	汉	/	
藁城九门县故城	城镇	石家庄市藁城市	汉	/	河北省文物保护单位
象氏县故城	城镇	邢台市	汉	/	
邺城	城镇	邯郸市临漳县	魏至北朝	/	第三批全国重点文物保护单位
大名故城	城镇	邯郸市大名县	宋	/	第六批全国重点文物保护单位
巨鹿故城	城镇	邢台市巨鹿县	宋	/	河北省文物保护单位
九连城城址	城镇	张家口市沽源县	金	/	第六批全国重点文物保护单位
沽源小宏城	城镇	张家口市沽源县	元	/	第六批全国重点文物保护单位
元中都	城镇	张家口市张北县	元	/	第五批全国重点文物保护单位
永年城	城镇	邯郸市永年县	明	/	第六批全国重点文物保护单位

续表

名称	类型	地点	建成年代	材料结构	文物保护等级
井陉城	城镇	石家庄市井陉县	明	/	
宣化城	城镇	张家口市	明	/	第四批全国重点文物保护单位
鸡鸣驿城	城镇	张家口市怀来县	明	/	第五批全国重点文物保护单位
万全卫城	城镇	张家口市万全县	明	/	第六批全国重点文物保护单位
蔚州城	城镇	张家口市蔚县	明	/	
宋辽地道	地道	保定市、廊坊市	宋	砖室墓	
正定开元寺	佛寺	石家庄市正定县	唐至清	砖木	第三批全国重点文物保护单位
正定隆兴寺	佛寺	石家庄市正定县	宋	砖木	第一批全国重点文物保护单位
新城开善寺	佛寺	保定市高碑店市	辽	砖木	第四批全国重点文物保护单位
涞源阁院寺	佛寺	保定市涞源县	辽	砖木	第四批全国重点文物保护单位
定兴慈云阁	佛寺	保定市定兴县	元	砖木	第四批全国重点文物保护单位
邢台天宁寺	佛寺	邢台市	元	砖木	第七批全国重点文物保护单位
涉县西戌昭福寺	佛寺	邯郸市涉县	明	砖木	河北省文物保护单位
武安禅房寺	佛寺	邯郸市武安市	明	砖木	河北省文物保护单位
武安天青寺	佛寺	邯郸市武安市	明	砖木	第七批全国重点文物保护单位
霸州龙泉寺	佛寺	廊坊市霸州市	明	砖木	河北省文物保护单位
抚宁宝峰禅寺	佛寺	秦皇岛市抚宁县	明	砖木	河北省文物保护单位
石家庄毗卢寺	佛寺	石家庄市	明	砖木	第四批全国重点文物保护单位
鹿泉金河寺	佛寺	石家庄市	明	砖木	河北省文物保护单位
行唐封崇寺	佛寺	石家庄市行唐县	明	砖木	河北省文物保护单位
丰润定慧寺	佛寺	唐山市	明	砖木	河北省文物保护单位
邢台开元寺	佛寺	邢台市	明	砖木	第六批全国重点文物保护单位
怀安昭化寺	佛寺	张家口市怀安县	明	砖木	第五批全国重点文物保护单位
蔚县灵岩寺	佛寺	张家口市蔚县	明	砖木	第六批全国重点文物保护单位
井陉福庆寺	佛寺	石家庄市井陉县	明至清	砖木	第六批全国重点文物保护单位
宣化时恩寺	佛寺	张家口市	明至清	砖木	第六批全国重点文物保护单位
蔚县重泰寺	佛寺	张家口市蔚县	明至清	砖木	第七批全国重点文物保护单位
保定大慈阁	佛寺	保定市	清	砖木	第六批全国重点文物保护单位
滦平穹览寺	佛寺	承德市	清	砖木	河北省文物保护单位
玉田净觉寺	佛寺	唐山市玉田县	清	砖木	第六批全国重点文物保护单位
秦金山咀行宫遗址	宫殿	秦皇岛市	秦		
汉邯郸温明殿遗址	宫殿	邯郸市	汉		
涉县娲皇宫及石刻	宫观	邯郸市涉县	北朝至清	砖木	第四批全国重点文物保护单位
曲阳北岳庙	宫观	保定市曲阳县	元	砖木	第二批全国重点文物保护单位
涉县常乐龙王庙正殿	宫观	邯郸市涉县	元	砖木	第七批全国重点文物保护单位
峰峰义井龙王庙	宫观	邯郸市	元至清	砖木	
武安九江圣母庙	宫观	邯郸市武安市	元至清	砖木	第七批全国重点文物保护单位
定州大道观玉皇殿	宫观	保定市定州市	明	砖木	第六批全国重点文物保护单位

续表

名称	类型	地点	建成年代	材料结构	文物保护等级
涿州楼桑庙三义宫	宫观	保定市涿州市	明	砖木	河北省文物保护单位
庆云泰山行宫	宫观	沧州市盐山县	明	砖木	河北省文物保护单位
山海关姜女庙	宫观	秦皇岛市	明	砖木	河北省文物保护单位
深泽真武庙	宫观	石家庄市深泽县	明	砖木	河北省文物保护单位
张家口堡子里财神庙	宫观	张家口市	明	砖木	第七批全国重点文物保护单位
蔚县玉皇阁	宫观	张家口市蔚县	明	砖木	第四批全国重点文物保护单位
蔚县真武庙	宫观	张家口市蔚县	明	砖木	第六批全国重点文物保护单位
蔚县天齐庙	宫观	张家口市蔚县	明	砖木	第七批全国重点文物保护单位
安国药王庙	宫观	保定市安国市	明至清	砖木	第五批全国重点文物保护单位
磁县崔府君庙	宫观	邯郸市磁县	明至清	砖木	河北省文物保护单位
邯郸黄粱梦吕仙庙	宫观	邯郸市邯郸县	明至清	砖木	第七批全国重点文物保护单位
邢台火神庙	宫观	邢台市	明至清	砖木	河北省文物保护单位
内丘扁鹊庙	宫观	邢台市内丘县	明至清	砖木	第六批全国重点文物保护单位
娄村三义庙	宫观	保定市涞水县	清	砖木	河北省文物保护单位
涿州药王庙	宫观	保定市涿州市	清	砖木	河北省文物保护单位
迁西景忠山碧霞元君庙	宫观	唐山市迁西县	清	砖木	河北省文物保护单位
内丘王交台牛王庙	宫观	邢台市内丘县	清	砖木	河北省文物保护单位
苑庄灯影台	宫观	张家口市蔚县	清	砖木	河北省文物保护单位
众春园行宫遗址	行宫	定州市	宋至清	/	河北省文物保护单位
古莲花池行宫	行宫	保定市	金至清	砖木	河北省文物保护单位
保定慈禧行宫遗址	行宫	保定市	清	/	
梁格庄行宫	行宫	保定市易县	清	砖木	
涿州行宫	行宫	保定市涿州市	清	砖木	河北省文物保护单位
热河行宫	行宫	承德市	清	砖木	第一批全国重点文物保护单位
东西庙宫	行宫	承德市	清	砖木	
承德汤泉行宫	行宫	承德市承德县	清	砖木	河北省文物保护单位
兴州行宫	行宫	承德市滦平县	清	砖木	河北省文物保护单位
吕仙祠行宫	行宫	邯郸市邯郸县	清	砖木	河北省文物保护单位
正定府行宫遗址	行宫	石家庄市正定县	清	/	
遵化汤泉行宫遗址	行宫	唐山市遵化市	清	/	
龙兴观道德经幢	经幢	保定市易县	唐	石	第四批全国重点文物保护单位
大佛顶尊胜陀罗尼经幢	经幢	秦皇岛市卢龙县	唐	石	第六批全国重点文物保护单位
天护陀罗尼经幢	经幢	石家庄市井陉县	唐	石	第四批全国重点文物保护单位
邢台道德经幢	经幢	邢台市	唐	石	河北省文物保护单位
赵县陀罗尼经幢	经幢	石家庄市赵县	宋	石	第一批全国重点文物保护单位
承德四方洞洞穴遗址	聚落	承德市	旧石器时代	/	第七批全国重点文物保护单位
涉县新桥遗址	聚落	邯郸市涉县	旧石器时代	/	
昌黎亭泗涧遗址	聚落	秦皇岛市昌黎县	旧石器时代	/	

续表

名称	类型	地点	建成年代	材料结构	文物保护等级
抚宁所各庄遗址	聚落	秦皇岛市抚宁县	旧石器时代	/	
唐山双桥遗址	聚落	唐山市	旧石器时代	/	河北省文物保护单位
滦县东灰山遗址	聚落	唐山市滦县	旧石器时代	/	
玉田孟家泉遗址	聚落	唐山市玉田县	旧石器时代	/	第七批全国重点文物保护单位
东谷坨	聚落	张家口市阳原县	旧石器时代	/	
虎头梁遗址	聚落	张家口市阳原县	旧石器时代	/	第五批全国重点文物保护单位
小长梁	聚落	张家口市阳原县	旧石器时代	/	第五批全国重点文物保护单位
板井子	聚落	张家口市阳原县	旧石器时代	/	第五批全国重点文物保护单位
新庙庄	聚落	张家口市阳原县	旧石器时代	/	第五批全国重点文物保护单位
慢流堡	聚落	张家口市阳原县	旧石器时代	/	第五批全国重点文物保护单位
雀儿沟	聚落	张家口市阳原县	旧石器时代	/	第五批全国重点文物保护单位
许家窑—侯家窑遗址	聚落	张家口市阳原县	旧石器时代	/	第四批全国重点文物保护单位
容城上坡	聚落	保定市容城县	新石器时代	/	河北省文物保护单位
容城午方	聚落	保定市容城县	新石器时代	/	
东牛遗址	聚落	保定市容城县	新石器时代	/	
徐水文村	聚落	保定市徐水县	新石器时代	/	
徐水南庄头遗址	聚落	保定市徐水县	新石器时代	/	第五批全国重点文物保护单位
易县北福地遗址	聚落	保定市易县	新石器时代	/	第六批全国重点文物保护单位
任丘哑叭庄	聚落	沧州市任丘市	新石器时代	/	第七批全国重点文物保护单位
承德岔沟门	聚落	承德市	新石器时代	/	
滦平后台子	聚落	承德市滦平县	新石器时代	/	
磁县界段营	聚落	邯郸市磁县	新石器时代	/	
磁县下潘汪	聚落	邯郸市磁县	新石器时代	/	
武安磁山	聚落	邯郸市武安市	新石器时代	/	第三批全国重点文物保护单位
磁山遗址	聚落	邯郸市武安市	新石器时代	/	第三批全国重点文物保护单位
永年石北口遗址	聚落	邯郸市永年县	新石器时代	/	第六批全国重点文物保护单位
正定南杨庄	聚落	石家庄市正定县	新石器时代	/	
唐山大城山遗址	聚落	唐山市	新石器时代	/	
迁西东寨	聚落	唐山市迁安市	新石器时代	/	
迁安安新庄	聚落	唐山市迁安市	新石器时代	/	
迁西西寨	聚落	唐山市迁西县	新石器时代	/	第五批全国重点文物保护单位
西寨遗址	聚落	唐山市迁西县	新石器时代	/	第五批全国重点文物保护单位
玉田西蒙各庄	聚落	唐山市玉田县	新石器时代	/	
蔚县庄窠	聚落	张家口市蔚县	新石器时代	/	第七批全国重点文物保护单位
筛子绫罗	聚落	张家口市蔚县	新石器时代	/	第七批全国重点文物保护单位
姜家梁遗址	聚落	张家口市阳原县	新石器时代	/	
涧沟遗址	聚落	邯郸市邯郸县	新石器时代至商	/	第七批全国重点文物保护单位
磁县下七垣	聚落	邯郸市磁县	新石器时代至战国	/	河北省文物保护单位

续表

名称	类型	地点	建成年代	材料结构	文物保护等级
邯郸涧沟	聚落	邯郸市邯郸县	新石器时代至战国	/	河北省文物保护单位
龟台	聚落	邯郸市邯郸县	新石器时代至战国	/	河北省文物保护单位
唐山小官庄	聚落	唐山市	新石器时代至战国	/	
古冶	聚落	唐山市	新石器时代至战国	/	
迁安小山东庄	聚落	唐山市迁安市	新石器时代至战国	/	
蔚县三关	聚落	张家口市蔚县	新石器时代至战国	/	第七批全国重点文物保护单位
藁城台西	聚落	石家庄市藁城市	商	/	第六批全国重点文物保护单位
东先贤	聚落	邢台市	商	/	第六批全国重点文物保护单位
曹演庄	聚落	邢台市	商	/	河北省文物保护单位
定州北庄子	聚落	保定市定州市	西周	/	
满城要庄	聚落	保定市满城县	西周	/	
唐县南伏城	聚落	保定市唐县	西周	/	
永年何庄	聚落	邯郸市永年县	西周	/	
大厂大坨头	聚落	廊坊市大厂回族自治县	西周	/	
台西遗址	聚落	石家庄市藁城市	西周	/	
元氏西张村	聚落	石家庄市元氏县	西周	/	
邢台葛庄	聚落	邢台市	西周	/	
邢墟	聚落	邢台市	西周	/	
内邱南三岐	聚落	邢台市内丘县	西周	/	
清西陵	陵寝	保定市易县	清	砖石土木	第一批全国重点文物保护单位
清东陵	陵寝	唐山市遵化市	清	砖石土木	第一批全国重点文物保护单位
姜家梁新石器时代遗址墓葬	墓葬	张家口市阳原县	新石器时代	土坑墓	
北庄子商代贵族墓地	墓葬	保定市定州市	商	土坑墓	
西张村西周早期墓葬	墓葬	石家庄市元氏县	西周	土坑墓	
邢侯墓地	墓葬	邢台市	西周	土坑墓	
宣化小白阳墓群	墓葬	张家口市	周	土坑墓	
燕下都墓葬区	墓葬	保定市易县	东周	土坑墓	第一批全国重点文物保护单位
赵王陵	墓葬	邯郸市	东周	土坑墓	全国重点文物保护单位
百家村战国墓葬群	墓葬	邯郸市	东周	土坑墓	
战国中山国王陵	墓葬	石家庄市平山县	东周	土坑墓	全国重点文物保护单位
贾各庄战国中小型墓葬	墓葬	唐山市	东周	土坑墓	
中山靖王刘胜墓	墓葬	保定市满城县	西汉	洞室墓	全国重点文物保护单位
小沿村西汉墓	墓葬	石家庄市	西汉	土坑墓	
索堡汉墓	墓葬	邯郸市涉县	汉	土洞墓	
沙河兴固东汉墓	墓葬	邢台市	汉	砖室墓	
三汾沟汉墓群	墓葬	张家口市阳原县	汉	洞室墓	
北庄汉墓	墓葬	保定市定州市	东汉	砖室墓	全国重点文物保护单位

续表

名称	类型	地点	建成年代	材料结构	文物保护等级
桑庄东汉墓	墓葬	衡水市阜城县	东汉	砖室墓	
邴各庄东汉墓	墓葬	秦皇岛市抚宁县	东汉	砖室墓	
于家村一号汉墓	墓葬	唐山市迁安市	东汉	砖室墓	
东魏、北齐皇陵墓葬群	墓葬	邯郸市磁县	北朝	砖室墓	全国重点文物保护单位
茹茹公主墓	墓葬	邯郸市磁县	北朝	砖室墓	
高润墓	墓葬	邯郸市磁县	北朝	砖室墓	
湾漳大墓	墓葬	邯郸市磁县	北朝	砖室墓	
北朝高氏家族墓	墓葬	衡水市景县	北朝至隋	砖室墓	
东明义村唐墓	墓葬	保定市涞水县	唐	砖室墓	
东樊屯村晚唐墓	墓葬	沧州市献县	唐	砖室墓	
文安县西关晚唐墓	墓葬	廊坊市文安县	唐	砖室墓	
鹿泉市M125晚唐墓	墓葬	石家庄市鹿泉区	唐	砖室墓	
崔大善墓	墓葬	石家庄市平山县	唐	砖室墓	
唐祖陵	墓葬	邢台市隆尧县	唐	砖室墓	
东贾郭村唐墓	墓葬	邢台市南和县	唐	砖室墓	
孙建墓	墓葬	邢台市清河县	唐	砖室墓	
杨钊墓	墓葬	张家口市	唐	砖室墓	
蔚县一中唐墓	墓葬	张家口市蔚县	唐	砖室墓	
王处直墓	墓葬	保定市曲阳县	五代	砖室墓	全国重点文物保护单位
宋祖陵	墓葬	保定市清苑县	宋	/	
柿庄宋墓群	墓葬	石家庄市井陉县	宋	砖室墓	
契丹秦国大长公主墓	墓葬	承德市平泉县	辽	砖室墓	
韩相墓	墓葬	唐山市迁安市	辽	砖室墓	
下八里辽墓群	墓葬	张家口市	辽至金	砖室墓	
金代时氏家族墓	墓葬	保定市高碑店市	金	砖室墓	
张弘略及其夫人墓	墓葬	保定市满城县	元	砖室墓	
梳妆楼墓群	墓葬	张家口市沽源县	元	砖室墓	全国重点文物保护单位
李席吾墓	墓葬	邢台市临城县	明	砖室墓	
内丘清代石椁墓	墓葬	邢台市内丘县	清	石椁墓	
方顺桥	桥梁	保定市满城县	晋	石	第七批全国重点文物保护单位
安济桥	桥梁	石家庄市赵县	隋	石	第一批全国重点文物保护单位
永通桥	桥梁	石家庄市赵县	唐	石	第一批全国重点文物保护单位
升仙桥	桥梁	石家庄市行唐县	宋	石	河北省文物保护单位
通济桥	桥梁	石家庄市井陉县	宋	石	河北省文物保护单位
彩亭桥	桥梁	唐山市玉田县	金	石	河北省文物保护单位
伍仁桥	桥梁	保定市安国市	明	石	第六批全国重点文物保护单位
下胡良桥	桥梁	保定市涿州市	明	石	河北省文物保护单位
登瀛桥	桥梁	沧州市沧县	明	石	河北省文物保护单位

续表

名称	类型	地点	建成年代	材料结构	文物保护等级
单桥	桥梁	沧州市献县	明	石	第六批全国重点文物保护单位
张庄桥	桥梁	邯郸市	明	石	
学步桥	桥梁	邯郸市	明	石	
弘济桥	桥梁	邯郸市永年县	明	石	第六批全国重点文物保护单位
衡水安济桥	桥梁	衡水市	明	石	河北省文物保护单位
定州清真寺	清真寺	定州市	元至清	砖木	第七批全国重点文物保护单位
沧州清真北寺	清真寺	沧州市	明	砖木	河北省文物保护单位
泊头清真寺	清真寺	沧州市泊头市	明	砖木	第五批全国重点文物保护单位
宣化清真南寺	清真寺	张家口市	明	砖木	
易县清真寺	清真寺	保定市易县	明至清	砖木	河北省文物保护单位
新乐清真寺	清真寺	石家庄市新乐市	清	砖木	河北省文物保护单位
张家口堡子里清真寺	清真寺	张家口市	清	砖木	
宣化清真北寺	清真寺	张家口市	清	砖木	
艾叶峧石窟	石窟	邯郸市涉县	北朝	石窟	河北省文物保护单位
下花园石窟	石窟	张家口市	北朝	石窟	河北省文物保护单位
封龙山石窟	石窟	石家庄市元氏县	北朝至宋	石窟	第七批全国重点文物保护单位
鼓山北响堂石窟	石窟	邯郸市	北朝至明	石窟	第一批全国重点文物保护单位
滏山南响堂石窟	石窟	邯郸市	北朝至明	石窟	第一批全国重点文物保护单位
鼓山水浴寺石窟	石窟	邯郸市	北朝至明	石窟	第七批全国重点文物保护单位
中皇山娲皇宫石窟	石窟	邯郸市涉县	北朝至清	石窟	第四批全国重点文物保护单位
八会寺石经龛	石窟	保定市曲阳县	隋	石窟	第七批全国重点文物保护单位
林旺石窟	石窟	邯郸市涉县	隋	石窟	河北省文物保护单位
瑜伽山石窟	石窟	石家庄市平山县	宋	石窟	第七批全国重点文物保护单位
七狮岩石窟	石窟	石家庄市井陉县	宋至明	石窟	河北省文物保护单位
千佛洞石窟	石窟	邯郸市涉县	明	石窟	河北省文物保护单位
义慈惠石柱	石柱	保定市定兴县	北朝	石	第一批全国重点文物保护单位
定州文庙	文庙	保定市定州市	唐	砖木	
邢台文庙	文庙	邢台市	唐	砖木	
平山文庙	文庙	石家庄市平山县	宋	砖木	
深泽文庙	文庙	石家庄市深泽县	宋	砖木	
平乡文庙	文庙	邢台市平乡县	宋	砖木	第七批全国重点文物保护单位
沙河文庙	文庙	邢台市沙河市	宋	砖木	
定兴文庙	文庙	保定市定兴县	金	砖木	
井陉文庙	文庙	石家庄市井陉县	元	砖木	
栾城文庙	文庙	石家庄市栾城县	元	砖木	
涿州学宫	文庙	保定市涿州市	元至清	砖木	
沧州文庙	文庙	沧州市	明	砖木	
庆云文庙	文庙	沧州市盐山县	明	砖木	

续表

名称	类型	地点	建成年代	材料结构	文物保护等级
新乐文庙	文庙	石家庄市新乐市	明	砖木	
正定文庙	文庙	石家庄市正定县	明	砖木	第四批全国重点文物保护单位
定州贡院	文庙	保定市定州市	清	砖木	第五批全国重点文物保护单位
滦县县衙	衙署	唐山市滦县	明	砖木	
广宗县衙	衙署	邢台市广宗县	明	砖木	河北省文物保护单位
直隶总督署	衙署	保定市	清	砖木	第三批全国重点文物保护单位
清河道署	衙署	保定市	清	砖木	河北省文物保护单位
热河都统署	衙署	承德市	清	砖木	河北省文物保护单位
察哈尔都统署	衙署	张家口市	清	砖木	第六批全国重点文物保护单位
磁州窑遗址	窑址	邯郸市磁县	北朝至元	/	第四批全国重点文物保护单位
邢窑遗址	窑址	邢台市内丘县、临城县	隋至五代	/	第四批全国重点文物保护单位
井陉窑遗址	窑址	石家庄市井陉县	隋至清	/	第五批全国重点文物保护单位
定窑遗址	窑址	保定市曲阳县	唐至元	/	第三批全国重点文物保护单位
燕南长城	长城	保定市、廊坊市	东周	夯土	
燕北长城	长城	承德市、张家口市	东周	夯土	
赵南长城	长城	邯郸市	东周	夯土	
中山长城	长城	石家庄市、保定市	东周	夯土	
赵北长城	长城	张家口市	东周	夯土	
秦长城	长城	张家口市	秦	夯土	全国重点文物保护单位
汉长城	长城	承德市、张家口市	西汉	夯土	全国重点文物保护单位
蔚县东汉长城	长城	张家口市	东汉	夯土	
北魏长城	长城	承德市、张家口市	北朝	夯土	
北齐长城	长城	张家口市	北朝	夯土	
隋长城	长城	秦皇岛市	隋	夯土	
金界壕	长城	承德市	金	夯土	全国重点文物保护单位
明长城	长城	承德市、张家口市、保定市、唐山市、秦皇岛市	明	砖石土木	全国重点文物保护单位
台西遗址	住宅	石家庄市藁城市	商	/	第六批全国重点文物保护单位
东先贤遗址	住宅	邢台市邢台县	商	/	第六批全国重点文物保护单位
定州王灏庄园	住宅	保定市定州市	清	砖木	河北省文物保护单位
腰山王氏庄园	住宅	保定市顺平县	清	砖木	第五批全国重点文物保护单位

参考文献

书中所有引用文字及图片均出自以下参考文献。

[1] 薛居正,等.旧五代史[M].北京:中华书局,2000.

[2] 《沽口览遗》编委会.沽口览遗[M].天津:百花文艺出版社,2011.

[3] 敖承隆.武清东汉鲜于璜墓[J].考古学报,1982(3):351-366;1982,03:403-408.

[4] 白云翔.战国秦汉时期瓮棺葬研究[J].考古学报,2001(3):305-334.

[5] 朱赛虹.善本特藏编13:样式房图档[M].北京:紫禁城出版社,2014.

[6] 蔡习军.清代蓟州皇家胜迹[M].天津:天津人民出版社,2008.

[7] 崔世平.河北因素与唐宋墓葬制度变革初论[D].北京:北京大学,2015.

[8] 邱明.河北静海东滩头发现宋金墓[J].考古,1995(1):91-93.

[9] 郭蕴静,等.天津古代城市发展史[M].天津:天津古籍出版社,1989.

[10] 国家文物局.中国文物地图集:天津分册[M].北京:中国大百科全书出版社,2002.

[11] 韩嘉谷,邱明,赵士刚,等.蓟县邦均西周时期遗址和墓葬[C]//中国考古学年鉴.北京:文物出版社,1987:98-99.

[12] 韩嘉谷,纪烈敏.蓟县张家园遗址青铜文化遗存综述[J].考古,1993(4):294;355-364.

[13] 韩嘉谷.《水经注》和天津地理[J].历史地理,2006(0):384-399.

[14] 韩嘉谷.渤海湾西岸古文化遗址调查[J].考古,1965(2):5;62-69.

[15] 韩嘉谷.天津北仓战国遗址清理简报[J].考古,1982(2):191;213-215.

[16] 韩嘉谷.西汉后期渤海湾西岸的海侵[J].考古,1982(3):280;300-303.

[17] 韩嘉谷.再谈渤海湾西岸的汉代海侵[J].考古,1997(2):69-79.

[18] 华向荣,刘幼铮.静海县西钓台古城址的调查与考证[J].天津社会科学,1983(04):92-95.

[19] 纪烈敏,刘健,张俊生.天津蓟县青池遗址发掘报告[J].考古学报,2014(02):195-242.

[20] 纪烈敏,张俊生.宝坻秦城遗址试掘报告[J].考古学报,2001(1):111-142;155-158.

[21] 纪烈敏,张俊生.天津蓟县张家园遗址第三次发掘[J].考古,1993(04):311-323;390.

[22] 纪烈敏.天津军粮城海口汉唐遗迹调查[J].考古,1993(2):128-133.

[23] 纪烈敏.天津市武清区兰城遗址的钻探与试掘[J].考古,2001(9):35-50.

[24] 纪烈敏.燕山南麓青铜文化的类型谱系及其演变[J].边疆考古研究,2002(0):103-122.

[25] 金振东,等.蓟县风物览胜[M].天津:天津古籍出版社,1988.

[26] 孔俊婷.观风问俗式旧典,湖光风色资新探——清代行宫及其园林意向研究[D].天津:天津大学,2007.

[27] 李经汉,梁宝玲.天津蓟县围坊遗址发掘报告[J].考古,1983(10):877-893;961-963.

[28] 李经汉.天津蓟县张家园遗址第二次发掘[J].考古,1984(8):698-705.

[29] 梁宝玲.蓟县下埝头、弥勒院新石器时代遗址[C]//中国考古学年鉴.北京:文物出版社,1989.

[30] 梁宝玲.天津宝坻区牛道口遗址调查发掘简报[J].考古,1991(7):577-586;673.

[31] 刘致平.中国伊斯兰教建筑[M].乌鲁木齐:新疆人民出版社,1985.

[32] 梅鹏云.天津蓟县弥勒院村辽墓[J].文物春秋,2001(6):19-23;31.

[33] 穆瑞江.宝坻区歇马台遗址发掘简报[J].文物鉴定与鉴赏,2014(06):73.

[34] 邱玉兰, 于振生. 中国伊斯兰教建筑[M]. 北京: 中国建筑工业出版社, 1992.

[35] 盛立双, 相军, 甘才超, 等. 天津蓟县西关汉墓2006年发掘简报[J]. 内蒙古文物考古, 2010(1): 1-11.

[36] 盛立双. 初耕集: 天津蓟县旧石器考古发现与研究[M]. 天津: 天津古籍出版社, 2014.

[37] 盛立双. 燕山南麓夏商时期考古学遗存研究[D]. 长春: 吉林大学, 2007.

[38] 孙厚诚. 千古名镇: 邦均史话[M]. 北京: 中国文联出版社, 2015.

[39] 孙培基. 天津南郊巨葛庄战国遗址和墓葬[J]. 考古, 1965(1): 5; 13-16; 20.

[40] 天津大学建筑学院, 蓟县文物保管所. 独乐寺山门主梁构造节点的新发现[N]. 中国文物报, 2014-04-18: 008.

[41] 天津大学建筑学院, 蓟县文物保管所. 蓟县独乐寺山门新发现的榫卯痕迹调查[N]. 中国文物报, 2013-06-14: 008.

[42] 天津历史博物馆考古队, 蓟县文物保管所. 天津蓟县白马泉晚唐墓[J]. 文物春秋, 1996(4): 8-11.

[43] 天津历史博物馆考古队, 蓟县文物保管所. 天津蓟县独乐寺塔[J]. 考古学报, 1989(1): 83-119; 153-160.

[44] 天津市文化遗产保护中心, 宝坻区文化馆. 宝坻区辛务屯元、明、清代墓地发掘报告[M]//梅鹏云. 天津考古(二). 北京: 科学出版社, 2013: 18-40.

[45] 天津市文化遗产保护中心, 宝坻区文化馆. 宝坻区辛务屯唐代遗址的发掘[M]//梅云鹏. 天津考古(一). 北京: 科学出版社, 2013: 193-201.

[46] 天津市文化遗产保护中心, 宝坻区文化馆. 宝坻歇马台遗址试掘报告[M]//梅云鹏. 天津考古(一). 北京: 科学出版社, 2013: 133-162.

[47] 天津市文化遗产保护中心, 蓟县文物保管所. 蓟县青池遗址试掘简报[M]//梅云鹏. 天津考古(一). 北京: 科学出版社, 2013: 119-132.

[48] 天津市文化遗产保护中心, 蓟县文物保管所. 蓟县大安宅村战国、汉水井群遗址发掘简报[M]//梅云鹏. 天津考古(一). 北京: 科学出版社, 2013: 167-184.

[49] 天津市文化遗产保护中心, 蓟县文物保管所. 蓟县龙庭庄园清代墓葬考古发掘报告[M]//梅鹏云. 天津考古(二). 北京: 科学出版社, 2013: 61-75.

[50] 天津市文化遗产保护中心, 蓟县文物保管所. 蓟县上宝塔唐墓[M]//梅鹏云. 天津考古(二). 北京: 科学出版社, 2013: 1-7.

[51] 天津市文化遗产保护中心, 蓟县文物保管所. 蓟县小毛庄唐代窑址发掘简报[M]//梅云鹏. 天津考古(一). 北京: 科学出版社, 2013: 211-215.

[52] 天津市文化遗产保护中心, 武清区文化馆. 武清区城关镇大桃园汉代窑址的发掘[M]//梅云鹏. 天津考古(一). 北京: 科学出版社, 2013: 185-192.

[53] 天津市文化遗产保护中心. 蓟县南城子遗址试掘[M]//梅云鹏. 天津考古(一). 北京: 科学出版社, 2013: 163-166.

[54] 天津市文化遗产保护中心. 蓟县小毛庄明清墓地2009年度发掘报告[M]//梅鹏云. 天津考古(二). 北京: 科学出版社, 2013: 76-130.

[55] 天津市文化遗产保护中心. 蓟县泗溜镇五里庄辽墓的发掘[M]//梅鹏云. 天津考古(二). 北京: 科学出版社, 2013: 8-17.

[56] 天津市文物管理处. 天津北郊发现一座西汉墓[J]. 考古, 1972(6): 16-17.

[57] 天津市文物管理处. 天津蓟县张家园遗址试掘简报[M]. 北京: 文物出版社, 1977: 163-171.

[58] 天津市文管处. 天津南郊窦庄子隋墓和汉代瓮棺墓[M]. 北京: 文物出版社, 1977: 203-205.

[59] 王琳峰, 张玉坤. 明长城蓟镇戍边屯堡时空分布研究[J]. 建筑学报, 2011(S1).

[60] 王茹茹. 中国古代园寝制度释义及探源[J]. 哈尔滨工业大学学报: 社会科学版, 2010(6).

[61] 魏仲明, 邸明, 李经汉. 蓟县抬头村早期辽墓[J]. 中国考古学年鉴, 1985: 107.

[62] 文启明. 天津史前时期经济与文化[J]. 农业考古, 2004(1): 29-33; 40.

[63] 吴建伟. 中国清真寺综览[M]. 银川: 宁夏人民出

[64] 吴建伟. 中国清真寺综览续编[M]. 银川：宁夏人民出版社，1998.

[65] 武利华. 汉代陵墓神道石雕[M]//白云翔、孙新民. 汉代城市和聚落考古与汉文化天津市文化遗产保护. 北京：科学出版社，2012：192-216.

[66] 谢国祥. 天津古代建筑[M]. 天津：天津科学技术出版社，1989.

[67] 杨大为. 天津广东会馆保护综合研究[D]. 天津：天津大学，2007.

[68] 姚舒然. 妈祖信仰的流布与流布地区妈祖庙研究[D]. 东南大学，2007.

[69] 岳军，张宝华，耿秀山，等. 渤海湾西岸的几道贝壳堤[J]. 地质学报，2012（3）：522-534.

[70] 云希正，韩嘉谷. 天津东郊张贵庄战国墓第二次发掘[J]. 考古，1965（2）：96-98.

[71] 云希正. 天津东郊发现战国墓简报[J]. 文物参考资料，1957（3）：66-69.

[72] 云希正. 天津军粮城发现的唐代墓葬[J]. 考古，1963（3）：10-11；147-148.

[73] 张俊生，邸明. 蓟县城关镇明墓[J]. 中国考古学年鉴，1988：116.

[74] 张树明. 天津土地开发历史图说[M]. 天津：天津人民出版社，1998.

[75] 赵海军. 蓟县文物志[M]. 天津：天津人民出版社，2014.

[76] 赵文刚，梁宝玲，邸明. 蓟县邦均周代遗址[M]//中国考古学年鉴. 北京：文物出版社，1988:113-114.

[77] 赵文刚. 静海县西钓台战国、汉代城址[M]//中国考古学年鉴. 北京：文物出版社，1984:74-75.

[78] 赵文刚. 天津市蓟县营房村辽墓[J]. 北方文物，1992（3）：36-41.

[79] 中国营造学社. 中国营造学社汇刊：第3卷第4期[M]. 北京：知识产权出版社，2006.

[80] 朱蕾. 境惟幽绝尘，心以静堪寄——静寄山庄研究[D]. 天津：天津大学，2011.

[81] 朱蕾. 境惟幽绝尘，心以静堪寄——清代皇家行宫园林静寄山庄研究[D]. 天津大学，2004.

[82] 武清汉墓群首现孔道"联通"的合葬墓[EB/OL]. [2015-06-24]. http://news.enorth.com.cn/system/2013/05/22/010983797.shtml.

[83] 2002年8月：天津首次发掘汉代建筑遗迹[EB/OL].[2015-06-24]. http://news.enorth.com.cn/system/2003/04/18/000547089.shtml.

[84] 大悲禅院[EB/OL].[2015-06-24].http://www.tjtour.cn/ResDetail.aspx?res_id=909.

[85] 天津蓟县千像寺[EB/OL].[2015-06-24].http://sy.gming.org/article-178-1.html.

[86] 天津石家大院（天津杨柳青博物馆）[EB/OL].[2015-06-24].http://m.tjtour.cn/ResDetail.aspx?res_id=751.

[87] 天津天穆清真北寺[EB/OL].[2015-06-24]. http://city.cri.cn/25364/2009/08/14/3866s2477749.htm.

[88] 蓟县首现东汉列侯等级墓葬，二号墓独特全国罕见[EB/OL].[2015-06-24].http://www.tianjinwe.com/tianjin/sh/lnrs/201406/t20140622_647658.html.

[89] 沈锐. 蓟州志[Z].1831.

[90] 张焘. 津门杂记[Z]. 游艺山庄，1884.

[91] 宁河县志[Z].

[92] 洪肇楙. 宝坻县志[Z].1745.

[93] 吴翀，曹涵，赵晃. 武清县志[Z].1742.

[94] 静海县志[Z].

[95] 费之腾. 蓟县公输子庙述略[Z].2013.

[96] 天津大学建筑设计研究院. 天津大学测绘图[Z].

[97] 天津大学建筑设计研究院. 天津宁河天尊阁修缮设计[Z].2005.

[98] 天津大学建筑学院，天津市蓟县文物保管所. 蓟县盘山的"大朝丁酉"悉昙梵字幢[Z].

[99] 高晋，张维明. 南巡盛典名胜图录. 苏州：古吴轩出版社，1999.

[100]（俄）阿·马·波兹德涅耶夫. 蒙古及蒙古人：第二卷[M]. 刘汉明译. 呼和浩特：内蒙古人民出版社，1983.

[101] （美）丹尼斯·塞诺内亚．丹尼斯·塞诺内亚研究文选[M]．北京大学历史系民族史教研室译．北京：中华书局，2006．

[102] （清）海忠，等．承德府志[M]．台北：成文出版社，1968．

[103] （清）和珅,等．钦定热河志[M]．台北：文海出版社，1966．

[104] 安新县地方志编纂委员会．安新县志[M]．北京：新华出版社，2000．

[105] 安志敏．唐山市贾各庄发掘记略[J]．科学通报，1953（4）．

[106] 敖承隆．河北磁县讲武城调查简报[J]．考古，1959．

[107] 敖承隆．河北定县北庄汉墓发掘报告[J]．考古学报，1964（2）．

[108] 敖仕恒．田字五百罗汉堂建筑形制及源流略考[J]．中国建筑史论汇刊，2013（1）．

[109] 保定市南市区地名委员会办公室．保定市南市区地名志[M]．石家庄：河北科学技术出版社，1991．

[110] 北京大学考古系．1957年邯郸发掘简报[J]．考古，1959（10）．

[111] 北京大学考古系，河北省文物研究所．河北省磁县观台磁州窑遗址发掘简报[J]．文物，1990．

[112] 曹红星，韩月红．平山文庙大成殿探析[J]．文物春秋，2013（3）．

[113] 曹鹏，王其亨．图解北京天坛祈年殿组群营造史[J]．新建筑，2010（2）．

[114] 曹汛．沧海遗珠：涿州行宫及其假山[J]．建筑师，2007（3）．

[115] 曹汛．建筑史的伤痛（续）[J]．建筑师，2008（4）．

[116] 曹汛．建筑史的伤痛[J]．中国建筑史论汇刊，2012（1）．

[117] 陈东．避暑山庄建园前后的植被状况分析[J]．圆明园学刊，2010．

[118] 陈光唐．赵都邯郸故城的布局和兴衰变化（上）[J]．邯郸师专学报，1999（1）．

[119] 陈光唐．赵都邯郸故城的布局和兴衰变化（下）[J]．邯郸师专学报，1999（2）．

[120] 陈丽红，等．河北承德丹霞地貌国家地质公园地质遗迹景观[J]．地球学报，2015（4）：500-506．

[121] 黄进,陈致均,齐德利．中国丹霞地貌分布（上）[J]．山地学报，2015（4）．

[122] 陈书砚,朱蕾．从清末旧照管窥梁格庄行宫工程[J]．新建筑，2015（3）．

[123] 陈筱．元中都建筑遗迹的考古调查与复原[J]．中国建筑史论汇刊，2014（1）．

[124] 陈应祺，李恩佳．论中山国都城灵寿城的营建——答柳石、王晋[J]．河北学刊，1988（2）．

[125] 陈应祺．浅议中山桓公与灵寿故城[M]//河北省文物研究所．河北省考古文集2．北京：北京燕山出版社，2001．

[126] 承德市文物局，荷兰莱顿大学．承德普乐寺[M]．北京：中国旅游出版社，2003．

[127] 承德市文物局，中国人民大学清史研究所．承德避暑山庄[M]．北京：文物出版社，1980．

[128] 崔金泽．河北省中南部地区明以前寺庙建筑研究[D]．北京：北京大学，2012．

[129] 崔世平．河北因素与唐宋墓葬制度变革初论[M]//中古时期丧葬的观念风俗与礼仪制度会议论文集．

[130] 大清世祖章皇帝实录[M]．台北：华联出版社，1964．

[131] 邓幼明．张家口丰富的文物[M]．北京：党建读物出版社，2006．

[132] 丁思俭．中国伊斯兰建筑艺术[M]．银川：宁夏人民出版社，2010．

[133] 东先贤考古队．河北邢台市东先贤遗址1998年的发掘[J]．考古，2003（11）．

[134] 董向英．元中都概述[J]．文物春秋，1998（3）：73-76．

[135] 董旭．承德普陀宗乘之庙历史与建筑研究[D]．石家庄：河北师范大学，2015．

[136] 董旭．宣化古城与历史建筑[D]．石家庄：河北师范大学，2010．

[137] 段宏振．河北邢台南小汪周代遗址发掘简报[J]．

文物，2012（1）．

[138] 国家文物局．中国文物地图集：河北分册[M]．北京：文物出版社，2013．

[139] 段宏振．赵都邯郸城研究[M]．北京：文物出版社，2009．

[140] （德）恩斯特·伯施曼．中国的建筑与景观[M]．段芸译．北京：中国建筑工业出版社，2010．

[141] 范凤驰，郑凤章．泊头文物古迹[M]．北京：西苑出版社，2005．

[142] 范继辉．中华第一佛塔寺见闻记[N]．人民政协报，2011-01-27．

[143] 范金生．河北六座古桥回味[J]．石材，2002．

[144] 范丽娜．清代四大五百罗汉堂雕塑的图像分析[J]．石窟寺研究，2013．

[145] 范玉琪．金大定邢州开元寺铁钟考[J]．文物春秋，1993（1）．

[146] 冯秉其，申天．新发现的辽代建筑——涞源阁院寺文殊殿[J]．文物，1960（Z1）．

[147] 冯杭印．治平寺石塔[J]．文物春秋，1993（1）．

[148] 傅恒，等．钦定皇舆西域图志[M]．上海：上海古籍出版社，1987．

[149] 傅振伦．燕国下都的营建[J]．中国历史博物馆馆刊，1993（1）．

[150] 傅振伦．燕下都的营建（续）[J]．中国历史博物馆馆刊，1993（2）．

[151] 高英民．石家庄文物大观[M]．北京：新华出版社，1992．

[152] 耿海珍．明清衙署文化与其建筑艺术研究[D]．北京：中国艺术研究院，2011．

[153] 关野贞，竹岛卓一．热河[M]．东京:座右宝刊行会，1934．

[154] 郭玼，周圣国．慈阁始建年代考辨[J]．文物春秋，1991（7）．

[155] 郭济桥．北朝时期邺南城布局初探[J]．文物春秋，2002（2）．

[156] 郭济桥．曹魏邺城中央官署布局初释[J]．殷都学刊，2002（2）．

[157] 郭济桥．邺南城的宫城形制[J]．殷都学刊，2013（2）．

[158] 郭黎安．魏晋北朝邺都兴废的地理原因述论[J]．史林，1989（4）．

[159] 邯郸市文物保管所，邯郸地区磁山考古队短训班．河北磁山新石器遗址试掘[J]．考古，1977（6）．

[160] 邯郸市文物保管所．河北邯郸市区古遗址调查简报[J]．考古，1980（2）．

[161] 邯郸县地方志编纂委员会．邯郸县志[M]．北京：中国人事出版社，1993．

[162] 郝志强，特克寒．清代塞外第一座行宫——喀喇河屯行宫[J]．满族研究，2011（3）．

[163] 何直刚．河北景县北魏高氏墓发掘简报[J]．文物，1979（3）．

[164] 磁县文化馆．河北磁县北齐高润墓[J]．考古，1979（3）．

[165] 河北省文物研究所．河北抚宁县邴各庄汉墓发掘简报[J]．文物春秋，1997（3）．

[166] 河北省文物研究所．河北阜城桑庄东汉墓葬发掘报告[J]．文物，1990（1）．

[167] 邯郸市文物管理处，涉县文物保管所．河北涉县索堡汉墓[J]．文物春秋，1996（1）．

[168] 河北省保定市地方志编纂委员会．保定市志第4册[M]．北京：方志出版社，1999．

[169] 河北省博物馆，河北省文管处台西发掘小组．河北藁城县台西村商代遗址的1973年的重要发现[J]．文物，1974（8）．

[170] 河北省古代建筑保护研究所，蔚县博物馆．蔚县古戏楼[M]．北京：科学出版社，2014．

[171] 河北省文化局文物工作队．河北邯郸涧沟村古遗址发掘简报[J]．考古，1961（4）．

[172] 河北省文化局文物工作队．河北省曲阳县涧磁村定窑遗址调查与试掘[J]．考古，1965（8）．

[173] 河北省文物管理处，邯郸市文物保管所．河北省武安磁山遗址[J]．考古学报，1981（3）：303-338．

[174] 河北省文物管理处，邯郸市文物保管所．赵都邯郸故城调查报告[J]．考古，1984（4）．

[175] 河北省文物管理处台西考古队. 河北藁城台西村商代遗址发掘简报[J]. 文物, 1979（6）: 33–43.

[176] 河北省文物管理委员会. 河北武安县午汲古城的周、汉墓葬发掘简报[J]. 考古, 1959（7）.

[177] 河北省文物局. 河北文化遗产[M]. 北京: 文物出版社, 2010.

[178] 河北省文物局古建调查组. 涉县古建筑调查记略[J]. 文物春秋, 1989（Z1）.

[179] 河北省文物研究所, 唐山市文物管理处, 迁西县文物管理所. 迁西西寨遗址1988年发掘报告[J]. 文物春秋, 1992（S1）: 144–171.

[180] 河北省文物研究所. 元中都1998~2003年发掘报告（上、下）[M]. 北京: 文物出版社, 2012.

[181] 河北省文物研究所. 河北省考古工作50年回顾[J]. 文物春秋, 1999.

[182] 河北省文物研究所. 河北阳原县姜家梁新石器时代遗址的发掘[J]. 考古, 2001（2）: 13–27;97–98;113–127.

[183] 河北省文物研究所. 战国中山国灵寿城1975–1993年考古发掘报告[M]. 北京: 文物出版社, 2005.

[184] 河北石家庄市北郊西汉墓发掘简报[J]. 考古, 1980（01）: 52–55.

[185] 河北省文物研究所, 等. 河北阳原三汾沟汉墓群发掘报告[J]. 文物, 1990（1）: 1–18;97–99.

[186] 衡志义, 吴蔚. 浅谈直隶总督衙署的建筑[J]. 文物春秋, 1997（4）: 8–21.

[187] 侯璐. 腰山王氏庄园的建筑格局、功能及特色[J]. 文物春秋, 2004（3）: 46–56.

[188] 侯仁之. 北平历史地理[M]. 北京: 外语教学与研究出版社, 2013.

[189] 胡荣山. 永年弘济桥修缮与研究[J]. 文物春秋, 1995（4）.

[190] 贾成惠. 河北内丘扁鹊庙考述[J]. 文物春秋, 2008（1）: 38–43.

[191] 贾金标. 河北邢台县东先贤遗址发掘简报[J]. 考古, 2002（3）.

[192] 贾敏峰. 定州文庙考[J]. 文物春秋, 2010（2）.

[193] 贾学义. 邢州开元寺历史研究[J]. 郑州航空工业管理学院学报: 社会科学版, 2013（5）: 45–47.

[194] 建筑文化考察组. 河北涞水、易县、涞源、涉县等地历史建筑遗存考察纪略[J]. 建筑创作, 2007（3）.

[195] 解丹. 金长城军事防御体系及其空间规划布局研究[D]. 天津: 天津大学, 2012.

[196] 金家广. 河北清苑发现宋皇祖陵石象生[J]. 文物, 2005（4）: 117–120.

[197] 金家广. 论秦汉碣石宫的兴建及其对巩固帝国统一的历史作用[J]. 河北大学学报: 哲学社会科学版, 1994（2）: 84–91.

[198] 金宜久. 伊斯兰教辞典[M]. 上海: 上海辞书出版社, 1997.

[199] 《井陉县志》委员会. 井陉县志[M]. 石家庄: 河北人民出版社, 1986.

[200] 景爱. 清代木兰围场的交通[J]. 中国历史地理论丛, 1993.

[201] 喀喇河屯行宫——避暑山庄的源头[J]. 河北画报, 2014（8）: 16–17.

[202] 康群. 山海关姜女庙丛谈[M]// 中国人民政治协商会议秦皇岛市委员会文史资料委员会. 秦皇岛文史资料选辑: 第5辑. 1991: 148.

[203] 康文远. 景忠山古代建筑文化的分类和发展[J]. 文物春秋, 1995（4）: 18.

[204] （清）纳兰揆叙, 鄂尔泰, 等. 御制避暑山庄图咏[M]. 北京: 内府, 1742.

[205] 孔哲生, 李恩佳. 金山咀秦代建筑遗址发掘报告[J]. 文物春秋, 1992（S1）: 267–300;310–312.

[206] 赖惠敏. 乾隆修建热河藏传佛寺的经济意义[J]. 中央研究院历史语言研究所集刊, 2009, 80.

[207] 黎仁凯, 傅德元, 衡志义. 略论直隶总督与总督衙署[J]. 文物春秋, 1991（1）: 13–103.

[208] 李百进. 唐风建筑营造[M]. 北京: 中国建筑工业出版社, 2007.

[209] 李鹤. 娲皇宫古建筑研究[D]. 邯郸: 河北工程大学, 2010.

[210] 李建红. 安远庙普度殿壁画内容初辨[J]. 文物春秋,

2011（4）.

[211] 李兰珂. 隆尧唐陵、《光业寺碑》与李唐祖籍[J]. 文物，1988（4）：55-65；100.

[212] 李零. 入山与出塞[M]. 北京：文物出版社，2004.

[213] 李秋香，陈志华. 庙宇[M]. 北京：生活·读书·新知三联书店，2006：126.

[214] 李士莲. 义慈惠石柱的结构与抢修技术[J]. 古建园林技术，1993（2）：55-59.

[215] 李五魁，武书祥，贾永禄，等. 内丘西关清代石椁墓[J]. 文物春秋，2014（4）：27-31.

[216] 李晓东. 河北易县燕下都故城勘察和试掘[J]. 考古学报，1965（1）.

[217] 李秀婷，刘友恒. 正定隆兴寺清代行宫考述[J]. 文物春秋，2003（1）.

[218] 李轩鹏. 邢台天宁寺前殿斗 修复方案试析[J]. 文物春秋，2013（4）.

[219] 李新威编著. 千年古韵蔚州城. 北京：科学出版社，2013.06.

[220] 李严. 明长城"九边"重镇军事防御性聚落研究[D]. 天津：天津大学，2007.

[221] 李拥军，田林. 安国伍仁桥[J]. 文物春秋，2003（5）.

[222] 李裕群. 北朝晚期石窟寺研究[M]. 北京：文物出版社，2003.

[223] 李裕群. 封龙山石窟开凿年代与造像题材[J]. 文物，1998.

[224] 李长瑞，周月姿. 曲阳北岳庙壁画[J]. 美术研究，1985（4）：77-88.

[225] 李子春. 河北玉田净觉寺调查报告[J]. 文物春秋，2005（3）.

[226] 李宗山，王兴明，尹晓燕. 河北迁安于家村一号汉墓清理[J]. 文物，1996（10）：30-42.

[227] 梁纯信. 张家口各异的古寺庙[M]. 北京：党建读物出版社，2006.

[228] 梁思成. 正定调查记略[J]. 中国营造学社汇刊，1933，4（2）.

[229] 梁思成. 赵县大石桥[J]. 中国营造学社期刊，1934，5（1）.

[230] 梁勇，张献中. 石家庄建筑精览[M]. 北京：中国对外翻译出版公司，2001.

[231] 林秀珍. 河北正定县文庙大成殿[J]. 文物春秋，1995（27）.

[232] 林秀珍. 邢台天宁寺前殿始建年代初议[J]. 文物春秋，1999（3）.

[233] 刘东光. 邯郸鼓山水浴寺石窟调查报告[J]. 文物，1987（4）.

[234] 刘敦桢. 刘敦桢文集[M]. 北京：中国建筑工业出版社，1987.

[235] 刘敦桢. 河北省西部古建筑调查纪略[J]. 中国营造学社汇刊，1935，5（4）：43-46.

[236] 刘敦桢. 中国建筑古代史[M]. 第二版. 北京：中国建筑工业出版社，1984.

[237] 刘慧达. 河北邢台地上文物调查记[J]. 文物，1963（5）.

[238] 刘建华. 河北曲阳八会寺隋代刻经龛[J]. 文物，1995（5）.

[239] 刘丽，王正明. 赵州桥多维价值的现代研究[J]. 古建园林技术，2007（1）.

[240] 刘苗苗. 定州贡院初探[J]. 文物春秋，1999（3）.

[241] 刘苗苗. 丰润区定慧寺调查记[J]. 文物春秋，1995（4）.

[242] 刘青，李齐. 定州贡院勘察报告及修缮方案[J]. 古建园林技术，2004（1）.

[243] 刘青，薛铁军. 深州盈亿义仓浅析[J]. 中外建筑，2003（5）.

[244] 刘清波. 药师灵塔的勘察与维修方案的设计[J]. 文物春秋，1999（3）.

[245] 刘世枢. 河北易县燕下都44号墓发掘报告[J]. 考古，1975（4）.

[246] 刘翔宇，丁垚. 阁院寺文殊殿正面的门窗[J]. 建筑师，2015（4）.

[247] 刘翔宇. 大同华严寺及薄伽教藏殿建筑研究[D]. 天津：天津大学，2015.

[248] 刘友恒，聂连顺. 河北正定开元寺发现初唐地宫[J]. 文物，1995（06）.

[249] 刘瑜. 北京地区清代官式建筑工匠传统研究[D]. 天津：天津大学，2013.

[250] 刘玉文. 避暑山庄初建时间及相关史事考[J]. 故宫博物院院刊，2003（4）.

[251] 刘玉文. 康熙北巡述略[J]. 沈阳故宫博物院院刊，2006.

[252] 刘裕民，李亚. 邯郸览胜[M]. 北京：中国文史出版社，2008.

[253] 刘致平. 中国伊斯兰教建筑[M]. 北京：中国建筑工业出版社，2011.

[254] 刘智敏. 新城开善寺[M]. 北京：文物出版社，2013.

[255] 刘桂林. 清代西陵：一路行宫的兴衰[J]. 紫禁城，1994（01）.

[256] 柳石，王晋. 中山国故都——古灵寿城考辨[J]. 河北学刊，1987（3）.

[257] 柳雯. 中国文庙文化遗产价值及利用研究[D]. 济南：山东大学，2008.

[258] 卢毅然，张慧. 太行山东麓：一条"盛产"古都的大走廊[J]. 中国国家地理，2015（2）.

[259] 罗德胤. 中国古戏台建筑[M]. 南京：东南大学出版社，2009.

[260] 罗平，郑绍宗. 河北高碑店市北场村金时立爱和时丰墓发掘记[J]. 考古，1962（12）.

[261] 罗平. 对赵王城内外建筑布局的探讨[J]. 文物春秋，1996（2）.

[262] 罗平. 河北邯郸赵王陵[J]. 考古，1982（06）.

[263] 罗文华. 清宫六品佛楼模式的形成[J]. 故宫博物院院刊，2000（4）.

[264] 罗哲文，柴福善. 中华名楼大观[M]. 北京：机械工业出版社，2011.

[265] 马生祥. 定州清真寺《重建礼拜寺记》碑在中国伊斯兰教史上的重要地位[J]. 文物春秋，2000（3）.

[266] 马忠理. 磁县北朝墓群——东魏北齐陵墓兆域考[J]. 文物，1994（11）.

[267] 马忠理，张沅，程跃峰. 涉县中皇山北齐佛教摩崖刻经调查[J]. 文物，1995.

[268] 孟凡峰，刘龙启，李静杰. 河北沙河兴固汉墓[J]. 文物，1992（9）.

[269] 孟繁兴. 承德殊像寺与五台山殊像寺[J]. 古建园林技术，1984（2）.

[270] 孟浩，陈慧，刘来城. 河北武安午汲古城发掘记[J]. 考古通讯，1957（4）.

[271] 孟姜女庙[J]. 河北学刊，1985（03）.

[272] 孟昭永. 丰润东欢坨遗址试掘简报[J]. 文物春秋，2005（5）.

[273] 莫宗江. 涞源阁院寺文殊殿[J]. 建筑史论文集，1979（2）.

[274] 穆强. 保定市文物志[M]. 北京：中国社会科学出版社，1990.

[275] 南宫市文保所. 河北南宫普彤塔[J]. 文物春秋，1994（3）.

[276] 内丘县文物保管所. 河北省内丘县邢窑调查简报[J]. 文物，1987（9）.

[277] 倪晶. 明宣府镇长城军事堡寨聚落研究[D]. 天津：天津大学，2005.

[278] （日）鸟居龙藏. 下花园北魏石窟[J]. 燕京学报，1940（27）.

[279] 聂金鹿. 定兴慈云阁修缮记[J]. 文物春秋. 2005（3）.

[280] 聂金鹿. 曲阳北岳庙德宁之殿结构特点刍议[J]. 文物春秋，1995（4）.

[281] 聂连顺，林秀珍，袁毓杰. 正定开元寺钟楼落架和复原性修复（上）[J]. 古建园林技术，1994（1）：48-52.

[282] 牛润珍. 魏晋北朝邺城初探[M]//中国魏晋南北朝史学会. 中国魏晋南北朝史学会成立大会暨首届学术讨论会论文集. 中国魏晋南北朝史学会，1984：15.

[283] 祁英涛. 河北省高碑店市开善寺大殿[J]. 文物参考资料，1957（10）.

[284] 孙进已，等. 中国考古集成：卷20[M]. 哈尔滨：哈尔滨出版社，1994.

[285] （清）顾祖禹. 读史方舆纪要[M]. 1692.

[286] 庆桂，等. 国朝宫史续编[M]. 北京：北京古籍出

版社，1994．

[287] 邱玉兰．中国古建筑大系 8：伊斯兰教建筑穆斯林礼拜清真寺[M]．北京：中国建筑工业出版社，1993．

[288] 曲英杰．赵都邯郸城研究[J]．河北学刊，1992（4）．

[289] 全佛编辑部．中国的佛塔[M]．北京：中国社会科学出版社，2003．

[290] 任程．河北武安地区汉代城址研究[D]．广州：暨南大学，2013．

[291] 任亚珊．元代张弘略及夫人墓清理报告[J]．文物春秋，2013（5）．

[292] 山海关文物保管所．卢龙县大佛顶尊胜陀罗尼经幢考[J]．文物春秋，2012（4）．

[293] 涉县文物保管所．华夏祖庙——娲皇宫[J]．文物春秋，2006（4）．

[294] 沈明杰．河北深县清代建筑深州盈亿义仓考——简述我国历代仓储之概况[J]．古建园林技术，1994（03）．

[295] 盛然．保定古莲花池景观营造的研究[D]．保定：河北农业大学，2009．

[296] 石守仁，王恩林，徐永江．昌黎源影寺塔[J]．文物春秋，1997（4）．

[297] （日）石松日奈子．中国古代石雕论——石兽、石人与石佛[J]．杨效俊译．考古与文物，2010（6）．

[298] 石永士．关于燕下都故城宫殿建筑几个问题的探索与研究[J]．文物春秋，1992（S1）．

[299] 石永士．燕下都、邯郸和灵寿故城的比较研究[M]//中国考古学会．中国考古学会第五次年会论文集．北京：文物出版社，1988．

[300] 舒乙．又见一稀世珍宝——邯郸弘济桥[J]．北京观察，2012（1）．

[301] 《旅游纵览》编辑部．双塔山森林公园[J]．旅游纵览，2006（4）．

[302] 司马耕．普彤塔——中国第一佛塔[J]．风物志，2001（11）．

[303] 宋新盛，王志荣，李相如．武安市沿平村唐代石塔[J]．文物春秋，2004（06）．

[304] 苏金成．石家庄毗卢寺水陆画研究[D]．南京：东南大学，2006．

[305] 孙春杰．井陉县传统村落调查与保护研究[D]．石家庄：河北师范大学，2014．

[306] 孙大章，等．承德普宁寺：清代佛教建筑之杰作[M]．北京：中国建筑工业出版社，2008．

[307] 孙德海．河北邯郸百家村战国墓[J]．考古，1962（12）．

[308] 孙德海．河北易县燕下都第十六号墓发掘[J]．考古学报，1965（2）．

[309] 孙刚，杨琦琦．谈沧州清真北大寺的建筑布局特点[J]．河北工程技术高等专科学校学报，2013（1）．

[310] 孙靖国．唐至辽代桑干河流域城市的发展与分布[J]．黄河文明与可持续发展，2013（2）．

[311] 孙启祥．毗卢寺创建年代、壁画绘制年代略考[J]．文物春秋，1994（2）．

[312] 孙启祥．天护陀罗尼经幢[J]．文物春秋，1991（3）．

[313] 孙荣芬．昭化寺调查记[J]．文物春秋，1999（3）．

[314] 索秀芬．燕山南北地区新石器时代文化研究[D]．长春：吉林大学，2006．

[315] 谭立峰，张玉坤．蔚县古村堡探析[J]．装饰，2009（12）．

[316] 谭立峰．河北传统堡寨聚落演进机制研究[D]．天津：天津大学，2007．

[317] 唐云明，刘世枢．河北藁城台西村的商代遗址[J]．考古，1973（5）．

[318] 唐云明．河北井陉县柿庄宋墓发掘报告[J]．考古学报，1962（2）．

[319] 唐云明．河北迁安上芦村辽韩相墓[J]．考古，1973（5）．

[320] 唐云明．河北元氏县西张村的西周遗址和墓葬[J]．考古，1979（1）．

[321] 唐云明．邢台曹演庄遗址发掘报告[J]．考古学报，1958（4）：43—50．

[322] 陶宗冶．河北宣化县小白阳墓地发掘报告[J]．文物，1987，05

[323] 天津大学建筑系，承德市文物局．承德古建筑[M]．北京：中国建筑工业出版社，1982．

[324] 田林，林秀珍．河北辽代古塔建筑艺术初探[J]．文物春秋，2003（6）．

[325] 田林．霸州市龙泉寺[J]．文物春秋，1995，04：65-67．

[326] 田林，孙荣芬．鸡鸣驿城内的古建筑与民居[J]．文物春秋，2001（6）：32-41．

[327] 田淑华．清代塞外行宫调查考述（下）[J]．文物春秋，2001（6）．

[328] 土观 洛桑却吉尼玛．章嘉国师若必多吉传[M]．北京：民族出版社，1988．

[329] 汪之力．中国传统民居建筑[M]．济南：山东科学技术出版社，1994．

[330] 王博，祁小山．丝绸之路草原石人研究[M]．乌鲁木齐：新疆人民出版社，1995．

[331] 王宏印．阁院寺文殊殿壁画覆盖考[J]．文物春秋，1995（3）．

[332] 王辉．蔚县重泰寺[J]．文物春秋，1996（4）．

[333] 王会民．定州北庄子商墓发掘简报[J]．文物春秋，1992（S1）．

[334] 王家鹏．乾隆与满族喇嘛寺院——兼论满族宗教信仰的演变[J]．故宫博物院院刊，1995（01）．

[335] 王家鹏．清代皇家雅曼达噶神坛丛考[J]．故宫博物院院刊，2006（4）．

[336] 王其亨，中国建筑艺术全集编辑委员会．中国建筑艺术全集8：清代陵墓建筑[M]．北京：中国建筑工业出版社，2003．

[337] 王世仁．图说清代热河狮子园[J]．中国建筑史论汇刊，2012（1）．

[338] 王淑云．清代北巡御道和塞外行宫[M]．北京：中国环境科学出版社，1989．

[339] 王晓岩．浅析衡水地区宋代佛教建筑[J]．赤子，2015（20）．

[340] 王轶英．北宋河北边防建设研究[D]．保定：河北大学，2007．

[341] 王玉芳编著．沧州文物古迹．北京：科学出版社，2007．

[342] 王运华．临济寺澄灵塔与临济宗[J]．文物春秋，1995（4）．

[343] 文刀．运河岸边的清真古寺——河北泊头清真大寺[J]．中国宗教，2006（3）．

[344] （日）五十岚牧太．热河古迹和西藏艺术[M]．东京：洪洋社，1942．

[345] 肖斌．试论普乐寺建筑形式与造型艺术的象征意义[D]．石家庄：河北师范大学，2009．

[346] 肖立军．明代中后期九边兵制研究[M]．长春：吉林人民出版社，2001．

[347] 宿白．宣化考古三题——宣化古建筑·宣华城沿革·下八里辽墓群[J]．文物，1998（1）．

[348] 徐光冀，顾智界．河北临漳县邺南城朱明门遗址的发掘[J]．考古，1996（1）．

[349] 徐光冀，顾智界．河北临漳邺北城遗址勘探发掘简报[J]．考古，1990（7）．

[350] 徐光冀，朱岩石，江达煌．河北临漳县邺南城遗址勘探与发掘[J]．考古，1997（3）．

[351] 徐光冀．邺城考古的新收获[J]．文物春秋，1995（3）．

[352] 徐光冀．河北磁县湾漳北朝大型壁画墓之发掘和研究[J]．文物，1996（9）．

[353] 徐建中．怀安昭化寺大雄宝殿水陆画[J]．文物春秋．2006（4）．

[354] 徐怡涛．河北涞源阁院寺文殊殿建筑年代鉴别研究[J]．建筑史论文集，2002（16）．

[355] 许宏．燕下都营建过程的考古学考察[J]．考古，1999（4）．

[356] 许莹．观风问俗式旧典湖光风色资新探——清代皇家行宫园林研究[D]．天津：天津大学，2001．

[357] 杨伯达．《万树园赐宴图》考析[J]．故宫博物院院刊，1982（4）．

[358] 杨泓．中国古代佛教石窟的窟前建筑[M]// 赵朴初倡，周绍良．梵宫：中国佛教建筑艺术．上海：上海辞书出版社，2006．

[359] 杨鸿勋．战国中山王陵及兆域图研究[J]．考古学报，1980（1）．

[360] 杨申茂．明长城宣府镇军事聚落体系研究[D]．天津：天津大学，2013．

[361] 杨晓春. 河北定州清真寺《重建礼拜寺记》撰写年代详考[J]. 中国文化研究, 2007（03）.

[362] 杨煦. 热河普陀宗乘之庙乾隆朝建筑原状考[J]. 故宫博物院院刊, 2013（1）.

[363] 杨煦. 重构布达拉：承德普陀宗乘之庙的空间布置与象征结构[J]. 建筑学报, 2014（9）；2014（10）.

[364] 杨正泰. 明代驿站考：卷四[M]. 上海：上海古籍出版社, 2006.

[365] （日）伊东忠太, 竹岛卓一. 热河[M]. 东京：座右宝刊行会, 1934.

[366] 以仁. 安国药王庙小史[J]. 中药材, 1984（3）：42-43.

[367] 国家文物局. 中国文物地图集(河北分册)上册[M]. 北京：文物出版社, 2013.

[368] 国家文物局. 中国文物地图集(河北分册)中册[M]. 北京：文物出版社, 2013.

[369] 国家文物局. 中国文物地图集(河北分册)下册[M]. 北京：文物出版社, 2013.

[370] 尹振江, 刘运田. 赵州陀罗尼经幢[J]. 佛教文化.1994（4）.

[371] 于善浦, 张玉洁. 清东陵拾遗[M]. 天津：天津古籍出版社, 2012.

[372] 袁森坡. 清代口外行宫的由来与承德避暑山庄的发展过程[J]. 清史论丛, 1980（2）.

[373] 河北文物研究所. 战国中山国灵寿城——1975～1993年考古发掘报告[M]. 北京：文物出版社, 2005.

[374] 张斌. 清代喀喇河屯行宫营建时间考辨——兼谈喀喇河屯行宫对避暑山庄的借鉴作用[C]// 中国第一历史档案馆. 清代档案与清宫文化——第九届清宫史研讨会论文集. 2008.

[375] 张春长. 关于元中都布局与建筑的几个问题[C]// 河北省文物研究所. 河北省考古文集：3. 北京：科学出版社, 2011.

[376] 张春长. 论元武宗在张北建立中都的原因[C]// 河北省文物研究所. 河北省考古文集：2. 北京：科学出版社, 2011.

[377] 张春长. 有关元中都城墙的几点思考[J]. 文物春秋, 2003（5）.

[378] 张春长. 元中都与和林、上都、大都的比较研究[J]. 文物春秋, 2005（5）.

[379] 张红霞. 河北省的建筑类全国重点文物保护单位综述[J]. 古建园林技术.2011（4）.

[380] 张洪印. 易县龙兴观与道德经幢[J]. 文物春秋, 2002（3）.

[381] 张家口市文物考古研究所. 边塞古迹——张家口文物保护单位[M]. 北京：科学出版社, 2012.

[382] 张剑喜. 故城县庆林寺古塔[J]. 文物春秋, 2003（2）.

[383] 张立柱. 河北省文物保护单位通览[M]. 北京：科学出版社, 2003.

[384] 张宁. 永年县广府古城民居研究[D] 邯郸：河北工程大学, 2013.

[385] 张平一. 古都邺城略述[J]. 河北学刊, 1983（1）.

[386] 张世标. 石家庄毗卢寺[J]. 文物世界, 2008（5）.

[387] 张守中, 郑名桢, 刘来成. 河北省平山县战国时期中山国墓葬发掘简报[J]. 文物, 1979（1）.

[388] 张渭莲, 段宏振. 邢台西周考古与西周邢国[J]. 文物, 2012（1）.

[389] 张文质. "魅力河北"之摄手讲述历尽沧桑的深州清代义仓[J]. 当代人, 2009（5）.

[390] 张献中, 李惠林, 刘秉良. 石家庄城市历史文化遗存研究[M]. 北京：中央民族大学出版社, 2008.

[391] 张秀生, 等. 正定隆兴寺[M]. 北京：文物出版社, 2000.

[392] 张玉橙. 定州清真寺礼拜殿[J]. 文物春秋, 2005（2）.

[393] 张驭寰. 图解中国著名佛教寺院[M]. 北京：当代中国出版社, 2012.

[394] 张驭寰. 中国佛教寺院建筑讲座[M]. 北京：当代中国出版社, 2008.

[395] 张长占. 扁鹊庙调查报告[J]. 文物春秋, 1993（3）.

[396] 张志忠, 柴宏亮, 麻俊贤, 等. 临城李席吾墓清理简报[J]. 文物春秋, 2012（4）.

[397] 赵仓群. 腰山王氏庄园[J]. 文物春秋, 1999（3）.

[398] 赵建彬, 温小英. 结合地域特色谈蔚州古城的保护

与发展[J].山西建筑，2005，31（3）：728.

[399] 赵立春.河北涉县林旺隋代石窟调查[M]//龙门石窟研究院.石窟寺研究.北京：文物出版社，2010.

[400] 赵鸣.古城名刹蔚州玉皇阁[J].古建园林技术，1997（4）.

[401] 正定县文物保管所.开元寺简介[A].

[402] 正定县文物保管所.正定文物工作50年[J].文物春秋，1999（5）.

[403] 郑勉之.伊斯兰教简明辞典[M].南京：江苏古籍出版社，1993.

[404] 郑绍宗，郑立新.河北古代长城沿革考略（上）[J].文物春秋，2009（3）.

[405] 郑绍宗，郑立新.河北古代长城沿革考略（下）[J].文物春秋，2009（4）.

[406] 郑绍宗.考古学上所见之元中都——旺兀察都行宫[J].文物春秋，1998（3）.

[407] 郑绍宗.契丹秦晋国大长公主墓志铭[J].考古，1962（8）.

[408] 郑以墨.五代王处直墓壁画研究[D].北京：首都师范大学，2006.

[409] 政协河间市委员会.河间文史资料[M].第12辑.河间：政协河间市委员会，2003.

[410] 政协石家庄市委员会.石家庄历史文化精华[M].北京：中国对外翻译出版公司，1997.

[411] 中国科学院考古研究所满城发掘队.满城汉墓发掘纪要[J].考古，1972（1）.

[412] 中国历史博物馆考古组.燕下都城址调查报告[J].考古，1962（1）.

[413] 中国人民政治协商会议河北省承德市委员会文史资料研究委员会.承德文史[M].第1辑.1983.

[414] 中国人民政治协商会议三河市委员会宣传文史料.三河文史资料选辑[M].第3辑.2000：137–143.

[415] 中国社会科学院考古研究所.中国考古学·两周卷[M].北京：中国社会科学出版社，2004.

[416] 中国社会科学院考古研究所内蒙古工作队.内蒙古敖汉旗赵宝沟一号遗址发掘简报[J].考古，1988（1）.

[417] 中国营造学社.中国营造学社汇刊第五卷第四期[M].北京：知识产权出版社，2006.

[418] 中国长城学会.长城百科全书：赵长城[M].长春：吉林人民出版社，1994.

[419] 周维权.中国古典园林史[M].北京：清华大学出版社，1999.

[420] 朱诚如.清史图典·清朝通史图录[M].第六册.北京：紫禁城出版社，2002.

[421] 朱海珍，王玉亮，袁洪升.河北文庙的保护现状与开发利用[J].河北旅游职业学院学报，2015，20（1）.

[422] 朱全升，汤池.河北磁县东魏茹茹公主墓发掘简报[J].文物，1984（4）.

[423] 朱学武.涞水县古塔综述[J].文物春秋，1993（4）.

[424] 天津大学建筑学院测绘成果图.

[425] 天津市营宸古建筑有限责任公司.邢台文庙大成殿修复工程.天津市营宸古建筑有限责任公司公司工程专辑[Z].2003.

[426] 天津大学建筑设计研究院，天津大学建筑学院.全国重点文物保护单位河北蔚县常平仓修缮设计方案[Z].2015.

[427] 康熙《宣化县志》

[428] 乾隆《涿州志》

[429] 乾隆《正定府志》

[430] 乾隆《钦定热河志》

[431] 道光《直隶定州志》

[432] 民国《定县志》

[433] 民国《万全县志》

[434] Anne Chayet. Architectural Wonderland：An Empire of Fictions [M]// James A.Millward and others . New Qing Imperial History：The Making of Inner Asian Empire at Qing Chengde, ed. London；New York：Routledge，2004.

[435] Anne Chayet. Les Temples de Jehol et Leurs Modèles Tibétains[M].Paris：Editions Recherche Sur les Civilisations，1985.

[436] Cary Y.Liu .Archive of Power：The Qing Dynasty Imperial Garden-Palace at Rehe[J].

Taida Journal of Art History,2010,28 (3):43-82+268.

[437] David M.Farquhar. Emperor as Bodhisattva in the Governance of the Ch'ing Empire[J]. Harvard Journal of Asiatic Studies,1978, 38 (1):5-34.

[438] （日）石濱裕美子.清朝とチベット仏教：菩薩王となった乾隆帝[M].东京：早稲田大学出版部，2011.

[439] Hedda Morrison.Travels of a Photographer in China (1933-1946) [M].Hong Kong：Oxford University Press, 1987.

[440] James A.Millward.The Qing formation, the Mongol legacy, and the "end of history" in early modern central Eurasia, [M]// Lynn A.Struve. The Qing formation in world-historical time, ed. Cambridge, Mass.Harvard University Asia Center；Harvard University Press, 2004.

[441] Joseph A.Adler.The Qianlong Emperor and the Confucian "Temple of Culture" (Wen Miao) at Chengde[M]// James A.Millward and others. New Qing Imperial History：The Making of Inner Asian Empire at Qing Chengde, ed. London；New York：Routledge, 2004：109-122.

[442] Karl A.Wittfogel, Feng Chia-sheng. History of Chinese Society：Liao [M].Philadelphia：American Philosophical Society, 1949.

[443] Mark C.Elliott, Ning Chia.The Qing Hunt at Mulan[M]//James A.Millward and others .New Qing Imperial History：The Making of Inner Asian Empire at Qing Chengde, ed. London；New York：Routledge, 2004：66-83.

[444] Nicola Di Cosmo.Manchu Shamanic Ceremonies at the Qing Court[M]// Joseph P.McDermott. State and Court Ritual in China, ed. Cambridge, U.K.；New York ：Cambridge University Press, 1999.

[445] Philippe Forêt, Mapping Chengde.The Qing Landscape Enterprise[M].Honolulu：University of Hawaii Press, 2000.

[446] Stephen Hart Whiteman. Creating the Kangxi Landscape：Bishu Shanzhuang and the Mediation of Qing Imperial Identity[M]. Stanford University, 2011.

[447] Stephen Hart Whiteman. From Upper Camp to Mountain Estate：Recovering Historical Narratives in Qing Imperial Landscapes[J]. Studies in the History of Gardens & Designed Landscapes, 2013, 33 (4)：249-279.

[448] Xiangyun Wang.The Qing Court's Tibet Connection：Lcang Skya Rol Pa'i Rdo Rje and the Qianlong Emperor[J].Harvard Journal of Asiatic Studies, 2000.

后记

作为在天津大学从事建筑历史研究与教学的工作者，有机会编写以"天津古建筑"和近邻"河北古建筑"为题的书，实在是很幸运的。之所以有这样的机缘，首先要感谢张玉坤教授的信任，还要感谢校友张立方先生多年来的指教。在搜集材料和现场调查的过程中，我们得到了天津大学建筑学院、天津大学建筑设计研究院，以及天津和河北各级文物管理部门的大力支持。其中特别要提出的是，在蓟县和蔚县的工作，一如既往地得到了蔡习军所长和李新威局长以及蓟县文保所和蔚县博物馆全体同仁的鼎力支持。以上这些来自文物工作者们的宝贵的心意都是我们非常感激的。

本书上篇"天津古建筑"第一章由丁垚负责编写，第二至四章及第九章由王颐真负责编写，第五至八章及第十至十二章由丁绍恒负责编写。

下篇"河北古建筑"第一章由丁垚负责编写，第二章由红烨负责编写，第三、十及十五章由耿昀、丁绍恒负责编写，第四及十四章由李竞扬负责编写，第五章由杨煦、李阳及丁绍恒负责编写，第六章由杨潇负责编写，第七及九章由耿昀负责编写，第八章由朱珉、李竞扬、曹睿原、史展、刘殿行、满兵兵、李超、周俊良、孟晓静负责编写，第十一章由张开负责编写，第十二章由丁绍恒、杨潇负责编写，第十三章由曹睿原、史展、刘殿行、满兵兵、李超、周俊良、孟晓静负责编写。

本书所用图片除引自参考文献者外，均由本书作者提供。本书写作得益于多年来积累的大量研究成果，但因时间所限，无法与图片版权所有者逐一联系，在此一并致谢。如有需要，烦请与本书作者联系。

《天津 河北古建筑》编写组
2015 年 11 月于天津